Asymmetrische Kriege

Felix Wassermann ist wissenschaftlicher Mitarbeiter am Lehrstuhl Theorie der Politik des Instituts für Sozialwissenschaften der Humboldt-Universität zu Berlin.

Felix Wassermann

Asymmetrische Kriege

Eine politiktheoretische Untersuchung zur Kriegführung im 21. Jahrhundert

Campus Verlag
Frankfurt/New York

Bibliografische Information der Deutschen Nationalbibliothek:
Die Deutsche Nationalbibliothek verzeichnet diese Publikation in der Deutschen Nationalbibliografie.
Detaillierte bibliografische Daten sind im Internet unter http://dnb.d-nb.de abrufbar.
ISBN 978-3-593-50314-1

Zugl.: Berlin, Humboldt-Universität zu Berlin, Diss., 2014

Umschlaggestaltung: Campus Verlag GmbH, Frankfurt am Main
Umschlagmotiv: Soldier from United States of America © Aleksandar Mijatovic, shutterstock, Bildnummer 143436613
Satz: Campus Verlag GmbH, Frankfurt am Main
Druck und Bindung: CPI buchbücher.de, Birkach
Gedruckt auf Papier aus zertifizierten Rohstoffen (FSC/PEFC).
Printed in Germany

Dieses Buch ist auch als E-Book erschienen.
www.campus.de

Inhalt

I. Das Terrain des asymmetrischen Krieges: Der Dschungel

»[...] in der ganzen Bedeutung des französischen Ausdrucks *Terrain*[,] haben wir Gegend und Boden hier zu betrachten.«
Carl von Clausewitz[1]

Der asymmetrische Krieg gleicht einem Dschungel. Nicht nur geographisch führt er die regulären Soldaten staatlicher Armeen auf schwer zugängliches, unübersichtliches Terrain: die US-Truppen von 1965 an für zehn Jahre in die sumpfigen Wälder Vietnams, denen zuvor die Franzosen nach ihrer Niederlage bei Dien Bien Phu im Jahr 1954 entflohen waren; die von den Vereinigten Staaten angeführte Staatenkoalition im Jahr 2003 in die Wüste des Irak, der die »Koalitionäre der Willigen« im Winter 2011 nur zwischenzeitlich entkamen, bevor sie sich im Sommer 2014 als »Koalitionäre wider Willen« durch die Terrormiliz »Islamischer Staat« zur Rückkehr in die irakisch-syrische Wüste gezwungen sahen; schließlich die internationale Staatengemeinschaft von 2001 bis 2015 und voraussichtlich weit darüber hinaus mit Mandaten der Vereinten Nationen und unter NATO-Führung in das Gebirge Afghanistans, aus dem sich bereits im Jahr 1989 die Sowjetarmee nach ihrerseits zehnjährigem Kampf hatte zurückziehen müssen. Doch nicht nur geographisch führt der asymmetrische Krieg in schwieriges, unübersichtliches Gelände. Auch politisch-strategisch und begrifflich-konzeptionell liegt sein Terrain jenseits des vertrauten, überschaubaren Gebiets, das die europäische Politik und Strategie sowie deren eurozentrierte Theorie seit dem Westfälischen Frieden von Münster und Osnabrück im Jahr 1648 nach Art der Gartenbaukunst zu kultivieren versucht hatten: jenseits des gehegten, geordneten und begrenzten Barockgartens des symmetrischen Krieges.

Der Barockgarten, der bis ins 18. Jahrhundert den europäischen Gartenbau dominierte, zeichnet sich insbesondere durch drei Charakteristika aus, die ihn als Bild des symmetrischen Krieges und also als Gegenbild des asymmetrischen Krieges geeignet erscheinen lassen: erstens durch seine symmetrische Anordnung, mit der er die Mannigfaltigkeit der Natur einer strengen

1 In *Vom Kriege*, fünftes Buch, 17. Kapitel: »Gegend und Boden« (Clausewitz 1980 [1832–34]: 602). Hervorhebungen in Zitaten sind, wenn nicht anders angegeben, stets aus dem Original übernommen.

Geometrie der Gleichartigkeit unterwirft; zweitens durch die Konzentration seiner Anlage auf den Fürstensitz hin, der den Mittelpunkt des Gartens bildet; und drittens durch die geradlinigen Alleen, entlang derer die Besucher diesen Garten auf direktem Weg passieren. In diesen drei Eigenschaften ähnelt dem Barockgarten der symmetrische Krieg, wie er vom 17. bis ins 20. Jahrhundert hinein die kriegshistorische und kriegstheoretische Landkarte Europas prägte. *Erstens* herrscht in diesem Krieg Gleichartigkeit vor. Nach den »geometrischen« Gesetzen der Gleichartigkeit regeln und entscheiden die Gegner, die einander wechselseitig als Gleiche anerkennen, ihr Kräftemessen, und mit Blick auf diese Gleichartigkeit hegen sie Ungleichgewichte jeglicher Art mittels Rüstungskonventionen und Sanktionen ein oder verringern sie durch wechselseitige Nachahmung, sofern sie doch einmal entstehen. *Zweitens* stehen im Mittelpunkt der »Gartenordnung« des symmetrischen Krieges souveräne Staaten. Als Monopolisten des Krieges führen die Staaten ihre regulären, uniformierten Armeen auf dem völker- und kriegsrechtlich geordneten, begrenzten, konventionellen Schlachtfeld gegeneinander. *Drittens* dominieren direkte, lineare Strategien die Kriegführung. Die Kriegsgegner verfolgen ihre politischen Zwecke und militärischen Ziele mittels räumlich und zeitlich konzentrierter Offensiven und rücken unter Einsatz großer Massen und Ressourcen auf direktem Wege bzw. auf geraden strategischen »Alleen« gegeneinander vor. Diese drei Merkmale kennzeichnen den symmetrischen Krieg, wie er innerhalb des Barockgartens des Westfälischen Staatensystems geführt und von der klassischen, eurozentrierten Politik- und Kriegstheorie reflektiert wurde: die Geometrie der Gleichartigkeit, die Zentralität der Staatlichkeit, die Linearität der Strategie.

Die symmetrische Ordnung dieses politisch-strategischen und theoretisch-konzeptionellen Barockgartens gerät seit Mitte des 20. Jahrhunderts zunehmend unter Druck. Insbesondere drei Entwicklungen tragen dazu bei, dass die symmetrische Gartenanlage allmählich von Asymmetrien untergraben und überwuchert wird. *Erstens* wachsen Ungleichartigkeiten und Ungleichgewichte im internationalen System. Das Wettrüsten während des Kalten Krieges führt dazu, dass die USA und die Sowjetunion sich von den übrigen internationalen Akteuren uneinholbar entfernen, bis schließlich nach der Auflösung der Sowjetunion im Jahr 1991 die USA als einzige Supermacht an der Spitze einer nunmehr »unipolaren«, »hegemonialen« bzw. »imperialen« Weltordnung verbleiben, die der Geometrie des Westfälischen Staatensystems entwächst. *Zweitens* verlieren die Staaten auch gegenüber sub- und transnationalen Akteuren ihren angestammten und selbstverständlich beanspruchten Platz in der Mitte des globalen »Gartens«. Partisanen, Befreiungskämpfer, Piraten, Warlords, Terroristen und andere Akteure und Profiteure der Entstaatlichung und des Staatsverfalls tragen dazu bei, dass die auf Staatlichkeit beruhende internationale Ordnung erodiert. *Drittens* verbreiten sich mit dem *indirect approach* und verwandten Methoden der »nichtlinearen« Kriegführung unkonventionelle Strategien wie die Guerilla und der transnationale Terrorismus. Deren Entdecker und ihre Nachahmer nutzen die indirekten Vorgehensweisen dazu, die geraden, breiten »Alleen« der direkten, linearen Strategie auf verschlungenen Pfaden zu umgehen und zu durchkreuzen. Diese drei Veränderungen bestimmen seit der Mitte des 20. Jahrhunderts in immer stärkerem Maße das Kriegsgeschehen: die sich vergrößernde Ungleichartigkeit der Kriegsparteien hinsichtlich ihrer Kräfte, die wachsende Ungleichheit ihrer staatlichen oder nichtstaatlichen Organisationsformen sowie die zunehmende Unterschiedlichkeit ihrer Strategien. Zusammen genommen führen diese drei Entwicklungen zum Übergang von – und Ausgang aus – dem Barockgarten des symmetrischen Krieges in den Dschungel des asymmetrischen Krieges.

Die Politikwissenschaften, die diesen »Wandel des Krieges« (Münkler 2006a) gegen Ende des 20. und zu Beginn des 21. Jahrhunderts mit wachsender Aufmerksamkeit beobachten und als »Transformation of War« (van Creveld 1991) oder als »Changing Character of War« (Strachan/Scheipers 2011) beschreiben, darunter mit theoretischem Interesse insbesondere die politische Kriegstheorie, die Theorie der Internationalen Beziehungen sowie die Strategietheorie (*strategic studies*), greifen dabei zunehmend auf die Semantik der Symmetrie und Asymmetrie zurück. Zwar ist der Krieg zwischen ungleichartigen Kontrahenten viel älter als die Asymmetrie-Semantik. Seine Geschichte lässt sich bis in die Antike zurückverfolgen (Heuser 2013) und beispielsweise anhand der »Dschungelkriege« (Walter 2009) und »Imperialkriege« (Walter 2014) nachzeichnen, die im Zuge der europäischen Expansion in der Peripherie des westlichen Barockgartens geführt wurden.[2] Erst

2 So machten die Europäer schon vor dem Aufkommen der Asymmetrie-Semantik die Erfahrung, dass koloniale und imperiale »Dschungelkriege« *auf andere Weise* als konventionelle europäische Staatenkriege zu führen seien, da sie auf *anderem* Terrain als diese stattfänden, wie der Historiker Dierk Walter (2009) am britischen Beispiel demonstriert: »Die größeren Kolonialkriege der Fünfziger und Sechziger [des 20. Jahrhunderts; F. W.] waren alle untrennbar mit tropischen Urwäldern konnotiert. […] Krieg im Urwald war in der Militärpublizistik generell stets ein dankbares Thema, angefangen schon 1945 bei Reflexionen über die Japaner im gerade beendeten Zweiten Weltkrieg und fortschreitend über an den *Emergencies* in Malaya und Kenia oder der Zukunft

nachdem allerdings in der Mitte der siebziger Jahre des 20. Jahrhunderts der Politikwissenschaftler Andrew Mack unter dem Eindruck der Dekolonisierungskriege und des Vietnamkriegs einerseits sowie der wachsenden Ungleichartigkeit zwischen Atomstaaten und Nicht-Atomstaaten andererseits das Asymmetrie-Konzept in den Kriegsdiskurs einführte (Mack 1975; Boserup/Mack 1983 [1974]) und dieses Konzept sich international und interdisziplinär gegen konkurrierende Begrifflichkeiten wie »Dschungelkriege«, »kleine Kriege« und »low intensity conflicts« durchzusetzen begann, öffnete sich der Blick für eine »asymmetrische« Gesamtdeutung des Kriegsgeschehens und der internationalen Politik. In diese asymmetrische Gesamtdeutung ließen sich nach dem Ende der Ost-West-Konfrontation des Kalten Krieges die bereits für das 20. Jahrhundert von der empirischen Kriegsforschung beschriebenen Prozesse der Entstaatlichung politischer Gewalt ebenso einordnen wie die vorläufigen Höhepunkte, die diese Entwicklungen zu Beginn des 21. Jahrhunderts mit den spektakulären Terroranschlägen von New York und Washington D. C. am 11. September 2001 erreichten.[3] Vor allem die Anschläge von »Nine Eleven« und ihre weltweite Wahrnehmung *sub specie asymmetriae* führten dazu, dass die Asymmetrie-Semantik das wissenschaftliche ebenso wie das politisch-strategische und öffentliche Diskursterrain eroberte. Der Terrorismus und seine Bekämpfung im sogenannten *war on terror* werden seither, ebenso wie andere unkonventionelle Konflikte, mithilfe der Asymmetrie-Semantik als »asymmetrische Kriege« charakterisiert. »Asymmetrische Bedrohungen« und »asymmetrische Strategien« werden in

der afrikanischen Kolonialtruppen (die regelmäßig als Waldkriegsspezialisten beworben wurden) aufgehängten Betrachtungen über die Bedeutung dieser Kriegsform und der Probleme des Überlebens und Kämpfens unter diesen besonderen Bedingungen.« (ebd.: 465f.)

3 Die Entstaatlichung politischer Gewalt im 20. Jahrhundert belegen empirische Studien auf unterschiedlichster Datenbasis und mit unterschiedlichster Methodik; siehe exemplarisch hierfür die Untersuchungen der an der Universität Hamburg angesiedelten Arbeitgemeinschaft Kriegsursachenforschung (AKUF), die lediglich 17 Prozent der im Zeitraum 1945 bis 2000 weltweit insgesamt gezählten 218 Kriege als zwischenstaatlich einstuft (vgl. Schreiber 2001: 14–16). Für den Zeitraum 2001 bis 2009 zählt die AKUF weltweit nur noch drei (teils) zwischenstaatliche Kriege: den frühen Afghanistankrieg (bis zum Sturz der Taliban im Jahr 2001), den frühen Irakkrieg unter dem US-amerikanischen Präsidenten George W. Bush (bis zum Sturz des irakischen Machthabers Saddam Hussein im Jahr 2003) sowie den russisch-georgischen Kaukasuskrieg im Jahr 2008; vgl. die Angaben in den jeweiligen AKUF-Jahrbüchern, zuletzt Schreiber (2011), sowie den jüngsten AKUF-Bericht zum Kriegsgeschehen 2013 (Schreiber 2014), der den Trend zur Entstaatlichung des Krieges fortschreibt.

politik- und strategietheoretischen Studien analysiert, »asymmetrische Feinde« und »asymmetrische Waffen« in politischen und publizistischen Diskussionsbeiträgen identifiziert. Als Signum einer neuen globalen Konstellation, die mit Blick auf die Erosion *vieler verschiedener* – statt ausschließlich nationalstaatlicher – Symmetrien »postsymmetrisch« und nicht lediglich »postnational« (Zangl/Zürn 2003) erscheint, bringt die »Asymmetrie« die veränderte sicherheitspolitische Lage nach dem Ende des Kalten Krieges auf den Begriff (Münkler/Wassermann 2015).

Angesichts des großen Interesses, auf das die asymmetrische Kriegführung als aktuelles oder womöglich gar »neues Phänomen der Internationalen Politik« (Schröfl/Pankratz 2004) und auf das »Aspekte der Asymmetrie« (Schröfl u.a. 2006) derzeit stoßen, scheint es, als durchlaufe der Kriegsdiskurs und mit ihm der Sicherheitsdiskurs insgesamt, der die »Internationale Risikopolitik« (Daase u.a. 2002) und das Verhältnis von »Sicherheit und Risiko« (Münkler u.a. 2010) im 21. Jahrhundert thematisiert, jüngst eine *conceptual revolution in security affairs*. Diese konzeptionelle Revolution ähnelt jener »Gartenrevolution« (von Buttlar 1989), die im 18. Jahrhundert von England ausgehend den europäischen Gartenbau erfasste und ihn grundsätzlich veränderte. Markierte diese Gartenrevolution den Übergang von dem symmetrisch kultivierten französischen Barockgarten zu dem nichtsymmetrischen, die Natur imitierenden englischen Landschaftsgarten, so geht auch jene gegenwärtig sich im Kriegs- und Sicherheitsdiskurs vollziehende konzeptionelle Revolution mit einer vergleichbaren Umstellung einher: von Hegung auf Entgrenzung, von Zentralität auf Dezentralität, von Symmetrie auf Asymmetrie. Der »kunstvoll« und »vernünftig« gehegte, *avant la lettre* symmetrische Krieg, wie er die europäische Kriegsgeschichte und Politiktheorie vom 17. bis ins 20. Jahrhundert hinein prägte, droht in dieser kriegsbezogenen »Gartenrevolution« allmählich von dem dschungelartig wuchernden, »natürlichen« asymmetrischen Krieg überlagert und verdrängt zu werden. Mit dem symmetrischen Krieg droht dabei auch die für die alteuropäische »Sicherheitskultur« (Daase u.a. 2012) überhaupt grundlegende Vorstellung vom »Krieg als Kunstwerk« (Burckhardt 2009 [1860]: 84) und vom »›Krieg in Form‹, […] *guerre en forme*« (Schmitt 2011 [1950]: 113), selbst zu erodieren, die Vorstellung also von der – und die Kultur der – »rationelle[n] Behandlung der Kriegssachen« (Burckhardt 2009 [1860]: 84), deren Genese der Schweizer Kulturhistoriker Jacob Burckhardt im Jahr 1860 auf dem Höhepunkt des symmetrischen Zeitalters bis in die italienische Renaissance zurückverfolgt und deren Untergang der deutsche Staatsrechtler Carl Schmitt knapp ein Jahrhundert später für das Zeitalter nach dem Zusammenbruch jener Symmetrien vorhergesagt hat, die er unauflösbar mit der aus der Frühen Neuzeit hervorgegangenen europazentrierten »Raumordnung des Flächenstaates« (Schmitt 2011 [1950]: 112) verband.[4]

Die Tiefe und Reichweite der derzeit ablaufenden politisch-strategischen und theoretisch-konzeptionellen Revolution »[v]on der Symmetrie zur Asymmetrie« (Münkler 2006a) scheinen gleichwohl bislang noch kaum erfasst worden – und kaum erfassbar – zu sein. So fällt es Beobachtern, Theoretikern und Praktikern der internationalen Politik im 21. Jahrhundert offensichtlich schwer, die Eigenart und die Konsequenzen des sich vor ihren Augen vollziehenden »sicherheitspolitischen Paradigmenwechsel[s]« (Daase 2002) zu überblicken. Zum einen mag das an der nachhaltigen epistemischen Wirkung liegen, die die alten, symmetrie-fokussierten und symmetrie-fokussierenden Modelle und Begriffe weiterhin ausüben, die mit ihrem Beharrungsvermögen den Blick auf die Umbrüche der jüngeren Zeit verstellen. So sind bis heute die symmetrischen Annahmen, die dem Westfälischen Staatensystem sowie dem Kalten Krieg entstammen und dem symmetri-

4 Die Genese der Vorstellung vom »Krieg als Kunstwerk« und überhaupt von »diese[r] ganze[n] rationelle[n] Behandlung der Kriegssachen« (Burckhardt 2009 [1860]: 84) in der »Kultur der Renaissance in Italien« beschreibt Burckhardt in seinem gleichnamigen Werk in dem Kapitel »Der Staat als Kunstwerk«, in dem er rekonstruiert, »[a]uf welche Weise auch der Krieg den Charakter eines Kunstwerkes annahm« (ebd.: 81). Nimmt Burckhardt dabei vor allem geistesgeschichtliche und kulturelle Entwicklungen im Zusammenhang mit dem sich herausbildenden Renaissance-Individualismus in den Blick – so etwa »die auf bürgerlichem Wege erworbene Geschicklichkeit des Ingenieurs, Stückgießers und Artilleristen« (ebd.: 82); »[d]ie subjektive Ausbildung des einzelnen Kriegers« (ebd.: 83); die »Wissenschaft und Kunst des gesamten, im Zusammenhang behandelten Kriegswesens« auf der Grundlage »einer neutralen Freude an der korrekten Kriegführung als solcher« (ebd.: 82f.) –, so betont Schmitt (2011 [1950]) in direkter Abgrenzung von Burckhardt raumordnungspolitische und völkerrechtliche Voraussetzungen der temporären »Umgrenzung und Hegung des europäischen Krieges« (ebd.: 112), die zu einer »Rationalisierung und Humanisierung von stärkster Wirkung« (ebd.: 114) geführt hätten: »Es versteht sich von selbst, dass […] auch der von Jacob Burckhardt vielgenannte Individualismus der Renaissance dabei wirksam gewesen ist. […] Das psychologische Phänomen des Renaissance-Individualismus ist wichtig, aber es schafft für sich allein noch kein neues Völkerrecht« (ebd.: 116). Inwiefern das derart doppelt, also geistesgeschichtlich-individualistisch und raumordnungspolitisch-juristisch durch Burckhardt und Schmitt perspektivierte sowie konstruierte »Kunstwerk« des »rationellen«, »humanisierten« (wenn auch deswegen keineswegs durchwegs »humanen«) abendländischen Krieges unter Bedingungen globaler Asymmetrie und Asymmetrierung Bestand haben kann oder unter Veränderungsdruck gerät, steht als Frage am Horizont der hier angestrebten Betrachtung des jüngsten Wandels (der Kultur) des Krieges.

schen Charakter dieser (freilich voneinander zu unterscheidenden) Symmetrie-Ordnungen auch entsprachen, für einen Großteil der »realistischen« und »neorealistischen« Theorien der Internationalen Beziehungen leitend – wie diese Annahmen zudem auch viele der Politik- und Strategie-Entwürfe sowie militärischen Planungen anleiten, die sich an jenen Theorien orientieren.[5] Erst allmählich drängen sich unter dem (Ein-)Druck der Asymmetrierung der internationalen Beziehungen im 21. Jahrhundert Zweifel auf: Entsprechen die klassischen, also symmetrie-fokussierten Annahmen und Konzepte, die zumeist auch euro-, staats- und rationalitätszentriert sind, weiterhin den Bedingungen und Voraussetzungen internationaler Politik? Oder machen die wahrgenommenen Veränderungen grundsätzliche konzeptionelle und semantische Anpassungen erforderlich, die die Politik und ihre Wissenschaft überhaupt erst in die Lage versetzen, die sich herausbildende Diversität und Komplexität der neuen inter- sowie transnationalen Ordnung zu erfassen? Nicht zuletzt an solchen Fragen entzündete sich die Diskussion darüber, wie die »neuen Internationalen Beziehungen« (Hellmann u.a. 2003) als politikwissenschaftliche Teildisziplin auf das Ende des Ost-West-Konflikts und auf die abermalige »weltpolitische[n] Zeitenwende« (Zürn 2003: 23) reagieren sollten, die durch die Terroranschläge vom 11. September 2001 eingeleitet wurde. In dieser Diskussion könnte dem hier am Gegenstand des Krieges zu untersuchenden Phänomen und Konzept der Asymmetrie die Funktion eines Lackmustests zukommen. An diesem Phänomen und Konzept lassen sich die Zeitgemäßheit *und* Anpassungsfähigkeit klassischer – und das heißt vor allem: symmetrie-geprägter – Denkweisen, Theoreme und Semantiken überprüfen.[6]

5 Dies gilt ungeachtet dessen, dass der »neorealistische« US-amerikanische Politikwissenschaftler Kenneth Waltz (1993) bereits unmittelbar nach dem Kollaps der Sowjetunion für das 21. Jahrhundert ein Leben ohne »beruhigende Symmetrie« voraussagte: »On the brow of the next millennium, we must prepare to bid bipolarity adieu and begin to live without its stark simplicities and comforting *symmetry*.« (ebd.: 44; Hervorh. F. W.) Trotz des solchermaßen prognostizierten und daher angeratenen Abschieds von der Symmetrie unterblieb innerhalb der »realistisch« und »neorealistisch« geprägten Theorien der Internationalen Beziehungen bislang die systematische Erkundung des Terrains der Nichtsymmetrie und kam es dementsprechend nicht zu einer Umstellung auf ein »Leben mit der Asymmetrie«.

6 Wo die Internationalen Beziehungen jüngst die Notwendigkeit einer Überprüfung ihrer konzeptionellen Grundlagen erkennen und akzeptieren, stoßen sie abseits der »bereits ausgetretenen *mainroads*« (Wolf/Hellmann 2003: 599) mit »zunehmende[r] Neugier bei der Erkundung des Neulandes jenseits einer staatenzentrierten und positivistischen Herangehensweise« (ebd.) auf neue Forschungsfelder vor und streben dabei beispielsweise

Eine solche Überprüfung hat nur Aussicht auf Erfolg, wenn neben dem beharrlichen, trägen Restbestand symmetrischen Denkens ein zweites Hindernis beiseite geräumt wird, das gegenwärtig ein angemessenes Verständnis des Paradigmenwechsels von der Symmetrie zur Asymmetrie blockiert. Dieses Hindernis besteht in der unüberschaubaren Vielfalt der miteinander konkurrierenden Begriffsbildungen, Perspektivierungen und Fragestellungen im Nachdenken und Sprechen über den asymmetrischen Krieg. So präsentiert sich der jüngere Asymmetrie-Diskurs – seinem Gegenstand nicht unähnlich – selbst als eine Art Dschungel: Unterschiedlichste Begriffe und Konzepte der Asymmetrie wuchern ungeordnet nebeneinander. Aufgrund dieser begrifflich-konzeptionellen Unordnung finden selbst zentrale Fragen zum asymmetrischen Krieg, sofern sie überhaupt gestellt werden, widersprüchliche Antworten. Welche Unterschiede zwischen zwei Gegnern machen einen Krieg zu einem asymmetrischen Krieg? Welche Typen der Asymmetrie lassen sich unterscheiden – und welche Wechselwirkungen bestehen zwischen ihnen? Wodurch werden solche Asymmetrien strategisch bedeutsam? Welche Auswirkungen haben sie auf die Kriegführung – und letztlich auf die Ergebnisse und Folgen asymmetrischer Kriege? Womöglich aus Ratlosigkeit angesichts dieser Fragen flüchtet sich die Politikwissenschaft zuweilen aus dem Begriffsdschungel in die Sprache der Metaphern: Der Zweikampf zwischen David und Goliath gilt ihr dann als Inbegriff des asymmetrischen

eine »noch systematischere Einbindung von [diversen; F. W.] Blickwinkeln […] vom Realismus bis zum Feminismus« (ebd.) an. Postkoloniale Vorstöße auf neues, »anderes« Terrain zielen zudem darauf ab, die in der *Disziplin* der Internationalen Beziehungen *selbst* verwurzelten und durch *sie* reproduzierten Asymmetrien reflexiv aufzudecken: »the entrenched *asymmetries* that continue to characterize the production of knowledge in International Relations« (Tickner/Blaney 2012: 2; Hervorh. F. W.). Die Herausforderung eines solchen selbstkritischen Projekts des »Thinking International Relations Differently« (Tickner/Blaney 2012) besteht allerdings darin, performative Selbstwidersprüche zu vermeiden, die sich einstellen können, wenn der wissenschaftliche und disziplinäre Erklärunganspruch der Internationalen Beziehungen »autoritativ« dezentriert und gänzlich relativiert werden soll: »the task at hand may be to question not only Western dominance of IR [International Relations; F. W.], but also the field's claim to authority as producer of knowledge about world politics« (ebd.: 2). Um diese Herausforderung zu meistern, scheint die Disziplin gut beraten zu sein, Diversität und Differenz stärker als bisher in ihren *eigenen* Theorierahmen zu *integrieren*, statt lediglich »diverse« Theoriebausteine aus »differenten« Theorie-Steinbrüchen zu importieren. Ob und inwiefern das Asymmetrie-Konzept – als *eine* Konkretisierung des allgemeinen Differenz-Konzepts – zu dem angestrebten konzeptionellen »Integrationserfolg« (Wolf/Hellmann 2003: 599) beitragen kann, ist am Gegenstand des asymmetrischen Krieges exemplarisch zu überprüfen.

Krieges. Doch warum das so sei, bleibt dabei häufig offen. Liegt es daran, dass der Riese Goliath stärker ist? Oder liegt es vor allem daran, dass David als Hirtenjunge ein Zivilist, Goliath hingegen ein Krieger ist? Oder besteht die Asymmetrie vielmehr darin, dass David, indem er die Steinschleuder nutzt, unkonventionell kämpft? Je nachdem, welcher dieser drei Aspekte des Verhältnisses zwischen den zwei ungleichartigen Kämpfern hervorgehoben und als Hauptkriterium für »Asymmetrie« verwendet wird – also die Kraft, die Organisationsform oder die Strategie –, geraten gänzlich unterschiedliche Facetten des asymmetrischen Krieges in den Fokus. Dass aus solchen unterschiedlichen Betrachtungen unterschiedliche Beschreibungen und schließlich auch Bewertungen tatsächlicher Kriege resultieren können, zeigt sich mit Blick auf das jüngere Kriegs- und Konfliktgeschehen etwa an den östlichen und südlichen Rändern Europas: Wie steht es um Symmetrie und Asymmetrie im Fall der völkerrechtswidrigen russischen Annexion der Krim und der sie begleitenden Destabilisierung der Ostukraine seit dem Frühjahr 2014, bei der – wenn auch in direkter Konfrontation zwischen zwei Staaten – neben regulären Kräften vor allem irreguläre Kämpfer ohne Hoheitsabzeichen zum Einsatz kommen, die etwa als sogenannte »pro-russische Separatisten« auf verdeckte und indirekte Weise agieren? Auch hinsichtlich des Kaukasuskriegs, den Georgien und Russland im August 2008 gegeneinander führten, lässt sich fragen: Handelte es sich hierbei um einen symmetrischen oder asymmetrischen Krieg, da in ihm ja zwei staatlich verfasste, in ihren Kräften jedoch äußerst unterschiedliche Kontrahenten mit im Wesentlichen konventionellen militärischen Mitteln gegeneinander kämpften? Richtet man den Blick von Europas Osten südwärts, so stellt sich angesichts des in Syrien und zunehmend auch im Irak seit dem Jahr 2011 bewaffnet ausgetragenen Konflikts dieselbe Frage: Wie verhält es sich mit Symmetrie und Asymmetrie in diesem halbstaatlichen Krieg, in dem die regulären Truppen des Staatspräsidenten Baschar al-Assad den nichtstaatlichen Kämpfern einer zerstrittenen syrischen Opposition gegenüberstehen, die in die transnationale Terrormiliz des sogenannten »Islamischen Staats« und jene Fraktion zerfällt, die eine Koalition mit den staatlichen und suprastaatlichen »Friends of Syria« eingegangen ist, gegen die Assad seinerseits eine transnationale Allianz aus Freunden seines Regimes mobilisiert? Schließlich ist die Frage nach Symmetrie und Asymmetrie auch mit Blick auf Libyens jüngere Konfliktgeschichte offen: Kann der irreguläre Krieg, den während der sogenannten »Arabellion« im Jahr 2011 libysche Oppositionelle gegen das staatliche Regime des Machthabers Muammar al-Gaddafi aufnahmen, als asymmetrisch gelten – und inwiefern kommt in diesem Krieg den mit überlegener Technologie von außen bzw. »von oben« auf Seiten der Oppositionellen entscheidend eingreifenden NATO-Interventionskräften und ihren arabischen Verbündeten eine symmetrierende oder asymmetrierende Bedeutung zu?

Allein diese Kriege an den Rändern Europas im Osten und Süden zeigen: Je nachdem, wie der Begriff »asymmetrischer Krieg« definiert wird und welchen Asymmetrie-Typ die entsprechende Definition fokussiert – also die Asymmetrie der Kraft, die Asymmetrie der Organisationsform oder die Asymmetrie der Strategie –, sind gänzlich unterschiedliche Antworten auf die genannten Fragen plausibel. Die definitionsbedingten Einseitigkeiten solcher Antworten können zu einseitigen zeitdiagnostischen und politisch-strategischen Urteilen führen, erscheinen aber auch unter rein theoretischen Gesichtspunkten problematisch. So trägt die Verengung der Asymmetrie auf nur einen oder auf nur wenige ihrer Untertypen dazu bei, dass im gegenwärtigen Asymmetrie-Diskurs das große Ganze des Gegenstandes und seine besondere Komplexität – oder bildhaft gesprochen: das umfassende Terrain des asymmetrischen Krieges und seine spezifische »Schwierigkeit« – selten durchdrungen werden und gerade *deswegen* häufig undurchdringlich erscheinen.[7] In dieser Lage der Orientierungslosigkeit darf es nicht verwundern, wenn Kritiker des politikwissenschaftlichen Asymmetrie-Diskurses inzwischen lautstark den »Unsinn des asymmetrischen Krieges« – »the folly of asymmetric war« (Mazarr 2008) – beklagen. Als »totaler Rohrkrepierer« bzw.

7 Die meisten Bemühungen, einen Gesamtüberblick über den verworrenen Asymmetrie-Diskurs zu gewinnen, beschränken sich letztlich auf einzelne Ausschnitte und Aspekte des umfassenden Diskursterrains. So nimmt Ivan Arreguín-Toft (2012) in seiner Sammelrezension zu jüngeren Forschungsbeiträgen ausschließlich Untersuchungen zu *outcomes* asymmetrischer Konflikte – und zumal nur solcher seit dem Zweiten Weltkrieg – in den Blick. Demgegenüber erscheint der theoretisch-systematische Ertrag größer, wenn wie bei Jan Angstrom (2011) in diskurskartographischer Absicht der Versuch unternommen wird, »to map *different* interpretations of asymmetric war and evaluate their utility in understanding modern war and warfare« (ebd.: 31; Hervorh. F. W.). Weiterführend ist hier vor allem Angstroms Vorschlag, Asymmetrien danach zu unterscheiden, auf welche Arten der Ungleichartigkeit sie sich jeweils beziehen, so etwa auf: »power distribution, organisational status of the actor, method of warfare, and norms respectively« (ebd.). Doch bleibt auch dieser Systematisierungsversuch unterhalb des Komplexitätsniveaus des asymmetrischen Krieges, da er die entscheidende Frage explizit offen lässt: Wie können die verschiedenen Asymmetrie-Typen im Rahmen eines sie integrierenden, umfassenden Asymmetrie-Verständnisses bzw. eines »*composed* […] understanding of asymmetry« (ebd.: 47) zusammengedacht werden? Das Desiderat eines komplexen theoretischen Modells des asymmetrischen Krieges ist durch diese Frage präzise benannt.

»complete non-starter« (Gray 2002: 14) erschwere das Asymmetrie-Konzept die Orientierungs- und Handlungsfähigkeit auf dem gegenwärtigen und zukünftigen Kriegs- und Politikterrain, statt sie zu verbessern. Mit anderen Worten: Da und so lange der Asymmetrie-Diskurs seinen eigenen Begriffsdschungel nicht zu lichten vermag, ähnelt er seinem dschungelartigen Gegenstand, dem er sich bei dem Versuch seiner Durchdringung immer weiter anzupassen droht: wild wuchernd, schnell wachsend, den Überblick verhindernd. Auf die politikwissenschaftliche Kriegs- und Sicherheitsforschung trifft somit selbst zu, was ihre »realistischen« und »neorealistischen« Vertreter unter Bezugnahme auf den englischen Politiktheoretiker Thomas Hobbes, den Übersetzer von Thukydides' Darstellung der Wirren des Peloponnesischen Krieges, seit jeher über ihren Forschungsgegenstand sagen: »it's a jungle out there« (Gilpin 1986: 304).

In diesen Dschungel wird hier eine Expedition unternommen. Sie setzt sich das Ziel, das gegenwärtige Dickicht im Diskurs über den asymmetrischen Krieg zu lichten, um die Orientierung im Kriegsdschungel des 21. Jahrhunderts zu erleichtern. In diesem Bestreben schließt sie an das kriegstheoretische Unternehmen des preußischen Generals und Kriegstheoretikers Carl von Clausewitz (1780–1831) an. Diesem kriegserfahrenen intellektuellen Expeditionisten gelang es wie vielleicht keinem vor oder nach ihm, das Terrain des Krieges mit den Mitteln der Theorie zu durchdringen und »das Unkraut aus[zu]reißen, welches der Irrtum überall hat hervorschießen lassen« (Clausewitz 1980 [1832–34]: 951), wie Clausewitz in der Sprache des Gärtners seinen kriegstheoretischen Anspruch formulierte. Diesem Anspruch gemäß verfolgte der durch den Berliner Kant-Schüler Johann Gottfried Kiesewetter mit der Aufklärungsphilosophie vertraute Clausewitz das Ziel, »mit einem klaren Blick die Masse der Gegenstände [zu] beleuchten, damit der Verstand sich leichter in ihnen finde« (ebd.). In solcher Absicht soll auch hier der Dschungel des asymmetrischen Krieges durchdrungen werden, um darin »das Unkraut auszureißen« und »mit einem klaren Blick« den Gegenstand zu erhellen. Ohne theoretische Erhellung dieses Gegenstandes nämlich droht nicht nur die Politikwissenschaft sich in ihrem Gegenstand zu verlaufen, sondern laufen auch Politik, Militär und Gesellschaft Gefahr, im Dunkeln zu tappen bei ihren Versuchen, den asymmetrischen Krieg zu führen, zu gestalten, zu begrenzen, zu beenden, zu verhindern oder zu bewältigen. Ein klares Asymmetrie-Konzept und ein geklärtes Verständnis des asymmetrischen Krieges erscheinen gerade für diejenigen unerlässlich, die sich der besonderen Risiken und der schwerwiegenden Folgen des asymmetrischen Krieges bewusst sind oder voll bewusst zu werden hoffen, um sie zu meistern oder zu meiden – gemäß der Devise: *Si vis pacem, intellege bellum!*[8]

Die in solcher Absicht durchzuführende politiktheoretische Aufklärungsmission kann, wenn auch sie zuweilen Neuland betritt, an eine Reihe jüngerer, vor allem englisch-, deutsch- und französischsprachiger, gelegentlich auch chinesisch- und russischsprachiger Expeditionen anschließen, die das Terrain des asymmetrischen Krieges seit der Einführung der Asymmetrie-Semantik in den siebziger Jahren des 20. Jahrhunderts mit ähnlicher Zielsetzung durchforschten.[9] Die aus diesen Expeditionen hervorgegangenen, im Zeitraum 1974 bis 2015 veröffentlichten und im Verlauf der Untersuchung eingehend zu diskutierenden Asymmetrie-Studien prägten die Vorstellung des asymmetrischen Krieges und trugen erheblich zu einem besseren Verständnis der Eigenarten dieses Kriegstyps bei. Da sie vielfältige begriffliche und methodische Herangehensweisen verfolgten, hinterließen sie im Forschungsfeld des asymmetrischen Krieges jedoch bereits nach kurzer Zeit ein vielfach verzweigtes, sich immer weiter ausdifferenzierendes und zunehmend unübersichtliches Wegenetz. Abgesehen von der Zersplitterung des Asymmetrie-Diskurses in nationalsprachliche Teildiskussionen hat die Aufspaltung der politikwissenschaftlichen Kriegs-, Konflikt- und Friedensforschung in spezialisierte Teildisziplinen mit je eigenen Forschungsinteressen,

8 Diese Losung, der zufolge den Krieg zu verstehen habe, wer den Frieden wolle, schrieb der Politikwissenschaftler Christopher Daase (2005) der deutschen Friedens- und Konfliktforschung ins Stammbuch und bezog sich dabei auf Karl Deutsch als »eine[n] der Urväter der Friedensforschung« (ebd.: 253). Die Strategiehistorikerin Beatrice Heuser (2013) führte die gleiche Losung hingegen auf den Kriegs- und Strategietheoretiker Basil Liddell Hart zurück (vgl. ebd.: 12). An solchen unterschiedlichen Bezugnahmen zeigt sich, wie verschieden die Ausgangs- und Bezugspunkte sind, von denen aus sich innerhalb der interdisziplinären deutschsprachigen Sicherheits-, Friedens- und Konfliktforschung zuletzt »die sicherheitspolitische und die friedens- und konfliktforschenden *communities* einander angenähert haben« (Masala u.a. 2014: 4).

9 Siehe als wichtigste kriegs- und strategietheoretische Forschungsbeiträge, neben vielen weiteren, aus der englischsprachigen Literatur: Mack (1975), Paul (1994), McKenzie (2000), Metz und Johnson (2001), Barnett (2003), Arreguín-Toft (2005) sowie Thornton (2008); aus dem deutschen Kontext: Daase (1999), Münkler (2002a; 2006a), Kümmel und Collmer (2003), Schröfl und Pankratz (2004), Schröfl u.a. (2006) sowie Schröfl u.a. (2009); sowie als Beiträge zur französischsprachigen Asymmetrie-Diskussion: Baud (2003) und Coutau-Bégarie (2009). Daneben verweisen chinesische (vgl. Qiao/Wang 2002 [1999]) und russische Annäherungen an den asymmetrischen Krieg (vgl. Gerassimow 2013) auf die globale Verbreitung und Ausrichtung kriegs- und strategietheoretischer Asymmetrie-Expeditionen.

Blickwinkeln und Begrifflichkeiten dazu beigetragen, dass der intellektuelle Wegebau unkoordiniert verlief. Problematisch erscheint das denjenigen, die gerade »dort neue Erkenntnisse über den Krieg« erwarten, »wo der interdisziplinäre und multimethodische Diskurs über politische Gewalt aufrechterhalten und verstetigt werden kann« (Daase 2003: 195). Ungeachtet entsprechender Erwartungen und Appelle konzentrieren sich die klassischen, »realistisch« geprägten Internationalen Beziehungen bei der Untersuchung asymmetrischer Kriege bislang zumeist auf *Kräfteungleichgewichte*, deren Feststellung ihnen als vorrangiges Kriterium für »Asymmetrie« gilt (vgl. Mack 1975; Paul 1994; Arreguín-Toft 2001; 2005). Stärker an der politischen Kriegstheorie orientierte Untersuchungen hingegen fokussieren mit historisch-soziologisch geweitetem Blick *organisatorische Unterschiede* zwischen staatlichen und nichtstaatlichen Konfliktparteien, wie sie für die »kleinen Kriege« (Daase 1999) und für die »neuen Kriege« (Münkler 2002a) des 21. Jahrhunderts als typisch herausgestellt wurden. Die *strategic studies* wiederum behandeln, wenn sie Fragen der Asymmetrie thematisieren, zumeist *Unterschiede zwischen den Strategien* der Kriegsgegner (vgl. McKenzie 2000; Metz/Johnson 2001; Barnett 2003; Thornton 2008). Entsprechend unverbunden stehen die vielfältigen Erkenntnisinteressen nebeneinander, die einzelne Studien *sub specie asymmetriae* verhandeln, wobei ihr gemeinsames »asymmetrisches Vokabular« oftmals nur oberflächlich tieferliegende konzeptionelle und methodische Differenzen verdeckt.[10] Angesichts der Vielfalt der Perspektiven und Fragestellungen im Asymmetrie-Diskurs erscheint der Versuch angebracht, diesen Diskurs teildisziplinen- und wissenschaftskulturen-übergreifend zu sichten und zu ordnen. Nur so kann auf dem Terrain des asymmetrischen Krieges der von Clausewitz angemahnte »klare Blick« zurückgewonnen werden, der jenseits wissenschaftlicher Ordnungsabsichten auch für eine angemessene Beurteilung der außen-, sicherheits- und weltord-

10 Die Erkenntnisinteressen einzelner Asymmetrie-Studien beziehen sich etwa auf folgende Fragen: Wie gewinnen schwache Akteure gegen starke? (Mack 1975; Arreguín-Toft 2001; 2005) Warum beginnen schwache Parteien Kriege gegen stärkere? (Paul 1994) Welche Auswirkungen haben asymmetrische Kleine Kriege zwischen nichtstaatlichen und staatlichen Akteuren auf die internationale Ordnung? (Daase 1999) »What are asymmetric strategies?« (Bennett u.a. 1999) Wie können asymmetrische Bedrohungen abgewendet oder bekämpft werden? (McKenzie 2000; Metz/Johnson 2001; Bennett 2003) Welche Folgen haben die Bindungen (*constraints*) der US-amerikanischen Streitkräfte für die Wirksamkeit gegnerischer asymmetrischer Strategien? (Barnett 2003) Wodurch unterscheiden sich symmetrische von asymmetrischen Kriegen? (Münkler 2004b) »What does asymmetric warfare look like today?« (Thornton 2008: vii)

nungspolitischen Herausforderungen des 21. Jahrhunderts erforderlich ist. Als interdisziplinärer Ort für dieses Vorhaben bietet sich die Internationale Politische Theorie an. Unter ihrem Dach versammeln sich Bestrebungen, zwischen den politikwissenschaftlichen Teildisziplinen der Politischen Theorie und der Internationalen Beziehungen »die Verschränkung, wenn nicht Verschmelzung der Erkenntnishorizonte« zu erreichen, »ohne dass die eine die andere dominiert« (Deitelhoff 2010: 288). Im Fall des asymmetrischen Krieges haben solche Bestrebungen allerdings zusätzlich die *strategic studies* zu berücksichtigen, die in Konzeptionen einer Internationalen Politischen Theorie nur selten angemessene Beachtung finden.[11] Gelingt eine solche dreifache »Verschmelzung der Erkenntnishorizonte«, so kann die Internationale Politische Theorie die Orientierung auf dem gegenwärtigen Sicherheits-(Forschungs-) Terrain erleichtern und auf diese Weise dazu beitragen, dass »die interdisziplinäre Sicherheitsforschung zusammenhält« (Daase 2012: 40) und dass insgesamt »das Fach [der Politikwissenschaft; F. W.] zusammenhält« (Münkler/Straßenberger 2007).

Was ist der asymmetrische Krieg? Diese grundlegende Frage bildet den Ausgangs- und Orientierungspunkt der Expedition. Um den (Diskurs-) Dschungel des asymmetrischen Krieges zu durchdringen, wird diese Leitfrage als Kompass und auch als Machete genutzt: Sie weist der Expedition die Richtung und hilft ihr bei der Bahnung des Weges. Diskursstränge, die die Suche nach einer Antwort auf die Leitfrage behindern, werden abgeschnitten, um den Fortgang des Unternehmens zu erleichtern. Dies gilt insbesondere für die seit einiger Zeit lebendig geführte Debatte um die vermeintliche oder tatsächliche Neuheit der »neuen Kriege«, in deren Kontext sich die jüngere Asymmetrie-Diskussion vor allem in Deutschland entwickelte.[12]

11 Als ein Beispiel unter vielen für die Ausblendung strategischer Fragen aus der Internationalen Politischen Theorie siehe Rainer Forsts (2010) im Anschluss an Charles Beitz (1999 [1979]) formuliertes Plädoyer für eine »kritische« Internationale Politische Theorie: Diese habe »aus einer normativen Perspektive« (ebd.: 355) die »im Wesentlichen *asymmetrische[n]* Beziehungen und Strukturen unterschiedlichster Art« (ebd.: 357; Hervorh. F. W.) als einen »Komplex von Macht, Herrschaft und Beherrschung« (ebd.) zu analysieren, um sie sodann unter Anwendung eines – von dem strategischen Realismus Thomas Hobbes' explizit unterschiedenen – »andere[n] Realismus« (ebd.) zu kritisieren. Ob dieser »andere Realismus« einer normativen Internationalen Politischen Theorie jedoch ganz ohne Berücksichtigung der *strategischen* Anreize, Erfordernisse und Kalküle auskommen kann, die in asymmetrischen Konfliktkonstellationen wirken, wäre seinerseits kritisch zu analysieren.

12 Für Beiträge zur Debatte um die »neuen Kriege« siehe van Creveld (1991), Kaldor (1999), Kalyvas (2001), Duffield (2002), Münkler (2002a), Gantzel (2002), Brzoska (2004),

Auch auf eine eingehende Behandlung spezifischer Strategien für den asymmetrischen Krieg – beispielsweise Guerilla, Terrorismus und Counterinsurgency – wird zugunsten der Herausstellung verbindender Gemeinsamkeiten der Führung asymmetrischer Kriege verzichtet.[13] Schließlich geht die Studie auch möglichen alternativen Erkenntnisinteressen nicht konsequent nach, denen sich die Erforschung des (asymmetrischen) Krieges ebenfalls widmen kann, so etwa der Analyse von Kriegsursachen (vgl. Sobek 2009; Levy/Thompson 2010) und daran anschließenden Strategien der Kriegsverhinderung, Kriegsbeendigung und Friedenssicherung.[14] Anders als zuweilen in solchen Analysen werden die strategischen Prozesse und Mechanismen *im* Krieg in den Mittelpunkt der Betrachtung gerückt, wobei die politischen und gesellschaftlichen Rahmenbedingungen aber keineswegs ausgeblendet werden sollen. Vielmehr beabsichtigt die Studie, die »Grammatik« des asym-

---

Chojnacki (2004), Heupel und Zangl (2004), Kahl und Teusch (2004), Knöbl (2004), Schlichte (2006), Winter (2008), Geis (2010), Mello (2010), Daase (2011a) sowie McKenzie (2011). Eine Übersicht über diese Debatte bieten Geis (2006) und das Themenheft »Krieg« der Zeitschrift *Erwägen Wissen Ethik* (2008). Die einzelnen Argumente dieser Debatte werden in der vorliegenden Studie nur insoweit berücksichtigt, als ihre Diskussion für die angestrebte (Begriffs-)Klärung des asymmetrischen Krieges zielführend erscheint. In dieser Absicht diskutieren die Kapitel 7a und 7b die Frage, ob es sich bei dem asymmetrischen Krieg um eine historische und ideengeschichtliche »Neuheit« handelt.

13 Zur Theorie und Strategie des Partisanenkrieges und der Guerilla siehe Heilbrunn (1963), Schmitt (2006 [1963]), Mao Zedong (1966; 1969), Hahlweg (1968; 1969), von der Heydte (1972) und Münkler (1990b); zur Strategie des Terrorismus Münkler (2002b: 252–264), Waldmann (2005), Hoffman (2006), Schneckener (2006) und Lange (2013), mit Fokus auf die Unterscheidung zwischen Partisan bzw. Guerillakämpfer und Terrorist außerdem Münkler (1992: 142–175) und Freudenberg (2008: 253–274); zur Counterinsurgency-Strategie siehe Galula (1964), Hahlweg (1969), US Department of the Army (2007), Kilcullen (2010), Rid und Keaney (2010) sowie Sebaldt und Straßner (2011).

14 Auch für Studien mit solchen Erkenntnisinteressen stellt der asymmetrische Krieg einen weiterführenden Untersuchungsgegenstand dar. So können Friedensanalysen, die den Krieg vor allem mit Blick auf die Bedingungen seiner Verhinderung, Beendigung und Beseitigung betrachten, von einem besseren Verständnis der Asymmetrie insofern profitieren, als sie ihren Untersuchungen häufig, wenn auch zumeist implizit, das entsprechende Gegenkonzept – Symmetrie – zugrunde legen; vgl. exemplarisch hierfür den von Dieter Senghaas (1995) unterstellten Zusammenhang zwischen Frieden und Symmetrie, demzufolge eine nachhaltige Friedenssicherung, die durch die »Zivilisierung internationaler Politik« (ebd.: 209) zu erreichen sei, unter anderem auf der Beseitigung »*asymmetrische[r]* Interdependenzstrukturen« (ebd.: 213; Hervorh. F. W.) sowie »*asymmetrische[r]* Ausgangsbedingungen« (ebd.: 218; Hervorh. F. W.) beruhe – eine These, die Senghaas (2011; 2012: 131–167, vor allem 142) in Überlegungen zur Weltordnungspolitik in einer zerklüfteten Welt« (ebd.) weiter ausgearbeitet hat.

metrischen Krieges einerseits aus den inneren *handlungsbezogenen* Logiken, Rationalitäten und Kalkülen der an ihm beteiligten Akteure und andererseits aus seinen äußeren *strukturellen*, politischen und gesellschaftlichen Voraussetzungen heraus zu verstehen und zu erklären. Allein durch die Zusammenschau jener handlungs- und dieser strukturbezogenen Faktoren lässt sich das komplexe Wechselverhältnis entwirren, das zwischen den drei für den asymmetrischen Krieg zentralen Bezugsgrößen des Asymmetrie-Konzeptes besteht. Bei diesen drei zentralen Bezugsgrößen, die im Asymmetrie-Diskurs nur selten eindeutig unterschieden werden und häufig hinter der Dreiheit aus Asymmetrien der Kraft, der Organisationsform und der Strategie zurücktreten, handelt es sich um: erstens *Asymmetrien* im Sinne von Ungleichartigkeiten, die strategische Akteure zwischen einander wahrnehmen – seien diese Asymmetrien kräftebezogener, organisatorischer oder anderer Art –, zweitens *asymmetrische Strategien*, mit denen jene strategischen Akteure auf die wahrgenommenen Ungleichartigkeiten reagieren, sowie drittens politisch-militärische *Grand Strategies der Asymmetrierung*, mit denen sie die wahrgenommenen Asymmetrien vergrößern oder neue Asymmetrien überhaupt erst herstellen.[15] Um *diese* Trias bzw. *diese* »wunderliche Dreifaltigkeit« (Clausewitz 1980 [1832–34]: 213) des asymmetrischen Krieges in den Blick zu bekommen und also Asymmetrien zwischen strategischen Akteuren, asymmetrische Strategien im Krieg und politisch-militärische Grand Strategies der Asymmetrierung in ihrem komplexen Zusammenspiel zu erfassen, wählt die Untersuchung, indem sie handlungs- mit strukturtheoretischen Überlegungen verbindet, eine *zugleich* strategie- *und* politiktheoretische Perspektive auf den Krieg und die internationale Politik. In diesem umfassenden Sinn versteht die Studie sich als Beitrag zu einer *Internationalen Politischen Theorie des Asymmetrischen Krieges*.[16] In ihrer *politik*theoretischen

15 *Beide* genannten Dreiheiten werden in der Untersuchung verhandelt und aufeinander bezogen: Mithilfe der Dreiheit der zentralen Asymmetrie-Typen (Asymmetrien der Kraft, der Organisationsform und der Strategie) wird der Asymmetrie-Diskurs rekonstruiert (Kap. 6), wobei die entsprechende Rekonstruktion in einen Vorschlag zur Erweiterung der drei Typen um weitere Asymmetrien mündet (Kap. 8). Mithilfe der Trias der zentralen Bezugsgrößen des Asymmetrie-Konzeptes (Asymmetrien zwischen strategischen Akteuren, asymmetrische Strategien im Krieg sowie politisch-militärische Grand Strategies der Asymmetrierung) wird darüber hinaus ein gesamtstrategisches Modell der asymmetrischen Kriegführung konstruiert (Teil IV), das die erstgenannte (erweiterte) Dreiheit der Asymmetrie-Typen in eine umfassende Trias der Elemente des asymmetrischen Krieges integriert.

16 Eine solche umfassende, also Strategie und internationale Politik übergreifende Theorie des Asymmetrischen Krieges kann neben der politischen Theorie und den Internationa-

Ausrichtung grenzt die Untersuchung sich somit nicht nur von alternativen Theorieperspektiven auf den Gegenstand »Krieg« ab,[17] sondern unterscheidet sich in ihrer politik*theoretischen* Ausrichtung zudem von empirischen und historischen Fallstudien zu asymmetrischen Kriegen, die sie anzuregen und zu erleichtern hofft.[18] Dementsprechend dienen, anders als in empiri-

len Beziehungen an die interdisziplinäre Strategieforschung anknüpfen, zu der begriffliche (Brodie 1968; Wohlrapp 1998), militär- und konflikttheoretische sowie kriegshistorische (Liddell Hart 1970 [1954]; Schelling 1980 [1960]; Gray 2007; Heuser 2010) und allgemein politikwissenschaftliche (Raschke/Tils 2007; 2010) Studien beigetragen haben. Auf das enge »Verhältnis von politischer und militärischer Strategie« als Gegenstand dieser Forschung wies Herfried Münkler (2010b) hin, der unterstrich, dass das genannte Verhältnis sich »in einem dichten Zusammenspiel von Gesellschaftsordnung und kognitiven Dispositionen« (ebd.: 46) historisch wandelt und beispielsweise asymmetrisch überlegene (imperiale) ebenso wie asymmetrisch unterlegene (anti-imperiale) Akteure »auf eine klare Trennung zwischen politischer und militärischer Strategie« (ebd.: 63) verzichten. Gerade aufgrund dieser für asymmetrische Konstellationen typischen Vermischung politischer mit militärischer Strategie erscheint für ihre Analyse das von Edward Luttwak (1980; 2003) im Anschluss an Basil Liddell Hart (1970 [1954]) geprägte, beide Strategie-Arten übergreifende Konzept der Grand Strategy fruchtbar: Es bezieht sich jenseits der Strategie als »Gebrauch des Gefechts zum Zweck des Krieges« (Clausewitz 1980 [1832–34]: 345) auf »jede Form menschlichen Verhaltens im Kontext eines möglichen Krieges (und eines möglichen politischen Konflikts)« (Luttwak 2003: 123). Im Rahmen der vorliegenden Studie wird der Strategiebegriff sowohl in seinem engen Sinn (als militärische Strategie bzw. Kampfstrategie) als auch in seinem weiten Sinn (als Grand Strategy bzw. umfassende, politisch-militärische Gesamtstrategie) verwendet, wobei der jeweils gemeinte Sinn terminologisch angezeigt wird.

17 Für alternative Theorieperspektiven auf den Krieg, wenn auch nicht immer mit Fokus auf Asymmetrien, siehe die in der Synopse von Jäger und Beckmann (2011) vorgestellten politischen, anthropologischen, biologischen, (sozial-)psychologischen, geopolitischen, demographischen, ökonomischen, ökologischen und theologischen Kriegstheorien. Darüber hinaus leistet neben der philosophischen Kriegstheorie (vgl. Kleemeier 2002) jüngst die Sozialtheorie, nachdem sie den Krieg über einige Zeit eher verdrängte (Joas/Knöbl 2008), wieder wichtige Beiträge zum Verständnis politischer Gewalt (vgl. von Trotha 1999; Knöbl/Schmidt 2000). Hinsichtlich des asymmetrischen Krieges sind dabei theoretische Innovationen, wie bereits bei Daase (1999), insbesondere an der interdisziplinären Schnittstelle zwischen politischer und soziologischer Theorie zu erwarten, so etwa in strukturgeschichtlichen Erklärungen kriegerischer Gewalt, die die »Widersprüche[n] globaler Vergesellschaftung« (Jung u.a. 2003: 55) und die »Gleichzeitigkeit des Ungleichzeitigen« (Schlichte 2005: 45–47) im Rahmen einer politischen Soziologie der Weltgesellschaft ins Auge fassen, darüber hinaus in systemtheoretischen Rekonstruktionen der Theorie des Krieges unter dem Eindruck seines jüngsten Gestaltwandels (vgl. Matuszek 2007; Beckmann 2011).

18 Für empirisch und historisch orientierte Fallstudien zu asymmetrischen Kriegen, die zur begrifflichen Klärung des Asymmetrie-Konzepts allerdings nur selten beizutragen vermögen, siehe: Cordesman und Al Rodhan (2007), Lavoy (2009), Cohen (2010), Man-

schen und historischen Fallstudien, Verweise auf das aktuelle Kriegsgeschehen und die Kriegsgeschichte nicht dazu, Hypothesen oder Theorien zu testen; sie sollen vielmehr dazu beitragen, Begrifflichkeiten und Argumente zu entwickeln, zu schärfen und zu plausibilisieren, um mittels einer derartigen Grundlagenforschung das Forschungsterrain zu erschließen, das erst dadurch einer sozial- und geschichtswissenschaftlichen Beackerung zugänglich wird. In den Worten Andrew Macks, des politikwissenschaftlichen Begründers der Theorie des Asymmetrischen Krieges, geht es also darum, einen konzeptionellen Rahmen zu entwickeln, der empirischen Studien einen Fokus verleihen kann: »The framework defines the necessary questions which must be asked; it does not seek to provide automatic answers« (Mack 1975: 199). In dieser Absicht schlägt die Forschungsexpedition in ihren Teilen II, III und IV drei Schneisen durch den von ihr vorgefundenen Dschungel, eingeleitet durch die hier begonnene vorläufige Erkundung des Terrains (Teil I) und abgeschlossen durch einen Ausblick auf die Zukunft des Krieges – und die Kriege der Zukunft – im 21. Jahrhundert (Teil V).

Die erste Schneise soll den historischen Kontext der zu untersuchenden Leitfrage – Was ist der asymmetrische Krieg? – freilegen. Hierzu wird in Teil II nach den Bedingungen der Entstehung und Entdeckung des asymmetrischen Krieges als eines (ideen-)geschichtlichen Phänomens gefragt: *Wie kam es zur Ausbreitung von Asymmetrien in der Geschichte und Theorie des Krieges?* Der Untersuchung dieser Frage liegt die Annahme zugrunde, dass sich politikwissenschaftliche und politische Konzepte nicht losgelöst von histo-

waring (2012), Zellen (2012) sowie, mit Ansätzen zu einer theoretisch-begrifflichen Klärung, Lowther (2007: 14–81) und Buciak (2008, vor allem 36f.). Auch Beatrice Heusers (2013) Gesamtdarstellung der Geschichte asymmetrischer Kriege »von der Antike bis heute« bietet wichtige Ansätze zur Begriffsklärung (vgl. ebd.: vor allem 13–23 und 133–138), lässt aber eine übergreifende, »zweiseitige« theoretische Konzeption des asymmetrischen Krieges ebenfalls vermissen. Eine solche Konzeption wäre jedoch erforderlich, um die (mindestens) zwei Seiten der Asymmetrie asymmetrie-theoretisch zusammenzubinden, die die zwei Teile von Heusers Darstellung unter den Titeln »Partisanen und Aufstände« (ebd.: 15–129) sowie »Bekämpfung von Aufständen« (ebd.: 131–251) anhand vielfältiger (ideen-)geschichtlicher Phänomene und Aspekte verhandeln. Für eine vergleichsweise fruchtbare Verknüpfung historischer Analyse mit theoretischer Begriffsarbeit siehe Walters (2005; 2008; 2014) Studien zu asymmetrischen Kolonial- und Imperialkriegen, in denen dann aber überraschender Weise doch Vorbehalte gegenüber dem »stark theoretisierende[n] Paradigma der ›asymmetrischen Kriegführung‹« (Walter 2014: 16) angemeldet werden. Mit Blick auf die Verworrenheit des gegenwärtigen Asymmetrie-Diskurses scheint weniger eine zu starke Theoretisierung als vielmehr die weitgehende Untertheoretisierung des asymmetrischen Krieges das Hauptproblem darzustellen – mit Folgen gerade auch für die empirische und historische Kriegsforschung.

rischen und ideengeschichtlichen Kontexten entwickeln. Ausgehend von einer wortgeschichtlichen Zusammenstellung der Verwendungsweisen des Begriffspaares Symmetrie/Asymmetrie außerhalb des Kriegsdiskurses soll daher die Genealogie der Asymmetrie-Semantik im Schnittfeld zwischen Kriegsgeschichte und Kriegstheorie rekonstruiert werden. Dabei ist zu zeigen, inwiefern das europäisch-westliche Kriegsdenken über lange Zeit historische Symmetrien reflektierte und stabilisierte, deren Erosion im 20. Jahrhundert das asymmetrische Denken hervorbrachte. Das Aufkommen der Asymmetrie-Semantik wird in diesem Sinn als Antwort auf die Herausforderungen gedeutet, die die »ungleiche« Atomrüstung im Kalten Krieg wie auch die »ungleichen« Kriege der Dekolonisierung mit sich brachten. Die weltweite Ausbreitung der Asymmetrie-Semantik um die Jahrtausendwende kann ihrerseits auf die globalen Umbrüche zurückgeführt werden, die sich mit der Jahreszahl 1991 und dem Datum 11. September 2001 verbinden. Die politisch-strategische Wahrnehmung dieser Umbrüche *sub specie asymmetriae*, also des Zusammenbruchs der Sowjetunion und des Einbruchs des transnationalen Terrorismus in die vormals symmetrische Weltordnung, verhalfen dem Asymmetrie-Konzept zum Durchbruch. So stieg die »Asymmetrie« in weniger als vier Jahrzehnten von einem abseitigen akademischen Fachbegriff zu einem zentralen politischen Schlagwort auf, das seine Sprengkraft in zeitgenössischen sicherheitspolitischen Dokumenten und Strategiepapieren entfaltete, wie am Beispiel der USA veranschaulicht wird.

Die zweite Schneise schlägt die Untersuchung durch den Asymmetrie-Dschungel, um der übergreifenden Leitfrage, was der asymmetrische Krieg sei, systematisch nachzugehen. Hierzu wird in Teil III gefragt: *Welche Vorstellungen des asymmetrischen Krieges prägen den kriegstheoretischen Asymmetrie-Diskurs?* Das Ziel besteht darin, eine (Diskurs-)Landkarte des asymmetrischen Krieges zu entwerfen, die einen Überblick über dessen Terrain erlaubt. Hierzu werden die vielfältigen Figuren, Metaphern und Bilder der Asymmetrie gesichtet, die die Wahrnehmung des asymmetrischen Krieges bestimmen. Neben David und Goliath sind dabei zahlreiche weitere Verkörperungen des Asymmetrischen in Augenschein zu nehmen. Um diese Vielfalt analytisch in den Griff zu bekommen, werden zehn methodisch-formale Kriterien vorgeschlagen, mit deren Hilfe Asymmetrie-Verständnisse klassifiziert werden können. Zudem werden die wichtigsten Forschungsbeiträge drei thematischen Hauptpfaden zugeordnet, auf denen der Asymmetrie-Diskurs den asymmetrischen Krieg zumeist erkundet: der Asymmetrie der Kraft, der Asymmetrie der Organisationsform und der Asymmetrie der Strategie. Darüber hinaus wird den Spuren und Argumenten derjenigen nachgegangen, die Einwände gegen das Konzept des asymmetrischen Krieges vorgebracht haben. Die Ergebnisse dieser umfassenden Diskurs-Kartographierung fließen in die gesuchte Asymmetrie-Landkarte ein. Diese verzeichnet jenseits der Asymmetrie der Strategie, der in der folgenden Expeditionsetappe genauer nachgeforscht wird, insgesamt acht Typen der Asymmetrie: die Asymmetrien der Kraft, der Organisationsform, der Entschlossenheit, der Verwundbarkeit, der Selbstbindung, der Legitimität, des Raumes und der Zeit. Von diesen acht Asymmetrien wird angenommen, dass sie die strategische ebenso wie die politische Handhabung des asymmetrischen Krieges, also seine Führung und Nutzung ebenso wie seine Begrenzung und Verhinderung bestimmen.

Die dritte Schneise schlägt die Expedition, um in Teil IV die politisch-strategischen Aspekte der Leitfrage, was der asymmetrische Krieg sei, eingehend abzuschätzen. Hierzu wird gefragt: *Wie bewegen sich rationale Akteure auf dem Terrain des asymmetrischen Krieges?* Zur Klärung dieser Frage werden, anknüpfend an das bis dahin entwickelte Asymmetrie-Verständnis, aus dem Blickwinkel »rationaler« politisch-strategischer Akteure Kosten-Nutzen-Erwägungen hinsichtlich ihrer symmetrischen und asymmetrischen Strategie-Optionen angestellt. Dabei werden die zuvor vermessenen acht Typen der Asymmetrie nicht allein als »exogene«, unveränderliche Kontextbedingungen von Entscheidungen für oder wider asymmetrische Strategie-Optionen verstanden. Vielmehr werden sie zugleich als »endogen« begriffen in dem Sinn, dass ihre Größe und Wirkung von den politisch-strategischen Entscheidungen der Kriegführenden abhängen. Das akteurs- mit strukturtheoretischen Überlegungen verbindende gesamtstrategische Modell »rationaler« asymmetrischer Kriegführung, das auf diese Weise entwickelt wird, sucht die acht Asymmetrie-Typen in ihren Wechselwirkungen und ihrem komplexen Verhältnis zu den anderen zwei Bezugsgrößen des Asymmetrie-Konzepts zu erfassen, also zu asymmetrischen Strategien und Grand Strategies der Asymmetrierung. Hierdurch lässt sich erklären, warum der asymmetrische Krieg seiner inneren Dynamik nach zur Entgrenzung und Eskalation tendiert: Asymmetrische Kontrahenten nehmen Anreize zur strategischen Ausnutzung und Vergrößerung von Asymmetrien wahr. Die entsprechenden Anreize werden in zehn »Gesetzen des Dschungels« formuliert und darüber hinaus in akteursspezifischen »Überlebensregeln« für asymmetrisch Schwache einerseits und asymmetrisch Starke andererseits konkretisiert. Um die Erklärungskraft des entwickelten Modells zu überprüfen, wird mit seiner Hilfe schließlich diejenige Auseinandersetzung analysiert, die die asymmetrische Weltpolitik zu Beginn des 21. Jahrhunderts dominiert: die Auseinandersetzung zwischen sogenannten »Schurken« wie nichtstaatlichen Terrornetzwerken und staatlichen »rogue states« auf der einen Seite und westlichen Staaten auf der anderen Seite. Diese »ungleichartigen« Kontrahenten, die einander wechselseitig als asymmetrisch wahrnehmen, entwickeln unterschiedliche, gegenläufige oder eben »asymmetrische« Grand Strategies für den asymmetrischen Krieg, mit denen sie einander fortlaufend zur Asymmetrierung und damit zur Entgrenzung und Eskalation provozieren.[19]

Damit sind die drei Etappen der Expedition abgesteckt. Die Route wird allerdings »unterwegs« hier und da noch zu modifizieren sein, trifft doch das

19 Der Begriff »westliche Staaten« grenzt die damit bezeichneten Akteure in dreifacher Hinsicht gegenüber anderen Akteurstypen ab: *erstens* als Staaten gegenüber nichtstaatlichen Akteuren (wie zum Beispiel Al Kaida), *zweitens* als liberaldemokratisch verfasste und international anerkannte Staaten gegenüber anders verfassten, international nicht voll anerkannten sogenannten »Schurkenstaaten« (wie zum Beispiel Nordkorea oder Iran) sowie *drittens* als fortgeschrittene Industriestaaten gegenüber nicht gleichermaßen entwickelten Staaten (wie zum Beispiel der Volksrepublik China); zu alternativen Typologien internationaler Akteure, die allerdings nicht immer jede der drei genannten Abgrenzungen vornehmen, siehe die konzeptionellen Überlegungen zu »begrenzter Staatlichkeit« bei Risse und Lehmkuhl (2007), zu »künstlichen Staaten« bei Rüb (2007) sowie zu »Typen von Staatlichkeit« bei Schneckener (2007), der »konsolidierte«, »schwache«, »versagende« und »gescheiterte« Staatlichkeit unterscheidet (ebd.: 109). Die Begriffe »Schurke« und »Schurkenstaat« bzw. »rogue state« werden wegen ihres politisch-polemischen Charakters in Anführungszeichen verwendet – als Sammelbezeichnungen für relativ schwache, international (teilweise) isolierte nichtstaatliche und staatliche Akteure mit prekärer, fragiler Legitimität. Dass es sich bei diesen Begriffen um politische *labels* handelt, die ebenso wie die Bezeichnungen »Terrorismus«, »Terrorstaat«, »fragiler Staat« etc., aber auch die Bezeichnungen »Imperium«, »Hegemon« usw. Ausdruck und Ergebnis asymmetrisch geführter Legitimitätskämpfe und umstrittener Praktiken des *labeling* sind (Jenkins 2003: 166), soll durch ihre Verwendung nicht verschleiert, sondern mithilfe der Anführungszeichen gerade offengelegt werden. Die entsprechenden Legitimitätskämpfe äußern sich darin, dass die einen sich der genannten *labels* demonstrativ *ohne* Anführungszeichen bedienen, um dadurch die Legitimität zu ihren Gunsten zu symmetrieren oder asymmetrieren, während die anderen zu demselben Zweck solchen rhetorischen Strategien ihrerseits die strategische *Nicht*-Verwendung, Begriffsdekonstruktion und Begriffskritik entgegenstellen. Dass das Feuer in der asymmetrischen Auseinandersetzung auf diese Weise auch legitimitätspolitisch und begriffspolemisch stets neu geschürt wird, hat eine reflektierte Analyse asymmetrischer Legitimitäts-Verhältnisse (vgl. Kap. 8f) und asymmetrischer Legitimitäts-Kämpfe (vgl. Kap. 11 und 12) im Blick zu behalten, scheint aber zugleich in dem deutschen Wort »Schurke« angelegt zu sein: Etymologisch verweist der »Schurke« auf den althochdeutschen »fiurscurgo«, den »Feuerschürer« zurück (Duden 1994: 3014).

Wort, das Clausewitz auf militärische Unternehmungen münzte, in ähnlichem Maße auf intellektuelle Vorhaben zu, nämlich »dass die Strategie mit ins Feld ziehen muss, um das Einzelne an Ort und Stelle anzuordnen und für das Ganze die Modifikationen zu treffen, die unaufhörlich erforderlich werden« (Clausewitz 1980 [1832–34]: 345). Intellektuelle Expeditionen haben dabei allerdings ebenso wie militärische der Gefahr vorzubeugen, in der Fülle des »an Ort und Stelle« anzuordnenden »Einzelnen« und in der Vielzahl der jeweils zu treffenden »Modifikationen« den Blick für »das Ganze« ihres Vorhabens und ihres Terrains zu verlieren. Daher erscheint es ratsam, im Rahmen dieser vorläufigen Geländebegehung noch etwas genauer, wenn auch überblicksartig das Gesamtterrain in Augenschein zu nehmen, das im weiteren Verlauf der Expedition systematisch durchdrungen werden soll.

Zu einer vorläufigen Geländeerkundung im Vorfeld von Expeditionen rät nicht zuletzt der General Clausewitz, wenn er bemerkt, dass »Gegend und Boden«, wie er in dem gleichnamigen 17. Kapitel des fünften Buches in *Vom Kriege* schreibt, »eine sehr nahe und nie fehlende Beziehung zur kriegerischen Tätigkeit [haben; F. W.], nämlich einen sehr entscheidenden Einfluss auf das Gefecht, sowohl was seinen Verlauf selbst als seine Vorbereitung und Benutzung betrifft« (ebd.: 602). Clausewitz nimmt bei seiner kriegstheoretischen Erkundung von »Gegend und Boden« primär das *physische* Terrain in den Blick, vor allem jene schwierigen Geländearten, die von dem »Begriff einer vollkommenen und vollkommen offenen Ebene, also eines ganz wirkungslosen Bodens« (ebd.: 603), abweichen. Hierzu zählen drei Geländearten, die sich gerade wegen ihrer Schwierigkeit besonders gut für die Führung eines Volks- und Guerillakrieges eignen: »das Gebirgsland, das wenig bebaute, mit Wald und Sümpfen bedeckte, und das sehr angebaute« (ebd.) Land, jene Geländearten also, wie sie sich im Gebirge Afghanistans, in den Wäldern und Sümpfen Vietnams und in den die »Stadtguerilla« begünstigenden »sehr angebauten« bzw. sehr bebauten Großstädten Syriens und des Irak historisch-geographisch konkretisieren.[20] Demgegenüber muss eine Geländeer-

20 Clausewitz zählt solchermaßen schwieriges Gelände in dem der »Volksbewaffnung« gewidmeten 26. Kapitel des sechsten Buches in *Vom Kriege* zu den »Bedingungen, unter welchen allein der Volkskrieg wirksam werden kann« (Clausewitz 1980 [1832–34]: 801). Die Wirkung dieses Kriegstyps hänge nämlich davon ab, »dass das Land sehr durchschnitten und unzugänglich sei, entweder durch Gebirge oder durch Wälder und Sümpfe oder durch die Natur der Bodenkultur« (ebd.). Clausewitz' These, dass schwieriges Terrain Aufstände und Bürgerkriege begünstige, haben Fearon und Laitin (2003), wenn auch ohne Clausewitz-Bezug, durch eine quantitative Auswertung von 127 Bürgerkriegen aus dem Zeitraum 1945 bis 1999 empirisch überprüft. Ihre Untersuchung, die sich

kundung des asymmetrischen Krieges über dieses von Clausewitz ins Auge gefasste physische Terrain hinausgehen, will sie die ihrem Gegenstand immanente Tendenz zur wuchernden Entgrenzung in vielfältige, wenn nicht gar sämtliche Bereiche des Strategischen hinein erfassen. Auch auf *nichtphysisches* Terrain hat sie vorzustoßen, wird der asymmetrische Krieg doch gerade auf diesem und um dieses Terrain geführt, so etwa im virtuellen, medialen, sozialen, ideologischen und religiösen Raum, in der zivilgesellschaftlichen Sphäre und im globalen Untergrund sowie auf den Gebieten des Völkerrechts und der Diplomatie, kurzum: in sämtlichen Bereichen, in denen Asymmetrien für die Kriegführung entdeckt, geschaffen und ausgenutzt werden können. Um die Vielfalt dieser Asymmetrien und ihrer Wirkungsweisen zu erfassen, begibt sich die Theorie des Asymmetrischen Krieges auf das »unebene«, »schwierige« Terrain der asymmetrischen Kriegführung, und das heißt: sie verlässt den »ebenen«, begrenzten und überschaubaren symmetrischen Barockgarten, dem das europäisch-westliche Kriegsdenken in oftmals zu enger – und gerade hierin missverstandener – Gefolgschaft des seinerseits für die natürliche Gestaltvielfalt und Wandelbarkeit des Krieges sensiblen kriegstheoretischen Expeditionisten Clausewitz verhaftet blieb. Nur wenn sie so verfährt, kann sie die zuweilen bestrittene Aktualität (vgl. van Creveld 1991; Keegan 1997) der eben in dieser Hinsicht vielfach »missverstandenen Kriegstheorie« (Daase/Schindler 2009) des preußischen Generals fruchtbar machen und mit Clausewitz als einem Vorläufer *und* Gefährten der politischen Kriegstheorie, der Internationalen Beziehungen sowie der *strategic studies* im 21. Jahrhundert – also mit »Clausewitz in the Twenty-First Century« (Strachan/Herberg-Rothe 2007) – das Terrain *auch* des asymmetrischen Krieges erkunden und erobern.[21] Den Gegenstand dieser Erkundung und

auf den Einfluss gebirgigen Geländes konzentriert (unter Ausblendung von »other sorts of rough terrain that can be favorable to guerrillas such as swamps and jungle«; ebd.: 81), formuliert als Hypothese: »The presence of […] rough terrain, poorly served by roads, at a distance from the centers of state power, should favor insurgency and civil war« (ebd.: 80). Diese Hypothese wird im Ergebnis durch die quantitative Auswertung gestützt: »Mountainous terrain is significantly related to higher rates of civil war. A country that is about half ›mountainous‹ (ninetieth percentile) and otherwise at the median has an estimated 13.2 % chance of civil war over the course of a decade. A similar country that is not mountainous at all (tenth percentile) has a 6.5 % risk.« (ebd.: 85)

21 Die Kriegsforschung hat sich in diesem Sinne in ein bedingtes, flexibles Gefolgschaftsverhältnis zu ihrem preußischen Vordenker zu begeben, um die Gegenwart und Zukunft des Krieges mit Clausewitz *und* über Clausewitz hinaus zu bedenken: »Thinking about contemporary and future warfare with, and sometimes beyond, Clausewitz can still be the best way to begin« (Herberg-Rothe 2007: 307).

Eroberung bildet dann das Terrain jenseits der »vollkommen offenen Ebene«, wie die klassische Kriegstheorie sie konzeptionell und wie der französische Barockgarten sie gartenbaulich (re-)präsentiert, und noch jenseits der rein physisch-geographischen Abweichungen von dieser Ebene, wie Clausewitz sie bei der Behandlung von »Gegend und Boden« thematisiert und wie der hügelige, bewaldete, von Teichen und Wegen unregelmäßig durchzogene englische Landschaftsgarten sie gartenbaulich inszeniert. Jenseits solcher französischer und englischer Theorieangebote und Gartenbauanlagen stößt die Theorie des Asymmetrischen Krieges auf den umfassenden, nicht rein physischen, sondern sich in sämtlichen Bereichen des Strategischen wuchernd ausbreitenden Dschungel vor, um – mit Clausewitz über Clausewitz hinausgehend – den Einfluss *dieser* Art von »Gegend und Boden« begrifflich-konzeptionell zu erfassen: »In *dieser* Beziehung, also in der *ganzen* Bedeutung des [nicht allein; F. W.] französischen [, jedoch auch nicht allein englischen; F. W.] Ausdrucks *Terrain,* haben wir Gegend und Boden hier zu betrachten.«[22] (Clausewitz 1980 [1832–34]: 602)

Die damit angestrebte Neubetrachtung des Kriegsterrains und der internationalen Politik im 21. Jahrhundert verlässt, indem sie Asymmetrien statt Symmetrien (bzw. neben Symmetrien) erkundet, vertrautes Gelände und bleibt gleichwohl – wie jede Theorie – ihrerseits diskursiv und historisch verortet. So kann sie als eine »Arbeit Post-1989« (Sprengel 1996: 7) in den größeren Zusammenhang einer Neuperspektivierung des geopolitischen Raums eingeordnet werden, wie sie angesichts der vielfach diagnostizierten »neuen Unübersichtlichkeit« und »neuen Unordnung« nach dem Ende des Ost-West-Konflikts nicht nur von politikwissenschaftlicher Seite angeregt und angemahnt wurde: »Die neue Ordnung der Welt ist bislang so unübersichtlich wie konturenlos. Der Übergang von als gesichert erachteten Begriffen der Bipolarität in ein neues System von Wahrnehmung und Deutung der Wirklichkeit wird offensichtlich noch lange dauern« (Diner 1993: 11) – eine Diagnose der »Verunsicherung« (ebd.: 7), die nach den Terroranschlägen vom 11. September 2001 umso dringlicher vorgetragen wurde: »Diesen Raum des Ost-West-Konfliktes gibt es nicht mehr. Etwas ist zu Ende. [...] Unter unseren Augen entsteht ein neuer Raum, eine neue Ordnung der Welt, während die Begriffe und die Sprache, die sie erfassen sollen, noch nicht bereitstehen« (Schlögel 2003: 4). In dieser Situation einer als krisenhaft empfundenen Sprach- und Orientierungslosigkeit angesichts des sich

22 Hervorhebung von »Terrain« im Original, die anderen Hervorhebungen F. W.

ins »Ungesicherte« öffnenden »neuen Raums«, der nicht mehr mit dem vertrauten, von Symmetrien durchzogenen »Erfahrungsraum« (Koselleck 1976) der europäisch-westlichen Kriegsgeschichte und Kriegkultur zur Deckung zu bringen scheint, gewinnt neben der Kritik der alten Begriffe die Suche nach einer neuen Sprache an Bedeutung, einer Sprache, in der über »eine neue Ordnung der Welt« überhaupt erst nachgedacht und gesprochen und mit deren Hilfe ein zukunftsgerichteter und zugleich zukunftsoffener »Erwartungshorizont« (ebd.) überhaupt erst ausgebildet werden kann. Die Politikwissenschaft ist gut beraten und auch gut gerüstet, entsprechende semantische – und auch metaphorische – Deutungsangebote auf ihre Orientierung und Ordnung stiftenden Potenziale, also auf ihre möglichen Beiträge zu einer zukünftigen Deutung und Gestaltung der Welt hin zu evaluieren, statt sie ausschließlich rückwärtsgewandt als Reaktionen auf die genannte Orientierungs- und Ordnungskrise zu historisieren oder sie allein in begriffs- und metaphernkritischer Absicht zu dekonstruieren. In dem Bestreben, *beide* Verfahrensweisen miteinander zu verbinden, vereint die Untersuchung eher dekonstruktive (Teile II und III) mit eher konstruktiven (Teile IV und V) Zielen und Methoden, wobei die Konstruktion freilich nicht beansprucht, deduktiv aus der Dekonstruktion hervorzugehen. Somit teilt die Untersuchung zwar die Einsicht der poststrukturalistisch sich verortenden »Critical Geopolitics« in die sprachliche Konstruiertheit *eines jeden* geopolitischen Ordnungsentwurfs (vgl. Ó Tuathail 1996; 1998; Lossau 2001): des »Westfälischen Staatensystems« ebenso wie des »Kalten Krieges« und des »neuen Asymmetrien-Raums« des 21. Jahrhunderts ebenso wie des »Dschungels«, als der dieser Raum hier mitsamt dem darin geführten Krieg metaphorisch in seiner »bestimmten Unbestimmtheit« (Blumenberg 1983: 16) vorgestellt wird.[23] *Dennoch* aber bemüht die Untersuchung sich darum, die *dekonstruktivistische Kritik* solcher ordnenden Semantiken und Deutungsangebote in eine *(selbst-)kritische Konstruktion* begrifflicher oder auch »nur« metaphorischer Ordnung zu überführen, statt »[d]as Ordnen von Räumen«

23 Ob die für den Asymmetrien-Raum des 21. Jahrhunderts und den darin geführten asymmetrischen Krieg verwendete Dschungel-Metapher im Sinne Hans Blumenbergs (1998) als eine »absolute Metapher« zu verstehen sei oder die durch sie vorgenommene »Übertragung« sich nicht womöglich doch »ins Eigentliche, in die Logizität zurückholen lasse[n]« (ebd.: 10), dieser Frage entspricht diejenige nach den Chancen und Grenzen einer vollständigen rationalen Durchdringung und begrifflichen Beschreibung des asymmetrischen Krieges und des Asymmetrien-Raums des 21. Jahrhunderts. Gerade die Offenheit *beider* Fragen lässt den Dschungel als geeignete Metapher für den zu erkundenden Gegenstand erscheinen.

(Jureit 2012) ausschließlich anderen, insbesondere sogenannten »Praktikern« zu überlassen. Diese haben nach dem Zusammenbruch der alten Ordnung den historischen Moment längst erkannt und die Gelegenheit ergriffen, eine neue Weltordnung – »a new world order« (Bush 1991) – zu imaginieren und zu projektieren: »a world where the rule of law, not the law of the jungle, governs the conduct of nations« (ebd.). Um solche politikpraktischen Imaginationen und Projekte »neuer Weltordnung«, mit denen die »Herrschaft des Dschungels« durch eine »Herrschaft des Rechts« ersetzt werden soll, wie dies der US-amerikanische Präsident George Bush am 16. Januar 1991 anlässlich des Beginns der US-geführten Luftschläge gegen die irakischen Besatzungstruppen in Kuwait verkündete, kritisieren oder aber mitkonstruieren zu können, hat die Politikwissenschaft eigene Ordnungsalternativen zu formulieren, um in deren Lichte die Projekte der »Praktiker« zu evaluieren.[24] Dabei kann der »konstruktive« Anspruch der politikwissenschaftlichen Theorie freilich nicht so weit gehen, der politisch-strategischen und gesellschaftli-

24 Soll dieser Versuch, mit politikwissenschaftlichen Mitteln »kritisch-konstruktiv« zur begrifflichen oder auch »nur« metaphorischen Ordnung der Welt im 21. Jahrhundert beizutragen, nicht »naiv« erscheinen, so hat er »selbstkritisch« anzuerkennen, dass es auch ihm kaum gelingen dürfte, »die *eine*, endgültige, allumfassende und objektiv richtige Ordnung der internationalen Politik zu finden und damit inmitten der neuen Unübersichtlichkeit der internationalen und globalen Politik eine neue Übersichtlichkeit zu etablieren« (Lossau 2001: 71). Das Ziel kann demnach nur darin bestehen, die »neue Unübersichtlichkeit« zunächst und zumindest *als solche* begreifbar zu machen, statt sie entweder (wie die klassische Geopolitik) durch eine »neue Übersichtlichkeit« zu ersetzen oder aber (wie die »Critical Geopolitics«) vor ihrer vermeintlichen Unbegreifbarkeit zu kapitulieren. Metaphorisch gesprochen käme es also darauf an, den Dschungel in seiner Dschungelartigkeit zu erfassen, statt diese Dschungelartigkeit entweder definitorisch zu beseitigen oder aber unter ihrem Eindruck agnostisch zu resignieren. Zwar mag auch ein solcher Versuch zur Herstellung von »Unübersichtlichkeits-Übersicht« im Sinne einer »bestimmten Unbestimmtheit« (Blumenberg 1983: 16) noch als eine Strategie zu entlarven sein, als eine Strategie nämlich, »die kontingente Wirklichkeit in eine ganz bestimmte Ordnung zu bringen. Und zwar in eine Ordnung, die vor dem Ordnen nicht bestanden hat. Und nicht zuletzt in eine Ordnung, die andere Ordnungen zwangsläufig ausschließen und andere Wahrheiten zwangsläufig marginalisieren muss« (Lossau 2001: 72). Doch sollte gerade die Politikwissenschaft (als Wissenschaft und als Disziplin) den Wert der Übersicht und Ordnung nicht gänzlich aufgeben, sondern stattdessen – im Wissen um die Konstruiertheit und Kontingenz *jeder* (welt-)politischen Ordnung – (selbst-)kritisch und *dennoch* selbstbewusst einen konstruktiven Beitrag zur Schaffung von Übersicht »inmitten der neuen Unübersichtlichkeit« zu leisten versuchen – in einer Haltung, die womöglich stärker als der reine *De*konstruktivismus der »Critical Geopolitics« deren eigenem Anspruch auf »ein ironisches Denken« (ebd.: 61) entspricht, »und zwar in einem durchaus positiven Sinn« (ebd.).

chen Praxis deren ureigenste Ordnungsaufgaben abzunehmen und also Politik, Militär und Gesellschaft im Sinne einer »positive[n] Lehre, d. i. *Anweisung*« (Clausewitz 1980 [1832–34]: 290) konkrete Lösungen vorzuschreiben, was bereits Clausewitz für unmöglich hielt. Wohl aber kann die Theorie *als Theorie* im Sinne einer wirklichkeitsnahen »Betrachtung« (ebd.) danach streben, sich »mit dem Handeln so zu befreunden, dass der widersinnige Unterschied zwischen Theorie und Praxis [möglichst; F. W.] ganz verschwinde, den oft eine unvernünftige Theorie hervorgerufen, und womit sie sich von dem gesunden Menschenverstand losgesagt hat« (ebd.: 292).[25]

Ob die Asymmetrie-Semantik und inwiefern auch die Dschungel-Metaphorik zu einer solchen – Theorie, Praxis *und* gesunden Menschenverstand orientierenden – Ordnung der Welt im 21. Jahrhundert beitragen können, ist zunächst eine offene, gerade aber aufgrund ihrer Offenheit zukunftsgerichtete Frage. Die Untersuchung dieser Frage führt jenseits abgeschlossener Verortungen auf jenes unbekannte, unübersichtliche, ungesicherte Terrain, das Skeptiker und Kritiker der Asymmetrie-Begrifflichkeit lieber meiden oder das sie, wenn ihnen seine schnelle Durchdringung nicht gelingt, unter Einsatz intellektueller Exit-Strategien voreilig wieder verlassen. Solcher Skepsis bezüglich einer erfolgreichen Durchdringung des asymmetrischen Krieges mithilfe einer allgemeinen Theorie begegnet die politiktheoretische Expedition hier in Nachfolge ihres kriegserfahrenen Gefährten Carl von Clausewitz mit der diesem eigenen Erkenntniszuversicht, die nicht nur die Suche nach den Gesetzen des symmetrischen Krieges, sondern auch die Erkundung der Gesetze des asymmetrischen Krieges anleiten kann und begleiten soll:

»Die großen Schwierigkeiten, welche ein solcher philosophischer Aufbau der Kriegskunst hat, und die vielen sehr schlechten Versuche, welche darin gemacht sind, hat die meisten Leute dahin gebracht, zu sagen: es ist eine solche Theorie nicht möglich, denn es ist von Dingen die Rede, die kein stehendes Gesetz umfassen kann. Wir wür-

25 In diesem Clausewitzschen Anspruch folgt die »mit dem Handeln befreundete Theorie« (vgl. Vollrath 1993 und Münkler 2008a: 127f.) denjenigen, die Politikwissenschaft *weder* »in Richtung einer exklusiven Freundschaft mit einer möglichst widerspruchsfreien, möglichst reinen und mithin ›realitätsfremden‹ Theorie« (Wassermann 2011: 577f.) betreiben *noch* »in Richtung einer exklusiven Freundschaft mit einer möglichst politiknahen, möglichst praktischen und praxistauglichen Beratungsperformanz, die unter dem Banner der Praxisnähe ihre Theorie- und Reflexionsferne verdeckt« (ebd.: 578). Stattdessen sucht sie zwischen politischer *Theorie* und *politischer* Theorie einen Mittelweg zu gehen (vgl. Wassermann 2007: 67): Dieser verbindet *beide* Perspektiven miteinander, ermöglicht Perspektivwechsel *zwischen* ihnen und fördert auf *diese* Weise die Freundschaft der Theorie mit der Praxis – und mit »dem gesunden Menschenverstand«.

den in diese Meinung einstimmen und jeden Versuch einer Theorie aufgeben, wenn sich nicht eine ganze Anzahl von Sätzen ohne Schwierigkeit ganz evident machen ließe.«[26] (Clausewitz 1980 [1832–34]: 182)

26 Das Zitat stammt aus einem unvollendeten Aufsatz Clausewitz', den seine Ehefrau Marie von Clausewitz dessen Werk *Vom Kriege* voranstellte, das sie in den Jahren 1832 bis 1834 unmittelbar nach dem Tod ihres Mannes im Jahr 1831 herausgab. Wie jener Aufsatz blieb auch *Vom Kriege* unvollendet.

II. Entstehung des Dschungels: Asymmetrien in Geschichte und Theorie des Krieges

»We have slain a large dragon. But we live now in a jungle filled with a bewildering variety of poisonous snakes. And in many ways, the dragon was easier to keep track of.«
James Woolsey[27]

Am Ende der ersten Dekade des 21. Jahrhunderts bestimmen Asymmetrien weltweit die Sicherheitsstrategien, Militärplanungen und Regierungsprogramme. Die Nationale Sicherheitsstrategie der USA aus dem Jahr 2010 erkennt in der Abwehr asymmetrischer Bedrohungen die entscheidende Herausforderung für die zukünftige US-amerikanische Sicherheitspolitik: »We must maintain our military's conventional superiority, while enhancing its capacity to defeat asymmetric threats« (US President 2010: 5). Der russische Generalstabschef Walerij Gerassimow stellt in einer programmatischen Rede vor der Jahresversammlung der Russischen Akademie für Militärwissenschaft im Jahr 2013 fest: »We must acknowledge that, while we understand the essence of traditional military actions carried out by regular armed forces, we have only a superficial understanding of asymmetrical forms and means [асимметричных формах и способах]« (Gerassimow 2013). Die deutsche Bundeskanzlerin Angela Merkel nennt bei der Vorstellung des Regierungsprogramms der von ihr geführten Großen Koalition am 29. Januar 2014 im Deutschen Bundestag den »Kampf gegen die asymmetrischen Bedrohungen« eine der »großen Herausforderungen unserer Zeit« neben dem »Schutz unseres Klimas« und dem »Zugang zu Energie« (Bundesregierung 2014). Noch vier Jahre zuvor hatte Angela Merkel die Asymmetrie-Semantik allenfalls mit demonstrativer Skepsis verwendet. Am 22. April 2010 sprach sie in einer Regierungserklärung zum deutschen Afghanistan-Einsatz vorsichtig von der »*so genannte[n]* asymmetrische[n] Bedrohung« (Bundesregierung 2010b; Hervorh. F. W.). Die Skepsis und Vorsicht gegenüber der

27 Der CIA-Direktor bei einer Anhörung im US-amerikanischen Senat am 2. Februar 1993, unmittelbar vor seiner Amtseinsetzung (zit. nach Garthoff 2005: 221). Woolseys »Dschungel« als Bild für die internationale (Un-)Ordnung nach dem Kalten Krieg lieferte zahlreichen Publikationen zum asymmetrischen Krieg ihre Leitmetaphorik, so etwa Arnold (2009) und Rogers (2010).

Asymmetrie-Semantik sind inzwischen nicht nur in der deutschen Diskussion weitgehend verflogen. Was auch immer im Einzelnen »so genannt« wird: »Asymmetrien« prägen zu Beginn des 21. Jahrhunderts weltweit das Sprechen und Nachdenken über die internationale Politik und den Krieg. In politischen Reden, strategischen Dokumenten, wissenschaftlichen Studien und journalistischen Beiträgen werden »globale Asymmetrien« und »asymmetrische Feinde« identifiziert, »asymmetrische Methoden« und »Strategien der Asymmetrierung« konzipiert, »asymmetrische Konstellationen« und »asymmetrische Konflikte« analysiert. Der Asymmetrie-Begriff und seine Ableitungen – darunter die »Asymmetrierung« und das Adjektiv »asymmetrisch« – haben sich im politischen, strategischen, akademischen und öffentlichen Diskurs über die internationale Politik und den Krieg fest etabliert.

Die große Aufmerksamkeit, die dem asymmetrischen Krieg zu Beginn des 21. Jahrhunderts zuteil wird, erscheint umso bemerkenswerter angesichts der jungen Begriffsgeschichte der kriegsbezogenen Asymmetrie. Erst in der Mitte der siebziger Jahre des 20. Jahrhunderts findet das Asymmetrie-Konzept Eingang in den akademischen Kriegsdiskurs, und erst um die Jahrtausendwende greifen Politiker, Strategen und Journalisten die ursprünglich wissenschaftsinterne Semantik des asymmetrischen Krieges auf. Die Begriffsgeschichte des asymmetrischen Krieges stellt sich somit als Geschichte eines steilen und schnellen Aufstiegs auf dem globalen Diskurs-Terrain dar. Wie kam es zu diesem Aufstieg? Was begünstigte den diskursiven Erfolg der kriegsbezogenen Asymmetrie? Anhand zentraler kriegs- und politiktheoretischer Beiträge zum Asymmetrie-Diskurs aus den Jahren 1974 bis 2015 und ausgewählter sicherheitspolitischer Strategiedokumente sollen vor dem Hintergrund des über lange Zeit symmetrisch geprägten europäisch-westlichen Kriegsdenkens die Stationen und Bahnen des Aufstiegs des »asymmetrischen Krieges« nachgezeichnet werden. Diesem Vorhaben liegt die Annahme zugrunde, dass politische Begriffe *historisch* sind in mehrfachem Sinn: *Erstens* spiegeln sie geschichtliche Herausforderungen und Kontexte wider, auf die sie reagieren; *zweitens* sind sie selbst Ausdruck und Ergebnis politischer Auseinandersetzungen und Deutungskämpfe; *drittens* beeinflussen sie ihrerseits historische Entwicklungen, in deren Verlauf die Nutzer und Interpreten der Begriffe intervenieren (Münkler 2003a: 109). Aufgrund dieser mehrfachen Historizität politischer Semantiken erscheint es sinnvoll, die Begriffsgeschichte des asymmetrischen Krieges im Schnittfeld von Kriegsgeschichte und Kriegstheorie zu erzählen.[28]

Dieser Versuch wird im Folgenden, anschließend an wortgeschichtliche Vorbemerkungen zur Semantik der Symmetrie und Asymmetrie (Kap. 1), in drei Schritten unternommen. Zunächst werden mit dem Westfälischen Staatensystem und der bipolaren Weltordnung des Kalten Krieges zwei Ausprägungen jenes symmetrischen Barockgartens ins Auge gefasst, innerhalb dessen die symmetrie-geprägte Clausewitzsche Kriegstheorie und die gleichfalls symmetrie-geprägten »realistischen« Theorien der Internationalen Beziehungen entstanden und den sie mitgestalteten (Kap. 2). Anschließend wird die Ausbreitung politisch-strategischer Unterschiede und Ungleichgewichte in diesem Barockgarten, wie sie sich seit der Mitte des 20. Jahrhunderts in wachsenden Differenzen zwischen Kolonialstaaten und antikolonialen Befreiungsbewegungen einerseits, Atomstaaten und Nicht-Atomstaaten andererseits äußerte, als ein Prozess der Asymmetrierung beschrieben, dessen Wahrnehmung das »asymmetrische Kriegsdenken« hervorbrachte (Kap. 3). Drittens werden die weltpolitischen Umbrüche, die sich mit der Jahreszahl 1991 und dem Datum 11. September 2001 verbinden, als Ursachen der Durchsetzung der Asymmetrie-Semantik um die Jahrtausendwende herum rekonstruiert – oder bildhaft gesprochen: als geschichtliche Wegmarken des Übergangs aus dem Barockgarten des symmetrischen in den Dschungel des asymmetrischen Krieges (Kap. 4.).

1. Geländevermessung: Vorbemerkungen zur Semantik der A-/Symmetrie

Die Annäherung an die kriegs- und strategietheoretischen Konzepte »Symmetrie« und »Asymmetrie« kann ihren Ausgang von einer Vermessung des entsprechenden Wort- und Begriffsfeldes nehmen. Das zu vermessende Feld ist dabei nicht als mit dem Gebiet der Kriegs- und Strategietheorie de-

28 Damit liegt das Vorhaben einer Begriffsgeschichte des asymmetrischen Krieges, die hier skizziert werden soll, methodisch »nicht nur in der Mitte zwischen einer Wortgeschichte, an der sie nicht haften bliebe, und einer Sachgeschichte, die sie nicht liefern wollte. Es interpretiert die Geschichte durch ihre jeweiligen Begriffe so wie es die Begriffe geschichtlich versteht: die Begriffsgeschichte hat die Konvergenz von Begriff und Geschichte zum Thema« (Koselleck 1992 [1979]: XXIII).

ckungsgleich anzunehmen, da die Ausdrücke »Symmetrie« und »Asymmetrie« entscheidende wortgeschichtliche Vorprägungen *außerhalb* des Diskurses über asymmetrische Kriege erfahren haben. Diesen Vorprägungen ist hier zunächst nachzugehen, bevor im weiteren Verlauf der Untersuchung die Verwendungsweisen der Symmetrie- und Asymmetrie-Semantik *innerhalb* des Kriegs- und Strategie-Diskurses in den Blick genommen werden.

Die etymologischen Wurzeln der »Symmetrie« und »Asymmetrie« liegen im Griechischen, das dem Adjektiv σύμμετρος (*sýmmetros*), aus den Teilen σύν (sýn = mit) und μέτρον (*métron* = Maß) zusammengesetzt, die Bedeutung »mit gleichem Maß gemessen« zuweist. Das Substantiv συμμετρία (*symmetría*) meint dementsprechend – so der Eintrag »Symmetrie« im *Historischen Wörterbuch der Philosophie* – »›mit gleichem Maß gemessen‹, ›Maßgleichheit‹ (sýn-métron) und wird im Sinne von ›Angemessenheit‹ gebraucht« (Kambartel 1998: 746). Die entsprechende Maßgleichheit bzw. Angemessenheit bezieht sich nicht allein, wie im modernen Wortgebrauch, auf die Spiegelbildlichkeit zweier Seiten oder Teile, da »im Griechischen, woher wir das Wort bezogen haben, die *symmetría* keineswegs unserer ›Symmetrie‹ entspricht, sondern in viel weiterem Sinn die Ausgewogenheit der Proportionen bezeichnet« (Hommel 1987: 19). Wie die Wörter ἁρμονία (*harmonía*), ῥυθμόσ (*rhythmós*) und καιρόσ (*kairós*), die im Griechischen mit dem Ausdruck συμμετρία »so gut wie synonym gebraucht« (ebd.: 25) wurden, konnte dieser Ausdruck jenseits seiner geometrischen, Euklidschen Bedeutung als »Kommensurabilität bzw. Inkommensurabilität der Seiten eines Dreiecks« (Kambartel 1998: 746) in dem viel weiteren Sinn von »Angemessenheit« in unterschiedlichsten Wissensbereichen Anwendung finden, »so in der Medizin, speziell in Bezug auf die richtige Nahrung, in der Biologie und in der Ethik« (ebd.). Erst im französischen Sprachgebrauch des 17. Jahrhunderts ist eine zweite, engere Bedeutung von Symmetrie nachweisbar, die jene ursprüngliche, antike Bedeutung als »Harmonie der Teile zueinander und zum Ganzen« (ebd.: 745) allmählich in den Hintergrund drängt: nämlich die »bis heute vorherrschende, die die zwei- oder dreidimensionale Anordnung von gleichen oder ähnlichen Formen, Farben usw. um eine als Achse oder als Punkt bestimmte Mitte meint« (ebd.). Dieses moderne Symmetrie-Verständnis wurde insbesondere durch den französischen Mathematiker Adrien-Marie Legendre (1752–1833) geprägt, dessen kurz nach der Französischen Revolution im Jahr 1794 vorgelegte Symmetrie-Definition dem antiken Begriff eine revolutionäre, nämlich »bilaterale« Bedeutung verlieh, »a radical new mathematical meaning« (Hon/Goldstein 2008: viii), die dem

»revolutionary scientific concept« (ebd.) der modernen bilateralen, spiegelgleichen Symmetrie zum Durchbruch verhalf.

Der Blick auf die durch Legendre angestoßene wissenschaftsgeschichtliche Revolution »from summetria to symmetry« (ebd.) zeigt, dass die »Symmetrie« grundsätzlich zweierlei meint oder meinen kann: einerseits im *weiten und wertenden* antiken Sinn ein ästhetisches, ethisches, rhetorisches, medizinisches, biologisches etc. *Ideal* der Angemessenheit, andererseits im *engen und wertfreien* modernen Sinn ein mathematisch-geometrisches oder architektonisches *Ordnungsprinzip* der Spiegelgleichheit bzw. Axial-Symmetrie.[29] Gleiches gilt auch für die »Asymmetrie«, die als Gegenbegriff zur »Symmetrie« deren Gegenteil bezeichnet. Der negative Charakter des Wortes entspringt dabei dem verneinenden Präfix α (*alpha privativum*), das dem Adjektiv σύμμετρος (*sýmmetros*) zur Kennzeichnung einer starken Negation vorangestellt ist: ἀ-σύμμετρος (*a-sýmmetros*) meint also in einem emphatischen Sinn »nicht-symmetrisch«. Aufgrund dieser logischen Verknüpfung der »Asymmetrie« mit der »Symmetrie« durch die Operation der Negation kann erstere – ebenso wie letztere – beide der oben genannten Bedeutungsdimensionen erfassen, je nachdem, ob dabei wissenschaftshistorisch gesehen die »vorrevolutionäre« oder die »nachrevolutionäre« Symmetrie-Vorstellung zugrunde gelegt wird: Einerseits meint »Asymmetrie« im *weiten und wertenden* antiken Sinn das Nicht-Angemessene, also »Un-Angemessenheit«; andererseits dient dieses Wort im *engen und wertfreien* modernen Sinn der Charakterisierung einer Struktur oder Relation, die nicht nach dem bilateralen Prinzip der Spiegelgleichheit bzw. Axial-Symmetrie geordnet ist.

Die revolutionäre moderne Begriffs-Umbildung brachte somit »nicht nur eine Verengung, sondern geradezu eine Verarmung« (Hommel 1987: 20) der ursprünglich umfassenderen, »reicheren« Symmetrie- und Asymmetrie-Semantik mit sich, die seither vornehmlich zur Beschreibung bilateraler, axialer Spiegelgleichheit und Nicht-Spiegelgleichheit verwendet wird. Die derart verengte und verarmte geometrische Semantik breitete sich gleich-

29 Das von dem engen, wertfreien Symmetrie-Verständnis der Moderne zu unterscheidende Symmetrie-Ideal der Antike äußert sich innerhalb der Ethik in der »Eudaimonie«, die als »Symmetrie des Lebens« verstanden wird, innerhalb der Rhetorik in der »Ausgewogenheit der Rede« und verweist grundsätzlich auf den griechischen Wert des Maßhaltens: »Dieser weite S.-Begriff hat seinen Ort in der alle Bereiche beherrschenden griechischen Grundauffassung des Maßhaltens und macht neben ›Proportion‹ (ἀναλογία) den Kern der griechischen Schönheitsauffassung aus« (Kambartel 1998: 746). Zur spezifisch politischen Bedeutung von »Mitte und Maß«, wie sie Aristoteles, Polybios und Cicero hervorhoben, siehe Münkler (2010: 82–108).

wohl ihrerseits in den unterschiedlichsten Wissens- und Lebensbereichen aus. Ihrer Expansion kam es entgegen, dass axialsymmetrische Konstruktionen »in der abendländischen Kultur (aber auch in anderen) ein basales Organisationsmodell [...] sowohl für die Selbstdarstellung des Menschen (und als Folge davon für die Darstellung seiner Götter und Heiligen) als auch für die Gestaltung seiner Umwelt, insbesondere für die von Räumen durch architektonische, innenarchitektonische und gärtnerische Verfahren« sind (Schmitz-Emans 2006b: 166).[30] Gerade auf dem Gebiet der Gartenbaukunst, dem die hier durchgeführte Untersuchung ihre Leitmetaphorik entlehnt, wurden die Semantik und Ästhetik der Symmetrie und Asymmetrie bedeutsam. Galten symmetrische Spiegelachsen in der Blütezeit des französischen Barockgartens als ästhetisches Ideal, so kam im Verlauf des 18. Jahrhunderts mit dem englischen Landschaftsgarten die Frage auf, ob Symmetrien dem guten Geschmack und der Natur überhaupt angemessen seien. In der Kontroverse über diese Frage bezog Louis de Jaucourt (1704–1779) auf Seiten des englischen Landschaftsgartens Position. Der französische Arzt und Aufklärer, der seit 1760 Denis Diderot bei der Herausgabe der *Encyclopédie* unterstützte, kritisierte in seinem 1765 verfassten *Encyclopédie*-Eintrag unter dem Stichwort »Symmetria« die Übertragung des modernen geometrischen Symmetrie-Verständnisses auf die Gartenbaukunst. So stimmte er Rousseau hinsichtlich der *symétrie des plantations* darin zu, dass im Bereich der Gartenkunst die geometrische Symmetrie dem guten Geschmack widerspreche und als Feindin der Natur wie der Mannigfaltigkeit anzusehen sei.[31] Mit anderen Worten: Symmetrie – im Sinne von Spiegelgleichheit – gilt dem Aufklärer gerade *nicht* als natürliches Schönheitsideal, sondern vielmehr umgekehrt als Symbol eines unnatürlichen Zwangs gegen eine von

30 Monika Schmitz-Emans (2006a) unterstreicht diese basale Bedeutung axialsymmetrischer Konstruktionen am Beispiel von Symbolen politisch-soziologischer Zentralität: »Macht-Symbole sind oft axialsymmetrisch: Wappentiere und Wappen aller Art, Machtarchitekturen (von Versailles bis zu faschistischen Architekturphantasien). Axialsymmetrisch sind auch die meisten Kultstätten (Kirchen, Synagogen, Tempel, Moscheen etc.); Heiligtümer nehmen in den meisten Kulten eine Stellung auf der Mittelachse des Kultraums ein« (ebd.: 9).

31 »J'ajoute avec M. J. F. Rousseau, que l'homme de goût, capable d'envisager les choses dans le grand, ne s'attache pas à la symmétrie des plantations, *cette symmétrie est ennemie de la nature & de la variété*; toutes les allées de nos plantations se ressemblent si fort, qu'on croit toujours être dans la même. Je permets qu'on élague le terrein pour s'y promener commodément; mais est-il nécessaire que les deux côtés des allées soient toujours paralleles, & que la direction soit toujours en ligne droite?« (Jaucourt 1967 [1765]: 735; Hervorh. F. W.)

sich aus nichtsymmetrische, freie Natur. Diese demonstrative Abkehr von dem ästhetischen Ordnungsprinzip des französischen Barockgartens, mit dem sich neben rationalistischen auch absolutistische Vorstellungen verbinden ließen, erschien in der zweiten Hälfte des 18. Jahrhunderts geeignet, der in England zu diesem Zeitpunkt bereits abgeschlossenen »Gartenrevolution« (von Buttlar 1989) im Übergang zum englischen Landschaftsgarten auch im kontinentaleuropäischen Mutterland des französischen Barockgartens den intellektuellen Boden zu bereiten.[32]

Trotz solcher wenn auch nur mittelbarer Politik-Bezüge der Symmetrie- und Asymmetrie-Semantik spielten in der politischen Sprache im engeren Sinne sowie den diese Sprache untersuchenden modernen Geschichts- und Sozialwissenschaften die Worte »Symmetrie« und »Asymmetrie« bis in die jüngere Zeit hinein keine prominente Rolle. So gelten diese Worte nicht als »Geschichtliche Grundbegriffe«, erhalten also in dem diese Grundbegriffe zusammenstellenden *Historischen Lexikon zur politisch-sozialen Sprache in Deutschland* keinen Eintrag und werden dementsprechend nicht zu den »Leitbegriffe[n] der geschichtlichen Bewegung, die, in der Folge der Zeiten, den Gegenstand der historischen Forschung ausmacht« (Koselleck 1992 [1972]: XIII), gerechnet, ebenso wenig wie zu jenen »Ausdrücke[n], von deren Tragweite und durch deren Anwendung Strukturen und große Ereigniszusammenhänge erschlossen werden können« (ebd. XIIIf.).[33] Auch in soziologischen und politikwissenschaftlichen Lexika jüngerer Zeit fehlen Einträge

32 Jaucourts deutliche Kritik an der *symétrie des plantations* in dem *Encyclopédie*-Artikel »Symmetria« lässt es verwunderlich erscheinen, dass der entsprechende Artikel keine Berücksichtigung findet in einer jüngeren Zusammenstellung und englischen Übersetzung jener 741 *Encyclopédie*-Artikel, die einen Bezug zu »Gardens and Landscapes« (Russell/Thornton 1999) aufweisen und von denen Jaucourt nicht weniger als 66 verfasst haben soll (vgl. ebd.: 183) – dies umso mehr, als Jaucourts darin vorgebrachte Barockgarten-Kritik die von den Herausgeberinnen der besagten Artikelsammlung angestrebte Korrektur des »konservativen« Bildes unterstützt, das die Gartengeschichte sich ihrem Eindruck nach bislang von den Enzyklopädisten macht: »the articles on gardens are said [...] to adopt a conservative stance on matters of garden aesthetics, notably in their praise of the formal gardens of the seventeenth century, with only a fleeting approval of the English landscape garden by Jaucourt in article ›Jardin‹« (ebd.: xiii).

33 Gleichwohl hat die begriffsgeschichtliche Methode Studien »[z]ur historisch-politischen Semantik asymmetrischer Gegenbegriffe« (Koselleck 1975) hervorgebracht, welche von der Theorie des Asymmetrischen Krieges noch kaum angemessen gewürdigt wurden. So scheint »asymmetrischen Gegenbegriffen« in asymmetrischen Kriegen, die auch um den Legitimitätsstatus der Kämpfenden geführt werden, eine besondere, nämlich begriffspolitische und begriffspolemische, (de-)legitimierende Funktion zuzukommen; vgl. hierzu die Überlegungen zur Asymmetrie der Legitimität unten in Kapitel 8f sowie

zum Stichwort »Asymmetrie«.[34] Sofern »Asymmetrie« in ihnen doch einmal verhandelt wird, wie etwa in dem von dem Politikwissenschaftler Manfred G. Schmidt herausgegebenen *Wörterbuch zur Politik*, wird darunter allgemein – im geometrischen Sinn – »Ungleichmäßigkeit, Nichtentsprechung« (Schmidt 1995: 72) verstanden, insbesondere aber eine Ungleichmäßigkeit der Macht: Asymmetrie gilt somit »in der Innenpolitik und in der Internationalen Politik […] als eine ungleichmäßige Beziehung oder Machtrelation (→ Macht) zwischen individuellen oder kollektiven Akteuren, z. B. organisierten Interessen oder Staaten, in der ein Akteur den anderen kontrolliert oder kontrollieren könnte« (ebd.).

Die wissenschaftlichen Disziplinen, welche sich mit der Theorie und dem Phänomen des Krieges vorrangig beschäftigen – Kriegstheorie, Kriegsgeschichte und Internationale Beziehungen – nutzen den Ausdruck »Asymmetrie« in ihren disziplinären Gründerzeiten noch nicht. So verwenden weder Carl von Clausewitz (1980 [1832–34]), der Ahnherr der europäischen Kriegstheorie, noch Hans Delbrück (2000 [1898–1920]), der Vater der modernen Kriegsgeschichte, noch Hans Morgenthau (1966 [1948]), der Begründer der Disziplin der Internationalen Beziehungen, in ihren Kriegsdarstellungen die Begriffe »Symmetrie« und »Asymmetrie«.[35] Diese finden erst in den siebziger Jahren des 20. Jahrhunderts Eingang in die Wissenschaften vom Kriege, und zwar in der modernen »bilateralen« Bedeutungsvariante dieser Begriffe: Als symmetrisch gilt demnach ein Krieg, in welchem gewissermaßen spiegelbildliche Gleichheit oder Gleichartigkeit zwischen den Kriegsparteien besteht. Die Grenze zwischen den Staaten bzw. die Front auf

---

zu Strategien der (De-)Legitimierung asymmetrischer Kontrahenten in den Kapiteln 11 und 12.

34 An der entsprechenden Stelle verweist etwa das *Lexikon zur Soziologie* auf das Stichwort »Relation« (Fuchs-Heinritz u.a. 1995: 65) und verzeichnet das *Lexikon der Politikwissenschaft* lediglich einen Eintrag zu dem Stichwort »Asymmetrischer Föderalismus« als einem »Begriff für solche → föderalen Politischen Systeme, die von Nichtentsprechungen und Ungleichmäßigkeiten bestimmt werden« (Nohlen/Schultze 2002: 40).

35 Implizit freilich klingen bei diesen Autoren Fragen der Asymmetrie zuweilen an, so etwa wenn Morgenthau (1966 [1948]) auf den Nutzen einer kompetenten Diplomatie für die Machtentwicklung eines Staates verweist: »By using the power potentialities of a nation to best advantage, a competent diplomacy can increase the power of a nation beyond what one would expect it to be in view of all the other factors combined. *Often in history the Goliath without brains or soul has been smitten and slain by the David who had both*« (ebd.: 136; Hervorh. F. W.). Inwiefern auch Clausewitz Probleme der Asymmetrie bereits im Blick hatte, ohne sie aber so zu nennen, wird unten in Kapitel 7 ausführlich diskutiert.

dem Schlachtfeld markiert hier die Achse, an der die gegnerischen Seiten sich wechselseitig spiegeln. Bestehen auf beiden Seiten dieser Achse gleiche oder gleichartige Verhältnisse, so gilt der Krieg als ein symmetrischer. Bestehen hingegen hinreichend große Unterschiede zwischen den zwei Seiten, dass die Gegner einander nicht mehr wechselseitig als Spiegelbilder wahrnehmen, so gilt der Krieg als ein asymmetrischer.[36] Die Metaphorik des Spiegels, der sich in der Front des symmetrischen Krieges konkretisiert, verweist darauf, wie stark die moderne, »bilaterale« Bedeutungsvariante innerhalb der Kriegstheorie die ältere Bedeutungsdimension von »Symmetrie« – also die Vorstellung eines Idealzustands der »Angemessenheit« – überlagert und verdrängt. Denn nicht die Frage danach, wie Kriege idealiter sein *sollten*, sondern vielmehr die Frage, wie Kriege realiter *sind* und potenzialiter oder possibiliter *sein könnten*, gilt der nicht-normativen Kriegstheorie als zu erforschender Gegenstand. Ob also entweder Symmetrie oder aber Asymmetrie im Krieg das »Bessere«, »Schönere« und »Heilsamere«, also das Wünschenswertere sei, kann innerhalb einer so verstandenen Kriegstheorie nicht beantwortet, ja nicht einmal bearbeitet werden. Als politisch-ethische Frage wird das entsprechende Problem von einer solchen Theorie an andere Disziplinen wie etwa die politische Ethik zur Beantwortung und Lösung überwiesen, ganz so wie Clausewitz im 26. Kapitel des sechsten Buches in *Vom Kriege* die Frage nach der »Heilsamkeit« eines entgrenzten Volkskrieges »den Philosophen« überließ: »Ist dem also [so; F. W.], so kann nur die Frage sein, ob diese neue Verstärkung des kriegerischen Elementes der Menschheit überhaupt

36 Das Bild von der Front als Spiegelachse ist genau genommen dahingehend zu präzisieren, dass die Gegner im asymmetrischen Krieg nicht einmal feststellen können, ob und inwiefern Spiegelgleichheit zwischen ihnen besteht oder nicht. Denn ihnen ist mit der eindeutig bestimmten und sichtbaren Front – dem Ort des Kräftevergleichs und der Entscheidung im symmetrischen Krieg – der Spiegel selbst abhanden gekommen. Ohne Front und Spiegel verflüssigt sich jegliches verbindliche Maß (*métron*), mittels dessen sich Vergleiche zur Feststellung von Sym-Metrie oder A-Sym-Metrie ziehen ließen. Der asymmetrische Krieg präsentiert sich in diesem Sinne als Ort fehlender Spiegelgleichheit *und* fehlender Spiegelbarkeit. Eben dies ist gemeint, wenn der Asymmetrie-Begriff im Verlauf der Untersuchung gelegentlich mithilfe des (in anderer Hinsicht freilich problematischen) Begriffs der Ungleichartigkeit übersetzt und erläutert wird: Die asymmetrischen Kontrahenten betrachten sich nicht nur als ungleich, was voraussetzen würde, dass sie einen gemeinsamen Maßstab zur Beurteilung ihrer Ungleichheit zur Verfügung hätten, sondern sie erkennen, vermuten oder behaupten dermaßen grundlegende Unterschiede zwischen einander, dass sie sich wechselseitig nicht einmal mehr als Spiegelbilder wahrnehmen und ihnen eine Vergleichbarkeit und Spiegelbarkeit überhaupt nicht mehr gegeben zu sein scheint. Der jeweils Andere präsentiert sich dann – bzw. wird präsentiert – als asymmetrisch Andersartiger.

heilsam ist oder nicht; eine Frage, die sich wohl ganz so beantworten dürfte wie die Frage über den Krieg selbst – wir überlassen beide den Philosophen« (Clausewitz 1980 [1832–34]: 800).

2. Der Barockgarten: Der symmetrische Krieg im Westfälischen Staatensystem

Die Beobachtung, dass die Asymmetrie-Semantik im Nachdenken über den Krieg zunächst keine Rolle spielte, bildet den Ausgangspunkt der im Folgenden (in Kap. 2 bis 4) angestrebten Rekonstruktion der Ausbreitung der Asymmetrie in der europäischen Kriegsgeschichte und Kriegstheorie. Der gewählte Fokus auf Europa entspricht dabei dem über lange Zeit hinweg gepflegten Eurozentrismus der westlichen Kriegstheorie, die primär den politischen Barockgarten wahrnahm, innerhalb dessen sie entstand und den sie »im Spiegel ihrer theoretischen Reflexion« (Münkler 2002b) reflektierte, wie sie umgekehrt auch begrifflich-theoretisch in diesen Garten intervenierte: den Barockgarten des Westfälischen Staatensystems. Demgegenüber schlugen die außereuropäischen Erfahrungen der Staaten Europas sich zunächst selten und vergleichsweise wenig im europäischen Kriegsdenken nieder, so insbesondere die Erfahrungen der Briten mit Piraten und »Wilden«, wie die Royal Navy sie seit dem letzten Drittel des 18. Jahrhunderts bei ihren Entdeckungs- und Erkundungsfahrten, ihren Kartographierungs- und Klassifizierungsmissionen sowie ihren zunehmend auch militärischen globalen Expeditionen und Interventionen sammelte, die das Ziel verfolgten, die Geometrie der europäischen Rechts- und Kriegsordnung gegen die globale »Unordnung« imperial oder kolonial durchzusetzen, also weltweit »[a]us der Wildnis einen Garten [zu] machen« (Angster 2012: 170). Ähnlich steht es um die französischen Erfahrungen mit der Kolonialkriegführung, die bis zu ihrer Wiederentdeckung im Zusammenhang mit Strategien des »Kampfes um die Herzen und Köpfe« im 20. Jahrhundert (Heuser 2013: 219–232) ebenfalls weitgehend außerhalb der eurozentrierten Wahrnehmung und Beschreibung des Krieges als eines symmetrischen Staatenkrieges verblieben. Dies gilt in besonderem Maße für die Eindrücke, die General Albert Duchemin zwischen den Jahren 1890 und 1895 als Befehlshaber der französischen Kolonialtruppen in Indochina gewann und die er im Jahr 1895 zur Grundlage seiner Strategie-Empfehlung für den Dschungelkrieg machte:

»Der Pirat [Aufständische] ist eine Pflanze, die nur auf einem bestimmten Boden wächst. Die wirksamste Methode besteht darin, ihm den Boden ungeeignet zu machen […] In vollständig organisierten Ländern gibt es keine Piraten. Es reicht nicht, Wildpflanzen auszureißen: Man muss den eroberten Boden umpflügen, ihn einhegen und dann die gute Saat ausstreuen; dies ist die einzige Möglichkeit, ihn für Unkraut ungeeignet zu machen. Das Gleiche geschieht mit dem von Piraterie verwüsteten Land: Durch militärische Besetzung, ob mit oder ohne bewaffneten Kampf, wird es umgepflügt; durch die Errichtung eines militärischen Gürtels wird es umschlossen und isoliert; zum Schluss wird durch die Pflege und Versorgung der Bevölkerung, die Schaffung von Märkten und Anbauflächen, den Bau von Straßen die gute Saat ausgestreut und das eroberte Gebiet für den Piraten ungeeignet gemacht – wenn es nicht Letzterer selbst ist, der – ungewandelt – bei diesem Entwicklungsprozess mitwirkt.«[37] (Albert Duchemin [1895], zit. nach Heuser 2013: 224f.)

So lange solche nichtsymmetrischen Erfahrungen mit strategischen »Wildpflanzen« und politischem »Unkraut« lediglich außerhalb der »vollständig organisierten Länder« gesammelt und erwartet wurden und so lange darüber hinaus die entwicklungsoptimistische Absicht realistisch erschien, weltweit »aus der Wildnis einen Garten zu machen«, konnten die vielfältigen Abweichungen von der Symmetrie durch die eurozentrierte Kriegstheorie weitgehend ausgeblendet werden. In diese Theorie fanden daher primär die Symmetrien und Ordnungsprinzipien des Westfälischen Staatensystems Eingang, wie dieses System umgekehrt zugleich durch jene symmetrie-geprägte Kriegstheorie stabilisiert wurde. Erst als an den Rändern sowie innerhalb der – eurozentrierten, wenn auch allmählich expandierenden bzw. exportierten – Westfälischen Ordnung die Symmetrien herausgefordert wurden, zu erodieren begannen und die entsprechenden Erosionsprozesse ins Bewusstsein der politischen Beobachter und Theoretiker rückten, wurde die Frage nach dem symmetrischen oder asymmetrischen Charakter des Krieges grundsätzlich gestellt. So verschieden die Antworten auf diese Frage ausfielen und so sehr die hinter diesen Antworten stehenden Intentionen sich unterschieden – sie reichen von der beabsichtigten Restauration der alten begrifflichen und politischen Ordnung bis hin zu ihrer angestrebten Transformation und Transgression –, so entschieden und eindeutig drängte sich die Fragestellung selbst allmählich in den Mittelpunkt – und mit ihr die Semantik der Asymmetrie.

Um diese Ausbreitung der Asymmetrie in der europäischen Kriegsgeschichte und Kriegstheorie nachzuzeichnen, sollen zwei für das europäisch-

37 Der erläuternde Einschub (»Aufständische«) von Heuser (2013: 224f.).

westliche Kriegsverständnis zentrale, dieses Verständnis wie auch die jeweiligen historischen Kontexte spiegelnde und prägende Kriegstheorien als zwei Spielarten desselben, im Kern symmetrischen europäisch-westlichen Nachdenkens über den Krieg rekonstruiert werden: a) die klassische Clausewitzsche Kriegstheorie in ihrem Verhältnis zu den Symmetrien des Westfälischen Staatensystems, wie der Westfälische Frieden von Münster und Osnabrück es im Jahr 1648 etablierte und der Wiener Kongress es 1814/15 restaurierte, sowie b) die klassischen, »realistischen« Theorien der Internationalen Beziehungen in ihrem Verhältnis zu den Symmetrien des Kalten Krieges, wie jene Theorien sie in der zweiten Hälfte des 20. Jahrhunderts analysierten und zugleich auch stabilisierten.

a) Carl von Clausewitz' Kriegstheorie als Reflexion – und Restauration – der symmetrischen Ordnung des Westfälischen Staatensystems

Der Versuch, die Kriegstheorie des preußischen Generals Carl von Clausewitz, die dieser vorrangig in seinem in den Jahren 1832 bis 1834 posthum von seiner Frau Marie herausgegebenen Hauptwerk *Vom Kriege* entwickelte, im Kontext ihrer Zeit als eine im Kern symmetrische Kriegstheorie zu rekonstruieren, sieht sich zunächst vor drei Schwierigkeiten gestellt. Die erste Schwierigkeit besteht darin, dass Clausewitz, wie bereits angemerkt wurde, das Wort »Symmetrie« ebenso wenig wie das Wort »Asymmetrie« verwendet. Für die hier angestrebte Rekonstruktion wäre dies dann unproblematisch, wenn sich *avant la lettre* die Idee oder das Prinzip – statt des Wortes – der Symmetrie in der Clausewitzschen Kriegstheorie nachweisen ließe. Doch an dieser Stelle tritt eine zweite Schwierigkeit hervor. Diese betrifft den Umstand, dass neben überwiegend symmetrischen Ideen und Prinzipien durchaus auch »asymmetrische Anklänge« in *Vom Kriege*, insbesondere aber in Clausewitz' anderen kriegswissenschaftlichen Schriften entdeckt bzw. hineininterpretiert werden können.[38] Solche mehr oder weniger

38 »Asymmetrische Anklänge« finden sich bei Clausewitz – noch ohne Verwendung der Asymmetrie-/Symmetrie-Terminologie – etwa in *Vom Kriege* in den Ausführungen zur Volksbewaffnung (vgl. Clausewitz 1980 [1832–34]: 799–806) sowie zur List (vgl. ebd.: 385–387), darüber hinaus auch in den Berliner *Vorlesungen über den Kleinen Krieg* aus den Jahren 1810 bis 1812, in denen Clausewitz den Kleinen Krieg allerdings nur sekundär in Verbindung mit dem Volkskrieg, primär jedoch »in Verbindung mit den Aktionen großer Verbände« (Paret 2011: 208), also mit dem Großen Krieg, behandelte; insbesondere aber finden sie sich in der »Bekenntnisdenkschrift« aus dem Jahr 1812, in der

»asymmetrischen Anklänge« verbieten es gewiss, Clausewitz' Denken insgesamt eindeutig als »symmetrisch« zu qualifizieren, verweisen sie doch darauf, dass dieses Denken chamäleonartig zwischen unterschiedlichen Kriegsverständnissen changiert, so etwa zwischen einer »instrumentelle[n] und existenzielle[n] Auffassung des Krieges« (Münkler 2002b: 91–115) oder »zwischen Entscheidungsschlacht und Partisanenkrieg« (ebd.: 75–90). Dennoch kann zumindest das Hauptwerk *Vom Kriege*, auf das sich die Darstellung hier in Nachfolge der über lange Zeit hinweg dominanten westlichen, symmetrie-orientierten Rezeptionstradition zunächst konzentriert, als *im Kern* von Symmetrien bestimmt und »symmetrisch gestimmt« gedeutet werden, sodass sich die späteren kriegstheoretischen und kriegshistorischen Asymmetrierungsschübe vor diesem Hintergrund hervorheben (lassen). Eine dritte Schwierigkeit schließlich betrifft den Charakter des Westfälischen Staatensystems, innerhalb dessen die Clausewitzsche Theorie hier verortet werden soll. Anders nämlich als der System-Begriff und auch als die Barockgarten-Metapher dies nahelegen, handelt es sich bei dieser Staatenordnung keineswegs um eine klar umrissene, einheitliche, unveränderliche und zudem völlig symmetrische Ordnung. Vielmehr wurden die Symmetrie-Prinzipien des Westfälischen Staatensystems seit jeher verletzt (Krasner 1995) und verlief die Geschichte des europäischen Staatenkrieges seit den Friedensschlüssen von Münster und Osnabrück im Jahr 1648 »keineswegs so geradlinig [...], wie man bei Betrachtung der Strukturprinzipien des Westfälischen Systems meinen könnte« (Münkler 2006a: 52). Diese Beobachtung trifft auf Clausewitz' Lebenszeit (1780–1831) in besonderem Maße zu, da in dieser Zeit erhebliche Asymmetrierungsschübe den Kontinent erschütterten: Asymmetrierungsschübe in Gestalt vor allem der durch die Französische Revolution erst möglich gewordenen und anschließend für eine gewisse Zeit in ganz Europa dominanten, auf die *levée en masse* setzenden napoleonischen Kriegführung – und in Reaktion auf sie; Asymmetrierungsschübe, die die symmetrisch-geometrisch kultivierte Ordnung des europäischen Staatensystems zwischenzeitlich zu zerstören drohten. Neben solchen inneren historischen Umbrüchen kann zudem in ähnlich systemrelativierender oder »systemkritischer« Absicht auch darauf verwiesen werden, dass selbst während der Phasen, in denen das Westfälische System mehr oder weniger gut funktionier-

Clausewitz für einen deutschen antinapoleonischen Bürgerkrieg nach dem Vorbild der spanischen Guerilla eintrat (vgl. Daase 2007b). Die Frage, inwiefern Clausewitz aufgrund solcher »asymmetrischer Anklänge« (auch) als Vordenker des asymmetrischen Krieges betrachtet werden kann, wird später wieder aufzugreifen sein (Kap. 7b).

te, die europäischen Kriege keineswegs überall und durchweg so zivilisiert, begrenzt und geregelt abliefen, wie dies mit dem System-Begriff häufig unterstellt wird. Und schließlich – so ein weiterer Einwand gegen das »Konstrukt« des Westfälischen Systems – lassen sich die zeitlichen Grenzen der so bezeichneten Ordnung keineswegs so klar und eindeutig bestimmen, wie eine primär an Abstraktionen und Generalisierungen interessierte Politikwissenschaft dies unter Verweis auf die vermeintlichen Zäsuren 1648 und 1990/1991 zuweilen behauptet (Strachan 2007: 1f.).

Trotz dieser und ähnlicher vor allem aus geschichtswissenschaftlicher Perspektive vorgebrachter Verweise auf die unscharfen Grenzen, die inneren Widersprüche sowie die vielfältigen Kontinuitätsbrüche des »Westfälischen Systems«, die dieses Konstrukt als solches zwar relativieren, deren Überbetonung allerdings den Blick für jüngere und aktuelle Diskontinuitäten und Innovationen im »postwestfälischen« Kriegsgeschehen zu trüben droht (ebd.: 2), kann die Exzeptionalität des Westfälischen Systems doch darin gesehen werden, »dass es einerseits immer wieder Resymmetrierungsprozesse angestoßen, forciert und gesteuert und andererseits die Entwicklung großer Asymmetrien, die nicht mehr resymmetriert werden konnten, verhindert hat« (Münkler 2006a: 62). So restaurierte der Wiener Kongress, der vom 18. September 1814 bis zum 9. Juni 1815 in dem ein Jahrhundert zuvor erbauten barocken Wiener Palais am Ballhausplatz, dem heutigen österreichischen Bundeskanzleramt, tagte, die alten Symmetrien des Staatensystems, die durch die neuartige Kriegführung Napoleons und die darauf reagierenden strategischen Innovationen insbesondere der spanischen Guerilla vorübergehend gefährdet waren. Vor dem Hintergrund dieser Restauration erscheint es daher möglich und angebracht, Clausewitz' Nachdenken über den Krieg in dieser postnapoleonischen Zeit, in der der damalige Direktor der im Jahr 1810 von dem preußischen General und Militärreformer Gerhard von Scharnhorst gemeinsam mit der durch den Bildungsreformer Wilhem von Humboldt initiierten Berliner Universität gegründeten Berliner Allgemeinen Kriegsschule an *Vom Kriege* arbeitete, als im Wesentlichen symmetrisch zu rekonstruieren. In seinem *opus magnum*, das zwischen 1818 und 1830 an der Allgemeinen Kriegsschule entstand, kam es Clausewitz darauf an, die durch Napoleon zeitweilig gefährdete und durch den Wiener Kongress wieder hergestellte symmetrische Ordnung des Westfälischen Staatensystems nicht nur zu reflektieren, sondern sie zugleich mit den Mitteln der Kriegstheorie zu restaurieren.[39]

Clausewitz' reflektierendes und restaurierendes Verhältnis zu der symmetrischen Ordnung seiner Zeit findet somit im Barockgarten des Westfälischen Staatensystems einen klaren Rahmen und ein klares Ziel: Souveräne Staaten stehen in diesem – historisch-politisch und begrifflich-theoretisch konsolidierten – Barockgarten im Mittelpunkt der Ordnung, und Symmetrien vielfältiger Art durchziehen die gesamte Anlage. Diese zwei Ordnungsprinzipien, also souveräne Staatlichkeit und Symmetrie, charakterisieren das Westfälische Staatensystem, das, restauriert durch den Wiener Kongress (1814/15), doch ursprünglich kreiert durch den Westfälischen Frieden (1648), dem nicht zuletzt auch der reale, nicht-metaphorische Barockgarten seine flächendeckende Ausbreitung in Europa verdankt,[40] beide Prinzipien generierte und bis hinein ins 20. Jahrhundert garantierte – trotz der in diesem System fortbestehenden Kräfteunterschiede etwa zwischen Großmächten und kleineren Staaten (Stuby 2008). Dabei ist der Zusammenhang zwischen den zwei Ordnungsprinzipien diesen immanent: Die *Staaten* hatten sich mit dem Westfälischen Frieden als die einzig legitimen Gewaltakteure und Mo-

39 Diese restaurativ-konsolidierende Intention und Funktion von *Vom Kriege* heben Christopher Daase und Sebastian Schindler (2009) hervor: »Anfang der 1830er Jahre war die Welt durch den Wiener Kongress so gründlich restauriert und das staatszentrierte Kriegsbild innenpolitisch wie international so sehr gestärkt worden, dass es nicht verwunderlich ist, dass Clausewitz in seinen späteren Schriften [also vor allem in *Vom Kriege* – im Kontrast zu den früheren Schriften wie den *Vorlesungen über den Kleinen Krieg* von 1810–1812 und der »Bekenntnisdenkschrift« von 1812; F. W.] eine zurückhaltendere Position in der Frage der Volksbewaffnung und der Bürgermiliz einnahm – nicht unbedingt aus Opportunismus, sondern als Staatsmann einer kürzlich befreiten Nation, der es um die Konsolidierung der inneren und äußeren politischen Strukturen ging« (Daase/Schindler 2009: 706).

40 Insbesondere in Europas Mitte konnte sich die barocke Gartenkunst »mit Verspätung [...] erst ab etwa 1680« (von Trotha 2012: 122) entfalten, da Deutschland aufgrund seiner »zentralen Lage von den Verwüstungen des Dreißigjährigen Kriegs besonders betroffen und in der Folge in seiner kulturellen Entwicklung weit zurückgeworfen war« (ebd.) – eine Beobachtung zu dem keineswegs nur metaphorischen Zusammenhang von Krieg und Gartenbau, die Hans von Trotha zu der Aussage zuspitzt: »In Kriegszeiten entstehen keine neuen Gärten, und viele bestehende werden zerstört« (ebd.). Das wiederum bedeutet freilich nicht, dass im Umkehrschluss die Gärten, die nur außerhalb der Kriegszeiten entstehen, deswegen keinerlei ästhetischen Bezug zum Krieg erkennen ließen, vielmehr scheint gerade auf den Barockgarten das Umgekehrte zuzutreffen: »Im Barockgarten treten sowohl die Statuen als auch die Büsche und die Bäume mithin in Batallionsstärke an, auch sie nicht selten in Reih und Glied, zumindest in Formationen, welche die Symmetrie nicht stören« (ebd.: 115).

nopolisten des Krieges gegen nichtstaatliche ebenso wie überstaatliche Rivalen durchgesetzt, so insbesondere gegen »Städtebünde, wie beispielsweise die Hanse, aber auch politische Netzwerke, wie die Ritterorden« (Münkler 2008c: 311), gegen den politischen Einfluss von »Mönchsorden« sowie »der päpstlichen Kurie, die als Hüter und Verwalter von Normasymmetrien in Europa angesehen werden kann« (ebd.: 312), und schließlich auch gegen »das konkurrierende Modell des Imperiums« (ebd.). Im Krieg standen sich seither, anders als noch in den Söldnerkriegen der präwestfälischen Ära, in der Regel territorialstaatlich verfasste und somit *gleichartige* Akteure gegenüber. Als Ausdruck dieser staatlichen Symmetrie entwickelten sich Völker- und Kriegsrecht, in denen die souveränen Staaten einander als prinzipiell Gleiche anerkennen, einander das gleiche Recht zugestehen, als wechselseitig »gerechte Feinde« (*iusti hostes*) Kriege zu beginnen (*ius ad bellum*) und in denen sie sich auf die Beachtung der Rechtssätze des Kriegsrechts (*ius in bello*) verpflichten (Schmitt 2011 [1950]: 112–121). Krieg und Frieden werden so als separate Rechtszustände voneinander abgegrenzt, und die Regeln der Überschreitung dieser Zustände finden in der formellen Kriegserklärung und dem formellen Friedensschluss ihre Institutionalisierung. Zudem überführen die als unverletzlich konstruierten Staatsgrenzen zwischen den Territorien der Souveräne diese rechtliche Unterscheidung zwischen Krieg und Frieden in den geographischen Raum: Wer mit seinen Truppen eigenmächtig die Grenze zu einem Nachbarstaat überschreitet, verwandelt dadurch zugleich den Rechtszustand des Friedens in jenen des Krieges – eine (mehr oder weniger) zwingende Konsequenz des (mehr oder weniger) eindeutigen Übertritts der als unverletzlich konstruierten, aber gleichwohl verletzbaren Staatengrenzen. Die Geometrie der geographischen Grenzen und eine daran ausgerichtete »Umgrenzung und Hegung« (ebd.: 112) vielfältiger Art charakterisierten folglich den europäischen Staatenkrieg, dessen Regulierung und Ordnung umgekehrt auf der wechselseitigen Anerkennung der durch Grenzen definierten Staaten als Gleiche – also auf staatlicher Symmetrie – beruhten. Diese Geometrie vielfältiger Symmetrien über annährend drei Jahrhunderte in Europa hergestellt und bewahrt zu haben, kann als die herausragende Leistung des Westfälischen Staatensystems gelten, das sich so als ein »Symmetriegenerator und -garant« erwies (Münkler 2004b: 654).

Die politischen Symmetrien der Westfälischen Ordnung, in deren Kontext Clausewitz' Kriegsdenken entsteht und zugleich interveniert, wiederholen sich auch auf den europäischen Schlachtfeldern jener Zeit. Die staatlichen Armeen, die sich im Wettbewerb miteinander entwickeln, gleichen sich dadurch stetig aneinander an. Innovation und Nachahmung bestimmen die waffen- und rüstungstechnologische, militärorganisatorische sowie strategische Entwicklung mit dem Ergebnis, dass sich auf den europäischen Kriegsschauplätzen zumeist gleichartig rekrutierte, organisierte, trainierte und equipierte Truppen begegnen. Besonders deutlich zeigt sich diese Symmetrierung des Westfälischen Staatenkriegs in der Ära der barocken Kabinettskriege (Göse 2007)[41] sowie des barocken Festungsbaus (Eichberg 1989; Pollak 2010; Marten u.a. 2012), in der die für die »Sozialgeometrie im Zeitalter des Absolutismus« (Eichberg 1989: 548) überhaupt charakteristische Dominanz der »Geometrie als der beherrschenden Über-Wissenschaft des 16./18. Jahrhunderts« (ebd.: 420) sich in der umfassenden Geometrisierung und Rationalisierung gerade des Kriegswesens niederschlägt: »[…] es waren die Muster der Sozialgeometrie, nach denen im 17./18. Jahrhundert die soziale Rationalisierung versucht wurde: Exerzierdrill, Reglement, Rangordnung, Uniform, Kaserne, geometrische Fortifikation nach außen und innen« (ebd.: 528). Diese umfassende Geometrisierung und Rationalisierung des Krieges, die ihre Entsprechungen in vielfältigen Lebensbereichen und insbesondere in der »Disziplinierung der äußeren und inneren Natur« (ebd.: 473) hatten – »[d]er Disziplinierung der Bäume in Reih und Glied entsprach im 17./18. Jahrhundert die geometrische Formalisierung der inneren Natur, die Unterwerfung des Körpers in den Leibesübungen« (ebd.: 475) – wirkten sich direkt auf die gleichförmigen und einander gleichenden Bewegungsmuster der Truppen auf den europäischen Schlachtfeldern aus. Gemäß der vorherrschenden Lineartaktik traten die Soldaten in langgezogenen Linien gegeneinander an und bildeten so, insbesondere beim Schießen und Nachladen, »geometrische Muster, gleich einer ›Filigranarbeit des Schlachtfelds‹, wie die Franzosen sagten« (Heuser 2010: 21). Doch ging die Geometrisierung des barocken Schlachtfelds weit über diese mechanischen und symmetrischen Bewegungsabläufe der Soldaten beim Schießen hinaus:

41 Für den Idealtypus »Kabinettskrieg« gilt das zuvor zum »Westfälischen System« Gesagte in ähnlicher Weise: Selbst wenn der »Kabinettskrieg« aufgrund vielfältiger historisch zu beobachtender Abweichungen als »nur bedingt tauglich für die Typenbildung« (Göse 2007: 147) angesehen werden mag, »wird man wohl in Zukunft mangels Alternativen mit diesem Begriff leben müssen« (ebd.) – eine Einschätzung, die in gewissem Maße freilich auf jeden geschichtsbezogenen Begriff zutreffen dürfte (einschließlich des »symmetrischen Kriegs« und des »asymmetrischen Kriegs«). Friedrich Nietzsche folgend erscheint im strengen Sinne definierbar überhaupt nur das ist, was keine Geschichte hat.

»Auch andere Merkmale barocker Kriegführung wiesen geometrische Züge auf: die Berechnung von Schussentfernungen und die Ausrichtung von Geschützen auf ihr Ziel, welche wiederum für die Winkel der breiten und flachen Befestigungen Vaubans und seiner Zeitgenossen von Bedeutung waren; die für Belagerungen im Zickzack angelegten Gräben zur Annäherung an die Befestigungswälle des Gegners, ohne sich selbst seinem Verteidigungsfeuer auszusetzen; die Bewegung von Truppen und deren Konzentration im Bereich des potenziellen Schlachtfelds sowie die Nachschublinien und Entfernungen von Depots zum Schlachtfeld – all dies konnte man geometrisch berechnen.« (ebd.)

Die geometrischen Berechnungen auf dem barocken Schlachtfeld, dessen Erscheinungsbild der französische Festungsbaumeister Sébastian Le Prestre de Vauban (1633–1707) maßgeblich prägte, betrafen die Offensive und die Defensive gleichermaßen und erwiesen sich auch in diesem Sinne als symmetrisch. Während die Angreifer den Einsatz ihrer Feuerwaffen und der Artillerie möglichst präzise zu kalkulieren versuchten, kam es für die Verteidiger darauf an, entsprechende Kalkulationen aus dem umgekehrten Blickwinkel nachzuverfolgen oder bereits vorab zu antizipieren, um ihnen mit gleichfalls geometrischen Berechnungen und Befestigungen ihrer eigenen Festungsarchitektur zu begegnen. In diesem symmetrisch ausgetragenen Kampf der Artillerie- und Festungsgeometriker, deren Perspektiven und Kalkulationen sich wechselseitig spiegelten und nachahmten, äußerte sich die Geometrisierung und Rationalisierung des barocken Krieges in ihrer womöglich deutlichsten Form. Im Kontext der umfassenden Geometrisierung und Rationalisierung des 16. bis 18. Jahrhunderts konnten jene waffentechnologischen und festungsarchitektonischen Innovationen, die mit der Erfindung und dem Einsatz von Feuerwaffen und der Artillerie seit dem 16. Jahrhundert verbunden waren, zu Ausgangspunkten einer gesamteuropäischen und über Europa hinausgehenden Umwälzung des Kriegswesens werden, die als *military revolution* (Parker 1988) beschrieben wurde. Aus dieser Revolution, die nicht zuletzt auch das Gesicht der europäischen Städte nachhaltig veränderte, da der Städtebau den geometrischen und symmetrischen Erfordernissen des veränderten Artillerie- und Festungskrieges sowie den Prinzipien eines *military urbanism* (Pollak 2010) unterworfen wurde,[42] ging schließ-

42 So büßten die europäischen Städte im Zuge der »militärischen Revolution« ihren vormals nicht-geometrischen mittelalterlichen Charakter ein, wie die Architekturhistorikerin Martha Pollak (2010) im Anschluss an Henning Eichbergs (1989) große Studie *Festung, Zentralmacht und Sozialgeometrie. Das Kriegsingenieurwesen des 17. Jahrhunderts in den Herzögtümern Bremen und Verden* anschaulich zeigt: »The revolutionary and new demands of artillery siege warfare, and the passion for geometric order, created a distinct

lich der symmetrische Staatenkrieg hervor, der sich nach dem Westfälischen Friedensschluss von 1648 endgültig der symmetrie-geprägten Geometrie des Westfälischen Staatensystems einpasste und unterordnete.

Wenn diese symmetrie-geprägte Geometrie des Westfälischen Staatensystems hier als Maßstab und Ziel des Clausewitzschen Kriegsdenkens vorgestellt wird, so kann damit freilich nicht gemeint sein, dass Clausewitz sich im Rahmen seiner Kriegstheorie an der Geometrie der barocken Kabinettskriege und des barocken Festungsbaus orientierte. *Deren* Symmetrien waren ja in der Tat zu Clausewitz' Lebenszeit infolge der Umwälzungen, die die Französische Revolution für die Kriegführung (Göse 2007: 122) wie auch für die Befestigungsarchitektur (Eichberg 1989) mit sich brachte, unter- und in einem neuen Typus des Volkskriegs aufgegangen: »Statt einer Geometrie der Orte und Linien erschien jetzt eine *neue Zeitdynamik*: Beweglichkeit, Geschwindigkeit, das Fortschreiten großer (militärischer) Massen, Ausfall und Offensive« (ebd.: 547f.). Diese gerade auch von Clausewitz fasziniert beobachtete und beschriebene revolutionäre Veränderung des vormals geometrisierten und rationalisierten Kriegswesens folgte zwar primär gesellschaftlichen und strategischen Imperativen, entsprach dabei zugleich aber auch einer allgemeinen kulturellen Umorientierung »von der Geometrie zur Naturalisierung«, wie sie im 18. Jahrhundert vielfältige Lebensbereiche, so etwa die frühneuzeitliche Gartenkunst und das durch sie beeinflusste – und sie beeinflussende – politisch-utopische Denken erfasste (Saage/Seng 1999). Soll Clausewitz' Kriegstheorie also symmetrisch-geometrisch gedeutet werden, ohne dass Clausewitz dadurch zu einem jener »Systemmacher« und mechanistischen Kriegstheoretiker vom Schlage seines Zeitgenossen Antoine-Henri Jomini (1779–1869) gemacht würde, die der preußische General verurteilte und verachtete (Göse 2007: 127) – und soll zudem auch daran festgehalten werden, dass die Geometrie des Westfälischen Staatensystems die revolutionären Umbrüche gegen Ende des 18. Jahrhunderts überdauerte und bis ins 20. Jahrhundert hinein fortbestand –, so ist die hier gemeinte umfassende, übergreifende »Geometrie« des Westfälischen Staatensystems

kind of urbanism in the seventeenth century whose influence was felt for centuries afterward. The imperatives of strategic representation and defense decisively transformed the architecture and public domain of cities, resulting in what I call *military urbanism*, a style of urban design based on uniformity, geometrical clarity, control, architectural economy, and unadorned monumentality.« (Pollak 2010: 1) Zur Bedeutung der Geometrie im Festungsbau des 17. Jahrhunderts siehe auch Schwarzer (2006) mit weiteren Belegen für die »enge Verschmelzung« (ebd.: 124), die Militärtechnik und Ästhetik dabei erfuhren.

und des darin gedachten und geführten Krieges von derjenigen zu unterscheiden, die diese »Geometrie« in den konkreten physischen und baulichen Geometrisierungen des barocken Kabinettskriegs- und Festungswesens annahm. Zwar können späte Ausläufer solcher barocken geometrischen Kriegsvorstellungen noch in Clausewitz' Kriegstheorie besichtigt werden, wenn der preußische General etwa den Einfluss des »geometrischen Elements« in dem gleichnamigen 15. Kapitel des dritten Buches in *Vom Kriege* beschreibt. Anders aber als die barocken Kriegs- und Festungsgeometriker will der preußische General diesen Einfluss des »geometrischen Elements« auf die Taktik und die Befestigungskunst begrenzt wissen, da es jenseits dieser Bereiche »in der Strategie mehr auf die Anzahl und den Umfang siegreicher Gefechte ankomme als auf die Form der großen Lineamente, in welcher sie zusammenhängen« (Clausewitz 1980 [1832–34]: 404) – eine Zurückweisung der geometrischen Muster und Linien des Kabinettskriegs zugunsten der nichtgeometrischen Quantitäten und Massen des Volkskriegs, die freilich ihrerseits im übertragenen Sinne auf die spezifische »Geometrie« und die »Architektur« der Clausewitzschen Kriegstheorie verweist. Diese Theorie nämlich lässt sich, wenn auch sie die konkreten Geometrien des Barockzeitalters verabschiedet, doch in ihrer Betonung quantifizier- und vergleichbarer – und das setzt eben voraus: gleichartiger, symmetrischer – Größen als eine Variante der allgemeinen, übergreifenden »Geometrie« des symmetrie-geprägten europäisch-westlichen Kriegsdenkens verstehen, wie es den symmetrischen, konventionellen Staatenkriegen entsprach, die innerhalb des Westfälischen Staatensystems bis hinein ins 20. Jahrhundert geführt wurden.

Diese im übertragenen Sinne »symmetrisch-geometrische« Architektur der Clausewitzschen Theorie wie auch des Westfälischen Staatensystems einschließlich der darin geführten Kriege erscheint freilich nur plausibel, wenn kleinere, temporäre Abweichungen, wie sie insbesondere taktische, rüstungstechnologische und militärorganisatorische Innovationen, so etwa diejenige der »schiefen Schlachtordnung«, immer wieder mit sich brachten, nicht ohne Weiteres als »asymmetrisch« gedeutet werden.[43] Selbst wenn solche In-

43 Die »schiefe Schlachtordnung« ist »schief« und allein in diesem konkreten Sinne »asymmetrisch«, insofern als dieser Taktik zufolge die eigenen Truppen auf einer Seite des Schlachtordnung auf Kosten der anderen Seite zusammengezogen werden, um eine lokale zahlenmäßige Überlegenheit zu erreichen. Friedrich der Große konnte mit dieser bereits aus der Antike bekannten Taktik in der Schlacht bei Leuthen im Jahr 1757 das österreichische Heer besiegen – ein Erfolg, dessen erfolglose Nachahmung in den Schlachten von Jena und Auerstedt Clausewitz in *Vom Kriege* als Ergebnis eines geistlosen »Methodismus« geißelt: »Als im Jahre 1806 die preußischen Generale [...] sämtlich

novationen dazu gedacht und unter Umständen auch geeignet sein konnten, »das asymmetrische Zahlenverhältnis zwischen Verteidigern und Angreifern auszugleichen« (Bredekamp 2012a: 207), wie dies auch bereits für Galileo Galileis (1564–1642) Überlegungen zur Bedeutung des »Streifschusses« für den Festungsbau festgestellt wurde, verbleiben sie doch im Bereich einer »Mathematisierung des Militärischen« (ebd.), die auf Messbarkeit und Vergleichbarkeit abzielt, statt eine Asymmetrie im grundsätzlichen, Vergleichbarkeit negierenden Sinne herzustellen und auszunutzen.[44] Nur für quantitative Vorteile nämlich, wie sie auf den geometrisch und symmetrisch strukturierten europäischen Schlachtfeldern immer wieder errungen werden konnten, erscheint typisch, dass sie, anders als qualitative, grundlegende Asymmetrien, durch Nachahmung und Nachrüstung ausgeglichen werden können. Dies trifft etwa auf die zu ihrer Zeit innovative Rekrutierungsform der Wehrpflichtarmee zu, die den Franzosen in der Schlacht von Jena und Auerstedt 1806 gegen Preußen zum Sieg verhalf, die die Unterlegenen aber bei der Bewältigung dieser Niederlage und des mit ihr einhergehenden »Cognitive Challenge of War« (Paret 2009) zur Imitation veranlasste und letztlich zur Wiederherstellung der Symmetrie führte. Der Grund dafür, dass taktische, rüstungstechnologische und militärorganisatorische Innovationen solcher Art immer wieder durch Resymmetrierung ausgeglichen werden konnten, ist nicht zuletzt darin zu sehen, dass den Westfälischen Staatenkrieg eine Vielzahl normativer Symmetrien charakterisierten, die sich auf den Schlachtfeldern vor allem in der Uniformierung der Soldaten symbolisch konkretisierten: Die Uniform markiert nicht nur die Unterscheidung zwischen Freund und Feind, sondern zugleich auch diejenige zwischen Kombattant und Nichtkombattant, also zwischen rechtmäßigem Kämpfer und unbeteiligtem Zivilist, was den Staaten- vom Bürgerkrieg trennt. Indem die Uniformierten sich wechselseitig als Kombattanten zu erkennen geben, einander als solche anerkennen und sich dazu verpflichten, die Nicht-

mit der schiefen Schlachtordnung Friedrichs des Großen sich in den offenen Schlund des Verderbens warfen, war es nicht bloß eine Manier, die sich überlebt hatte, sondern die entschiedenste Geistesarmut, zu der je der Methodismus geführt hat« (Clausewitz 1980 [1832–34]: 209; vgl. hierzu Göse 2007: 127, Fußnote 29).

44 Unter Zugrundelegung eines nicht allein quantitativen Asymmetrie-Begriffs scheint denn auch die Einschätzung nicht zu überzeugen, »[d]en Begriff der Asymmetrie hätte bereits Galilei für seine Überlegungen zur Militärarchitektur reklamieren können« (Bredekamp 2012a: 206) – eine Einschätzung, mit der die jüngere Kunstgeschichte die Zeitdiagnosen und Aktualitätsthesen der politikwissenschaftlichen Asymmetrie-Theorie ihrerseits wie mit einem »Streifschuss« zu erledigen versuchte.

uniformierten zu schonen, ist ihre Uniform Ausdruck einer normativen Symmetrie. Sie überträgt die Werte der Ehre, Ritterlichkeit und Chancengleichheit – Prinzipien also, die im mittelalterlichen Turnier galten – in das Zeitalter der Massenkriege (Münkler 2004b: 654). Diese reziproke Anerkennung der Gegner und die beiderseitige Verpflichtung auf die Einhaltung der vereinbarten Regeln bestimmen somit das politisch-militärische Geschehen in der Westfälischen Ära, das heißt sowohl die Kämpfe auf den geometrisch geformten Schlachtfeldern der »Großen Kriege« (Daase 1999) als auch die Auseinandersetzungen im Rahmen der symmetrisch gestalteten und Symmetrien erhaltenden Staatendiplomatie.

Dass die von Clausewitz in *Vom Kriege* formulierten Ideen und Prinzipien die Symmetrien des Westfälischen Systems und der darin geführten Kriege reflektieren und auch restaurieren, erscheint insbesondere mit Blick auf drei Annahmen der Clausewitzschen Kriegstheorie plausibel, die deren *symmetrischen* Charakter offenbaren bzw. begründen: (1) Kriege werden zwischen Staaten als gleichartigen Gegnern ausgetragen (Symmetrie der Organisationsform). (2) Kriege werden von diesen Staaten auf gleichartige Weise geführt (Symmetrie der Strategie). (3) Aufgrund der Gleichartigkeit der zur Anwendung kommenden Kräfte (Symmetrie der Kraft) setzt sich diejenige Partei letztlich durch, der es gelingt, die größeren Menschen- und Ressourcenmassen zu mobilisieren. Diese dreifache Symmetrie, die ihren Ausdruck vor allem in der spezifischen Form findet, die die allgemeine »wunderliche Dreifaltigkeit« (Clausewitz 1980 [1832–34]: 213) des Krieges – bestehend aus politischer Rationalität, strategischer Kreativität und gewalttätiger Brutalität – während der Westfälischen Ära in der Trias aus »Regierung«, »Feldherr« und »Volk« (ebd.) annimmt, soll im Folgenden genauer betrachtet werden.

(1) Symmetrie der Organisationsform

Staaten sind für Clausewitz die Monopolisten der Gewaltanwendung und daher die wichtigsten – wenn nicht die einzigen – Akteure im Krieg. Gemäß seiner berühmten Definition, die zumeist staatszentriert interpretiert wurde, handelt es sich bei dem Krieg um »ein wahres politisches Instrument […], eine Fortsetzung des politischen Verkehrs, ein Durchführen desselben mit anderen Mitteln« (Clausewitz 1980 [1832–34]: 210). Bei dieser Fortsetzung ihrer Politik mit anderen, nämlich mit physisch-gewaltförmigen Mitteln stehen sich auf dem Schlachtfeld Staaten gegenüber, deren Regierungen ihre regulären Truppen gegeneinander führen. Als solche gleichen sich die Kontrahenten einander im Krieg aufgrund ihrer prinzipiell gleichartigen inneren (Organisations-)Struktur und vor allem der sich hieraus ergebenden gleichartigen politischen und militärstrategischen Rationalität.

(2) Symmetrie der Strategie

Da auf beiden Seiten des Schlachtfeldes Staaten, und somit gleichartige Akteure, stehen, gleichen sich auch die Präferenzen, Rationalitäten, Risikoperzeptionen – und letztlich: die Strategien – der einander bekämpfenden Feldherren. Im Vergleich zu dem »idealen«, absoluten, von Clausewitz rein theoretisch als einem »erweiterte[n] Zweikampf« (ebd.: 191) entworfenen Krieg, in dem die füreinander völlig unbekannten Kontrahenten einander mit *allen* Kräften niederzuringen versuchen, da sie wechselseitig stets das Schlimmste voneinander befürchten, herrscht im wirklichen, von konkreten Staaten geführten Krieg eine geringere Erwartungsunsicherheit, die die Anwendung gemäßigter Strategien wahrscheinlicher werden lässt und auch ermöglicht: »Sind die beiden Gegner nicht mehr bloße Begriffe, sondern individuelle Staaten und Regierungen, ist der Krieg nicht mehr ein idealer, sondern ein sich eigentümlich gestaltender Verlauf der Handlung, so wird das wirklich Vorhandene die Daten abgeben für das Unbekannte, zu Erwartende, was gefunden werden soll« (ebd.: 199). Da der Grad des Unbekannten abnimmt, wenn statt bloß gedachter Gegner konkrete Kontrahenten einander bekämpfen, Kontrahenten also, die sich aus ihrer vielfach verflochtenen Geschichte heraus und in ihrer – wechselseitig mit Gründen unterstellten – Rationalität in einem gewissen Maß einzuschätzen und zu beurteilen wissen, verringert sich im wirklichen Krieg das Risiko, dass der Krieg gemäß der Logik der Prävention in Richtung seiner »idealen«, absoluten, äußersten Gestalt eskaliert. Voraussetzung dafür, dass sich die von Clausewitz als »Modifikationen in der Wirklichkeit« (ebd.: 195) beschriebenen Tendenzen der Mäßigung im konkreten, wirklichen Krieg gegenüber den im gedachten, absoluten Krieg vorherrschenden Tendenzen zum Äußersten durchsetzen können, scheint jedoch zu sein, dass es sich bei den Gegnern um gleichartige Akteure, genauer: um Territorialstaaten handelt. Nur territorialstaatlich verfasste Akteure sind wechselseitig dauerhaft füreinander sichtbar und somit reziprok (zumindest potenziell) stets verwundbar und teilen nicht zuletzt deswegen die Präferenz für begrenzte Kriege, deren Führung sie möglichst auf das konventionelle Schlachtfeld beschränken. Aus der Symmetrie der Organisationsform ergibt sich in diesem Sinne eine Symmetrie der Strategie.

(3) Symmetrie der Kraft

Die Präferenz der Staaten für begrenzte, konventionelle und direkte Strategien führt dazu, dass sie sich im Krieg mit tendenziell gleichartigen Kräften miteinander messen. Das Kernstück der Clausewitzschen Theorie vom Kriege ist dementsprechend der Ort und Zeitpunkt dieses Kräftemessens: die auf dem konventionellen Schlachtfeld ausgetragene Schlacht (vgl. ebd.: 420f.). In ihr suchen die durch ihre Regierungen beauftragten Feldherren die Entscheidung des Krieges herbeizuführen, indem sie die physischen Kräfte ihrer Völker räumlich und zeitlich auf einen Punkt hin konzentrieren. Aus dieser Konzentration in der Schlacht geht, so Clausewitz' Annahme, diejenige Seite siegreich hervor, die neben den moralischen die größeren physischen Kräfte – und das heißt vor allem: die größeren Volks-, Soldaten- und Ressourcenmassen – in die Waagschale zu werfen vermag. Die napoleonische Niederwerfungsstrategie, die darin besonders erfolgreich war, diente Clausewitz hier als Beispiel und Vorbild. Solange diese Strategie in der Praxis wie auch der Theorie der europäischen Kriegführung den strategischen und rüstungspolitischen Entwicklungspfad vorgab und der Krieg also auf dem Schlachtfeld als dem Kreuzungspunkt der breiten »Alleen« direkter Niederwerfungsstrategien auf konventionelle Weise geführt und zugunsten des Stärkeren entschieden wurde, war der Krieg ein symmetrischer.[45]

Der Symmetrie-Fokus und die Symmetrie-Präferenz der Clausewitzschen Kriegstheorie, die hier anhand deren Konzentration auf Staaten, auf konventionelle, direkte Strategien sowie auf die für den Sieg entscheidenden Volks-, Soldaten- und Ressourcenmassen dargestellt wurden, scheinen den besonde-

45 Die hier wie oben metaphorisch als »Allee« bezeichnete direkte, auf Massen gestützte Strategie hinterließ in Gestalt baumbestandener Chausseen ihre nicht-metaphorischen Spuren im europäischen Landschaftsbild, da Napoleon ein umfängliches Programm zu deren Bau in Gang setzte, um »seine Truppen mit einer Schnelligkeit verlegen [zu können; F. W.], der in West- und Mitteleuropa kein Gegner gleichkam« (Münkler 2006a: 164f.). So lange die Gegner Napoleons diese »Alleen« der direkten Strategie noch nicht auf Partisanenpfaden verließen, hatte die politisch-strategische wie auch die landschaftliche Ordnung der europäischen Symmetrie Bestand – trotz der »geringfügige[n] Asymmetrie« (ebd.: 165), die Napoleon durch den Ausbau und die Nutzung der Chausseen in logistische Vorteile für seine Kriegführung zu verwandeln verstand.

ren, oben skizzierten symmetrischen Bedingungen – und Gefährdungen – des Westfälischen Staatensystems bzw. Barockgartens geschuldet zu sein, innerhalb dessen diese Theorie entstand. Diese historische Bedingtheit seiner Kriegstheorie zugleich erkannt, anerkannt und – als prinzipielles Problem jeder Kriegstheorie – auf den Begriff gebracht zu haben, kann trotz einer solchen historischen Kontextualisierung als *überhistorisches*, über den eigenen Kontext hinausweisendes Verdienst der Clausewitzschen Kriegstheorie angesehen werden. So beschreibt Clausewitz den Krieg als »ein wahres Chamäleon, weil er in jedem konkreten Falle seine Natur etwas ändert« (ebd.: 212), wobei wie auch beim Chamäleon eine entsprechende Änderung insbesondere dann zu erwarten sei, wenn die Kontextbedingungen sich änderten.[46] Clausewitz' Vergleich des Krieges mit einem Chamäleon weist freilich weit über den Barockgarten des Westfälischen Staatensystems hinaus und vermochte sich in der dominanten europäischen Rezeptionstradition gegenüber der berühmten »statischen«, staatszentriert konkretisierten Definition des Krieges als »Fortsetzung des politischen Verkehrs« nicht durchzusetzen. Dies verdeutlicht, wie sehr das europäisch-westliche Nachdenken über den Krieg bis ins 20. Jahrhundert hinein und teils noch darüber hinaus von der grundlegenden »Sozialgeometrie« der Symmetrien geleitet war, die innerhalb des Barockgartens vorherrschten, welcher dieses Nachdenken umgab.

b) Die Theorien der Internationalen Beziehungen als Spiegelung – und Stabilisierung – der symmetrischen Ordnung des Kalten Krieges

Die Theorien der Internationalen Beziehungen, die nach dem Zweiten Weltkrieg zunächst in den USA als politikwissenschaftliche Teildisziplin entste-

46 Clausewitz benennt *ex negativo* zwei der historisch-gesellschaftlichen Kontextbedingungen und Ursachen des Wandels des Krieges, wenn er schreibt, der »Charakter der heutigen Schlacht« werde lediglich »unter diesen beiden Bedingungen« in Zukunft unverändert bleiben: so lange »die Parteien sich ungefähr auf demselben Punkt der kriegerischen Einrichtungen und der Kriegskunst befinden« und so lange sie »durch große Volksinteressen« angefacht werden (Clausewitz 1980 [1832–34]: 421). Solche (Selbst-)Kontextualisierungen und Qualifizierungen der Clausewitzschen Kriegstheorie – und überhaupt: Clausewitz' Betonung des chamäleonartigen, dialektischen Charakters des Krieges (vgl. Strachan 2007) – aus dem Blick verloren zu haben, kennzeichnet viele der Versuche, der Clausewitzschen Theorie mit Blick auf den Wandel des Krieges im 20. Jahrhundert Unzeitgemäßheit zu unterstellen (van Creveld 1991; Keegan 1997), denen Andreas Herberg-Rothe (2001) überzeugend entgegengetreten ist.

hen, etablieren sich, was ihren Erklärungs- und Beschreibungsanspruch angeht, in Konkurrenz zur klassischen, von Clausewitz geprägten europäisch-westlichen Kriegstheorie. Trotz dieses Konkurrenzverhältnisses teilen sie, insbesondere in der klassischen Denktradition des Realismus (vgl. Morgenthau 1966 [1948]) und Neorealismus (vgl. Waltz 1959; 1979; 1988), mit der Clausewitzschen Kriegskonzeption die drei Westfälischen Symmetrie-Prämissen, die sie in ihre eigene Theoriesprache übersetzen: (1) *Symmetrie der Organisationsform*: Staaten sind die entscheidenden Akteure im internationalen System. (2) *Symmetrie der Strategie*: Staaten als *unitary* und *rational actors* gleichen einander in ihrer Struktur und Handlungslogik, das heißt in der Art ihres Strebens nach Macht. (3) *Symmetrie der Kraft*: Kriege, die aus diesem Machtstreben der Staaten sowie der anarchischen Struktur des internationalen Systems resultieren, führen – aufgrund der Gleichartigkeit der eingesetzten Kräfte – zu Siegen der starken Staaten über ihre schwachen Kontrahenten. Diese drei Westfälischen Symmetrie-Prämissen, die dem Westfälischen Staatensystem entstammen und dieses auch stabilisierten, prägten also *auch* die »realistischen« und »neorealistischen« Theorien der Internationalen Beziehungen, wie sowohl Vertreter des Realismus (vgl. Bell 2009) als auch Realismus-Kritiker (vgl. Laubach-Hintermeier 1998: 76f.; Beitz 1999 [1979]: 35–50) übereinstimmend feststellen. Wie kam es zu dieser symmetrischen Prägung in einer Zeit, die sich doch in vielerlei Hinsicht deutlich von der Ära des Westfälischen Staatensystems unterschied? Die Symmetrie-Orientierung der Theorien der Internationalen Beziehungen lässt sich wohl am ehesten mit dem Entstehungskontext der besagten Theorien erklären: mit dem seinerseits ebenfalls symmetrischen, doch von der Symmetrie-Ordnung des Westfälischen Staatensystems zu unterscheidenden Kalten Krieg.

Der Kalte Krieg bestimmte die internationale Politik in den Jahren zwischen 1947 und 1991. Das globale rüstungspolitische, ökonomische und ideologische Kräftemessen der Blöcke und Systeme beherrschte die politisch-strategischen Ordnungsvorstellungen in Ost und West. So grundsätzlich sich diese Ordnungsvorstellungen von den Symmetrie-Prinzipien des Westfälischen Staatensystems entfernten und unterschieden, konnte der Kalte Krieg selbst dennoch als bipolare Konfrontation unter Rückgriff auf symmetrische Annahmen beschrieben werden. Kenneth Waltz, der US-amerikanische Begründer des Neorealismus in den Internationalen Beziehungen, stellte in diesem Sinne fest, als er im Jahr 1993 auf den Kalten Krieg zurückblickte: »The military forces of the United States and the Soviet Union remained in rough balance, and their military doctrines tended to converge.

[...] Military competition between the two countries produced its expected result: the similarity of forces and doctrines« (Waltz 1993: 46f.). Die von Waltz hervorgehobene »Ähnlichkeit« der Sowjetunion und der USA zeigte sich insbesondere in ihren Atomwaffenarsenalen, die sich im Verlauf des Ost-West-Konflikts in Größe und Art aneinander annäherten – und einander zwischenzeitlich nahezu glichen: »Tatsächlich war der Ost-West-Konflikt, seitdem die Sowjetunion im Verlauf der 1960er Jahre eine nukleare Parität mit den USA erreicht hatte, ein Paradefall der symmetrischen Konfrontation« (Münkler 2006a: 167). Ebenso wie zuvor der konventionelle Staatenkrieg des Westfälischen Systems war also auch die neuartige Konfrontation des Kalten Krieges geprägt von gleichartigen Akteuren, Strategien und Kräften. Beobachtern erschien diese Konfrontation daher als ein strategisches Spiel auf einem für beide Seiten gleichen Spielfeld: »Es gibt Spielregeln, denen beide Seiten folgen, und die Spielsteine, mit denen sie ziehen, sind für beide Seiten gleich« (ebd.). Diese Spielregeln zu erforschen und die eigenen Spielsteine mit denjenigen des Gegners zu vergleichen, war das Hauptanliegen der Theorien der Internationalen Beziehungen im Kalten Krieg. In ihren Studien zu Kräfte-Vergleichen zwischen Ost und West (*net assessment*), zur Stabilität der Bipolarität (*stability of bipolarity*) und zu den Voraussetzungen wirkungsvoller Abschreckung (*deterrence theory*) schlugen sich unter dem Paradigma des Mächtegleichgewichts (*balance of power*) die drei genannten Symmetrie-Annahmen nieder.[47] Dass im Schatten des Kalten Krieges teils durchaus »heiße« Kriege geführt wurden, die den symmetrischen Prinzipien des Ost-West-Gegensatzes und den gleichfalls symmetrischen Annahmen der Theorien der Internationalen Beziehungen keineswegs entsprachen, so seitens der USA in Vietnam (von 1965 bis 1973 bzw. bis zum vollständigen Abzug im Jahr 1975), seitens der Sowjetunion in Afghanistan (von 1979 bis 1989) und beiderseits zudem in den vielen »Stellvertreterkriegen« jener Zeit, blieb aufgrund der Fokussierung auf die globale Symmetrie ausgeblen-

47 Innerhalb der *deterrence theory* taucht zwar der Ausdruck »Asymmetrie« gelegentlich auf. Er hat hier aber eine spezifische Bedeutung. So meinen Zagare und Kilgour (1993) in ihrer spieltheoretischen Studie über »deterrence as a fundamentally one-sided problem« (ebd.: 2) mit »asymmetric deterrence« den Umstand, dass zu einem bestimmten Zeitpunkt stets nur eine von zwei Konfliktparteien als Angreifer zu denken sei, die andere hingegen dann als Verteidiger; es stehe nämlich nicht zu erwarten, dass die zwei Parteien einander gleichzeitig angriffen. Da diese Begrifflichkeit einem insgesamt symmetrischen Konflikt- und Abschreckungs-Denken verhaftet bleibt, eröffnet sie keine Perspektive auf Asymmetrien im grundsätzlichen Sinn und wird daher in der Untersuchung nicht weiter verfolgt.

det und führte jedenfalls nicht zur Weitung der Perspektive. Stattdessen sahen die »realistischen« Internationalen Beziehungen sich in ihren symmetrischen Annahmen durch das riskante atomare Kräftespiel bestätigt, das sich im Oktober 1962 in der Kuba-Krise zuspitzte und das aus ihrer Sicht gerade *wegen* der symmetrischen Grundstruktur dieses Spiels nicht eskalierte. Die gleichartige Rationalität der Gegner und das beiderseitige Vertrauen in diese Gleichartigkeit und Rationalität trugen demnach dazu bei, dass die drohende wechselseitige Vernichtung im Bereich eines rationalen Gedankenspiels des »penser la guerre« (Aron 1980) verblieb. Die Symmetrie erwies sich so auch im bipolaren Ordnungsmodell des Kalten Krieges als stabil, wobei freilich die Stabilität und Symmetrie – anders als im Ordnungsmodell des pluriversen Westfälischen Staatensystems – hier nicht mehr auf wechselseitiger Anerkennung, sondern auf wechselseitiger Abschreckung beruhten.[48] In dieser Differenz aber offenbart sich zugleich das Gemeinsame der zwei politischen Symmetrie-Modelle: ihre Reziprozität. Diese erscheint, gleich welcher Art die betreffende »Wechselseitigkeit« sei, als Voraussetzung und Kriterium für politisch und militärisch bedeutsame Symmetrie.

Die symmetrische Ordnung, in deren Kontext sich das skizzierte europäisch-westliche Denken des Krieges von Clausewitz bis zu den »realistischen« und »neorealistischen« Theorien der Internationalen Beziehungen entwickelte, hat die Vorstellungen Europas und des Westens vom Krieg im Zeitalter der Symmetrie nachhaltig – nämlich symmetrisch – geprägt. Der kanadische Politikwissenschaftler Kalevi Holsti stellte in diesem Sinne in der Hochphase des Kalten Krieges im Jahr 1967, allerdings damals noch ohne Verwendung der erst später eingeführten Symmetrie-Begrifflichkeit fest: »Unsere leitenden Begriffe, Theorien der internationalen Beziehungen, strategische Analysen und Untersuchungen über systemischen Wandel und die Rolle von Krieg

48 Die Sowjetunion und die USA erkannten einander zwar formell an, wie dem Artikel 2 der Charta der Vereinten Nationen von 1945 zu entnehmen ist, der das Prinzip der souveränen Gleichheit aller Mitgliedsstaaten formuliert (vgl. United Nations 1945: Article 2). Ideologisch jedoch standen die sich jeweils als universalistisch begreifenden Weltanschauungen und Ordnungsmodelle der zwei Systemblöcke einander unversöhnlich gegenüber: auf der einen Seite die »bolschewistische[n] Konzeption einer tendenziell globalen Union sozialistischer Sowjetrepubliken« (Münkler 2004a: 99), auf der anderen Seite die »von Präsident Woodrow Wilson vertretene[n] Vorstellung einer auf dem Selbstbestimmungsrecht der Völker beruhenden, durch freien Welthandel integrierten Friedensordnung« (ebd.). Auf beiden Seiten waren also in den globalen Ansprüchen »Züge einer imperial gestalteten Weltordnung enthalten« (ebd.), die sich von der Staatenordnung dadurch unterscheidet, dass das Imperium (im Singular!) keine Gleichen neben sich anerkennt (vgl. Münkler 2005).

in diesen Prozessen basieren explizit oder implizit auf den [hier wäre hinzuzufügen: symmetrischen; F. W.] Mustern der Geschichte Europas und des Kalten Krieges« (Holsti 1992 [1967]: 38f.). Diese Beobachtung zu der spezifischen historischen Prägung westlicher Kriegswahrnehmung und Kriegsanalyse trifft nicht nur auf die von Holsti primär gemeinten Theorien der Internationalen Beziehungen, sondern auch auf Clausewitz' Kriegstheorie zu. Beide Theorietraditionen reflektieren und restaurieren bzw. stabilisieren in ihren symmetrischen Grundannahmen über den Krieg – den Annahmen zur Symmetrie der staatlichen Organisationsform, zur Symmetrie der direkten, konventionellen Strategie und zur Symmetrie der massengestützten, den Stärkeren begünstigenden Kraft –, die erwähnten »Muster« der europäischen Geschichte: die Muster nämlich der Geometrien des Westfälischen Systems und des Kalten Krieges, die als zwei Ausprägungen desselben symmetrisch geordneten Barockgartens anzusehen sind.

Diese Rekonstruktion der zwei Spielarten des symmetrischen Nachdenkens über den Krieg, dessen Referenz- und Resonanzraum sich im Verlauf des 20. Jahrhunderts von dem Westfälischen Staatensystem zu dem Modell des Kalten Krieges verschob, offenbart, wie sehr das europäisch-westliche Kriegsdenken den Symmetrien des Barockgartens verhaftet blieb, obwohl doch die Kriegsgeschichte sich keineswegs als eine Geschichte rein symmetrischer Kriege präsentiert. Denn insbesondere an den Rändern des Barockgartens, jedoch nicht nur dort, traten seit jeher »Rebellen, Partisanen und Guerilleros« (Heuser 2013) auf und wurden seit jeher »Dschungelkriege« (Walter 2009) geführt. Solche unkonventionellen Krieger und Kriege lassen sich keineswegs harmonisch in das symmetrische Kriegsbild einfügen, das die Clausewitzsche Kriegstheorie und die Internationalen Beziehungen entwarfen und einzurahmen versuchten. Dass beide dennoch an diesem Bild festhielten und den Krieg den symmetrischen Gesetzen zu unterwerfen strebten, kann als Folge einer entweder unbewussten oder aber absichtlichen Ausblendung der nichtsymmetrischen Kriegsphänomene gedeutet werden. Im ersten Fall hätte die Fokussierung von Symmetrien ungewollt dazu geführt, dass die Theoretiker blind für die Nichtsymmetrien wurden, die innerhalb und außerhalb des Barockgartens wucherten. Im zweiten Fall wäre hingegen davon auszugehen, dass die Theoretiker absichtlich darauf verzichteten, den Nichtsymmetrien größere Aufmerksamkeit zu schenken – in der Hoffnung, gerade durch deren bewusste Ausblendung zur Restauration bzw. Stabilisierung der gefährdeten symmetrischen Ordnung beizutragen. Beide Erklärungsansätze lassen sich, wie gezeigt wurde, miteinander verbinden:

Clausewitz' Kriegstheorie und die Theorien der Internationalen Beziehungen spiegeln einerseits die Symmetrien ihrer jeweiligen Kontexte wider und können andererseits als Versuche verstanden werden, deren Symmetrien zu restaurieren bzw. zu stabilisieren. Das erschließt sich, wenn das Wechselverhältnis zwischen Theorie und historisch-politischem Kontext ernst genommen wird: Das europäisch-westliche Kriegsdenken in seinen zwei Spielarten entwickelte sich innerhalb des Barockgartens des Westfälischen Staatensystems und des Kalten Kriegs, in den es zugleich intervenierte. Dabei waren vor allem solche Interventionen aussichtsreich, denen es gelang, politikpraktische und völkerrechtliche Bestrebungen zur symmetrischen Hegung des Krieges zu beeinflussen, die sich ihrerseits am symmetrischen Ordnungsrahmen des Barockgartens orientierten. Bezeichnender Weise erfuhr denn auch das humanitäre Völkerrecht, das aus solchen Bestrebungen hervorging, seine frühe Prägung in einem Barockschloss, nämlich dem »Huis ten Bosch« bzw. »Haus im Wald« bei Den Haag, das im Jahr 1899 die Erste Haager Friedenskonferenz beherbergte und damals von einem streng formalen Garten umgeben war (vgl. Sheehan 2008: 48). Diesen streng formalen Garten kultivierte das humanitäre Völkerrecht seither – ungeachtet des Unkrauts, das darin und jenseits von ihm wucherte. So wurden immer neue Anstrengungen unternommen, um kriegerische Neuerungen, Steigerungen und Entgrenzungen einzuhegen und »irreguläre« Kämpfer und Kampfweisen den Regeln der symmetrischen Gartenordnung zu unterwerfen. An ihre eigenen Grenzen stießen diese Anstrengungen zur symmetrischen Begrenzung des Krieges freilich dann, wenn wie in den zwei Weltkriegen das konventionelle Kriegsbild Europas grundsätzlich erschüttert wurde. Das »Huis ten Bosch« bei Den Haag mitsamt seinem Garten wurde im Zweiten Weltkrieg durch die deutschen Truppen schwer beschädigt und beinahe zerstört. In der Normandie kam es wenig später infolge der Landung der Allierten am 6. Juni 1944, dem sogenannten »D-Day«, in einem durch Hecken stark zergliederten, unübersichtlichen Gelände zu derart heftigen, formlosen, aufgelösten Kämpfen, dass die daran beteiligten Soldaten nicht mehr einen regulären Staatenkrieg, sondern einen »Dschungelkrieg« zu führen meinten (Lieb 2014). So lange solche nichtsymmetrischen Einbrüche in das europäisch-westliche Kriegsmodell – bewusst oder unbewusst – ausgeblendet wurden, hatte die Ordnung des symmetrischen Barockgartens grundsätzlich Bestand. Die Ausblendung der Nichtsymmetrie erwies sich jedoch nur so lange als möglich, bis schließlich außerhalb des Gartens und auch in dessen Innerem das Unkraut der Asymmetrie die Geometrie der Symmetrie zu überwuchern begann.

3. Unkraut im Barockgarten: Dekolonisierung und Atomrüstung im 20. Jahrhundert

Seit der Mitte des 20. Jahrhunderts geraten die drei symmetrischen Grundannahmen des klassischen Kriegsverständnisses unübersehbar unter Druck, die Annahmen also zur Symmetrie der staatlichen Organisationsform, zur Symmetrie der direkten, konventionellen Strategie und zur Symmetrie der massengestützten, den Stärkeren begünstigenden Kraft. Sowohl an den geographischen Rändern der symmetrisch angelegten europäischen Staatenordnung als auch innerhalb derselben wachsen nach dem Zweiten Weltkrieg Ungleichgewichte und Ungleichartigkeiten, die die symmetrische Ordnung des Barockgartens zu überwuchern und zu untergraben drohen. Was die Zentralität der Staatlichkeit angeht, werden die Staaten, einst unangefochten die zentralen (Kriegs-)Akteure im internationalen System, immer häufiger und immer erfolgreicher durch nichtstaatliche Akteure herausgefordert. Was die vormalige strategische Symmetrie betrifft, konkurrieren neue irreguläre und indirekte Strategien zunehmend mit den konventionellen, auf Symmetrie ausgerichteten Formen der Kriegführung. Was schließlich die dritte Annahme angeht, derzufolge der an Massen und Ressourcen Stärkere unter der Voraussetzung der Gleichartigkeit der eingesetzten Kräfte im Krieg den Sieg davon trägt, widersprechen ihr die Erfolge antikolonialer Befreiungsbewegungen gegen überlegene Kolonialmächte. Diese Entwicklungen untergraben allmählich die Symmetrie-Annahmen, auf denen das klassische Kriegsverständnis implizit oder explizit beruht. Der Versuch, auf die historischen Erosionsprozesse zu reagieren, bringt innerhalb des Kriegsdiskurses die »asymmetrische Semantik« hervor. Mit ihrer Hilfe werden nun zwei Typen der Asymmetrie und die damit verbundenen Herausforderungen beschrieben, die die Diskussion über den »asymmetrischen Krieg« zunächst bestimmen: a) die Asymmetrie der Organisationsform, mit der die westlichen Industriestaaten während der Dekolonisierungskriege *in der Peripherie* des Barockgartens ringen, sowie b) die Asymmetrie der Kraft, die sich *innerhalb* des Barockgartens zwischen Atomstaaten und Nicht-Atomstaaten auftut und so die symmetrische Gartenordnung von innen her untergräbt.

Nicht allein der Rebell, Partisan und Guerillero also, sondern ebenso sehr die Atombombe beförderte die Erosion des symmetrischen Modells des Krieges und der internationalen Ordnung. Das wurde in vollem Ausmaß erst durch das Asymmetrie-Konzept sicht- und erfassbar, dessen Entstehung auf *beide* Formen der Infragestellung der symmetrischen Gartenordnung – Partisan und Atombombe – zugleich reagiert.

a) Wachsende Asymmetrien zwischen Befreiungskämpfern und Kolonialstaaten

Der Begriff des asymmetrischen Krieges taucht erstmals auf zu einer Zeit, als sich – noch im Schatten der globalen Symmetrie des Kalten Krieges – der Blick der Kriegstheorie in Richtung der Kriege an den Peripherien weitet. Nach dem Zweiten Weltkrieg erringen weltweit im Prozess der Dekolonisierung nationalistisch-separatistische Freiheits- und Widerstandskämpfer Siege gegen militärisch und technologisch weit überlegene Kolonialmächte: Indonesien (1945–49), Indochina (1946–54), Algerien (1954–62), Zypern (1955–59), Marokko (1952–56), Tunesien (1961) und Aden (1963–67) sind nur einige Stationen dieses weltweiten ungleichen Befreiungskampfes, der vielerorts zum Abzug der Kolonialmächte führt.[49] Die Ergebnisse dieser Kriege stellen die Politikwissenschaften vor ein Rätsel: Wie ist es möglich, dass schwache Akteure gegen starke siegen? Als Antwort auf diese Frage werden – zunächst noch ohne Verwendung des Ausdrucks »asymmetrischer Krieg« – spezifische Strategien des Kleinen Krieges identifiziert und formuliert. Dies geschieht anfangs durchweg aus der Perspektive des schwachen Akteurs, was darauf zurückzuführen ist, dass die antikolonialen Kriegsdenker sich primär als revolutionäre Praktiker und lediglich sekundär als Theoretiker des Kleinen Krieges verstehen. Mao Zedong, Ernesto Che Guevara und Vo Nguyen Giap sind nur die prominenteren unter den Urhebern entsprechender Strategie-Empfehlungen, aus welchen »sich so etwas wie eine ›Theorie des Befreiungskrieges‹ destillieren« ließe (Daase 1999: 14).

Dieser Theorie des Befreiungskrieges bzw. der Insurgency stellten die Kolonialmächte als vergleichsweise starke und zudem staatliche Akteure Strategien der Counterinsurgency entgegen, die sie unter Rückgriff auf fran-

49 Zu Verlauf und Ergebnis dieser Kriege siehe die statistischen Angaben und Analysen in den Jahrbüchern und Berichten der AKUF (zuletzt Schreiber 2011; 2014).

zösische und britische Kolonialerfahrungen formulierten. Dabei gelangte jene Strategie zu Prominenz, mit der die Briten in den Jahren 1948 bis 1960 den als »Malayan Emergency« bekanntgewordenen kommunistisch inspirierten Aufstand der chinesischen Bevölkerung in Britisch-Malaya niederschlugen. Der Hochkommissar für Britisch-Malaya, Gerald Templer, der für diese Strategie verantwortlich war, beschrieb ihren Erfolg im Jahr 1952 mithilfe des später vielfach aufgegriffenen Wortes vom »Gewinnen der Herzen und Köpfe«: »The answer [to the uprising] lies not in pouring more troops into the jungle, but in the hearts and minds of the people« (Gerald Templer [1952], zit. nach Cohen 2014: 1).[50] Das bedeutete, dass der koloniale Dschungelkampf gegen antikoloniale Guerilla- und Befreiungsbewegungen nicht mit Truppenmassen und militärisch-technologischen Mitteln allein zu gewinnen, sondern auch mit ideologisch-sozialen Methoden zu führen sei. Dieser Ratschlag Templers konkurrierte gleichwohl stets mit der gegensätzlichen Empfehlung, die Kolonialmächte sollten ganz auf ihre militärisch-technologische Überlegenheit setzen, die sie gerade im Dschungel voll zur Geltung bringen könnten. Wie zur Bestätigung dessen erfand die britische Chemieindustrie »rechtzeitig zur Bekämpfung der chinesischen Aufständischen in Malaya eine technisch neue Art, Kämpfer im Dschungel zu isolieren, nämlich durch Herbizide, die zur Entlaubung von Bäumen und Büschen führten und dadurch die Gegner ihrer Deckung beraubten« (Heuser 2013: 151; vgl. Lion 2009: 505f.). Die von den Briten entwickelte Entlaubungstechnik fand später ihre Nachahmer in den USA, die während des Vietnamkriegs im Rahmen der Operation »Ranch Hand« das Herbizit »Agent Orange« einsetzten, um den Nordvietnamesen und dem Vietcong seine Deckung im Dschungel zu nehmen (vgl. ebd: 506–514). Die massive internationale Kritik an dieser Vorgehensweise und ihren zunächst nur vermuteten und bald erwiesenen Langzeitnebenwirkungen führte dazu, dass der Einsatz von Herbiziden zum Zweck der Kriegführung durch die im Jahr 1997 in Kraft getretene UN-Konvention über Chemiewaffen zum Kriegsverbrechen erklärt wurde. Nicht zuletzt aufgrund solcher Beschränkungen, die die internationale Öffentlichkeit und das Völkerrecht dem »unbeschränkten« Einsatz militärisch-technologischer Überlegenheit *auch* im Dschungel auferlegten, behielten letztlich solche Counterinsurgency-Strategien die Oberhand, die sich eher am »Gewinnen der Herzen und Köpfe« denn an der radikalen Stei-

50 Der erläuternde Einschub (»to the uprising«) von Cohen (2014: 1), der als Beleg für das Zitat von Gerald Templer seinerseits auf Clutterbuck (1966: 3) verweist.

gerung und Nutzung der eigenen militärisch-technologischen Möglichkeiten orientierten. Die entsprechenden Lehren aus den Kolonialkriegen zirkulierten nicht nur unter den europäischen Kolonialmächten, sondern fanden von dort aus Eingang in die Theorien und Strategien der Aufstandsbekämpfung der USA. Vermittelt wurde dieser transatlantische Lernprozess durch *strategic entrepreneurs* wie den französischen Offizier David Galula. Seine Erfahrungen in Indochina und Algerien bildeten die Grundlage für die Studie *Counterinsurgency Warfare: Theory and Practice* (Galula 1964), die er an der nach dem Zweiten Weltkrieg im kalifornischen Santa Monica gegründeten Denkfabrik RAND (»Research ANd Development«) verfasste und die die US-amerikanische Counterinsurgency-Strategie zu Beginn des 21. Jahrhunderts für ihre Zwecke wiederentdeckte.

Die Debatten um Strategien der Insurgency und Counterinsurgency in den sechziger Jahren des 20. Jahrhunderts, an denen Militärpublizisten und Strategiewissenschaftler dies- und jenseits des Atlantiks teilnahmen, brachten schließlich Mitte der siebziger Jahre des 20. Jahrhunderts den Begriff des asymmetrischen Konflikts hervor. Der Politikwissenschaftler Andrew Mack, der zuvor als Ingenieur und Pilot in der australischen Royal Air Force gedient hatte und später Direktor von Kofi Annans »Strategic Planning Office« bei den Vereinten Nationen werden sollte, führte den neuen Begriff in den Kriegsdiskurs ein. Der Aufsatz, mit dem Mack die Theorie des Asymmetrischen Krieges begründen sollte, trägt den Titel: »Why Big Nations Lose Small Wars: The Politics of Asymmetric Conflict« (Mack 1975). Irritiert und auch inspiriert von den Erfolgen der antikolonialen Befreiungsbewegungen gegen die weit überlegenen Kolonialstaaten und insbesondere durch den vollständigen Abzug der US-Truppen aus Vietnam bis zum Jahr 1975 widmet Mack diese erste kriegstheoretische Einzelstudie zum Asymmetrie-Problem der Frage, wie es sein kann, dass große Nationen in »asymmetrischen« Kleinen Kriegen gegen schwächere Gegner verlieren. Betrachtet man diese Fragestellung aus der umgekehrten Perspektive, also derjenigen der Befreiungskämpfer, so geht es Mack darum, zu zeigen, auf welche Weise die objektiv an Kräften unterlegenen Akteure in asymmetrischen Konflikten gegen übermächtige Gegner Erfolge oder gar Siege erzielen können. Dass dieses Phänomen überhaupt erklärungsbedürftig ist, ergibt sich für Mack aus der im Zeitalter der konventionellen Staatenkriege und bis hinein in die Ära des Kalten Kriegs unbezweifelten – symmetrischen – Prämisse, dass (konventionell definierte) militärische Überlegenheit im Krieg zum Sieg führe: »the pervasive notion that superiority in military capability (conventionally defined) will mean victory in war« (ebd.: 175). Die strategischen Lehren der Insurgency und Counterinsurgency aus der Phase der Dekolonisierung zusammenführend entwickelt Mack eine Theorie des Asymmetrischen Krieges, die die Ungleichartigkeiten zwischen starken und schwachen Kriegsgegnern in den Mittelpunkt rückt. Dabei geht es ihm um die Erklärung eines Umstands, den bereits im Jahr 1969 Henry Kissinger in seinem »highly prophetic paper« (ebd.: 184) über die Schwierigkeiten der USA in Vietnam auf den Punkt gebracht hatte; darin hält der damalige Berater für Außen- und Sicherheitspolitik des US-amerikanischen Präsidenten Richard Nixon selbstkritisch fest: »we have lost sight of one of the cardinal maxims of guerrilla warfare: the guerrilla wins if he does not lose. The conventional army loses if it does not win« (Kissinger 1969: 214). Diese Charakterisierung der Guerillastrategie als einer Ermattungsstrategie aufgreifend interessiert Mack sich – im Unterschied zu den klassischen Schriften zur Kleinkriegführung, die die Bedingungen des *militärischen* Durchhaltens und Nicht-Verlierens der Guerilla (»the guerrilla does not lose«) untersuchen – vor allem für die Bedingungen, Voraussetzungen und Mechanismen, die es der Guerilla erlauben, eine solche Strategie in einen *politischen* Sieg zu überführen (»the guerrilla wins«). Bei der Untersuchung dieser Frage fokussiert Mack nicht allein die Vorgehensweise der schwachen Partei, sondern nimmt auch diejenigen Eigenschaften des starken Akteurs in den Blick, die über den Verlauf und das Ergebnis der asymmetrischen Auseinandersetzung bestimmen, vor allem die politische Verwundbarkeit des Starken, die Mack als die entscheidende Größe im asymmetrischen Konflikt beschreibt. Ihre Bedeutung und somit die politischen statt lediglich militärstrategischen Mechanismen des asymmetrischen Krieges aufzuzeigen, die den Sieg des Schwachen und die Niederlage des Starken begründen, ist das Anliegen Macks, das, wie bereits der Titel »The Politics of Asymmetric Conflict« ankündigt, über das engere kriegs- und strategietheoretische Terrain hinausweist und sich auf das umfassende Gebiet einer *politischen* Theorie des Asymmetrischen Krieges bezieht.

b) Wachsende Asymmetrien zwischen Nicht-Atomstaaten und Atomstaaten

Insurgency und Counterinsurgency sind nicht die einzigen Formen der Kriegführung, die als asymmetrisch beschrieben wurden. Daher ist die Genese des Konzepts »asymmetrischer Krieg« auch nicht allein aus dem Kontext der Dekolonisierung heraus zu verstehen. Abgesehen nämlich von den Asymmetrien, mit denen die antikolonialen Befreiungskrieger und ihre kolonialen Gegner in der Peripherie der europäisch-westlichen Symmetrien-Ordnung zu kämpfen hatten, traten etwa zeitgleich auch *innerhalb* des Barockgartens der etablierten Staatenwelt wachsende Ungleichartigkeiten auf und rückten zunehmend ins Blickfeld der Kriegstheorie. Insbesondere der Unterschied zwischen Nicht-Atomstaaten und Atomstaaten beförderte dabei die Erosion klassischer Symmetrie-Prämissen und inspirierte die »asymmetrische« Theoriebildung. Während die »Kleinen Kriege« der Dekolonisierung also das symmetrische Westfälische Staatensystem von seinen Rändern her unter Druck setzten und hierin ihre »Große Wirkung« zeitigten (Daase 1999), erodierte gleichzeitig das Symmetrie-Modell des Kalten Krieges aus seinem Inneren heraus durch den wachsenden Unterschied zwischen Nicht-Atomstaaten und Atomstaaten.

Bevor in den Jahren zwischen 1947 und 1991 die globale Symmetrie des Kalten Kriegs als Konfrontation der Blöcke und Systeme – und in ihrem Schatten die Asymmetrie zwischen Nicht-Atomstaaten und Atomstaaten – bestimmend wurde, gelang es, mithilfe der am 26. Juni 1945 in San Francisco gegründeten Vereinten Nationen eine symmetrie-orientierte globale Staatenordnung zu etablieren. Das symmetrische Prinzip der souveränen Gleichheit aller friedliebenden Staaten bildete die Grundlage dieser Staatenorganisation, die es sich in Nachfolge des von dem US-amerikanischen Präsidenten Woodrow Wilson nach dem Ersten Weltkrieg initiierten Völkerbunds zum Ziel setzte, das Westfälische Staatensystem zu globalisieren. Bereits bei den Vorberatungen über eine Charta für die zu gründenden Vereinten Nationen, die noch während des Zweiten Weltkriegs vom 21. August bis 7. Oktober 1944 in dem Landhaus Dumbarton Oaks bei Washington stattfanden, setzten die teilnehmenden Vertreter Chinas, Großbritanniens, der Sowjetunion und der USA das Prinzip der souveränen Gleichheit an die Spitze ihres Charta-Entwurf: »The Organization is based on the principle of the sovereign equality of all peace-loving states« (Dumberton Oaks Conference 1944). Neben diesem grundlegenden Symmetrie-Prinzip fand aber ebenfalls, wenn auch in weniger prinzipiell formulierter Form, eine Nichtsymmetrie Eingang in den Entwurf der Charta der Vereinten Nationen. So sollten die fünf mächtigsten Staaten der Welt – die USA, Großbritannien, die Sowjetunion, China und Frankreich – durch eine ständige Mitgliedschaft im Sicherheitsrat der Vereinten Nationen und ein Vetorecht in diesem zentralen Gremium privilegiert werden.[51] Indem die Gründungsstaaten der Vereinten Nationen den Vorschlägen der Dumberton Oaks Conference im Wesentlichen folgten, integrierten sie die globalen Mächteungleichgewichte, die am Ende des Zweiten Weltkriegs bestanden, in eine »im Prinzip« symmetrisch konzipierte Weltordnung. Damit entsprachen sie den Vorgaben jener Gartenordnung von Dumberton Oaks, in deren Mitte die Teilnehmer der Dumberton Oaks Conference 1944 eine neue Weltordnung entwarfen: Der Garten von Dumberton Oaks ist in der unmittelbaren Nachbarschaft des Landhauses streng formal in Terrassen angelegt und mag von diesen Terrassen aus auf den ersten Blick so barock anmuten wie der Garten von Versailles, in dessen Mitte 25 Jahre zuvor die Pariser Friedenskonferenz von 1919 nach dem Ersten Weltkrieg über den von Woodrow Wilson initiierten Völkerbund beriet. Doch hinter der strengen Geometrie der formalen Terrassen erstreckt sich ein nichtsymmetrischer, abschüssiger Landschaftsgarten, der an seinen Rändern in die wilde Parklandschaft übergeht. Den Vereinten Nationen gelang es – anders als ihrem Vorgänger: dem Völkerbund –, zu einem gewissen Grad und für eine bestimmte Zeit in ihre symmetrie-zentrierte Anlage die Nichtsymmetrien einzubinden, die sie in ihrer Umgebung vorfanden.

In der Hochphase des Kalten Kriegs wurde die symmetrie-orientierte Staatenordnung der Vereinten Nationen dann zunehmend durch eine neue – nunmehr bipolare – Kraft-Symmetrie überlagert: die bipolare Symmetrie der globalen Blockkonfrontation und des atomaren Gleichgewichts zwischen Ost und West. Diese Symmetrie brachte allerdings ihre eigene

51 Die entsprechenden Formulierungen im Entwurf der Dumberton Oaks Conference (1944) für eine Charta der zu gründenden Vereinten Nationen lauten in »CHAPTER VI« unter der Überschrift »THE SECURITY COUNCIL«: »Representatives of the United States of America, the United Kingdom of Great Britain and Northern Ireland, the Union of Soviet Socialist Republics, the Republic of China, and, in due course, France, should have permanent seats« (ebd.); »Decisions of the Security Council on all other matters [also Entscheidungen, die nicht Verfahrensfragen betreffen; F. W.] should be made by an affirmative vote of seven members including the concurring votes of the permanent members« (ebd.). Diese Vorschläge fanden in leicht veränderter Form Eingang in die am 26. Juni 1945 in San Francisco verabschiedete Charta der Vereinten Nationen: »The Republic of China, France, the Union of Soviet Socialist Republics, the United Kingdom of Great Britain and Northern Ireland, and the United States of America shall be permanent members of the Security Council« (United Nations 1945: Article 23); »Decisions of the Security Council on all other matters shall be made by an affirmative vote of nine members including the concurring votes of the permanent members [...].« (ebd.: Article 27) Daneben findet sich das Symmetrie-Prinzip der souveränen Gleichheit in folgender Formulierung in der Charta wieder: »The Organization is based on the principle of the sovereign equality of all its Members.« (ebd.: Article 2)

Asymmetrie hervor, ein kräftemäßiges Ungleichgewicht nämlich zwischen den Nicht-Atomstaaten und den Atomstaaten auf beiden Seiten der Blockkonfrontation. Das Anwachsen dieses Ungleichgewichts trug schließlich zur Erosion der symmetrischen Ordnung bei – und auch zur Thematisierung der Asymmetrie. So begaben sich in den siebziger Jahren des 20. Jahrhunderts insbesondere kleinere Nicht-Atomstaaten, unterstützt durch die Anti-Atom- und Friedensbewegung, auf die Suche nach politisch-strategischen Alternativen zu der Symmetrie des nuklearen (Ab-)Schreckens: Wie könnte ein kleiner Nicht-Atomstaat im Konflikt mit einer großen Atommacht bestehen? Welche Alternativen bieten sich ihm zu der nuklearen Nach- und Aufrüstung, die als Strategie der technologischen Resymmetrierung kostenintensiv und grundsätzlich riskant erscheint?

Diese Fragen wirft im Jahr 1974 ein Untersuchung auf, die den Titel trägt: *Krieg ohne Waffen? Studie über Möglichkeiten und Erfolge sozialer Verteidigung* (Boserup/Mack 1983 [1974]). Zu ihren Autoren zählt neben dem Physiker Anders Boserup, der zu jener Zeit das Institut für Friedens- und Konfliktforschung in Kopenhagen leitet, der bereits erwähnte Andrew Mack. Ähnlich wie in dessen ein Jahr später erscheinendem Aufsatz »Why Big Nations Lose Small Wars« geht es auch in *Krieg ohne Waffen?* um die Frage, wie schwache Akteure im Konflikt mit objektiv überlegenen Gegnern bestehen können. Im Unterschied zu Macks Aufsatz von 1975 werden hier aber nicht ausschließlich antikoloniale Unabhängigkeitskämpfer in der Rolle der asymmetrisch Benachteiligten analysiert. Vielmehr richtet sich das Interesse auf Nicht-Atomstaaten, die angesichts einer atomaren Bedrohung bei ihrer Suche nach einer Antwort auf »eins der zentralen Probleme unserer Zeit« (ebd.: 152) unterstützt und beraten werden sollen: »Wie können wir die Hegemonie der Atommächte beenden, wie können wir die atomare Bedrohung aufheben, indem wir sie veraltet machen und nutzlos. Kurzum: Wie können wir das Atomzeitalter hinter uns bringen« (ebd.)?

Bei der Behandlung dieser Frage, die gerade auch mit Blick auf die Verteidigungschancen der Bundesrepublik Deutschland gegen die atomare Bedrohung durch die Sowjetunion brisant erscheint, führen die Autoren die Unterscheidung zwischen symmetrischen und asymmetrischen Strategien ein. Als »symmetrisch« gilt ihnen eine Strategie der atomaren Auf- bzw. Nachrüstung, die auf die Wiederherstellung eines Gleichgewichts der Kräfte zum Zweck der wechselseitigen Abschreckung abzielt (vgl. ebd.: 150f.). Als »asymmetrische« Alternative hierzu empfehlen Boserup und Mack hingegen eine weitgehend pazifistische Strategie »sozialer Verteidigung«, welche – gegenläufig zur symmetrischen Strategie einer atomaren Nachrüstung – diese Form der Resymmetrierung gerade verweigert. Stattdessen komme es darauf an, den Kampf in die politisch-soziale Sphäre hinein zu verlagern: »Die Entscheidung, aus strategischer Sicht, liegt im Zusammenhalt und Mobilisierung [sic] der Bevölkerung auf der eigenen Seite und in Spaltung und Spannungen beim Gegner. Die entscheidende Schlacht des Krieges ist die politische« (ebd.: 151). Auch hier werden also das konventionelle Schlachtfeld ins Politische hinein erweitert und der Rahmen des – symmetrischen – Kriegsverständnisses gesprengt. An die Stelle der Nachahmung und Symmetrierung, die das Kräftemessen unter symmetrischen Bedingungen bestimmen, rücken die bewusste Herstellung und Ausnutzung einer Asymmetrie: der Asymmetrie zwischen Nicht-Atomstaat und Atomstaat.

Unabhängig davon, als wie aussichtsreich eine solche pazifistische Strategie unter den Bedingungen des Kalten Krieges eingeschätzt wird, liegt die Bedeutung ihrer Konzeptualisierung darin, dass sie einen eigenen, im Kriegsdiskurs folgenreichen Weg des »asymmetrischen Denkens« eröffnet hat. Anders nämlich als in Macks Studie von 1975, die sich auf die *Asymmetrie der Organisationsform* zwischen nichtstaatlichen Befreiungskämpfern und Kolonialstaaten konzentriert, bezieht sich der Asymmetrie-Begriff hier auf technologische Unterschiede – solche zwischen Nicht-Atomstaat und Atomstaat – und folglich auf die *Asymmetrie der Kraft*. Darüber hinaus wird bereits in diesen Anfängen des Asymmetrie-Diskurses deutlich, wie eng die zwei genannten Asymmetrie-Typen mit einem dritten Asymmetrie-Typ verbunden und teils vermischt werden, nämlich mit der *Asymmetrie der Strategie*, die allerdings weder in der organisatorischen oder der technologisch-kräftebezogenen Asymmetrie völlig aufzugehen noch aus nur einer dieser beiden zu resultieren scheint. So nennen Boserup und Mack »asymmetrisch« *sowohl* diejenige Strategie, die Anwendung findet und Erfolg verspricht in Konflikten nach dem Muster der Dekolonisierungskriege, in denen Asymmetrien der Organisationsform dominieren, *als auch* diejenige Strategie, deren Nutzung sich in technologisch-kräftemäßig asymmetrischen Konflikten zwischen Nicht-Atomstaaten und Atomstaaten empfiehlt. Mit anderen Worten: Die Guerillakriegführung ist so »asymmetrisch« wie die pazifistische »Soziale Verteidigung«. *Beide* Formen der »asymmetrischen Strategie« verbindet Boserup und Mack zufolge die »allgemeine Methode, mit der man einem militärisch überlegenen Feind widersteht. Beide, Guerillastrategie und die Strategie der SV [Soziale Verteidigung; F. W.], gehören in diese Kategorie, nur ist letztere bloß eine reinere Form, eine weitergehende und konsequentere Anwendung der allgemeinen Prinzipien, die auch erstere steuern« (ebd.: 149). Die »asymmetrische Strategie«, verstanden als Oberbegriff für Kampfformen gegen überlegene Gegner, deren Überlegenheit je nach politisch-militärischer Lage aus organisatorischen oder technologischen Vorteilen resultiert, wird somit nicht vollständig auf die Asymmetrie der Organisationsform oder aber diejenige der technologiegestützten Kraft zurückgeführt. Vielmehr kommt der Asymmetrie der Strategie innerhalb des Diskurses über den asymmetrischen Krieg von Anfang an Eigenständigkeit zu: als drittem Haupttypus der Asymmetrie.

Im frühen Asymmetrie-Diskurs, der auf einen zunehmend bedrohten, aber insgesamt noch intakten Symmetrie-Kontext reagiert, lassen sich also drei Asymmetrie-Typen unterscheiden: die Asymmetrie der Organisationsform, die Asymmetrie der Kraft und die Asymmetrie der Strategie. Die Bedeutung dieser Asymmetrien entdeckten politisch-militärische, akademisch-publizistische und zivilgesellschaftlich-pazifistische Asymmetrie-Pioniere, als sie im letzten Drittel des 20. Jahrhunderts unter dem Eindruck der organisatorischen und kräftemäßigen Asymmetrierung strategietheoretisch und strategisch das nichtsymmetrische Terrain »zwischen Dschungelkrieg und Atombombe« (Walter 2009) zu erkunden begannen. Angesichts der Dekolonisierung einerseits und der ungleichen Atomrüstung andererseits wuchs mit den Asymmetrien auch die strategische Aufmerksamkeit für sie. Innerhalb eines grundsätzlich noch symmetrisch geführten Krieges und Kriegsdiskurses geriet so die symmetrische Ordnung des Westfälischen Staatensystems und des Kalten Krieges immer stärker unter Anpassungsdruck. Die Entdeckung bzw. Erfindung des »asymmetrischen Krieges« ist ein Ergebnis der begrifflich-konzeptionellen und politisch-strategischen Anpassungen an die wachsenden Ungleichartigkeiten, die sich gegen Ende des 20. Jahrhunderts anschickten, den symmetrisch geordneten Barockgarten ganz zu überwuchern und zu untergraben.

4. Der Dschungel: Der asymmetrische Krieg im 21. Jahrhundert

Zwei Entwicklungen führten gegen Ende des 20. Jahrhunderts dazu, dass Asymmetrien ins Zentrum des Kriegsdiskurses wie auch der Praxis der Kriegführung rückten: der Aufstieg der USA zu einer »imperialen« Weltmacht nach dem Ende des Kalten Krieges und die globale Ausbreitung des transnationalen Terrorismus. Zwei historische Zäsuren stehen für diese Umbruchsprozesse: 1991 und 11. September 2001. Die politisch und strategisch revolutionären Ereignisse, die sich mit diesen Zäsuren verbinden, verhalfen dem zuvor bereits eingeleiteten kriegs- und strategietheoretischen Paradigmenwechsel »[v]on der Symmetrie zur Asymmetrie« (Münkler 2006a) zum Durchbruch. Sie beseitigten die drei Symmetrien bzw. Symmetrie-Annahmen, auf denen die internationale Ordnung und das symmetrische Kriegsverständnis vor dieser »Gartenrevolution« beruhten: die Symmetrie der Organisationsform, die Symmetrie der Kraft und die Symmetrie der Strategie. Die Erosion dieser Symmetrien verwandelte den zuvor symmetrisch geordneten Barockgarten in jenen unübersichtlichen Dschungel, als der die neue, asymmetrische Unordnung der Welt sich zu Beginn des 21. Jahrhunderts präsentiert. Mithilfe der Asymmetrie-Semantik wurde diese Unordnung, um sie zumindest begrifflich zu ordnen, zweifach charakterisiert: a) als globale Asymmetrie der Kraft mit Blick auf die »imperiale« Weltordnung nach 1991 und b) als globale Asymmetrie der Organisationsform mit Blick auf die nach dem 11. September 2001 in den Fokus gerückte organisatorische Ungleichartigkeit zwischen nichtstaatlichen transnationalen Terrornetzwerken einerseits sowie intakten, etablierten Staaten andererseits. Diese doppelte Umorientierung oder »Umordnung« von der Symmetrie zur Asymmetrie schlug sich auch in gewandelten sicherheitspolitischen Strategien nieder, wie c) anhand US-amerikanischer Verteidigungs- und Strategiepapiere jener Zeit nachvollzogen werden kann, in denen sich die politisch-strategische Sprengkraft des Konzepts »asymmetrischer Krieg« manifestiert.

a) Globale Kraft-Asymmetrie in der »unipolaren« Weltordnung nach 1991

Das Ende des Kalten Krieges wurde am 26. Dezember 1991 ratifiziert. Der Oberste Sowjet beschloss an diesem Tag, die Sowjetunion am 31. Dezember 1991 aufzulösen. Vorangegangen waren diesem Beschluss der Fall der Berliner Mauer am 9. November 1989 und die deutsche Wiedervereinigung am 3. Oktober 1990. Hinter diesen Daten stehen Entwicklungen, die schließlich zum Untergang der symmetrischen Weltordnung führten: Mit dem Gleichgewicht des Schreckens ging auch eine globale Symmetrie zu Ende. Diese Symmetrie hatte darauf beruht, dass die USA und die Sowjetunion sich bei ihrem kräftezehrenden und Kräfte mobilisierenden Rüstungswettlauf in etwa auf gleicher Höhe bewegten, dass sie einander also bei der Aufrüstung und Nachrüstung, der Asymmetrierung und Symmetrierung ihrer Kräfte, immer wieder wechselseitig einholten. Als dies nicht mehr der Fall war und die Sowjetunion den wirtschaftlichen, technologischen und militärischen Vorsprung ihres Kontrahenten nicht mehr einzuholen hoffen konnte, schied sie aus dem Wettlauf aus und ließ die USA an der Spitze einer nunmehr unbestrittenen globalen Asymmetrie der Kraft zurück. Damit hatte sich die internationale Ordnung grundsätzlich von einer symmetrischen in eine asymmetrische Ordnung verwandelt. Eben dies war gemeint, als der CIA-Direktor James Woolsey 1993 bei der Anhörung im US-amerikanischen Senat unmittelbar vor seiner Amtseinführung von einem »Dschungel« voller »giftiger Schlangen« sprach, in dem die USA sich befänden, seitdem sie den russischen »Drachen« getötet hätten (Garthoff 2005: 221). Zwar haben die USA in der neuen dschungelartigen Welt-Unordnung »giftige Schlangen« zu bekämpfen; ein neuer ebenbürtiger »Drache« – also ein symmetrischer Kontrahent – sei ihnen aber (bislang) nicht erwachsen. In dem Sprachbild des CIA-Direktors drücken sich das Selbstverständnis und das Selbstbewusstsein der USA nach dem Ende des Kalten Krieges aus. Die Vereinigten Staaten beanspruchen nach dem Untergang der Sowjetunion auf allen Gebieten eine Führungsrolle: in der Ökonomie, Technologie und Wissenschaft ebenso wie im Bereich des Militärischen und der Politik. Die historisch beispiellose globale Machtkonzentration in den Händen eines einzigen Akteurs beschrieben Theoretiker der Internationalen Beziehungen, politische Praktiker und Publizisten als »neue Weltordnung«, wobei sie das »Neue« dieser Weltordnung wahlweise in ihrer »Unipolarität«, »Hegemonie« oder »Imperialität« erkannten.[52] Die symmetrischen Prinzipien der alten Weltordnung – Staatlichkeit, Völkerrecht, Reziprozität – wurden durch die Asymmetrie dieser »neuen Weltordnung« gewissermaßen »von innen« her in Frage gestellt, da die USA sich im Zentrum des vormaligen Barockgartens als Imperium (Ferguson 2004) etablierten und als solches *per definitionem* keine

52 Zum US-amerikanischen *Empire*-Diskurs, der sich wie der ihm vorangegangene und durch ihn infolge des Ersten Weltkriegs abgelöste britische *Empire*-Diskurs (Hausteiner 2015) stets direkt auf das Imperium Romanum bezog – teils anlehnend, teils distanzierend, teils »transformierend« –, siehe Huhnholz (2014). Die Konzepte »Hegemonie« und »Unipolarität« scheinen demgegenüber von vergleichsweise geringer Bedeutung für die US-amerikanische Selbstverständigung nach dem Kalten Krieg zu sein, was in zweiterem Fall auch an der unglücklichen Begriffsbildung liegen dürfte, da eine Welt mit nur einem Pol zumindest physikalisch schwerlich vorstellbar erscheint.

Gleichen neben sich anerkennen (Münkler 2004a; 2005). Die längerfristigen Konsequenzen des Umbruchs von der Symmetrie zur imperialen Asymmetrie zeigen sich darin, dass mit dem Kalten Krieg auch die Phase der allenfalls verdeckten, »stellvertretenden« militärischen Aktivitäten, diese relativ friedliche *Pentekontaetie* des 20. Jahrhunderts, zu Ende ging: Kriege gelten seither auch für den Westen als wieder offen führbar. Als »humanitäre Interventionen« (Münkler 2008b; Junk 2012) prägen sie das Gesicht der »neuen Kriege« (Münkler 2002a; Daase 2011a), die nicht mehr im Schatten eines nuklearen Kräftegleichgewichts, sondern nunmehr im Schatten der globalen Kraft-Asymmetrie geführt werden.

Die Asymmetrie der Kraft als einer der Haupttypen der Asymmetrie erfährt angesichts der sich herausbildenden neuen Weltordnung besondere Aufmerksamkeit. In Fortsetzung des von Boserup und Mack begründeten Diskursstrangs, der technologische Nuklearkraft-Asymmetrien fokussiert, schätzen Theoretiker der Internationalen Beziehungen die Folgen großer Kräfteunterschiede für die Kriegführung ab. So untersucht der indische Politikwissenschaftler Thazha V. Paul in der Studie *Asymmetric Conflicts: War Initiation by Weaker Powers* (1994) die Entscheidungsmechanismen, die schwache Akteure dazu veranlassen, gegen starke in den Krieg zu ziehen. Ivan Arreguín-Toft, ein vormaliger Aufklärungsspezialist der US Army, der von 1983 bis 1987 im süddeutschen Augsburg in der militärischen Russlandaufklärung tätig war, greift seinerseits unter dem Titel »How the Weak Win Wars. A Theory of Asymmetric Conflict« (Arreguín-Toft 2001; 2005) Andrew Macks Fragestellung auf, um zu untersuchen, »how a weak actor's strategy can make a strong actor's power irrelevant« (Arreguín-Toft 2001: 93). Andere Autoren widmen sich den politikpraktischen Konsequenzen der neu perspektivierten globalen Kraft-Asymmetrie: Welche sind die gefährlichsten *asymmetric threats*, welche die wahrscheinlichsten? (McKenzie 2000) Ist die Strategie der Gewaltlosigkeit, also »War Without Death« (Leech 2002), in asymmetrischen Konflikten aussichtsreich? Wie können starke Staaten von der Asymmetrierung des Krieges profitieren? (Metz/Johnson 2001) Auch aus der Perspektive eher schwacher Staaten werden die Implikationen der globalen Kraft-Asymmetrie für die Kriegführung abgeschätzt: Mit welchen Methoden kann die Volksrepublik China gegen die Supermacht USA bestehen? (Qiao/Wang 2002) Darüber hinaus regt die Asymmetrie-Thematik auch erste historische Studien zu einzelnen asymmetrischen Konfliktkonstellationen an. Sie widmen sich etwa der Frage, auf welche Weise es einem relativ kleinen Land wie Schweden gelingen konnte, die »asymmetrische Krise« in dem

Verhältnis zu der weit überlegenen Sowjetunion zu »managen« (Stern/Sundelius 1992), die sich am 27. Oktober 1981 dramatisch zuspitzte, als ein sowjetisches U-Boot innerhalb schwedischer Gewässer auf einen Felsen auflief – ein Szenario, das der schwedischen Marine noch 33 Jahre später vor Augen stand, als sie im Herbst 2014 vor der Küste Stockholms ein letztlich unauffindbares russisches U-Boot jagde, das sie hinter einem am 19. Oktober 2014 abgefangenen vermeintlichen Notsignal vermutete.

Die Asymmetrierung der internationalen Ordnung nach dem Kalten Krieg, unter deren Eindruck die genannten Studien anknüpfend an Andrew Macks frühe Vorarbeiten entstehen, führt zu einer Korrektur des traditionellen symmetrischen Bias der Kriegstheorie und der »realistisch« geprägten Theorien der Internationalen Beziehungen. Deren gemeinsame symmetrische Annahme, dass Kräfteüberlegenheit in der Regel zum Sieg führe, wird hinterfragt und zunehmend durch eine neue, »asymmetrische« Annahme ersetzt. Diese lautet: Die großen Kraft-Asymmetrien im internationalen System zu Beginn des 21. Jahrhunderts machen es für schwache Akteure attraktiv, neuartige, unkonventionelle – asymmetrische – Strategien zu formulieren, die ihnen eine Kompensation ihrer Unterlegenheit versprechen. In diesem Sinn wurde ein Zusammenhang zwischen der globalen Vorrangstellung der USA und der Ausbreitung von Methoden asymmetrischer Kriegführung angenommen, den der »realistische« US-amerikanische Politikwissenschaftler und Sicherheitsberater Richard K. Betts (2002) als Kausalverhältnis zwischen »Primacy and Asymmetric Warfare« (ebd.: 24) interpretierte. Demnach führt die Asymmetrie der Kraft zu einer Asymmetrie der Strategie, die dem Schwachen Vorteile in seinem Kampf gegen den Starken verschafft. Betrifft diese »asymmetrische« Annahme den Zusammenhang zwischen der Asymmetrie der Kraft und der Asymmetrie der Strategie, so rückt mit der Ausbreitung des transnationalen Terrorismus sowie dem Voranschreiten des Staatszerfalls um die Jahrtausendwende eine zweite »asymmetrische« Annahme von den Rändern der »neuen Weltordnung« her ins Zentrum der Aufmerksamkeit: die Annahme, dass zwischen der Asymmetrie der Organisationsform und der Asymmetrie der Strategie ein vergleichbarer Zusammenhang bestehe.

b) Globale strategische und organisatorische Asymmetrien infolge der partiellen Entstaatlichung des Krieges

Asymmetrien der Organisationsform und der Strategie gewinnen unter dem Eindruck des transnationalen Terrorismus sowie des Staatszerfalls als Beispiele und Ursachen neuartiger, nicht- und halbstaatlicher Sicherheitsrisiken nach dem Ende des Kalten Krieges an politisch-strategischer Bedeutung. Indem diese Asymmetrien sich zunächst außerhalb, zunehmend aber auch innerhalb des europäisch-westlichen Barockgartens ausbreiten, setzen sie das – als Fiktion oder Utopie kontrafaktisch aufrechterhaltene – symmetrische Ordnungsmodell global durchgesetzter Staatlichkeit »von unten« und »von den Rändern her« unter Druck. Die Beschreibung dieser Erosionsprozesse als miteinander interagierenden Elementen eines übergreifenden Trends des »Breaking of Nations« (Cooper 2004) bleibt nicht ohne Folgen für die kriegstheoretische Reflexion: Aus der sich verstetigenden Wahrnehmung des transnationalen Terrorismus sowie des postnationalen Staatszerfalls als »neuartigen« Ursachen »andersartiger« Sicherheitsrisiken bezieht die Asymmetrie-Semantik zu Beginn des 21. Jahrhunderts ihre besondere Plausibilität. Infolge der Terroranschläge vom 11. September 2001, mit denen die nichtstaatliche Organisation Al Kaida den »asymmetrischen« Krieg aus den peripheren Gebirgsregionen des afghanischen *failing state* ins urbane Zentrum der US-amerikanischen – und überhaupt: der westlichen – Staatlichkeit trug, steigerte sich diese Plausibilität der Asymmetrie-Semantik bis zur Evidenz: Der »asymmetrische Krieg«, dessen Begriffskarriere mit dem Rückzug der USA aus dem Dschungel Vietnams in den siebziger Jahren des 20. Jahrhunderts begonnen hatte, erreichte mit den Terroranschlägen auf das World Trade Center in New York City und das Pentagon in Washington D. C. am 11. September 2001 das Zentrum des einstigen Barockgartens, also die Mitte der symmetrischen Staatenordnung und der diese Ordnung reflektierenden europäisch-westlichen Kriegstheorie.

Die Fokussierung der Sicherheitspolitik und Sicherheitsforschung auf die terroristische Herausforderung führte dabei zu einer Bedeutungsverschiebung des »asymmetrischen Kriegs«. Der Ausdruck »Asymmetrie« wurde bald weniger zur Kennzeichnung eines Kräfteunterschieds, wie er auch zwischen Staaten bestehen kann, verwendet, als vielmehr zur Charakterisierung des spezifischen Kampfes nichtstaatlicher Terrorgruppen gegen staatliche Armeen: »terrorism is the premier form of ›asymmetric warfare‹« (Betts 2002: 24). In dem Maße, in dem die nichtstaatlichen Terrorgruppen mittels ihrer Nichtstaatlichkeit, Netzwerkstruktur und Klandestinität, die staatlichen Armeen hingegen mittels ihrer Staatlichkeit, Hierarchie und Territorialität charakterisiert wurden, konnten der transnationale Terrorismus und der globale »Krieg gegen den Terror« wechselseitig asymmetrisch erscheinen. Häufig wurden diese Wechsel- und damit die Zweiseitigkeit des asymmetrischen Kriegs freilich nicht in vollem Umfang erfasst. Stattdessen führte der Fokus auf die Asymmetrie der Organisations- und Vergesellschaftungsform unter Ausblendung der Kraft-Asymmetrie dazu, dass asymmetrische Kampfweisen einseitig mit Terrorgruppen in Verbindung gebracht und die Ausdrücke »Terrorismus« und »asymmetrische Kriegführung« teils synonym verwendet wurden. Erhebliche Begriffsverwirrungen waren die Folge und zogen ihrerseits Kritik an der Inkonsistenz des Asymmetrie-Diskurses nach sich.[53] Bemüht, solche Inkonsistenzen zu beseitigen, unternahm die Kriegs- und Strategietheorie begrifflich-konzeptionelle Anstrengungen, die vielfältigen Asymmetrie-Typen einerseits klar voneinander zu unterscheiden und andererseits mittels »asymmetrischer« Annahmen bezüglich ihrer komplexen Wechselverhältnisse miteinander zu verbinden. Um die unterschiedlichen Kalküle und Strategien staatlicher und nichtstaatlicher oder starker und schwacher Akteure zu verstehen, wurden Hypothesen zum Zusammenhang zwischen den Asymmetrien der Organisationsform, der Kraft und der Strategie formuliert (vgl. Münkler 2002b: 252–264). Auf diese Weise rückten Asymmetrien unterschiedlichen Typs ins Zentrum der kriegs-, strategie- und sicherheitswissenschaftlichen Diskussion. Die Neuorientierung am Paradigma der Asymmetrie ließ auch die Frage aufkommen, ob die klassischen, symmetrie-orientierten Traditionen des Nachdenkens über den Krieg, so die Clausewitzsche Kriegstheorie und die »realistischen« und »neorealistischen« Theorien der Internationalen Beziehungen, zum Verständnis der Kriege und

53 Begriffsverwirrungen treten etwa auf, wenn Betts (2002) einerseits den Terrorismus im Sinne des gezielten Tötens von Zivilisten (ebd.: 20) als Hauptform asymmetrischer Kriegführung (ebd.: 24) und diese wiederum als eine Reaktion der Schwachen auf die Überlegenheit (*primacy*) ihrer Gegner begreift (ebd.), andererseits aber mit Blick auf die strategischen Bombardierungen der Briten und US-Amerikaner im Zweiten Weltkrieg feststellt: »Resort to terror is not necessarily limited to those facing far more powerful enemies« (ebd.). Die offenen begrifflichen Fragen hierzu lauten: Operieren auch starke, staatliche Akteure, die gezielt Zivilisten angreifen, »asymmetrisch«? Oder sollte das Asymmetrie-Konzept für die Terrorstrategien schwacher, nichtstaatlicher Akteure gegen überlegene Kontrahenten reserviert werden? An solchen Fragen arbeitete sich die Asymmetrie-Kritik ab, die sich innerhalb des Asymmetrie-Diskurses zu einem eigenen Diskursstrang entwickelte; siehe hierzu Thomas (2001), Lambakis u.a. (2002), Gray (2002), Blank (2003), Mazarr (2008) sowie die Diskussion unten in Kapitel 7.

Herausforderungen des 21. Jahrhunderts noch Relevantes beitzutragen hätten. Während einige Kriegstheoretiker in Clausewitz' Schriften bereits Elemente einer »Theorie des kleinen, asymmetrischen Krieges« ausmachten (Daase/Schindler 2009) und manche Theoretiker der Internationalen Beziehungen den Neorealismus durch interpretatorische und konzeptionelle Anpassungen von seiner vermeintlichen Asymmetrie-Blindheit zu kurieren versuchten (vgl. Masala 2006), verabschiedeten andere die aus ihrer Sicht gänzlich überholten »Symmetriker« des klassischen Kriegsdenkens.[54] Ungeachtet solcher andauernder Diskussionen über die Angemessenheit und die Konsequenzen des Paradigmenwechsels von der Symmetrie zur Asymmetrie entwickelte die asymmetrische Semantik auf dem Gebiet der politisch-strategischen Praxis zu Beginn des 21. Jahrhunderts ihre eigene Relevanz und Sprengkraft.

c) Zur Wirkmächtigkeit der Asymmetrie-Semantik: *asymmetric war* in sicherheitspolitischen Strategiepapieren der USA

Die Semantik des asymmetrischen Krieges breitete sich nicht nur innerhalb akademischer Kontexte – und auch nicht allein im Westen – aus.[55] Viel-

54 Zu der These, dass Carl von Clausewitz »auch ein innovativer Theoretiker des kleinen, asymmetrischen Krieges ist« (Daase/Schindler 2009: 701), siehe die Diskussion unten in Kapitel 7b. Was konzeptionelle Anpassungen bzw. Neuakzentuierungen des Neorealismus im Lichte der Asymmetrie angeht, betreffen diese sein Verhältnis zu den drei oben diskutierten Asymmetrie-Typen, also zu Asymmetrien der Kraft, der Organisationsform und der Strategie, die Masala (2006) implizit verhandelt, wenn er die Themenkomplexe »Neorealismus und Unipolarität« (ebd.: 93), »Neorealismus und die Veränderung von Staatlichkeit« (ebd.: 96) sowie »Neorealismus und neue Sicherheitsbedrohungen« (ebd.: 101) bearbeitet. Für frühe Clausewitz-Verabschiedungen unter dem Eindruck des Endes des Kalten Krieges siehe van Creveld (1991) und Keegan (1997), für Verabschiedungen des Neorealismus die bei Masala (2006: 88) angeführte und kritisch diskutierte Literatur, für eine grundlegene »Kritik des Realismus« zudem Laubach-Hintermeier (1998).

55 In seiner Internationalisierung vollzog der Asymmetrie-Diskurs die Globalisierung seines Gegenstands nach. So übertrug sich das kriegstheoretische Interesse an Asymmetrien zu Beginn des 21. Jahrhunderts aus dem englischsprachigen Raum (Mack 1975; Boserup/Mack 1983 [1974]) auf Kontinentaleuropa und führte in Deutschland zu den grundlegenden Arbeiten von Daase (1999) und Münkler (2002a; 2002b; 2004b; 2006a), die Asymmetrien der Organisations- und Vergesellschaftungsform in den Mittelpunkt rückten und auf ihre politisch-strategische Wirkung hin untersuchten. Im französischsprachigen Raum erschien ebenfalls früh die strategietheoretische Asymmetrie-Studie von Jacques Baud (2003). Doch blieb die Ausbreitung des »asymmetrischen Gedanken-

mehr sahen sich politisch-strategische Praktiker weltweit herausgefordert, den asymmetrischen Krieg zu erkunden, um darin Orientierung zu finden und geeignete Strategien für den asymmetrischen Dschungelkampf zu formulieren. Betonten westliche Autoren zumeist die *Gefahren*, die die asymmetrische Kriegführung für Industrienationen mit sich bringe, um sodann Gegenmittel gegen die »asymmetrischen Bedrohungen« zu suchen, so identifizierten Autoren aus Entwicklungs- und Schwellenländern eher die *Chancen*, die die asymmetrische Kriegführung ihren Heimatländern eröffne. In diesem Zusammenhang erzielte die Abhandlung *Unrestricted Warfare* (Qiao/Wang 2002) zweier Offiziere der chinesischen Volksbefreiungsarmee große Aufmerksamkeit vor allem in den USA. Erschienen unter dem chinesischen Titel »Chaoxian Zhan« (»Schrankenloser Krieg«) kurz vor der von den USA als Kollateralschaden deklarierten Bombardierung der chinesischen Botschaft in Belgrad durch die NATO im Februar 1999, wurde diese Abhandlung zügig von der »Central Intelligence Agency« (CIA) ins Englische übersetzt. Die Offiziere Qiao Liang und Wang Xiangsui entwickeln darin eine Strategie der Entgrenzung des Krieges, mit deren Hilfe vergleichsweise schwache Akteure wie China gegen hochgerüstete Industriemächte wie die USA im Kriegsfall bestehen können sollen. Eines der acht »Essential Principles« der entgrenzten Kriegführung bildet »Asymmetry« – chinesisch: 非均衡 (fēi jūn héng; wörtlich: »Nicht-Gleich-Maß«). Es beruht im Kern auf der Ausnutzung der Unterschiede, die zwischen unterschiedlich starken Kontrahenten bestehen.[56] Dieser *strategietheoretische* Vorstoß der Chinesen auf

guts« nicht auf die westlichen Industriestaaten beschränkt, sondern erreichte bald auch Regionen am Rande des europäisch-westlichen Barockgartens, wie im Folgenden am Beispiel Chinas gezeigt wird.

56 Die entsprechende Passage mit Asymmetrie-Bezug lautet in der englischen Übersetzung: »Understanding and employing the *principle of asymmetry* correctly allows us always to find and exploit an enemy's soft spots. The main fighting elements of some poor countries, weak countries, and non-state entities have all used ›mouse toying with the cat‹-type *asymmetrical combat methods* against much more powerful adversaries. In cases such as Chechnya vs. Russia, Somalia vs. the United States, Northern Ireland guerrillas vs. Britain, and Islamic Jihad vs. the entire West, without exception we see the consistent, wise refusal to confront the armed forces of the strong country head-to-head« (Qiao/Wang 2002 [1999]: 182; Hervorh. F. W.). Bemerkenswert ist die frühe Diagnose oder Prognose eines globalen asymmetrischen Krieges zwischen »dem islamischen Jihad« und »dem gesamten Westen«, die bereits vor den Terroranschlägen von »Nine Eleven« ausgestellt wurde – *Unrestricted Warfare* wurde im Jahr 1999 publiziert. Zu einer Einschätzung des von *Unrestricted Warfare* ausgehenden Bedrohungspotenzials aus taiwanesischer Perspektive vgl. Wang (2003).

das Gebiet der Asymmetrie verursachte, wie unterschiedlich er auch im Einzelnen beurteilt wurde, in den USA ein »asymmetrisches Schockerlebnis«, das in seiner Wirkung jenem »Sputnik-Schock« ähnelt, zu dem während des symmetrischen Zeitalters der in diesem Fall *technologische* Vorstoß der Sowjets in den Weltraum geführt hatte. Aufgeschreckt durch solche asymmetrischen Schockerlebnisse trieb auch der Westen die politik- und praxisnahe Erforschung der Risiken *und* Chancen asymmetrischer Kriegführung voran. Zur semantischen Erfolgsgeschichte des »asymmetrischen Kriegs« gehört daher die Rezeption dieses Begriffs durch – und seine Wirkung auf – die Politik westlicher Industriestaaten, wie sie hier am Beispiel sicherheitspolitischer Dokumente der USA nachvollzogen werden sollen.

Bereits seit Mitte der neunziger Jahre des 20. Jahrhunderts ist das »asymmetrische Vokabular« in US-amerikanischen Strategiepapieren aus der Feder der Streitkräfte, des Pentagon und des Weißen Hauses nachweisbar. Einen wesentlichen Beitrag zur Durchsetzung der Asymmetrie-Semantik innerhalb des politiknahen Sicherheitsdiskurses der USA leisteten die großen US-amerikanischen Militärforschungsinstitute und Security-Thinktanks, darunter vor allem das US Army Strategic Studies Institute am US Army War College in Carlisle, die RAND Corporation in Santa Monica, das Institute for National Strategic Studies der National Defense University in Washington D. C. sowie das National Institute for Public Policy in Fairfax. Mit politischer und militärischer Unterstützung führten diese Institute und Thinktanks teils noch vor den Terroranschlägen vom 11. September 2001 Konferenzen und Forschungsprojekte zum asymmetrischen Krieg durch, die in eine Fülle von Publikationen einmündeten.[57] Die derartigen strategietheoretischen Anstrengungen begleiteten den Einzug des Konzepts »asymmetric warfare« in die offiziellen Dokumente der US-amerikanischen Sicherheits-

57 Eine der ersten Konferenzen zum asymmetrischen Krieg veranstaltete vom 31. März bis 2. April 1998 das Strategic Studies Institute des US Army War College in Carlisle unter dem Titel »Challenging the United States Symmetrically and Asymmetrically: Can America Be Defeated?«; für eine Dokumentation der Konferenzbeiträge siehe Matthews (1998), für daran anknüpfende Studien des Strategic Studies Institute siehe Metz und Johnson (2001), Applegate (2001), Manwaring (2001) sowie Blank (2003). Ähnliche Studien wurden zeitgleich durchgeführt bei RAND: vgl. Bennett u.a. (1999), Bennett (2003); zudem an der National Defense University in Washington D. C.: vgl. McKenzie (2000); sowie am National Institute for Public Policy: vgl. Lambakis u.a. (2002). Die Universität der US Air Force (»The Air University«) stellte im Jahr 2006 eine Bibliographie der frühen englischsprachigen Literatur zu »Asymmetric Warfare« zusammen, die im Internet einzusehen ist unter: http://www.au.af.mil/au/aul/bibs/asw.htm (Abruf: 18.01.2015).

politik, der während der Präsidentschaft Bill Clintons (1993–2001) seinen Anfang nahm.

So begann innerhalb des Pentagon das Nachdenken über Asymmetrien bereits Mitte der neunziger Jahre des 20. Jahrhunderts, wie Steven Metz und Douglas V. Johnson vom US Army War College die Anfänge der Rezeptions- und Wirkungsgeschichte der »Asymmetrie« innerhalb der US-Verteidigungspolitik rekonstruieren.[58] Der Ausdruck »asymmetry« tauchte demnach explizit erstmalig im Jahr 1995 in einem offiziellen Papier des US-amerikanischen Verteidigungsministeriums auf, nämlich in der sogenannten »Joint Publication 1« mit dem Titel »Joint Warfare of the Armed Forces of the United States«, veröffentlicht am 10. Januar 1995. Metz und Johnson zufolge werden in diesem Strategiepapier asymmetrische Auseinandersetzungen definiert als solche »between dissimilar forces, specifically air versus land, air versus sea, and so forth« (Metz/Johnson 2001: 2). Auch die »National Military Strategy« des Jahres 1995 listete asymmetrische Herausforderungen bereits auf, darunter den Terrorismus, *information warfare* und die Androhung des Einsatzes von Massenvernichtungswaffen. Ein ebenfalls 1995 publizierter visionärer Ausblick der US-Streitkräfte, »Joint Vision 2010«, erwähnte Asymmetrien hingegen noch nicht. Erst im Jahr 1997 erzielte das Asymmetrie-Konzept größere Aufmerksamkeit, als der »Report of the Quadrennial Defense Review (QDR)«[59] einen Zusammenhang zwischen der militärischen Überlegenheit der USA und den »asymmetrischen« Reaktionen schwacher Akteure formulierte, also zwischen Kraft-Asymmetrie und strategischer Asymmetrie: »U.S. dominance in the conventional military arena may encourage adversaries to use […] asymmetric means to attack our forces and interests overseas and Americans at home« (zit. nach ebd.: 3). Zu diesem Schluss kommt auch ein ebenfalls 1997 vorgelegter Bericht des National Defense Panel mit dem Titel »Transforming Defense: National Security in the 21st Century«. Darin wird festgestellt:

»We can safely assume that future adversaries will have learned from the Gulf War. It is likely that they will find new ways to challenge our interests, our forces and our

58 Der Darstellung von Metz und Johnson (2001: 2–4) wird hier gefolgt. Für eine ähnliche Rekonstruktion der Rezeptions- und Wirkungsgeschichte der »Asymmetrie« innerhalb der US-Verteidigungspolitik siehe Korkisch (2004: 145f.).

59 Bei der »Quadrennial Defense Review« (QDR) handelt es sich um eine in den USA gesetzlich vorgeschriebene, alle vier Jahre vom Pentagon durchzuführende Überprüfung der langfristigen Bedrohungen, Herausforderungen, Strategien, Fähigkeiten und Kräfte der USA.

citizens. They will seek to disable the underlying structures that enable our military operations. [...] In short, we can expect those opposed to our interests to confront us at home and abroad – possibly in both places at once – with *asymmetrical* responses to our traditional strengths.« (National Defense Panel 1997: i; Hervorh. F. W.)

Spätestens seit diesem Bericht aus dem Jahr 1997 bestand innerhalb der *intelligence and security community* der USA großes Interesse an der Erforschung asymmetrischer Bedrohungen, Strategien und Kriege. Dieses Interesse prägte insbesondere die Studie »1999 Joint Strategic Review: Asymmetric Approaches to Warfare«, die als »the most important single study« (Metz/Johnson 2001: 3) zu diesem Thema bewertet wurde. Auch die Jahresberichte 1998 und 1999 des amerikanischen Verteidigungsministers an den Kongress enthalten die Annahme, »that U.S. dominance in the conventional military arena encourages adversaries to seek asymmetric means of attacking U.S. military forces, U.S. interests, and Americans« (ebd.: 4). Schließlich verleiht auch das Papier »Joint Vision 2020« aus dem Jahr 2000, in dem die amerikanische Streitkräfteplanung für die folgenden 20 Jahre umrissen wird, asymmetrischen Bedrohungen hohe Priorität, »labeling asymmetric approaches like long range ballistic missiles ›perhaps the most serious danger the United States faces in the immediate future‹« (ebd.: 4). Das Adjektiv »asymmetric« taucht in diesem vierzigseitigen Dokument gleich neun Mal auf, darunter in den Wendungen: »asymmetric approaches«, »asymmetric methods«, »asymmetric advantage«, »asymmetric concepts and capabilities«, »asymmetric threat« sowie »asymmetric engagement« (vgl. US Joint Chiefs of Staff: 2000).

Angesichts der Prominenz, die asymmetrischen Bedrohungen, Kampfformen und Fähigkeiten bereits *vor* den Terroranschlägen vom 11. September 2001 eingeräumt wurde, erscheint es bemerkenswert, dass die Asymmetrie-Semantik *nach* diesen Anschlägen zeitweilig in den Hintergrund trat. So finden sich in keiner der beiden Nationalen Sicherheitsstrategien, die unter der Präsidentschaft George W. Bushs (2001–2009) verabschiedet wurden, Verweise auf Asymmetrien, also weder in derjenigen von 2002 noch in derjenigen von 2006. Vielmehr scheint die Asymmetrie-Semantik während dieser »heißen« Phase des *war on terror* von der Terrorismus-Semantik verdrängt worden zu sein, die offenbar für geeigneter befunden wurde, die globale Terrorismusbekämpfung zu legitimieren und zu mobilisieren – ein Umstand, der auf die vergleichsweise geringe Politisierbarkeit des Asymmetrie-Konzepts verweist.[60] Erst während der Präsidentschaft Barack Obamas tritt das Asymmetrie-Vokabular wieder deutlich hervor, und zwar nunmehr an zentraler Stelle: In der im Mai 2010 verabschiedeten Nationalen Sicherheitsstrategie der USA ist gleich fünf Mal von »asymmetric threats« und »asymmetric attacks« die Rede. Auf deren Begegnung habe sich das amerikanische Militär einzustellen, ohne dass es jedoch seine konventionelle, symmetrische Überlegenheit aufs Spiel setzen dürfe: »We must maintain our military's conventional superiority, while enhancing its capacity to defeat asymmetric threats« (US President 2010: 5).

Mit diesem Asymmetrie-Bekenntnis im wichtigsten sicherheitspolitischen Dokument der USA hat die semantische Karriere des asymmetrischen Krieges einen Höhepunkt erreicht – zugleich aber womöglich einen Wendepunkt. So werden asymmetrische Bedrohungen nunmehr, anders als noch um die Jahrtausendwende, *neben* den als weiterhin bedeutsam erachteten konventionellen, symmetrischen Herausforderungen und Kapazitäten genannt – und nicht mehr an deren Stelle gerückt. Zugleich kann ein Wendepunkt darin gesehen werden, dass im Anschluss an die besagte Nationale Sicherheitsstrategie von 2010 die Asymmetrie-Semantik nicht mehr ausschließlich dazu genutzt wird, die *Gegner* der USA und die von diesen ausgehenden *Bedrohungen* zu charakterisieren. Zwar schlagen sich solche einseitige, allein auf »asymmetrische« Gegner bezogene Begrifflichkeiten auch weiterhin in US-amerikanischen Strategiepapieren nieder, so etwa in den Strategischen Leitlinien, die das Weiße Haus im Jahr 2012 unter dem Titel »Sustaining U.S. Global Leadership: Priorities for 21st Century Defense« formulierte.[61] Die »Asymmetrie« dient aber zunehmend auch als *Selbstbeschreibungsformel*: Demnach haben die USA ihre eigenen asymmetrischen Stärken auszubauen und ihre asymmetrischen Chancen zu nutzen, um für asymme-

60 Wo die Asymmetrie-Semantik allerdings für die Charakterisierung *bestimmter* Gegner wie etwa von Terroristen reserviert wurde und die Begriffe »asymmetrische Bedrohung« und »Terrorismus« also synonym gebraucht wurden, konnte dem Asymmetrie-Konzept durchaus politisch-polemische Kraft zukommen, die dann jedoch mit einer analytischen Schwächung einherging. Zum analytischen oder politisch-polemischen Charakter der Asymmetrie-Semantik siehe die Diskussion unten in Kapitel 7c.

61 In diesen Strategischen Leitlinien heißt es mit Blick auf »asymmetrische« Gegner wie China und Iran: »[…] sophisticated adversaries will use *asymmetric capabilities*, to include electronic and cyber warfare, ballistic and cruise missiles, advanced air defenses, mining, and other methods, to complicate our operational calculus. States such as China and Iran will continue to pursue *asymmetric means* to counter our power projection capabilities, while the proliferation of sophisticated weapons and technology will extend to non-state actors as well« (US Secretary of Defense 2012: 4; Hervorh. F. W.).

trische Kriege gewappnet zu sein. In diesem Sinn fordert die »National Military Strategy« aus dem Jahr 2011 die US-amerikanischen Streitkräfte dazu auf, ihre asymmetrischen Fähigkeiten in Zukunft zu stärken – ohne dadurch jedoch ihre symmetrischen Fähigkeiten zu vernachlässigen: »Joint Forces will [...] maintain symmetric and asymmetric capabilities to deter adversaries« (US Chairman of the Joint Chiefs of Staff 2011: 19). Nimmt man die zwei Verwendungweisen der Asymmetrie-Begrifflichkeit zusammen, also diejenige, die den Asymmetrie-Begriff für gegnerische Bedrohungen reserviert, und diejenige, die ihn im Sinne einer Selbstbeschreibungsformel auf die eigenen Fähigkeiten bezieht, so ergibt sich daraus ein »zweiseitiges« Asymmetrie-Verständnis, wie es sich jüngst in der offiziellen Sprache der US-amerikanischen Sicherheitspolitik durchzusetzen beginnt. Der im März 2014 veröffentlichte Vierjahresbericht des Pentagon zur US-amerikanischen Verteidigungpolitik, also die aktualisierte »Quadrennial Defense Review« (US Secretary of Defense 2014), bezeichnet an vier Stellen *eigene* Stärken, Vorteile und Fähigkeiten der USA, an drei Stellen hingegen *gegnerische* Herangehensweisen und Taktiken als »asymmetrisch«. Wie allerdings jene eigenen und diese gegnerischen »asymmetrischen« Eigenschaften und Methoden zusammenhängen, bleibt weitgehend ungeklärt. Ebenso ungeklärt ist, wie die besagten »asymmetrischen« ihrerseits jeweils mit »symmetrischen« Eigenschaften und Methoden zusammenhängen, die in den sicherheitspolitischen Dokumenten weiterhin ebenfalls verhandelt werden.

Unabhängig davon, welchen Verlauf die politisch-strategische Diskussion über diese Fragen künftig nehmen wird, hat die Asymmetrie-Semantik in den zurückliegenden zwei Jahrzehnten ihre politpraktische Wirkmächtigkeit und Sprengkraft bereits erwiesen: »asymmetric threats« und »asymmetric capabilities« haben sich ihren festen Platz in US-amerikanischen Strategiepapieren erobert, und »asymmetrische« Herausforderungen wie der Terrorismus oder Massenvernichtungswaffen rücken zeitweilig gegenüber »symmetrischen« Bedrohungen in den Vordergrund. Militär- und rüstungspolitisch konnte diese Verschiebung der Aufmerksamkeit nicht ohne Folgen bleiben. In der Tat gerieten die konventionellen, symmetrischen Strategien, Einsatzkonzepte und Strukturen der US-amerikanischen Streitkräfte in dem Maße unter Anpassungsdruck, in dem das symmetrische Szenario eines neuen Kalten Krieges zwischen den USA und der Volksrepublik China, das in den neunziger Jahren des 20. Jahrhunderts noch die *Foreign Affairs* bestimmt hatte, gegenüber den »asymmetrischen« Herausforderungen in den Hintergrund trat. Unter den Schlagworten der »Transformation« und »Neuausrichtung« wurden groß angelegte militärische Reformprogramme ins Leben gerufen, mit denen das Ziel verfolgt wurde, die staatlichen Streitkräfte auf das asymmetrische Sicherheitsumfeld umzurüsten. Die US-Streitkräfte fungierten dabei als Vorbild, und vermittelt über den Anpassungsdruck der NATO führte dies dazu, dass sich die westlichen Streitkräfte, was ihre Größe, Form und Funktion angeht, zunehmend von den Vorgaben der Symmetrie verabschiedeten.[62] Dieser Transformationsprozess, der noch nicht abgeschlossen ist, bildet die sicherheitspolitische Antwort auf die mit dem Asymmetrie-Konzept verbundene Einschätzung, dass Kriege zwischen ungleichartigen Gegnern im 21. Jahrhundert eher die Regel denn die Ausnahme bilden werden und dass solche Kriege auf andere Weise zu führen und zu gewinnen sind als die konventionellen Kriege der symmetrischen Ära. Diese konventionellen Kriege wurden zwischen gleichartigen Gegnern in einem symmetrisch-geometrisch kultivierten Barockgarten ausgefochten. Die Kriege des 21. Jahrhunderts hingegen finden in jenem Asymmetrien-Dschungel statt, der gegen Ende des 20. Jahrhunderts den alten Barockgarten überwucherte.

Die Begriffs- und Diskursgeschichte des »asymmetrischen Krieges« zeugt von dem rasanten Aufstieg des Asymmetrie-Konzepts im vormals von Symmetrien geprägten europäisch-westlichen Nachdenken und Sprechen über den Krieg. Angestoßen durch die Reflexionen Andrew Macks über die strategischen Konsequenzen der Dekolonisierung und der ungleichen Atomrüstung in den siebziger Jahren des 20. Jahrhunderts breitete die Asymme-

62 Als weltweit einflussreichste Transformationsagentur zu Beginn des 21. Jahrhunderts kann das »NATO Allied Command Transformation« im US-amerikanischen Norfolk in Virginia gelten. Innerhalb Deutschlands sollte das Strausberger »Zentrum für Transformation der Bundeswehr«, das diesen Namen sei dem Jahr 2004 bis zu seiner Auflösung im Zuge der »Neuausrichtung« der Bundeswehr im Jahr 2012 trug, eine entsprechende »transformatorische« Rolle spielen. In seiner letzten sicherheitspolitischen Zukunftsanalyse *Ausblick auf 2035* (Zentrum für Transformation der Bundeswehr 2007) findet das Asymmetrie-Konzept zwar keine Verwendung, jedoch werden auch darin vorrangig nichtsymmetrische Szenarien verhandelt. Explizit asymmetrische Szenarien prägen das *Weißbuch zur Sicherheitspolitik Deutschlands und zur Zukunft der Bundeswehr* des Bundesministeriums der Verteidigung (2006), in dem die Grundlagen deutscher Sicherheitspolitik formuliert werden. In diesem 165-seitigen Dokument dient die Asymmetrie-Begrifflichkeit insgesamt acht Mal dazu, »asymmetrische Bedrohungen« (ebd.: 8, 12, 17, 34, 67), »asymmetrische und terroristische Angriffe« (ebd.: 67), »asymmetrisch kämpfende Kräfte« (ebd.: 103) und »asymmetrische[n] seewärtige[n] Bedrohungen unserer Sicherheit« (ebd.: 122) zu bestimmen, denen Deutschland in Zukunft begegnen müsse. Dass die Asymmetrie-Semantik derart im Zentrum der deutschen Sicherheitspolitik angekommen ist, lässt sich ohne den von den USA angestoßenen (begrifflichen) Transformationsprozess nicht erklären.

trie-Semantik sich in weniger als 30 Jahren im Kriegsdiskurs aus. Im ersten Jahrzehnt nach der Jahrtausendwende bestimmen »Asymmetrien« weltweit die politische, wissenschaftliche und öffentliche Wahrnehmung des Kriegs und der internationalen Politik. Die steile Karriere des Asymmetrie-Konzepts führte den »asymmetrischen Krieg« aus dem akademischen Fachdiskurs in die selbstverständliche politisch-öffentliche Sprache und zudem aus dem angelsächsischen Sprachraum in die globale Diskussion hinaus. Im Verlauf dieser Diskussion kam es zu einer zunehmenden Ausdifferenzierung der Asymmetrie-Semantik, die dazu genutzt wurde, immer neue Typen, Aspekte und Phänomene als »asymmetrisch« zu beschreiben und immer neue »asymmetrische« Strategien zu formulieren. Das »Asymmetrische« droht inzwischen die klassische Kriegstheorie zu überwuchern, die in ihrer Symmetrie-Orientierung dem Barockgarten des Westfälischen Staatensystems und des Kalten Krieges entstammte und auch entsprach. Soll auf dem postsymmetrischen Diskurs- und Sicherheitsterrain die Orientierung wiedergewonnen oder eine neue Orientierung erleichtert werden, so ist der Dschungel des asymmetrischen Krieges auf den Spuren seiner Entdecker und Eroberer systematisch zu durchdringen.

III. Durchdringung des Dschungels: Diskurspfade durch den asymmetrischen Krieg

»When President Bush introduced the notion of a War Against Terrorism, my first thought was how a map for such a war would differ from a conventional battle map. Conventional wars are fought for territory, easily measured on a chart with latitude and longitude, but the fronts in the war against terrorism cover multiple dimensions. How can we detect an unprotected flank in this complex territory? How do we measure progress?«
John H. Marburger[63]

Von den Anfängen des Asymmetrie-Diskurses im letzten Drittel des 20. Jahrhunderts bis in die gegenwärtigen Diskussionen hinein haben Kriegs- und Strategietheoretiker versucht, den Dschungel des asymmetrischen Krieges zu durchdringen. Dabei haben sie vielfältige begriffliche Pfade angelegt und unterschiedliche methodische Wege beschritten, um Ordnung ins Asymmetrie-Dickicht zu bringen. Diese Anstrengungen trugen viel zur (Neu-) Orientierung auf dem schwierigen Kriegsterrain jenseits des vertrauten Barockgartens des symmetrischen Krieges bei, in dem sich die eurozentrierte, symmetrie-fokussierte Theorie und Praxis des Krieges bis in die Phase des Kalten Krieges hinein vorrangig bewegten. Der begrifflich-methodische Wegebau im Asymmetrie-Dschungel verlief aber nicht immer koordiniert. Von den verschiedensten Ausgangspunkten aus und mit den unterschiedlichsten Zielsetzungen durchdrangen die einzelnen Forschungsexpeditionen auf vielfältigen Pfaden den »asymmetrischen Krieg«. Der Asymmetrie-Diskurs präsentiert sich daher ungeachtet der oft zielführenden Einzelvorstöße in seiner Gesamtheit als ein unübersichtliches, verschlungenes Wegenetz. Die Komplexität dieses Wegenetzes erhöht gegenwärtig das Risiko, dass sich die Kriegstheorie und auch die politisch-strategische Praxis in der Vielfalt der Verständnisse des asymmetrischen Krieges verlieren, statt dass das Asymmetrie-Konzept ihnen die Übersicht über die sicherheitspolitischen Entwicklungen und Herausforderungen des 21. Jahrhunderts erleichterte.

---

63 Der Wissenschaftsberater des US-amerikanischen Präsidenten George W. Bush in seinem Vorwort zu dem Sammelband *The Geographical Dimensions of Terrorism* (Marburger 2003: xvii).

Um die Übersicht im Asymmetrie-Dschungel zu verbessern, erscheint zuallererst eine Landkarte zum asymmetrischen Krieg nötig, eine Landkarte ähnlich jener, die John Marburger, der Wissenschaftsberater des US-amerikanischen Präsidenten George W. Bush, vermisste, als dieser nach den Terroranschlägen des 11. September 2001 den »War Against Terrorism« ausrief (vgl. Marburger 2003: xvii): Welche Dimensionen sind im asymmetrischen Krieg entscheidend? Welche Charakteristika bestimmen sein komplexes Terrain? Und wie lässt dieses Terrain sich für die Kriegführung nutzen? Im Folgenden soll versucht werden, eine solche Landkarte zu entwerfen. Ausgangspunkt ist die Beobachtung, dass gegenwärtig vielfältige verschiedene Asymmetrie-Vorstellungen in der Diskussion über asymmetrische Kriege miteinander konkurrieren. Diese konzeptionelle »Mannigfaltigkeit« des Asymmtrie-Diskurses soll in einem ersten Schritt anhand von Figuren, Metaphern und Bildern der Asymmetrie illustriert und durch zehn methodisch-formale Kriterien klassifiziert werden (Kap. 5). In einem zweiten Schritt wird der Asymmetrie-Diskurs auf den Spuren ausgewählter Asymmetrie-Denker entlang der oben bereits vorläufig besichtigten drei Diskurspfade systematisch durchquert: entlang der Asymmetrie der Kraft, der Asymmetrie der Organisationsform und der Asymmetrie der Strategie. Diese Rekonstruktion des »asymmetrischen Kriegsdenkens« konzentriert sich auf Kernaussagen einiger, den Diskurs exemplarisch repräsentierender Asymmetrie-Theoretiker und bleibt insofern wie jede Landkarte – »as maps do« (Cooper 2004: 4) – notwendigerweise unterhalb des Komplexitätsgrades ihres Gegenstandes (Kap. 6). Um der Komplexität der Asymmetrie-Diskussion gleichwohl gerecht zu werden, sollen drittens die wichtigsten Einwände gegen das Konzept des asymmetrischen Krieges vorgestellt und auf ihre Stichhaltigkeit hin diskutiert werden (Kap. 7). Unter Berücksichtigung dieser Einwände werden schließlich viertens die verschiedenen bis dahin erkundeten Pfade der Asymmetrie-Diskussion durch einen eigenen Vorschlag zur Ordnung des komplexen (Diskurs-)Terrains des asymmetrischen Krieges in der gewünschten umfassenden Landkarte zusammengeführt (Kap. 8).

5. Dschungel-Dickicht: Figuren, Metaphern und Bilder der Asymmetrie

»Clear thinking begins with simple yet comprehensive definitions. This way those involved can have some assurance that they are speaking of the same thing« (Metz/Johnson 2001: 4). Mit solchen Statements betonen viele derer, die über den asymmetrischen Krieg nachdenken und sich dabei um ein »klares Denken« bzw. ein *clear thinking* bemühen, die Notwendigkeit »einfacher und einheitlicher« Definitionen. Doch scheint sich trotz entsprechender Klärungsabsichten bislang kein Konsens darüber erzielen zu lassen, was eigentlich gemeint sei mit dem Terminus »asymmetrischer Krieg«. Auch die Verwandten dieses Terminus bleiben häufig unklar und unterbestimmt: Was bedeutet im Zusammenhang mit dem Krieg »Asymmetrie«? Worin besteht das Asymmetrische einer »asymmetrischen Bedrohung«, einer »asymmetrischen Strategie« und der »asymmetrischen Kriegführung« insgesamt? Da diese Fragen oftmals ungeklärt bleiben, beklagen nahezu alle Beiträge zum Asymmetrie-Diskurs das Fehlen klarer Begrifflichkeiten. Zumeist treten die entsprechenden Klagen gemeinsam mit dem Anspruch auf, den beklagten Zustand zu beseitigen. So moniert etwa Kenneth F. McKenzie, ein US-amerikanischer Strategietheoretiker und Oberstleutnant des US Marine Corps, in seiner von der National Defense University in Washington D. C. im Jahr 2000 veröffentlichten Studie *The Revenge of the Melians: Asymmetric Threats and the Next QDR*:

> »No overarching or coherent theme ties all the elements of potential asymmetric counter measures together. This lack of a unifying theme follows from the differing definitions of asymmetry that have influenced policies. Improving our responses to the asymmetric threat must begin with adoption of a consistent philosophy of how to deal with asymmetry, based upon a consistent definition.« (McKenzie 2000: 85)

Eine konsistente Asymmetrie-Definition, deren Fehlen hier beklagt wird, vermisst auch der US-amerikanische Oberstleutnant Timothy L. Thomas, der in seinem Aufsatz »Decyphering Asymmetry's Word Game« (2001) das »Sprachspiel der Asymmetrie« seinerseits zu lösen verspricht: »The term apparently assumes whatever meaning military authors wish to portray and is thrown around like the grammatically incorrect term ›irregardless‹« (Thomas 2001: 33).[64] In ähnlicher Weise bemängelt der britische Diplomat und

64 Statt die im Titel seiner Studie angekündigte Begriffsklärung vorzunehmen, stellt Thomas (2001) allerdings vielfältige verschiedene Kriterien für Asymmetrie auf und kommt

Sicherheitsanalyst John Leech in seiner Studie *Asymmetries of Conflict. War Without Death* (2002) die Vielfalt der Interpretationen des asymmetrischen Krieges, von denen keine geeignet sei, zu neuen Antworten auf die neuartigen sicherheitspolitischen Herausforderungen zu führen.[65] Schließlich kritisieren auch Steven Lambakis und seine Koautoren vom National Institute for Public Policy, einem US-amerikanischen sicherheitspolitischen Thinktank, in ihrem Aufsatz »Understanding ›Asymmetric‹ Threats to the United States« (2002), ähnlich wie die zuvor genannten Beiträger zum politiknahen englischsprachigen Asymmetrie-Diskurs der ersten Jahre des 21. Jahrhunderts, das Fehlen einer einheitlichen Definition:

»›Asymmetry‹ or ›asymmetric‹ has many definitions and is used to describe many things, including weapon systems, tactics, strategy, and worldviews. It may also describe what is sanctioned by morality or international law. ›Asymmetric threats‹, for example, are commonly viewed as having the potential to produce widespread civilian casualties or considerable environmental damage.« (Lambakis u.a. 2002: 241)

Wenn, wie hier kritisiert wird, je nach Asymmetrie-Verständnis alles Mögliche als asymmetrisch bezeichnet werden kann und auch tatsächlich bezeichnet wird: von Waffensystemen über Taktiken, Strategien, Weltsichten bis hin zu moralischen und rechtlichen Bindungen sowie zu Bedrohungen mit besonderem Schadenspotenzial, dann verweist dies auf erhebliche Probleme der Asymmetrie-Semantik und des Asymmetrie-Diskurses. Diese Probleme resultieren offenbar weniger aus einem *Mangel*, als vielmehr aus einem *Überschuss* an definitorischen sowie metaphorischen Denk- und Bildfiguren des Asymmetrischen. Das soll hier zunächst a) anhand widersprüchlicher Definitionen des asymmetrischen Krieges illustriert werden, um anschließend

daher zu dem analytisch und politikpraktisch unbefriedigenden Schluss: »Asymmetries exist everywhere, of course« (ebd.: 37).

65 Leech (2002) selbst gelingt es seinerseits nicht, eine konsistente Asymmetrie-Definition zu entwickeln, da er das Verhältnis zwischen den drei von ihm berücksichtigten Definitionskriterien für Asymmetrie – Kraft, Organisationsform und Strategie – nicht reflektiert (vgl. ebd.: xv). Auf ähnliche Weise verstrickt sich auch der US-amerikanische Strategie-Analyst Anthony Cordesman in seiner Studie *Terrorism, Asymmetric Warfare, and Weapons of Mass Destruction* (2002) in Widersprüchen, die bereits im Titel anklingen, aber nicht aufgelöst werden: Ist der Terrorismus etwas anderes als asymmetrische Kriegführung – und falls ja: inwiefern? In welchem Verhältnis stehen zudem Atomwaffen zu asymmetrischer Kriegführung? Mangels begrifflich-theoretischer Differenzierungen zwischen asymmetrischen Strategien (wie derjenigen des Terrorismus) und technologisch bedingten Kraft-Asymmetrien (wie derjenigen, die aus einer einseitigen Verfügung über Massenvernichtungswaffen resultiert), trägt auch diese Studie wenig zur Beseitigung der konstatierten Begriffsverwirrung bei.

b) einige Metaphern und Bilder der Asymmetrie in Augenschein zu nehmen, die zuweilen ergänzend zu, häufig aber anstelle von Definitionen Verwendung finden. Schließlich werden in einem dritten Schritt c) zehn methodisch-formale Unterscheidungskriterien vorgeschlagen, mit deren Hilfe die bunte Vielfalt der Asymmetrie-Figuren klassifiziert werden kann.

a) Widersprüchliche Definitionen der Asymmetrie

Im Asymmetrie-Diskurs mangelt es nicht an Definitionen zur Bestimmung des asymmetrischen Krieges. So zählt der Schweizer Strategie-Analyst Jacques Baud, ein ehemaliger Oberst des eidgenössischen Geheimdiensts und späterer »Senior Policy and Doctrine Officer of Military Affairs« im »Department of Peacekeeping Operations« bei den Vereinten Nationen in New York, in seiner Studie *La guerre asymétrique* (2003: 19) sieben Charakteristika auf, mit deren Hilfe asymmetrische Kriege definiert werden könnten: die Anwendung »illoyaler« Methoden; Angriffe auf die Zivilbevölkerung; die Disproportionalität der eingesetzten Mittel; technologische Unterschiede zwischen den Gegnern; die Ausnutzung der Schwächen des Gegners; die Nutzung von *information warfare* und *netwar*; sowie den Einsatz von Massenvernichtungswaffen. Nicht kürzer fällt die Liste der Eigenschaften aus, die der britisch-amerikanische Strategietheoretiker Colin Gray, unter anderem Gründer des US-amerikanischen Thinktanks National Institute for Public Policy, in dem Aufsatz »Thinking Asymmetrically in Times of Terror« (2002: 5f.) aufstellt, um die Vielfalt der Bestimmungsweisen »asymmetrischer Bedrohungen« aufzuzeigen. Demnach könnten als asymmetrisch all jene Bedrohungen bezeichnet werden, die sich beschreiben ließen als: ungewöhnlich; irregulär; ohne Entsprechung im eigenen Arsenal der Fähigkeiten; wirksam aufgrund ihrer hohen Hebelwirkung gegen militärische oder zivile Ziele; darauf abzielend, die Stärken des Gegners zu umgehen, auszuhebeln oder zu kontern; nur schwerlich in gleicher Art, auf gezielte und angemessene Weise zu kontern; sowie schließlich: die Angst vor dem *unknown unknown* schürend. Nicht zuletzt aufgrund solch vielfältiger Kriterienlisten der Asymmetrie können die unterschiedlichsten Phänomene »asymmetrisch« erscheinen, darunter etwa, wie Grays Kollegen am National Institute for Public Policy Steven Lambakis u.a. (2002: 242) kritisch feststellen: neuartige, unorthodoxe, überraschende, dringende und ungewohnte Bedrohungen; der historisch beispiellose Zustand einer globalen Dominanz eines internationalen Akteurs, nämlich der USA; die selbst auferlegte rechtliche und moralische Beschränkung der amerikanischen Außen- und Verteidigungspolitik; die Verwundbarkeiten der USA; Washingtons Schwäche bei der Reaktion auf Bedrohungen; schließlich die neuartigen Taktiken und Operationsweisen, welche Gegnern heute zur Verfügung stünden. Da all diese Phänomene auf die eine oder andere Weise als »asymmetrisch« beschrieben werden können, steht die Leistungsfähigkeit des Asymmetrie-Konzepts grundsätzlich in Frage. Lohnt es sich, an einem derart schwammigen Konzept festzuhalten?

Angesichts der begrifflichen Unschärfen im jüngeren Asymmetrie-Diskurs erscheint die Suche nach einem harten Definitionskern statt schwammiger Kriterienkataloge dringlich. Pragmatische Lösungsvorschläge in dieser Absicht bieten Autoren an, die für den amerikanischen Sprachgebrauch feststellen, dass gemeinhin »Ungewöhnliches« als asymmetrisch gelte, so beispielsweise ein Bedrohungsszenario, »that our political, strategic, and military cultures regard as unusual« (Gray 2002: 5). Ungewöhnlichkeit bzw. Unterschiedlichkeit wird hier als Hauptkriterium für den asymmetrischen Charakter von Bedrohungen genannt: »Such threats differ significantly in character both from those that we anticipate facing from putative enemies and from the methods with which we plan to menace them« (ebd.: 5). Bedrohungen, die sich erheblich von denjenigen unterscheiden, die eine Gesellschaft als »gewöhnlich« ansieht, Bedrohungen also, wie sie von »ungewöhnlichen« Gegnern ausgehen oder wie sie – umgekehrt betrachtet – »gewöhnliche« Gesellschaften unter »gewöhnlichen« Bedingungen nicht aufbauen (können), gelten in diesem Sinne als asymmetrisch. In ähnlichem Sinn schreiben auch Lambakis u.a. (2002) dem Ausdruck »asymmetric« im Wesentlichen die Bedeutung »ungewöhnlich« und »unnormal« zu, sodass die Differenz zur Normalität hier ebenfalls als Definitionskern der Asymmetrie erscheint: »at the most basic level, to be ›asymmetric‹ is simply to be different« (ebd.: 242). Damit wäre zwar in der Tat ein Definitionskern gefunden. Allerdings bleibt mehr als fraglich, ob dieser sich bei der Beschreibung asymmetrischer Konstellationen und Konfrontationen als hart erweist. Schließlich lässt das Definitionskriterium der »Ungewöhnlichkeit« bzw. »Verschiedenheit« für sich genommen völlig offen, nach welchen Kriterien und in welchen Bereichen die Ungewöhnlichkeit oder Verschiedenheit zu bestimmen sei: Wer oder was ist ungewöhnlich und verschieden worin und wovon? Wenn Asymmetrie-Definitionen »Differenz« als Definiens verwenden, ihre Art aber unbestimmt lassen, verlagern sie das Definitionsproblem in die Definition hinein, statt es zu lösen – und verweisen somit diejenigen, die Orientierung im Asymmetrie-Dickicht suchen, zurück an den Anfang ihrer Expedition: wieder in den Dschungel des asymmetrischen Krieges.

b) Metaphern und Bilder der Asymmetrie

Die Schwierigkeiten des Versuchs, den asymmetrischen Krieg in den Käfig einer Begriffsdefinition einzufangen, veranlassen viele Autoren dazu, einen anderen Weg einzuschlagen. Sie verlagern ihre Anstrengungen von der Jagd nach dem *moving target* »asymmetrischer Krieg«, das sich in ihren Augen allgemeinen Definitionen entzieht, auf die Suche nach der anschaulichsten Metapher, dem treffendsten Topos oder dem schönsten Bild, die am besten geeignet wären, den asymmetrischen Krieg zu illustrieren – statt ihn zu definieren. Hierzu zitieren sie die antiken und biblischen Erzählungen ebenso wie die nationalen, etwa germanischen Sagen und Märchen sowie die klassischen Werke der Kriegsgeschichte – und dies durchaus mit einigem Gewinn: Die Veröffentlichungen zum asymmetrischen Krieg sind reich an mythischen Gestalten und sagenhaften Figuren, die in großer Zahl den untersuchten Gegenstand bebildern. Hilfreich erscheint die Bebilderung so lange, wie die metaphorischen und historischen Illustrationen das begriffliche Verständnis des Krieges tatsächlich erhellen. Dass hierzu Metaphern und historische Beispiele durchaus in der Lage und geeignet sind, davon war Clausewitz überzeugt, der bei seiner Annäherung an das »wahre[s] Chamäleon« (Clausewitz 1980 [1832–34]: 212) des Krieges von ihnen reichlich Gebrauch machte: »Historische Beispiele machen alles klar und haben nebenher in Erfahrungswissenschaften die beste Beweiskraft« (ebd.: 335), so schreibt er zu Beginn des mit »Über Beispiele« betitelten sechsten Kapitels des zweiten Buches in *Vom Kriege*. Zugleich aber kritisiert Clausewitz, dass historische Beispiele – und in ähnlichem Maße gilt das wohl für metaphorische Figuren – das Verständnis des Krieges nicht in jedem Fall beförderten, denn:

> »[...] es ist leider zu allen Zeiten die Neigung der Schriftsteller sehr groß gewesen, die Begebenheiten des Altertums im Munde zu führen. Wir wollen unentschieden lassen, wie viel Anteil Eitelkeit und Charlatanerie daran haben können, aber wir vermissen dabei meistens *die redliche Absicht, das eifrige Bestreben, zu belehren und zu überzeugen*, und können solche Allusionen dann nur für Zierate halten, womit Lücken und Fehler bedeckt werden sollen.« (ebd.: 342; Hervorh. F. W.)

Inwiefern die von Clausewitz angemahnte »redliche Absicht« und »das eifrige Bestreben, zu belehren und zu überzeugen« statt »Lücken und Fehler«

zu bedecken, in der blühenden Metaphorik des jüngeren kriegstheoretischen Asymmetrie-Diskurses zum Ausdruck kommen, kann bei einem Rundgang durch seinen Metaphern-Dschungel besichtigt werden. Diesen durchwandern zahlreiche mythische, historische und heroische Figuren und Fabelwesen auf den Spuren ihrer Autoren. Als Verkörperungen ungleicher Kämpfe treten sie zumeist in ungleichen Paaren auf: als (1) David und Goliath, (2) Odysseus und Achill, (3) Herkules und der Löwe, (4) Melier und Athener, (5) Arminius und Varus, (6) Siegfried und der Drache. Neben diesen mythischen ungleichen Paaren bebildern auch kriegs- und sporthistorische Konstellationen die Vorstellungswelt des asymmetrischen Krieges, darunter vor allem (7) der Dschungelkrieg zwischen den USA und Nordvietnam sowie (8) der Boxkampf zwischen Muhammad Ali und George Foreman, welche bis heute die US-amerikanische Erinnerung und Wahrnehmung von Kriegs-Asymmetrien prägen.

(1) David und Goliath

Der ungleiche Kampf zwischen David und Goliath, wie ihn der biblische Bericht in 1. Samuel 17 unter Rückgriff auf mündliche und schriftliche Volkserzählungen sowie Dichtungen Israels schildert (Isser 2003), ist unter den Metaphern des asymmetrischen Krieges die berühmteste. Nahezu jeder Beitrag zum Thema nimmt auf die eine oder andere Weise auf diesen Zweikampf zwischen dem Hirtenjungen und dem Krieger Bezug.[66] Als asymmetrisch gilt dieser Kampf gemeinhin, weil David kleiner und schwächer ist als der gut gerüstete, schwer bewaffnete Goliath. Neben der Asymmetrie der Kraft lassen sich aber – wie später auszuführen sein wird (Kap. 8) – noch weitere Ungleichartigkeiten zwischen den Kämpfern mit dieser Metapher illustrieren. Wenn auch, von Ausnahmen abgesehen (vgl. Münkler 1990a: 25–38), viele Interpretationen die Vielschichtigkeit der David-Goliath-Metapher nicht in vollem Umfang für das Verständnis des asymmetrischen Krieges fruchtbar machen, symbolisiert der Sieg des Hirtenjungen über den Krieger doch wie kein anderes Bild den asymmetrischen Krieg – und insbesondere

66 Bereits in ihren Titeln spielen Michael Fischerkellers Aufsatz »David versus Goliath: Cultural Judgments in Asymmetric War« (1998), Thomas X. Hammes' Studie *The Sling and the Stone. On War in the 21st Century* (2004) und Jeffrey Records Untersuchung *Beating Goliath. Why Insurgencie Win* (2007) auf den biblischen Zweikampf an, mit dem, neben vielen anderen, auch Daase (1999: 152–154), Tucker (1999: 32), Gerwehr und Glenn (2000: 2) sowie Leech (2002: xv) den asymmetrischen Krieg illustrieren.

die Hoffnungen, die schwache Akteure seit jeher mit asymmetrischen Strategien verbinden. So lässt sich anhand der Rezeptionsgeschichte der biblischen Erzählung zeigen, dass diese nicht erst im asymmetrischen Kontext des 20. und 21. Jahrhunderts den Kampf zwischen Ungleichen motiviert. Vielmehr diente sie bereits im 1. Jahrhundert nach Christus dem jüdischen Widerstand gegen die babylonische und römische Besatzung als Mobilisierungsressource (Nitsche 1998). Die kreative Nutzung dieser Ressource bietet auch und besonders im Zeitalter der Medienkriege schwachen Parteien große Vorteile. So wurden die Pressephotos Steine werfender Palästinenserjungen, die gegen israelische Panzer angehen, als Beispiele der aktualisierenden strategischen Rezeption der biblischen Erzählung gedeutet, deren Rollen(um)besetzung auch hier dem Jungen mit der Steinschleuder Sympathien im Kampf mit dem gepanzerten Krieger verspricht. Auf solche Weise Sympathien und Unterstützung bei Dritten zu generieren und darüber hinaus die eigenen Kämpfer zu motivieren, ist die für sich genommen »asymmetrische« Wirkungsweise des Erzählens der Geschichte von David und Goliath, die den asymmetrischen Krieg nicht nur zu illustrieren, sondern auch zu manipulieren vermag.

(2) Odysseus und Achill

Auch die griechisch-antike Tradition dient als Metaphern-Reservoir für die Bebilderung des asymmetrischen Krieges. Der Gegensatz zwischen Odysseus und Achill lässt sich in diesem Sinne »asymmetrisch« deuten (Leech 2002: xvi): Während letzterer als Krieger heroisch den offenen symmetrischen Zweikampf sucht, verkörpert Odysseus, der »ehemalige Kriegsdienstverweigerer« (Münkler 1990a: 9), die List, die ihn als *epitheton ornans* begleitet. Sein hinterlistig ersonnenes Trojanisches Pferd öffnet den Griechen die Pforten Trojas und eröffnet ihnen erst dadurch die Chance auf den Sieg. Die Kriegslist des Trojanischen Pferdes beruht auf der strategischen Ausbeutung eines Dilemmas, das Odysseus in der Spannung zwischen der Frömmigkeit und der Klugheit der Trojaner erkennt. Verweigern die Trojaner das der Athene geweihte hölzerne Geschenk, wozu Laokoon als Sprecher eines strategisch klugen Misstrauens rät, so haben sie den Zorn der Göttin zu fürchten. Nehmen sie das Geschenk hingegen an und öffnen sie in frommem Gottvertrauen dem Holzpferd das Tor zur Stadt, so liefern sie sich den – von Kassandra vorhergesagten – Gefahren aus, die den Untergang Trojas letztlich besiegeln. Das Trojanische Pferd, das dieses Dilemma auf die Spitze treibt und auszunutzen erlaubt, lässt sich somit deuten als listiges Mittel der einseitigen und eben hierin asymmetrischen Entgrenzung des Krieges. Indem Odysseus mithilfe dieses Mittels bewusst die Grenzen zwischen dem Militärischen und dem Zivilen einreißt und die religiös-kultische Selbstbindung der Trojaner zum strategischen Vorteil der Griechen missbraucht, dehnt er den Kampf auf Bereiche jenseits des klassischen, symmetrisch kultivierten Schlachtfeldes aus. Da diese Entgrenzung *einseitig* erfolgt, begründet sie eine Asymmetrie, die sich in dem Gegensatz zwischen dem regulären, professionellen, heroischen Soldat und dem irregulären, »unprofessionellen«, antiheroischen Krieger manifestiert, der sich im Bauch des hölzernen Pferdes versteckt.

(3) Herkules und der Löwe

Ebenfalls der griechischen Sagenwelt entnommen ist ein weiteres Bild, das die Darstellung und Deutung des asymmetrischen Krieges inspiriert: der Kampf des Herkules mit dem Löwen. Dieser mythische Zweikampf zwischen dem Helden und dem Ungeheuer erscheint geeignet, die Asymmetrie der Anerkennung zu veranschaulichen, die zwischen ungleichartigen Gegnern besteht. Sie beruht darauf, dass unter Bedingungen der grundsätzlichen Verschiedenheit von Kriegsparteien die reziproke Anerkennung der Kontrahenten und folglich die Grundlage symmetrischer Kampfnormen fehlen oder erodieren. An deren Stelle tritt das asymmetrische Moment der Verachtung, die freilich ebenfalls wechselseitig bestehen kann, dann aber wechselseitig eben die Anerkennung negiert. Im mythischen Bild äußert diese Verachtung sich darin, dass Herkules nach seinem siegreichen Kampf dem erlegten Löwen das Fell über die Ohren zieht, um sich fortan mit dieser Trophäe seines heldenhaften Sieges zu schmücken. Eine solche, hier als *tertium comparationis* der Metapher dienende Trophäisierung des gegnerischen Leibes – wohlgemerkt: nicht der gegnerischen Rüstung, die zumindest in der Antike zwischen heldenhaft Kämpfenden gang und gäbe war, – kann als ein Charakteristikum asymmetrischer Konflikte gelten. In ihnen verweigern die Gegner einander wechselseitig jegliche Ansprüche auf Anerkennung und Respekt, gerade weil sie sich wechselseitig als grundsätzlich »Andere« oder »Andersartige« wahrnehmen. Extreme Formen solcher Praktiken der demonstrativen, absoluten Nichtanerkennung des Gegners lassen sich in jüngeren Kriegen in der medialen und digitalen Zurschaustellung misshandelter und getöteter Gefangener erkennen. Die digitalisierten, archivierten Bilder und Videos des misshandelten, toten Körpers des Feindes – oder gar des Aktes seiner Misshandlung und Tötung selbst – können als moderne Formen der Trophäisierung des gegnerischen Leibes verstanden werden.[67]

(4) Die Melier und die Athener

Die Auseinandersetzung zwischen den Meliern und den Athenern, von der Thukydides, der Historiker des Peloponnesischen Krieges, im sogenannten Melier-Dialog berichtet, ist ein weiterer literarischer Topos, der von Theoretikern des asymmetrischen Krieges »realistischer« Provenienz häufig aufgesucht und zitiert wird. In diesem fiktiven – das heißt: von Thukydides literarisch stilisierten – Zwiegespräch zwischen den Gesandten der großen Seemacht Athen und den Ratsherren der kleinen Insel Melos im Sommer des Jahres 416 vor Christus (vgl. Thukydides 2000: 450–460) geht es um nichts weniger als um die Unterwerfung des Schwachen – hier: der Insel Melos – unter den Mächtigen, in diesem Fall also unter die Herrschaft Athens. Die Melier, die dieses »Gesetz der Natur« (ebd.: 455f.) nicht anerkennen wollen, beharren auf dem Prinzip der Gleichheit, also darauf, dass Melos als freie Stadt mit dem mächtigen Athen rechtlich und politisch auf einer Stufe stehe. Gemäß diesem Selbstverständnis lehnen sie das »Angebot« der Athener ab, sich kampflos in die Knechtschaft zu fügen, und werden sodann nach ergebnislosem Abbruch der diplomatischen Verhandlung mitsamt ihrer Stadt von den athenischen Truppen vernichtet. Die realpolitische Lehre, die aus dieser Geschichte gezogen wurde, lautet, dass der Mächtige über den Schwachen siege und mit ihm die Macht über das Recht. In die Sprache des Asymmetrie-Diskurses übersetzt bedeutet dies: Kraft-Asymmetrie siegt über Rechts-Symmetrie. Dass die Melier dieses »Gesetz der Natur« im Melier-Dialog – und überhaupt: durch Dialog – nicht aufheben können, lässt sich darauf zurückführen, dass sie ihre Forderung nach symmetrischer Gleichartigkeit in einer zutiefst asymmetrisch vorstrukturierten Gesprächssituation zu vertreten haben, die es gerade verhindert, symmetrisch hierüber zu deliberieren und ergebnisoffen zu verhandeln. Aufgrund ihrer Kräfteüberlegenheit sind die Athener in der Lage, »selbst Richter zu sein über alles, was gespro-

67 Als Gegenbild zu dem jede wechselseitige Anerkennung negierenden Zweikampf des Herkules mit dem Löwen, also als Illustration einer perfekten *Symmetrie* der Anerkennung, funktioniert das mittelalterliche Duell der Ritter, das den respektvollen Kampf zwischen gleichartigen Gegnern repräsentiert (Münkler 2004b: 654). Hieran zeigt sich, dass sagen- und heldenhafte Figuren, in diesem Fall Ritter, auch den Barockgarten des symmetrischen Krieges durchstreifen.

chen wird« (ebd.: 451), sodass der Ausgang der Verhandlungen von Anfang an feststeht.[68] Folgenreich und fruchtbar für den Asymmetrie-Diskurs ist diese Lehre des Melier-Dialogs insbesondere, da sie auf die wechselseitige Bedingtheit von Machtverhältnissen und Legitimationsdiskursen verweist. Die Stärkeren sind, »realistisch« betrachtet, notwendig im Recht, da sie das Recht durchzusetzen vermögen. Ob diese Lehre jedoch auch angesichts der von den Schwachen in jüngerer Zeit entdeckten und eingesetzten Methoden der Kriegführung noch uneingeschränkt gilt, wird im jüngeren Asymmetrie-Diskurs bezweifelt – und gerade hierin zeigt sich die Aktualität des Melier-Topos. So argumentiert der Strategietheoretiker Kenneth F. McKenzie in seiner Studie *The Revenge of the Melians* (2000) unter Bezugnahme auf den Melier-Dialog, dass Massenvernichtungswaffen, Terrorismus und *information warfare* den »Meliern« des 21. Jahrhunderts neuartige strategische Optionen eröffneten, die es ihnen erlaubten, sich an ihren überlegenen Gegnern – also an den USA als den neuen »Athenern« – für die historische Niederlage der Insel Melos gegen Athen zu rächen. McKenzies Studie mündet in eine, an die Adresse der USA gerichtete, Warnung vor den *asymmetric options* der modernen Melier: »If we are Athenians, then we should be uneasy Athenians and remember that, while the Melians eventually succumbed to Athenian power, they did not possess the asymmetric options available to today's potential adversaries.« (ebd.: 96)

(5) Arminius und Varus

Die Charakteristika asymmetrischer Konstellationen lassen sich auch anhand der germanischen Geschichte und Sagenwelt erläutern, so insbesondere anhand der Schlacht im Teutoburger Wald im Jahr 9 nach Christus. Diese Schlacht zwischen den anti-imperialen Stammeskriegern des Cheruskerfürsten Arminius und den Legionen des römischen Imperiums unter dem Feldherrn Varus kann geradezu als Lehrstück asymmetrischer Kriegführung verstanden werden. Die Strategie der Germanen beruhte demnach da-

68 Diese Ausweglosigkeit ihrer Situation erkennen die Melier bereits zu Beginn des Dialogs mit klarem Blick: »Siegen wir in dem Rechtsstreit und geben daher nicht nach, so droht uns Krieg, lassen wir uns aber von euch bereden, Knechtschaft« (Thukydides 2000: 451). Dass sie sich dennoch auf den Rechtsstreit einlassen, kann wahlweise als Zeichen der Naivität oder aber der Überheblichkeit gedeutet werden. Mangels asymmetrischer politisch-strategischer Alternativen (oder mangels eines Bewusstseins für solche Alternativen) ist das letztlich aber wohl der Ausweglosigkeit ihrer Situation geschuldet.

rauf, die besser ausgerüsteten und ausgebildeten römischen Legionen in das »unübersichtliche Waldgebiet« und die »feuchten Sümpfe und trügerischen Moorwiesen« zu locken, von denen der Chronist dieses Kampfes Tacitus schreibt (1991: 67). Unter Ausnutzung der – asymmetrisch verteilten – Geländekenntnis, die strategisch bedeutsam wird, vor allem aber unter Ausnutzung des überlegenen Asymmetrie-Bewusstseins des Arminius, der als ehemaliger römischer Soldat die symmetrische Organisations- und Kampfweise der Legionen Roms aus eigener Anschauung kannte und sie gegen die Römer zu wenden verstand, gelang es den Germanen auf asymmetrische Weise, die kräftemäßig begünstigten Römer unerwartet zu besiegen (Münkler 2002b: 253f.; 2006a: 156–158). Dem Feldherrn Varus blieb nur der Freitod auf dem germanischen Schlachtfeld, dem Princeps Augustus blieb die legendäre Wehklage im imperialen Zentrum Rom: »Varus, gib mir meine Legionen wieder!«

(6) Siegfried und der Drache

Neben der Schlacht im Teutoburger Wald, von der die römischen Chronisten berichten, ist noch ein weiteres Bild für den asymmetrischen Kampf dem germanischen Kultur- und Sagenkreis entnommen: Siegfrieds Kampf mit dem Drachen. So lehrt der Erzähler dieses Kampfes, dass Mut, Willenskraft und Entschlossenheit in asymmetrischen Auseinandersetzungen physische Unterlegenheit kompensieren können, und zudem klingt hier das Moment der Verachtung wieder an (Münkler 1990a: 108–120). Siegfrieds Gegner, der sich keineswegs als legitimer, achtbarer und ehrbarer Feind präsentiert, ist ein Untier, dessen Leib der siegreiche Siegfried sich in einem Akt der Trophäisierung aneignet: er badet im Blut des Drachen. Dadurch erlangt er Unverwundbarkeit, die allerdings nicht vollkommen ist – ein wichtiges Element der Erzählung, das sich im Asymmetrie-Diskurs ebenfalls als anschlussfähig erweist. So repräsentiert die Schulter des germanischen Helden, ebenso wie die Ferse des griechischen Heros' Achill und die ungeschützte Stirn des biblischen Riesen Goliath, ein weiteres Charakteristikum des asymmetrischen Krieges, das bei seiner kriegstheoretischen Beschreibung Bedeutung erlangt: die Verwundbarkeit des vermeintlich Unverwundbaren.

(7) USA und Nordvietnam

Die Erfahrung des Scheiterns vermeintlich unbesiegbarer Akteure ist ein zentrales Motiv insbesondere der US-amerikanischen Beschäftigung mit dem asymmetrischen Krieg. So prägt der als Niederlage erfahrene Rückzug der US-Truppen aus dem ungleichen Dschungelkrieg der USA gegen die Nordvietnamesen und den Vietcong bis heute als traumatisches Erlebnis und nationaler Erinnerungsort das US-amerikanische kollektive Gedächtnis. Zudem regte der Vietnamkrieg die wichtigsten englischsprachigen Asymmetrie-Studien an, darunter diejenigen von Andrew Mack (1975), Thaza V. Paul (1994) und Ivan Arreguín-Toft (2001; 2005). Ihr gemeinsamer Ausgangspunkt ist die Frage, warum die vermeintlich unbesiegbaren US-Truppen trotz ihrer objektiven materiellen Überlegenheit und ihrer großen Anstrengungen den Dschungelkampf gegen die Nordvietnamesen und den Vietcong nicht gewannen. Diese Frage, die den Asymmetrie-Diskurs seither begleitet, ließ »Vietnam« zur Chiffre für den asymmetrischen Krieg und zur Irritations- und Inspirationsquelle für die Theoriebildung werden. Bis in die jüngste Zeit hinein dient der Vietnamkrieg als Vergleichsfolie für die Einordnung, Beschreibung und Bewältigung US-amerikanischer Erfahrungen mit asymmetrischen Bedrohungen und Kriegen, so etwa dem japanischen Angriff auf Pearl Harbor am 7. Dezember 1941, den Terroranschlägen vom 11. September 2001 sowie den Kriegen im Irak und in Afghanistan im ersten Jahrzehnt des 21. Jahrhunderts. Allesamt können sie im historisch vorwärts wie rückwärts verlängerten Schatten Vietnams gesehen und gedeudet werden.

(8) Muhammad Ali und George Foreman

Abgesehen von der US-amerikanischen Kriegsgeschichte liefert auch die Kultur- und Sportgeschichte den wettkampforientierten Vereinigten Staaten Orientierungspunkte für das Verständnis asymmetrischer Konstellationen. So erinnert Arreguín-Toft (2001) an den Weltmeisterschaftsboxkampf im Schwergewicht am 30. Oktober 1974 zwischen Muhammad Ali und George Foreman in Kinshasa, der als »Rumble in the Jungle« in die Sportgeschichte einging. Muhammad Ali habe den haushohen Favoriten George Foreman sensationell besiegt, indem er gegen diesen geschickt eine »asymmetrische« Ausweich- und Ermattungstaktik anwendete. Sie führte dazu, dass Foreman sich bereits in Runde fünf des Kampfes erschöpfte und in Runde acht schließlich nach einem kräftigen Treffer Alis zu Boden ging. Nach Ansicht Arreguín-Tofts ist dies ein Beispiel und Bild für den Ausgang asymmetrischer Kämpfe: »This fight illustrates an important but relatively unexplored feature of inter-state conflict: how a weak actor's strategy can make a strong actor's power irrelevant« (ebd.: 93f.).

Metaphern, Topoi und Bilder dieser Art prägen – neben und teils auch anstelle von Definitionen – den kriegstheoretischen Asymmetrie-Diskurs und ließen sich hier in noch größerer Zahl für verschiedene Kulturkreise anführen.[69] Wie ein bunter, ungeordneter Haufen irregulärer Kämpfer durchwandert die in diesen Narrationen und Imaginationen versammelte sagen- und fabelhafte Schar der Asymmetrie-Figuren die definitorisch nur wenig geordnete Vorstellungswelt des asymmetrischen Krieges. Dabei personifizieren die Mitglieder dieser bunten Truppe gegensätzliche Positionen in asymmetrischen Konstellationen und illustrieren in ihren historisch-kulturell wechselnden Gewändern unterschiedliche Aspekte asymmetrischer Konfrontationen. Gemeinsam ist ihnen, dass sie existenzielle Entscheidungskämpfe führen: »Mann gegen Mann« oder »Mann gegen Tier«. Keiner dieser Zweikämpfe wird vorzeitig abgebrochen oder gütlich beigelegt, so beispielsweise durch einen Friedensschluss, einen Waffenstillstand oder eine Kapitulation. Selbst der Boxkampf Alis gegen Foreman endet stattdessen (für letzteren) im K. O., und auch der Vietnamkrieg fand sein Ende letztlich nicht durch das Pariser Abkommen vom 27. Januar 1973, sondern erst mit der Einnahme Saigons durch die Nordvietnamesen am 1. Mai 1975. Wohl nicht zuletzt aufgrund dieser existenziellen Zuspitzung und der damit einhergehenden äußersten Eskalation sind Berichte und Bilder des asymmetrischen Kampfes in besonderem Maße geeignet, Aufmerksamkeit zu erregen und Emotionen zu schüren – eine Qualität der entsprechenden Narrationen und Imaginationen, die im asymmetrischen (Bilder-)Kampf selbst strategische Bedeutung erlangen kann. Je nachdem, welche Perspektive die Erzähler und Interpreten der historischen, mythischen und metaphorischen Zweikämpfe jeweils einnehmen und ihrem Publikum nahelegen – die Perspektive des asymme-

69 Für die französische Wahrnehmung des asymmetrischen Krieges sind die Erfahrungen der napoleonischen Armee mit der spanischen Guerilla von besonderer topischer Bedeutung – ebenso wie die Erinnerungen an den Rückzug der französischen Kolonialmacht aus Algerien und Indochina. Im chinesischen Kontext bildet die rund 2.500 Jahre alte Schrift *Die Kunst des Krieges* des Strategen Sunzi (Sun Tsu 2008) als *locus classicus* indirekter Strategie, den auch Mao Zedong aufsuchte und zitierte (Stahel 2011: 167), den topischen Bezugspunkt asymmetrischer Theoriebildung, so etwa bei Qiao/Wang (2002).

trisch Benachteiligten oder diejenige des asymmetrisch Begünstigten –, ergreifen sie und ergreifen die Bilder selbst Partei. Sie unterbreiten ihrem Publikum ein bestimmtes Identifikationsangebot und greifen auf diese Weise, mehr oder weniger direkt, mit ihren visuellen, narrativen, metaphorischen und mythopoetischen Strategien in die asymmetrischen Kämpfe ihrer eigenen Zeiten ein.

Auf *diese* Weise betrachtet *und* interpretiert ist die im Asymmetrie-Diskurs verbreitete, hier an einigen Beispielen aufgezeigte bunte Metaphorik des asymmetrischen Krieges durchaus geeignet, ihren Gegenstand zu erhellen und ihr Publikum in Clausewitzschem Sinne »zu belehren und zu überzeugen«. Eine solche Erhellung des Gegenstandes allerdings gelingt den Interpreten von Metaphern und Bildern des asymmetrischen Krieges nicht in allen Fällen, insbesondere dort nicht, wo die »redliche Absicht« gänzlich zu vermissen ist, zur analytischen Klärung des Gegenstandes beizutragen. Dies scheint etwa der Fall zu sein, wenn Albert Einsteins Formel $E=mc^2$ dazu genutzt wird, zu illustrieren, dass im asymmetrischen Krieg kleine, unbedeutende Gruppen Zugang zu riesigen Destruktionskräften erlangen (vgl. Leech 2000: xvi). Werden, wie hier, »Allusionen« und »Zierate« des asymmetrischen Krieges nicht in die Begriffs- und Theoriesprache zurückübersetzt und bleibt folglich offen, inwiefern und auf welche Weise das metaphorisch Gemeinte sich (zumindest teil- und versuchsweise) »ins Eigentliche, in die Logizität zurückholen lasse[n]« (Blumenberg 1998: 10), so tragen die Metaphern und Bilder wenig zum Verständnis des asymmetrischen Krieges bei oder behindern dieses Verständnis sogar. Mit anderen Worten: So lange die Jagd vieler Expeditionisten nach Metaphern und Bildern die Suche nach Definitionen und Begriffen des asymmetrischen Krieges nicht *unterstützt* und *begleitet*, sondern *behindert* oder gar *ersetzt*, verlieren entsprechende Expeditionen sich im Dickicht des Asymmetrischen – und wandern darin mit ihren eigenen metaphorischen Kreaturen im Kreis.

c) Eine Klassifizierung kriegstheoretischer Asymmetrie-Konzepte

Zur Verbesserung der Orientierung im Diskurs des asymmetrischen Krieges können die vielfältigen Asymmetrie-Konzepte, die darin Verwendung finden und die im Verlauf dieser Studie verhandelt werden, nach zehn methodisch-formalen Gesichtspunkten unterteilt werden in: (1) Asymmetrie-Definitionen »ex positivo« und Asymmetrie-Definitionen »ex negativo«;

(2) quantitative und qualitative Asymmetrie-Konzepte; (3) enge und weite Asymmetrie-Konzepte; (4) Konzeptualisierungen von Asymmetrien des Wesens und von Asymmetrien des Handelns; (5) statische und dynamische Begriffe der Asymmetrie; (6) Konzeptionen bewusster und unbewusster Asymmetrie; (7) formale und inhaltliche Definitionsweisen asymmetrischer Strategie; (8) einseitige und zweiseitige Asymmetrie-Konzepte; (9) empirische und abstrakte Asymmetrie-Begriffe; sowie schließlich (10) realtypische und idealtypische Asymmetrie-Semantiken. Diese zehn Unterscheidungen sind freilich nicht geeignet, als trennscharfe Kategorien ein erschöpfendes Klassifikationssystem der kriegstheoretischen Asymmetrie zu begründen. Denn keineswegs lässt sich in jedem Einzelfall eine Asymmetrie-Konzeptualisierung eindeutig einer Seite dieser Unterscheidungen zuweisen. Vielmehr handelt es sich bei den vorgeschlagenen Differenzierungen um heuristische Mittel, mit deren Hilfe die Vielfalt der Symmetrie/Asymmetrie-Begriffsbildungen geordnet und das Terrain des asymmetrischen Krieges besser überblickt werden können.

(1) Asymmetrie-Definitionen »ex positivo« und Asymmetrie-Definitionen »ex negativo«

»Asymmetrie« und »Symmetrie« sind, wie das *Alpha privativum* anzeigt, logisch durch die Operation der Negation unmittelbar aufeinander bezogen, weshalb jeder der Begriffe durch den jeweils anderen bestimmt werden kann. Dementsprechend lässt »Asymmetrie« sich nicht nur durch Aufzählung der notwendigen und hinreichenden Bedingungen *ex positivo*, sondern umgekehrt auch in Abgrenzung zur Symmetrie, also durch Benennung von Ausschlusskriterien *ex negativo* definieren. Herangehensweisen *ex negativo* erläutern, so etwa in den Studien der Politikwissenschaftler Christopher Daase (1999) und Herfried Münkler (2004b), zunächst die Bedingungen und Eigenschaften des symmetrischen Krieges, aus denen dann in einem zweiten Schritt mittels Negation eine Definition des asymmetrischen Krieges gewonnen wird: Der asymmetrische Krieg ist dann der *nicht*symmetrische Krieg zwischen *un*gleichartigen Gegnern im *post*westfälischen Zeitalter bzw. in der Ära *nach* dem Kalten Krieg, in dem *un*konventionelle und *in*direkte Strategien Anwendung finden. Definitionen *ex negativo* und Definitionen *ex positivo* können einander unabhängig von ihrer unterschiedlichen Konstruktionsweise inhaltlich freilich völlig gleichen.

(2) Quantitative und qualitative Asymmetrie

Asymmetrie-Konzepte lassen sich auch danach unterscheiden, inwieweit sie quantitative und qualitative Asymmetrien voneinander abgrenzen und welche dieser zwei Asymmetrie-Formen sie jeweils hauptsächlich berücksichtigen. Von quantitativer Asymmetrie zwischen zwei Gegnern kann gesprochen werden, wenn die eine Partei »mehr von demselben« als die andere Seite zur Verfügung hat und auch tatsächlich »mehr von demselben« einsetzen kann. Ein Akteur A mit 10.000 Panzern ist in diesem Sinn asymmetrisch überlegen gegenüber einem Gegner B, wenn dieser nur 1.000 Panzer mobilisieren kann. Dabei ist entscheidend, dass es sich auf beiden Seiten um *gleichartige* Waffensysteme handelt, die durch *gleichgerichtete* Rüstungsanstrengungen hergestellt oder erworben werden können.[70] Im Gegensatz dazu bestehen Asymmetrien qualitativer Art, wenn die Gegner sich voneinander in der *Art* ihrer Kräfte und Strategien unterscheiden. Dies wäre der Fall, wenn der Akteur B – um bei dem konstruierten Beispiel zu bleiben – seine Unterlegenheit auf dem Gebiet des Panzerkrieges etwa dadurch zu kompensieren versuchte, dass er anstelle von Panzern Medienbilder als Waffen einsetzte. Hier stünden dann Waffen grundsätzlich *unterschiedlicher Art* gegeneinander, deren quantitative Erfassung und Vergleichbarkeit nicht mehr gegeben scheint. Die qualitative resultiert im Gegensatz zur quantitativen Asymmetrie aus *unterschiedlich gerichteten* – statt einander nachahmenden – Rüstungsanstrengungen. Verschiedene Begrifflichkeiten wurden zur Unterscheidung zwischen quantitativer und qualitativer Asymmetrie vorgeschlagen, so etwa diejenige zwischen *dissymétrie* und *asymétrie* (Baud 2003: 93) oder die metaphorische Gegenüberstellung von militärtechnologischer *hardware* und strategischer *software* (Münkler 2006a: 159), von denen jeweils die erste quantitativ und die zweite qualitativ zu bestimmen sei.[71]

---

70 Gesichtspunkte der Qualität können allerdings auch in dem hier konstruierten Fall nicht ganz unberücksichtigt bleiben. So wäre Akteur B gegenüber Akteur A »asymmetrisch« überlegen, wenn seine 1.000 Panzer qualitativ (also technologisch) einen deutlich höheren Entwicklungsstand als A's 10.000 Panzer aufwiesen. Da jedoch auch in diesem Fall *gleichartige* Waffensysteme miteinander verglichen würden, wäre auch hier eine Vergleichbarkeit *tendenziell* noch gegeben. Aus diesem Grund müsste dann – trotz der qualitativen Technologie-Unterschiede – von quantitativer Asymmetrie gesprochen werden (in diesem Fall zugunsten des Akteurs B, dessen zwar relativ wenige, zugleich jedoch relativ hochwertige Panzer seine Kampfkraft asymmetrisch vergrößern).

71 Anderen Vorschlägen zufolge kann zwischen quantitativer »power asymmetry« und qualitativer »status asymmetry« (Stepanova 2008: 17–19) oder zwischen quantitativer »materieller« und qualitativer »psychologischer« Asymmetrie (Metz/Johnson 2001: 8)

(3) Enge und weite Asymmetrie-Konzepte

Der Ausdruck »Asymmetrie« wird zuweilen in einem engen Sinn zur Kennzeichnung militärischer Ungleichartigkeiten, zuweilen in einem weiten Sinn zur Bezeichnung (auch) politischer, kultureller, ökonomischer und technologischer Ungleichartigkeiten verwendet. Konzepte der ersten Art berücksichtigen insbesondere Unterschiede in der Bewaffnung, Rekrutierung und Ausbildung von Truppen sowie in deren militärischen Strategien. Konzepte der zweiten Art beziehen sich hingegen (auch) auf andere Unterschiede zwischen Staaten, Gesellschaften bzw. Sicherheits- und Risikokulturen, die jenseits des militärischen Bereichs die Wirkungs- und Handlungsfelder von Akteuren strukturieren. Dabei scheinen kriegstheoretische Studien, die das Geschehen *im* Krieg fokussieren, eher den engen, militärischen Asymmetrie-Begriff zu verwenden (vgl. Daase 1999; vgl. Münkler 2004b), während die an Macht-Ungleichgewichten im Allgemeinen interessierten »realistischen« und »neorealistischen« Internationalen Beziehungen einen weiten Asymmetrie-Begriff bevorzugen (vgl. Paul 1994; vgl. Arreguín-Toft 2001). Asymmetrien der ersten Art können unter Verwendung einer Unterscheidung, die der US-amerikanische Strategietheoretiker Edward Luttwak (1980; 2003) anknüpfend an den britischen Militärhistoriker Basil Liddell Hart (1970 [1954]) geprägt hat, dem Bereich der *Strategy* zugeordnet werden, also dem Gebiet des militärischen Operierens innerhalb eines Kriegstheaters; Asymmetrien der zweiten Art hingegen betreffen den Bereich der *Grand Strategy*, der die Fülle der Möglichkeiten politisch-militärischer Staatskunst bzw. die Handlungsoptionen transnationaler und substaatlicher Akteure im Schatten möglicher Kriege umfasst.

(4) Asymmetrien des Wesens und Asymmetrien des Handelns

Asymmetrie-Konzeptionen können auch danach unterschieden werden, ob sie sich eher auf Unterschiede im Wesen oder auf Unterschiede im Handeln der Akteure beziehen. Je nachdem, welche dieser Unterschiede hauptsächlich Beachtung finden, lassen sich Asymmetrie-Definitionen als Wesensdefi-

unterschieden werden. Zum Einfluss qualitativer Asymmetrien auf die Eigen- und Fremdwahrnehmung politisch-strategischer Akteure siehe auch Fischerkeller (1998) mit der These, dass schwächere Staaten asymmetrische Kriege gegen stärkere dann beginnen, wenn sie sich kulturell und zivilisatorisch als überlegen *ansehen*, wenn also die qualitative psychologische die quantitative Kraft-Asymmetrie bei der Entscheidung zu einem Krieg überwiegt.

nitionen oder als Handelnsdefinitionen charakterisieren. Zu ersteren zählen Definitionen, die die Kräfte oder die Organisationsformen der Konfliktparteien zum Maßstab für Asymmetrie erheben, zu letzteren Definitionen strategischer Asymmetrie, die sich primär auf das kriegerische Handeln der Akteure beziehen. Dabei hat die methodische Entscheidung für oder gegen die eine oder andere dieser Definitionsvarianten unmittelbare Konsequenzen für den Bau der entsprechenden Theorie: Wenn Asymmetrien des Wesens fokussiert werden, also beispielsweise ungleichartige Kräfte oder Organisationsformen, so führt dies in der Regel dazu, dass Asymmetrien aufgrund ihrer »Wesensmäßigkeit« (zumindest kurzfristig) unverfügbar und unveränderbar erscheinen. Werden hingegen Asymmetrien des Handelns in den Mittelpunkt der Betrachtung gerückt, also etwa Differenzen im strategischen Agieren der Konfliktparteien, so erscheinen Asymmetrien als (potenziell) verfügbare und veränderbare Größen, die von den strategischen Entscheidungen und Handlungsweisen der Konfliktparteien abhängen. Diese Beobachtung leitet zu der folgenden begrifflichen Differenzierung über.

(5) Statische und dynamische Begriffe der Asymmetrie

Sowohl bestehende Unterschiede zwischen Kriegsgegnern als auch deren Bemühungen, solche Unterschiede zu verändern, sie also zu vergrößern oder zu verkleinern, lassen sich mittels des Asymmetrie-Vokabulars beschreiben. Zur Differenzierung zwischen beiden bietet sich die Unterscheidung zwischen einem statischen Begriff der »Asymmetrie« und einem dynamischen Begriff der »Asymmetrierung« an. »Asymmetrie« kennzeichnet demnach eine Konfliktkonstellation, die dadurch charakterisiert ist, dass die Gegner sich voneinander unterscheiden bzw. einander als unterschiedlich wahrnehmen – ganz gleich, ob die betreffenden Unterschiede als Differenzen im Wesen womöglich schon immer bestanden haben oder ob sie erst aus Differenzen im Handeln im Sinne unterschiedlicher strategischer Entscheidungen der Gegner hervorgegangen sind. »Asymmetrierung« hingegen meint die Anstrengungen einer Partei oder auch beider Parteien, die darauf abzielen, die bestehenden bzw. einmal geschaffenen Unterschiede zum eigenen Vorteil (weiter) zu vergrößern. »Symmetrierung« bezeichnet dann umgekehrt diejenigen Anstrengungen, die darauf abzielen, solche Unterschiede zu verkleinern.[72]

72 Anstelle von »Asymmetrierung« (vgl. Münkler 2004b: 656) ist zuweilen von »Asymmetrisierung« die Rede (vgl. Münkler 2002a: 48; 2002b: 260), ohne dass damit jedoch Ver-

(6) Bewusste und unbewusste Asymmetrie

Eine weitere Unterscheidung zwischen möglichen Asymmetrie-Verständnissen bezieht sich auf das Reflexionsniveau, das den Konfliktakteuren in einem asymmetrischen Krieg unterstellt wird. So können Asymmetrien einerseits als von den Akteuren bewusst wahrgenommene und genutzte, andererseits aber auch als zufällig bestehende, unbewusst oder nur zufällig genutzte – oder eben auch ungenutzte – Ungleichartigkeiten konzipiert werden (Metz/Johnson 2001: 7). Im ersten Fall wird davon ausgegangen, dass die Akteure ihr Handeln an einem strategischen Plan asymmetrischer Kriegführung orientieren, den sie gemäß einer bewussten Vorstellung von der Funktionslogik des asymmetrischen Krieges formuliert haben. Im zweiten Fall hingegen wird angenommen, dass die Akteure eine solche Vorstellung von den besonderen Mechanismen asymmetrischer Kriegführung entweder überhaupt nicht oder aber nicht von vornherein in vollem Umfang ausgebildet haben. Stattdessen entwickeln sie ihre Strategien für den asymmetrischen Krieg nach Art eines *trial and error*-Verfahrens und gehen dabei *step by step* voran. In dieser zweiten Sichtweise erscheinen die entsprechenden Strategien und Kalküle »asymmetrisch« lediglich für einen an der jeweiligen Auseinandersetzung nicht direkt beteiligten Beobachter, der das Handeln der am Krieg direkt Beteiligten mithilfe des Asymmetrie-Konzepts deutend zu verstehen versucht. In der ersten Sichtweise hingegen entspricht die »asymmetrische« Situationsdeutung der (Selbst-)Wahrnehmung der Konfliktakteure, die sich in ihrem Agieren bewusst an den von ihnen wahrgenommenen Asymmetrien orientieren. Die Differenz zwischen bewusster und unbewusster Asymmetrie kann, sofern sie graduell konzipiert wird, auch Unterschiede im Reflexionsniveau der Konfliktakteure anzeigen, die dann ihrerseits als Asymmetrien – nämlich als Asymmetrien des Asymmetrie-Bewusstseins – beschreibbar sind. In diesem Sinn beruht der Erfolg im asymmetrischen Krieg nicht zuletzt auf dem Reflexivwerden bestehender Asymmetrien, oder – dialektisch gesprochen – auf der Transformation einer unbewussten Nichtsymmetrie »an sich« in eine Asymmetrie »an und für sich«, bei der das Alpha privativum den emphatischen, bewussten Charakter indiziert.

schiedenes gemeint zu sein scheint. Im Rahmen der vorliegenden Untersuchung wird durchgängig der Terminus »Asymmetrierung« verwendet.

(7) Formale und inhaltliche Definitionsweisen asymmetrischer Strategie

Der Begriff »asymmetrische Strategie« lässt sich entweder formal oder aber inhaltlich bestimmen. »Formal« soll dabei heißen, dass der Begriff seine Bedeutung allein aus dem Vergleich der Strategien zweier Kriegsparteien A und B bezieht: Die Strategie von A ist in diesem Fall genau dann asymmetrisch, wenn sie sich von der Strategie des Gegners B unterscheidet – ganz gleich, auf welchen Kriegsmethoden beide Strategien inhaltlich beruhen. Diese Definitionsweise, die beispielsweise Arreguín-Toft (2001; 2005) seiner *strategic interaction hypothesis* zugrunde legt, ist deshalb formal, weil sie sich allein auf die Relation zwischen den Strategien der zwei Parteien A und B bezieht: »Identität der Strategien« ist hier gleichbedeutend mit »Symmetrie«, »Differenz der Strategien« hingegen bedeutet »Asymmetrie«. Davon abweichend kann eine Asymmetrie-Begrifflichkeit »inhaltlich« definiert heißen, wenn sie nicht auf den Vergleich der Strategien der Parteien A und B abstellt, sondern substanzielle Merkmale asymmetrischer Strategien positiv benennt. So ließe sich beispielsweise eine Strategie als asymmetrisch definieren, wenn sie – und nur wenn sie – gezielte Angriffe auf die gegnerische Zivilbevölkerung beinhaltet. Unternimmt A gezielte Angriffe auf die Zivilbevölkerung von B, so wäre A's Strategie – unabhängig davon, welche Strategie B wählt und nutzt – gemäß einer solchen inhaltlichen Definition als »asymmetrisch« zu bezeichnen. Dies kann allerdings zu dem begrifflichen Paradoxon führen, dass, wenn B in dem beschriebenen Beispiel ebenfalls die Zivilbevölkerung seines Gegners A attackiert, wie dies ja in der Tat etwa in den Ressourcenkriegen der Warlords zu beobachten ist, dann konsequenter Weise von einer »doppelten strategischen Asymmetrie« oder einer »Symmetrie der strategischen Asymmetrien« gesprochen werden müsste. In ähnliche Paradoxien können sich jedoch auch rein formale Bestimmungsversuche der Asymmetrie verwickeln. Da ihnen allein der Grad der relativen Abweichung von den gegnerischen Kampfmethoden als Maßstab für den asymmetrischen Charakter einer Strategie gilt, erscheinen gemäß dieser Begriffsbildung – kontraintuitiver Weise – selbst konventionelle Strategien regulärer staatlicher Streitkräfte »asymmetrisch«, sofern sie sich gegen irregulär und unkonventionell agierende Gegner richten. Offensichtlich lassen sich solche Paradoxien weder bei rein formalen noch bei rein inhaltlichen Definitionen asymmetrischer Strategien ganz vermeiden, weswegen ein bewusster Umgang mit den entsprechenden Paradoxien angeraten erscheint.[73]

(8) Einseitige und zweiseitige Asymmetrie-Konzepte

Beschreibungen von Asymmetrien lassen sich danach unterscheiden, ob sie aus einer einseitigen Perspektive oder aus einer zweiseitigen Perspektive heraus erfolgen. Im ersten Fall nimmt der Theoretiker wahlweise entweder den Blickwinkel des durch die Asymmetrie benachteiligten oder den Blickwinkel des durch sie begünstigten Akteurs ein, nicht aber beide Perspektiven gleichermaßen oder beide zugleich. Eine solche »einseitige« Perspektive findet sich in der chinesischen Strategiestudie *Unrestricted Warfare* (Qiao/Wang 2002), die aus dem Blickwinkel eines (noch) nicht voll entwickelten Landes bestehende Asymmetrien von dem »unteren« Endpunkt dieser Asymmetrien aus betrachtet und sie auf ihre Konsequenzen für die Kriegführung des vergleichsweise Schwachen hin untersucht. Damit steht *Unrestricted Warfare* in der Tradition von Kleinkriegstheorien und Guerillastrategien, wie Mao Zedong, Che Guevara und Nguyen Giap sie entwickelten, als sie die Guerilla bzw. Insurgency aus der einseitigen Perspektive des schwachen Akteurs heraus konzipierten. Umgekehrt nehmen die meisten der von westlichen Industriestaaten aus unternommenen Annäherungen an den asymmetrischen Krieg den Blickwinkel der starken Partei ein, wenn sie etwa gemäß dem Counterinsurgency-Paradigma Strategien für die Aufstandsbekämpfung entwerfen. Gleichgültig, ob solche einseitigen Studien ihren Gegenstand von »unten« oder von »oben« aus betrachten, ähneln sie einander zumeist in ihrem eher präskriptiven denn deskriptiven Charakter. In dem Bestreben, Handlungsanleitungen zu formulieren, die sich an einen bestimmten Adressaten richten, statt das Verständnis des asymmetrischen Krieges insgesamt zu verbessern, übernehmen die entsprechenden Autoren die Perspektive ihres Adressaten und vernachlässigen dabei den Blickwinkel des jeweiligen Gegenakteurs. Solche einseitigen Herangehensweisen unterstellen zuweilen, wie zu

73 Das hier für »asymmetrische Strategien« Gesagte gilt auch für »asymmetrische Bedrohungen«. Wird dieser Ausdruck inhaltlich bestimmt, so etwa als »Bedrohung, die von Massenvernichtungswaffen ausgeht«, so hat dies zur Folge, dass nicht nur Terrororganisationen (potenziell, so sie denn über Massenvernichtungswaffen verfügen), sondern auch staatliche Atommächte (aktuell, da sie *per definitionem* Massenvernichtungswaffen besitzen), als Urheber asymmetrischer Bedrohungen aufzufassen sind – eine Konsequenz dieser Begriffsbildung, die zwingend erscheint, auch wenn sie aufgrund ihrer kontraintuitiven Implikationen zur Kritik herausfordert, so etwa bei Thomas (2001).

ihrer Rechtfertigung, einen strategischen Kulturrelativismus und kulturellen Strategiedeterminismus, wonach bestimmte Kampfweisen, beispielsweise die indirekte oder »asymmetrische« Strategie, traditionell mit einem bestimmten – so etwa dem asiatischen – Kulturkreis verbunden seien. Dessen historisch gewachsene *strategic culture* (Johnston 1995) verschließe sich der anderen Seite – und somit auch einem zweiseitigen, kulturübergreifenden Strategie-Vergleich.[74] Von derart einseitigen Perspektiven sind grundsätzlich diejenigen Beschreibungen des asymmetrischen Krieges zu unterscheiden, die die gegensätzlichen Perspektiven der Kontrahenten im Rahmen einer »two-way asymmetry« (Stepanova 2008: 20) zu integrieren versuchen. Verschiedene Begrifflichkeiten wurden vorgeschlagen, um eine solche zweiseitige Perspektive zu eröffnen, darunter die Unterscheidung zwischen »positiver« und »negativer« Asymmetrie (Metz/Johnson 2001) oder diejenige zwischen einer »Asymmetrie der Stärke« und einer »Asymmetrie der Schwäche« (Münkler 2004b). Beide erscheinen geeignet, die unterschiedlichen Eigenschaften, Kalküle und Strategien des Starken sowie des Schwachen im asymmetrischen Krieg zu erfassen, um sie dem strategischen Vergleich zugänglich zu machen. Der Theoretiker nimmt dabei die (freilich stets fiktive) Position eines distanzierten Beobachters ein, der aus seiner Beobachterperspektive am Rande des Schlachtfelds die asymmetrische Konfliktkonstellation in beide Richtungen hin observiert. Damit ist nicht nur gemeint, dass er *nacheinander* die Perspektiven des Schwachen und des Starken einnimmt und beleuchtet, sondern vielmehr, dass er die einander kreuzenden Perspektiven der ungleichartigen Kontrahenten in ihren komplexen Wechselwirkungen beschreibt. Dies erscheint allerdings nur mittels einer hinreichend abstrakten, *zweiseitig* orientierten Asymmetrie-Begrifflichkeit möglich.

(9) Empirische und abstrakte Asymmetrie-Begriffe

Methodisch lassen sich die vielfältigen Zugänge zum asymmetrischen Krieg auch danach unterscheiden, inwiefern ihre Autoren Vorschläge entwickeln,

74 Die Alternative zu einem solchen strategischen Kulturrelativismus und kulturellen Strategiedeterminismus besteht darin, mit dem Ziel eines »zweiseitigen« Blicks auf den interkulturellen Krieg dessen kulturell verschiedenen Akteuren eine zumindest teilweise übereinstimmende strategische Rationalität zu unterstellen, die *relativ* unabhängig von historischen Vorprägungen und kulturellen Unterschieden als bestimmend für die Kriegführung *beider* Seiten angenommen werden kann. Eine solche kulturübergreifende strategische Rationalität wird in Teil IV skizziert, um auf ihrer Grundlage ein Modell »rationaler« asymmetrischer Kriegführung zu konstruieren.

die verwendeten Konzepte zu operationalisieren, um deren Anschlussfähigkeit für die empirische und historische Forschung zu gewährleisten und zu verbessern. Insbesondere Theoretiker der Internationalen Beziehungen (Paul 1994; Arreguín-Toft 2001) legten – einander allerdings teils widersprechende – Vorschläge zur Operationalisierung von Asymmetrie vor.[75] Im Bereich der politischen Kriegstheorie hingegen überwiegen abstrakte Begrifflichkeiten, die auf eine strenge Operationalisierung verzichten, wie denn Beiträge aus diesem Bereich auch häufig in Nachfolge Clausewitz' zurückhaltend gegenüber Kriegsdefinitionen sind, die bestimmte quantitative Schwellenwerte festlegen, vor deren Überschreiten nicht von »Krieg« gesprochen werden könne, so etwa bestimmte Schwellenwerte zu Opferzahlen oder zur Dauer und Intensität der Gewalt.

(10) Realtypische und idealtypische Begriffe des asymmetrischen Krieges

Die Darstellungen des asymmetrischen Krieges lassen sich schließlich auch danach unterscheiden, ob sie mit eher realtypischen oder eher idealtypischen Asymmetrie-Begriffen operieren. Eine realtypische Begrifflichkeit unterstellt, dass es sich bei dem symmetrischen und dem asymmetrischen Krieg um zwei unterschiedliche Kriegsformen handelt, die sich nicht nur theoretisch, sondern auch empirisch und historisch eindeutig voneinander abgrenzen lassen. Werden Symmetrie und Asymmetrie hingegen idealtypisch gedacht, so erscheinen sie als »jeweils äußere[n] Enden eines breiten Bandes der Möglichkeiten« (Münkler 2004b: 656). Hier gilt dann nicht die Logik des »Entweder – Oder«, sondern diejenige des »Mehr oder Weniger«. Empirisch und historisch beobachtbare Kriege stellen sich in diesem Sinn nicht als *entweder* vollkommen asymmetrisch *oder* vollkommen symmetrisch dar, sondern lassen sich vielmehr als *eher* asymmetrisch oder *eher* symmetrisch beschreiben. Eine solche »tendenzielle« Beschreibung erscheint insbesondere sinnvoll, wenn angenommen wird, dass zwischen zwei Gegnern niemals vollkommene Gleichheit oder vollkommene Ungleichheit, sondern allenfalls Grade der Übereinstimmung oder Unterschiedlichkeit bestehen. Ein idealtypisches Asymmetrie-Verständnis, das solche relativen Grade der Symmetrie und Asymmetrie erfasst, ermöglicht es, auch zeitliche Veränderungen und geographische Unterschiede auf dem »Band der Möglichkeiten« zwi-

75 Siehe die Darstellung der entsprechenden Konzepte und Operationalisierungen unten in Kapitel 6a.

schen Symmetrie und Asymmetrie zu konzipieren. Kriege beginnen zuweilen eher symmetrisch, verändern aber in ihrem Verlauf ihren Charakter und entwickeln sich in Richtung des Asymmetrie-Pols. Zuweilen stellen sie sich in einem Teil des Kriegstheaters als eher asymmetrisch dar, in einem anderen hingegen als eher symmetrisch. Zur Verdeutlichung dieser Beobachtung, dass sich asymmetrische Elemente im Krieg mit symmetrischen Elementen vermischen und »integrieren« können, haben Metz und Johnson (2001: 8) die Unterscheidung zwischen »discrete asymmetry« und »integrated asymmetry« vorgeschlagen. Ein in diesem Sinne »integriertes«, idealtypisches Verständnis des asymmetrischen Krieges sucht dessen besonderer Komplexität zu entsprechen – einer Komplexität, die im Folgenden genauer erkundet werden soll.

6. Pfade im Dschungel: Asymmetrien der Kraft, Organisationsform und Strategie

Konzeptionen des asymmetrischen Krieges können nicht nur nach methodisch-formalen Kriterien klassifiziert, sondern auch unter inhaltlichen Gesichtspunkten eingeteilt werden. Dabei bietet es sich an, sie danach zu unterscheiden, welche Art der Asymmetrie sie jeweils in den Mittelpunkt rücken. Zumeist fokussieren Asymmetrie-Konzepte einen oder mehrere der drei Haupttypen der Asymmetrie: a) die Asymmetrie der Kraft, b) die Asymmetrie der Organisationsform oder c) die Asymmetrie der Strategie. Diesen drei Asymmetrie-Haupttypen, die im Verlauf der bisherigen Untersuchung bereits unterschieden wurden, soll nun systematisch durch den Asymmetrie-Diskurs gefolgt werden. Dabei ist die Unterscheidung zwischen ihnen als eine heuristische zu verstehen, wie dies auch bei obigen zehn methodisch-formalen Klassifikationskriterien der Fall war. Denn auf der Ebene der Phänomene vermischen sich die einzelnen Asymmetrien miteinander, und auch auf diskursiver Ebene werden sie oftmals als miteinander verbunden angesehen. Trotz – oder gerade wegen – dieser vielfachen Kreuzung der drei Asymmetrie-Pfade soll ihnen zunächst einzeln nachgegangen werden, bevor sie im Rahmen der zu entwerfenden umfassenden Landkarte des asymmetrischen Krieges wieder miteinander verbunden und um weitere Asymmetrie-Typen ergänzt werden (vgl. Kap. 8).

a) Asymmetrie der Kraft

Die Asymmetrie der Kraft, verstanden als quantitatives Kräfteungleichgewicht oder qualitative Ungleichartigkeit der Kräfte, spielt in denjenigen Asymmetrie-Konzeptionen eine besondere Rolle, die sich den Theorien der Internationalen Beziehungen zuordnen lassen. So stellen die drei Hauptvertreter des englischsprachigen Asymmetrie-Diskurses aus diesem Bereich – (1) Andrew Mack, (2) Thaza V. Paul und (3) Ivan Arreguín-Toft – Unterschiede in den physischen Kräften der Kriegsgegner in den Mittelpunkt ihrer Asymmetrie-Definitionen und der darauf gestützten Untersuchungen zum asymmetrischen Krieg.

(1) *Andrew Mack*, dessen schon mehrfach erwähnter Aufsatz »Why Big Nations Lose Small Wars: The Politics of Asymmetric Conflict« im Jahr 1975 den konflikt- und kriegsbezogenen wissenschaftlichen Asymmetrie-Diskurs begründete, definiert den asymmetrischen Konflikt als einen Konflikt zwischen unterschiedlich starken Gegnern. Die jeweilige Stärke der Gegner und folglich die Kräfterelation zwischen ihnen bemisst sich nach der Verfügungsgewalt über Ressourcen: »The asymmetric *relationship* is thus a function of the asymmetry in ›resource power‹« (Mack 1975: 182). Die ungleich verteilte Verfügungsgewalt über Ressourcen, die Mack als grundlegend ansieht, bringt eine Reihe weiterer Asymmetrien hervor, darunter eine Asymmetrie der Interessen, die ihrerseits eine Asymmetrie der politischen Verwundbarkeiten impliziert. Macks zentrale Annahme zu diesem Zusammenhang lautet: In einem asymmetrischen Konflikt verfolgt der schwächere Akteur *notwendigerweise* das größere Interesse und kann daher *notwendigerweise* einen stärkeren und also weniger verwundbaren politischen Willen in die Waagschale werfen. Zur Begründung dieser Annahme argumentiert Mack, dass der Schwache aufgrund seiner Schwäche um sein (politisches) Überleben kämpfen müsse, während für den Starken aufgrund seiner Stärke die Angelegenheit *notwendigerweise* weniger bedeutend sei. In enger, wenn auch nicht ausgewiesener Anlehnung an Carl Schmitts Begrifflichkeit stellt Mack dementsprechend fest: »for the insurgents the war is ›total,‹ while for the external power it is necessarily ›limited‹« (ebd.: 181). Die begrenzte Kriegführung des Starken erscheint hier als direkte und notwendige Folge seiner kräftemäßigen Überlegenheit, insofern als der Starke eben wegen seiner Überlegenheit eine totale Niederlage, etwa infolge einer Invasion seitens des Schwachen, nicht zu befürchten hat. Der Schwache hingegen, der aufgrund seiner Schwäche

mit einer totalen Niederlage rechnen muss, führt den Kampf wortwörtlich not-wendigerweise mit größerem Interesse und Einsatz. Aus der Asymmetrie der Kraft entsteht somit – für Mack zwingend – eine Asymmetrie des Interesses, die ihrerseits eine Asymmetrie der politischen Verwundbarkeit bewirkt. Ausdruck der größeren politischen Verwundbarkeit des Starken ist sein fragiler politischer Wille, also seine geringe, stets gefährdete Bereitschaft, die objektiv bestehende militärische Überlegenheit tatsächlich zur Geltung zu bringen. Der fragile politische Wille ist daher die Achillesferse des Starken, die zu treffen oder zu ermatten das Ziel der indirekten Erschöpfungsstrategie der schwachen, aber entschlosseneren Gegner ist. Dass und auf welche Weise deren asymmetrische Erschöpfungsstrategie, beispielsweise die Strategie der Guerilla, trotz des bestehenden Kräfteunterschieds erfolgreich ist, steht im Mittelpunkt der Mackschen Untersuchung zur »Politik des asymmetrischen Konflikts«, die zwischen ungleich starken Gegnern zur Anwendung kommt.

(2) *Thaza V. Paul* definiert in seiner Studie *Asymmetric Conflicts: War Initiation by Weaker Powers* (1994) den asymmetrischen Konflikt, darin Mack folgend, ebenfalls mittels des Kriteriums des Kräfteungleichgewichts. Asymmetrisch ist demnach »a conflict in which two states with unequal power resources confront each other on the battlefield« (ebd.: 3). Die Ungleichheit der Kräfte spezifiziert Paul als »unequal overall military and economic power resources« (ebd.: 20). Unter Verwendung dieser Definition untersucht er, warum schwächere gegen stärkere Akteure Kriege *beginnen*, hierin Macks Fragestellung variierend. Ebenfalls in Variation des Mackschen Zugangs behandelt Paul ausschließlich Kriege zwischen *staatlichen* Parteien: »This study excludes civil wars or colonial wars« (ebd.: 36). Dennoch lässt die Studie offen, ob und inwiefern jenseits der von ihr fokussierten Staatenkriege definitorisch auch nicht- und halbstaatliche Konflikte als asymmetrisch gelten können – dann nämlich, wenn in ihnen größere Kräftedifferenzen bestehen. Staatenkriege jedenfalls betrachtet Paul als asymmetrisch, wenn der (angreifende) Schwache über höchstens halb so große militärische und ökonomische Ressourcenmengen verfügt wie der (sich verteidigende) Starke: »the discrepancy ratio between the initiator and the defender in power terms is generally 1:2 or more« (ebd.: 20). Unter Verwendung dieser Operationalisierung kommt Paul anhand der Untersuchung von sechs historischen asymmetrischen Konflikten zu dem Ergebnis, dass schwächere Staaten stärkere dann angreifen, wenn sie sich trotz der Kraft-Asymmetrie, durch die sie objektiv benachteiligt sind, von einem solchen Angriff besondere Vorteile ver-

sprechen. Dies sei, so Paul, vor allem unter vier Bedingungen wahrscheinlich, dann nämlich, wenn die Entscheidungsträger des schwächeren Staates besondere Erfolge ihrer Strategie erwarteten; wenn sie über besondere Offensivwaffen verfügten; wenn sie mit der Unterstützung durch andere mächtige Staaten rechneten; und wenn sie primär innenpolitische Ziele mit ihrem Krieg verfolgten. Unabhängig davon, wie dieses Untersuchungsergebnis zu bewerten ist, kann mit Blick auf den Asymmetrie-Begriff festgehalten werden, dass Paul ebenso wie Mack den Asymmetrie-Typus der Kraft in den Mittelpunkt seiner Studie zu asymmetrischen Konflikten stellt.[76]

(3) *Ivan Arreguín-Toft* verwendet in seinen Studien unter dem Titel »How the Weak Win Wars. A Theory of Asymmetric Conflict« (2001; 2005) ebenfalls eine kraftzentrierte Definition des asymmetrischen Konflikts. Diese beruht allerdings auf einer etwas anderen Operationalisierung als bei Paul. So ermittelt Arreguín-Toft die Kraft im Sinne der »materiellen Macht« eines Akteurs als Produkt aus seiner Bevölkerungsgröße und der Größe seiner Streitkräfte: »Material power is the product of a given state's population and armed forces« (Arreguín-Toft 2001: 94, Fußnote 2). Als Schwellenwert für Asymmetrie dient ihm ein Kräfteverhältnis von 5:1 zugunsten des Starken. Wenn auch Arreguín-Toft ausschließlich zwischenstaatliche Kriege, und zwar solche mit durchschnittlich mehr als 1.000 Gefallenen pro Jahr in den Blick nimmt, so geht er doch davon aus, dass die von ihm verwendete Definition und die entsprechende Theorie auch auf halb- und nichtstaatliche Konflikte anwendbar seien: »similar dynamics may apply in conflicts that are not wars (e.g., terrorism, trade wars, and labor disputes)« (ebd.: 94, Fußnote 1). Die Bandbreite asymmetrischer Konflikte reicht dementsprechend »from catastrophic terrorism to military intervention« (ebd.: 94). Arreguín-Tofts zentrale These lautet, dass – entgegen der Darstellung Macks – die Siege schwacher Akteure gegen objektiv überlegene Kontrahenten *nicht* hinreichend durch die Asymmetrie der Interessen und die Asymmetrie der politischen

76 Pauls (1994) Untersuchungsergebnis, demzufolge ein schwacher Staat, der über besondere Offensivwaffen und die Unterstützung durch mächtige Staaten verfügt, eher einen Angriff wagt als ein Staat ohne solche Reserven, erscheint weniger überraschend, als dies von dem Autor präsentiert wird. Würde die Verfügung über besondere Offensivwaffen sowie über Unterstützung durch mächtige Staaten bei der Bestimmung des Parameters »Kraft« berücksichtigt, so erschiene ein Akteur, der über diese Ressourcen verfügt, nicht mehr als gleichermaßen schwach und also auch nicht mehr in gleicher Weise als asymmetrisch benachteiligt. Seine Angriffsentscheidung käme dementsprechend weniger unerwartet.

Verwundbarkeit erklärt werden könnten. Vielmehr entscheide, so Arreguín-Tofts *strategic interaction hypothesis*, das *Verhältnis* zwischen den zwei gegnerischen Strategien über Sieg und Niederlage im asymmetrischen Krieg. Wende einer der Gegner – gleichgültig, ob der Starke oder der Schwache – eine direkte, der andere hingegen eine indirekte Strategie an, so sei der Sieg des Schwachen zu erwarten. Verfolgten hingegen beide Akteure direkte Strategien oder wendeten aber beide jeweils indirekte Strategien an, so sei der Sieg des Starken zu erwarten. Diese These sucht der Autor mit einer quantitativen Auswertung der *Correlates of War*-Statistiken sowie einer qualitativen Fallstudie zum Vietnamkrieg zu untermauern.[77] An Arreguín-Tofts Konzeption zeigt sich, wie Überlegungen zur Asymmetrie der Strategie in die kraftzentrierte »Theory of Asymmetric Conflict« Eingang finden. Dennoch bleibt der Asymmetrie-Begriff hier für Kräfteungleichgewichte reserviert, statt auch strategische Ungleichartigkeiten, so etwa Unterschiede zwischen direkten und indirekten Strategien, in der Definition zu berücksichtigen: Asymmetrisch ist der Krieg zwischen starken und schwachen Kontrahenten.

Der Fokus auf die Asymmetrie der Kraft, der Macks, Pauls und Arreguín-Tofts Asymmetrie-Studien auszeichnet, kann als Folge der fachdisziplinären Verortung dieser drei Asymmetrie-Theoretiker innerhalb der »realistisch« geprägten Internationalen Beziehungen gedeutet werden. Deren verbreitete Macht- und Staatsfixiertheit spiegelt ihrerseits die historischen Bedingungen ihrer Entstehung wider: die Bedingungen der Westfälischen Staatenordnung einschließlich ihrer globalisierten, bipolarisierten Variante in Gestalt des Kalten Kriegs.

77 Arreguín-Tofts (2001) quantitative Auswertung kommt zu dem Ergebnis, dass im Zeitraum 1800–1998 annähernd 71 Prozent aller asymmetrischen Kriege von der stärkeren Partei gewonnen wurden. In denjenigen dieser asymmetrischen Kriege, in denen beide Parteien gleichartige (also entweder beide Parteien direkte oder aber beide Parteien indirekte) Strategien anwendeten, siegte der Stärkere gar in 76 Prozent der Fälle. Wendeten die Parteien hingegen unterschiedliche Strategien an, so siegte der Stärkere nur in 36 Prozent der Fälle. Der Schwächere konnte also fast zwei Drittel der ausgewerteten asymmetrischen Kriege für sich entscheiden, sofern die Gegner unterschiedliche Strategien anwendeten.

b) Asymmetrie der Organisationsform

Studien zum asymmetrischen Krieg, die seit dem Ende des Kalten Krieges außerhalb des Machtfaktoren und Staaten fixierenden klassischen Theorierahmens der »alten« Internationalen Beziehungen entstehen, definieren die Asymmetrie häufig als Differenz in der Organisations- bzw. Vergesellschaftungsform von Kriegsgegnern. Insbesondere die politisch-soziologische Unterscheidung zwischen dem Staat als der historisch in weiten, vor allem europäisch-westlich geprägten Teilen der Welt herausragenden politischen Organisationsform und nichtstaatlichen »bewaffneten Gruppen« findet dabei Verwendung. Symmetrisch erscheint dann ein Krieg, wenn er zwischen Staaten geführt wird, die als solche gleichartig – also symmetrisch – organisiert sind. Asymmetrisch hingegen erscheint ein Krieg, wenn er zwischen einem Staat und einer sub- oder nichtstaatlichen Kämpfergruppe geführt wird, die sich als solche in ihrer Organisationsform asymmetrisch unterscheiden.[78] Die kriegstheoretisch und zugleich kriegshistorisch orientierten Arbeiten von (1) Christopher Daase und (2) Herfried Münkler können diesem Strang des Asymmetrie-Diskurses zugeordnet werden.

(1) *Christopher Daase* verfolgt in seiner Studie *Kleine Kriege – Große Wirkung. Wie unkonventionelle Kriegführung die internationale Politik verändert* (1999) das Ziel, »eine Theorie des Kleinen Krieges als eine Theorie des asymmetrischen Konflikts zu entwerfen, die dem Wandel des Kriegsbildes seit 1945 Rechnung zu tragen vermag« (ebd.: 16). Zu diesem Zweck unterscheidet er den symmetrischen zwischenstaatlichen Krieg von dem asymmetrischen Krieg, welchen er als den Krieg zwischen einem Staat und einem nichtstaatlichen Akteur definiert. Als Hauptkriterium für Asymmetrie dient hier also – und darauf weist Daase explizit hin – nicht die militärische Macht oder Kraft, wie dies bei Mack, Paul und Arreguín-Toft der Fall ist, sondern vielmehr die politische Organisationsform der Gegner: »Wichtig ist dabei, dass Gleichheit und Ungleichheit nicht nur eine Frage militärischer Macht ist, sondern eine Frage politischer Organisation« (ebd.: 93). Unter Verwendung

78 Die dritte gemäß dieser Unterscheidung von Organisationsformen logisch mögliche Konfliktkonstellation – ein Krieg zwischen nichtstaatlichem und nichtstaatlichem Akteur – ist innerhalb des Asymmetrie-Diskurses von geringerer Bedeutung. Zur Eigendynamik des Bürgerkriegs als einer solchen Form des gewissermaßen »symmetrischen« unkonventionellen Kampfes zwischen nichtstaatlichen Akteuren siehe Genschel und Schlichte (1997).

dieser Definition formuliert Daase die kriegstheoretische Annahme, dass im asymmetrischen Konflikt nicht primär aus dem Kräfteungleichgewicht – wie bei Mack –, sondern aus der Verschiedenartigkeit der Organisationsformen eine Asymmetrie der Interessen und letztlich eine Asymmetrie der strategischen Präferenzen hervorgehe:

»Sofern die Organisationsform der Konfliktakteure gleich oder ähnlich ist, stimmt ihre Interessendefinition und ihre Präferenz hinsichtlich der Art der Konfliktaustragung überein. Daraus ergibt sich eine symmetrische Konfliktstruktur. Sofern ihre Organisationsformen voneinander abweichen, ergeben sich unterschiedliche Interessensdefinitionen und unterschiedliche Präferenzen hinsichtlich des Konfliktaustragungsmodus. Daraus folgt eine asymmetrische Konfliktstruktur.« (ebd.: 93)

Die asymmetrische Konfliktstruktur, die nach dieser Vorstellung aus der Asymmetrie der Organisations- bzw. Vergesellschaftungsform hervorgeht, zeigt Daase zufolge ihre besondere Wirkung darin, dass sie weitere Asymmetrien hervorbringt: die Asymmetrie der Legitimität, die Asymmetrie der Rekrutierung und Truppenart, die Asymmetrie in Strategie und Taktik, die Asymmetrie in der Nutzung der Zeit und die Asymmetrie in der Nutzung des Raumes (ebd.: 94–97).[79] Diese vielfältigen Asymmetrien, die sich allesamt auf die Verschiedenartigkeit der Organisationsformen der Gegner zurückführen lassen, prägen die Struktur des asymmetrischen Krieges:

»Zusammenfassend kann gesagt werden, dass die symmetrische Konfliktstruktur im Großen Krieg dazu führt, dass legitime Gegner mit regulären Einheiten einen konventionellen Krieg führen, der in der Regel zeitlich und räumlich begrenzt ist. Die asymmetrische Konfliktstruktur im Kleinen Krieg führt dagegen zu einem unkonventionellen Krieg, der zeitlich und räumlich entgrenzt ist und der von regulären und irregulären, also sich gegenseitig als illegitim bezeichnenden Einheiten ausgetragen wird.« (ebd.: 97)

Staaten bevorzugen, so Daases Argument, die konventionelle, reguläre Strategie. Nichtstaatliche Akteure hingegen bevorzugen die unkonventionelle,

79 Daase (1999) erwähnt hier die Asymmetrie der Kraft *nicht* als eigenständigen Typ der Asymmetrie – wohl deshalb, weil sie gewissermaßen quer zu der an dieser Stelle als grundlegend betrachteten Asymmetrie der Organisationsform verläuft und auf diese nur schwerlich *vollständig* zurückgeführt werden kann. In einer jüngeren Studie aber weist Daase (2005) explizit auf »die zunehmende technologische Asymmetrie *konventioneller* Kriegführung« (ebd.: 257) hin, also auf die von der Organisationsform relativ unabhängige Asymmetrie der Kraft, die »zwischenstaatliche Kriege […] vor allem zwischen dem Hegemon und solchen Staaten, die seine Machtposition global oder regional gefährden könnten« (ebd.), charakterisiere.

irreguläre Strategie. Aus diesem Zusammenhang zwischen der Asymmetrie der Organisationsform und der Asymmetrie der Strategie leitet Daase seine zentrale These ab: Im Kleinen Krieg, welcher Staaten zur Führung eines irregulären Kampfes zwingt, der ihren politisch-strategischen Präferenzen nicht entspricht, erodieren die Prinzipien der Staatlichkeit und verlieren die Normen des Völker- und Kriegsrechts ihre Gültigkeit. Als direkte Folge der asymmetrischen Konfliktstruktur kommt es somit im Kleinen Krieg zur Aushöhlung der Prinzipien des internationalen Systems als eines Staatensystems – und letztlich zum Wandel der internationalen Ordnung von der Symmetrie zur Asymmetrie. In diesem Wandel zeigt und verstetigt sich die von Daase herausgestellte »Große Wirkung« der asymmetrischen »Kleinen Kriege«.

(2) *Herfried Münklers* Nachdenken über den asymmetrischen Krieg findet in den Studien *Die neuen Kriege* (Münkler 2002a), *Über den Krieg* (Münkler 2002b) sowie *Der Wandel des Krieges. Von der Symmetrie zur Asymmetrie* (Münkler 2006a) seinen Niederschlag und darüber hinaus in dem Aufsatz »Symmetrische und asymmetrische Kriege« (Münkler 2004b) eine frühe begriffliche Zuspitzung. Ähnlich wie bei Daase beruht Münklers Verständnis des asymmetrischen Krieges primär auf der Unterscheidung zwischen staatlichen und nichtstaatlichen Organisationsformen der Gegner. Diese Unterscheidung möchte Münkler jedoch nicht auf eine quantitative Ungleichheit reduziert wissen; vielmehr sei »qualitative Ungleichartigkeit der Konfliktparteien das Definitionskriterium asymmetrischer Kriege« (Münkler 2006a: 209). Die Annäherung an das Thema erfolgt – wie bei Daase – unter Anwendung einer *ex negativo*-Methodik, indem Münkler den asymmetrischen Krieg vor der historischen Kontrastfolie des Westfälischen Staatenkriegs charakterisiert. Dieser klassische Staatenkrieg stellte sich nicht aufgrund der Symmetrie der Kraft, sondern vielmehr aufgrund der Symmetrie der Organisationsform als symmetrisch dar:

> »Der klassische Staatenkrieg war ein symmetrischer Krieg, nicht etwa weil er von gleichstarken, sondern weil er von gleichartigen Akteuren geführt wurde. Als Kriterien der Gleichartigkeit sind die Rekrutierung der Streitkräfte, die Art ihrer Bewaffnung und die Form ihrer Ausbildung zu nennen. Wo diese tendenziell symmetrisch waren, waren es auch die Kriege, die zwischen den Staaten ausgetragen wurden.« (Münkler 2004b: 651)

Im so verstandenen symmetrischen Krieg stehen sich Kämpfer gegenüber, die auf gleiche Art und Weise rekrutiert, bewaffnet und ausgebildet sind. Dass dies zumindest innerhalb Europas einige Zeit lang als Normalfall angesehen werden konnte, ist als besondere Leistung des Westfälischen Staatensystems zu betrachten. Dieses System nämlich beförderte die Monopolisierung der Kriegführung durch die Staaten, genauer: durch die staatlichen, regulären Armeen. Aus der Symmetrie der Organisationsform, die von Münkler als ursächlich gedacht wird, gingen eine Reihe weiterer Symmetrien hervor, darunter eine normative Symmetrie wechselseitiger Anerkennung: Die Staaten anerkannten einander im Rahmen des entstehenden Völker- und Kriegsrechts als prinzipiell Gleiche und sprachen einander das gleiche Recht zu, Kriege zu führen. Diese wechselseitige Anerkennung der Kriegführenden als prinzipiell Gleiche manifestierte sich in den Uniformen der Soldaten, die einer »ethisierten Symmetrie« (ebd.: 652) zwischen den Kämpfenden Ausdruck verliehen und das ritterliche Ethos des vormodernen Duells ins Zeitalter der Massenkriege zu übertragen halfen. Darüber hinaus bewirkte die Symmetrie der Organisationsform im Westfälischen System eine Symmetrie der strategischen Rationalität und eine »Symmetrie der operativen Planungen« (ebd.) zwischen den Staaten sowie schließlich eine Symmetrie in deren Verfügung über Raum und Zeit als Ressourcen im Krieg. All diese Symmetrien, so Münklers zentrale These, erodieren mit den staatlichen Grundlagen des Westfälischen Systems, da in den asymmetrischen »neuen Kriegen« (Münkler 2002a) unterschiedlich organisierte Kämpfer gegeneinander antreten: auf der einen Seite die regulären Armeen der Staaten, auf der anderen Seite die nichtstaatlichen Verbände und Netzwerke der Warlords, Söldner und Terroristen. Solche asymmetrischen Konfliktkonstellationen zeichnen sich gegenüber symmetrischen dadurch aus, dass in ihnen unterschiedlich organisierte Gegner gegeneinander kämpfen, die wegen ihrer organisatorischen Unterschiedlichkeit einander wechselseitig nicht als Gleichartige anerkennen, nach unterschiedlichen strategischen Rationalitäten agieren und zudem über unterschiedliche Räume und Zeitquanten der Kriegführung verfügen.

Die Asymmetrie der Organisationsform steht bei Daase und Münkler im Zentrum des Interesses am asymmetrischen Krieg. Anders als Daase (zumindest in dessen erwähnter Studie aus dem Jahr 1999) ist Münkler aber bestrebt – hierin Mack, Paul und Arreguín-Toft folgend –, *auch* Asymmetrien der Kraft in die Konzeption des asymmerischen Krieges einzubeziehen. So unterscheidet er zwischen einer »Asymmetrie der Stärke« und einer »Asymmetrie aus Schwäche« (Münkler 2004b: 658), wobei erstere die zivilisatorisch-technologische Überlegenheit meint, die beispielsweise imperiale Mächte gegenüber ihren anti-imperialen Gegnern zur Geltung bringen können. Die europäischen Kolonialkriege ebenso wie die jüngeren militärischen Interventionen der USA zeigen, wie sehr die Kriegführung asymmetrisch überlegener Akteure von dem Vertrauen in Hochtechnologie und große Ressourcenmengen bestimmt wird – ein Umstand, der umgekehrt auch als Technologie-Abhängigkeit der betreffenden »postheroischen Gesellschaften« beschrieben werden kann (Münkler 2006a: 317–320). Der »Asymmetrie der Stärke« asymmetrisch überlegener Akteure setzen asymmetrisch unterlegene Akteure eine strategische »Asymmetrie der Schwäche« entgegen: Sie führen den Krieg mit gesteigerter heroischer Opfer- und Leidensbereitschaft, dehnen ihn sowohl im Raum als auch in der Zeit aus und verlagern ihn zudem in Sphären der Klandestinität. Da diese Optionen (rechts-) staatlich verfassten, demokratischen und zumal postheroischen Gesellschaften nicht in gleichem Maße zur Verfügung stehen, ziehen Asymmetrien der Organisationsform und der Kraft häufig Asymmetrien des dritten Typs nach sich: Asymmetrien der Strategie also, die in Münklers Konzeption des asymmetrischen Krieges ebenfalls Berücksichtigung finden. Im Kern jedoch beruht Münklers Asymmetrie-Verständnis, ebenso wie Daases, auf der Differenz zwischen staatlichen und nichtstaatlichen Akteuren und somit auf der Asymmetrie der Organisationsform, die von beiden als grundlegend für die Herausbildung weiterer Asymmetrien und als eigentliches Definitionskriterium des asymmetrischen Krieges angesehen wird.

c) Asymmetrie der Strategie

Die Asymmetrie der Strategie, also die Verschiedenheit der Strategien der Gegner, bildet den Ausgangspunkt von Studien zum asymmetrischen Krieg aus dem Bereich der politiknahen Strategieberatung. Die Autoren dieser *strategic studies* zielen darauf ab, aufbauend auf strategiezentrierten Definitionen des asymmetrischen Krieges ihren jeweiligen Adressaten Methoden aufzuzeigen, mit denen sie im asymmetrischen Kampf bestehen können. Unter den vielfältigen strategieberatenden Beiträgen zum Asymmetrie-Diskurs, die vorrangig die US-amerikanische *defense and security community* adressieren, sind die Studien von (1) Kenneth F. McKenzie sowie von (2) Steven Metz und Douglas V. Johnson hervorzuheben, da sie neben politisch-strategischen

Interessen begrifflich-theoretische Absichten zur Klärung des Asymmetrie-Konzepts verfolgen.

(1) *Kenneth F. McKenzie* rückt in seiner Studie *The Revenge of the Melians. Asymmetric Threats and the Next QDR* (2000) Fragen der Strategie in den Mittelpunkt. Skeptisch gegenüber gängigen Asymmetrie-Definitionen schlägt er vor: »a better definition of asymmetric warfare would be: Leveraging inferior tactical or operational strength against American vulnerabilities to achieve disproportionate effect with the aim of undermining American will in order to achieve the asymmetric actor's strategic objectives« (ebd.: 2).[80] Drei Eigenschaften kennzeichnen gemäß dieser Definition die asymmetrische Strategie: der gezielte Angriff auf gegnerische Schwächen (*against American vulnerabilities*), die Absicht, überproportionale Effekte zu erzielen (*disproportionate effect*) sowie das Ziel, den Willen des Gegners zu erschöpfen (*undermining American will*). Unter Verwendung dieser Definition identifiziert McKenzie sechs »potential asymmetric threats« (ebd.: 20), denen die USA sich ausgesetzt sähen: *nuclear threats, chemical threats, biological threats, information operations, operational concepts* und *terrorism.*[81] Mit Blick auf diese Liste potenzieller asymmetrischer Bedrohungen fällt auf, dass McKenzie – anders als Münkler – einseitig die »Asymmetrie der Schwäche« behandelt, also die asymmetrischen Optionen, die vergleichsweise schwache Akteure gegen die USA ergreifen können. Für die USA als den starken Akteur werden hingegen nur defensive Gegenmaßnahmen gegen solche asymmetrischen Bedrohungen formuliert. Diese lassen sich zwar zu einer Strategie des Starken im asymmetrischen Krieg zusammenfassen, werden aber nicht selbst als eigenständige Form der asymmetrischen Kriegführung konzipiert. Die Verteidigungsstrategie des Starken gegen asymmetrische Bedrohungen hat dabei drei Anforderungen (*three imperatives*) zu genügen, um die drei Wirkungsmechanismen der asymmetrischen Strategie des Schwachen zu neutralisieren, nämlich: »minimize our vulnerabilities, accentuate our unique strengths, and prevent disproportionate effect« (ebd.: 80). Die

80 Die gesamte Passage ist im Original kursiv hervorgehoben, worauf hier aus Darstellungsgründen verzichtet wird.

81 Inwiefern die letzte hier genannte asymmetrische Bedrohung – »terrorism« – eine eigene Kategorie darstellt, bleibt unklar. McKenzie (2000) erkennt dieses Problem seiner Klassifikation, ohne es aber zu beseitigen: »Terrorism refers to the actions of nonstate actors, both internal and external, who may apply approaches *from the other elements of asymmetry«* (ebd.: 20; Hervorh. F. W.).

eigenen Schwächen zu verringern, die eigenen Stärken hervorzuheben und dem Gegner überproportionale Effekte bei seinen Angriffen zu verweigern – diese Elemente kennzeichnen demnach die geeignete Strategie des Starken im asymmetrischen Krieg. Für die begriffliche Bestimmung dieses asymmetrischen Krieges sind, wie hier ersichtlich wird, zwar auch das Kräfteverhältnis und die Organisationsformen der Gegner von Bedeutung. Das entscheidende Definitionskriterium bildet jedoch die Asymmetrie der Strategie: Ein Krieg gilt als »asymmetrisch«, wenn die Konfliktakteure unterschiedliche Strategien anwenden. Diese unterschiedlichen Strategien in ihrem Wechselverhältnis zu erfassen, um daraus strategische Empfehlungen an die Adresse der USA abzuleiten, ist das Anliegen der strategie-orientierten Studie Kenneth F. McKenzies.

(2) *Steven Metz und Douglas V. Johnson* verfolgen in ihrer – noch vor »Nine Eleven« veröffentlichten – Studie *Asymmetry and U.S. Military Strategy: Definition, Background, and Strategic Concepts* (2001) ein ähnlich politiknahes Ziel. Sie erläutern ihre Absicht wie folgt: »defining asymmetry within the context of military doctrine, assessing the implications of asymmetric military capabilities, and suggesting strategic concepts for countering asymmetric threats« (ebd.: iii). Was die Definition des asymmetrischen Krieges betrifft, stützen die Autoren sie auf die Vorstellung »signifikanter Unterschiede irgendeiner Art«: »the key is the idea that significant *differences* of some kind exist« (ebd.: 6). Diese Grundidee des asymmetrischen Krieges spezifizieren Metz und Johnson sodann dahingehend, dass sie – ihrer militärstrategischen Perspektive entsprechend – *strategische* Unterschiede in den Mittelpunkt rücken. Ihr Vorschlag einer *definition of strategic asymmetry* lautet: »In the realm of military affairs and national security, asymmetry is acting, organizing, and thinking differently than opponents in order to maximize one's own advantages, exploit an opponent's weaknesses, attain the initiative, or gain greater freedom of action« (ebd. 2001: 5).[82] Das Spezifikum strategischer Asymmetrie besteht gemäß dieser Definition im *andersartigen* Handeln, Organisieren und Denken. Dabei wird das Handeln, Organisieren und Denken des Gegners als Maßstab der eigenen »Andersartigkeit« genommen, wie auch umgekehrt das eigene Handeln, Organisieren und Denken als Maßstab für die Bestimmung der »Andersartigkeit« des Gegners dient. Strategische Asymme-

82 Die gesamte Passage ist im Original durch Fettdruck hervorgehoben, worauf hier aus Darstellungsgründen verzichtet wird.

trie in diesem Sinne entsteht, wenn Konfliktakteure neue Mittel und Wege entdecken, um »Andersartigkeiten«, die zwischen ihnen bestehen, zum eigenen Vorteil auszubeuten: »Strategic asymmetry is the use of some sort of difference to gain an advantage over an adversary« (ebd.: 1). Hervorzuheben ist hier die zweiseitige Perspektive der Autoren. So gehen Metz und Johnson davon aus, dass nicht allein die schwächere Seite mittels einer asymmetrischen Strategie von »Andersartigkeiten« profitieren kann. Vielmehr seien *beide* Seiten gut beraten und bestrebt, die strategischen Chancen zu erkennen und zu ergreifen, die aus Asymmetrien resultieren. Diese Zweiseitigkeit findet ihren Ausdruck in einer begrifflichen Unterscheidung, die Münklers Unterscheidung zwischen einer »Asymmetrie der Stärke« und einer »Asymmetrie der Schwäche« entspricht, nämlich derjenigen zwischen *positive asymmetry* und *negative asymmetry*: »Positive asymmetry entails using differences to gain an advantage. [...] Negative asymmetry is a difference that an opponent might use to take advantage of one's weaknesses or vulnerabilities« (ebd.: 6). Während der Begriff »positive Asymmetrie« das Augenmerk auf die Vorteile legt, die ein Akteur (gleichgültig, ob er stärker oder schwächer ist) durch die Ausnutzung von Unterschieden erzielen kann, hebt der Begriff »negative Asymmetrie« die Gefahren hervor, die ihm aus einer solchen Ausnutzung durch seinen Gegner entstehen können (gleichgültig, ob dieser stärker oder schwächer ist). Die Zweiseitigkeit strategischer Asymmetrie liegt denn auch der Politikempfehlung zugrunde, die Metz und Johnson – wie bereits McKenzie – an die USA adressieren, wobei sie fünf strategische Erfordernisse hervorheben: *»Maximum Adaptability and Flexibility, Focused Intelligence, Minimal Vulnerability, Full Dimensional Precision,* and *Integrated Homeland Security«* (ebd.: 23). Wenn die USA als der Adressat der Studie diesen fünffachen Ratschlag befolgen, also verstärkt auf Anpassung und Flexibilität setzen, gezielte Bedrohungsaufklärung betreiben, die eigenen Verwundbarkeiten verringern, ihrem Vorgehen »omnidimensionale Präzision« verleihen und ihre Heimatschutzbemühungen integrieren, dann können sie, so das Versprechen der Autoren, den Gefahren der negativen Asymmetrie entgehen und die Vorteile positiver Asymmetrie für sich nutzen. Entscheidend ist dabei die Fähigkeit, auf neuartige und unkonventionelle Strategien des Gegners angemessen zu reagieren. Daher tritt das Management von Kontingenz und Komplexität durch strategische Anpassungsfähigkeit, Flexibilität und Kreativität gegenüber materiellen, also kräftemäßigen, ebenso wie gegenüber organisatorischen Leistungskriterien in den Vordergrund. Der asymmetrische Krieg erscheint somit als gekennzeichnet durch die Anwendung *sowie* Abwehr asymmetrischer Strategien, also durch das beiderseitige strategische Bemühen der Gegner, aus bestehenden Unterschieden Vorteile für sich zu ziehen. Dieses Bemühen steht aus Sicht der Strategietheoretiker und Strategieberater Metz und Johnson im Zentrum des asymmetrischen Krieges, der sich ihnen als ein Ringen mit der und um die Asymmetrie der Strategie präsentiert.

Die *Asymmetrie der Kraft*, die *Asymmetrie der Organisationsform* und die *Asymmetrie der Strategie* wurden hier auf den Spuren ausgewählter Asymmetrie-Theoretiker besichtigt. Je nachdem, welchen dieser drei Asymmetrie-Typen die verschiedenen Beiträge zum kriegsbezogenen Asymmetrie-Diskurs in den Mittelpunkt rücken, gelangen sie zu unterschiedlichen Verständnissen des asymmetrischen Kriegs. Dabei beruht die Wahl der jeweiligen Herangehensweise, wie der systematische Vergleich der Asymmetrie-Konzepte nahelegt, nicht zuletzt auf den fachdisziplinär vorgeprägten Schwerpunktsetzungen innerhalb der Kriegs- und Strategieforschung. Während die »realistisch« geprägten Theorien der Internationalen Beziehungen Kräfteungleichgewichte fokussieren, betrachtet die soziologisch und historisch fundierte Kriegstheorie vor allem Asymmetrien der Organisationsform und analysieren die praxisnahen *strategic studies* vornehmlich strategische Unterschiede zwischen den Kontrahenten. Die Ausdifferenzierung der Kriegs- und Strategieforschung bringt somit eine Vielzahl an Asymmetrie-Verständnissen hervor, der eine große Vielfalt an Fragestellungen und Zugängen entspricht. So lange diese Vielzahl und Vielfalt nicht geordnet werden, ist es schwierig, sich auf dem Terrain des asymmetrischen Krieges zu orientieren. Dieses Terrain erscheint nicht zuletzt deswegen undurchdringlich, weil seine intellektuelle Eroberung sich unkoordiniert auf vielen verschiedenen Pfaden vollzieht.

7. Dschungelfieber? Kritik der asymmetrischen (Un-)Vernunft

Die vielfache Verzweigung des Asymmetrie-Diskurses hat dazu geführt, dass das Konzept des asymmetrischen Krieges entschiedener Skepsis und Kritik hinsichtlich seiner Leistungsfähigkeit ausgesetzt ist. Kriegstheoretiker und Kriegshistoriker, Friedens- und Konfliktforscher, Politiker und Militärs bezweifeln den theoretischen wie praktischen Mehrwert der »Asymmetrie«.

Viele der Einwände gegen das Asymmetrie-Konzept finden sich bereits in frühen Studien zum asymmetrischen Krieg. So wurde das Asymmetrie-Konzept um die Jahrtausendwende als ein »totaler Rohrkrepierer« bzw. »complete non-starter« (Gray 2002: 14) bezeichnet, dem innerhalb der Verteidigungsdiskussion der kommenden Jahre eine Zukunft weder zuzutrauen noch zu wünschen sei: »the relatively young concept of asymmetry will, and should, fade from defense jargon in the years ahead« (Lambakis u.a. 2002: 271). Wenn auch solche Prognosen sich als unzutreffend erwiesen, insofern als der bereits nachvollzogene Aufstieg der »Asymmetrie« im Kriegsdiskurs gerade im ersten Jahrzehnt des 21. Jahrhunderts steil verlief, führte dies doch nicht zum Verstummen der Kritik am »asymmetrischen Krieg«. Stattdessen entwickelte sich diese Kritik zu einem eigenen Diskursstrang, der nicht unwesentlich zur Fortsetzung und Ausweitung der Asymmetrie-Diskussion beitrug. Nachdem der Kriegs- und Sicherheitsdiskurs sich erst einmal mit der »Unvernunft des asymmetrischen Krieges« – »[t]he Folly of ›Asymmetric War‹« (Mazarr 2008) – infiziert hatte, wurde er dieses Dschungelfieber nicht mehr los, das seither, so die Asymmetrie-Kritik, die Orientierung auf dem Sicherheitsterrain des 21. Jahrhunderts vernebelt und erschwert. Die Einwände gegen die Asymmetrie-Semantik stützen sich dabei auf vier Befunde, die sich thesenartig wie folgt formulieren lassen: a) »Asymmetrische Kriege sind nicht neu.«; b) »Das Asymmetrie-Konzept ist nicht innovativ.«; c) »Der Asymmetrie-Diskurs wird von Interessen bestimmt.«; d) »Das Konzept des asymmetrischen Krieges ist nutzlos für Praxis und Theorie – und lässt sich prinzipiell nicht besser ausarbeiten.« Diese vier Einwände gegen das Konzept des asymmetrischen Krieges sollen hier entlang einiger zentraler Argumentationslinien rekonstruiert werden. Dabei steht die Frage im Mittelpunkt, ob die vorgebrachte Asymmetrie-Kritik sich entkräften lässt und inwiefern, falls dies nicht möglich erscheint, sie zum Ausgangspunkt theoretischer Bemühungen genommen werden kann, das Verständnis des asymmetrischen Krieges zu verbessern und zur Heilung des diagnostizierten Dschungelfiebers beizutragen.

a) »Asymmetrische Kriege sind nicht neu.«

Dass der asymmetrische Krieg historisch betrachtet kein neues Phänomen darstelle, ist der vielleicht häufigste Einwand, der gegen das Konzept des asymmetrischen Krieges vorgebracht wird. Er stützt sich zumeist (1) auf Beispiele asymmetrischer Konstellationen und Auseinandersetzungen in der Geschichte des Krieges, darüber hinaus aber auch (2) auf grundsätzlichere, kriegstheoretische Überlegungen zum asymmetrischen Charakter *jedes* Krieges und *jeder* Strategie. Beide Möglichkeiten, die »Neuheit« des asymmetrischen Krieges in Frage zu stellen, sollen im Folgenden dargestellt und erörtert werden.

(1) »Alte« statt »neue« asymmetrische Kriege

Im Kontext der Debatte um die »neuen Kriege« steht vor allem die Neuheit des so Bezeichneten zur Diskussion.[83] Der Politikwissenschaftler Klaus Jürgen Gantzel (2002) etwa, einer der frühen Kritiker des Theorems der »neuen Kriege«, stellt in diesem Zusammenhang die »Frage, ob die gemeinten Kriege nach Typ und Zahl wirklich so folgenreich neu sind« (ebd.: 1). Unter Verweis auf die Erhebungen der von ihm an der Universität Hamburg begründeten Arbeitsgemeinschaft Kriegsursachenforschung (AKUF) legt er dar, dass nicht- und halbstaatliche Kriege keineswegs ein »neues« Phänomen darstellten. Bereits im Zeitraum zwischen 1945 und 2000 seien nur 17 Prozent der insgesamt 218 von der AKUF gezählten Kriege zwischenstaatlich ausgetragen worden, was die Entstaatlichung des Krieges nicht als Phänomen erst des 21. Jahrhunderts ausweise. Zudem könnten auch hinsichtlich anderer Charakteristika der vermeintlich »neuen Kriege« und mit Bezug auf andere Vergleichsepochen historische Beispiele angeführt werden, die die These der Neuartigkeit der »neuen Kriege« fragwürdig erscheinen ließen. So seien Grausamkeiten gegen die Zivilbevölkerung, wie sie zuweilen den »neuen Kriegen« zugerechnet würden, schon durch Francisco de Goyas und Leo Tolstois Kriegsdarstellungen bezeugt. Vor dem Hintergrund solcher Zeugnisse sei mit Blick auf jüngere Ereignisse der Kriegsgeschichte wie etwa die Bestialitäten deutscher und sowjetischer Truppen im Zweiten Weltkrieg, so grausam diese waren, zu fragen: »Aber was ist daran neu?« (ebd.: 12). Gantzels Kritik, die sich hier auf die Thesen van Crevelds (1991) und von Trothas (2001) bezieht, betrifft in methodischer Hinsicht die mangelnde empirische Fundierung und eklektische historische Untermauerung des Theorems der »neuen Kriege«. Da die Vertreter dieses Theorems historische Beispiele, so sie

83 Zu der Debatte um die »neuen Kriege« siehe die oben in Fußnote 12 angeführte Literatur, darunter insbesondere Geis (2006) sowie das Heft »Krieg« der Zeitschrift *Erwägen Wissen Ethik* (2008) einschließlich der dortigen Repliken auf die an dem Theorem der »neuen Kriege« geübte Kritik (Münkler 2006b; 2008a).

solche als Belege für ihre Thesen anführten, häufig aus der gesamten Kriegsgeschichte bezögen, widersprächen sie sich selbst: »So neu können die angeblich neuen Kriege also nicht sein« (Gantzel 2002: 8). Gantzels Kritik, die sich in diesem Fall nicht explizit gegen den »asymmetrischen Krieg« wendet, richtet sich anderenorts mit ähnlichen Argumenten direkt gegen diesen. So stellt Colin Gray fest, alle Kriege der USA seien asymmetrisch gewesen. Historisch betrachtet handele es sich bei der Symmetrie ohnehin eher um die Ausnahme denn die Regel im Kriegsgeschehen: »Historically assessed, symmetrical warfare has been the rare exception, not the rule« (Gray 2002: 14). Hieran schließt Gray kriegstheoretische Überlegungen zum asymmetrischen Charakter *jedes* Krieges und *jeder* Strategie an, die nachfolgend unter (2) gesondert zu diskutieren sind. Zunächst ist aber das hohe historische Alter des asymmetrischen Krieges ins Auge zu fasse. Dieses hohe Alter scheinen die Denker der Asymmetrie-Theorie keineswegs zu leugnen – anders als die Redeweise von den »neuen Kriegen« dies nahelegt und anders auch als der hier diskutierte Einwand der Asymmetrie-Kritik dies unterstellt. So betonen Metz und Johnson (2001), dass Kriegführende seit jeher Asymmetrien bei der Wahl ihrer Strategien berücksichtigt hätten, woraus zu schlussfolgern sei: »Asymmetry is as old as warfare itself« (ebd.: 2).[84] Auch Daase (1999) gelangt zu diesem Schluss, wenn er hervorhebt, dass der Krieg zwischen Ungleichen kein neues Phänomen darstelle: »Unabhängig von Ort und Zeit und unabhängig von ›Kultur‹ gab es nämlich immer schon neben dem Krieg zwischen gleichen den Krieg zwischen ungleichen Akteuren« (Daase 1999: 93).[85] Ebenso zählt Paul (1994) asymmetrische Konfliktkonstellationen in Antike, Mittelalter und Neuzeit auf, in denen schwächere Akteure stärkere

84 Metz und Johnson verweisen in diesem Zusammenhang auf folgende Beispiele asymmetrischer Kriegführung in der Kriegsgeschichte: »Like the U.S. military in the Gulf War, the Mongols under Genghis Khan and his successors often used superior mobility, operational speed, intelligence, synchronization, training, and morale to crush enemies in lightning campaigns. [...] Other conquerors whether Romans, Europeans, Aztecs, or Zulus, brought superior technology, discipline, training, and leadership to the battlefield. Rebels in anti-colonial wars also relied on asymmetry, weaving guerrilla operations, protracted warfare, political warfare, and a willingness to sacrifice into Maoist ›People's War‹, the Intifada, and the ›Troubles‹ of Northern Ireland. *Asymmetry is as old as warfare itself*« (Metz/Johnson 2001: 2; Hervorh. F. W.).

85 Daase (1999) führt als Belege für die Universalität des asymmetrischen Krieges folgende Beispiele an: »Man denke etwa an den Widerstand, der Alexander dem Großen in Zentralasien (329–327 v. Chr.) entgegengebracht wurde, und die Schwierigkeiten, die die Römer in verschiedenen Teilen ihres Imperiums mit Kleinkriegsstrategien z. B. der Juden und der Germanen hatten« (ebd.: 93, Fußnote 31).

Gegner angriffen.[86] Münkler (2004b) hält in ähnlichem Sinne fest, dass der asymmetrische Krieg entgegen dem Bild, das man bei einer Betrachtung der innereuropäischen Kriege gewinnen könne, kein neues Phänomen darstelle, sondern historisch vielmehr als Normalfall und strategisch als wahrscheinlicherer Fall anzusehen sei: »Asymmetrische Kriege dürften das Wahrscheinliche, symmetrische Kriege das Unwahrscheinliche sein« (Münkler 2004b: 651). Angesichts dieser Übereinstimmung der Asymmetrie-Theorie mit der Asymmetrie-Kritik in der Frage, ob asymmetrische Kriege neu seien, gerät der Streitpunkt, um den es bei dem entsprechenden Einwand geht, leicht aus dem Blick. Er betrifft nicht das unbestritten hohe historische Alter des asymmetrischen Krieges, sondern vielmehr die strittige Frage, ob das Asymmetrie-Konzept *wegen* dieses Alters seinen Sinn und Nutzen verliert. Dies wäre dann – allerdings wohl nur dann – der Fall, wenn jenseits einzelner historischer Beispiele asymmetrischer Konstellationen und Konflikte davon auszugehen wäre, dass *jeder* Krieg und *jede* Strategie *per se* asymmetrisch sind. Um dies überzeugend darzulegen, erscheinen jedoch kriegs*theoretische* Überlegungen statt kriegs*historischer* Einzelbeobachtungen erforderlich.

(2) Asymmetrischer Charakter »jedes« Krieges

Die kritisch gegen das Asymmetrie-Konzept gewendete Feststellung, *jeder* Krieg sei asymmetrisch, findet sich etwa bei Gray: »To a greater or lesser degree, *all* tactical, operational, and strategic behaviour is asymmetrical. There

86 Paul (1994: 3–4) listet folgende asymmetrische Kriege auf, die schwächere Parteien gegen stärkere begannen: *für Antike und Mittelalter*: den Angriff Spartas auf die Koalition Athens, Korinths und Argos' (394 v. Chr.), Pyhrrus' Angriff auf Italien (275 v. Chr.), die gallischen, gothischen und herulischen Invasionen in das Römische Imperium (3. Jh. n. Chr.), die Muslimische Invasion in Persien (636 n. Chr.); *für die Neuzeit*: die Schlacht bei Leuthen Friedrichs des Großen gegen Österreich im Siebenjährigern Krieg, den ungarischen Angriff auf die Türkei (1747), den ersten Balkankrieg Bulgariens, Serbiens und Griechenlands gegen die Türkei (1912), den Angriff Paraguays auf die Koalition aus Argentinien, Brasilien und Uruguay (1866), den Angriff Japans auf Russland (1904), den polnisch-ukrainischen Angriff auf die UdSSR (1920), den finnischen Angriff auf die UdSSR (1941), den Angriff Japans auf Pearl Harbor (1941); *für die Zeit nach 1945*: die Intervention Chinas in Korea (und gegen die USA) (1950), die Offensive Pakistans in Kashmir (1965), den Angriff Israels auf die arabischen Staaten (1967), die Offensive Ägyptens am Sinai (1973), die syrische Offensive gegen Israel an den Golanhöhen (1973), die militärischen Einfälle Kambodschas in Vietnam (1977), den Angriff Somalias auf Äthiopien (1977), den Angriff Ugandas auf Tansania (1978), die Invasion der Falklandinseln durch Argentinien (1982), und schließlich die kroatische Offensive gegen Serbien (1993).

are no identical belligerents, with identical forces, who behave identically« (Gray 2002: 14). Da sich Kriegsgegner in ihrem Wesen, ihren Kräften und Verhaltensweisen *immer* voneinander unterschieden, sei kein Krieg auf *spezifische* Weise asymmetrisch: »Because all warfare is asymmetrical (there are no sets of identical belligerents), in effect no particular wars or warfare is distinctly so« (ebd.). Auch der britische Militärhistoriker Hew Strachan zieht aus der historischen Allgegenwart von Asymmetrien den Schluss, *jeder* Krieg sei asymmetrisch: »Much of the debate about asymmetry in war is historically naïve: all enemies try to get under the other side's guard by using responses that are unpredictable. At one level therefore ›asymmetry› is inherent in strategy« (Strachan 2011: 14). Wenn jede Strategie und jeder Krieg asymmetrisch sind, dann fügt, so kann diese Kritik reformuliert werden, die »Asymmetrie« den Konzepten »Krieg« und »Kriegführung« keine zusätzlichen Bedeutungselemente hinzu. Bei dem »asymmetrischen Krieg« und der »asymmetrischen Kriegführung« handelt es sich demnach um Tautologien. Sie bieten keinen *zusätzlichen* Erkenntnisgewinn und können zum Verständnis des Krieges *nichts Neues* beitragen. Ein Trainingskurs in »asymmetrischer Kriegführung« vermittelte in diesem Sinne *nichts Neues* und sei daher »inhaltsleer«: »In this respect, a course of instruction on ›asymmetrical warfare‹ would be content-free« (Gray 2002: 14). Anders als bei dem zuvor unter (1) diskutierten Einwand, der asymmetrische Krieg sei historisch nicht neu, steht damit der Wert des Asymmetrie-Konzepts grundsätzlich in Frage. Die Kritik, »jede« Strategie sei asymmetrisch, enthält allerdings in Grays soeben zitierter Formulierung bereits jene qualifizierende Einschränkung, mit der das Asymmetrie-Konzept hiergegen verteidigt werden könnte: »To a greater or lesser degree« (ebd.), so Gray, also »in größerem oder kleinerem Ausmaß« sei jedes strategische Verhalten asymmetrisch. Das bedeutet, dass die prinzipiell immer vorhandenen Unterschiede zwischen Kriegsgegnern zuweilen größer und zuweilen kleiner ausfallen, zuweilen also als womöglich kriegsentscheidend, zuweilen aber als von nur marginaler Bedeutung angesehen werden können.[87] Letzteres war, wie die oben (Kapitel 2) vorgenommene

87 Vgl. Metz' und Johnsons (2001) Versuch, ihr Konzept »strategische Asymmetrie« *trotz* der ausdrücklich anerkannten Ubiquität von Unterschieden im Krieg zu rechtfertigen: »In war, there are always differences between the opponents. At times these are insignificant, passing disparities with no bearing on the outcome. At other times, the differences between opponents are important, placing one in a position of advantage, the other at a disadvantage. This is a very simple observation, but from it flows one of the pressing issues faced by the United States today: *strategic asymmetry*« (ebd.: 1; Hervorh. F. W.).

Rekonstruktion des Barockgartens des Westfälischen Staatensystems zeigte, während einer bestimmten Phase der europäischen Geschichte der Fall, als Unterschiede zwischen den Kriegsparteien gegenüber den Formen und Normen der (von den Kriegsparteien unterstellten) Gleichartigkeit tendenziell in den Hintergrund traten. Zumindest für diesen historisch-geographischen Kontext konventioneller Staatenkriege also scheint die Beobachtung zutreffend zu sein, dass Kriege *nicht immer in gleichem Maße* asymmetrisch sind. Die Unterscheidung zwischen *eher* symmetrischen und *eher* asymmetrischen Kriegen gewinnt eben hieraus ihren Mehrwert und Sinn. Ohne sie nämlich wären die entsprechenden graduellen Unterschiede und Schwankungen im »mehr oder weniger« symmetrischen oder asymmetrischen Kriegsgeschehen nur schwerlich zu beobachten und schon gar nicht auf den Begriff zu bringen. Die zwischen den Kritikern und Verteidigern des Asymmetrie-Konzepts strittige Frage, ob »neue« oder »alte« oder aber »alle« Kriege asymmetrisch seien, verfehlt demnach den Streit- und Schwerpunkt im Sinne eines *center of gravity* der Asymmetrie-Theorie. Diese hat sich weniger auf die Feststellung der *entweder* symmetrischen *oder* asymmetrischen Natur des Krieges, als vielmehr auf die Untersuchung seines *mehr oder weniger* symmetrischen oder asymmetrischen Charakters in unterschiedlichen Kontexten zu konzentrieren, auf die Frage also, *inwieweit*, *wodurch* und *in welchen Situationen*, *Bereichen* und *Formen* die – im Krieg prinzipiell immer bestehenden – Unterschiede kriegshistorisch und kriegstheoretisch als »Asymmetrien« bewusst und bedeutsam werden.[88]

Der hier diskutierte Einwand, asymmetrische Kriege seien nicht neu, kann und sollte von der Theorie des Asymmetrischen Krieges zum Anlass genommen werden, die oftmals als exklusiv verstandene binäre Codierung der Symmetrie und Asymmetrie mithilfe einer idealtypischen Begrifflichkeit in ein Kontinuum der Möglichkeiten *zwischen* Symmetrie und Asymmetrie zu überführen. Eine solche Begriffsbildung ermöglicht es, die von Asymmetrie-Kritikern ebenso wie Asymmetrie-Theoretikern immer wieder vorgenommene Verklammerung oder Gleichsetzung von »asymmetrischen Kriegen« mit

88 Eine solche Vorgehensweise, die sensibel ist (und macht) für die graduellen Unterschiede und Schwankungen im stets »mehr oder weniger« a-/symmetrischen Kriegsgeschehen, könnte auch Strachans (2011) Einwand abschwächen, das Wort »Asymmetrie« werde in Verkennung der Tatsache gebraucht, dass es sich lediglich auf den wandlungsfähigen *Charakter* des Krieges, nicht aber auf seine unveränderliche *Natur* beziehe: »it is a statement about war's character, not about its nature: even if we accept that terrorism is an asymmetrical response to the military strength of the United States, both terrorism and asymmetry remain means of fighting, not descriptions of war itself« (ebd.: 15).

»neuen Kriegen« zugunsten einer historisch flexibleren und dennoch präzisen analytischen Verwendung des Asymmetrie-Konzeptes zu lockern. Anstatt dieses Konzept für die Analyse von (»neuen«) Gegenwartsphänomenen zu reservieren, erscheint es fruchtbarer, im Rahmen diachroner Vergleiche die unterschiedlichen Ausprägungen und auch die Veränderungen in der Wahrnehmung und Nutzung von Asymmetrien im Laufe der Geschichte und Ideengeschichte des Krieges in den Blick zu nehmen. Inwiefern solche Veränderungen gegen Ende des 20. Jahrhunderts zu beobachten sind und ob deren Ausmaß und Qualität es gerechtfertigt erscheinen lassen, den asymmetrischen Krieg des 21. Jahrhunderts in mancherlei Hinsicht – insbesondere hinsichtlich seiner *Globalität* – womöglich doch als »neu« zu charakterisieren, könnte auf diese Weise empirisch geklärt werden.[89] Neben Veränderungen in der Größe, Zahl und Art von Asymmetrien könnten empirische, historische und ideengeschichtliche diachrone Vergleiche auch dem Wandel des Asymmetrie-*Bewusstseins* nachspüren und also zu ergründen suchen, inwiefern und wodurch es in bestimmten Phasen wie insbesondere im 20. Jahrhundert zu einer Verwandlung *unbewusster Nichtsymmetrie* in *bewusste Asymmetrie* kam. Was begünstigte diese Transformation von tendenziell immer bestehender Unterschiedlichkeit in eine neu entdeckte, theoretisch-begrifflich neu erfasste und strategisch zudem neu genutzte Ungleichartigkeit zwischen strategischen Akteuren? Indem die Theorie des Asymmetrischen Krieges so verfährt, könnte sie trotz – oder gerade wegen – des historischen Alters ihres Gegenstandes die Fruchtbarkeit des Asymmetrie-Konzeptes erweisen: Erst mithilfe dieses Konzepts bekommen die Kriegsgeschichtsschreibung, die Ideengeschichte des Krieges und die empirische Kriegsforschung das an sich »alte« Phänomen der Asymmetrie sowie die womöglich »neuen« Ausprägungen und Aspekte dieses Phänomens in den Blick. Ohne eine für Asymmetrien und Symmetrien begrifflich geschärfte »kriegstheoretische

89 Volker Heins und Jens Warburg (2004) erkennen etwa in der *Globalität* der Asymmetrie im 21. Jahrhundert einen tatsächlich »neuen« Aspekt: »Neu an den Konflikten der Gegenwart ist freilich nicht die Asymmetrie zwischen regulären, technisch überlegenen Kampfverbänden und irregulären ›Barbaren‹. Die Eigenschaften der Kriege – die gezielte und massenhafte Ermordung von Zivilisten oder der Rekurs auf unkonventionelle Waffen und Taktiken einschließlich des Terrorismus – haben seit der Antike die Wirklichkeit des Krieges mit bestimmt und wurden in Europa unter den Ausnahmebedingungen des Kalten Krieges und der bipolaren Weltordnung lediglich *vergessen* [...]. Neu an der heutigen Situation ist der Umstand, dass asymmetrische Konflikte erstmals die *globale* Sicherheitslage fast gänzlich bestimmen« (ebd.: 90f.).

Brille« drohen sich Probleme der Asymmetrie der Beobachtung wie der Bearbeitung zu entziehen.

b) »Das Asymmetrie-Konzept ist nicht innovativ.«

Dass es sich bei der genannten »kriegstheoretischen Brille« der A-/Symmetrie-Semantik ihrerseits nicht um ein »neues«, innovatives, sondern vielmehr um ein altes, allenfalls recyceltes Retro-Modell handele, bildet einen weiteren Einwand, den die Asymmetrie-Kritik gegen das Konzept des asymmetrischen Krieges vorbringt. Dieser Einwand bezieht sich, anders als der vorangehende, nicht auf den Neuheitswert des Phänomens, sondern auf denjenigen des dieses Phänomen erfassenden theoretischen Konzepts: »what exactly is novel or even especially interesting about the concept of asymmetry?« (Gray 2002: 14). Insbesondere auf drei ideengeschichtliche Stränge eines »asymmetrischen« Denkens des Krieges wird dabei verwiesen, um den Innovationswert des Asymmetrie-Konzeptes zu hinterfragen: (1) die chinesische Kriegstheorie, wie sie sich im Anschluss an die rund 2.500 Jahre alte Schrift *Die Kunst des Krieges* des Strategen Sunzi entwickelte; (2) die Überlegungen zum Kleinen Krieg, zur Volksbewaffnung und zum Volkskrieg sowie zur Funktion der List im Krieg, wie Carl von Clausewitz sie im 19. Jahrhundert in *Vom Kriege* und seinen Berliner *Vorlesungen über den Kleinen Krieg* entwickelte; schließlich (3) die Guerilla- und Partisanentheorie, wie Mao Zedong sie während der ersten Hälfte des 20. Jahrhunderts in seinen kriegstheoretischen Schriften ausarbeitete und im chinesischen Bürgerkrieg und Kampf gegen Japan anwendete. Dass die Theorie des Asymmetrischen Krieges aus diesen drei kriegstheoretischen Quellen wichtige Anregungen schöpfte, wird innerhalb des Asymmetrie-Diskurses selten bestritten. So verweisen Metz und Johnson (2001) auf Sunzi als Vordenker der »indirekten Strategie«, die zwar erst Mitte des 20. Jahrhunderts von Basil Liddell Hart in der Studie *Strategy: The Indirect Approach* (1970 [1954]) theoretisch ausgearbeitet worden sei, den US-amerikanischen Strategietheoretikern gleichwohl aber als uralte (Vor-)Form der asymmetrischen Kriegführung gilt: »It is an idea as old as warfare itself, appearing under a number of guises« (Metz/Johnson 2001: 1). Münkler (2002b: 86–90) sieht seinerseits die Theorie des Asymmetrischen Krieges bereits bei Clausewitz in dessen Theorie des Kleinen Krieges vorbereitet, und Daase (1999: 14) wiederum erkennt Vorformen asymmetrischen Denkens in den durch Mao Zedong inspirierten Theorien und Strategien des antikolonialen Guerillakrieges. Wie bei der zuvor unter a) diskutierten Frage nach der »Neuheit« des Asymmetrie-Phänomens gerät also auch hier angesichts des vermeintlichen Konsenses über die lange (Vor-) Geschichte des Asymmetrie-Konzepts der eigentliche Streitpunkt leicht aus dem Blick. Er betrifft die Frage, ob der asymmetrische Krieg bei den genannten Vordenkern – Sunzi, Clausewitz und Mao – bereits als Konzept *voll* entwickelt und als *eigenständige* Kriegsform von anderen Kriegsformen *eindeutig* unterschieden wurde oder nicht. *Diese* Frage soll hier mit Blick auf zentrale Passagen in den Hauptwerken der drei Denker untersucht werden, auf die die Behauptung eines Innovationsmangels des Asymmetrie-Konzepts sich häufig stützt.

(1) Sunzis Strategie-Anleitung »Die Kunst des Krieges« (孫子兵法; sūnzǐ bīngfǎ)

Die rund 2.500 Jahre alte Schrift *Die Kunst des Krieges*, die dem biographisch nicht eindeutig fassbaren chinesischen Strategen Sunzi zugerechnet wird, ist für Unterschiede zwischen Kriegsgegnern in höchstem Maße sensibel; die Unterscheidung zwischen Symmetrie und Asymmetrie kennt und trifft sie aber (noch) nicht.[90] Zwar betont Sunzi, dass Unterschiede zwischen den Kriegsparteien eine wichtige Rolle spielen, vor allem solche, die acht Eigenschaften dieser Parteien betreffen: ihr moralisches Recht zur Führung eines Krieges; die Fähigkeit ihres Befehlshabers; die Vor- und Nachteile, die sich für sie aus der Wetterlage ergeben; die Vor- und Nachteile, die für sie aus der jeweiligen Positionierung auf dem Kriegsterrain resultieren; den Organisations- und Disziplinierungsgrad ihrer Truppe; die Stärke ihrer Streitkraft; den Ausbildungsstand ihrer Offiziere und Soldaten; sowie schließlich ihr mehr oder weniger klug eingerichtetes Belohnungs- und Bestrafungswesen (vgl. Sun Tsu [Sunzi] 2008: 34f.). Da Unterschiede hinsichtlich dieser acht Eigenschaften kriegsentscheidende Bedeutung erlangen können, weist

90 Für eine Einführung in Sunzis Kriegstheorie, allerdings ohne Berücksichtigung der hier interessierenden Frage nach deren asymmetrischem Charakter, siehe Stahel (2011); für eine Interpretation der *Kunst des Krieges* im Rahmen ihres historischen und kulturellen Entstehungskontextes siehe Klöpsch (2013), dort auch den Hinweis auf den legendären Charakter des »Meister Sun«: »Den Autor Sunzi hat es nicht gegeben, seine Person ist uns heute kaum noch fassbar. So wenig wir wissen, welchen Anteil Homer an der Ilias und den Abenteuern des Odysseus hatte, so wenig können wir heute bestimmen, wieviel Sunzi von dem vorliegenden Werk selbst niedergeschrieben hat und wieviel wir seinen Jüngern und Nachfolgern verdanken« (ebd.: 104).

Sunzi den Strategen ausdrücklich an, ihre Ausprägung bereits vor Kriegsbeginn »bei der Planung von militärischen Operationen« (ebd.: 34) abzuschätzen.[91] Denn nur wenn die Unterschiedlichkeit der Kriegsgegner in einem gesamtstrategischen Vergleich berücksichtigt werde, sei der Stratege, ebenso wie sein Lehrer Sunzi, »in der Lage vorauszusagen, welche Partei siegreich sein wird und welche Partei besiegt wird« (ebd.: 35). Der gesamtstrategische Vergleich setzt dabei eine angemessene Selbstkenntnis und ebenso angemessene Kenntnis des Gegners voraus: »Deswegen sage ich: ›Kenne deinen Feind und kenne dich selbst, und in 100 Schlachten wirst du nie in Gefahr geraten.‹ Kennst du den Feind nicht, aber dich umso besser, sind die Chancen auf Sieg und Niederlage in etwa gleich. Bist du über deinen Feind und dich selbst im Unklaren, wirst du sicher in jeder Schlacht in Gefahr sein.«[92] (ebd.: 50)

Wie auch später die Asymmetrie-Theorie betont Sunzi, dass Unterschiede zwischen zwei Kriegsparteien und deren richtige Einschätzung kriegsentscheidend sein können. Anders aber als die spätere Asymmetrie-Theorie differenziert der chinesische Stratege nicht eindeutig und schon gar nicht explizit zwischen symmetrischen und asymmetrischen Konstellationen, zwischen Konstellationen also, in denen die Gegner einander in den oben genannten acht Eigenschaften gleichen, und solchen, in denen sie sich diesbe-

91 Sunzi formuliert die entsprechende Aufforderung mit Blick auf die genannten acht Eigenschaften in Form eines Fragenkatalogs, den der Stratege vor Kriegsbeginn abzuarbeiten habe: »Welcher der beiden einander gegenüberstehenden Herrscher hat wohl das moralische Recht auf seiner Seite? Welcher der beiden einander gegenüberstehenden Befehlshaber ist der fähigere? Bei wem liegt der Vorteil von Himmel [dem Wetter] und Erde [dem Gelände]? In wessen Streitkräften werden Kommandos und Befehle tatkräftiger ausgeführt und wessen Truppen sind stärker? Wer verfügt über die besser ausgebildeten Offiziere und Mannschaften? […] Wer verteilt Auszeichnungen wie auch Bestrafungen in gerechter Weise?« (Sun Tsu 2008: 34f.; die Einschübe von Klaus Leibnitz, der sie seiner Übersetzung in Fußnoten hinzufügt).

92 An anderer Stelle ergänzt Sunzi diesen Ratschlag zur Selbst- und Feindeskenntnis noch um denjenigen zur Gelände- und Wetterkenntnis: »Wenn ich weiß, dass meine Soldaten fähig sind, den Feind zu schlagen, ich aber nicht sehe, wo er am verwundbarsten ist, bin ich nur auf halbem Weg zum Sieg. Wenn ich weiß, dass der Feind an einer gewissen Stelle verwundbar ist, ich aber nicht sicher bin, ob meine Soldaten fähig sind, ihn zu schlagen, bin ich nur auf halbem Weg zum Sieg. Wenn ich weiß, dass der Feind an einer gewissen Stelle verwundbar ist und meine Soldaten sind in der Lage, ihn zu schlagen, ich aber nicht sehe, ob die Bodenbeschaffenheit einen Sieg zulässt, bin ich nur auf halbem Weg zum Sieg. […] Deswegen sage ich: Kenne deinen Feind und kenne dich selbst und dein Sieg ist außer Zweifel. Kenne das Gelände und kenne das Wetter und du wirst einen totalen Sieg erringen« (Sun Tsu 2008: 92).

züglich voneinander unterscheiden. Sunzis strategische Theorie lässt daher offen, ob und inwiefern in jenen und diesen Konstellationen unterschiedliche Strategien anzuwenden seien. So »asymmetrie-affin« die Ratschläge des chinesischen Strategen jüngeren Theoretikern und Kritikern der Asymmetrie-Semantik zuweilen erscheinen mögen, beziehen sie sich tatsächlich nicht auf den asymmetrischen Krieg, sondern auf den Krieg als solchen. Da Sunzi darauf verzichtet, zwischen dem asymmetrischen und dem symmetrischen Krieg zu unterscheiden, gelten seine Ratschläge zur »indirekten« Kriegführung, die als Vorläufer einer asymmetrischen Kriegstheorie gedeutet wurden, für symmetrische und asymmetrische Konstellationen gleichermaßen. Dies trifft auch auf jene Ratschläge zu, auf die häufig verwiesen wird, wenn das von Sunzi geprägte chinesisch-asiatische, tendenziell »asymmetrische« Kriegsdenken dem durch Clausewitz geprägten europäisch-westlichen, tendenziell »symmetrischen« Kriegsdenken gegenübergestellt wird (vgl. von Senger 2007): die Ratschläge zur Nutzung von List, Überraschung, Täuschung und Geheimagenten. Trotz des grundsätzlich formulierten Obersatzes, unter dem Sunzi diese Ratschläge vorbringt – »Die ganze Kriegskunst basiert auf List und Tücke« (Sun Tsu 2008: 35) –, scheinen sie sich im Einzelnen eher auf taktische Maßnahmen *im* Krieg, weniger aber auf eine Gesamtstrategie der listigen Entgrenzung *des* Krieges zu beziehen.[93] Mögen die Denker des asymmetrischen Krieges aus diesen Ratschlägen auch vielfältige Anregungen für ihre Asymmetrie-Theorien beziehen – strategietheoretisch voll entfaltet und als Gegenpart zum symmetrischen Krieg auf den Begriff gebracht ist der asymmetrische Krieg bei Sunzi noch nicht.

(2) Die Kriegstheorie Carl von Clausewitz'

Auch im Kriegsdenken des preußischen Generals Clausewitz erkennt die jüngere Kriegstheorie »asymmetrische« Elemente (vgl. Heuser 2005; Daase/

93 Sunzis Ratschläge zur Nutzung von List, Überraschung und Täuschung im Krieg lauten: »Die ganze Kriegskunst basiert auf List und Tücke. Aus diesem Grund spiegele Unfähigkeit vor, wenn du fähig bist; Passivität, wenn du kampfbereit bist. Wenn du nahe am Feind stehst, täusche ihm vor, du seist weit weg. Wenn du vom Feind weit entfernt stehst, täusche ihm vor, du seist ganz nah. Um den Feind aus seiner Position zu locken, biete ihm einen Köder an. Täusche Auflösungserscheinungen im eigenen Heer vor und schlage dann zu« (Sun Tsu 2008: 35). Zur Bedeutung von Spionen im Krieg siehe die Schlusspassage der »Kunst des Krieges« (ebd.: 107–112), die mit der Feststellung endet: »Geheime Operationen sind *im* Kriege notwendig, ohne sie kann eine Armee sich nicht frei bewegen« (ebd.: 112; Hervorh. F. W.).

Schindler 2009), auf die die Asymmetrie-Kritik ihrerseits verweist, um die Innovationskraft des Asymmetrie-Konzepts infrage zu stellen.[94] Die »asymmetrische Clausewitz-Lektüre« stützt sich neben Passagen aus *Vom Kriege* auf die *Vorlesungen über den Kleinen Krieg*, die Clausewitz in den Jahren 1810 bis 1812 an der neu gegründeten Berliner Allgemeinen Kriegsschule hielt. Darin behandelt der preußische General zwar durchaus den nichtsymmetrischen Kleinen Krieg. Jedoch löst er diesen nicht aus seiner engen Verbindung mit dem symmetrischen Großen Krieg heraus, sondern betrachtet ihn primär »in Verbindung mit den Aktionen großer Verbände« (Paret 2011: 208). In den Worten des deutsch-amerikanischen Kriegshistorikers und Clausewitz-Interpreten Peter Paret, der sich damit gegen seinen deutschen Fachkollegen Werner Hahlweg wendet, erscheint es daher wenig plausibel, in den *Vorlesungen über den Kleinen Krieg* »ein bezeichnendes Dokument der militärischen Reform, und zwar in ihrer höchst radikalen Phase – nämlich der Befürwortung des Volkskrieges –« (ebd.: 205) erkennen zu wollen. Als ein solches Dokument der Befürwortung und Ausformulierung einer radikal asymmetrischen Strategie lassen sich auch jene Passagen in *Vom Kriege* nur schwerlich lesen, die zuweilen als »asymmetrisch« *avant la lettre* gedeutet wurden: die Passagen zur Volksbewaffnung und zur List im Krieg. Zwar entwickelt Clausewitz im 26. Kapitel des sechsten Buches, das der »Volksbewaffnung« gewidmet ist (Clausewitz 1980 [1832–34]: 799–806), die Vorstellung eines den Kleinen Krieg noch radikalisierenden nichtsymmetrischen Volkskriegs. Dieser lege sich über das Land »wie ein nebel- und wolkenartiges Wesen«, das sich »an gewissen Punkten zu dichteren Massen zusammenziehe und drohende Wolken bilde, aus denen einmal ein kräftiger Blitzstrahl herausfahren kann«, ohne dass die besagten drohenden Wolken jemals »einen widerstehenden Körper« (ebd.: 803) ausbildeten. Jedoch präsentiert Clausewitz das »nebel- und wolkenartige Wesen« des Volkskriegs, das sich nie zu einer Entscheidungsschlacht verdichtet, keineswegs als Gegenstand einer au-

94 Zu einer »asymmetrischen« Deutung des Clausewitzschen Denkens in *Vom Kriege* siehe Heuser (2005), die in Clausewitz' »Überlegungen zum Verhältnis zwischen einem stärkeren und einem schwächeren Gegner in *Vom Kriege* […] die Grundlagen für unser Denken über die asymmetrische Kriegführung« (ebd.: 174) bereits erkennt. So habe Clausewitz neben Kräfteunterschieden auch »andere Faktoren« berücksichtigt, die »zu Gunsten der kleineren oder schwächeren Macht wirken könnten«, darunter neben dem »Kampfgeist« eine »größere Ausdauer und Geduld« (ebd.). Daase und Schindler (2009) vertreten gleichfalls die These, dass »der asymmetrische Krieg auch in Clausewitz' Hauptwerk [also nicht nur in Clausewitz' frühen Schriften; F. W.] implizit allgegenwärtig« (ebd.: 706) sei.

tonomen Strategie, die unabhängig von der symmetrischen, regulären Kriegführung zu denken und anzuwenden sei. Vielmehr handelt es sich bei dem Volkskrieg um eine Ergänzung oder Überbrückung des regulären Krieges, an dessen übergeordnetem »Plan« der untergeordnete Volkskrieg lediglich »auf zwei verschiedenen Wegen« mitwirken kann: »entweder als ein letztes Hilfsmittel nach verlorener Schlacht oder als ein natürlicher Beistand, ehe eine entscheidende Schlacht geliefert wird« (ebd.: 805). Während Letzteres, also die Vorbereitung einer »entscheidenden Schlacht«, direkt auf den Großen Krieg bezogen ist und in diesen einmündet, handelt es sich bei Ersterem, also dem Volkskrieg »nach verlorener Schlacht«, um den existenziellen Kampf eines völlig Verzweifelten. Dieser Verzweiflungskampf lässt sich wegen seines existenziellen Charakters nur schwerlich als rationales Instrument der Politik und Strategie begreifen und einsetzen. Das legt auch der existenzielle Ton nahe, in dem Clausewitz den Ratschlag zur Führung des Volkskriegs formuliert: »Wie klein und schwach ein Staat in Beziehung auf seinen Feind auch sei, er soll sich diese letzten Kraftanstrengungen nicht ersparen, oder man müsste sagen, es ist keine Seele mehr in ihm« (ebd.: 805f.). Die äußerste Aussichtslosigkeit und Verzweiflung, die hier als Voraussetzungen des Volkskriegs erscheinen, bestimmen dessen existenziellen und daher letztlich unstrategischen und unkontrollierbaren Charakter. Womöglich gerade weil Clausewitz mit dem Volkskrieg die Gefahr eines Kontrollverlusts von Politik und Strategie verband, verzichtete er in *asymmetrie-bewusster* und gerade deswegen *symmetrie-zentrierter, Symmetrien restaurierender* Absicht während der Phase nach dem Wiener Kongress 1814/15 auf die Ausarbeitung einer eigenständigen Theorie des Volkskriegs als eines asymmetrischen Kriegs (vgl. Kap. 2a). Stattdessen wollte er den Volkskrieg stets in Verbindung mit dem Großen Krieg begriffen wissen: »Will man also kein Phantom verfolgen, so muss man sich den Volkskrieg in Verbindung mit dem Kriege eines stehenden Heeres denken und beide durch einen das Ganze umfassenden Plan geeinigt.«[95] (ebd.: 801)

95 Dass Clausewitz diesen in *Vom Kriege* aufgestellten »das Ganze umfassenden Plan« (Clausewitz 1980 [1832–34]: 801) zuvor in seiner antinapoleonischen, revolutionären »Bekenntnisdenkschrift« aus dem Jahr 1812 aufgegeben oder zumindest gelockert hatte, insofern als er darin den »in Verbindung mit dem Kriege eines stehenden Heeres« (ebd.) zu denkenden Volkskrieg aus jenem »umfassenden Plan« (ebd.) herauslöste, um ihn als autonome, revolutionäre Strategie für den antinapoleonischen Kampf zu empfehlen, kann nicht darüber hinwegtäuschen, dass Clausewitz' Denken sowohl vor als auch nach diesem »Asymmetrie-Zwischenspiel« den symmetrischen Großen Krieg fokussiert und präferiert. So deutet Daase (2007b) die »Bekenntnisdenkschrift« denn auch als lediglich

Der Symmetrie-Fokus und die Symmetrie-Präferenz des Clausewitzschen Denkens spiegeln sich auch in der geringen Bedeutung wider, die Clausewitz, anders als Sunzi, der List im Krieg beimisst. Nur auf den ersten Blick teilt Clausewitz die »listige« Hoffnung der Theoretiker und Praktiker des asymmetrischen Krieges, dass physische Schwäche durch List kompensiert werden könne. So stellt er in dem der »List« gewidmeten zehnten Kapitel des sechsten Buches in *Vom Kriege* fest, »dass dem ganz Schwachen und Kleinen, für den keine Vorsicht, keine Weisheit mehr ausreicht, auf dem Punkt, wo ihn alle Kunst zu verlassen scheint, die List sich als die letzte Hilfe desselben anbietet« (ebd.: 387). Im Verbund mit der Kühnheit könne die List »einen unmerklichen Hoffnungsschimmer auf einen einzigen Punkt vereinigen, zu einem einzigen Strahl, der allenfalls noch zu zünden vermag« (ebd.). Jedoch handelt es sich hierbei wie bei dem zuvor beschriebenen, dem ganz Schwachen und Kleinen ausschließlich in existenzieller Extremlage empfohlenen Volkskrieg um die letzte Hoffnung eines äußerst Verzweifelten, um die *ultissima ratio* oder gar die *irratio* desjenigen, dem »keine Vorsicht« und »keine Weisheit« mehr »letzte Hilfe« bieten können. Dass Clausewitz solcher »irrationalen« Hoffnung nicht *gänzlich* zu trauen vermochte und sich ihr nicht ausliefern wollte, ist nicht verwunderlich angesichts seiner symmetrie-orientierten Überzeugung, dass im Krieg »der trockene Ernst der Notwendigkeit« (ebd.: 387) herrsche, der die »Lust zum Spiel schlauer Beweglichkeit« (ebd.: 386f.) erdrücke. Wenn der Krieg auf einem von starren Gesetzen dominierten Schachbrett geführt und auch entschieden wird, dann bleibt für listige Versuche, auf »asymmetrische« Weise objektive Schwächen zu kompensieren, wenig Raum: »es fehlt den Steinen im strategischen Schachbrett die Beweglichkeit, welche das Element der List und Verschlagenheit ist« (ebd.: 387). Den guten Strategen als den guten strategischen Schachspieler kennzeichnet daher vor allem »ein richtiger treffender Blick« (ebd.), der »eine notwendigere und nützlichere Eigenschaft des Feldherrn ist als die List, wiewohl diese auch nichts verdirbt, wenn sie nicht auf Unkosten notwendiger Gemütseigenschaften besteht, welches freilich nur zu oft der Fall ist« (ebd.). Statt also darauf zu hoffen, dass man listig den unerbittlichen Notwendigkeiten und Wahrscheinlichkeiten aus dem Weg gehen könne, die sich aus den bestehenden Verhältnissen – insbesondere den Kräfteverhältnissen – ergeben, indem man nach »asymmetrischen« Alternativen zu der anstrengenden

zwischenzeitliche Abkehr Clausewitz' von der ansonsten sein Denken bestimmenden Unterordnung des Kleinen Krieges unter den Großen Krieg – einer Unterordnung, die sowohl die *Vorlesungen über den Kleinen Krieg* als auch *Vom Kriege* charakterisiert.

Kraft-Symmetrierung Ausschau hält, rät Clausewitz, den harten Erfordernissen des Krieges mit einem »richtigen, treffenden Blick« kühl-berechnend und direkt – also symmetrisch statt asymmetrisch – zu begegnen.

Allenfalls beiläufig und gelegentlich – also in der Tat nur »implizit« (Daase/Schindler 2009: 706) – richtet sich der nüchterne Clausewitzsche Strategen-Blick auf nichtsymmetrische Herausforderungen und Anforderungen, für deren konzeptionelle Durchdringung der preußische General daher nicht mehr als »die Grundlagen« (Heuser 2005: 174) gelegt zu haben beanspruchen kann. Warum er auf die Ausarbeitung einer »expliziten«, über »Grundlagen« hinausgehenden Theorie und Strategie des asymmetrischen Krieges verzichtete und ob ihm eine solche Ausarbeitung während der Phase der Restauration nach dem Wiener Kongress womöglich inopportun oder gar gefährlich erschien, wäre unter Berücksichtigung der Erfahrungen Clausewitz' mit den napoleonischen Kriegen, die die Westfälischen Symmetrien erschütterten, eingehender zu untersuchen. Hinsichtlich des hier diskutierten Einwandes, das Asymmetrie-Konzept sei in *Vom Kriege* und den *Vorlesungen über den Kleinen Krieg* bereits vorweggenommen, genügt die Beobachtung, dass deren Verfasser – darin seinem chinesischen Vorgänger Sunzi ähnlich – eine dem Symmetrie-Modell *bewusst* und *explizit* entgegengestellte, *autonome* und *rationale* »asymmetrische« Kriegstheorie und Strategie nicht ausgearbeitet hat. Eine solche Theorie und Strategie hätte insbesondere die *Zweiseitigkeit* des asymmetrischen Krieges zu berücksichtigen und also nicht allein aufzuzeigen, wie der von Clausewitz im Zusammenhang mit Aspekten des Kräfteungleichgewichts einseitig fokussierte existentiell bedrohte Schwache seine Unterlegenheit in eine Waffe verwandeln kann, und zwar in eine Waffe, die einen strategisch-rationalen Gebrauch erlaubt, statt wie der Volkskrieg und die List lediglich dem völlig Verzweifelten in auswegloser Lage eine letzte, irrationale Hoffnung zu bieten. Vielmehr hätte eine zweiseitige Theorie und Strategie des asymmetrischen Krieges auch zu erklären, wie umgekehrt der jenen Schwachen existenziell bedrohende Starke seine relativ vorteilhafte Position angesichts der gegen ihn gerichteten asymmetrischen Strategien und Asymmetrierungsbestrebungen verteidigen und dabei seinerseits rational von asymmetrischen Strategien und Methoden der Asymmetrierung Gebrauch machen kann. Erst die Zweiseitigkeit und Rationalitätsorientierung eines solchen Zugangs, den das Asymmetrie-Konzept eröffnet, begründen den kriegstheoretischen Innovationswert dieses Konzepts. Clausewitz' Überlegungen zur Volksbewaffnung, zum Volkskrieg und zur List im Krieg lassen eine solche Zweiseitigkeit und Rationalitätsorientierung nicht erkennen. Sie können der Theorie des Asymmetrischen Krieges daher »implizit« vielfältige Anregungen liefern und einige »Grundlagen« hierfür legen, nehmen diese Theorie als solche aber nicht vorweg.[96]

(3) Mao Zedongs Theorie (und Praxis) des Krieges

Eine weitere Fundgrube für diejenigen, die Vorformen asymmetrischen Denkens und Handelns aufzuspüren suchen, bilden die kriegs- und strategietheoretischen Schriften Mao Zedongs. Deren »proto-asymmetrische« Deutung wurde durch die frühe US-amerikanische Rezeption des maoistischen Kriegsdenkens befördert, so etwa durch jene von Edward Katzenbach und Gene Hanrahan (1955; vgl. Mello 2010: 5). Die inhaltliche Nähe von Maos Schriften zur Theorie des Asymmetrischen Krieges erscheint dabei wenig verwunderlich, da letztere seit ihren Anfängen durch erstere geprägt wurde. So beeinflusste das Denken Maos, das sich in Auseinandersetzung mit den Kriegstheorien Sunzis und wohl auch Clausewitz' entwickelte (Katzenbach/Hanrahan 1955: 323f.), die Entstehung des Konzepts des asymmetrischen Krieges teils direkt, teils vermittelt über Guerilla- und Partisanentheorien, die in der Phase der Dekolonisierung von Mao inspiriert wurden (vgl. Kap. 3). Mao nämlich machte mit seiner »hauptsächlich in den Jahren zwischen 1928 und 1938 entwickelte[n] Theorie des Partisanenkrieges«, die »nahezu ein Evangelium in der Welt der farbigen und unterentwickelten Völker [wurde; F. W.], in jedem Falle eine Lehre des Partisanenkampfes, die nicht nur

96 Die »Einseitigkeit« der Clausewitzschen Überlegungen zum asymmetrischen Krieg scheinen Daase und Schindler (2009) – ihrerseits implizit – anzuerkennen, wenn sie feststellen: »wo Clausewitz sich mit asymmetrischen Konstellationen befasst, wie in der Bekenntnisdenkschrift, dort favorisiert er die Defensive als die stärkere Form der Kriegführung *für den schwächeren Akteur*« (ebd.: 705; Hervorh. F. W.). Ähnlich kommt diese Einseitigkeit auch in der folgenden Charakterisierung des Clausewitzschen Kriegsdenkens zum Ausdruck: »Weil *der schwächere Akteur* die gegnerischen Streitkräfte nicht frontal angreifen kann, muss er auf verdeckte Angriffe kleiner Abteilungen zurückgreifen, um logistische Knotenpunkte, Kommunikationslinien oder nur schwach geschützte Stellungen anzugreifen, wie es Clausewitz so detailreich in seinen Vorlesungen beschrieben hat. In diesem Sinne werden kleine Kriege *(vom schwächeren Akteur)* strategisch in der Defensive, taktisch aber in der Offensive geführt« (ebd.: 706; Hervorh. F. W.). So lange ungeklärt bleibt, inwiefern Clausewitz die Konsequenzen der Asymmetrie für die Kriegführung auch des *stärkeren* Akteurs – und für die Konfliktdynamik *zwischen* schwächerem und stärkerem Akteur – beleuchtet hat, beruht die These, dass Clausewitz »auch ein innovativer Theoretiker des kleinen, asymmetrischen Krieges ist« (ebd.: 701), auf einem »einseitigen« Asymmetrie-Verständnis, das das in diesem Konzept angelegte »zweiseitige« Innovationspotenzial nicht voll auszuschöpfen scheint.

auf China beschränkt blieb«, so Werner Hahlweg (1969: 21), »auf weltweiter Ebene den Anfang in der Praxis wie in der Theorie« (ebd.) der proletarischen Revolution und der nationalen sowie sozialen Emanzipation in der sogenannten Dritten Welt. Aus heutiger Sicht können an dieser Partisanentheorie insbesondere diejenigen Elemente »asymmetrisch« erscheinen, die – bei Mao noch ohne Asymmetrie-Terminologie – strategierelevante Differenzen in der Nutzung des Raumes, der Zeit sowie der Unterstützung durch die Zivilbevölkerung betreffen (vgl. Katzenbach/Hanrahan 1955: 324–326). Maos Partisanen entdecken die strategische Bedeutung dieser »Asymmetrien«, die sie zu ihren Gunsten auszunutzen versuchen: die Asymmetrie des Raumes, indem sie ihre Kräfte über die gesamte Weite des Terrains verteilen und sich in diese Weite zurückziehen, statt sich dem Gegner in einer Entscheidungsschlacht zu stellen; die Asymmetrie der Zeit, indem sie den Kampf temporal ausdehnen und ihn als einen »langanhaltenden Krieg« (chíjiǔ zhàn; vgl. hierzu Spakowski 2007: 357f.) in die Länge ziehen, statt schnell die Entscheidung zu suchen; die Asymmetrie der Unterstützung schließlich, indem sie mit der Bevölkerung ein Bündnis »so eng wie das Verhältnis zwischen ›Fisch und Wasser‹« eingehen (ebd.: 357), statt Grenzen zwischen Kombattanten und Nonkombattanten, Soldaten und Zivilisten aufrechtzuerhalten und anzuerkennen.[97] Anders als reguläre Soldaten, die sich an solche Grenzen gebunden sehen und denen jene strategischen Ressourcen – Raum, Zeit und gesellschaftliche Unterstützung – nicht in gleichem Maße zur Verfügung stehen, vermögen die Partisanen den Krieg »nach Partisanenart« zu führen, und das heißt: sie vermögen eine sie begünstigende strategische Asymmetrie gegenüber ihren Gegnern herzustellen und auszunutzen. »Mao's optimism« (Katzenbach/Hanrahan 1955: 326) bezüglich der Siegchancen der Partisanen kann somit zwar *ex post* auf den »asymmetrischen« Charakter seiner Partisanenstrategie zurückgeführt werden. Letztlich löste sich Mao aber weder theoretisch noch strategisch ganz von den Vorgaben der Symmetrie. So lässt die von Mao für den Partisanenkrieg konzipierte Drei-Etappen-Strategie keinen Zweifel daran, dass der maoistische Partisan eine Resymmetrie-

97 Zu Maos Partisanentheorie siehe die Schrift »Ein Funke kann die ganze Steppe in Brand setzen« aus dem Jahr 1930 mit der berühmten Charakterisierung der Partisanenstrategie in folgenden Merksätzen: »›Die Truppen dezentralisieren, um die Massen zur Erhebung zu bringen, und die Truppen konzentrieren, um mit dem Gegner abzurechnen.‹ ›Der Feind greift an – wir weichen zurück; der Feind ist zum Stehen gekommen, wir lassen ihm keine Ruhe; der Feind ist ermüdet, wir greifen an; der Feind zieht sich zurück – wir verfolgen ihn;‹ […]« (zit. nach Hahlweg 1969: 106).

rung und Regularisierung der Kräfte herbeizuführen sucht, statt den Prozess der Asymmetrierung und Irregularisierung auf die Spitze zu treiben.[98] Darüber hinaus trägt Maos »einseitige Perspektive«, also seine dem eigenen Anspruch auf »Zweiseitigkeit« nicht voll gerecht werdende Fokussierung auf den schwachen Akteur, dazu bei, dass nicht das ganze Bild des asymmetrischen Krieges in den Blick der Partisanentheorie gerät – eine perspektivische Einseitigkeit, die Theorien und Strategien der Counterinsurgency auf der »anderen« Seite des ideologisch-strategischen Spektrums unter umgekehrten Vorzeichen wiederholten, wenn sie nicht weniger »einseitig« als die maoistische Partisanenstrategie auf diese zu reagieren versuchten.[99] Angesichts der »Einseitigkeit« sowohl der maoistischen Partisanenstrategie als auch der gegen diese gerichteten Counterinsurgency-Strategie erscheint wiederum der »optimism« (ebd.: 340) der letzteren verfrüht, auf den die USA sich noch nach dem dramatischen Scheitern der Franzosen in Vietnam selbstbewusst stützen zu können meinten – eine Fehleinschätzung, die sich nicht zuletzt aus der besagten Einseitigkeit ergab.[100] Bei beiden, maoistischer Partisanen-

98 Maos Schrift »Probleme des Kriegs und der Strategie« aus dem Jahr 1938 zufolge »spielen in der ersten und dritten Etappe der drei strategischen Etappen des Krieges (Verteidigung – Kräftegleichgewicht – Gegenangriff) die Operationen der regulären Armee die Hauptrolle und die Partisanenaktionen nur eine Hilfsrolle. [...] Deshalb werden die Operationen der regulären Armee im Krieg als Ganzes die Hauptrolle und die Partisanenaktionen eine Hilfsrolle spielen« (zit. nach Hahlweg 1969: 145). Mit anderen Worten: Die Partisanenkriegführung kann zwar eine Niederlage zeitlich hinauszögern, kann aber für sich genommen noch keinen Sieg herbeiführen: »A protracted war – the point is made dogmatically – *must* pass through three stages to victory« (Katzenbach/Hanrahan 1955: 330).

99 Maos – nicht eingelösten – eigenen Anspruch auf »Zweiseitigkeit« heben Katzenbach und Hanrahan (1955) hervor, die hierzu aus seiner (in diesem Punkt deutlich von Sunzi inspirierten) Schrift »Strategic Problems of China's Revolutionary War« von 1936 zitieren: »He told his readers that ‹[we had to] familiarise ourselves with all aspects of the enemy's situation as well as our own, to discover the laws of the actions of both sides, and to take these laws into account in our own actions.‹« (ebd.: 326) Demgegenüber erwiesen sich die Theorien und Strategien der Counterinsurgency als nicht weniger einseitig bei ihrem Versuch, mit Blick auf »die Gegenseite aus Mao Tse-tungs Theorie des Partisanenkrieges Nutzen zu ziehen« (Hahlweg 1969: 21), was »für die Ausbildung der amerikanischen Special Forces ebenso wie für die Doktrin der französischen ›guerre révolutionnaire‹« (ebd.) bedeutsam erschien.

100 In Kenntnis des Ausgangs des US-amerikanischen Indochina-Engagements nach dem Rückzug der Franzosen im Jahr 1954, der Andrew Mack im Jahr 1975 zur Entwicklung des Asymmetrie-Konzepts inspirierte, nimmt sich der von Katzenbach und Hanrahan im Jahr 1955 unter Verweis auf den US-amerikanischen Verteidigungsminister Charles E. Wilson formulierte optimistische Anspruch der USA, aus dem tragischen Scheitern

strategie und antimaoistischer Counterinsurgency-Strategie, handelt es sich um jeweils »halbierte« Beschreibungen eines unkonventionellen, irregulären, nichtsymmetrischen Krieges, aus deren Zusammenschau und Zusammensetzung sich erst die Theorie des *Asymmetrischen* Krieges ergibt. In diesem Sinne trifft Daases auf die Theorie des Kleinen Krieges gemünzte Feststellung auch auf die hier ins Auge gefassten Vorformen der asymmetrischen Kriegstheorie zu: nämlich dass es unter ihnen »zwar viele Beschreibungen und Strategien des Kleinen Krieges, aber nur wenige Theorien« (Daase 1999: 27) gibt. Die Theorie des Asymmetrischen Krieges verdankt ihren Vordenkern Sunzi, Clausewitz und Mao Zedong vieles, nicht aber alles.

c) »Der Asymmetrie-Diskurs wird von Interessen bestimmt.«

Wissenssoziologisch und ideologiekritisch wird gegen das Asymmetrie-Konzept eingewandt, es handele sich bei der »Asymmetrie« weniger um ein analytisch-theoretisches als vielmehr um ein rhetorisch-strategisches Instrument. Interessierte (Konflikt-)Parteien nutzten, so die Kritik, die Asymmetrie-Semantik und beförderten ihre Ausbreitung zu dem Zweck, dadurch ihre eigenen Interessen zu bedienen. Als »Asymmetrie-Kriegsgewinnler« werden vor allem zwei Akteursgruppen genannt, deren Diskursbeiträge unter Interessenverdacht zu stellen seien: (1) politisch-strategische Entscheidungseliten, die mithilfe des Asymmetrie-Konzepts ihren Machtkampf innerhalb des Kriegsdiskurses »mit anderen Mitteln« fortsetzten, sowie (2) publizistisch-akademische Deutungseliten, die sich in ihrem Aufmerksamkeitskampf mit dem Asymmetrie-Konzept Vorteile gegenüber Konkurrenten zu verschaffen versuchten.

---

der Franzosen gegen die als »remarkably and tragically successful« (Katzenbach/Hanrahan 1955: 336) wahrgenommene maoistische Strategie in Indochina gelernt zu haben, seinerseits tragisch aus. Katzenbach und Hanrahan beschließen ihre Studie mit dem optimistischen Ausblick: »There is also room for another word of *optimism* here. From the war in Malaya, from the war in the Philippines, and from the failure in Indo-China, there is now available tactical doctrine for a war against the Maoists. Like any tactical doctrine, it is rooted in *a general strategic concept«* (ebd.: 340; Hervorh. F. W.). Dass dieses *general strategic concept* im Jahr 1955 noch nicht auf einem zweiseitigen Asymmetrie-Verständnis beruhte, wie Mack es erst *ex post* zur Erklärung der Niederlage der USA in Vietnam entwickelte, lässt teilweise verständlich werden, warum der US-amerikanische Vietnamkrieg den Erwartungen der »Optimisten« unter den Counterinsurgency-Strategen nicht entsprach und seinerseits für die USA »tragisch« verlief.

(1) *Interessen politisch-strategischer Entscheidungseliten im und am Asymmetrie-Diskurs*

Dass politische Auseinandersetzungen sich auch in Kämpfen um die politische Sprache niederschlagen, erscheint unter Bedingungen der Asymmetrie besonders plausibel: Wenn, wie von der Asymmetrie-Theorie behauptet wird, im asymmetrischen Krieg Anreize bestehen, den Kampf auf kreative Weise mittels List und Täuschung in den zivilen Bereich hinein auszudehnen, so sind *spillover effects* dieses Kampfes auch in den politisch-öffentlichen Diskurs hinein zu erwarten. Die Entgrenzung des Kampfes kann somit dazu führen, dass der Asymmetrie-Diskurs selbst zum erweiterten Schlachtfeld und das Asymmetrie-Konzept zur Waffe in den Händen der Kämpfenden werden. Wer von »asymmetrischen Kriegen« spricht, gerät dann in den Verdacht, zur Fortsetzung des asymmetrischen Kampfes mit anderen, nämlich semantisch-diskursiven Mitteln beizutragen, statt den asymmetrischen Kampf »interesselos« zu beschreiben. In diesem Sinne kritisiert der schweizerisch-amerikanische Politikwissenschaftler Yves Winter in seinem Aufsatz »The Asymmetric War Discourse and its Moral Economies: A Critique« (2011) die Absichten, die sich hinter dem Asymmetrie-Konzept versteckten:

> »the idiom of asymmetry is not just a neutral descriptive military jargon; rather, it tends to moralize and depoliticize contemporary conflict constellations. [...] The idea of asymmetry functions as a source of legitimacy because it frames the confrontation between states and their ›asymmetric‹ enemies in moral terms and transposes that confrontation onto a neo-colonial template of civilized vs. uncivilized forms of warfare.« (Winter 2011: 490)

Diese wissenssoziologische Kritik am Asymmetrie-Diskurs, den die etablierten Staaten vor allem dazu nutzten, sich selbst legitimatorische Vorteile gegenüber »asymmetrischen«, »irregulären«, »unzivilisierten« Kontrahenten zu verschaffen – eine Kritik, die auch am Diskurs der »neuen Kriege« geübt wurde, – richtet sich insbesondere gegen politisch-strategische Eliten in asymmetrisch überlegenen, »neokolonialen« Staaten.[101] Vor allem US-ame-

101 Was den »Neue Kriege«-Diskurs angeht, stellt Daase (2011a) fest, »dass das Reden von ›neuen Kriegen‹ Teil der ›neuen Kriegführung‹ ist« (ebd.: 21): »Die Theorie der ›neuen Kriege‹ beschreibt nicht nur, sondern sie *betreibt* auch den Wandel der Kriegsformen. Sie delegitimiert die Akteure ›neuer Kriege‹ – sofern sie ›Krieg‹ führen – und weist den Staaten (insbesondere des Westens) eine aktive Ordnungsfunktion zu, indem sie intervenieren und ›Friedenskonsolidierung‹ betreiben. Da es sich um ›Kriege‹ handelt, ist der Einsatz militärischer Gewalt nicht nur möglich, sondern geboten; weil diese Kriege zugleich aber ›neu‹ sind, müssen die überkommenen Regeln der Kriegführung revidiert

rikanischen Entscheidungseliten wird unterstellt, das »asymmetrische Vokabular« aus nationalem Eigeninteresse heraus zu verwenden und zu verbreiten. Die Karriere der Semantik der »asymmetrischen Bedrohungen« verdanke sich in diesem Sinne dem *national interest* der USA, genauer gesagt: dem Interesse nationaler Eliten, die die US-amerikanische Interventions- und Rüstungspolitik gegenüber einer Öffentlichkeit zu rechtfertigen suchten, die nach dem Zusammenbruch der Sowjetunion auf die Einstreichung der Friedensdividende hoffte. Da eine greifbare Bedrohung nach dem Tod des sowjetischen »Drachen« (Woolsey 1993, zit. nach Garthoff 2005: 221) »fehlte«, sei ein »Bedarf« an neuen Bedrohungen entstanden, um eine weiterhin aktive Sicherheitspolitik zu begründen (Lambakis u.a. 2002: 248). In den neunziger Jahren des 20. Jahrhunderts konnte dieser »Bedarf« zunächst noch durch das Bedrohungspotenzial des »erwachenden Drachen« China gedeckt werden. Das chinesische Wirtschaftswachstum wurde in dieser Zeit als *China's rise* wahrgenommen und als Ursache eines *China threat* interpretiert.[102] Mit den Terroranschlägen vom 11. September 2001 änderte sich dieses Bedrohungsmanagement fundamental. Nun rückten in der

---

werden« (ebd.: 26). Diese Diagnose, derzufolge »die Theorie der ›neuen Kriege‹ ausgesprochen einseitig« (ebd.: 25) ist, sowie die daran anschließende Befürchtung, dass die Rede von ›neuen Kriegen‹ letztlich »die traditionellen Differenzierungen [unterminiere; F. W.], die sich über Jahrhunderte zur Hegung politischer Gewalt entwickelt haben« (ebd.), führen Daase zu dem Vorschlag, den Begriff »Neue Kriege« für solche Konflikte zu reservieren, in denen – wie etwa bei humanitären Interventionen oder der Terrorismusbekämpfung – eine Asymmetrie der Legitimität behauptet wird: »Das Neue ist die moralische Einbettung der ›neuen Kriege‹, der Versuch, schon begrifflich die normative *Asymmetrie* deutlich zu machen und die eigene Legitimität auf Kosten des Gegners zu maximieren« (ebd.: 22; Hervorh. F. W.). Dass damit explizit ein semantisch-methodischer Übergang hin zur »Asymmetrie« empfohlen wird, erscheint insofern konsequent, als gerade diese Begrifflichkeit, sofern sie zweiseitig (statt einseitig) und analytisch (statt normativ) verstanden wird, es erlaubt, die in asymmetrischen Konstellationen drohende Auflösung symmetrischer Grenzziehungen zu erklären – um sie etwa zu verhindern oder zu bewältigen.

102 Zu der Debatte um *China's rise* und um *the China threat* siehe die Zusammenstellung der wichtigsten Argumente bei Roy (1996). Dass diese Debatte seit den neunziger Jahren des 20. Jahrhunderts nicht nur die akademischen, sondern auch die politischen *Foreign Affairs* prägte, lässt sich daran ablesen, dass nach dem Amtsantritt George W. Bushs als 43. Präsident der USA im Jahr 2000 die Volksrepublik China im US-amerikanischen diplomatischen Jargon von einem »strategischen Partner« zu einem »strategischen Herausforderer« in der Hierarchie der Bedrohungen »befördert« wurde. Zu den US-amerikanischen Feindkonstruktionen nach dem Zusammenbruch der Sowjetunion und ihren Funktionen für das republikanische *sowie* imperiale Selbstverständnis der USA siehe Marco Walters Studie *Nützliche Feindschaft?* (Walter 2015), die die entsprechenden De-

dschungelartigen neuen Welt-Unordnung die »giftigen Schlangen« (Woolsey 1993, zit. nach Garthoff 2005: 221), also die »irregulären«, »unzivilisierten« Akteure wie Terroristen und sogenannte »Schurkenstaaten« an die Stelle der Sowjetunion und Chinas als der größten nationalen Herausforderung. Damit gewann das Asymmetrie-Konzept für politische Analysten und Praktiker an Attraktivität: »Analysts and policy-makers have latched onto the asymmetry concept for want of a coherent central threat, such as that once posed by the Soviet Union« (Lambakis u.a. 2002: 268). Gerade wegen seiner Attraktivität entspreche das Asymmetrie-Konzept so wenig einer interesselosen Bedrohungsperzeption wie dies bei den gleichfalls postsymmetrischen Konzepten »Terrorismus« (vgl. Jenkins 2003) und »Krieg gegen den Terror« (vgl. Nabers 2007) der Fall sei. Als Mittel einer interessierten Bedrohungskonstruktion dienten diese Konzepte den Zielen politisch-strategischer Entscheidungseliten aus den Reihen der US-amerikanischen Regierung, des Militärs sowie der Rüstungsindustrie nach dem Ende des Kalten Krieges.[103] Ihren »interessierten« semantischen Manövern zugunsten den USA als asymmetrisch überlegener Weltmacht stehen gleichwohl begriffliche Interventionen vergleichbarer Eliten aus asymmetrisch benachteiligten Staaten gegenüber. Ihnen nämlich kann mindestens ebenso plausibel ein Interesse an der Nutzung und Ausbreitung der Asymmetrie-Semantik unterstellt werden. Das gilt etwa für die Verfasser des im Jahr 1999 zunächst auf Chinesisch veröffentlichten Strategiepapiers *Unrestricted Warfare* (2002), das dem Asymmetrie-Konzept zentrale Bedeutung beimisst. So könnten die chinesischen Offiziere Qiao Liang und Wang Xiangsui mit der Konzipierung

batten vor dem Hintergrund des in ihnen fortgeschriebenen römisch-republikanischen Dekadenz- und *metus hostilis*-Diskurses interpretiert.

103 So weist Dirk Nabers (2007) der Semantik des »Kriegs gegen den Terror« die Funktion zu, »die Praxis des ›Kriegs gegen den Terror‹ zu normalisieren und zu legitimieren« (ebd.: 372). Allerdings dürften unmittelbar nach dem Ende des Kalten Krieges die US-amerikanischen (Diskurs-)Interessen noch nicht generell auf Seiten »der Asymmetrie« gelegen haben. Vielmehr konnte die Rede von »asymmetrischen« Bedrohungen in dieser Zeit die Frage provozieren, »was es bringt, Milliarden von Dollar für neue Kampfflugzeuge und hoch entwickelte Fregatten auszugeben, wenn zwei Menschen und ein Boot ausreichen, um eine Fregatte der US Navy anzugreifen und 17 Mann zu töten« (Bishara 2001). Zur Rechtfertigung der großen US-amerikanischen Rüstungsprojekte der Jahrtausendwende wie dem Vorhaben, einen nationalen Raketenabwehrschirm (»National Missile Defense«) aufzuspannen, wurde daher neben asymmetrischen zumeist auf symmetrische (primär chinesische) Bedrohungsszenarien verwiesen. Der Diskurskampf zwischen »Asymmetrikern« und »Symmetrikern« war um die Jahrtausendwende also keineswegs schon entschieden.

und vor allem der *Veröffentlichung* dieser explizit asymmetrischen Strategie das Interesse verbunden haben, das Bedrohungspotenzial der kräftemäßig gegenüber den USA asymmetrisch benachteiligten Volksrepublik China propagandistisch zu überhöhen. Das Anliegen des Strategiepapiers bestünde in diesem Sinn nicht darin, eine tatsächlich realisierbare oder zur Realisierung auch nur gedachte Form der »unbegrenzten«, »asymmetrischen« Kriegführung für die chinesischen Streitkräfte zu entwickeln. Vielmehr wäre es sein Sinn, eine solche entgrenzte, asymmetrische Kriegführung mit rhetorisch-strategischen Mitteln performativ zu praktizieren. *Unrestricted Warfare* zielte also darauf ab, die asymmetrisch überlegenen USA in ihrer für eine mögliche Konfrontation mit China unerlässlichen Einschätzung des Kräfteverhältnisses (*net assessment*) mit asymmetrischen Mitteln derart zu täuschen, dass sie eine maßvollere Außen- und Sicherheitspolitik gegenüber China für angeraten hielten.[104] Gleichgültig, ob wie im Fall von *Unrestricted Warfare* die Interessen des Schwachen oder wie im Fall US-amerikanischer Strategiestudien die Interessen des Starken wissenssoziologisch dekonstruiert werden, läuft die entsprechende Kritik darauf hinaus, das Asymmetrie-Konzept als Ergebnis der Interessenskämpfe politisch-strategischer Entscheidungseliten über- oder unterlegener Konfliktparteien zu entlarven und es dadurch für den wissenschaftlichen Gebrauch zu diskreditieren. Inwiefern diese Kritik stichhaltig erscheint, wird nach der Betrachtung möglicher Diskurs-Interessen einer zweiten »Asymmetrie-Interessensgruppe« diskutiert.

104 Eine solche performative Täuschung würde also jenen psychologischen Schockeffekt zu erzielen und auszunutzen versuchen, den die Studie *Unrestricted Warfare* als mit der von ihr beschriebenen asymmetrischen, an unerwarteten Fronten ansetzenden Strategie des Schwachen verbunden ansieht und empfiehlt: »Mostly the weaker side selects as its main axis of battle those areas or battlelines where its adversary does not expect to be hit. The center of mass of the assault is always a place which will result in huge *psychological shock* to the adversary« (Qiao/Wang 2002: 182; Hervorh. F. W.). Die Vortäuschung besonderer »asymmetrischer« Fähigkeiten zum Zweck der psychologischen Schockierung des Gegners kann allerdings den Schwachen auch zur Selbsttäuschung verleiten, also dazu, von seinen vermeintlichen »asymmetrischen« Fähigkeiten selbst (grundlos) überzeugt zu sein – eine (Fehl-)Einschätzung, die nach Paul (1994) die Wahrscheinlichkeit von Angriffen schwächerer Parteien gegen stärkere erhöht.

(2) Interessen publizistisch-akademischer Deutungseliten im und am Asymmetrie-Diskurs

Neben den politisch-strategischen Entscheidungseliten, die unmittelbar in die Kämpfe ihrer Zeit einzugreifen versuchen, können publizistisch-akademische Deutungseliten, die eher indirekt an diesen Kämpfen beteiligt sind, verdächtigt werden, die Asymmetrie-Semantik aus eigenen Interessen zu nutzen und zu verbreiten. So unterstellen Asymmetrie-Kritiker publizistisch-akademischen Nutzern des Asymmetrie-Konzepts, damit ihren sicherheitspolitischen Diagnosen, Analysen und Empfehlungen höhere Sensations- und Aufmerksamkeitswerte verleihen zu wollen. Im Kampf um Buchauflagen, Einschaltquoten und Beraterverträge sei der »asymmetrische Krieg« ein aufmerksamkeitssteigernder Modebegriff, ein »buzz word that draws attention to the myriad security problems facing the United States today« (Lambakis u.a. 2002: 269). Seine aufmerksamkeitssteigernde Wirkung verdanke der Asymmetrie-Begriff einem kulturellen Kontext, in dem Kämpfe zwischen ungleichen Gegnern stets großes Publikumsinteresse fänden, wie etwa die Erfolge von Hollywood-Produktionen zum Thema »Held gegen Übermacht« zeigten (Münkler 2006a: 155f.). Von der Begeisterung für dieses Thema scheinen allerdings die Kultur- und Publikationsproduzenten zuweilen auch selbst ergriffen zu werden, so etwa dann, wenn Journalisten der von ihnen geschürten Sensationslust an der Asymmetrie erliegen, was professionelle Verteidigungsexperten unbedingt vermeiden sollten: »There is some excuse for journalists who become overexcited when exposed for the first time to the apparently new Big Idea of asymmetry, but we defense professionals should know better« (Gray 2002: 14). Solche Aufrufe zur Abstinenz gegenüber der vermeintlichen *big idea* der Asymmetrie konnten nicht verhindern, dass auch professionelle Verteidigungsexperten versuchten, mithilfe der asymmetrischen Semantik ihren Analysen und Ratschlägen zur Sicherheitslage nach dem Kalten Krieg größere Aufmerksamkeit zu verleihen. Wie erfolgreich die Asymmetrie-Theoretiker in ihrem Werben um Aufmerksamkeit und Zuwendung waren, lässt sich an den großangelegten Forschungsprojekten zum asymmetrischen Krieg ablesen, die US-amerikanische Militärforschungsinstitute und Security-Thinktanks um die Jahrtausendwende mit staatlicher Unterstützung durchführten.[105] In den Studien, die aus diesen Forschungsprojekten hervorgingen, wird häufig neben einer besseren För-

105 Siehe hierzu die oben in Fußnote 57 aufgelisteten Forschungsprojekte und Publikationen US-amerikanischer Militärforschungsinstitute und Security-Thinktanks.

derung der Asymmetrie-Forschung auch deren stärkere Einbindung in die staatliche Sicherheitspolitik und Verteidigungsplanung angemahnt, so etwa die Beteiligung von Asymmetrie-Experten an strategischen Planspielen, in denen sie während des *red teaming* genannten Trainingsprozesses die Rolle asymmetrisch agierender Kontrahenten der USA, sogenannter *red teams*, übernehmen sollten.[106] Wenn auch entsprechende Empfehlungen zur Institutionalisierung »asymmetrischen« Organisationslernens einer gewissen Paradoxie nicht entbehren, insofern als ihre Autoren nicht selten gerade die zu starke und zu starre Institutionalisierung für die Lernunfähigkeit von Militär- und Verwaltungsstrukturen verantwortlich machen, verweisen sie doch auf die aufmerksamkeitsökonomischen und handfesten ökonomischen Interessen, derentwegen die wissenssoziologische Asymmetrie-Kritik den Asymmetrie-Diskurs als »interessiert« kritisiert.

Soll diese Asymmetrie-Kritik, die sich auf politisch-strategische Entscheidungseliten und publizistisch-akademische Deutungseliten als »Asymmetrie-Kriegsgewinnler« fokussiert, nicht ihrerseits als ideologisch motiviert und interessiert dekonstruiert werden, so stellt sich die Frage, ob das Asymmetrie-Konzept *wegen* seiner vermeintlichen oder tatsächlichen Interessiertheit seinen *analytischen* Wert verliert. Selbst wenn nämlich wissenssoziologisch, ideologie- und diskurskritisch ein solcher Schluss naheliegend erscheint, ist er kriegs- und strategietheoretisch doch keineswegs zwingend. Denn ungeachtet der politik-, rüstungs-, moral-, aufmerksamkeits- und realökonomischen Interessen, die hinter der raschen Verbreitung des Konzepts »asymmetrischer Krieg« stehen mögen, hat dieses Konzept sich als kriegs- und strategie*theoretisches* Konzept letztlich auf dem Boden der Theorie zu bewähren. Gelingt ihm dies und kann es sich also *innerhalb* der Kriegs- und Strategietheorie gegenüber Alternativkonzepten durchsetzen, so darf der mehr oder weni-

106 So empfiehlt McKenzie (2000: 92): »We should be red teaming our own capabilities so that we have an accurate net assessment of our strengths and weaknesses.« Ähnliche Empfehlungen richten findige Asymmetrie-Entrepreneure inzwischen auch an zivilgesellschaftliche und private Adressaten. Das von Sicherheits- und Politikwissenschaftlern gegründete US-amerikanische »Institute for the Study of Asymmetric Conflict« bietet auf Spendenbasis Risiko- und Vulnerabilitätsanalysen für »nonprofit organizations, including religious institutions, schools, community centers, and other public facilities« an (siehe die Website des Instituts: http://www.asymmetricconflict.org; Abruf: 18.01.2015). Eine von ehemaligen US-amerikanischen Elite-Soldaten betriebene »Special Operations Company« wiederum offeriert unter dem Namen »Asymmetric Solutions« Dienstleistungen wie Sicherheitstraining, Personenschutz und Aufklärung für private und staatliche Auftraggeber (siehe die Unternehmenswebsite: http://www.asymmetricsolutionsusa.com; Abruf: 18.01.2015).

ger durch Interessen kontaminierte Entstehungs- und Verbreitungskontext der Asymmetrie-Begrifflichkeit (zumindest von der Theorie) getrost ausgeblendet werden. Mit anderen Worten: Über den *kriegs- und strategietheoretischen* Wert des Asymmetrie-Konzepts entscheidet nicht die Wissenssoziologie, sondern die Kriegs- und Strategietheorie. Wäre dem nicht so, dann stünde jenseits der asymmetrischen Semantik der Wert *jeder* politik- und sozialtheoretischen Begrifflichkeit grundsätzlich in Frage, insofern als diese sich nie ganz von dem politischen und sozialen Kraft- und Kampffeld zu lösen vermag, in dessen Kontext sie sich entwickelt. Im Fall des Asymmetrie-Diskurses wirken auf dem besagten Kraft- und Kampffeld neben den Interessen der »Asymmetrie-Kriegsgewinnler« noch zahlreiche weitere Interessen, darunter auch diejenigen der Gegner dieser Semantik. Eine *zweiseitig* orientierte Wissenssoziologie hätte sie ebenfalls in den Blick zu nehmen und zu dekonstruieren. Ob eine solche umfassende Diskurskritik aber die Bemühungen um ein besseres Verständnis sicherheitspolitischer Phänomene und Herausforderungen erleichtern würde, erscheint zweifelhaft, da die Wissenssoziologie die Kriegs- und Strategietheorie bei diesen Bemühungen kaum zu unterstützen und schon gar nicht zu ersetzen vermag. Stattdessen scheint der Schlüssel zu einem solchen Verständnis innerhalb der Kriegs- und Strategietheorie selbst zu liegen. Um diesen Schlüssel künftig besser nutzen zu können, hat diese allerdings ein möglichst »desinteressiertes«, und das heißt: ein *analytisches* (statt normatives und polemisches) sowie *zweiseitiges* (statt einseitiges und tendenziöses) Asymmetrie-Konzept auszuarbeiten. Insbesondere die mehr oder weniger politisch motivierte »einseitige« Identifizierung bestimmter Bedrohungen, Akteure und Methoden mit dem asymmetrischen Krieg – so etwa des Terrorismus, des Staatszerfalls, der »Schurkenstaaten« oder anderer »unzivilisierter« Akteure – steht einem solchen analytischen, zweiseitigen Verständnis des asymmetrischen Krieges entgegen. Dieses nämlich beruht auf der Betrachtung beider Seiten der Asymmetrie – also gerade auch der Seite der regulären Armee, des Staates oder des imperialen Akteurs, deren Kriegführung als Element, nicht aber als Gegensatz des asymmetrischen Krieges anzusehen ist. Der asymmetrische Krieg wird in einer solchen Perspektive nicht einseitig von »unrechtmäßigen«, »asymmetrischen« »Schurken« verursacht und geführt, denen »rechtmäßige«, »symmetrische« Akteure mit »berechtigten«, »symmetrischen« Gegenmaßnahmen entgegenträten. Vielmehr tragen *beide* Seiten mit verschiedenartigen, also asymmetrischen Formen des Kampfes und der wechselseitigen Delegitimierung zur Führung des asymmetrischen Krieges aktiv bei. Dass sich ein dieser zweiseitigen Betrachtungsweise entsprechendes Konzept des asymmetrischen Krieges für die politisch-polemische Instrumentalisierung weit weniger eignen dürfte als einseitige Konzepte wie jenes des »war on terror«, scheint Sicherheitspolitikern und Militärstrategen – anders als wissenschaftlichen Asymmetrie-Kritikern – schon früh aufgegangen zu sein. So löschten die USA während der Hochphase ihres Kampfes gegen Al Kaida unter der Präsidentschaft George W. Bushs (2001–2009) den zuvor weit verbreiteten Terminus »asymmetric war« aus ihren außen- und sicherheitspolitischen Strategiepapieren und ersetzen ihn durch denjenigen des »war on terror« (vgl. Kap. 4c). Dies verweist auf die vergleichsweise geringe Legitimierungs- und Mobilisierungskraft, die mit der in diesem Sinne politisch-praktisch »nutzlosen« Asymmetrie-Semantik verbunden wurde.

d) »Das Konzept des asymmetrischen Krieges ist nutzlos für Praxis und Theorie – und lässt sich prinzipiell nicht besser ausarbeiten.«

Der letzte zu diskutierende Einwand betrifft die – praktisch wie theoretisch in Frage gestellte – analytische Leistungsfähigkeit des Asymmetrie-Konzepts. So bezweifeln Militärs, Sicherheitspolitiker und Kriegstheoretiker, dass das Konzept »asymmetrischer Krieg« dem mit ihm verbundenen Anspruch gerecht werde und gerecht werden könne, das Verständnis des Krieges, die Analyse von Bedrohungslagen und die Formulierung verteidigungspolitischer Maßnahmen gegen entsprechende Bedrohungen zu verbessern. Die Kritik konzentriert sich dabei (1) auf den vermeintlich »spekulativen« Charakter der »praxisfernen« Asymmetrie-Theorie sowie (2) auf die behauptete Unmöglichkeit, das Asymmetrie-Konzept besser auszuarbeiten, um seinen theoretischen und praktischen Mehrwert zu erhöhen. Mag eine »reine« Theorie des Krieges diese »nutzenorientierten« Einwände als irrelevant zurückweisen und ignorieren können, so stellen sie für eine »mit dem Handeln befreundete Theorie« (vgl. Clausewitz 1980 [1832–34]: 292; Vollrath 1993; Münkler 2008a: 127f.) doch ernstzunehmende Zweifel an der von ihr – *als Theorie* – angestrebten Freundschaft zur Praxis dar.

(1) Praxisferne des »spekulativen« Asymmetrie-Konzeptes

Die Kritik am »asymmetrischen Krieg« stützt sich vielfach auf den Eindruck, das Asymmetrie-Konzept trage nicht zur Ordnung verteidigungspolitischer

Prioritäten bei und sei daher zu verwerfen: »We conclude that the exponential proliferation of references in current defense discourse to ›asymmetric‹ threats has done little to help order defense priorities, and this term should be dropped from regular usage within the Department of Defense« (Lambakis u.a. 2002: 271). Langfristig, so ergänzt Gray (2002) diese Kritik an der Praxisferne des Asymmetrie-Konzeptes, laufe die Sicherheitspolitik gar Gefahr, durch die einseitige Konzentration auf Phänomene der Asymmetrie geschwächt zu werden. Wenn die *security community* nur noch über asymmetrische Bedrohungen spekuliere, führe dies zwangsläufig dazu, dass sie andere, womöglich drängendere, symmetrische Bedrohungen vernachlässige. Problematisch an der Asymmetrie-Faszination sei demnach, dass asymmetrischen Bedrohungen häufig *per se* außerordentliche Effizienz und Signifikanz zugesprochen würden (ebd.: 14). Das Spekulieren über asymmetrische Bedrohungen verliere oftmals deren geringe Eintrittswahrscheinlichkeit und Gefährlichkeit aus dem Blick – Faktoren also, die Politik und Militär zu berücksichtigen hätten, wenn sie die *tatsächliche* Bedrohungslage einschätzten, statt lediglich *potenzielle worst case*-Szenarien »andersartiger« Bedrohungen zu imaginieren. Eine realistisch betriebene Sicherheitsanalyse habe sich daher auf die Unterkategorie »effektiver« asymmetrischer Bedrohungen zu konzentrieren: »it is not sufficient just for a threat to be different, also it would need to be prospectively effective« (ebd.: 6f.). Wenn die Theorie des Asymmetrischen Krieges sich hingegen auf Spekulationen und Imaginationen möglicher Bedrohungen stütze, so lässt diese Kritik sich reformulieren, produziere sie lediglich Kontingenz und Komplexität, statt zu deren Reduktion und praktischer Handhabbarkeit beizutragen. Wird das Schlachtfeld als grenzenlos gedacht und werden Bedrohungen als ubiquitär, Feinde als unsichtbar, Regeln als unverbindlich und Entwicklungstrends als unvorhersehbar beschrieben, so liefert die Asymmetrie-Theorie dem Praktiker weder Orientierung noch Halt. Da und insofern das Konzept »asymmetrischer Krieg« solchen praktischen Halt nicht zu geben vermag, erweist es sich, so die Kritik, für Politik und Militär als nicht anschlussfähig und ist daher zu verwerfen. Für eine Theorie des Asymmetrischen Krieges, die die »Freundschaft« zur Praxis nicht gänzlich aufzukündigen wünscht, ergibt sich hieraus das Erfordernis, neben der Kontingenz und Komplexität auch die spezifische Gesetzmäßigkeit des asymmetrischen Krieges zu durchdringen, um hieraus die praktischen Herausforderungen und Optionen für die militärische Führung und politische Gestaltung einschließlich der Verhinderung asymmetrischer Kriege abzuleiten. Ein solchermaßen *theoretisch* geschärftes und gerade *deswegen* praxisrelevantes Verständnis des asymmetrischen Krieges könnte Entscheidungsträgern zwar nicht ihre Entscheidungspraxis abnehmen, wohl aber die Anforderungen an erfolgreiche Entscheidungen im Umgang mit Asymmetrien aufzeigen. Sofern der Versuch einer solchen theoretischen Durchdringung des asymmetrischen Krieges mit praktischem Interesse nicht von vornherein als aussichtslos angesehen wird, könnte die von Kritikern diagnostizierte »spekulative Praxisferne« des Asymmetrie-Konzepts als Symptom einer *bislang* unzureichenden Konzeptualisierung des asymmetrischen Krieges aufgefasst werden, statt sie als Anzeichen einer *prinzipiell* unüberwindbaren Kluft zwischen Theorie und Praxis zu begreifen. Dass diese Kluft sich im Fall des Asymmetrie-Konzepts überwinden lasse, bezweifeln allerdings prinzipiell argumentierende Kritiker des »asymmetrischen Krieges«.

(2) Prinzipielle Unmöglichkeit der besseren Ausarbeitung des Asymmetrie-Konzepts

Dass das Asymmetrie-Konzept sich besser ausarbeiten lasse, wird mit kulturrelativistischen und komplexitätsbezogenen Argumenten bestritten. Was erstere Argumente angeht, verweisen die Sicherheits-Kulturrelativisten darauf, dass in unterschiedlichen Kulturkreisen unterschiedliche – nämlich symmetrische oder asymmetrische – Verständnisse der Kriegführung historisch gewachsen seien, deren Partikularität und Pluralität von einer allgemeinen Theorie oder Praxislehre des Krieges nicht erfasst werden könnten. So gilt beispielsweise die »asymmetrische« Strategie der Gewaltlosigkeit zuweilen als spezifisch nichtwestlich und mit der westlichen »Weltanschauung« geradezu unvereinbar, weshalb sie von westlichen Theoretikern und Praktikern nur schwerlich nachzuvollziehen und nachzuahmen sei.[107] Auf ähnliche Weise werden »asymmetrische« indirekte Strategien in ihrer Genese und Anwendung nichtwestlichen Kriegs- und Sicherheitskulturen zugerechnet, deren historische Entwicklungspfade und Pfadabhängigkeiten sich von denjenigen des Westens grundsätzlich unterschieden (Arreguín-Toft 2001: 106).[108] An-

107 Zu dieser Einschätzung gelangt Baud (2003), der die Strategie der Gewaltlosigkeit als zutiefst nichtwestlich charakterisiert: »C'est donc une strategie difficilement transposable parce que pratiquement impossible à intégrer dans la *Weltanschauung* occidentale« (ebd.: 110).

108 Trotz der Behauptung einer derartigen historisch-kulturellen Pfadabhängigkeit strategischen Denkens, die konsequenter Weise auch für diese Behauptung selbst gelten müsste, gibt Arreguín-Tofts »Theory of Asymmetric Conflict« (2001; 2005) ihrerseits den

gesichts solcher interkultureller Unterschiede im Kriegsverständnis, die auch das Verständnis des asymmetrischen Krieges betreffen, erscheinen Asymmetrie-Kritikern begrifflich-theoretische Klärungsversuche, die auf ein allgemeines Verständnis und eine allgemeine, also interkulturell übertragbare Handlungslehre des asymmetrischen Krieges abzielen, letztlich aussichtslos. Wenn sich für die eine Kultur als »asymmetrisch« darstelle, was für eine andere »normale Praxis« sei, dann verunmögliche die kulturbedingte strategische Relativität die Formulierung einer allgemeinen strategischen Theorie und Handlungslehre des Asymmetrischen Krieges: »If one person's terrorist is another's freedom fighter, so one state's or groups's asymmetric threat is another's standard modus operandi« (Lambakis u.a. 2002: 254). Abgesehen von kulturrelativistischen Argumenten stützt die prinzipielle Skepsis gegenüber der Möglichkeit einer besseren, praxisnäheren Ausarbeitung der Asymmetrie-Theorie sich auf komplexitätsbezogene Argumente. Diese laufen auf die Einschätzung hinaus, dass das Konzept »asymmetrischer Krieg« sich »zu viel« vornehme: zu viel an Kontingenz und Komplexität. So bemerken Lambakis u.a.: »The concept of ›asymmetric threats‹ falls apart under the sheer weight of all that it tries to support and address – from weapons, tactics, and strategies to U.S. self-imposed constraints and assessments of the international security structure« (ebd.: 269). Da das Asymmetrie-Konzept sich auf die unterschiedlichsten Phänomene beziehe und beziehen lasse, von Waffen, Taktiken, Strategien, Selbstbindungen bis hin zur internationalen Sicherheitsarchitektur, breche es unter dem schieren Gewicht der Komplexität, die es zu tragen versuche, auseinander und sei daher von geringem theoretischen Wert und praktischen Nutzen: »So this term, unless is it finely defined and used consistently, must have very limited value to analysts, and consequently it is of very limited utility for those who must steep themselves in defense planning« (ebd.). Diese Kritik, die sich auf die inhaltliche Unterbestimmtheit des Asymmetrie-Konzepts bezieht, wiegt vor allem deswegen schwer, weil jeder Versuch, den konstatierten Mangel durch eine genauere Bestimmung zu beseitigen, dazu führt, dass die für den asymmetrischen Krieg charakteristische Komplexität über die Maßen reduziert wird. Das Chamäleon des asymmetrischen Krieges, so könnte man diese Befürchtung reformulieren, droht seine erkenn- und beschreibbare Gestalt *als* Chamäleon einzubüßen, wenn es auf jeweils nur *eine einzige Farbe* und also auf

Anspruch auf kulturunabhängige Allgemeingüligkeit nicht auf, was auf einen für kulturrelativistische Thesen charakteristischen Selbstwiderspruch verweist.

nur eine Erscheinungsform festgelegt wird, statt dass die Theorie des Asymmetrischen Krieges das Chamäleon in seiner charakteristischen Vielfarbigkeit und Wandelbarkeit erfasst. Die von Asymmetrie-Kritikern vorgebrachte Forderung nach einer »anwendbaren«, »nützlichen«, »realistischen« Theorie des Asymmetrischen Krieges läuft daher auf eine Aufforderung zur Komplexitätsreduktion hinaus, durch die sich die Theorie und auch Praxis des Krieges von der *komplexen* Realität ihres Gegenstandes – nämlich von der Komplexität des asymmetrischen Krieges – gerade entfernen. Grays (2002: 14) Schlussfolgerung, das Asymmetrie-Konzept müsse, um überhaupt von Nutzen zu sein, je nach Anwendungsfall mit einer je spezifischen inhaltlichen Bedeutung gefüllt werden, so beispielsweise mit derjenigen eines Kampfes gegen einen irregulären Gegner, der eine terroristische Vorgehensweise bevorzugt, erscheint aus diesem Grund problematisch: Wird die Komplexität des asymmetrischen Krieges durch eine solche fall- oder auch kulturbezogene Konkretisierung allgemeiner Asymmetrie »handhabbar« gemacht, so geht im Zuge dieser Komplexitätsreduktion das Spezifische des asymmetrischen Krieges verloren: seine Komplexität.

Die Herausforderung für die Theorie des Asymmetrischen Krieges besteht somit darin, die fall- und kulturbezogene Komplexität ihres Gegenstandes sichtbar zu machen, statt sie entweder ganz zu beseitigen oder aber von vornherein vor ihr zu kapitulieren. Der asymmetrischen Kriegstheorie kann dies gelingen, wenn sie das angemessene Verhältnis zwischen der Komplexität und der Gesetzmäßigkeit ihres Gegenstandes zu bestimmen vermag. Mit anderen Worten hat sie die spezifischen Dschungelgesetze des asymmetrischen Krieges aufzufinden, ohne die Dschungelartigkeit dieses Kriegstyps durch theoretisch-begriffliche »Gesetzesarbeit« ganz zu eliminieren – oder aber umgekehrt vor der »Gesetzlosigkeit« ihres dschungelartigen Gegenstandes zu kapitulieren. Sofern die Theorie des Asymmetrischen Krieges eine solche Vermittlung zwischen Komplexität und Gesetzmäßigkeit nicht für prinzipiell unmöglich hält, hat sie ihre Bemühungen um eine bessere theoretische – und *hierdurch* praxistaugliche – Ausarbeitung ihrer Konzepte und Begriffe zukünftig zu intensivieren.

Vier Einwände gegen das Asymmetrie-Konzept wurden diskutiert: »Asymmetrische Kriege sind nicht neu.«; »Das Asymmetrie-Konzept ist nicht innovativ.«; »Der Asymmetrie-Diskurs wird von Interessen bestimmt.«; »Das Konzept des asymmetrischen Krieges ist nutzlos für Praxis und Theorie – und lässt sich prinzipiell nicht besser ausarbeiten.« Diese vier Einwände stellen den theoretischen Wert und praktischen Nutzen des Asymmetrie-Konzepts, wie gezeigt wurde, *nicht grundsätzlich* in Frage. Zwar sind asymmetrische Kriege durchaus nicht »neu« und lassen sich Vorformen asymmetrischen Denkens auch in der Ideengeschichte des Krieges ausmachen. Zwar mögen verschiedene Interessen hinter einzelnen Beiträgen zum Asymmetrie-Diskurs stehen und mag die Asymmetrie-Semantik zuweilen an der Unterbestimmtheit des Asymmetrie-Konzepts leiden. Ungeachtet dessen erscheint nicht ausgeschlossen, dass die »asymmetrische« Begrifflichkeit sich schärfen lässt, und zwar auf eine Weise, die die Unschärfen gerade nicht abschleift, die den asymmetrischen Krieg kennzeichnen. Nimmt die Kriegstheorie diese Herausforderung an, die Komplexität *und* Gesetzmäßigkeit des asymmetrischen Krieges *zugleich* zu erfassen, so könnte das Dschungelfieber, das in Gestalt der Asymmetrie-Semantik den Kriegsdiskurs erfasst hat, sich als ein heilsames und heilbares Fieber erweisen. Heilsam ist es, wenn es eine Schärfung der Begrifflichkeit und damit des Blicks für die Komplexität des Kriegs anzuregen vermag: des vergangenen, gegenwärtigen und zukünftigen, des asymmetrischen ebenso wie des symmetrischen Kriegs. Heilbar aber ist die fiebrige Verwirrung des Asymmetrie-Diskurses, da allen genannten kulturrelativistischen und komplexitätsbezogenen Zweifeln zum Trotz eine Schärfung der Asymmetrie-Begrifflichkeit grundsätzlich möglich erscheint. Die Kriegstheorie hat sich also auf dem Terrain ihres neu perspektivierten Gegenstands neu zu positionieren und erneut zu behaupten, indem sie den Nachweis erbringt, dass sich mithilfe der Asymmetrie-Semantik im Dschungel des asymmetrischen Kriegs »eine ganze Anzahl von Sätzen ohne Schwierigkeit ganz evident machen« lässt (Clausewitz 1980 [1832–34]: 182).

8. Orientierung im Dschungel: Topographie des asymmetrischen Krieges

Wenn der asymmetrische Krieg sich als ein (Diskurs-)Dickicht präsentiert, in dem die Orientierung durch eine unklare Begrifflichkeit erschwert wird, so sind Anstrengungen zur Verbesserung dieses Zustands nötig. Eine topographische Landkarte zum asymmetrischen Krieg könnte dabei weiterhelfen. Eine solche Landkarte hätte die verstreuten Ergebnisse vorangegangener Geländeerkundungen zu einer systematischen, übersichtlichen Gesamtdarstellung des asymmetrischen Krieges zusammenzuführen. Da der asymmetrische

Krieg sich nicht auf das klassische, konventionelle Schlachtfeld begrenzen lässt, sondern sein Terrain die Grenzen des physisch-geographischen Operationsraums sprengt, müsste die gesuchte Landkarte des asymmetrischen Geländes auch nicht-physische Asymmetrien berücksichtigen – darunter insbesondere jene drei, auf die der Asymmetrie-Diskurs wie auch die bisherige Darstellung sich konzentrierten: die *Asymmetrie der Kraft*, die *Asymmetrie der Organisationsform* und die *Asymmetrie der Strategie*. Über diese drei Asymmetrien hinaus hätte die gewünschte Landkarte zudem noch sechs weitere Asymmetrie-Typen zu verzeichnen, die im Asymmetrie-Diskurs zwar stets präsent sind, zumeist aber nur in Verbindung mit den drei genannten Haupttypen thematisiert werden: nämlich die *Asymmetrie der Entschlossenheit*, die *Asymmetrie der Verwundbarkeit*, die *Asymmetrie der Selbstbindung*, die *Asymmetrie der Legitimität*, die *Asymmetrie des Raumes* und die *Asymmetrie der Zeit*. Auch in diesen Bereichen nämlich können, wie zu zeigen sein wird, Ungleichartigkeiten zwischen Kriegsparteien, also Asymmetrien, strategische Relevanz erlangen.[109]

Bevor die genannten Asymmetrie-Typen mit ihren jeweiligen Wirkungsweisen und Wechselwirkungen in die zu entwerfende topographische Landkarte des asymmetrischen Krieges eingetragen werden, sei vorab das Konstruktionsprinzip dieser Landkarte erläutert. Das Terrain des asymmetrischen Krieges wird im Folgenden als ein »hügeliges« Asymmetrien-Gelände vorgestellt und als solches dem vergleichsweise »ebenen«, »flachen«, »hügellosen« Gelände des symmetrischen Krieges gegenübergestellt. Der Sinn dieser Vor- und Gegenüberstellung besteht darin, die strategische Wirkung von Asymmetrien topographisch abzubilden: Wer im asymmetrischen Krieg am »oberen« Ende einer Asymmetrie bzw. eines »Hügels« positioniert ist, der kämpft

109 Diese Liste strategisch bedeutsamer Asymmetrie-Typen ist teils als überlappend mit, teils als komplementär oder »querliegend« zu alternativen Systematisierungen anzusehen, wie sie Dierk Walter (2005), Klaus Lohmann (2009) und Steven Metz (2011) vorgeschlagen haben: Walter (2005) unterscheidet zwischen fünf Asymmetrien der Kolonialkriegführung (»Asymmetry of Means«, »Asymmetry of Knowledge«, »Asymmetry of Actor Status«, »Asymmetry of Ends«, »Asymmetry of Effort«); Lohmann (2009: 312) differenziert gleichfalls zwischen fünf grundlegenden Asymmetrien (»the classical imbalance of powers, the difference in resolution or motivation, the difference in legitimacy, a discrepancy within the used methods, and a difference in the means being used«); Metz (2011: 114–116) schließlich nutzt eine Trias der Asymmetrie (»asymmetry of power«, »ethical asymmetry«, »asymmetry of focus and time perspective«), um *insurgencies* zu charakterisieren, wobei allerdings offen bleibt, inwiefern diese Charakterisierung implizit zusätzlich die Konzepte organisatorischer und legitimatorischer Asymmetrie voraussetzt, wenn sie nichtstaatliche *insurgents* von Staaten abgrenzt.

mit guten Chancen gegen seinen asymmetrisch benachteiligten Gegner weiter »unten« an dem entsprechenden Asymmetrie-»Hügel«. Im symmetrischen Krieg hingegen spielen solche »Hügel« bzw. Asymmetrien keine Rolle. Hier begegnen die Kontrahenten einander mehr oder weniger auf Augenhöhe, also gewissermaßen auf »flachem«, »ebenem« Terrain. Diese topographische Veranschaulichung der unterschiedlichen Terrains des asymmetrischen und symmetrischen Krieges, die zu analytischen Zwecken fruchtbar gemacht wird, bringt eine Variation der bisher genutzten Leitmetaphorik mit sich. Mithilfe des französischen Barockgartens wurden bisher die drei Haupt-Symmetrien veranschaulicht, von denen der Asymmetrie-Diskurs sich absetzt, wenn er die Asymmetrien der Kraft, der Organisationsform und der Strategie thematisiert. Bei diesen Asymmetrien handelt es sich im Bild der bisherigen Leitmetaphorik um drei Abweichungen von den eingangs angeführten Charakteristika des französischen Barockgartens: um Abweichungen erstens von dessen Geometrie der Symmetrie, zweitens von der für ihn bestimmenden Zentralität des Fürstensitzes sowie drittens von der ihm eigenen Linearität der Alleen. Eine solche direkte, dreifache Bezugnahme auf den französischen Barockgarten scheint bei der Fülle der nun zu betrachtenden Asymmetrie-Typen allerdings nicht mehr ohne Weiteres möglich zu sein. Anstelle des Barockgartens, dessen Metaphorik durch die vielen zu betrachtenden Asymmetrie-Typen überdehnt würde, wird daher im Folgenden die besagte »flache Ebene« als Gegenbild zu dem »hügeligen Terrain« des asymmetrischen Krieges ins Auge gefasst. Die solchermaßen variierte topographische Metaphorik kann dabei ebenso wie jenes ursprüngliche Bild des französischen Barockgartens an Clausewitz' eingangs angeführte Überlegungen zum Einfluss von »Gegend und Boden« auf die Kriegführung anknüpfen.[110] Darüber hinaus kann diese Metaphorik sich die Überlegungen zum Kampf

110 Diesen Clausewitzschen Überlegungen zufolge entspricht dem »Begriff einer vollkommenen und vollkommen offenen Ebene« (Clausewitz 1980 [1832–34]: 603) die Vorstellung »eines ganz wirkungslosen Bodens« (ebd.), während die davon zu unterscheidenden schwierigen Geländeformationen wie etwa das Gebirge – anders als die flache Ebene – einen »sehr entscheidenden Einfluss [...] auf das Gefecht« ausüben (ebd.: 602), »sowohl was seinen Verlauf selbst als seine Vorbereitung und Benutzung betrifft« (ebd.). Den hier genannten »sehr entscheidenden Einfluss« des schwierigen, insbesondere gebirgigen und hügeligen Terrains auf das Gefecht können sich vor allem die vermeintlich Schwachen zunutze machen. Daher eignet sich neben Sümpfen und sehr bebauten Gegenden das Gebirge in besonderem Maße für den Volks- und Partisanenkrieg. Aus dem gleichen Grund eignet sich das Gebirge – und eignen sich die Clausewitzschen Überlegungen hierzu – zur Veranschaulichung des »hügeligen« Terrains des asymmetrischen Krieges.

im Gebirge zunutze machen, die Clausewitz in dem mit »Überhöhen« betitelten 18. Kapitel des fünften Buches in *Vom Kriege* entwickelt. Dort formuliert der preußische General am Beispiel des Gebirgskampfes ein allgemeines Kriegsgesetz, das nun auf den nicht rein physisch-geographischen Asymmetrien-Raum zu übertragen ist: »Jede physische Kraftäußerung von unten nach oben ist schwieriger als umgekehrt, folglich muß es auch wohl das Gefecht sein« (ebd.: 607). Dieses *Gesetz des strategischen Vorteils der Höhe gegenüber der Tiefe* erklärt Clausewitz zufolge die Vorteile, die Kriegsparteien im Gebirgskampf aus der Besetzung geographischer Höhenpositionen ziehen können. Für die Wirkung dieses Gesetzes, das, wie zu zeigen sein wird, auch auf dem metaphorischen »hügeligen« Asymmetrien-Terrain Gültigkeit beanspruchen kann, führt Clausewitz »drei Ursachen« an:

»Erstens ist jede Höhe als ein Hindernis des Zugangs anzusehen; zweitens schießt man von oben nach unten zwar nicht merklich weiter, aber man trifft, alle geometrischen Verhältnisse wohl in Betrachtung gezogen, merklich *besser* als im umgekehrten Fall; drittens hat man den Vorteil der besseren Übersicht. [...] Aus diesen Elementen ist die Kraft des Dominierens, Überhöhens, Beherrschens zusammengesetzt; aus diesen Quellen fließt das Gefühl der Überlegenheit und Sicherheit für den, welcher sich auf einem Gebirgsrande befindet und seinen Feind unter sich erblickt, und das Gefühl der Schwäche und Besorgnis für den, der unten ist.«[111] (ebd.: 607f.)

Nach diesem Clausewitzschen Gesetz des strategischen Vorteils der Höhe gegenüber der Tiefe, das im Folgenden für die Konstruktion der Landkarte zum asymmetrischen Krieg fruchtbar gemacht wird, ist das Gefecht »von unten nach oben« aus drei Gründen »schwieriger als umgekehrt«: weil der höher Positionierte schwerer zu erreichen ist, weil er besser zu treffen vermag und weil er den Vorteil der besseren Übersicht hat. Das Clausewitzsche Gesetz auf das umfassende, also nicht rein physisch-geographische Terrain des asymmetrischen Krieges zu übertragen, bedeutet, es für das Verständnis strategischen Handelns in einem maximal entgrenzten Operationsraum

111 Die »Schwäche und Besorgnis« desjenigen, »der unten ist«, schildert Clausewitz an anderer Stelle in *Vom Kriege* sehr eindrücklich, nämlich in dem der »Gebirgsverteidigung« gewidmeten 15. Kapitel des sechsten Buches: »Wenn sich eine Kolonne in Schlangenlinien mühsam durch enge Schluchten den Berg hinaufwindet und sich schneckenartig über ihn fortschiebt, die Artilleristen und Trainknechte mit Fluchen und Schreien die abgetriebenen Gäule durch die rauhen Hohlwege peitschen, jeder zerbrochene Wagen mit unsäglicher Mühe hinausgebracht werden muss, während hinten alles stockt, schimpft und flucht, so denkt ein jeder bei sich – nun, hier dürfte der Feind nur mit ein paar hundert Mann kommen, um alles davonzujagen« (Clausewitz 1980 [1832–34]: 707).

zu nutzen, der wegen seiner vielfältigen Asymmetrien als »hügeliges« Gelände vorgestellt werden kann: *Wer in dem umfassenden Operationsraum des asymmetrischen Krieges am »Hügel« einer Asymmetrie weiter »unten« positioniert ist und von dort aus nach »oben« operiert, hat an diesem Asymmetrie-»Hügel« Nachteile gegenüber demjenigen, der dort von »oben« nach »unten« agiert.* Dieses auf den asymmetrischen Operationsraum übertragene Clausewitzsche Gesetz des strategischen Vorteils der Höhe gegenüber der Tiefe kann auf die verschiedensten Asymmetrie-Typen bezogen werden. Daher gilt beispielsweise: Wer am »Hügel« der Zeit-Asymmetrie die schlechtere, also »tiefere« Position einnimmt, da er weniger Zeit für die Fortsetzung des Kampfes zur Verfügung hat, der ist benachteiligt gegenüber demjenigen, der den Kampf in die Länge ziehen oder gar in die Zukunft verlagern kann. In diesem übertragenen Sinn behält das Clausewitzsche Gesetz auf dem umfassenden Terrain des asymmetrischen Krieges seine Gültigkeit und kann für die hier zu entwerfende topographische Landkarte als Darstellungsprinzip genutzt werden. Diese Landkarte bildet strategisch bedeutsame Asymmetrien, die zwischen Kriegsakteuren bestehen, als Höhenunterschiede bzw. Hügel im Terrain des asymmetrischen Krieges ab, wobei für die Positionierung der Kriegsakteure hinsichtlich der verschiedenen Asymmetrien bzw. an den einzelnen Hügeln gilt: Derjenige Akteur, der durch die jeweilige Asymmetrie bessergestellt ist, nimmt an dem entsprechenden Hügel die »höhere« Position ein. Derjenige Akteur hingegen, der durch die jeweilige Asymmetrie benachteiligt ist, hat an dem entsprechenden Hügel die »niedrigere« Position inne. Dieses Konstruktionsprinzip überträgt das durch Clausewitz »ganz evident« gemachte Gesetz des strategischen Vorteils der Höhe gegenüber der Tiefe aus dem von dem preußischen General fokussierten physischen Raum auf den hier ins Auge gefassten gesamtstrategischen, umfassenden, komplexen Operationsraum des asymmetrischen Krieges.

Was kann diese Metaphorik des hügeligen Terrains des asymmetrischen Krieges und der vergleichsweise flachen, hügellosen Ebene des symmetrischen Krieges leisten? Trotz der offensichtlichen Grenzen (auch) dieser Metaphorik scheint sie doch dazu geeignet zu sein, die wesentlichen Unterschiede zwischen den beiden Kriegstypen zu veranschaulichen:[112] Im symmetrischen

112 Die Grenzen der Hügel-Metaphorik, die das Gesetz des strategischen Vorteils der Höhe gegenüber der Tiefe veranschaulichen soll, lassen sich etwa darin sehen, dass dieses Clausewitzsche Gesetz historisch auf rein physisch-geographischem Gelände durch Verbesserungen der Feuerkraft und Zielgenauigkeit der Artillerie in Frage gestellt wurde. So wurden im Ersten Weltkrieg die Gefechtsstände von den Höhenzügen und Kämmen

Krieg begegnen die Kontrahenten einander mehr oder weniger auf Augenhöhe, da hier Symmetrien vorherrschen und Unterschiede zwischen den Kriegsparteien nicht in gleichem Maße wie im asymmetrischen Krieg Bedeutung erlangen. Das Clausewitzsche Gesetz des strategischen Vorteils der Höhe gegenüber der Tiefe behält zwar auch im symmetrischen Krieg seine Gültigkeit. Mangels der Ausprägung größerer Höhenunterschiede im symmetrischen Operationsraum kommt es aber gewissermaßen nicht zur Anwendung, denn die Vor- und Nachteile zwischen den in etwa gleich »hoch« positionierten Gegnern sind mehr oder weniger gleichmäßig verteilt. Allerdings präsentiert sich das Terrain des symmetrischen Krieges nur auf den ersten Blick als eine solche *völlig* gleich- und ebenmäßige Fläche, auf der *sämtliche* Vor- und Nachteile zwischen als *völlig* positionsgleich angenommenen Kriegsgegnern *völlig* gleichmäßig aufgeteilt wären. Bei genauerer Betrachtung spielen *auch* im symmetrischen Krieg Unterschiede zwischen den Kriegsparteien eine Rolle, Unterschiede allerdings vor allem einer einzigen Art: solche der Kraft. Diese Kraft-Unterschiede begünstigen den Stärkeren und benachteiligen den Schwächeren, und deswegen ist obige Formulierung, wonach die Kriegsparteien einander unter Bedingungen der Symmetrie »mehr oder weniger auf Augenhöhe« entgegenträten, zu präzisieren, wie auch Clausewitz' »Begriff einer vollkommenen und vollkommen offenen Ebene, also eines ganz wirkungslosen Bodens« (ebd.: 603), zu präzisieren ist. Das Terrain des symmetrischen Krieges präsentiert sich als eine ausgedehnte *schiefe* (und folglich durchaus wirkungsvolle), aber gleichwohl hügellose (und folglich nur in eine Richtung wirkende) Ebene – als ein *einziges* Kräftegefälle, auf dem die höher positionierte Kriegspartei aufgrund ihres Kräftevorsprungs Vorteile im Kampf genießt. Wem es im symmetrischen Krieg gelingt, auf dieser schiefen Ebene des Kräftegefälles die *höhere* Position zu erobern, also im Vergleich zu seinem Gegner die größeren Kräfte, etwa in

hinter die Hügel verlagert, da die sogenannten »Hinterhangstellungen« dem feindlichen Feuer weniger ausgesetzt und somit weniger verwundbar waren als die sogenannten »Kammstellungen« (Münkler 2013: 301). Eine andere Grenze findet die Metaphorik der flachen, hügellosen Ebene als Sinnbild des symmetrischen Krieges ihrerseits darin, dass dieses Bild mit demjenigen des französischen Barockgartens nicht ohne Weiteres harmoniert: Barockgärten sind nicht immer auf flachen Ebenen angelegt, sondern weisen zuweilen Höhenunterschiede auf, die zwar mittels Terrassen und Treppen gestalterisch überwunden, nicht aber beseitigt werden. Trotz solcher metaphorischer Grenzen scheint das Doppel-Bild des hügeligen und flachen Terrains aber doch dazu geeignet zu sein, die wesentlichen Unterschiede zwischen den Operationsräumen des asymmetrischen und symmetrischen Krieges aufzuzeigen.

Form von Truppen, Waffen und Ressourcen, zu mobilisieren, der führt unter ansonsten *per definitionem* symmetrischen Bedingungen den Kampf von der derart *erhöhten* Position aus mit großen Erfolgschancen gegen den kräftemäßig *unter*legenen Gegner weiter *unten* auf der schiefen Ebene. Dieser Gegner kämpft seinerseits von seiner relativ unvorteilhaften, schwachen, tiefen Position aus einen mühsamen, wenn nicht gar aussichtslosen Kampf: das Gefälle des Kräfteunterschieds hinauf. Da und insofern der symmetrische Krieg auf einer ausgedehnten schiefen, aber gleichwohl hügellosen Ebene geführt wird, die den Stärkeren begünstigt, den Schwächeren hingegen benachteiligt, fällt – und hierauf allein zielt die Metaphorik der hügellosen Ebene ab – die Entscheidung über Niederlage und Sieg wesentlich aufgrund des Kräfteverhältnisses. Der Schwächere verliert, der Stärkere siegt im symmetrischen Krieg.

Vor diesem symmetrischen Hintergrund hebt sich das Terrain des asymmetrischen Krieges deutlich ab. Die *Vielfalt* der strategisch bedeutsamen Asymmetrien, oder bildhaft gesprochen: die *Vielzahl* der Hügel, an denen der Kampf geführt und entschieden wird, bildet *das* Charakteristikum des asymmetrischen Krieges. Anders als im symmetrischen ist im asymmetrischen Krieg nicht *eine* Art des Unterschieds zwischen den Parteien – die Kräftedifferenz – relevant, sondern kommt *vielfältigen* Asymmetrien kriegsentscheidende Bedeutung zu. Neben der Kräfteverteilung, und teilweise unabhängig von dieser, durchziehen das Gelände zahlreiche schiefe Ebenen und Hügel, an deren mehr oder weniger abschüssigen Hängen die Kriegführenden einander auf unterschiedlichen Niveaus und Plateaus bekämpfen. Wer jeweils die »höhere«, also vorteilhaftere Position an einem Hügel besetzt, der kämpft dort – gemäß dem Clausewitzschen Gesetz des strategischen Vorteils der Höhe gegenüber der Tiefe – aus einer relativ günstigen Stellung heraus mit großen Erfolgschancen gegen seinen Gegner im Tal. Anders als im symmetrischen Krieg darf dabei derjenige Akteur, der *eine* der Gipfelpositionen, so etwa diejenige am Hügel der Kräfteverteilung, erobert hat, nicht zugleich hoffen, *hierdurch* auch an allen anderen Hügeln die jeweils vorteilhaftere, günstigere, also »höhere« Position einzunehmen. Vielmehr bleibt – und hierauf allein zielt die Metaphorik des hügeligen Terrains ab – unter Bedingungen der Asymmetrie zunächst unklar und offen, ob der am Hügel der Kraft Überlegene den Sieg davontragen wird.

Aufgrund der Vielzahl und Vielfalt der Asymmetrie-Hügel im asymmetrischen Krieg hängt die Beantwortung der Frage, wer in diesem Krieg die größeren Chancen auf den Sieg hat, nicht allein (1) von dem Verhältnis der physischen *Kräfte* ab. Vielmehr ist darüber hinaus entscheidend, wer – gleichgültig, ob er relativ stark oder relativ schwach ist – sich an den anderen Hügeln im umfassenden Gelände besser und also »höher« als sein Kontrahent positioniert: wer also (2) seine Kampfverbände vorteilhafter als sein Gegner *organisiert*, (3) *entschlossener* agiert, (4) sich weniger *verwundbar* präsentiert, (5) sich darüber hinaus in geringerem Maße durch Akte der *Selbstbindung* restringiert, (6) auf erfolgreichere Weise *Legitimität* für sich generiert, (7) die strategisch bedeutsamen *Räume* und schließlich (8) die *Zeitrhythmen* des Kriegsverlaufs zu seinem Vorteil kontrolliert – sprich: wer abgesehen von der Kräfteverteilung auch an den anderen Hügeln das komplexe Gelände des asymmetrischen Krieges im Sinne einer umfassenden *full spectrum domination* dominiert. Anders als unter Bedingungen der Symmetrie darf im asymmetrischen Krieg also nicht ohne Weiteres davon ausgegangen werden, dass die Kriegsentscheidung allein oder primär aufgrund der Verteilung der physischen Kräfte fällt. Hierin zeigt sich die Komplexität des asymmetrischen Krieges, seines Terrains, seiner Theorie und seiner Führung, die die Orientierung auf diesem Gelände erschwert und die Entwicklung einer orientierenden Landkarte erforderlich macht.

Der dazu unternommene kartographische Versuch nimmt einige Fragen wieder auf, die in der bisherigen Untersuchung bereits gestreift wurden, darunter die Frage, woraus Asymmetrien unterschiedlichen Typs entstehen und wie sie miteinander zusammenhängen und aufeinander einwirken. Zusammenhänge solcher Art lassen sich in der Landkarte wie Übergänge, Täler und Höhenpässe zwischen den Hügeln konzipieren – beispielsweise dann, wenn zwischen der Asymmetrie der Kraft und der Asymmetrie der Verwundbarkeit ein »umgekehrt proportionaler« Zusammenhang angenommen wird, demzufolge physische Stärke die Verwundbarkeit eines Akteurs reduziert. Eine weitere Frage, die in der bisherigen Untersuchung bereits gestreift wurde, betrifft die Wirkung der verschiedenen Asymmetrien auf das strategische Verhalten der Kriegführenden. Dieser Frage ist unten (Teil IV) eine eigene Expeditionsetappe gewidmet, während der untersucht werden soll, wie rationale Kriegsakteure sich auf dem hier kartographierten hügeligen Gelände bewegen, um ihre Chancen im asymmetrischen Krieg zu verbessern und zu nutzen.[113] Trotz der vorläufigen Ausblendung der Asymmetrie der Strategie

113 Die Aufschiebung der Behandlung strategischer Aspekte des asymmetrischen Krieges auf eine spätere Expeditionsetappe (Teil IV) hat zur Folge, dass die hier in den Kapiteln 8a bis 8g entworfene Landkarte eine »Asymmetrie der Strategie« nicht als eigenständigen Hügel verzeichnet. Unterschiede zwischen den Strategien der Kriegsakteure

wird bei der Kartographierung des Terrains bereits die strategische Bedeutung der einzelnen Asymmetrien für die Kriegführung aufgezeigt. Zu diesem Zweck nimmt die Erkundung jedes Asymmetrie-Typs ihren Ausgangspunkt von dem Bild des »ungleichen« Zweikampfs zwischen David und Goliath. Dieses Bild, das der Asymmetrie-Diskurs zwar häufig bemüht (vgl. Kap. 5b), aber nur selten in seiner Komplexität ausdeutet, wird an jedem der zu kartographierenden acht Hügel darauf hin befragt, warum und inwiefern der Zweikampf zwischen David und Goliath mit Blick auf den entsprechenden Asymmetrie-Typ eigentlich »asymmetrisch« sei. Dass diese Frage, wie gezeigt wird, an den verschiedenen Hügeln zu gänzlich unterschiedlichen Antworten führt, ist Folge und Ausdruck der Komplexität des asymmetrischen Krieges. Auf dessen hügeligem Terrain besetzt – anders als auf der ausgedehnten schiefen Ebene (im Singular!) des symmetrischen Krieges – keineswegs immer und überall Goliath die Gipfelpositionen (im Plural!).

werden also nicht hier als Eigenarten des Geländes, sondern vielmehr unten als Folgen unterschiedlicher Reaktionsweisen asymmetrisch verschiedener Akteure auf diese Gelände-Eigenarten interpretiert. Allerdings ist nicht auszuschließen, sonden zu erwarten, dass solche strategischen Unterschiede sich mit der Zeit zu einem eigenen Hügel im Gelände des asymmetrischen Krieges »anhäufen« und »verfestigen« und dass also die Asymmetrie der Strategie selbst eine strategische – strategiebestimmende und strategiebeschränkende – Bedeutung gewinnt. Daher soll die durch die Darstellungsweise hervorgehobene Unterscheidung zwischen asymmetrischen Gelände-Strukturen und asymmetrischen Handlungs- und Bewegungsweisen innerhalb dieser Gelände-Strukturen nicht als eine feste, sondern als eine formbare Unterscheidung verstanden werden. Ihre Relativität entspricht derjenigen zwischen Strukturen und Prozessen, die Gantzel (2002) mit einem Sinnbild des Politikwissenschaftlers Karl W. Deutsch illustriert, demzufolge »[f]ür den Skifahrer […] ein Felsvorsprung, dem er nicht mehr ausweichen könne, harte, schmerzbringende Struktur [sei; F. W.]. Für den Geologen hingegen, der die Auffaltung der Alpen und ihre anschließende Detailprägung durch Wind, Regen, Bäche, Frost usw. beobachte, sei jener Felsvorsprung Teil eines sich über lange Zeiten hinziehenden Prozesses« (ebd.: 2). Anders allerdings als der Skifahrer in dem Sinnbild von Karl W. Deutsch ist der unten in Teil IV vorgestellte rationale Stratege des asymmetrischen Krieges selbst daran beteiligt, die Strukturen des (asymmetrischen) Terrains zu seinen Gunsten zu gestalten, statt diese Prozesse allein »geologischen« Entwicklungen und der natürlichen »Detailprägung durch Wind, Regen, Bäche, Frost usw.« (ebd.) zu überlassen.

a) Der erste Hügel: Asymmetrie der Kraft

Von einer Asymmetrie der Kraft kann im Sinne der »realistisch« orientierten Theorien der Internationalen Beziehungen gesprochen werden, wenn die Gegner in einem Krieg über unterschiedlich große Kräfte verfügen. Der Kampf zwischen David und Goliath ist in dieser Hinsicht asymmetrisch, weil David schwächer und kleiner ist als Goliath, und weil der Riese im Gegensatz zu dem Hirtenjungen mit Rüstung und Schwert statt nur mit einer Steinschleuder kämpft. Darstellungen des asymmetrischen Krieges, die ausschließlich diesen Hügel, also die Asymmetrie der Kraft, in den Blick nehmen, präsentieren *jeden* Krieg zwischen einem starken und einem schwachen Akteur als asymmetrisch – unabhängig also davon, wie diese Akteure organisiert sind, welche Strategien sie anwenden usw. Ein Beispiel für einen hinsichtlich der Kräfteverteilung asymmetrischen Krieg – in diesem Fall ein Krieg zwischen zwei Staaten – bildet die erste Phase des Golfkriegs 2003. Auf der einen Seite des imaginierten Zweikampfes kämpften hier die weit überlegenen High-Tech-Krieger der USA und ihrer »Staatenkoalition der Willigen« mit teuren, hochkomplizierten Waffensystemen aus der Position Goliaths heraus, auf der anderen – also Davids – Seite hingegen standen die irakischen Truppen Saddam Husseins mit ihren relativ leichten und billigen Waffen.

Die Asymmetrie der Kraft, die im symmetrischen Krieg *maßgeblich* über Sieg und Niederlage entscheidet, ist als *eine* von *vielen* Asymmetrien von Bedeutung *auch* im asymmetrischen Krieg. Denn in diesem spielen, anders als von schwachen Akteuren häufig erhofft und imaginiert wird, Kräfte und Ressourcenmassen ebenfalls eine Rolle, da auch unter asymmetrischen Bedingungen grundsätzlich gilt: der Stärkere siegt im Krieg.[114] Wegen dieser großen Bedeutung, die die Kraft-Asymmetrie gegenüber anderen Asymmetrien auszeichnet, verwenden Strategen besondere Aufmerksamkeit und Energie darauf, durch Kraftanstrengungen diesen höchsten der Asymmetrie-Hügel zu erklimmen. In symmetrischen Konstellationen sind hierbei Rüstungswettläufe zu erwarten, die sich als Aufeinanderfolge von kurzfristiger Asymmetrierung und darauf reagierender Resymmetrierung beschreiben lassen: Wer durch Aufrüstung und technische Innovation einen Vorsprung erzielen kann, hat diesen Vorsprung im Wettlauf mit seinen Konkurrenten ge-

114 Dieser Befund wird von empirischen Untersuchungen zum *asymmetrischen* Krieg bestätigt, so etwa bei Arreguín-Toft (2001: 96).

gen deren Aufhol- und Überholmanöver zu verteidigen. So gerät der Kampf am Hügel der Kraft-Asymmetrie aufgrund des permanenten Zwangs zur Stärkung der Kräfte zu einem zeit- und kostenintensiven Unterfangen. Vergrößerungen der Truppenstärke und Verbesserungen der Waffentechnologie sind mit ökonomischen, sozialen und politischen Kosten verbunden. Diese Kosten lassen sich allenfalls durch reziprok bindende Rüstungsstopps und Rüstungsbegrenzungen senken, wie sie freilich nur unter Bedingungen der Symmetrie ihre Bindungskraft entfalten können. Gelingt dies, so blockieren die entsprechenden Vereinbarungen immer weitergehende Bestrebungen zur Kraft-Asymmetrierung, die in kostenintensiven Rüstungsspiralen enden würden. Kommt es jedoch nicht zu solchen Blockaden, so können die Anforderungen des permanenten Asymmetrierungs- und Symmetrierungswettlaufs am Hügel der Kraft-Asymmetrie die Kräfte der Wettläufer aufzehren und übersteigen. Der historische Niedergang der Sowjetunion im letzten Drittel des 20. Jahrhunderts liefert hierfür ein eindrückliches Beispiel. Das kräftezehrende Wettrüsten mit Washington zwang Moskau ökonomisch in die Knie – eine Lektion, die Peking zu Beginn des 21. Jahrhunderts gelernt zu haben scheint. So vermeidet die Volksrepublik China es bislang – obwohl aus chinesischer Sicht kein Mangel an Streitfragen und potenziellen Interessenskonflikten mit den USA besteht –, die Konfrontation mit der Weltmacht auf die Spitze und damit die Kosten des bereits begonnenen Wettrüstens in die Höhe zu treiben.

Von solchen Rüstungswettläufen, die aus symmetrischen Kraft-Konstellationen hervorgehen, lassen sich Konfrontationen unterscheiden, in denen einer der Akteure, nämlich der Schwächere, aufgrund einer ausgeprägten Kraft-Asymmetrie den Wettlauf verweigert. Erscheint ihm der Vorsprung des Stärkeren als zu groß, als dass er sich noch aufholen lasse, so wird der Verfolger auf den Versuch verzichten, den Gegner bei dessen unermüdlichem Gipfelsturm am Hügel der Kraft-Asymmetrie einzuholen oder gar zu überholen. Selbst bei größten Anstrengungen darf ein Land wie Somalia mittelfristig nicht hoffen, den Entwicklungsstand der Industrienationen des Nordens, allen voran der USA, ökonomisch, technologisch und militärisch zu erreichen. Hier fällt die Asymmetrie der Kraft derart unüberwindbar aus, dass sie dem Schwächeren praktisch unverfügbar erscheinen muss. Damit ist jedoch keineswegs die Niederlage in einem möglichen Krieg besiegelt. Denn die Hoffnung der Schwachen im asymmetrischen Krieg richtet sich darauf, andere Asymmetrie-Hügel zu erstürmen, um den Kampf auf diese zu verlagern und ihn dort gemäß dem Clausewitzschen Gesetz des strategischen

Vorteils der Höhe gegenüber der Tiefe aus einer günstigeren Position heraus fortzusetzen. Was die Kraft-Asymmetrie selbst angeht, kann der Schwache sich zudem auf die Suche nach Abkürzungen zu deren Gipfel begeben. Als aussichtsreichste unter diesen Abkürzungen haben sich im 20. Jahrhundert die Herstellung und der Erwerb von Atomwaffen erwiesen. Wem es gelingt, in den Besitz von Atomwaffen zu gelangen, der darf am Tisch der Weltpolitik, also auf den internationalen »Gipfeln«, Platz nehmen.[115] Da mit Atomwaffen konventionelle Unterlegenheit kompensiert werden kann, erscheinen die nuklearen Ambitionen von Nicht-Atomstaaten, wie sie in jüngerer Zeit seitens des Westens vor allem Nordkorea und dem Iran unterstellt werden, ebenso rational wie auf der anderen Seite die Bemühungen der Atomstaaten, die Proliferation von Atomwaffen einzudämmen. Unter dem hier interessierenden Gesichtspunkt der Symmetrie und der Asymmetrie handelt es sich bei diesen gegenläufigen Herangehensweisen an das Problem der Nuklearrüstung um zwei entgegengesetzte Strategien der Symmetrierung und Asymmetrierung der Kraft.

b) Der zweite Hügel: Asymmetrie der Organisationsform

Von einer Asymmetrie der Organisationsform kann anknüpfend an historisch-soziologisch orientierte Beiträge zum Asymmetrie-Diskurs gesprochen werden, wenn sich in einem Krieg reguläre, staatliche Armeen und irreguläre, nichtstaatliche Kämpferverbände gegenüberstehen. Der Kampf zwischen David und Goliath ist in diesem Sinn asymmetrisch, weil der Hirtenjunge David ein Zivilist ist, der Riese Goliath hingegen ein Krieger. Als junges Beispiel eines derart *organisatorisch* asymmetrischen Kampfes kann der von den USA nach den Terroranschlägen des 11. Septembers 2001 ausgerufene, von einer internationalen Staatenkoalition geführte »Krieg gegen den Terror« gelten. Reguläre, hierarchisch organisierte, uniformierte Armeen der Staatenwelt kämpfen hier gegen irreguläre, netzwerkartig organisierte, nichtunifor-

115 Wegen dieser politischen Wirkungsweise von Atomwaffen, die ihnen überproportionale Bedeutung verleiht, werden sie zuweilen als »asymmetrische Waffen« beschrieben (vgl. McKenzie 2000: 20). Allerdings könnten Atomwaffen im 21. Jahrhundert gegenüber biologischen Waffen an Bedeutung verlieren: »it may well be that in the 21st century nuclear weapons will be relegated to secondary status behind biological weapons« (ebd.: 29). Insofern hängt es von der technologischen und strategischen Kreativität der Akteure ab, welche »Abkürzungen« sie zum Kräfte-Gipfel entdecken und beschreiten.

mierte Kämpfer nichtstaatlicher Gruppen. Sofern die Verschiedenartigkeit dieser Organisationsformen als das eigentliche Kriterium für Asymmetrie im Krieg angesehen und also der entsprechende Hügel im umfassenden Asymmetrien-Terrain fokussiert wird, entscheidet sich die Frage nach Symmetrie oder Asymmetrie an der Art der Rekrutierung der Streitkräfte, der Weise ihrer Ausbildung und der Form ihres kollektiven Zusammenwirkens statt an Kräftevergleichen zwischen den Kontrahenten. Soldat und Terrorist personifizieren in dieser Sichtweise ebenso wie Goliath und David aufgrund ihrer unterschiedlichen Organisationsform den asymmetrischen Krieg.

Nichtstaatliche, irreguläre Organisationsformen stellen mit Blick auf die lange Geschichte unkonventioneller Kriegführung zwar keine Innovationen der jüngeren Zeit dar. Sie gewinnen aber unter den Vorzeichen einer global voranschreitenden Entstaatlichung und Transnationalisierung des Krieges an Bedeutung. Hatte die erfolgreich durchgesetzte Monopolisierung der Gewalt durch die europäischen Staaten zumindest innerhalb des Westfälischen Systems militärorganisatorische Symmetrien hervorgebracht, so erodieren diese in dem Maße, in dem nichtstaatliche Gewaltakteure die Bühne der internationalen Politik wieder betreten und sich zugleich der europazentrierte Blick für außereuropäische und nichtwestliche Kriegsphänomene öffnet. Partisanen, Guerillakämpfer, Warlords und Söldner untergraben in dieser erweiterten Sichtweise seit Mitte des 20. Jahrhunderts die organisatorischen Symmetrien des »Großen Krieges«. Aus strategischer Perspektive betrachtet birgt die Nichtstaatlichkeit für diese Kämpfertypen sowohl Nach- als auch Vorteile. So können Irreguläre zwar nicht die immensen Kräfte mobilisieren, die dem staatlichen Militärapparat in Form von Wehrbevölkerung, Steuerwesen und Rüstungsindustrie zur Verfügung stehen – sie sind also, was die Asymmetrie der Kraft angeht, benachteiligt. Jedoch wirkt sich die Asymmetrie der Organisationsform zugleich auch vorteilhaft für die Irregulären aus, da ihre Nichtstaatlichkeit sie einseitig der Pflichten und Beschränkungen enthebt, die mit dem Status des Staates einhergehen. Die Nicht-Territorialität, durch die sie sich von den Staaten unterscheiden, verleiht irregulären, netzwerkartig organisierten Kämpferverbänden einen strategischen Vorteil: Da sie territorial schwer zu verorten sind, bleiben sie für ihre Gegner tendenziell unsichtbar, und ihre Unsichtbarkeit führt dazu, dass sie einerseits in der Defensive nur schwer angreifbar und verwundbar sind – gerade auch was völker- und kriegsrechtliche »Bindungs- und Fesselungsstrategien« der Gegner angeht – und dass sie andererseits in der Offensive Überraschungsangriffe durchführen und Überraschungseffekte erzielen können. Solche militärstrategischen Vorteile der netzwerkartigen Organisationsform werden von Strategen zunehmend erkannt. Das lässt sich beispielsweise daran ablesen, dass inzwischen auch staatliche Streitkräfte hiermit experimentieren: Auf der Suche nach organisatorischen Innovationen konkurrieren sie mit ihren ungleichartigen Gegnern um die bessere, »höhere« Position am Hügel der hier betrachteten Asymmetrie. Dabei darf diejenige Partei hoffen, den Gipfel zu erstürmen, der es gelingt, eine dezentrale und netzwerkartige, zugleich aber zentral steuer- und führbare Organisationsform zu entwickeln.

c) Der dritte Hügel: Asymmetrie der Entschlossenheit

Von einer Asymmetrie der Entschlossenheit kann mit dem Ziel einer Erweiterung der bisherigen Diskussion über den asymmetrischen Krieg gesprochen werden, wenn einer der Kriegsgegner entschlossener und mit längerem Atem als der andere kämpft. Die Bereitschaft, Verluste hinzunehmen, ist dabei ein Gradmesser für das Maß der Entschlossenheit. Der Kampf zwischen David und Goliath ist asymmetrisch in diesem Sinn, weil David bereit ist, das größere Risiko zu tragen und mit größerem Einsatz zu kämpfen als der sieggewohnte, siegverwöhnte und eben deswegen opfer- und verlustaverse Goliath. Besonders groß fällt das Gefälle am Hügel der Entschlossenheit aus, wenn einer der Gegner ganz ohne Rücksicht auf eigene Opfer und Verluste agiert. Das sogenannte Selbstmordattentat stellt in diesem Sinn die Extremform einer Strategie dar, die einen Mangel an physischen Kräften durch ein Mehr an moralischen Kräften im Sinne Clausewitz' kompensiert, also fehlende Truppen, Waffen und Ressourcen durch erhöhte Risiko-, Einsatz- und Opferbereitschaft ausgleicht oder gar ersetzt.[116] Betrachtet man allein diese Asymmetrie der Entschlossenheit, so personifizieren den asymmetrischen Zweikampf des 21. Jahrhunderts der todesgewisse Terrorpilot des 11. September 2001 und der technikversicherte US-amerikanische Berufskampfpilot als ein Staatsdiener und Familienvater in Uniform.[117]

116 Hierauf stellt Daases (1999) Deutung des Zweikampfes zwischen David und Goliath ab: »Erst die Verbindung von technischen und ›moralischen‹ Größen, wie Clausewitz sagen würde, macht die Geschichte von David und Goliath zu einer Metapher für die unkonventionelle Kriegsführung und David zum Prototyp des Guerilleros« (ebd.: 153, Fußnote 2).

117 Diese Charakterisierung des regulären Soldaten als eines Staatsdieners und Familienvaters in Uniform verdankt ihre Zuspitzung dem Titel des von Gerhard Kümmel (2005) herausgegebenen Sammelbands *Diener zweier Herren. Soldaten zwischen Bundeswehr*

Wenn die Entschlossenheit im asymmetrischen Krieg besondere Bedeutung hat, so ist – wie auch bei den im Folgenden zu erkundenden Asymmetrie-Typen – zu fragen, wovon ihre Größe abhängt. Drei Faktoren scheinen im Fall der Asymmetrie der Entschlossenheit eine Rolle zu spielen: (1) das Kräfteverhältnis zwischen den Gegnern, (2) die innere, psychisch-soziale Verfasstheit der Akteure sowie (3) die Ideologie oder Religion, aus deren Quellen die Kämpfer ihre Kampfmoral schöpfen. Dass diese drei Faktoren die Generierung von Entschlossenheit in asymmetrischen Konstellationen beeinflussen, lässt sich exemplarisch anhand des Aufstands der Juden gegen die Römer in den Jahren 66 bis 74 nach Christus zeigen, über den der jüdisch-römische Historiker Flavius Josephus wenige Jahre später seine *Geschichte des Judäischen Krieges* verfasste (Flavius Josephus 1978; vgl. Daase 1999: 152). Dem Kriegsbericht des Flavius Josephus zufolge kämpften die Juden bzw. Judäer mit äußerster – und asymmetrisch überlegener – Entschlossenheit, so insbesondere bei ihrem (letztlich erfolglosen) Versuch, die Stadtmauern Jerusalems gegen die römischen Truppen des Titus zu verteidigen: »Führte bei den Römern Kraft und Erfahrung das Schwert, so tat dies auf seiten [sic] der Judäer jene Tollkühnheit, die der Angst entspringt, sowie die diesem Volke eigene Ausdauer im Unglück; zudem hofften sie noch immer auf Rettung wie die Römer auf raschen Sieg« (Flavius Josephus 1978: 386). In diesem Lob der jüdischen »Tollkühnheit« und »Ausdauer« kommen alle drei der oben genannten Faktoren zur Sprache, von denen die Entschlossenheit eines Kriegsakteurs abhängt und aus denen sich somit auch die Asymmetrie der Entschlossenheit ergibt. Erstens ist die von Flavius Josephus beschriebene jüdische »Tollkühnheit, die der Angst entspringt« und die seiner Darstellung zufolge direkt mit der kraftstrotzenden römischen Hoffnung auf einen schnellen Sieg kontrastiert, als eine Folge des ungleichen *Kräfteverhältnisses* zwischen Juden und Römern anzusehen. Zweitens resultiert, was die innere *psychisch-soziale Verfasstheit* der Akteure angeht, die Asymmetrie der Entschlossenheit aus einer dem jüdischen Volk »eigenen Ausdauer im Unglück«, also aus einer historisch erworbenen und kulturell tradierten charakteristischen Leidensfähigkeit, die mit dem selbstbewussten Vertrauen der

und Familie. Das darin verhandelte Spannungsverhältnis zwischen Bundeswehr und Familie und die Möglichkeiten seiner Ausgestaltung stehen auch im Mittelpunkt einer im Frühjahr 2014 von der deutschen Verteidigungsministerin und vormaligen Familienministerin Ursula von der Leyen angestoßenen Debatte über die Familienfreundlichkeit des Arbeitgebers Bundeswehr, die nach den Plänen der Bundesregierung in ein »Gesetz zur Steigerung der Attraktivität des Dienstes in der Bundeswehr« einmünden soll.

Römer auf eine große Erfahrung im aktiven Umgang mit dem Schwert kontrastiert. Drittens schließlich kann die große Hoffnung, die die Juden trotz ihrer verzweifelten Lage beim Kampf um die Stadtmauern Jerusalems »noch immer auf Rettung« hegen, implizit auf die Heils- und Siegeserwartung der Gläubigen zurückgeführt werden, also auf ihre *Ideologie bzw. Religion* als Quelle der Kampfmoral, der die Römer in der Darstellung des Flavius Josephus nichts Vergleichbares entgegenzusetzen haben. Nicht zuletzt aus den genannten drei Gründen kämpften die Juden entschlossener als die Römer:

> »Der Tod schien ihnen [den Judäern bzw. Juden; F. W.] unbedeutend, wenn es ihnen nur gelang, zugleich einen Feind mit ins Verderben zu reißen. Dem Caesar [Titus; F. W.] lag dagegen an der Sicherheit seiner Soldaten ebensoviel als am Sieg: Unvorsichtiges Draufgehen nannte er Wahnsinn, und Tapferkeit erkannte er nur da an, wo man mit Bedacht und, ohne selbst Schaden zu nehmen, vorging. Er ermahnte daher seine Leute dringend, sie sollten sich tapfer zeigen, ohne der Gefahr blindlings entgegenzurennen.« (ebd.: 388)

Die von Flavius Josephus zwischen den todesmutigen Juden und den vorsichtigen, bedächtigen Römern wahrgenommene Asymmetrie der Entschlossenheit führt der jüdisch-römische Historiker auf die genannten drei Faktoren zurück: das Kräfteverhältnis, die psychisch-soziale Verfasstheit und die Ideologie bzw. Religion der Akteure. Mit Blick auf die Theorie des Asymmetrischen Krieges erscheint von Interesse, inwiefern diese drei Faktoren als typisch für asymmetrische Auseinandersetzungen angesehen werden können.

(1) Entschlossenheit und Kräfteverhältnis

Was die erste Quelle der Entschlossenheit betrifft, wird Flavius Josephus' entsprechende Beobachtung durch Macks These gestützt, derzufolge die Asymmetrie der Entschlossenheit sich grundsätzlich umgekehrt proportional zur Asymmetrie der Kraft verhalte (Mack 1975). Demnach kämpft der Schwache *notwendigerweise* entschlossener als der Starke, da im asymmetrischen Konflikt zwischen kräftemäßig Verschiedenen *notwendigerweise* sein *vitales* Interesse bedroht ist, während der Starke *notwendigerweise* nur ein *peripheres* Interesse verfolgt. Der Starke nämlich kann im Gegensatz zum Schwachen davon ausgehen, dass ihm selbst im Fall einer totalen Niederlage nicht die totale Vernichtung droht; denn zu einer Invasion, Eroberung und Vernichtung fehlen dem Schwachen schlichtweg die Kräfte. Allein aus der Kräfteverteilung heraus ergibt sich also eine unterschiedliche Interessenlage, die dazu führt, dass David »seinen« Krieg gegen Goliath als einen totalen,

Goliath hingegen »seinen« Krieg gegen David als einen begrenzten Krieg führt: »for the insurgents the war is ›total‹, while for the external power it is necessarily ›limited‹« (ebd.: 181). Die kraftbedingte Interessens- und Entschlossenheits-Asymmetrie zwischen der »Tollkühnheit« des Schwachen und der »Siegeshoffnung« des Starken erweist sich zu Beginn des 21. Jahrhunderts insbesondere bei humanitären Interventionen als Herausforderung. Da mit humanitären Interventionen per definitionem keine *vitalen*, sondern nur *periphere* Interessen verfolgt werden, sehen sich die Intervenierenden vor Schwierigkeiten gestellt, die hierfür nötigen Entschlossenheitsressourcen zu mobilisieren (vgl. Daase 1999: 147f.).[118]

(2) Entschlossenheit und psychisch-soziale Verfasstheit

Die Entschlossenheit der Akteure führt Flavius Josephus zweitens auf ihre innere, psychisch-soziale Verfasstheit zurück. Gemeint ist damit im Fall der Juden »die diesem Volke eigene Ausdauer im Unglück«, wie Flavius Josephus schreibt, also die Art und Stärke ihres historisch gewachsenen und kulturell tradierten Heroismus. Der Grad, in dem eine Kriegspartei bei ihrer Kriegführung auf Heroismus angewiesen ist und zurückgreifen kann, scheint freilich seinerseits mit der Art der *politisch-institutionellen* Verfasstheit zu variieren. So können demokratisch organisierte Gemeinwesen einen Mangel – oder auch Überschuss – an heroischer Gesinnung nicht auf vergleichbare Weise kompensieren und kontrollieren, wie dies nichtdemokratischen Kollektivakteuren möglich ist. Da Demokratien nämlich bei der Führung ihrer Kriege von der Zu- und Mitbestimmung ihrer Bevölkerung und Anhängerschaft abhängig sind, wirken sich deren Einstellungen zum Krieg und mögliche Stimmungsschwankungen unmittelbar auf die Gesamtstrategie und die Kriegführung aus. Zumeist wird in diesem Zusammenhang die »unentschlossene« Seite des Verhältnisses zwischen demokratischer Verfasstheit und gesellschaftlicher Einstellung zum Krieg thematisiert. Demokratische Gesellschaften gelten dann im Vergleich zu anders verfassten Akteuren

118 Ähnlich wie Mack (1975) betont auch Arreguín-Toft (2001) den Zusammenhang zwischen kraftbedingtem Interesse und Entschlossenheit: »the two motives invariably move in the same direction: High interest implies high resolve, and vice versa« (ebd.: 95, Fußnote 5), ohne allerdings wie Mack der Entschlossenheit eine kriegsentscheidende Bedeutung beizumessen. McKenzie (2000) bewertet den Faktor »disparity of interests« hingegen als »most basic asymmetry of all« (ebd.: 3), geht anders als Mack aber nicht davon aus, dass der Starke *notwendigerweise* und also in *allen* Fällen ein geringeres Interesse als der Schwache verfolge.

als weniger in der Lage, ihren Willen auf dem Schlachtfeld aufrechtzuerhalten und durchzusetzen (Daase 1999: 22). Sobald die Zahl der Opfer, der *body count*, das zustimmungsfähige Höchstmaß erreicht, droht die Wählerschaft der politischen Führung ihre Unterstützung zu entziehen, was diese früher oder später zur Beendigung des Krieges zwingt. Demokratien wurden daher, abhängig vom politischen Standpunkt des Betrachters, als prinzipiell friedfertig oder aber als »Papiertiger« bezeichnet. Demgegenüber wird autoritären Regimen nachgesagt, ihren Willen auf dem Schlachtfeld auch dann noch aufrechterhalten zu können, wenn die von ihrer Führung verfolgten Ziele dem Willen der Bevölkerung oder gar dem – freilich nie objektiv zu bestimmenden – nationalen Interesse widersprechen. So hielt die Sowjetunion in ihrem Afghanistankrieg (1979–1989) trotz großer Verluste zehn Jahre lang entschlossen die Stellung, wohingegen die USA in ihrem Vietnamkrieg (1965–1975) schließlich dem wachsenden gesellschaftlichen Druck zum vollständigen Rückzug nachgeben mussten (ebd.) – eine Differenz, die freilich mit Blick auf die gleichfalls zehnjährige Dauer des Vietnamkriegs ebenso zu relativieren ist wie mit Blick auf den seit dem Jahr 2001 *trotz* wachsender innenpolitischer Kritik bis ins Jahr 2014 andauernden und darüber hinaus fortgesetzten US-amerikanischen Afghanistankrieg.[119] Dennoch scheinen autokratische Regime eher als Demokratien dazu in der Lage und auch bereit zu sein, die Stimmungen ihrer Bevölkerungen zu ignorieren, zu manipulieren und zu kontrollieren, statt sich umgekehrt von diesen Stimmungen konditionieren zu lassen. Für nichtstaatliche, transnationale Kollektivakteure, insbesondere Terrororganisationen und Terrornetzwerke, gilt das in wohl noch stärkerem Maße. Sie können sich zu einem gewissen Grad von der Unterstützung durch ihre Mitglieder und Sympathisanten emanzipieren, was es ihnen erlaubt, bei der Verfolgung ihrer Ziele relativ unabhängig von di-

119 Die These von der Friedfertigkeit der Demokratien wird auch aus anderen Gründen bestritten. So argumentiert Daase (2004), dass Demokratien gerade mittels Formen der Massenmobilisierung große Entschlossenheit entwickeln können. Umgekehrt scheinen auch autokratische Systeme, wie sich im Fall interner Fraktions- und Führungskämpfe zeigt, Sollbruchstellen ihrer Kohäsion und Entschlossenheit aufzuweisen, wie Mack (1975: 185f.) gegen Mao und dessen These von der relativen militärischen Unentschlossenheit des demokratisch verfassten »Imperialismus« als eines »Papiertigers« argumentiert. Desch (2003) kommt in seiner Studie »Democracy and Victory«, aufbauend auf einer Auswertung von Kriegsstatistiken, dementsprechend zu dem Schluss, dass der Regimetyp allenfalls einen geringen Einfluss auf den Erfolg oder Misserfolg im Krieg ausübe, was die Annahme einer Asymmetrie der Entschlossenheit zwischen Demokratien und Autokratien weiter relativiert.

rekter Zustimmung und Mitbestimmung – und somit auch von möglichen Schwankungen in der Entschlossenheit ihrer Unterstützer – zu operieren.[120]

Beeinflusst die politisch-institutionelle Verfasstheit eines Kollektivakteurs das Ausmaß, in dem dessen politisch-strategische Führer die im Kriegsverlauf bei der Basis und den Unterstützern auftretenden Entschlossenheitsschwankungen zu berücksichtigen haben, so hängen andererseits die Höhe und die Häufigkeit solcher Schwankungen von *psychisch-sozialen* Dispositionen dieser Basis und Unterstützer ab. In Anlehnung an Luttwak (2003) kann zwischen heroischen und postheroischen Dispositionen unterschieden werden. Gesellschaften und Kollektivakteure, die heroisch veranlagt sind, orientieren sich in ihrer Einstellung zum Krieg und zum Tod gewissermaßen an dem Vers des römischen Dichters Horaz, den dieser seinerseits in verkürzter Form aus einer Elegie des frühgriechischen Dichters Tyrtaios übernahm: *Dulce et decorum est pro patria mori.*[121] So lange sich innerhalb einer Gesellschaft oder Gruppe ein Konsens darüber erzielen lässt, dass der Tod für die gemeinsame Sache – und zwar unter Umständen: der eigene – »süß« und aller Ehren wert sei, stellen Opferbereitschaft und Entschlossenheit keine knappen Ressourcen dar. Wenn jedoch gegenüber dem »süßen« Tod des Horaz und Tyrtaios die süßen Annehmlichkeiten des schönen Lebens an Bedeutung und Wertschätzung gewinnen, dann kommt es zu einer Verknappung dieser Ressourcen. An die Stelle der Kampfmoral oder gar Todesliebe treten dann – so lauten seit jeher die lateinisch und griechisch zitierten und vielfach variierten Verse der Dekadenzkritik und Kampfparänese – hedonistische und pazifistische Einstellungen. Solche Einstellungen wurden denn auch für die post- oder nichtheroischen Gesellschaften der fortgeschrittenen Industrienationen des Westens als prägend herausgestellt, wobei den niedrigen demographischen Reproduktionsraten dieser Gesellschaften die

120 Das gilt nur bis zu einem gewissen Grad, da nichtstaatliche Akteure ebenfalls den »zu interessierende[n] Dritte[n]« (Münkler 2002b: 263f.) zu mobilisieren, Gelder einzutreiben und Unterschlupfstätten zu finden haben usw. Zumindest aber über einen gewissen Zeitraum hinweg scheinen nichtstaatliche Terrororganisationen dazu in der Lage zu sein, trotz geringer Unterstützung operationsfähig zu bleiben – so lange nämlich, wie sie einzelne heroisch Entschlossene finden, die sich für die Ziele der Organisation als sogenannte Selbstmordattentäter zur Verfügung stellen.

121 »Süß und ehrenhaft ist der Tod fürs Vaterland« (Horaz, carmina III, 2, 13). Zu den Parallelen zwischen diesem Horazschen Vers und dem Eingangsdistychon in Tyrtaios' Fragment 6D (»Der schönste Tod von allen ist es, von Feindes Hand/Als tapfrer Mann zu fallen im Streit fürs Heimatland« [Übersetzung: J. M. Stowasser]) siehe Lindo (1971: 259), der darauf hinweist, dass der Horazsche Vers jenseits aller Ähnlichkeiten zu Tyrtaios' Vorlage ein antikes »commonplace sentiment« (ebd.) zum Ausdruck bringt.

Funktion eines kausalen Bindeglieds zugewiesen wurde.[122] Die Asymmetrie der Entschlossenheit verhält sich demnach gegenläufig zur Asymmetrie der Kraft: Zivilisatorische Fortschrittlichkeit, wie sie die Industrienationen für sich in Anspruch nehmen, geht diesem Dekadenztheorem zufolge zwar mit einer Stärkung der technologischen, ökonomischen, militärischen Kräfte, zugleich aber infolge des Rückgangs der demographischen Reproduktionsraten mit einer Schwächung des Willens einher – insbesondere des Willens, von den eigenen Kräften unter Bedingungen eigener Opfer Gebrauch zu machen. Die entsprechende Entschlossenheits-Asymmetrie zwischen heroischen und post- oder nichtheroischen Mentalitäten lässt sich zuspitzen zu der Aussage, die Terroristen zuweilen zugeschrieben wurde: »Ihr liebt das Leben, doch wir lieben den Tod.« Die Opfer-Aversion post- und nichtheroischer Gesellschaften, deren Opfer-Begriff der Vorstellung eines passiv erlittenen, im Nachhinein zu entschädigenden oder von vornherein zu versichernden Schadens (*victima*), nicht aber der Idee eines aktiv und freiwillig dargebrachten Selbstopfers (*sacrificium*) entspricht, trifft hier auf den Opferkult opferbereiter Akteure. Aus der Gleichzeitigkeit von Opferungsangst und Opferbereitschaft, Todesfurcht und Todesmut, *victima*- und *sacrificium*-Vorstellungen entsteht im Gelände des asymmetrischen Krieges die Asymmetrie bzw. der Hügel der Entschlossenheit.

(3) Entschlossenheit und Ideologie bzw. Religion

Die Entschlossenheit der Kriegführenden hängt schließlich, drittens, auch davon ab, inwieweit sie in äußerster Gefahr »noch immer auf Rettung« hoffen und diese Hoffnung aus ideologischen oder religiösen Quellen schöp-

122 Luttwak (2003) führt den abnehmenden Heroismus fortgeschrittener Gesellschaften auf den Rückgang ihrer demographischen Reproduktionsraten infolge des Anstiegs des allgemeinen Lebensstandards zurück: »Aus der neuen Familiendemographie folgt, dass keines der fortgeschrittenen Länder der Erde mit niederer Geburtsrate weiter die Rolle einer klassischen Großmacht spielen kann – nicht die Vereinigten Staaten oder Russland, auch nicht Großbritannien oder Frankreich, erst recht nicht Deutschland oder Japan. Sie mögen zwar allesamt noch die militärische Stärke oder zumindest die ökonomische Basis besitzen, um eine bedeutende militärische Macht aufzubauen. Ihre Gesellschaften sind aber gegen Opfer so allergisch, dass sie faktisch oder nahezu ›debellisiert‹ sind« (ebd.: 107). An ihre Grenzen stößt diese Erklärung angesichts der Beobachtung, dass die Industriemacht USA bislang Fortschrittlichkeit mit Patriotismus – wenn nicht Heroismus – und zudem mit stabilen demographischen Reproduktionsraten zu verbinden scheint. Hier greift die These von der Kriegführungsunfähigkeit fortgeschrittener Gesellschaften offensichtlich zu kurz.

fen können – eine Fähigkeit, die Flavius Josephus den Juden im Kampf gegen die Römer attestiert. Ideologien und Religionen dienen in diesem Sinn als Arsenale »irrationaler«, »jenseitiger« Motivationsgründe, die die Kämpfer dazu nutzen oder missbrauchen können, um handfeste Kampfmoral zu generieren. Die komplementären Ausdrücke »Heiliger Krieg gegen den Westen« und »Kreuzzug gegen den Terror«, die nach den Terroranschlägen vom 11. September 2001 zeitweilig in Umlauf kamen, können als solche Motivations- und zugleich Legitimitätsgeneratoren gedeutet werden. Das Versprechen jenseitiger Belohnungen für diesseitige Heldentaten und Opfer erscheint besonders dazu geeignet, die Kampfes- und Opferbereitschaft zu steigern. Aber auch ohne solche Versprechungen können das Vertrauen in den Sieg gefestigt und die Entschlossenheit der Kämpfer und Unterstützer gesteigert werden, indem die eigene Mission als geschichtsnotwendig oder gottgewollt vorgestellt wird. Auf diese Weise nutzte der jüdische Widerstand gegen die Römer, von dem Flavius Josephus berichtet, die Erzählung von David und Goliath, um sich für diesen ungleichen Kampf zu motivieren. Dabei spielte, wie der Theologe Stefan Nitsche (1998) in seiner Rekonstruktion der David und Goliath-Erzählungen und ihrer Rezeptionen zeigt, »[d]ie – nur scheinbar unpolitische – theologische Frage nach dem Synergismus« (ebd.: 141) eine entscheidende Rolle, die Frage also, ob David mit Gottes *tatkräftiger* Hilfe oder aber lediglich mit Gottes *segnendem* Beistand gegen Goliath gesiegt habe. Je nachdem, ob und wie stark die Interpreten der David und Goliath-Erzählung und auch die jüdischen Widerständler auf Gottes tatkräftiges Eingreifen in den Konfliktverlauf vertrauten, konnten – und mussten – sie ihre politisch-strategische Vernunft dem blinden Gottvertrauen unterordnen, also die säkular-rationale Abwägung der Vor- und Nachteile, Risiken und Gefahren, Zwecke und Mittel ganz oder teilweise gegenüber der unerschütterlichen Hoffnung auf jenseitigen Beistand zurückstellen:

> »Konnte man sich der aktiven Gegenwart Gottes sicher sein, war auch ein nach menschlichen Gesichtspunkten aussichtsloser, bewaffneter Widerstand nicht nur möglich, sondern das Gebot der Stunde. Wurde die Frage hingegen so entschieden, dass der Part Gottes ein segnender sei, der lediglich die Fähigkeiten und Ressourcen von Menschen zum Tragen bringt, dann war eine nach den Regeln der politischen und militärischen Vernunft erfolgende Analyse der Situation und ein daraus abgeleitetes Handeln geboten.« (ebd.)

Ein *blindes* Gottvertrauen kann sich freilich strategisch so vorteilhaft wie nachteilig erweisen. In jedem Fall wirken sich Religion und Ideologie auf die Kampfmoral und Entschlossenheit der Kriegsparteien aus. Wie auch das Kräfteverhältnis und die psychisch-soziale Verfasstheit der Kriegführenden beeinflussen diese Faktoren somit die hier diskutierte Asymmetrie der Entschlossenheit.

d) Der vierte Hügel: Asymmetrie der Verwundbarkeit

Von einer Asymmetrie der Verwundbarkeit kann gesprochen werden, wenn zwei Gegner in unterschiedlichem Maße oder auf unterschiedliche Weise den Angriffen der jeweils anderen Seite ausgesetzt sind – insbesondere solchen Angriffen, gegen die Schutz- und Verteidigungsmaßnahmen nur unter hohen Kosten zu treffen sind. Der Zweikampf zwischen David und Goliath ist in diesem Sinn asymmetrisch, weil einerseits David, der ganz ohne Schild und Rüstung antritt, einem direkten Schwertangriff Goliaths schutzlos ausgeliefert ist, andererseits Goliath, der einen schweren Panzer trägt, trotz oder gerade wegen dieser schweren Panzerung dem Angriff Davids mit der Steinschleuder zum Opfer fällt. Goliaths schwere Rüstung nämlich hindert ihn daran, leichtfüßig auszuweichen und schnell zu reagieren, sodass seine Stärke sich unversehens in eine Schwäche, seine gepanzerte Unverwundbarkeit sich in eine – freilich ebenfalls gepanzerte – Verwundbarkeit verwandelt. Die Vorkehrungen, die Goliath traf, verfehlen ihr Ziel und verkehren sich sogar in ihr Gegenteil. Beide Kämpfer sind also verwundbar, nur sind sie dies auf unterschiedliche Weise. Hieraus ergibt sich die Asymmetrie der Verwundbarkeit: David ist verwundbar aufgrund seiner Schwäche, Goliath hingegen aufgrund seiner Stärke. Mit Blick auf die Konfliktlinien des 21. Jahrhunderts lässt sich diese Beobachtung wie folgt konkretisieren: Die Supermacht ist ebenso verwundbar wie das Terrornetzwerk, doch sind die zwei ungleichartigen Akteure dies weder in gleichem Maße noch auf gleiche Weise. Wovon die Verwundbarkeit der Kriegsakteure abhängt, soll mit Blick auf vier Faktoren in Augenschein genommen werden, mit Blick auf (1) die Kräfteverteilung zwischen den Gegnern, (2) die Art ihrer jeweiligen Organisationsform, (3) den Grad ihrer jeweiligen Entschlossenheit sowie (4) das relative Niveau ihres strategischen Bewusstseins.[123]

123 Zu einer grundlegenden Diskussion strategischer Vulnerabilität, die sich von alternativen, insbesondere ökologischen und technologischen Vulnerabilitätskonzeptionen dadurch abgrenzt, dass sie sich auf einen Gegenakteur bezieht, vgl. Münkler und Wassermann (2012); siehe dort auch weitere Überlegungen zu den Möglichkeiten (verletzungs-)

(1) Verwundbarkeit und Kräfteverteilung

Die Verwundbarkeit eines Akteurs korrespondiert zunächst vor allem mit der Kräfteverteilung zwischen ihm und seinem Gegner. Je stärker der Akteur A im Vergleich zu seinem Gegner B ist, desto weniger ist A im Kampf mit B verwundbar. Umgekehrt gilt: Je schwächer B im Vergleich zu A ist, desto eher und folgenreicher ist er durch A verwundbar. Starke Akteure können ihre Kräfte etwa dazu nutzen, bessere Schutz- und Verteidigungsanlagen zu errichten und effektivere Vergeltungskapazitäten aufzubauen, um mögliche Angriffe abzuwehren, abzuschwächen oder abzuschrecken. Die chinesische Große Mauer und der römische Limes mit ihren jeweils ausgeklügelten Wachen- und Posten-Systemen sind Beispiele für diesen defensiven Nutzen großer Kräfte. Mit dem ehrgeizigen Projekt, einen Schirm zur Raketenabwehr über Nordamerika oder auch über Europa zu errichten, knüpfen die USA und die NATO an diese Schutzmauern ihrer Vorgänger in der Reihe der Großmächte und Allianzen an. Der 11. September 2001 führte jedoch die Verwundbarkeit der Supermacht in symbolträchtigen Bildern vor Augen. Die Anschläge, die sich nicht von außen, sondern aus dem Innern des Landes gegen die ökonomischen und militärischen Zentren des globalen Riesen richteten, lassen den Nutzen des Projektes »National Missile Defense« fragwürdig erscheinen. Indem die Angreifer die schwere Panzerung Goliaths umgingen, führten sie den USA und der Weltöffentlichkeit vor Augen, dass absolute Unverwundbarkeit auch für Goliath nicht erreichbar ist.[124]

(2) Verwundbarkeit und Organisationsform

Der Grad der Verwundbarkeit eines Akteurs hängt zudem von seiner Organisationsform ab. Dabei gilt: Territorialität bedeutet tendenziell größere Verwundbarkeit, Nicht-Territorialität tendenziell geringere Verwundbarkeit. Ein nichtstaatlicher – oder genauer gesagt: transnationaler – Akteur, der nicht an ein bestimmtes Territorium gebunden ist, kann jenseits geographischer Begrenzungen agieren und sich folglich dem Blick seiner Kontrahenten leichter als ein Staat entziehen. Die tendenzielle Unsichtbarkeit

offener moderner Gesellschaften, den durch strategische Vulnerabilität verursachten sicherheitspolitischen Herausforderungen mit strategischer Resilienz zu begegnen.

124 Aus diesem Grund wird die Asymmetrie der Verwundbarkeit hier als eigener Asymmetrie-Typ behandelt und also nicht als bloße »Umkehrung« der Kraft-Asymmetrie verstanden und diesem Asymmetrie-Typ untergeordnet. Ein Mehr an Kräften bedeutet nicht in jedem Fall ein Weniger an Verwundbarkeit.

bringt für den transnationalen Akteur erhebliche strategische Vorteile mit sich. So kann er, was die Offensive betrifft, seinen Operationen einen höheren Überraschungs- und Schockwert verleihen und darüber hinaus, bezogen auf die Defensive, den jeweils drohenden Vergeltungs- und Verfolgungsmaßnahmen – zumindest in ihrer direkten Form – entgehen. Das nichtterritoriale, transnationale Netzwerk als die Organisationsform, die beide Vorteile miteinander verbindet, gleicht darin einer Tarnkappe, die ihrem Träger mit der tendenziellen Unsichtbarkeit ein gesteigertes Überraschungspotenzial sowie tendenzielle Unverwundbarkeit verleiht. Wenn auch die Invisibilität und Invulnerabilität des nichtstaatlichen Akteurs sich kaum ins Absolute steigern lassen, da die Territorialstaaten dies durch geeignete Gegenmaßnahmen zu verhindern versuchen – so etwa durch verschärfte Grenzkontrollen und geheimdienstliche Aufklärung, die der strafrechtlichen Verfolgung oder der Vorbereitung gezielter Tötungen dienen –, sind die strategischen Erfolge des jüngeren transnationalen Terrorismus, verdichtet im Agieren der Terrororganisation Al Kaida und ihrer Ableger, doch vor allem auf die besagte Tarnkappenfunktion der netzwerkartigen, transnationalen Organisationsform zurückzuführen. Die organisatorische Tarnkappe des Netzwerks lässt ihre Träger von der territorialstaatlich konzipierten internationalen politischen Landkarte verschwinden, schützt sie also vor dem Blick und dem direkten Zugriff der Staatengemeinschaft und eröffnet ihnen zugleich neue Operationsräume und Handlungsoptionen. Da diese Räume und Optionen ihren staatlichen Gegnern nicht in gleichem Maße zur Verfügung stehen, ergibt sich daraus die Asymmetrie der Verwundbarkeit.

(3) Verwundbarkeit und Entschlossenheit

Auch die Entschlossenheit beeinflusst den Grad der Verwundbarkeit. So können – selbst starke – Akteure, sofern sie mit einem schwachen Willen ausgestattet sind, auf dem Schlachtfeld in die Defensive geraten und »verwundet« werden, dann nämlich, wenn es ihrem Gegner gelingt, den schwachen Willen anzugreifen oder zu ermatten. Die psychische Schwäche physisch starker Akteure wurde treffend als *politische* Verwundbarkeit charakterisiert. Sie kann auf das schwache Interesse des Starken in der Auseinandersetzung mit dem Schwachen zurückgeführt werden (Mack 1975), auf die schwache Psyche postheroischer Gesellschaften (Münkler 2006a: 310–354) oder auf die Gewöhnung fortschrittlicher Industriestaaten an luxeriöse »Zero Casualties«-Strategien ohne eigene Opfer und Verluste (Baud 2003:

201). Fasst man diese Erklärungsansätze zusammen, so lautet die entsprechende These: Da die postheroischen, technologieabhängigen Gesellschaften des »Nordens«, die in vielen ihrer politisch-militärischen Missionen keine vitalen Interessen verfolgen, den Anblick Kriegsgefallener nicht gewohnt sind und nicht ertragen, genügen wenige Gefallene und deren mediale Zurschaustellung, um ihre Entschlossenheit zu erschüttern und so die Goliathe des 21. Jahrhunderts empfindlich zu verwunden.

(4) Verwundbarkeit und strategisches Bewusstsein

Die Verwundbarkeit von Kriegsakteuren hängt schließlich auch davon ab, inwiefern sie dazu bereit und in der Lage sind, strategische Analyse- und Prognosekapazitäten aufzubauen. Dabei geht es weniger um die Qualität der *hardware*, als vielmehr um die Leistungsfähigkeit der *software*. Goliaths Versagen im Kampf gegen David nämlich kann auch als Folge einer unzureichenden, unangemessenen Bedrohungs- und Feindanalyse gedeutet werden. Seine Niederlage resultiert nicht etwa daraus, dass Goliath die falsche Rüstung trägt, sondern vielmehr daraus, dass er *für diesen Kampf* die falsche Rüstung trägt. Hätte er die Attacke mit der Steinschleuder vorausgesehen, sie also für prinzipiell möglich und im konkreten Fall für wahrscheinlich gehalten, und hätte er darüber hinaus ihre tödliche Wirkungskraft erkannt, so wäre es ihm wohl klug und ratsam erschienen, sein Visier zu schließen oder aber eine leichtere Rüstung anzulegen, um eine »leichtfüßigere« Strategie zu verfolgen. Da er jedoch den ungleichen Kampf mit David nicht als solchen vorausahnte – sei es, weil er dies nicht konnte, sei es, weil er dies nicht wollte –, denkt und führt er von Anfang an »den falschen Krieg«. Nur so ist zu erklären, dass Davids unkonventioneller Angriff zu einem Überraschungscoup gerät, dessen »Unvorhersehbarkeit« die Grundlage seines Gelingens bildet. Die Fähigkeit, Bedrohungen zu antizipieren, zu analysieren und richtig zu bewerten, um angemessen auf sie reagieren zu können, beeinflusst in diesem Sinn den Grad der Verwundbarkeit. Ist diese Fähigkeit zwischen den Kriegführenden ungleich verteilt, so äußert sich dies in der hier diskutierten Asymmetrie: der Asymmetrie der Verwundbarkeit.

e) Der fünfte Hügel: Asymmetrie der Selbstbindung

Von einer Asymmetrie der Selbstbindung kann gesprochen werden, wenn sich eine der Parteien die Anwendung bestimmter Mittel und Methoden verbietet, von denen die andere Seite ihrerseits Gebrauch macht. Davids Kampf gegen Goliath ist in diesem Sinn asymmetrisch, weil David eine Kampfweise wählt, die dem Selbstverständnis und der Kampfweise des Kriegers Goliath grundsätzlich widerspricht. So könnte Goliath seinerseits nicht wie David mit der Steinschleuder antreten, ohne dadurch aufzuhören, das zu sein, was er seinem Selbstverständnis nach ist: ein Krieger, der als solcher offen mit dem Schwert statt hinterhältig mit unkonventionellen, unerwarteten, »unprofessionellen« Methoden agiert. Der »Krieg gegen den Terrorismus« erscheint in diesem Sinn asymmetrisch auch deswegen, weil er von Staaten – als Staaten – nicht auf die gleiche Weise geführt werden *kann* wie von Terroristen. Die Kontrahenten stehen sich also auch am Hügel der Selbstbindung auf unterschiedlichen Höhenniveaus gegenüber.

Selbstbindungen können unterschiedliche Formen annehmen, je nachdem, auf welche Bereiche strategischen Agierens sie sich beziehen. So lassen sich operative, organisatorische, rechtliche und moralische *constraints* bzw. Handlungsbeschränkungen voneinander unterscheiden (Barnett 2003). Gemeinsam ist diesen *constraints*, dass sie allesamt nach dem Modell der Selbstbindung funktionieren, das der norwegisch-US-amerikanische Sozialwissenschaftler Jon Elster (1987: 67–140) entwickelt hat. Grundlegend hierfür ist die Annahme, dass die genannten Handlungsbeschränkungen »selbstverschuldet« sind, dass es sich bei ihnen also eben um *Selbst*bindungen handelt, die die strategischen Akteure – anders als im Fall von *Fremd*bindungen – *selbst* eingehen, gleichgültig ob sie dies mit guten Gründen und also bewusst oder völlig unbewusst tun. Eine Asymmetrie der Selbstbindung kommt dabei zustande, wenn die Kontrahenten *unterschiedliche* Arten der Selbstbindung in *unterschiedlichem* Maße eingehen oder tolerieren. Die zuvor genannten vier Arten von *constraints* – operative, organisatorische, rechtliche und moralische *constraints* –, die Roger Barnett (2003), ein Strategietheoretiker am US Navy War College und ehemaliger Kapitän der US Navy, unterscheidet, können zu zwei Formen der Selbstbindung – organisatorischer und normativer Selbstbindung – zusammengefasst werden, da organisatorische *constraints* operative *constraints* nach sich ziehen und zudem rechtliche und moralische *constraints* gemeinsam normative *constraints* bilden. Die Asymmetrie der Selbstbindung lässt sich somit durch zwei Größen bestimmen: (1) durch die strategisch bindende Organisationsform der Kriegsakteure sowie (2) durch die Art und Inhalte der für sie jeweils verbindlichen Normativität.

(1) Selbstbindung und Organisationsform

Die Asymmetrie der Selbstbindung resultiert in erster Linie aus Unterschieden in der Organisationsform der Konfliktparteien. So sehen Staaten sich – anders als nichtstaatliche Akteure – gemäß ihrem Selbstverständnis als Monopolisten legitimer Gewaltanwendung dazu verpflichtet und daran gebunden, die Ordnung in dem von ihnen kontrollierten Territorium aufrechtzuerhalten. Das heißt insbesondere, dass sie die Verantwortung für die innere und äußere Sicherheit dieses Territoriums übernehmen. Liberale Rechts- und Verfassungsstaaten sehen sich über diese Selbstbindung an allgemeine staatliche Ordnungspflichten hinaus an die Verfassungsmäßigkeit der Mittel, die deren Verhältnismäßigkeit einschließt, gebunden, ebenso wie an den Schutz der Rechte des Einzelnen. Demokratische Systeme wiederum lassen sich hinsichtlich ihrer Art der Selbstbindung dadurch charakterisieren, dass die von ihnen vorgenommene Rückbindung der Politik an die Zustimmung der Mehrheit eine spezifische Form demokratischer Selbstbindung impliziert. Nichtstaatliche Akteure wie etwa transnationale Netzwerke gehen ihrerseits eine ihnen eigene Form der organisationsbedingten Selbstbindung ein, wenn sie zugunsten größerer strategischer Flexibilität und geringerer Verwundbarkeit bewusst darauf verzichten, staatliche Strukturen aufzubauen und die mit der Staatlichkeit verbundenen Fähigkeiten und Möglichkeiten zu nutzen. Unterschiedliche Typen politischer Organisation gehen also mit unterschiedlichen Graden und Arten der Selbstbindung einher. Dabei eröffnen und verschließen die organisationsbedingten Selbstbindungen je unterschiedliche strategische Optionen und äußern sich auch in je spezifischen Selbstverständnissen der Kämpfenden. So unterscheidet sich etwa das professionelle Selbstverständnis des Berufssoldaten einer hierarchisch organisierten, disziplinierten regulären Armee von dem republikanischen Selbstverständnis eines »Staatsbürgers in Uniform« in einer Wehrpflicht- und Parlamentsarmee einerseits wie auch von dem Selbstverständnis eines Kriegers oder *warriors* eines nichtstaatlichen, irregulären Kämpferverbandes andererseits. Die Organisationsform wirkt sich also auf die Art und das Ausmaß der Selbstbindung der Kämpfenden im Krieg aus, dessen asymmetrischen Charakter sie auf diese Weise beeinflusst.[125]

(2) Selbstbindung und Normativität

Selbstbindungen resultieren zudem aus rechtlich kodifizierten oder kulturell tradierten Norm- und Wertvorstellungen, die bei unterschiedlichen Kriegsparteien unterschiedliche Bindungskraft entfalten können. So verbietet das Prinzip der Fairness ebenso wie das christliche Gebot der Feindesliebe, sofern eine Gruppe oder Gesellschaft ihr Handeln daran orientiert, den eigenen Kämpfern die Anwendung »unfairer« und »unchristlicher« Kampfmethoden. Werden die entsprechenden Normen und Werte gar von allen an einem Konflikt beteiligten Parteien akzeptiert, so nimmt die Auseinandersetzung, was das Verhältnis der Selbstbindungen angeht, einen symmetrischen Charakter an. Der Krieg verläuft dann diesseits der von allen Parteien als verbindlich und bindend betrachteten ethisch-moralischen Grenzen. Eine solche wechselseitige normative Bindung auf der Grundlage gleichartiger Selbstbindungen ist insbesondere dann zu erwarten, wenn die Gegner sich dem gleichen – oder einem ähnlichen – Kulturkreis zugehörig fühlen. So galten den Hellenen in der Antike die Olympiaden als Zeiten der allgemeinen Waffenruhe, während derer sie den kriegerischen Kampf durch das sportliche Ringen ersetzten. Die gesamtgriechischen Heiligtümer, darunter vor allem das Orakel von Delphi, können als räumliche Entsprechungen dieser zeitlichen Formen der Begrenzung des Krieges gelten: auch sie etablierten »Inseln der Zivilität« inmitten des Kriegs.[126] Geschützt durch historisch ge-

125 Der hier hervorgehobene Zusammenhang zwischen der Organisationsform und der Bindung und Bindungsfähigkeit von Akteuren lässt sich – über die genannten Formen der Selbstbindung hinaus – auch daran verdeutlichen, dass viele völkerrechtliche Vorschriften nur die Vertrags*staaten* binden, so etwa das Verbot bzw. die Ächtung bestimmter Waffen. Nichtstaatliche Akteure sind demgegenüber völkerrechtlich nur relativ schwer bindungsfähig. Dieser Gesichtspunkt der *äußeren* Fremdbindung – statt *inneren* Selbstbindung – wird unten (Kap. 8f) im Zusammenhang mit der »Asymmetrie der Legitimität« diskutiert.

126 Das Sprachbild von den »Inseln der Zivilität« beflügelt im jüngeren Kriegsdiskurs optimistische, vor allem kosmopolitische Erwartungen hinsichtlich der Zivilisierung des (neuen) Krieges, so etwa, wenn von »den Inseln der Zivilität als einer möglichen Gegenstrategie zur neuen Kriegführung« die Rede ist (Kaldor 1999: 185; vgl. ähnlich auch Kurtenbach 2004). Sofern solche Erwartungen die symmetrischen Voraussetzungen und asymmetrischen Gefährdungen des Fortbestands der besagten »Inseln« unberücksichtigt lassen, bleibt der entsprechende Optimismus allerdings ohne Fundament.

wachsene und kulturell oder kultisch bestätigte Formen der Selbstbindung haben solche zivilen, friedlichen Inseln freilich nur so lange Bestand, wie die normativen Fundamente der Wälle, die sie schützen, von allen Kriegsparteien anerkannt und stets neu gestärkt werden. Im Kampf zwischen Gegnern, die sich unterschiedlichen Kulturkreisen zurechnen, scheint dies weniger wahrscheinlich zu sein und deswegen größere gemeinsame Anstrengungen und vertrauensbildende Maßnahmen vorauszusetzen, da hier unterschiedliche Norm- und Wertvorstellungen gegeneinander ins Feld geführt werden.[127] Mangelt es an einem Gleichklang der kulturellen Selbstbindungen

Inwiefern etwa die Olympischen Spiele in der Neuzeit den antiken olympischen Friedensgedanken noch verkörpern und als »Inseln der Zivilität« respektiert werden oder wiederbelebt werden können, erscheint mit Blick auf die jüngere »olympische Sicherheitspolitik« des russischen Präsidenten Wladimir Putin fraglich: Noch während der Eröffnungsfeier der olympischen Sommerspiele von Peking unter dem Motto »Eine Welt, ein Traum«, bei der Putin am 8. August 2008 dem Einzug der Olympioniken von der Stadiontribüne aus applaudierte, ließ er russische Truppen in Georgien einmarschieren. Während der olympischen Winterspiele von Sotschi im Jahr 2014 verhinderte zwar die weltweite Aufmerksamkeit für »Putins Spiele«, die unter dem Motto »Hot. Cool. Yours« standen, eine sofortige Reaktion Moskaus auf die »Euromaidan-Proteste« in Kiew, die am 21. Februar 2014 zur hastigen Flucht des ukrainischen Präsidenten Wiktor Janukowytsch nach Russland führten. Doch unmittelbar nach der olympischen Abschlusszeremonie von Sotschi am 25. Februar 2014 begann die völkerrechtswidrige russische Annexion der Krim, die bereits am 21. März 2014 mit der durch den russischen Föderationsrat ratifizierten Anerkennung des Beitritts der Krim zum russischen Staatsverband ihren einseitig applaudierten Abschluss fand.

127 Aus diesem Grund führte Jacob Burckhardt (2009 [1860]) die abendländische Rationalisierung und Humanisierung des Krieges – anders als Carl Schmitt (2011 [1950]: 116) ihm dies unterstellte (vgl. die oben zitierten Passagen in Teil I, Fußnote 4) – *nicht allein* auf den Renaissance-Individualismus zurück. Vielmehr erkannte er in der relativen kulturellen Homogenität des italienischen Abendlandes eine Voraussetzung der zeit- und teilweisen Zivilisierung der Gewaltanwendung »im Vergleich mit dem Jammer, den nachher die Truppen der Fremden über Italien brachten; besonders jene Spanier, in welchen vielleicht ein nicht abendländischer Zusatz des Geblütes, vielleicht die Gewöhnung an die Schauspiele der Inquisition die teuflische Seite der Natur *entfesselt* hatte« (Burckhardt 2009 [1860]: 84; Hervorh. F. W.). Gleichgültig, ob die Entfesselung der »teuflischen Seite der Natur« als eine Folge »fremden Geblüts« oder der »Gewöhnung« an besonders grausame Praktiken angesehen wird, setzt sie im Kampf zwischen einander als unterschiedlich wahrnehmenden Kulturen – und also unterschiedlichen Kulturen der Selbstbindung – einen Prozess der Lockerung und Auflösung von Bindungen in Gang. Dieser Prozess kann in den Worten Schmitts sogar »*starke traditionelle Bindungen* […], kirchliche, soziale und ökonomische Rücksichten« (Schmitt 2011 [1950]: 120; Hervorh. F. W.) erfassen, auf die der deutsche Staatsrechtler seinerseits die »etwas solidere Struktur« (ebd.) und die Bindungskraft der völkerrechtlichen Ordnung des Westfälischen Systems – kurzum: die Hegung des Krieges – in der Epoche der Staatlichkeit

zwischen einander »fremden« Gegnern und verdächtigen diese sich wechselseitig, jegliche Bindungen nur noch als unverbindliche »Selbstbindungen eines Entfesselungskünstlers« (Schmitt 2011 [1950]: 120) anzusehen, so bestehen große Anreize dazu, *alle* Bindungen zu lösen und *gerade* auch die zivilen, friedlichen »Inseln« zu erobern und zu verwüsten, die durch jene normativen Bindungen eigentlich geschützt werden sollen. Anschläge auf Kultstätten des Gegners und vergleichbare Formen der Profanisierung des Religiösen im Krieg haben hier ihren Ursprung. Sind die Gegner aufgrund ihrer unterschiedlichen Arten und Grade der Selbstbindung nicht in gleichem Maße dazu bereit, diesen Weg der Profanisierung mitzugehen und die Schwelle zwischen dem geschützten Heiligen und dem umkämpften Weltlichen zu überschreiten oder einzuebnen, so hat diese Asymmetrie der Selbstbindung unmittelbare Folgen für den Krieg. Von ihr profitiert diejenige Seite, die Heiligtümer, Kultstätten, Kirchen, Tabus und Feiertage gerade nicht als »Inseln der Zivilität« respektiert, sondern sie gezielt erobert, verwüstet und in ihre Kriegführung einkalkuliert. Ob eine derartige, im Grunde nihilistische Strategie, die kurzfristig militärstrategisch effektiv sein mag, langfristig politisch-strategisch erfolgversprechend sein kann, hängt nicht zuletzt von ihren Nebenwirkungen auf die Moral der solchermaßen »barbarisch« Kämpfenden sowie auf die Bereitschaft ihrer Anhänger ab, diesen »Barbarismus« auf Dauer zu ertragen und zu unterstützen. Das verweist auf einen weiteren Typ der Asymmetrie, der mit demjenigen der Selbstbindung in einem engen Wechselverhältnis steht: die Asymmetrie der Legitimität.

(in wohl unbewusster argumentativer Rückbindung an Burckhardt) zurückführte. Die Rationalisierung des Krieges lebt also, um ein Theorem des Schmitt-Schülers Ernst-Wolfgang Böckenförde zu variieren, *sowohl* in geistesgeschichtlich-individualistischer (Burckhardtscher) *als auch* in raumordnungspolitisch-juristischer (Schmittscher) Perspektive von *kulturellen* Voraussetzungen – solchen der Selbstbindung –, die sie selbst nicht hervorbringen und garantieren kann. Auch das Westfälische Staatensystem entstand nicht im luftleeren Raum, sondern im Kontext jener Kultur, die neben dem Dreißigjährigen Krieg die gotischen Rathäuser von Münster und Osnabrück hervorbrachte, auf deren Renaissance-Gestühlen die zerstrittenen Parteien Platz nehmen konnten, als sie sich während der siebenjährigen Verhandlungen bis zum Westfälischen Friedensschluss am 24. Oktober 1648 über die Bedingungen der Beendigung des Krieges verständigten.

f) Der sechste Hügel: Asymmetrie der Legitimität

Von einer Asymmetrie der Legitimität kann gesprochen werden, wenn es dem einen der Akteure besser als seinem Gegner gelingt, glaubhaft zu machen, dass seine Ansprüche, Interessen und Methoden zur Verteidigung derselben gerechtfertigt sind. Der Rechtfertigung dieser Ansprüche, Interessen und Methoden dienen vor allem Argumente, die sich auf starke normative Konzepte wie »Gerechtigkeit«, »Weltfrieden« »Freiheit« und »Menschheit« beziehen. Durch die legitimitätspolemische Nutzung dieser Argumente und Konzepte können insbesondere schwache Akteure am Hügel der Legitimität spezifische Vorteile erzielen. So ist Davids Kampf gegen Goliath asymmetrisch auch deswegen, weil David aufgrund seiner Schwäche besondere Sympathien auf sich zu ziehen und in höherem Maße als sein Kontrahent Verständnis und Unterstützung für seine Position und seine Strategie zu mobilisieren vermag. *Ihm* nämlich als einem einfachen Hirtenjungen wird seine »unfaire« Kampfweise aufgrund seiner objektiven Unterlegenheit nachgesehen. Goliath hingegen gilt dem biblischen Erzähler der Szene als ein unmenschlicher, unsympathischer Riese, den zu bekämpfen nicht nur legitim, sondern geboten erscheint. Diese Einschätzung kann allerdings keineswegs als »objektiv« gelten. So werden die Anhänger Goliaths gerade *ihn*, den regulären Soldaten, als den einzig legitimen Kämpfer unter den zwei ungleichartigen Kontrahenten ansehen. Zudem dürfte Goliath sich selbst gerade *wegen* seiner offensichtlichen Überlegenheit, die einen gleichberechtigten, »fairen« Kampf von vornherein auszuschließen scheint, dadurch zu rechtfertigen versuchen, dass er seinen Gegner als »unrechtmäßigen« Kämpfer diskriminiert und delegitimiert.[128] Dabei erscheint es unmöglich, »objektiv« und »autoritativ«, also etwa mit den Mitteln der Rechtsprechung, über die relative Recht-

128 Auf diesen Zusammenhang zwischen Überlegenheit und Diskriminierung, also zwischen der Asymmetrie der Kraft und der Asymmetrie der Legitimität, weist Schmitt (2011 [1950]) mit Blick auf das »moderne Vernichtungsmittel« des Luftkrieges hin. Dieser lasse das alte Problem des »gerechten Krieges« wieder aktuell werden: »Der Bomben- oder Tiefflieger gebraucht seine Waffe gegen die Bevölkerung des feindlichen Landes vertikal wie der heilige Georg seine Lanze gegen den Drachen gebrauchte. Indem man heute den Krieg in eine Polizeiaktion gegen Störenfriede, Verbrecher und Schädlinge verwandelt, muss man auch die Rechtfertigung der Methoden dieses ›police bombing‹ steigern. So ist man gezwungen, die Diskriminierung des Gegners ins Abgründige zu treiben« (ebd.: 299). Allerdings dürfte der »diskriminierte« Gegner aus dem »Abgrund« seiner Diskriminierung heraus seinerseits mit einer totalen Diskriminierung seines unerreichbar überlegenen Kontrahenten reagieren.

mäßigkeit und Rechtfertigung der Kontrahenten zu entscheiden. Hierin zeigt sich ein Charakteristikum der im Vergleich zur Legalität »weicheren« Ressource Legitimität: Selbst durch »neutrale« Instanzen, die im asymmetrischen Krieg ohnehin ihre allseitige Anerkennung verlieren, ist diese Ressource nicht nach allgemein akzeptierten Maßstäben feststellbar und zuteilbar. Werden entsprechende Feststellungen und Zuteilungen doch vorgenommen, erscheinen sie unweigerlich als strategische, also keineswegs neutrale Interventionen in den besagten Kampf.[129] Das gilt für asymmetrische Kriege in besonderem Maße: Die Legitimität der Gegner wird hier zum formbaren Gegenstand und zum geformten Ergebnis der Auseinandersetzung, die die Kontrahenten gerade auch um ihre widerstrebenden Ansprüche und Rechtfertigungen führen. Da der propagandistisch und manipulativ ausgetragene Rechtfertigungskampf das Geschehen auf dem »eigentlichen« Schlachtfeld direkt beeinflusst, gewinnen die Asymmetrie der Legitimität und der Kampf um Legitimität an strategischer Bedeutung. Wenn David einseitig Legitimität und Unterstützung für seine »schwache« Position zu mobilisieren vermag, so kann dies zu Geländegewinnen am Hügel der Legitimitäts-Asymmetrie und schließlich zu einer Form der legitimatorischen Überlegenheit führen, die den Riesen Goliath im Extremfall in die Knie zwingt, ohne dass David überhaupt zur Steinschleuder zu greifen braucht. Zu Beginn des 21. Jahrhunderts findet dieser Legitimitätskampf vor allem in zwei Arenen statt: im Sicherheitsrat der Vereinten Nationen, an dessen Verhandlungstisch das Völkerrecht ausgelegt, ausgehandelt und folglich die völkerrechtliche Legitimität zugeteilt wird, sowie in den globalen Foren der Massenmedien und des Internets, in denen die öffentliche Meinung sich bildet und abbildet und folglich die öffentliche Legitimität distribuiert wird. Aus dem unterschiedlichen Grad und Mischungsverhältnis der (1) völkerrechtlichen und (2) öffentlichen Legitimität ergibt sich dementsprechend zwischen politisch-strategischen Kontrahenten die Asymmetrie der Legitimität.[130]

129 Zur prinzipiellen Nicht-Neutralität von Legitimitätszuweisungen – gerade auch solchen, die *beiden* Parteien die *gleiche* Legitimität zusprechen – siehe Schmitts (2011 [1950]: 274–280) Überlegungen zur »Problematik der Anerkennung von Rebellen« durch vermeintlich »neutrale« Drittstaaten, deren »angebliche Neutralität« eine direkte Einmischung in den Konflikt darstelle: »Offensichtlich [...] bedeutet die Anerkennung als Belligerenten [durch einen Drittstaat; F. W.] für die Rebellen eine außerordentlich wichtige und grundsätzliche Rangerhöhung. Für die legale Regierung dagegen bedeutet sie eine Degradation und starke Einmischung« (ebd.: 275).

130 Die folgenden Überlegungen zur Asymmetrie der Legitimität lassen sich in den Kontext einer jüngeren Debatte um das Recht und die Ethik des asymmetrischen Krieges

(1) *Legitimität und Völkerrecht*

Das Völker- und Kriegsrecht, über das die Vereinten Nationen wachen, basiert auf dem Prinzip der gleichen Legitimität aller Akteure. Im Westfälischen System, dem dieser Rechtskörper entstammt, konnten die staatlichen Kriegsakteure gleichermaßen Legitimität beanspruchen, da sie einander als souveräne Gleiche das gleiche Recht zur Kriegführung (*ius ad bellum*) zugestanden und einander wechselseitig als legitime Gegner (*iusti hostes*) anerkannten, solange sie den Regeln des Kriegsrechts (*ius in bello*) gehorchten.[131] Verstieß ein Akteur gegen die Sätze des Völker- und Kriegsrechts, so verspielte er seine Legitimität, was die internationale Ächtung nach sich zog. Dabei profitierten die Gegner in der Regel in gleichem Maße von dieser Symmetrie der Legitimität, die die Kriegshandlungen und das Leid der Zivilbevölkerungen begrenzte. Beides ist in asymmetrischen Kriegen nicht

einordnen (vgl. Dworkin 2006; Rodin 2006; 2008; Kutz 2008; von dem Knesebeck 2014). Im Kern dreht diese Debatte sich um die Frage, ob im asymmetrischen Krieg eine normative und legitimatorische Asymmetrierung nötig, wünschenswert und praktikabel sei. Nötig und wünschenswert erscheint sie denjenigen, die aus einer asymmetrischen Verteilung der Kräfte (Rodin 2006) oder der Kriegsgründe (Rodin 2008) eine Asymmetrie bezüglich des Kriegsrechts (*ius in bello*) ableiten: Dem Schwächeren seien mehr *in bello*-Rechte als dem Stärkeren einzuräumen, zudem demjenigen mit dem ungerechteren Kriegsgrund (*ius ad bellum*) weniger *in bello*-Rechte als einem vergleichsweise »gerechteren« Akteur. Die Skepsis gegenüber solchen Begründungsversuchen normativ-legitimatorischer Asymmetrie stützt sich vor allem auf zwei Argumente: In Ermangelung einer neutralen Instanz zur Beurteilung des Anspruchs auf »mehr« *in bello*-Rechte sei eine normativ-legitimatorische Asymmetrierung nicht praktikabel (Kutz 2008); aufgrund ihrer ent- statt begrenzenden Effekte, die den Krieg zu einer nichtreziproken Strafaktion desjenigen werden ließen, der alles Recht auf seiner Seite versammelt sehe, sei eine solche Asymmetrierung zudem nicht wünschenswert (Dworkin 2006). Darüber hinaus betrifft die Skepsis gegenüber Begründungsversuchen normativ-legitimatorischer Asymmetrie auch die Annahme, dass »die Regeln aller drei Teile der Lehre des gerechten Krieges, *ius ad bellum*, *ius in bello* und *ius post bellum* für die allermeisten Parteien asymmetrischer Konflikte und ihre Kämpfer zustimmungsfähig sind« (von dem Knesebeck 2014: 259), da die Einhaltung der betreffenden Regeln »im Interesse dieser Akteure« (ebd.) liege. Da gerade das aber nicht ohne Weiteres vorausgesetzt werden kann, wird hier, anknüpfend an die genannten Einwände der Skeptiker, die Asymmetrie der Legitimität als Bestandteil, Gegenstand und Ergebnis des asymmetrischen Krieges beschrieben, statt in der Legitimität eine dem Krieg äußerliche, unveränderbare und die Kriegführung womöglich definitiv einhegende normative Grenze zu suchen.

131 Zu dieser Charakterisierung des Westfälischen Systems als Produzenten und Garanten einer Symmetrie der Legitimität vgl. Schmitt (2011 [1950]), der die Möglichkeit einer wechselseitigen Anerkennung der Kriegsakteure als *iusti hostes* als mit dem besagten System unauflösbar verbunden – und historisch untergegangen – ansah.

der Fall. In ihnen besteht eine Asymmetrie der Legitimität, die sich darin äußert, dass die Gegner einander wechselseitig ihre Rechtmäßigkeit absprechen. Eine solche wechselseitige Diskriminierung als »unrechtmäßige« Akteure lässt sich – abgesehen von Bürgerkriegen – insbesondere in asymmetrischen Kriegen zwischen Staaten und nichtstaatlichen Akteuren beobachten: »Während die Kontrahenten eines Großen Krieges sich als *legitime Gegner* ansehen, betrachten sich die Kontrahenten eines Kleinen Krieges als *illegitim«* (Daase 1999: 94). Finden zwischenstaatliche Kriege in einem gemeinsam wahrgenommenen Rechtsraum statt, in dem die formale Kriegserklärung, das Verfahren der Kapitulation und der rechtliche Akt des Friedensvertrags als Elemente einer gemeinsamen Situationsbeschreibung gelten können, so fehlt es hieran im asymmetrischen Kleinen Krieg: »Denn Kleine Kriege werden nicht zuletzt um den Rechtsstatus des Konflikts geführt. Sie finden deshalb im juristisch unsicheren Niemandsland zwischen innerstaatlichem und zwischenstaatlichem Recht statt« (ebd.: 95). In diesem rechtlichen Vakuum verliert sich jeglicher Maßstab, nach dem die Gegner einander wechselseitig verbindlich Legitimität zu- oder absprechen könnten. Die Folge dieser deutungsoffenen Situation ist, dass die Kriegführenden mit politisch-diplomatischen Mitteln versuchen, ihre je eigenen, einander wechselseitig ausschließenden Situationsdeutungen und Ansprüche gegeneinander durchzusetzen. So hebt sich der Vorhang für den völker- und kriegsrechtlichen Kampf um Legitimität, der auf dem diplomatischen Parkett jenseits der rein militärischen Arena, doch zugleich im Zentrum des Gesamtterrains des asymmetrischen Krieges geführt wird. In diesem völker- und kriegsrechtlichen Legitimitätskampf können gerade nichtstaatliche Akteure große Erfolge erzielen. Denn: »Vom Staat wird die Einhaltung der Regeln unbedingt gefordert, während dem substaatlichen Akteur eine gewisse Regelüberschreitung zugebilligt wird« (ebd.: 227).

(2) Legitimität und Öffentlichkeit

Über Legitimität und Illegitimität wird nicht nur im Medium des Völkerrechts und in den Foren der Diplomatie entschieden, sondern zudem in den Medien und Arenen der Weltöffentlichkeit. Bei deren Urteilsbildung bezüglich der Legitimität oder Illegitimität von Kriegsparteien kommt dem weltweit gespannten Mediennetz und dem Internet strategische Bedeutung zu. Spätestens seit dem Vietnamkrieg, der als erster Fernsehkrieg bezeichnet wurde (vgl. Rid 2007: 54), werden Informationen, Desinformationen und insbesondere Bilder als Waffen globaler Reichweite und massiver Wirkung eingesetzt. Die Fernsehkameras und Mikrophone der großen Nachrichtennetzwerke CNN (»Cable News Network«), Al Jazeera (»Die arabische Halbinsel«), CCTV (»China Central Television«) und Rossija Segodnja (»Russland heute«) werden von *embedded journalists* wie auch von den Kriegführenden mit Videos und O-Tönen bedient und teilweise bewusst als Meinungsverstärker und Sprachrohre der Selbst-Legitimierung und Fremd-Delegitimierung instrumentalisiert. Darüber hinaus kommt den Handykameras und Blogs der dezentral vernetzten Internetnutzer wachsende Bedeutung zu. Mit deren Hilfe tragen die digitalen Meinungskrieger den Legitimitätskampf als einen »War 2.0« (Rid/Hecker 2009) in die »sozialen Foren« des Internets und führen ihn dort mit anderen Mitteln fort. Dabei treffen die einander widersprechenden Kriegsberichte und Kriegsrechtfertigungen in Echtzeit aufeinander, mit denen die Kriegsparteien sich an ihre Anhänger, an potenzielle Überläufer aus dem gegnerischen Lager sowie an die noch unbeteiligten »zu interessierenden Dritten« wenden (Münkler 2002b: 263). Die ihrerseits nur vermeintlich »uninteressierten« Anbieter der digitalen Foren und Plattformen, auf denen diese Legitimitätskämpfe ausgetragen werden, so etwa die Anbieter der Enthüllungsplattform »Wikileaks« und ihre verschiedenen Nachahmer, stehen dabei keineswegs neutral und distanziert abseits der Kämpfe. Vielmehr wirken sie als »digitale Eliten« und »unsichtbare Gestalter im neuen Raum der Macht« (Pfaffenzeller 2014) daran mit, dass sich das vor den Augen der Weltöffentlichkeit ausgetragene und von ihr aktiv mitveranstaltete Ringen um Legitimität von einer Begleiterscheinung des Krieges in eine Form seiner Führung verwandelt. Mit der Medienlandschaft verändert sich auch die Kriegführung, die sich immer weniger auf das physische Schlachtfeld begrenzen lässt und stattdessen zunehmend nichtphysische, digitale und mediale Bild-, Informations- und Legitimationsräume erfasst. Der Politikwissenschaftler Sebastian Kaempf (2013) hat die strategischen Folgen dieser Ausweitung und Diversifizierung der Kampfzone als Konsequenzen einer sich herausbildenden *heteropolarity* (ebd.: 587) – einer Pluralität *und* Diversität – der Medien- und Kriegsakteure beschrieben, die immer neue Räume für ihre (Legitimitäts-)Kämpfe erobern:

»As a result, some of the most critical battles in today's wars have not only been fought in the mountains of Afghanistan, the Libyan deserts, the streets of Baghdad or the urban centre of Aleppo, but also in and through a range of different media platforms: in television, radio and print newsrooms, and – just as importantly – in various Internet forums, through Twitter, YouTube, jihadist websites, chat rooms and the blogosphere.« (ebd.: 602)

Im Fernsehen und Radio, in Nachrichtenredaktionen und Internetforen werden dieser Einschätzung zufolge von einer wachsenden Zahl unterschiedlicher (Medien-)Akteure Legitimitätskämpfe geführt, die wesentlich statt nur begleitend den Ausgang der »realen«, physischen Kämpfe in den Bergen, Wüsten, Straßen und Stadtzentren der Kriegsgebiete beeinflussen. Im Extremfall können die medialen, virtuellen und »viralen« Kämpfe gar dazu beitragen, dass physische Nachteile oder Rückschläge *on the ground* durch nichtphysische Erfolge kompensiert werden oder sich gänzlich in ihr Gegenteil verkehren.[132] Dass eine solche Kompensation und Verkehrung überhaupt möglich ist, kann darauf zurückgeführt werden, dass der asymmetrische anders als der symmetrische Krieg, bei dem die Gegner einander wechselseitig als legitime Gegner anerkennen, »ein Kampf um Legitimität *und* Herrschaft« ist (Daase 1999: 224). Die Erfolge und Niederlagen auf einem dieser zwei Kampfgebiete – also entweder auf dem Gebiet der nichtphysischen Legitimität oder demjenigen der physischen (Gebiets-)Herrschaft – übersetzen sich nicht analog, linear und proportional in Erfolge und Niederlagen auf dem jeweils anderen. Stattdessen verhält es sich häufig gerade umgekehrt: Das Scheitern im territorialen Kampf um Herrschaft führt unter Umständen zum legitimitätspolitischen Erfolg. Daher kann Henry Kissingers bereits erwähntes Diktum, »dass die Guerilla gewinnt, solange sie *nicht verliert*«, wie Daase betont, radikalisiert werden: »Meines Erachtens kann sie sogar verlieren, um zu gewinnen.« (ebd.: 225)

g) Der siebte Hügel: Asymmetrie des Raumes

Von einer Asymmetrie des Raumes kann gesprochen werden, wenn den Konfliktparteien unterschiedliche räumliche Sphären für ihre Operationen zur Verfügung stehen. Als Zivilist könnte David, anders als der schon aufgrund seiner äußeren Erscheinung als Krieger identifizierbare Riese Goliath,

132 Vgl. hierzu Daases (1999) Charakterisierung »erfolgreichen Scheiterns« in asymmetrischen Kleinen Kriegen: »Die militärische Niederlage des substaatlichen Akteurs […] kann dann ein *erfolgreiches* Scheitern sein, wenn die Legitimität, die er im Kleinkrieg erworben hat, so groß ist, dass seine Niederlage von Dritten – sei es die eigene Bevölkerung, ein dritter Staat oder die internationale Gemeinschaft – nicht hingenommen wird« (ebd.: 225).

unerkannt in den Reihen der Zuschauer untertauchen, um deren anonyme Masse als Versteck, Rückzugsgebiet und Operationsraum einseitig zu nutzen. Darüber hinaus könnte David den Kampf auch in den Raum der öffentlichen Meinung hinein verlagern, in dem er um das Verständnis und die Unterstützung des (keineswegs unbeteiligten) Publikums für sein Anliegen und seine Vorgehensweise ringt. Goliath hingegen bevorzugt den konventionellen Kriegsraum, den er aufgrund seiner Kraft und seiner waffentechnischen Überlegenheit dominiert. Das gilt für das traditionelle Schlachtfeld, also den sandigen Kampfplatz, ebenso wie für den »Luftraum«, der diese Arena in der dritten Dimension überwölbt. Das Schwert des Riesen kreist drohend über dem Kopf des Hirtenjungen. Die konstruierte Parallele zu den Kriegen im 21. Jahrhundert lässt deren raumbezogene Asymmetrie deutlich hervortreten: Während es den USA und ihren Verbündeten etwa in Afghanistan gelang, die wichtigsten urbanen Zentren und Verbindungswege mit ihren Patrouillen und darüber hinaus den Luftraum mit ihrer Luftwaffe, ihren Raketen und Drohnen militärisch-technologisch zu kontrollieren, wichen ihre netzwerkartig organisierten Gegner in andere Räume aus, so etwa in die schwer zugänglichen Weiten und Gebirge des Landes, in die Sphären der Zivilbevölkerung, in die Bandbreiten des Internet und in die Foren der Ideologie, in deren globalem Untergrund sie relativ ungehindert operieren. Die Kontrahenten nehmen am Hügel der Asymmetrie des Raumes somit unterschiedliche Positionen ein.[133]

Unter den Parametern, die die Asymmetrie des Raumes beeinflussen, spielen (1) technologische und geographische Faktoren eine Rolle, wobei diese in einem engen Wechselverhältnis stehen, darüber hinaus (2) soziale Faktoren, die den Zugang der Kämpfenden zur Sphäre der Zivilbevölkerung betreffen. Lassen sich hinsichtlich dieser Parameter die klassischen symmetrischen Staatenkriege dadurch charakterisieren, dass ihr Schauplatz räumlich begrenzt ist und ihren Akteuren tendenziell dieselben technologischen, geographischen und sozialen Räume zur Verfügung stehen, so ist dies im asymmetrischen Krieg nicht der Fall. In ihm kommt es zur forlaufenden Ent-

133 Die Asymmetrie des Raumes wurde am Beispiel der dschihadistischen sowie imperialen Raumpraxis, deren Gegensätzlichkeit aus gegenläufigen Raumasymmetrierungen resultiert, raumtheoretisch durchdrungen (Huhnholz 2010). Die gegensätzliche Produktion sowie Reproduktion von Räumen erscheint dabei als Charakteristikum des asymmetrischen Krieges, der sich gerade deswegen *nicht ohne* Fragezeichen als ein »Krieg ohne Raum« beschreiben lässt (vgl. Voigt 2008: im Titel und Inhaltsverzeichnis ohne Fragezeichen, im Text S. 41 hingegen mit Fragezeichen).

grenzung, Verlagerung und Diversifizierung des Kriegsschauplatzes, wobei an diesem Prozess *beide* Seiten gleichermaßen, wenn auch auf *unterschiedliche* Weise beteiligt sind:

»Die militärische Nutzung anderer Räume als des Bodens – der See, sodann des Luftraums und zuletzt des Weltraums – ist die Richtung, in die technologisch fortgeschrittene Mächte ihre asymmetrische Überlegenheit entfalten. Dagegen suchen schwächere und technologisch unterlegene Akteure die Asymmetrie der Kriegführung eher durch die Nutzung schwer zugänglicher Territorien wie des Gebirges oder des Dschungels zu entwickeln.«[134] (Münkler 2004b: 656f.)

(1) Raum und Technologie sowie Geographie

Bei dem technologischen und dem geographischen Raum handelt es sich – miteinander interagierend – um zwei der Sphären, in denen kreative Kriegsakteure auf *beiden* Seiten des asymmetrischen Terrains Raum-Asymmetrien herstellen und nutzen. Im Zuge ihrer »Eroberungen« auf technologischem Gebiet weitet sich die geographische Kampfzone aus (vgl. Schmitt 2011 [1950]: 285–298). Fanden Kriege einst hauptsächlich zu Lande statt, so kamen später die See, dann der Luftraum und schließlich der Weltraum hinzu. Auch die strategischen Innovationen der technologisch Schwachen tragen zur Ausdehnung des Schlachtfeldes bei. So erobert die Partisanenstrategie den Dschungel im wörtlichen wie im übertragenen Sinn, indem sie die Weite (nicht allein) des geographischen Raumes für die Kriegführung entdeckt: Der Partisanenkrieg dehnt den Kampf auf das gesamte, vor allem das schwer zugängliche Staatsgebiet und sogar auf Regionen jenseits desselben aus. Dabei legt der Krieg sich wie das von Clausewitz beschriebene »nebel- und wolkenartige Wesen« über das Land, anstatt sich zu einem »widerstehenden

134 Die *Zweiseitigkeit* der räumlichen Entgrenzungsprozesse des asymmetrischen Krieges findet in Darstellungen des Partisanenkrieges wie auch des Imperialkrieges selten angemessene Berücksichtigung. So zeichnet Derek Gregory (2011) in dem Aufsatz »The Everywhere War« aus der Perspektive der »Critical Geopolitics« die globale Ausdehnung der US-amerikanischen Kriegführung infolge des 11. Septembers 2001 anhand dreier Fallstudien zu den Grenzregionen Afghanistan/Pakistan, USA/Mexiko sowie zum Cyberspace »einseitig« nach. Aufgrund der Ausblendung der Zweiseitigkeit der räumlichen Entgrenzung des Krieges, an der eben auch die Urheber und Planer der Anschläge von »Nine Eleven« aktiv mitwirkten, bleibt Gregorys Vorhaben unvollendet, »to take Münkler at his word and consider three borderlands beyond Afghanistan and Iraq that illuminate some of the ways in which, since 9/11, late modern war is being transformed by the slippery spaces within which and through which it is conducted« (ebd.: 239).

Körper zu konkreszieren« (Clausewitz 1980 [1832–34]: 803). Gerade indem die Partisanen das »Gewitter« der Entscheidungsschlacht meiden und sich im Gelände zerstreuen, können sie die Massen der Staatstruppen langfristig in der Weite des Raumes binden, wie dies beispielhaft den Spaniern in ihrem Befreiungskampf gegen Napoleon gelang.[135] Ähnlich erfolgreich war mit dieser Strategie der britische Offizier T. E. Lawrence, der als »Lawrence von Arabien« mit den von ihm angeführten Araberaufständen während des Ersten Weltkriegs die zahlenmäßig überlegenen Truppen des Osmanischen Reichs räumlich zu binden und durch Schnelligkeit und Beweglichkeit auszumanövrieren verstand.

(2) Raum und Zivilbevölkerung

Zu der Asymmetrie des technologischen und geographischen Raumes tritt die Asymmetrie des sozialen Raumes hinzu, wenn die Kriegführenden sich in unterschiedlichem Maße Zugang zur Sphäre der Zivilbevölkerung verschaffen. Gelingt es einer Partei, diesen Zugang physisch zu kontrollieren oder psychisch zu manipulieren – gleichgültig, ob sie hierzu eher auf Einschüchterung und Zwang setzt oder eher auf »humanitäre Hilfsleistungen« und politisch-ökonomische Reform- und Unterstützungsprogramme vertraut –, so können sich aus der Kontrolle oder Manipulation des *human terrain* erhebliche logistische, legitimatorische und strategische Vorteile ergeben. Dass diese Vorteile unter Umständen das Kräfteverhältnis entscheidend verändern, bildet die Grundannahme von Counterinsurgency-Strategien, die die Kriegsentscheidung im »Kampf um die Herzen und Köpfe« der Zivilbevölkerung suchen. Indem sie den Kampf auf den Hügel der Raum-Asymmetrie und zudem den zuvor erkundeten Hügel der Legitimitäts-Asymmetrie verlagern, tragen sie – ebenso wie auf der anderen Seite die *insurgents* – zur geographisch-physischen wie metaphorisch-nichtphysischen »räumlichen« Entgrenzung und Asymmetrierung des Schlachtfeldes bei. Sollen diese sozialen mit obigen technologisch-geographischen Aspekten der räumlichen Asymmetrie konzeptionell verbunden werden, so lässt das Terrain des asymmetrischen Krieges sich durch die Gleichzeitigkeit vielfältiger – technologischer, geographischer und sozialer – Operationsräume charakterisieren. Die ungleichzeitige, ungleiche Entdeckung und Nutzung dieser Operationsräume

135 Daase (1999) zufolge war »[v]on Napoleons Armee […] zeitweise die Hälfte, d. h. 250–200.000 Mann, durch die spanischen Guerilleros gebunden, die ihrerseits auf 50.000 geschätzt werden« (ebd.: 97, Fußnote 39).

durch die gegnerischen Parteien bringt die Asymmetrie des Raumes hervor: »L'asymétrie résulte donc en grand partie de l'inadéquation des ›champs de bataille‹ sur lequel les belligérants s'affrontent« (Baud 2003: 95). Hinsichtlich dieser Ungleichzeitigkeit und Ungleichheit der Schlachtfelder lassen sich mit Baud (ebd.: 32) fünf Operationsräume unterscheiden: erstens der dreidimensionale physische Raum, zweitens der Äther bzw. der elektromagnetische Raum, drittens der »menschliche Raum« (*l'espace humain*), welcher als Sphäre der Zivilbevölkerung nur in eingeschränktem Maße der direkten militärischen Kontrolle zugänglich ist, viertens der Informationsraum sowie fünftens der Cyberspace. Mit Blick auf diese fünf Räume kann die Geschichte der Kriegführung als eine Abfolge von – nicht immer gleichzeitigen – Eroberungen stets neuer Operationsräume rekonstruiert werden. Fanden die klassischen Kriege bis zum Beginn des 20. Jahrhunderts im zweidimensionalen Raum statt (*l'espace géographique terrestre ou maritime*), so erweitert sich dieser im Ersten Weltkrieg um den Luftraum, im Zweiten Weltkrieg um den Äther, in den Unabhängigkeits- und Befreiungskriegen seit Mitte des 20. Jahrhunderts um die Sphäre der Zivilbevölkerung und seit Anfang der sechziger Jahre des 20. Jahrhunderts um den Informationsraum sowie schließlich den Cyberspace als vorrangigen Ort der Kriegführung (ebd.: 97f.). Der asymmetrische Krieg wird also nicht allein auf dem klassischen Schlachtfeld, sondern auf vielfältigen, sich im Verlauf der Kriegsgeschichte vervielfachenden, wenn auch nicht immer gleichzeitig eroberten Nebenschauplätzen geführt und entschieden. Dabei können vormalige Nebenschauplätze zu Hauptschauplätzen werden, wie sich auch umgekehrt Haupt- zu Nebenschauplätzen wandeln können. So verringert sich die Bedeutung des traditionellen physischen Kriegsterrains in dem Maße, in dem David und Goliath neue technologische, geographische und soziale Räume für ihre Kriegführung entdecken und erobern. Finden solche Raum-Erschließungen und »Landnahmen« durch die Kriegsparteien in ungleichen, unterschiedlichen Expansionsrichtungen statt – und vieles spricht dafür, dass dies der Fall ist: Goliath erobert eher den Luftraum und den technologischen Raum, David eher das unzugängliche Gelände, den sozialen und »menschlichen« Raum sowie den Informationsraum –, so wachsen die Asymmetrie des Raumes und ihre Bedeutung im Krieg.

h) Der achte Hügel: Asymmetrie der Zeit

Von einer Asymmetrie der Zeit kann gesprochen werden, wenn den Gegnern unterschiedlich viel Zeit zur Kriegführung zur Verfügung steht. So hat Goliath, verglichen mit David, weniger Zeit, da hohe Erwartungen auf einen schnellen Sieg ihn unter Zeitdruck setzen – seien dies seine eigenen Erwartungen, die Erwartungen seiner Anhänger und Mitstreiter oder aber diejenigen eines nur auf den ersten Blick unbeteiligten Zuschauerpublikums. Abgesehen von diesem Erwartungsdruck steht Goliath unter besonderem Zeitdruck auch deswegen, weil er mit der Dauer des Kampfes durch die Last seiner schweren Rüstung erschöpft wird. David hingegen profitiert davon, wenn er den Kampf in die Länge ziehen kann. Mit der Dauer der Auseinandersetzung wächst sein Selbstvertrauen ebenso wie die Hoffnung auf – und auch das Ausmaß der – Unterstützung durch Dritte. Zudem kann David, je länger die Kampfhandlungen dauern, in zunehmendem Maße von seiner relativ leichten Rüstung oder gar von seinem Verzicht auf jegliche Rüstung und der hierdurch möglichen schnellen, flexiblen Kampfweise profitieren. Als historisches Beispiel für eine zeitlich asymmetrische Auseinandersetzung lässt sich der Vietnamkrieg beschreiben. Während die US-amerikanischen Soldaten mit der Dauer der Kampfhandlungen an Kräften, Entschlossenheit und innen- wie außenpolitischer Unterstützung einbüßten, kam den Nordvietnamesen und dem Vietcong die Hinauszögerung der Kriegsentscheidung entgegen. Der Ausgang dieses Krieges, der durch den fluchtartigen Abzug der letzten US-Truppen mit Helikoptern vom Dach der US-amerikanischen Botschaft in Saigon am 30. April 1975 besiegelt wurde, ist nicht zuletzt durch die unterschiedlichen Zeitbudgets der Kriegsparteien zu erklären – mit anderen Worten: durch ihre unterschiedlich hohe Positionierung am Hügel der Zeit-Asymmetrie.

Die Zeit-Asymmetrie lässt sich wie die zuvor betrachteten sieben Asymmetrie-Typen von unterschiedlichen Gesichts- und Aussichtspunkten im Gelände des asymmetrischen Krieges aus in den Blick nehmen. Genauer gesagt kann sie von jedem der sieben Hügel aus betrachtet werden, die bisher in der Asymmetrien-Landkarte topographisch verortet wurden. Je nachdem, aus welcher Beobachterposition im umfassenden, komplexen Terrain die Betrachtung der Zeit-Asymmetrie erfolgt, treten unterschiedliche Beziehungen und Übergänge zu den anderen sieben Hügeln in den Vordergrund und geraten unterschiedliche Abhängigkeits- und Beeinflussungsverhältnisse zwischen den ingesamt acht Asymmetrie-Typen in den Blick. Diese Wechselwirkungen, die im Rahmen einer detaillierteren Landkarte des asymmetrischen Krieges, wie sie hier nur skizziert werden kann, für *jeden* der einzelnen Asymmetrie-Typen nachzuzeichnen wären, sollen abschließend am Beispiel der Zeit-Asymmetrie veranschaulicht werden. So beeinflussen sämtliche der sieben zuvor besichtigten Asymmetrie-Typen die Asymmetrie der Zeit in ihrem Ausmaß und ihrer Art: Wie viel Zeit David und Goliath für ihre jeweilige Kriegführung zur Verfügung haben, hängt ab von Faktoren – und Asymmetrien – (1) der Kraft, (2) der Organisationsform, (3) der Entschlossenheit, (4) der Verwundbarkeit, (5) der Selbstbindung, (6) der Legitimität sowie (7) des Raumes.

(1) Zeit und Kraft

Die Asymmetrie der Zeit wird durch das Kräfteverhältnis beeinflusst, da grundsätzlich gilt, dass der Starke im Vergleich zum Schwachen länger kämpfen kann. Wer auf mehr Ressourcen und Truppen zurückgreifen und deren Nachschub und Einsatzfähigkeit auf Dauer sicherstellen kann, wird den Krieg über längere Zeit hinweg führen oder ihn gar bewusst in die Länge ziehen können. Der *Abnutzungskrieg* erscheint unter diesem zeitlichen Gesichtspunkt nicht nur als eine Abfolge kräftezehrender Materialschlachten, sondern zugleich als ein Abgleichen der Zeitbudgets der Kriegsparteien, bei dem diejenige Partei erfolgreich ist, die das Kräftemessen *länger* durchzuhalten vermag.

(2) Zeit und Organisationsform

Auch die Organisations- bzw. Vergesellschaftungsform beeinflusst die Zeitkonten der Kriegsakteure. Dabei gilt gemeinhin: Staaten haben weniger Zeit für die Kriegführung als nichtstaatliche Akteure, denn »Staaten können einen Ausnahmezustand, der der Kriegsfall ist, nur über eine begrenzte Zeit hin aufrechterhalten, bevor sich die Struktur der Sozialordnung gravierend verändert« (Daase 1999: 96f.). Dieser Beobachtung entspricht Henry Kissingers wiederholt angeführtes Diktum, demzufolge Reguläre verlieren, wenn sie nicht gewinnen, Partisanen hingegen gewinnen, wenn sie nicht verlieren. Die strategische Konsequenz dieser Feststellung besteht darin, dass Reguläre den Krieg mit dem Ziel einer schnellen, frühen Entscheidung durch eine *Niederwerfungsstrategie* zu beschleunigen und zu verkürzen, Irreguläre den Krieg hingegen durch eine *Ermattungsstrategie* zu entschleunigen und zu verlängern versuchen, um diese Unterscheidung des schon erwähnten Kriegshistorikers Hans Delbrück (2000 [1898–1920]) aufzugreifen.

(3) Zeit und Entschlossenheit

Das Maß an heroischer Leidensfähigkeit und Durchhaltebereitschaft beeinflusst ebenfalls das Zeitbudget der Kriegführenden. Je höher die Leidensfähigkeit und Durchhaltebereitschaft ausfallen, desto besser gefüllt ist das Zeitbudget. Dabei kann die Ressource »Entschlossenheit« im Verlauf langwieriger kriegerischer Auseinandersetzungen in die Währung »Zeit« konvertiert werden, mit deren Hilfe sich wiederum physische Schwäche kompensieren lässt. So trugen die Entschlossenheit und Opferbereitschaft von Aufständischen immer wieder dazu bei, dass diese sich in »lange auszuhaltenden« Kriegen mit ihrem langen Atem gegenüber technologisch und logistisch weit überlegenen Besatzungs- und Ordnungsmächten behaupten und durchsetzen konnten. Ihre Strategie der entschlossenen *Entscheidungsvermeidung* lässt sich unter zeitlichen Gesichtspunkten als eine Verlagerung des Kampfes aus der Gegenwart in die Zukunft hinein beschreiben. Sie beruht auf der spekulativen Erwartung, dass der Gegner mit der Dauer der entscheidungslosen Auseinandersetzung an Entschlossenheit einbüßt und unter Zeitdruck gerät, je ferner eine Entscheidung, geschweige denn ein Sieg für ihn rückt – mit dem Ergebnis, dass er schließlich »einseitig« die Entscheidung herbeiführt, indem er hastig die Exit-Option ergreift.

(4) Zeit und Verwundbarkeit

Da physisch-materielle Überlegenheit nicht in jedem Fall mit geringer Verwundbarkeit einhergeht, wie die biblische Erzählung von der Niederlage des Riesen Goliath eindrucksvoll lehrt, ist das Ausmaß der Verwundbarkeit eines Akteurs ein unabhängiger Faktor in der Gleichung, aus der sich die Höhe seines Zeitkontingents ergibt. Sobald der Riese Goliath empfindlich verwundet wird, schließt sich für ihn das Zeitfenster zur Fortsetzung des Kampfes. In diesem Sinne bedeutet Verwundbarkeit sogar für den asymmetrisch Überlegenen stets potenziellen Zeitdruck und Zeitmangel. Ist die Verwundbarkeit zwischen den Kriegsparteien ungleich verteilt, so wirkt sich dies auf die Zeit-Asymmetrie aus, deren Größe die Kriegführenden bei der Festlegung der Dauer, Geschwindigkeit und Häufigkeit ihrer Kampfhandlungen im asymmetrischen Krieg berücksichtigen.

(5) Zeit und Selbstbindung

Das Zeitbudget eines Akteurs im asymmetrischen Krieg wird auch durch den Grad und die Art seiner Selbstbindung mit geprägt. Die Selbstbindung einer Kriegspartei an demokratische Verfahren und Mehrheiten hat etwa zur Folge, dass ihr Vorgehen auf dem Schlachtfeld durch Wahlperioden, Sitzungsrhythmen, Beratungs- und Berichtsfristen zeitlich strukturiert, begrenzt, verzögert, unterbrochen und verlängert werden kann. Ebenso können kulturell und religiös motivierte Formen der Selbstbindung das Zeitkontingent beeinflussen, so etwa dann, wenn der Feiertagskalender die Kriegführung unter Zeitdruck setzt, indem sich an ihm Forderungen nach einer temporären Unterbrechung oder gar vollständigen Beendigung der Kriegshandlungen zu bestimmten Terminen orientieren (»bring the boys home for Christmas!«). Solche kulturell-religiös oder eben auch politisch-verfassungsmäßig vorgegebenen Terminkalender, zu denen noch logistische und operative Erfordernisse und Beschränkungen der zeitlichen Planung etwa beim Aufmarsch und Abzug von Truppen hinzutreten, können – wie jede Selbstbindung – strategischen Gegenakteuren Gelegenheiten eröffnen, das jeweilige Zeitregime zu durchkreuzen und auszunutzen. Das ist vor allem dann wahrscheinlich, wenn lediglich eine Kriegspartei sich einseitig – also asymmetrisch – an die entsprechenden Kalender und Zeitpläne bindet und gebunden sieht. Im US-amerikanischen Vietnamkrieg war das der Fall, als die Nordvietnamesen und der Vietcong am Vorabend des vietnamesischen Neujahrs- bzw. Tet-Fests, dem 30. Januar 1968, den später unter dem Namen »Tet-Offensive« bekannt gewordenen Großangriff starteten, mit dem sie die Südvietnamesen und die US-Amerikaner im Feiertagsurlaub überraschten und überrannten. Auf kaum weniger dramatische Weise können auch völkerrechtliche Formen der Selbstbindung das Zeitbudget von Kriegsparteien und deren Kriegführung beeinflussen, so etwa dann, wenn der Grundsatz der Nichteinmischung in die inneren Angelegenheiten souveräner Staaten die Befristung militärischer Interventionen oder von Maßnahmen zur Durchsetzung der Norm der »Responsibility To Protect« erzwingt. In dem Maße, in dem der Grundsatz der Nichteinmischung als verbindlich und bindend angesehen wird, kann er ein längerfristiges Engagement verhindern, sofern ein solches überhaupt zustande kommt. Zudem erhalten strategische Gegenakteure, die die völkerrechtlich bedingte zeitliche Selbstbindung erkennen, die Möglichkeit, diese auszunutzen, indem sie ihre eigene Planung an ihr ausrichten.

(6) Zeit und Legitimität

Auch Aspekte der Legitimität, die mit Fragen der Selbstbindung ihrerseits unmittelbar zusammenhängen, sind für die Asymmetrie der Zeit von Bedeutung. Dabei gilt: Wer in höherem Maße über Legitimität – sowie über deren Definition und Zuweisung – verfügt, nimmt hinsichtlich der Zeit-Asymmetrie eine vorteilhaftere Position ein. So können Staaten, die sich als einzig legitime Völkerrechtssubjekte verstehen, nichtstaatlichen Akteuren einseitig bzw. konzertiert die Agenda vorgeben und ihnen neben der Legitimität, etwa durch Ultimaten, auch die Zeitsouveränität nehmen. Solche Maßnahmen des Legitimitäts- und Zeitentzugs treffen neben nichtstaatlichen zuweilen auch staatliche »Schurken«. Deren Verstöße gegen internationale Normen und Abkommen, insbesondere gegen völker- und kriegsrechtliche Standards sowie gegen Rüstungs- und Proliferationsregime ziehen, sofern sie nicht dauerhaft verheimlicht oder verschleiert werden können, wirtschaftliche oder militärische Sanktionen nach sich. Ihr primärer Zweck ist es, das Zeitfenster für den erfolgreichen Abschluss der »illegitimen« Operationen oder Rüstungsprojekte zu schließen. Doch auch voll anerkannte, »legitime« Staaten können gerade aufgrund ihres hohen Legitimitätsgrads und der Verpflichtungen, die sich daraus ergeben, unter Zeitdruck geraten. Das ist etwa dann der Fall, wenn sie öffentlichen Interventionserwartungen, die durch humanitäre Katastrophen hervorgerufen und massenmedial gesteigert werden, nicht unverzüglich – in Form von ad hoc-Missionen – entsprechen. Die augenscheinliche Interventionsunwilligkeit oder Interventionsunfähigkeit der betreffenden Staaten, die damit ihre eigenen normativen Standards verletzen und die diesbezüglichen öffentlichen Erwartungen enttäuschen, führt dann zu Legitimitätskosten, die nicht allein die Nichtintervenierenden zu tragen haben. Vielmehr führt die wahrgenommene Lücke zwischen den »legitimen« Interventionserwartungen und dem zeitlich verzögerten, zögerlichen oder gar ausbleibenden staatlichen Interventionshandeln dazu, dass die Geltungsgrundlagen staatlicher und internationaler Institutionen, (Interventions-) Normen – so etwa der Norm der »Responsibility To Protect« – und letztlich der internationalen Ordnung insgesamt erodieren. Wollen Staaten solche Legitimitätskosten begrenzen, so haben sie den von öffentlichen Interventionserwartungen ausgehenden Interventions- und Zeitdruck zu bewältigen und die Asymmetrie der Zeit zu ihren Gunsten zu gestalten und zu nutzen.

(7) Zeit und Raum

Die Asymmetrie der Zeit lässt sich schließlich auch von der Asymmetrie des Raumes aus betrachten, mit der sie in einem engen Wechselverhältnis steht. So hängt die Fähigkeit zur Beschleunigung oder Entschleunigung des Krieges davon ab, welche Räume die Kriegsakteure kontrollieren: »Seemächte verfügen gegenüber Landmächten in der Regel über mehr Zeit« (Münkler 2004b: 657). Ähnliche Auswirkungen der Raum-Asymmetrie auf die Zeit-Asymmetrie lassen sich auch hinsichtlich anderer strategisch bedeutsamer Räume beobachten. So kann etwa, ähnlich wie die See, ein großes Territorium als ein »Zeitspender« fungieren, insofern als es die Möglichkeit zum strategischen Rückzug in die Tiefe des Hinterlandes eröffnet. Der sich Zurückziehende tauscht damit Raum gegen Zeit ein, um so die Kriegsentscheidung in die Zukunft zu verlagern. Jenseits des geographisch-physischen Raums eröffnet der technologiegestützte Informations- und Kommunikationsraum demjenigen, der ihn kontrolliert, die Option, das Kriegsgeschehen zu beschleunigen und seinen Gegner dadurch kognitiv und operativ zu überfordern. Auch im sozialen Raum, also auf dem *human terrain* schließlich werden »Zeitkriege« ausgetragen, wenn die Kontrahenten mit unterschiedlichen Zeit- und Zukunftsvorstellungen sowie gegensätzlichen Ideen und Angeboten zur langfristigen Nachkriegs- und Friedensordnung »um die Herzen und Köpfe« der Zivilbevölkerung ringen. In diesem ideellen Raum, der das hier kartographierte hügelige Terrain der acht Asymmetrien überwölbt, fällt letztlich die Entscheidung darüber, welche Kriegspartei in den Augen der Menschen über ihre Zukunft verfügt. Diese Entscheidung, von der die Lufthoheit über den ideell-imaginären Zukunftsraum abhängt, ist von unmittelbarer Bedeutung für die Führung des asymmetrischen Krieges in der Gegenwart, seine Beschleunigung und Entschleunigung, seinen Verlauf, sein Ende sowie schließlich sein Ergebnis.

Das komplexe Terrain des asymmetrischen Krieges ist, wie die skizzierte Landkarte zeigt, durch acht Asymmetrie-Typen charakterisiert, die auf vielfache Weise miteinander zusammenhängen: die Asymmetrie der Kraft, die Asymmetrie der Organisationsform, die Asymmetrie der Entschlossenheit, die Asymmetrie der Verwundbarkeit, die Asymmetrie der Selbstbindung, die Asymmetrie der Legitimität, die Asymmetrie des Raumes und die Asymmetrie der Zeit. Dass die mit Blick auf diese acht Asymmetrie-Hügel entworfene Landkarte nicht allein von akademischem Interesse ist, offenbaren die topographischen Sprachbilder und *mind maps* derjenigen, die gezwungen sind, sich strategisch auf dem Gelände des asymmetrischen Krieges zu bewegen. Dies geht etwa aus dem eindrücklichen Kriegsbericht hervor, den der US-amerikanische Journalist Sebastian Junger, der zwischen den Jahren 2007 und 2008 als *embedded reporter* eine US-Kampfeinheit in das ostafghanische Korengal-Tal begleitete, unter dem Titel *War. Ein Jahr im Krieg* (2010) über die dortigen Kämpfe gegen die Taliban verfasste. Junger schildert die Art und Weise, in der das US-amerikanische Militär das komplexe Gelände des Afghanistankriegs wahrnimmt: nämlich als ein im realen wie metaphorischen Sinne hügeliges, gebirgiges Terrain. Auf diesem Terrain seien nicht nur physisch-geographische, sondern ebenso menschlich-soziale »Bergkuppen« zu erobern und zu verteidigen:

»Man kann auf menschlichem Terrain eine ›Bergkuppe‹ erobern wie auf realem Terrain – zum Beispiel Einheimische als Arbeitskräfte einstellen –, und die Position auf der Kuppe schützt vielleicht vor bestimmten Angriffen, macht aber gleichzeitig verwundbar für andere. Menschliches Terrain und physisches Terrain interagieren auf so komplexe Weise, dass die Commander die Konsequenzen ihrer Handlungen allerhöchstens auf extrem kurze Sicht einschätzen können. Das physische Terrain ist zu kontrollieren, indem man in einem Dorf einen Vorposten einrichtet, aber wenn die Anwesenheit fremder Männer zur Folge hat, dass die einheimischen Frauen morgens nicht mehr auf bestimmten Pfaden zu ihren Feldern gehen können, hat man auf menschlichem Terrain eine kleine Schlacht verloren. Manchmal ist es das wert, manchmal nicht. Versehentlich Zivilisten zu töten ist ein sicherer Weg, auch das menschliche Terrain zu verlieren – das gilt für beide Seiten –, und wenn das zu oft geschieht, werden dich die Einheimischen vertreiben, egal wie viele Bergkuppen du besetzt hältst.« (ebd.: 59)

Jungers Schilderung des Kampfs gegen die Taliban, den die US-Amerikaner im ostafghanischen Korengal-Tal gleichzeitig auf physisch-geographischem und menschlich-sozialem Terrain führten, macht verständlich, warum in diesem Kampf neben eigentlichen Kämpfern auch Sozialwissenschaftler und Anthropologen zum Einsatz kommen. Hierauf weist Beatrice Heuser (2013) hin: »Im November 2010 wurden vom amerikanischen Militär 30 *Human Terrain Teams* zur sozialwissenschaftlich-anthropologisch geleiteten Untersuchung der Bedürfnisse und Besonderheiten der Lokalbevölkerung in Afghanistan eingesetzt und weitere dreizehn im Irak« (ebd.: 243). Diese *embedded social scientists* verdanken ihre große Bedeutung den oben kartographierten Eigenschaften des komplexen Asymmetrien-Terrains, dem Umstand also, dass es im asymmetrischen Krieg auf diesem Terrain nicht genügt, wie im symmetrischen Krieg lediglich *eine* Art von Bergkuppen im Gesamtgelände einzunehmen – gleichgültig, ob damit jene nicht-metaphorischen Bergkuppen des physisch-geographischen Terrains gemeint sind, von denen Junger und auch Clausewitz sprechen, wenn sie die Schwierigkeiten des realen Gebirgskampfes schildern, oder jene metaphorischen Höhenvorteile, die auf der »schiefen Ebene« physischer Kräfteüberlegenheit den Stärkeren unter ansonsten symmetrischen Bedingungen begünstigen. Stattdessen macht die Landkarte des hügeligen Asymmetrien-Terrains verständlich, dass über Niederlage und Sieg im asymmetrischen Krieg nicht allein und nicht in erster Linie aufgrund des Verhältnisses der physischen Kräfte entschieden wird, die gleichwohl ihre Bedeutung behalten. Denn Niederlage und Sieg hängen hier auch davon ab, wie günstig sich die Kriegsakteure – gleichgültig, ob sie stark oder schwach sind – an den anderen sieben Hügeln im umfassenden Asymmetrien-Gelände positionieren. Die insgesamt acht Asymmetrie-Typen, die voneinander unterschieden und in ihren wechselseitigen Zusammenhängen kartographisch verortet wurden, liefern also hinsichtlich des asymmetrischen Krieges eine Antwort auf die eingangs dieses Teils III aufgeworfene Frage, »how a map for such a war would differ from a conventional battle map« (Marburger 2003: xvii). Zudem liefert die »Landkarte für solch einen Krieg« eine Antwort auf den oben (Kap. 7d) angeführten, dort aber noch nicht ausgeräumten Einwand, das Asymmetrie-Konzept sei in sich widersprüchlich, nutzlos und lasse sich aufgrund der Komplexität seines Gegenstandes prinzipiell nicht besser ausarbeiten. Um diesen Einwand allerdings vollständig auszuräumen, erscheint es nötig, nunmehr aufzuzeigen, wie sich politisch-strategische Akteure auf dem durch die genannten acht Asymmetrie-Typen charakterisierten, hier kartographierten Terrain positionieren, orientieren und darauf agieren. Die entsprechenden Vermutungen lauten: Politisch-strategische Akteure im asymmetrischen Krieg werden versuchen, die Eigenarten des hier kartographierten hügeligen Asymmetrien-Geländes zu ihrem jeweiligen Vorteil auszunutzen. Dabei werden sie an den verschiedenen Asymmetrie-Hügeln das Clausewitzsche Gesetz des strategischen Vorteils der Höhe gegenüber der Tiefe zu ihren jeweiligen Gunsten befolgen und anwenden. Sie werden also ihren Kampf auf diejenigen Hügel zu verlagern streben, an denen sie die relativ »höhere«, die asymmetrisch überlegene Position einnehmen. Darüber hinaus werden sie versuchen, an den verschiedenen Asymmetrie-Hügeln durch Asymmetrierungen möglichst »hohe Bergkuppen«, also möglichst vorteilhafte Positionen zu erobern, auszubauen und zu verteidigen. Diese Vermutungen zur *strategischen* Bedeutung und Wirkung des hier durchdrungenen komplexen Terrains des asymmetrischen Krieges gilt es im Folgenden genauer zu untersuchen.

IV. Überleben im Dschungel: Strategien für den asymmetrischen Krieg

»Among ourselves, we keep the law
but when we are operating in the jungle,
we must also use the laws of the jungle.«
Robert Cooper[136]

Das Terrain des asymmetrischen Krieges stellt besondere Anforderungen an diejenigen, die sich auf ihm bewegen und darauf zu überleben versuchen. Es handelt sich dabei um jene *laws of the jungle*, deren Befolgung Robert Cooper, der außenpolitische Berater des britischen Premierministers Tony Blair, im Jahr 2002 den westlichen Staaten für ihre Außen- und Sicherheitspolitik nach dem Ende des Kalten Kriegs und den Terroranschlägen von »Nine Eleven« empfahl: Im Dschungel gelten andere Gesetze als zwischen Gleichen, und daher hat man sich an die entsprechenden Gesetze zu halten, wenn man die Herausforderungen des Dschungels meistern will. Wie lauten die Gesetze des Dschungels? Welche strategischen Anforderungen bestehen auf dem hügeligen Terrain des asymmetrischen Kriegs? Teil IV spürt den Gesetzen des Dschungels nach und fasst sie zu einem gesamtstrategischen Modell asymmetrischer Kriegführung zusammen. Ein solches Modell lässt sich freilich nicht deduktiv aus den vorangegangenen Teilen II und III ableiten, die auf eine historische De- und systematische Rekonstruktion des Asymmetrie-Diskurses abzielten. Dennoch kann auf der Grundlage dieser De- und Rekonstruktion nunmehr eine modellierende Konstruktion der strategischen Anreize, Kalküle und Logiken versucht werden, die das Handeln auf dem zuvor kartographierten Gelände des asymmetrischen Kriegs bestimmen. Der Konstruktion dieses gesamtstrategischen Modells asymmetrischer Kriegführung liegt die Annahme zugrunde, dass das hügelige Asymmetrien-Terrain das strategische Handeln und Entscheiden der Kriegführenden auf spezifische, also von dem Terrain des symmetrischen Kriegs zu unterscheidende Weise beeinflusst. Wer auf dem Terrain des asymmetrischen Kriegs einen der Asymmetrie-Gipfel erklommen hat, darf nicht zugleich hoffen, dadurch auch auf allen anderen Hügeln aus der vorteilhafteren, also der hö-

136 Der außenpolitische Berater des britischen Premierministers Tony Blair in dem Zeitungsartikel »Why We Still Need Empires«, erschienen in *The Observer* am 7. April 2002 (Cooper 2002).

heren und asymmetrisch überlegenen Position heraus zu agieren. Vielmehr ist in asymmetrischen Auseinandersetzungen oftmals das Gegenteil der Fall. Wer sich beispielsweise, wie das dem syrischen Staat unter Präsident Baschar al-Assad seitens der syrischen Oppostion und der »Friends of Syria« unterstellt wurde, darum bemüht, die Asymmetrie der Kraft durch die Produktion von Giftgas zu seinen Gunsten zu verändern, um am Hügel der Kraft-Asymmetrie eine vorteilhaftere, »höhere« Position zu erringen, gerät *gerade* deswegen in die internationale Kritik. Er büßt somit an einem anderen Asymmetrie-Hügel, nämlich demjenigen der Legitimität, an »Höhenvorteilen« ein. Auf ähnliche Weise gilt ein solcher Zusammenhang auch für die USA, die seit dem Ende des Kalten Kriegs den Gipfel der Kraft-Asymmetrie besetzt halten. Sie haben ihrerseits zu befürchten, *gerade* aufgrund dieser dominanten Machtposition an *soft power* einzubüßen (Nye 2003) und also am Hügel der Legitimität abgedrängt zu werden. Eine Wechselwirkung zwischen verschiedenen Asymmetrie-Typen kommt auch zum Tragen, wenn der uneinholbare Vorsprung des Starken am Hügel der Kraft-Asymmetrie den Schwachen, beispielsweise das Terrornetzwerk Al Kaida oder den daraus hervorgegangenen Ableger »Islamischer Staat in Syrien und im Irak«, dazu provoziert, den Kampf aktiv auf andere Hügel im erweiterten Terrain auszudehnen. Neben der Asymmetrie der Kraft gewinnen dann vielfältige andere Asymmetrien an Bedeutung für die Kriegführung, darunter die zuvor in Kapitel 8 erkundeten Asymmetrien der Organisationsform, der Entschlossenheit, der Verwundbarkeit, der Selbstbindung, der Legitimität, des Raumes und der Zeit. Angesichts der komplexen Wechselwirkungen zwischen diesen acht Asymmetrie-Typen, die jeweils Risiken und Chancen, Anforderungen und Optionen für die Kriegführenden mit sich bringen, lässt sich die grundlegende Herausforderung des asymmetrischen Krieges bestimmen. Sie besteht darin, die *Vielfalt* der Asymmetrien bei der Strategieformulierung wie auch in der Theoriebildung zu berücksichtigen. Es kommt also darauf an, das *gesamte hügelige Terrain* des asymmetrischen Kriegs in seiner Komplexität politik-, strategie- und kriegstheoretisch zu bewältigen.

Nimmt die Theorie des Asymmetrischen Krieges diese Herausforderung an, so hat sie bei der Beschreibung der asymmetrischen Kriegführung den Spagat zwischen Komplexität und Komplexitätsreduktion zu meistern. Sie hat also einerseits die Widersprüchlichkeit des strategischen Handelns unter Bedingungen der Asymmetrie zu erkennen und zu berücksichtigen, andererseits aber durch die Suche nach Gesetzmäßigkeiten in dieser Widersprüchlichkeit die Orientierung auf dem schwierigen Terrain zu verbessern.

Die doppelte Gefahr besteht dabei darin, dass die Theorie durch das Formulieren entsprechender Gesetze die charakteristische Komplexität ihres Gegenstandes ganz beseitigt oder aber umgekehrt vor der »Ungesetzlichkeit« des Dschungels kapituliert. Nur wenn sie dieser doppelten Gefahr begegnet, kann die Theorie des Asymmetrischen Krieges obigen Einwand (Kap. 7d) vollständig ausräumen, das Asymmetrie-Konzept sei *notwendigerweise* von geringem Nutzen, da es sich angesichts der spezifischen Komplexität seines Gegenstandes *prinzipiell* nicht besser ausarbeiten lasse. Im Lichte dieses Einwandes formuliert, lautet somit die Aufgabe für Teil IV: Wie kann ein kohärentes Verständnis des asymmetrischen Krieges entwickelt werden, das die besondere Komplexität des Gegenstandes akzeptiert *und* reduziert, vor der die Asymmetrie-Kritik nicht selten kapituliert und die der Asymmetrie-Diskurs in manchen seiner Einzelbeiträge ignoriert, in seiner Gesamtheit aber aufgrund der Widersprüchlichkeit vieler Zugänge potenziert? Eine Antwort auf diese Frage verspricht das zu konstruierende gesamtstrategische Modell asymmetrischer Kriegführung. Dieses Modell sucht die vielfältigen Elemente, Aspekte und Typen der Asymmetrie in ihren widersprüchlichen Wechselwirkungen und Auswirkungen auf das Handeln der Kriegführenden konzeptionell miteinander zu verbinden. Insbesondere sollen auf diese Weise die drei eingangs (Teil I) als »wunderliche Dreifaltigkeit« (Clausewitz 1980 [1832–34]: 213) des asymmetrischen Krieges vorgestellten Bezugsgrößen des Asymmetrie-Konzepts, die im Asymmetrie-Diskurs nur selten klar voneinander unterschieden werden, miteinander in Beziehung gesetzt werden: die »wunderliche Dreifaltigkeit« aus erstens *Asymmetrien*, die strategische Akteure zwischen einander wahrnehmen – seien diese Asymmetrien kräftebezogener, organisatorischer oder anderer Art –, zweitens *asymmetrischen Strategien*, mit denen diese strategischen Akteure im Krieg auf solche Asymmetrien reagieren, sowie drittens politisch-militärischen *Grand Strategies der Asymmetrierung*, mit denen sie jene Asymmetrien überhaupt erst herstellen, sie vergrößern und verändern.

Das in dieser »konstruktiven« Absicht zu entwerfende Modell asymmetrischer Kriegführung lässt sich mittels der oben (Kap. 5c) vorgeschlagenen zehn Kriterien zur Klassifikation von Asymmetrie-Konzepten seinem Anspruch nach wie folgt charakterisieren: Erstens versucht es, seinen Gegenstand *ex positivo*, also ohne Rekurs auf symmetrische Konstellationen, zu erfassen. Zweitens schließt es sowohl quantitative *hardware*-Unterschiede als auch qualitative *software*-Asymmetrien mit ein. Drittens bezieht es sich nicht nur auf *militärische* Asymmetrien, sondern ebenso auch auf *nichtmilitärische*

Asymmetrien. Viertens verbindet es Asymmetrien des *Wesens* mit Asymmetrien des *Handelns*, da von einer Wechselwirkung zwischen beiden ausgegangen wird: Asymmetrien begünstigen Asymmetrierung, und Asymmetrierung bringt Asymmetrien hervor. Fünftens konzipiert es Asymmetrie *dynamisch* statt *statisch*, da angenommen wird, dass Asymmetrien prinzipiell verfügbar, also veränderbar sind (wenn auch die Kosten solcher Veränderungen im Einzelfall untragbar hoch ausfallen oder erscheinen können). Sechstens konzipiert es Asymmetrie als mehr oder weniger *bewusste* Asymmetrie, da unterstellt wird, dass Konfliktakteure Asymmetrien und deren Wirkungen grundsätzlich erkennen können, dass dabei aber unter Umständen graduelle Unterschiede im »Asymmetrie-Bewusstsein« der Konfliktakteure auftreten, die Asymmetrien der Selbstvergewisserung hervorbringen. Siebtens definiert es die »asymmetrische Strategie« auf *formale* und *inhaltliche* Weise zugleich, nämlich als diejenige Strategie, die auf der Manipulation und Ausnutzung von Asymmetrien beruht und dabei primär nichtmilitärische, also »zivile« Asymmetrien berücksichtigt. Achtens eröffnet es eine *zweiseitige* Perspektive auf den asymmetrischen Krieg, da die Wechselwirkungen zwischen den Strategien asymmetrisch überlegener *und* asymmetrisch unterlegener Akteure in die Betrachtung einbezogen werden. Neuntens beruht es auf einem *abstrakten* (statt empirischen) und schließlich, zehntens, auf einem *idealtypischen* (statt realtypischen) Asymmetrie-Begriff. Dessen Realitäts- und Praxisbezug soll sich gleichwohl trotz seines Abstraktionsgrads und idealtypischen Charakters darin erweisen, dass sich mithilfe des auf seiner Grundlage errichteten Modells asymmetrischer Kriegführung das strategische Verhalten der Akteure in asymmetrischen Konstellationen verständlich machen und erklären lässt.

Dieses gesamtstrategische Modell asymmetrischer Kriegführung wird in vier Schritten entwickelt: Zunächst wird ein Kosten-Nutzen-Kalkül konstruiert, wie es rationalen Akteuren bei der Wahl zwischen symmetrischen und asymmetrischen Strategie-Optionen unterstellt werden kann (Kap. 9). Anschließend werden die Anreize und Imperative formuliert, die diese Akteure bei ihren strategischen Wahlentscheidungen im asymmetrischen Krieg wahrnehmen (Kap. 10). Aus diesen »Gesetzen des Dschungels«, die sowohl für asymmetrisch unterlegene als auch für asymmetrisch überlegene Akteure gelten, werden sodann »einseitige« strategische Regeln abgeleitet, an denen sich einerseits relativ schwache und andererseits relativ starke Akteure bei ihrer asymmetrischen Kriegführung orientieren. Das geschieht zunächst für sogenannte »Schurken«, die zu Beginn des 21. Jahrhunderts die Position der Asymmetrie der Schwäche einnehmen, gleichgültig ob sie staatlich oder nichtstaatlich verfasst sind (Kap. 11). Sodann werden die westlichen Staaten in den Blick genommen, die zu Beginn des 21. Jahrhunderts die Position der Asymmetrie der Stärke besetzen (Kap. 12).[137] Wenn auch im Rahmen des derart für Teil IV umrissenen Programms die jeweiligen strategischen Anforderungen teils in Form von Imperativen und Appellen formuliert werden, sollen diese Formeln doch nicht als Beiträge zu einer »positive[n] Lehre, d. i. *Anweisung*« (Clausewitz 1980 [1832–34]: 290) gedeutet, sondern vielmehr als Erfordernisse der Kriegführung verstanden werden, die sich aus dem konstruierten Modell ergeben. Denn nicht die Frage, nach welchen Gesetzen die strategischen Akteure im asymmetrischen Krieg handeln *sollen* oder *werden*, steht im Mittelpunkt der Modellkonstruktion. Vielmehr zielt diese in heuristischer statt präskriptiver oder prognostischer Absicht darauf ab, die Regeln der »asymmetrischen Kriegsgrammatik« verständlich zu machen, deren Anwendung *dann* wahrscheinlich erscheint, *wenn* Kriegsakteure sich wechselseitig als ungleichartig wahrnehmen und ihre Auseinandersetzung als einen asymmetrischen Kampf interpretieren. *Ob* und *inwiefern* dies in Zukunft zu erwarten steht und *wie* gegebenenfalls politisch, strategisch und gesellschaftlich darauf reagiert werden kann, wird am Ende der Untersuchung in Teil V zu diskutieren sein. Hier sollen stattdessen die *laws of the jungle* zunächst entdeckt und formuliert werden, ohne deren Kenntnis eine erfolgreiche Kriegführung so wenig möglich erscheint wie eine erfolgreiche Verhinderung, Begrenzung und Beendigung asymmetrischer Kriege. Denn nur wenn die für den asymmetrischen Krieg charakteristischen Tendenzen zur Entgrenzung und Eskalation konzeptionell erfasst und auf die inneren, handlungsbezogenen Mechanismen, Dynamiken und Kalküle einerseits sowie die äußeren, strukturellen Rahmenbedingungen der Kriegführung andererseits zurückgeführt werden, lassen die Risiken und Gefahren des asymmetrischen Krieges sich abschätzen, bewältigen, begrenzen oder ganz verhindern.[138]

137 Zu den Begriffen »Schurke«, »Schurkenstaat«, »rogue state« sowie »westliche Staaten« und deren Verwendungsweise im Rahmen der vorliegenden Studie siehe die einleitenden Erläuterungen oben in Fußnote 19.

138 In diesem Sinne weist Daase (2005) der Friedensforschung die Aufgabe zu, den asymmetrischen Charakter gegenwärtiger Konflikte gerade in friedenspolitischer Absicht eingehender als bislang zu untersuchen: »Um für diese Konflikte Deeskalations- und Konfliktlösungsstrategien zu entwickeln, muss die Eskalationsdynamik asymmetrischer Kriege genauer analysiert werden« (ebd.: 261). Gleichwohl scheitern Versuche, diese Eskalationsdynamik zu verstehen, häufig an dem bereits genannten Komplexitätsproblem. Entweder erhöhen sie die Komplexität ihres Konfliktmodells auf eine Weise, die ein

9. Dschungelkampf: Annahmen zum strategischen Kalkül der Akteure

Das strategische Kalkül der Akteure im asymmetrischen Krieg kann durch fünf Annahmen beschrieben werden: a) Strategische Akteure sind als rational vorzustellen, insofern als sie Kosten-Nutzen-Berechnungen anstellen. b) Solche Berechnungen stellen sie insbesondere mit Blick auf die symmetrischen und asymmetrischen Strategie-Optionen an, deren Vor- und Nachteile sie abwägen. c) Den Bezugsrahmen für ihre entsprechenden Abwägungen bildet nicht allein die militärische Kampfstrategie, sondern vielmehr das umfassende Gebiet der politisch-militärischen Grand Strategy, in dem Asymmetrien, asymmetrische Strategien und Strategien der Asymmetrierung zusammentreffen. d) Innerhalb dieses umfassenden Bezugsrahmens sind symmetrische und asymmetrische Optionen mit je spezifischen, miteinander interagierenden Kosten-Nutzen-Relationen verbunden. e) Als erfolgreich erweist sich diejenige Grand Strategy im asymmetrischen Krieg, die auf einem ausgewogenen Asymmetrien- (und Symmetrien-) Management unter Berücksichtigung der umfassenden, komplexen Kosten-Nutzen-Relationen basiert.

a) Kosten-Nutzen-Kalkül

Den Gegnern in einem militärischen Konflikt kann in Anlehnung an die Prämissen der *rational choice*-Theorie, wie sie der US-amerikanische Politikwissenschaftler Bruce Bueno de Mezquita (1981) für die Erklärung des Auf-

Verständnis des Zusammenhangs der verschiedenen Asymmetrien und ihrer Wechselwirkungen erschwert, oder sie reduzieren diese Komplexität derart, dass nur noch ein einziger Asymmetrie-Typ übrig bleibt, während andere Typen ausgeblendet werden. Als Beispiel für ein überkomplexes Modell siehe Gertrud Brüchers (2011: 33–52) Darstellung asymmetrischer Gewaltspiralen, die offen lässt, wie die voneinander unterschiedenen Asymmetrien der Kraft, der Organisationsform, der Selbstbindung und der Legitimität in asymmetrischen Konflikten zusammenwirken und zu deren Eskalationsdynamik beitragen; als Beispiel für ein unterkomplexes Modell siehe hingegen David Kilcullens (2011) *actor-based theory of warfare*, die allein die – staatliche oder nichtstaatliche – »Natur« von Akteuren fokussiert, während sie andere Asymmetrien bewusst ausblendet: »[...] we may conclude that an actor-based theory of warfare, focused on the nature of the combatants and in particular their relationship to the state and thereby to the international system of states, *may be more fruitful than an approach focused on technological, tactical or organisational asymmetry*« (ebd.: 331; Hervorh. F. W.).

tretens von Kriegen nutzbar gemacht hat, Rationalität im Sinne der Anwendung eines Kosten-Nutzen-Kalküls unterstellt werden. Demnach kalkulieren Konfliktakteure, wie Bueno de Mezquita dies analysierte, im Vorfeld einer möglichen Eskalation und eines möglichen Kriegseintritts die voraussichtlichen Kosten und den erwarteten Nutzen ihrer Entscheidungen.[139] Gleiches kann auch mit Blick auf ihre Abwägungsprozesse bei der Wahl zwischen symmetrischen und asymmetrischen Optionen angenommen werden. Dabei ist allerdings zu berücksichtigen, dass dem rationalen Verhalten und Entscheiden in sozialen Kontexten generell Grenzen gesetzt sind. Die Sozialwissenschaften heben diese Grenzen hervor, wenn sie mit dem Konzept der *bounded rationality* eine zentrale Differenz – und mithin die Eigenständigkeit – des als »begrenzt rational« vorgestellten *homo sociologicus* gegenüber dem »völlig rational« gedachten *homo oeconomicus* markieren. Angesichts der steigenden Komplexität, Kontingenz und Ambiguität der modernen Welt (Rüb 2006; 2008) erscheint es besonders plausibel, davon auszugehen, dass politische Entscheidungen allenfalls »begrenzt rational« getroffen werden können (Rüb 2011). Gerade auch die Sicherheitspolitik droht in einer als unübersichtlich, unsicher und ungewiss wahrgenommenen Welt lediglich noch einer »Illusion der Berechenbarkeit« (Daase 2011b) aufzusitzen, was dazu führen kann, dass sie den komplexen Herausforderungen erst recht nicht zu entsprechen vermag. Ob in dieser Lage die politisch-militärische Strategie sowie ihre Theorie bei der Konstruktion eines *homo strategicus* auf die Annahme *jeglicher* Rationalität verzichten sollten und können, erscheint jedoch aus zwei Gründen zweifelhaft. Zum einen entspricht die Rationalitätsannahme dem Selbst- und Fremdverständnis strategischer Akteure, die bei der Formulierung und Anwendung ihrer Strategien ein Kosten-Nutzen-Kalkül anwenden und ein solches Kalkül auch ihren Gegnern unterstellen, deren antizipierte Kalkulationen sie in ihre eigenen Kosten-Nutzen-Berechnungen einkalkulieren. Zum anderen brächte die *gänzliche* Verabschiedung von der Rationalitätsannahme für die Strategietheorie selbst erhebliche Kosten mit sich, sowohl was ihre eigene Analysefähigkeit als auch was ihren möglichen Beitrag zur Generierung

139 Bueno de Mezquita (1981) legt dem von ihm entworfenen *expected utility model* die Annahme zugrunde, dass rationale Erwägungen der an einem Konflikt beteiligten Entscheidungsträger, basierend auf ihrer spezifischen Gewinnerwartung und Risikogeneigtheit, das Auftreten von Kriegen erklären können (zumindest teilweise, nämlich neben anderen, systemischen und strukturellen Faktoren). Dieses Modell findet, um weitere Variablen ergänzt, Anwendung in Pauls (1994) Analyse der Ursachen asymmetrischer Angriffe schwacher auf starke Akteure (vgl. zu Pauls Ansatz die Diskussion oben in Kap. 6a).

sicherheitspolitischer Handlungsfähigkeit angeht. Kosten dieser Art entstehen etwa dort, wo die Terrorismusforschung davon ausgeht, dass asymmetrische Auseinandersetzungen, anders als symmetrische, nicht von kühl kalkulierenden Clausewitzschen Strategen mit instrumenteller Vernunft, sondern vielmehr von hitzigen Fanatikern oder gar Irren geführt würden, die in ihrer religiösen, ideologischen oder sonstigen Verblendung *jede* Kosten-Nutzen-Rationalität aufgäben.[140] Mag diese Einschätzung auf einzelne an asymmetrischen Konflikten Beteiligte zutreffen, so womöglich auf manche derjenigen, die sich als sogenannte Selbstmordattentäter zur Verfügung stellen und sich auf diese Weise modernen, säkularen, westlichen Ziel- und Mittelpräferenzen oder gar Rationalitätsvorstellungen überhaupt demonstrativ entziehen, so können solche Demonstrationen doch *zugleich auch* als bewusster Ausdruck eines politisch-strategischen Willens und im Kontext einer rationalen strategischen Planung betrachtet werden, statt dass man sie *allein* einer vollständig »fremden«, »irrationalen« Gewaltkultur zuzuschreiben hätte. Hinter dem einzelnen Anschlag stehen in diesem Sinne (bzw. sind zu vermuten) rational planende »Hintermänner«, denen der Anschlag zugerechnet und ein nur teilweise kulturspezifisches strategisches Kalkül unterstellt werden kann, was dann auch eine ihrerseits rationale Gegenreaktion erlaubt.[141]

140 Dabei scheint keineswegs klar zu sein, ob die größere Bedrohung von »rationalen« oder von »irrationalen« Gegnern ausgeht. So bemerkt Gray (2001) erleichtert, dass es sich bei den terroristischen Gegnern der USA um rationale strategische Akteure handle: »Fortunately, our problem is noticeably strategic in form. The Osama Bin Ladins are not literally madmen. They are highly intelligent, resourceful, and bent upon acting in ways that, in their reasoning, will have beneficial effects« (ebd.: 5). McKenzie (2000) hingegen schöpft umgekehrt Erleichterung daraus, dass es sich bei radikalen Terroristen um irrationale Akteure handle, die nicht dazu in der Lage seien, einen kühlen Kopf zu bewahren: »It is reassuring that the organizational skills, scientific knowledge, and cool heads (and hands) required for the conceptualization and delivery of a biological weapons attack are not normally associated with radical terrorist groups« (ebd.: 31f.).

141 Die Annahme, dass »Gegnerkulturen« nicht vollkommen fremd und irrational sind, sondern zumindest teilweise »verstanden« werden können, liegt der »praktischen Anthropologie« zugrunde, die der US-amerikanische Anthropologe Montgomery McFate (2005) unter dem Motto »The Military Utility of Understanding Adversary Culture« propagierte und deren Erkenntnisse in die US-amerikanische Aufstandsbekämpfung im Irak und in Afghanistan unter General David Petraeus einflossen (vgl. Heuser 2013: 240f.). Den Nutzen und die Herausforderung des anthropologischen Verstehens fremder (also asymmetrischer) »Gegnerkulturen« charakterisiert McFate (2005) wie folgt: »The changing nature of warfare requires a deeper understanding of adversary culture. The more *unconventional* the adversary, and the *further from Western cultural norms*, the more we need to understand the society and underlying cultural dynamics. To defeat

Das rationale Zweck-Mittel- und Kosten-Nutzen-Kalkül, das die Kriegsakteure einander unterstellen, ist somit eine Voraussetzung dafür, dass sie ihre strategischen Entscheidungen und Aktionen wechselseitig verstehen und zudem auch »einseitig« ihren jeweiligen Anhängern verständlich machen können – eine Voraussetzung, von der etwa das Gelingen der Kommunikationsstrategien terroristischer Gruppen abhängt, die in Bekennerschreiben und Videobotschaften für ihre Ziele werben. Die Irrationalitätsthese lässt sich wohl nur aufrechterhalten, wenn solche Kommunikationsversuche wegen ihres radikalen, ideologischen, fanatischen Charakters *ausschließlich* als Beispiele *reiner* Irrationalität, Expressivität und Existenzialität gedeutet, nicht aber wegen ihres strategischen Zweckes, Einsatzes, Sprachgebrauchs, *timings* etc. *auch* als »Instrumente« und »Waffen« in einem insgesamt rational geführten Kampf verstanden werden. Indem sie *diese* Rationalität des asymmetrischen Krieges ausblendet, vergibt die Irrationalitätsthese das entscheidende Erklärungspotenzial: Sie lässt Rückschlüsse auf die hinter den Anschlägen und Botschaften zu vermutenden Anreize und Mechanismen ebenso wenig zu wie sie, aufbauend auf einer entsprechenden strategischen Hermeneutik, die Möglichkeiten und Grenzen einer politisch-militärischen Blockierung solcher Anreize und Mechanismen zu erkunden erlaubt.

Anders als in Kriegs- und Terrorismusdarstellungen, die sich auf die Irrationalitätsthese stützen, wird hier davon ausgegangen, dass die Formulierung und Wahl von Strategien *auch* im Fall des asymmetrischen Krieges auf der Kalkulation von Kosten und Nutzen sowie der Verknüpfung von Zwecken und Mitteln basiert und in *diesem* Sinn rational abläuft. Gerade wenn die Kriegsakteure versuchen, den politisch-strategischen Wert von Asymmetrien einzuschätzen, kommt einer rationalen Herangehensweise große Bedeutung zu. »Rational« im asymmetrischen Krieg ist demnach derjenige Akteur, der (im Rahmen der allgemeinen Grenzen der *bounded rationality*) unbewusste Nichtsymmetrie in bewusste Asymmetrie verwandelt. Das heißt, dass er bestehende Ungleichartigkeiten nicht etwa als unbedeutend, sondern als unter Umständen kriegsentscheidend wahrnimmt und sie in ihrem politisch-strategischen Wert sowie ihren Folgen und Kosten einzuschätzen vermag. Vor allem aber heißt es, dass er die solchermaßen bewerteten Asymmetrien zu

---

non-Western opponents who are *transnational* in scope, *nonhierarchical* in structure, *clandestine* in approach, and who operate *outside the context of nation-states*, we need to improve our capacity to understand foreign cultures. The danger is that we assume that technical solutions are sufficient and that we therefore fail to delve deeply enough into the *complexity* of other societies.« (ebd.: 48; Hervorh. F. W.)

seinen Gunsten zu nutzen und zu seinem Vorteil zu manipulieren versucht, insofern als er sie nicht als statisch, sondern als grundsätzlich veränderlich begreift. Die »asymmetrische Rationalität« setzt somit das Reflexivwerden bestehender Unterschiede voraus, also einen Prozess der Selbstvergewisserung, in dessen Verlauf der Kriegsakteur sich von einer asymmetrischen Partei »an sich« zu einer asymmetrischen Partei »an und für sich« verwandelt. In diesem Prozess der Selbstvergewisserung können zwischen den Kriegsparteien graduelle Unterschiede im »Asymmetrie-Bewusstsein« entstehen. Wo die entsprechende Asymmetrie der Selbstvergewisserung groß genug wird, hat sie ihrerseits unmittelbare Konsequenzen für die Kriegführung. Vorteile im asymmetrischen Krieg verschafft sich demnach derjenige Akteur, der ein höheres Reflexionsniveau erreicht, indem er mit größerer Kreativität die entscheidenden zwei Fragen der asymmetrischen Kriegführung beantwortet: Welche Asymmetrien lassen sich wie nutzen und manipulieren? Und: In welchen Bereichen ist diese Nutzung und Manipulation von Asymmetrien besonders lohnend? Bei der Beantwortung dieser Fragen wenden die als rational verstandenen – und *deswegen* überhaupt nur zu verstehenden – strategischen Akteure ein rationales Kosten-Nutzen-Kalkül an.

b) Strategische Wahl zwischen symmetrischen und asymmetrischen Optionen

Noch bevor politisch-strategische Akteure ihre konkreten Strategien für den asymmetrischen Krieg konzipieren, sehen sie sich vor eine grundsätzliche Wahl gestellt: diejenige zwischen der symmetrischen und der asymmetrischen Option. Die symmetrische Option entspricht der strategischen Wahl Preußens, die asymmetrische hingegen derjenigen der Spanier in ihrem jeweiligen Umgang mit Napoleon. »Preußen entschied sich nämlich für die Resymmetrierung der militärischen Fähigkeiten, während die Spanier mit dem nach 1808 begonnenen Partisanenkrieg gegen die napoleonischen Truppen, der Guerilla, den asymmetrischen Weg beschritten« (Münkler 2003b: 7). Symmetrisch ist die preußische Strategie, da sie darauf abzielt, den Gegner militärisch einzuholen – und das heißt: eine *Symmetrie* der Kraft (wieder) herzustellen; und da sie zudem darauf *verzichtet*, die Asymmetrien zu nutzen und zu manipulieren, die außerhalb des konventionellen Terrains des militärischen Kräftemessens bestehen. Genau umgekehrt verhält es sich mit der spanischen Strategie. Diese beruht auf dem *Verzicht*, eine Symmetrie der

Kraft wiederherzustellen, was den Spaniern vermutlich aussichtslos erschien, weswegen sie stattdessen auf die strategische Manipulation und Nutzung von *Asymmetrien* setzten, die sie außerhalb des engeren militärischen Bereichs erkannten: die Asymmetrie der Entschlossenheit, die Asymmetrie der Zeit und die Asymmetrie des Raumes. Ihre Kleinkriegführung unterscheidet sich somit von der »Großkriegführung« Napoleons auf der einen Seite ebenso sehr wie von dem preußischen Versuch einer politisch-strategischen Resymmetrierung auf der anderen Seite, da sie »nichtmilitärische« Asymmetrien jenseits des konventionellen Schlachtfeldes entdeckt und in ihre Strategie mit einbezieht. Die Wahl zwischen der symmetrischen napoleonischen oder auch preußischen und der asymmetrischen spanischen Option stellt sich dabei, wenn man diese Wahl aus dem konkreten historisch-kulturellen Kontext der Napoleonischen Kriege löst, als eine strategische Konstante dar. Stets haben Kriegführende im Vorfeld und Verlauf eines (möglichen) Krieges zwischen symmetrischen und asymmetrischen Strategien zu wählen, wenn auch sie diese Wahlentscheidung in unterschiedlichen Kontexten in unterschiedlichem Maße als relevant und offen wahrnehmen werden.[142] Je nachdem, welche Wahl die politisch-strategischen Akteure dabei treffen, sind unterschiedliche Rüstungsentwicklungen und Kraftanstrengungen zu erwarten. Wählen beide Kontrahenten die symmetrische Option, so vollzieht sich ihr Wettrüsten nach der Logik des Nachahmens: B kopiert A, um einen Vorteil wettzumachen, den A auf einem bestimmten Gebiet zuvor erzielte. Kriegstechnische Erfindungen, organisatorische Heeresreformen und

142 Da die Alternative zwischen der symmetrischen und der asymmetrischen Option nicht in jedem Fall als solche wahrgenommen und zum Gegenstand einer rationalen Wahlentscheidung gemacht wird, ist Skepsis gegenüber einer Modellierung von Kriegen *allein* nach den Vorgaben der Theorie rationaler Wahl angebracht, wie sie von ökonomischer Seite vorgenommen wurde (vgl. etwa Dunne u.a. 2006). Denn »tatsächlich steht den Akteuren die Entscheidung zwischen symmetrischer oder asymmetrischer Kriegführung nur in sehr beschränktem Maße offen«, da »die politische Ordnung eines Großraums, die sozialen und kulturellen Grundlagen der je eigenen politischen Ordnung sowie schließlich die Optionsvarianz der Gegenseite« als »optionsrestringierende Faktoren« (Münkler 2006a: 212) anzusehen sind. Im Rahmen einer langfristigen Grand Strategy könnten allerdings die ersten zwei hier genannten »optionsrestringierenden Faktoren« – die politische Ordnung eines Großraums und die soziokulturellen Grundlagen der eigenen Ordnung – als durchaus *strategisch gestalt- und beeinflussbar* angesehen werden (statt als ausschließlich optionsrestringierend). Ebenso könnte der dritte Faktor – die Optionsvarianz der Gegenseite – die *aktive, kreative, rationale strategische Innovation* gerade befördern (statt zu passiver Resignation im Angesicht der Optionsvarianz des Gegners zu führen). Rationale Entscheidungen wären dann auch in diesen Bereichen möglich, zu erwarten und kriegstheoretisch zu modellieren.

darauf aufbauende strategische Neuerungen lassen sich dementsprechend als Etappen in einem Rüstungswettlauf verstehen, in dem partielle, durch Innovation hergestellte Vorsprünge und nachholende, durch Resymmetrierung erzielte Gleichgewichte einander abwechseln. Die Anstrengungen der Kontrahenten weisen dabei in die gleiche Richtung: A und B folgen demselben Pfad, wenn auch sie nicht immer auf der gleichen Höhe marschieren. Anders verhält es sich, wenn (zumindest) einer der Gegner die Asymmetrie-Option ergreift und also die Nachahmung und Symmetrierung verweigert. B entscheidet sich dann gegen die Anstrengungen, die nötig wären, um A auf dessen Entwicklungspfad einzuholen, und sucht stattdessen eigene, andere, »irreguläre« Wege, die ihm weniger anstrengend, aber gleichfalls zielführend erscheinen. Eine solche »Abkürzung« auf dem Weg zum Ziel, also zum Sieg, verspricht die strategische Ausnutzung der Asymmetrien, die *außerhalb* des militärischen Kräftevergleichs bestehen. Hierzu zählen die oben kartographierten Asymmetrien der Organisationsform, der Entschlossenheit, der Verwundbarkeit, der Selbstbindung, der Legitimität, des Raumes und der Zeit. Wer wie die spanischen Partisanen diese Asymmetrien für die Kriegführung verfügbar macht und ausnutzt, der folgt dem Versprechen der asymmetrischen Strategie, dass das symmetrische Kriegsgesetz der Dominanz der Massen und Zahlen gesprengt und durch ein asymmetrisches Kriegsgesetz ersetzt werden könne, das strategische Kreativität, innovatives Denken und gewitztes Operieren – also bessere *software* und Qualität – im Vergleich mit Vorsprüngen auf den Gebieten der *hardware* und Quantität stärker prämiert. Beschreitet (zumindest) eine der Kriegsparteien diesen asymmetrischen, irregulären, strategischen Weg, so ergeben sich Rüstungsverläufe, die keine Gleichgewichtszustände der Symmetrie mehr hervorbringen. Vielmehr weisen die Entwicklungspfade der Gegner dann in unterschiedliche Richtungen, sodass Asymmetrien mit der Dauer der Auseinandersetzung anwachsen und an Bedeutung gewinnen. Die Ausprägung wie auch die Ausnutzung von Asymmetrien lassen sich also (zumindest teilweise) als Folgen der Wahlentscheidungen rationaler politisch-strategischer Akteure verstehen. Im Schatten möglicher Kriege wählen diese Akteure mehr oder weniger bewusst zwischen symmetrischen und asymmetrischen Politik- und Strategie-Optionen.

c) Grand Strategy als Bezugsrahmen

Die Wahl zwischen symmetrischen und asymmetrischen Optionen betrifft nicht allein den Bereich der Militärstrategie, sondern geht über diesen hinaus. So zwingt der asymmetrische Krieg seine Akteure dazu, in physische und nichtphysische Räume jenseits des klassischen Schlachtfelds vorzudringen, also ihre Gegner nicht allein am Hügel der militärischen Kraft-Asymmetrie, sondern auch an den anderen Hügeln im komplexen Asymmetrien-Terrain zu konfrontieren. Zudem bestehen im asymmetrischen Krieg die Erfordernis und der Anreiz, Asymmetrien zum eigenen Vorteil durch Asymmetrierung zu vergrößern, also an den verschiedenen Asymmetrie-Hügeln den »Höhenvorteil« gegenüber dem jeweiligen Kontrahenten zu maximieren. Hierzu bieten sich etwa rüstungspolitische, ökonomische, organisatorische, ideologische, völkerrechtliche und außenpolitische Asymmetrierungen an. Ihr Ziel ist es, an möglichst vielen Hügeln eine möglichst hohe und in jedem Fall eine höhere Position als der jeweilige Gegner zu erobern, von der aus man ihn – unter Ausnutzung des Clausewitzschen Gesetzes des strategischen Vorteils der Höhe gegenüber der Tiefe – besonders erfolgreich bekämpfen kann. Da die Kontrahenten »ihren« Kampf jeweils an diejenigen Hügel zu verlagern streben, an denen sie sich die größeren Erfolgschancen ausrechnen, erobern sie immer neue Asymmetrien für die Kriegführung, vor allem auch solche vermeintlich oder vormals nichtmilitärischer Art. Der Ausdehnung der Kriegführung, die aus dem Erfordernis und Anreiz zur permanenten Vergrößerung und Ausnutzung von Asymmetrien resultiert, entspricht das kriegstheoretische Konzept der Grand Strategy, wie Edward Luttwak (1980, 2003) es entwickelte. Die Grand Strategy politisch-militärischer Akteure bezieht sich demnach nicht allein auf die unmittelbare, operative Führung eines Krieges, sondern auf »jede Form menschlichen Verhaltens im Kontext eines möglichen Krieges (und eines möglichen politischen Konflikts)« (Luttwak 2003: 123). Nicht nur die Rüstungs- und Sicherheitspolitik eines Akteurs ist gemäß diesem weiten Strategieverständnis dem Gebiet des Strategischen zuzurechnen. Vielmehr gehören auch andere Politikbereiche hierzu, so etwa die Wirtschafts- und Industriepolitik, die Technologie- und Bildungspolitik, die Diplomatie und die Medienpolitik. Sie alle nämlich sind im (erweitert gedachten und geführten) Krieg von Bedeutung oder können darin zentrale Bedeutung erlangen (Luttwak 1980). In letzter Konsequenz nimmt diese Perspektive sämtliche Politikfelder als potenziell »strategisch« in den Blick, da nicht ausgeschlossen werden kann, dass Kriegführende sie in ihrer gesamtstrategischen Bedeutung entdecken und ausnutzen. Als Waffen im radikal entgrenzten, durch Symmetrien nicht mehr gehegten Krieg sind dann nicht nur Gewehre, Minen, Panzer, Kriegsschiffe, Raketen, Jagdbomber und Drohnen zu betrachten, sondern auch Fernsehbilder, Twitter-Nachrichten, UN-Deklarationen, »humanitäre Hilfsleistungen«, Karikaturen, Predigten und entführte Zivilflugzeuge. In dem Maße, in dem die Grenzen zwischen ziviler und militärischer Sphäre, politischer und militärischer Strategie verwischen, erscheinen in Umkehrung und Erweiterung der Clausewitzschen Kriegsdefinition Politik, Wirtschaft, Diplomatie, Medien, Religion und Kultur als Arenen der Fortsetzung des Krieges mit anderen Mitteln: »Non seulement la guerre est la continuation de la politique, mais la politique elle-même est la continuation de la guerre« (Baud 2003: 96). Indem die Strategie und Theorie des asymmetrischen Krieges diese Tendenzen der Entgrenzung des Krieges nachzuvollziehen versuchen, orientieren sie sich an dem Bezugsrahmen der umfassenden, militärische und zivile Bereiche übergreifenden politisch-militärischen Grand Strategy.

d) Kosten und Nutzen von Strategien

Mit den symmetrischen und asymmetrischen Optionen, die im Rahmen der umfassenden Grand Strategy zur Wahl stehen, sind, wie bereits festgestellt wurde, spezifische Kosten-Nutzen-Relationen verbunden. Der Nutzen einer strategischen Option bemisst sich vor allem danach, inwieweit ihre Wahl Vorteile für den Kampf mit sich bringt. Als Kosten fallen in erster Linie Opportunitätskosten an: Wenn Energie, Ressourcen, Aufmerksamkeit und Zeit für die Vergrößerung (oder auch Verkleinerung) einer bestimmten Asymmetrie verwendet werden, können sie in einem anderen Bereich bzw. an einem anderen Hügel nicht eingesetzt werden. Die Kosten und der Nutzen einer Strategie lassen sich jedoch nicht rein einseitig bestimmen, sondern hängen in ihrer Höhe auch davon ab, wie die gegnerische Seite auf die gewählte Strategie reagiert. So provozieren große Anstrengungen eines Akteurs A an einem bestimmten Hügel im Asymmetrien-Terrain verstärkte Gegenmaßnahmen seines Gegners B an demselben Hügel, die den Nutzen der Anfangsbemühungen von A konterkarieren können. Dies verweist auf den zweiseitigen und daher paradoxen Charakter von Strategie. Sie hat es nicht mit einem einseitigen Planen zu tun, sondern mit einem Zusammentreffen gegensätzlicher Willen, einem Zusammenspiel von *actio* und *reactio* (Luttwak

2003). Die Kosten von Strategien hängen somit auch von den gegnerischen Reaktionen ab. Darüber hinaus werden sie von Umfang und Art der Ressourcen bestimmt, welche zu ihrer Anwendung zwingend erforderlich sind. So sind High-Tech-Strategien wie diejenige der Luftbombardierung äußerst voraussetzungsreich und in diesem Sinn kostenträchtig. Ohne ein hohes ökonomisches und technologisches Entwicklungsniveau lassen sie sich nicht verfolgen. Strategien hingegen, die wie beispielsweise der transnationale Terrorismus auf strategische Kreativität statt auf technologische Stärke setzen, sind demgegenüber relativ kostengünstig, haben jedoch enorme politische und soziale Folgekosten. Man könnte mit Blick auf die unmittelbaren *ökonomischen* Kosten sagen: Verbesserungen der *hardware* sind teuer, Verbesserungen der *software*, also im strategischen Denken, hingegen billig. Die längerfristigen, mittelbaren *politischen und sozialen* Folgekosten der Strategien sind hingegen umgekehrt verteilt: Wer den preußischen Weg der militärischen Kraftsteigerung wählt, darf (in tendenziell symmetrischen Konstellationen) mit externer politischer Anerkennung und interner sozialer Stabilität rechnen. Wer hingegen wie die spanische Guerilla auf kreative Weise, also durch veränderte *software*, den Krieg entgrenzt, hat Legitimitätskosten einzukalkulieren, die ihm seine äußeren Kontrahenten und Konkurrenten in Rechnung stellen.[143] Zudem riskiert er auch im Inneren die Zersetzung der Grundlagen seiner Macht, so etwa dann, wenn seine entgrenzte Strategie die Opfer- und Unterstützungsbereitschaft seiner Anhänger überfordert. Die Kalkulation solcher Kosten- und Nutzen-Verhältnisse geht in die Erwägungen rationaler politisch-strategischer Akteure ein. Als rational erweisen diese sich in dem Maße, in dem sie bei der Formulierung und Anwendung ihrer Grand Strategies die Vielfalt der Asymmetrien (und Symmetrien) berücksichtigen und zwischen symmetrischen und asymmetrischen Optionen abwägen.

143 So blieb Spanien, obwohl es durch seine »illegitime« Guerillakriegführung »eine nicht unerhebliche Last des antinapoleonischen Kampfes getragen hatte, […] in dem während des Wiener Kongresses wieder hergestellten europäischen Staatensystem peripher« (Münkler 2003b: 9). Dabei ist zu beachten, dass die auf diplomatischem Parkett, hier demjenigen des Wiener Kongresses, festgestellte Legitimität und deren Kosten ihrerseits Ergebnisse politisch-rhetorischer Kämpfe sind, durch die das Kriegsgeschehen nicht immer beendet, sondern zuweilen in veränderter Form fortgesetzt wird: Auf dem Parkett wird nicht nur neutral geschlichtet und harmonisch getanzt, sondern auch parteiisch gefochten und polemisch gekämpft (vgl. oben Kap. 8f).

e) Asymmetrien-Management als Grundprinzip des asymmetrischen Krieges

Fasst man die vorangegangenen Überlegungen zusammen, so besteht das Grundprinzip der asymmetrischen Kriegführung darin, dass die als rational verstandenen Kriegsakteure ihre Grand Strategy als diejenige Mischung aus symmetrischen und asymmetrischen Teilstrategien formulieren, die ihnen das beste Kosten-Nutzen-Verhältnis im gesamtstrategischen Symmetrien- und Asymmetrien-Raum verspricht. Erfolgreich im asymmetrischen Krieg ist demnach diejenige Grand Strategy, die symmetrische und asymmetrische Teilstrategien durch ein ausgewogenes Asymmetrien-Management miteinander verbindet: »So suchen beide Seiten die möglichen Vorteile, die sie aus ihrer Ungleichartigkeit zu beziehen hoffen, ins Spiel zu bringen, um die eigenen Erfolgschancen zu steigern« (Münkler 2004b: 658). Neben den Vorteilen der *Ungleichartigkeit*, von denen hier die Rede ist, haben die Kriegsakteure auch die Vorteile der *Gleichartigkeit*, die sie zwischen einander wahrnehmen, zu berücksichtigen. Darüber hinaus kommt es darauf an, beide – also Ungleichartigkeiten und Gleichartigkeiten – nicht nur zu *nutzen*, sondern zudem durch Asymmetrierung und Symmetrierung zum eigenen Vorteil herbeizuführen bzw. zu *manipulieren*. Die Möglichkeit der Manipulierung von Symmetrien und Asymmetrien kann dabei in keinem Bereich des Strategischen prinzipiell ausgeschlossen werden, da auch etwa das Verhältnis der Organisationsformen – oder sogar das Kräfteverhältnis –, gleichgültig ob sie symmetrisch oder asymmetrisch ausfallen, nicht als *gänzlich* unveränderbar und unverfügbar anzusehen sind. Vielmehr handelt es sich selbst bei diesen Verhältnissen um prinzipiell manipulierbare Relationen, die nicht allein als »exogene« Faktoren strategisches Handeln beeinflussen, sondern die umgekehrt auch von den Symmetrierungs- und Asymmetrierungsentscheidungen der politisch-strategischen Akteure abhängen und daher zumindest teilweise als »endogene« Größen des gesamtstrategischen Prozesses anzusehen sind. Ob eine nichtstaatliche Kämpfergruppe darauf setzt, ein geographisches Territorium zu erobern und dieses etwa mittels der Ausbildung eines »politischen Arms« oder der Ausrufung eines »Kalifats« in ein protostaatliches Gebilde und langfristig in einen neuen Staat zu überführen, ist in dieser Hinsicht ebenso Gegenstand der im Bereich der Grand Strategy zu treffenden gesamtstrategischen Wahlentscheidungen wie die Frage, ob ein Staat dazu bereit ist, seine staatliche Organisationsform mit Blick auf veränderte Herausforderungen durch flexible, fluide, netzwerkartige Organisationsformen zu ergänzen und weiterzuentwickeln. Dabei mag das Maß, in dem einzelne Asymmetrien sich manipulieren lassen, von der Eigenart der jeweiligen Akteure abhängen, also beispielsweise davon, ob es sich bei ihnen um nichtstaatliche oder staatliche Akteure handelt. So dürfte die Fähigkeit von Staaten, netzwerkartige Parallelstrukturen aufzubauen, um ihre Flexibilität zu erhöhen, ausgeprägter sein als diejenige nichtstaatlicher Kämpfergruppen, quasistaatliche, stabile und statische Organisationsformen auszubilden. Die allgemeine Herausforderung des asymmetrischen Krieges richtet sich aber an sämtliche politisch-strategische Akteure. Sie besteht darin, Asymmetrien in potenziell jedem Bereich des Strategischen in ihrer (Kriegs-)Bedeutung zu erkennen, zu nutzen und zu manipulieren, um auf diese Weise Profit aus ihnen zu schlagen. Es kommt also darauf an, in den Genuss der Vorteile von Asymmetrien und Asymmetrierungen zu gelangen, ohne die Kosten für die Nutzung und Manipulation der Asymmetrien in die Höhe zu treiben oder überhaupt zu übernehmen. Das für Asymmetrien Gesagte gilt zudem für Symmetrien: Auch hier kommt es darauf an, zum eigenen Vorteil günstige Bedingungen zu erkennen, auszunutzen und herbeizuführen, Symmetrien also in all jenen Bereichen des Strategischen zu identifizieren, zu instrumentalisieren und zu manipulieren, in denen das unter Einrechnung der Kosten dieser Symmetrie-Nutzung und Symmetrierung einen gesamtstrategischen Mehrwert verspricht.

Aus den fünf Annahmen zum strategischen Kalkül im asymmetrischen Krieg folgt das *Grundprinzip der asymmetrischen Kriegführung*. Dieses Grundprinzip kann als ein kluges Asymmetrien- und Symmetrien-Management beschrieben werden. Der leitende »asymmetrische Imperativ« lautet dabei: Vergrößere und nutze Unterschiede, wenn und wo sich dies für dich lohnt! Dieser »asymmetrische Imperativ« des Asymmetrien-Managements wird durch den entsprechenden »symmetrischen Imperativ« des Symmetrien-Managements ergänzt: Verringere Unterschiede und nutze Symmetrien, wenn und wo sich dies für dich lohnt! Unter Bezugnahme auf den Gegner ist dieser doppelte Imperativ zudem durch seine Umkehrung zu »spiegeln«: Verweigere dem Gegner die Vergrößerung und Nutzung der Unterschiede, von denen dieser sich Vorteile verspricht! Und: Verhindere, dass der Gegner zu seinem Vorteil Symmetrien herstellt und nutzt! Mit diesen vier Sätzen, die aus dem strategischen Kalkül der Akteure im Umgang mit Asymmetrien und Symmetrien abgeleitet werden können, lässt sich das Asymmetrien- und Symmetrien-Management als die Grundanforderung im asymmetrie- und symmetrie*bewusst* geführten Krieg charakterisieren. Indem rationale Kriegsakteure bei der Formulierung und Anwendung ihrer Grand Strategies ein solches Asymmetrien- und Symmetrien-Management betreiben, führen sie in den verschiedensten Bereichen des Strategischen Asymmetrien und Symmetrien herbei, vergrößern und verringern diese, nutzen und gestalten sie, um dadurch ihre Erfolgschancen im Kampf mit dem mehr oder weniger ungleichartigen Gegner zu verbessern. Da die Parteien einander dabei wechselseitig beobachten und einander in ihrem jeweiligen Asymmetrien- und Symmetrien-Management zu übertreffen und zu blockieren trachten, erobern sie im Verlauf der Auseinandersetzung, befördert durch ihre strategische Kreativität, immer neue Felder, Arenen und »Hügel« auf dem gesamtstrategischen Terrain, auf welchem sie den Kampf um die Ausgestaltung des komplexen Verhältnisses zwischen Asymmetrie und Symmetrie austragen. So entgrenzt sich und eskaliert dieser Kampf, der die Kämpfenden immer weiter von der Vorstellung eines symmetrischen Ringens entfernt und sie immer tiefer in den Dschungel des asymmetrischen Krieges hineinführt, dessen Gesetzen er sie dabei unterwirft.

10. Gesetze des Dschungels: Erfordernisse der asymmetrischen Kriegführung

Aus dem Asymmetrien- und Symmetrien-Management als dem Grundprinzip des asymmetrischen Krieges ergeben sich strategische Anforderungen an Akteure im asymmetrischen Krieg. Diese Anforderungen bzw. Erfordernisse der asymmetrischen Kriegführung können im Sinne Robert Coopers als *laws of the jungle* beschrieben werden. Wenn rationale Akteure im asymmetrischen Krieg bestrebt sind, Asymmetrien in sämtlichen strategisch bedeutsamen Bereichen zu ihrem Vorteil zu nutzen und zu manipulieren, um an möglichst vielen Hügeln im komplexen Asymmetrien-Gelände möglichst hohe, vorteilhafte Positionen zu erobern und zu verteidigen, dann weisen die »Gesetze des Dschungels«, die sich aus diesem Prinzip ableiten lassen, solchen Bestrebungen auf niedrigerem Abstraktionsniveau den Weg. Die Bezeichnung »Gesetze des Dschungels« erscheint freilich erklärungsbedürftig, da fraglich ist, inwiefern im Dschungel, dem Ort der Unordnung und Gesetzlosigkeit, Gesetze überhaupt gelten – und gelten können. Allerdings stellt sich dieselbe Frage auch unter Bedingungen der Symmetrie: Strategisches Handeln ist *immer* zutiefst widersprüchlich statt eindeutig, paradox statt orthodox, zuweilen gar chaotisch statt gesetzmäßig (Luttwak 2003). Im asymmetrischen Krieg jedoch gilt dies aufgrund seiner hohen Komplexität in besonderem Maße. An ihr nämlich entfacht sich erneut der alte kriegs- und strategietheoretische Grundsatzstreit, ob die Strategie entweder eine »[a]ngewandte Kunst oder abstrakte Wissenschaft« (Heuser 2010: 21–33) sei, ob also Kunstfertigkeit *oder* Theoretisierbarkeit, Regellosigkeit *oder* Gesetzmäßigkeit, Genialität *oder* Lehr- und Erlernbarkeit, die Kriegführung bestimmten. Um in dieser Streitfrage nicht vorschnell in das Lager der radikalen Asymmetrie-Kritik überzuwechseln und gemeinsam mit ihr vor der vermeintlichen Gesetzlosigkeit des asymmetrischen Krieges zu kapitulieren, was theoretisch und auch sicherheitspolitisch unbefriedigend erscheint, sollen in Clausewitzscher Erkenntniszuversicht – und damit in alter und gleichwohl aktueller strategietheoretischer Tradition – zehn »Sätze« bzw. »Gesetze« des asymmetrischen Krieges formuliert werden, die sich trotz dessen Komplexität »ohne Schwierigkeit ganz evident machen« (Clausewitz 1980 [1832–34]: 182) lassen.[144] Dies geschieht allerdings »nicht um daraus eine algebraische Formel für das Schlachtfeld zu bilden« (ebd.: 291), sondern vielmehr, um mittels der aufgestellten »Grundsätze und Regeln [...] in dem denkenden Geiste mehr die Hauptlineamente seiner eingewohnten Bewegungen

144 An der traditionellen Clausewitzschen Erkenntniszuversicht der Strategietheorie halten trotz der wahrgenommenen Komplexitätssteigerungen im Zuge der Erosion von Symmetrien Strategietheoretiker wie David Galula und Colin Gray fest, auf die Heuser (2010) im Zusammenhang mit der Frage verweist, inwiefern es sich bei der Strategie um eine »[a]ngewandte Kunst oder abstrakte Wissenschaft« (ebd.: 61) handle. Heuser zitiert den französischen Offizier Galula mit den Worten: »Die große Zahl von Variablen im Krieg hat nie zum Aufgeben der Suche nach einem immer anwendbaren System geführt« (Galula 1964: xii, zit. nach Heuser 2010: 61), und ergänzt diese Beobachtung um die Einschätzung Grays: »Auch mitten in der größten Diversität gibt es Universalität. Strategie und strategischer Effekt unterscheiden sich nicht von Krieg zu Krieg, in verschiedenen Landschaften, oder unter kulturell verschiedenen kriegführenden politischen Entitäten« (Gray 1999: 362, zit. nach Heuser 2010: 61). Inwiefern diese traditionelle Erkenntniszuversicht auch mit Blick auf das »System« und die »Landschaft« des asymmetrischen Krieges gerechtfertigt erscheint, ist durch die Suche nach seinen »Gesetzen« zu überprüfen. Dabei wird die spezifische Spannung gerade aufrechtzuerhalten sein, die zwischen der regellosen Kunst der Kriegführung und der gesetzmäßigen Wissenschaft vom Kriege sowie von der Strategie gesehen werden kann: »Der Krieg und die Kunst bleiben Gegensätze, aber sie wirken als zwei Größen, die nicht allein durch Regeln erfasst werden können, gleichsam in demselben Dominium« (Bredekamp 2011: 368), einem Dominium, das sich mit demjenigen der Wissenschaft und damit der Strategietheorie nur – aber immerhin – teilweise zu überschneiden scheint.

[zu] bestimmen als ihm in der Ausführung den Weg gleich Messstangen [zu] bezeichnen« (ebd.: 291f.). Nicht also im Sinne direkt umsetzbarer »algebraischer Formeln«, die unmittelbar auf die konkrete »Ausführung« abzielen, sondern als heuristisches Hilfsmittel zur Erklärung der denk- und handlungsbestimmenden Anreize und Erfordernisse des asymmetrischen Krieges sind die Dschungelgesetze zu verstehen, von denen angenommen wird, dass rationale Akteure, seien sie stark oder schwach, staatlich oder nichtstaatlich organisiert, sich an ihnen bei der Formulierung und Anwendung ihrer Grand Strategies in asymmetrischen Konstellationen orientieren.[145]

a) Das erste Dschungelgesetz: Stärke deine Kräfte!

Nicht allein im symmetrischen, sondern auch im asymmetrischen Krieg sind physische Kräfte von Bedeutung. Zwar führt Kräfteüberlegenheit im Kontext komplexer Asymmetrie *nicht notwendigerweise* und womöglich nicht einmal regelmäßig zum Sieg des Starken. Doch erhöhen sich mit ihr die Chancen auf den Sieg *auch* im asymmetrischen Krieg. So sind strategische Führer in asymmetrischen Konstellationen, gleichgültig ob sie beispielsweise Terroristen oder Terroristenbekämpfer anführen, in ihrer Planung zu einem gewissen Grad auf die Verfügbarkeit physischer Kräfte angewiesen – in einem Grad freilich, der sich von demjenigen unterscheidet, in dem Theoretiker und Praktiker des symmetrischen Staatenkrieges in Nachfolge Clause-

145 Die im Folgenden als Imperative formulierten zehn Dschungelgesetze fassen Strategieüberlegungen des in den Teilen II und III de- und rekonstruierten Asymmetrie-Diskurses zusammen, werden nun aber aus dem vorangehend in Teil IV konstruierten rationalen Kalkül asymmetrischer Kriegführung abgeleitet und auf diese weise systematisiert. Stilistisch orientiert sich die Liste der zehn Dschungelgesetze an Strategie- und Strategemlisten, wie sie die Strategietheorie, vor allem die chinesische, seit jeher zusammengestellt hat, angefangen bei Sunzis Merksätzen in der *Kunst des Krieges* (Sun Tsu 2008) über die während der Ming-Zeit um 1.500 nach Christus niedergeschriebenen *36 Strategeme der List* (von Senger 2000; 2007: 52–75) bis zu Mao Zedongs Strategie-Leitsätzen in seinen kriegswissenschaftlichen Schriften (Mao 1966; 1969). An diese Tradition knüpfte bereits Liddell Hart (1970 [1954]: 411–414) aus westlicher Perspektive an, als er den Versuch unternahm, »Leitsätze der Strategie und Taktik« zu formulieren, deren *praktischen* Sinn und Anspruch er zugleich betonte: »Es sind praktische Leitsätze, nicht aber abstrakte Prinzipien«, da letztere im Bereich des Krieges »unerreichbar und unbrauchbar« seien: »Je länger man solchen omnipotenten Abstraktionen nachjagt, um so mehr erscheinen sie als eine Fata Morgana, unerreichbar und unbrauchbar – es sei denn als Geistestraining« (ebd.: 411).

witz' und Napoleons auf große Truppen-, Volks- und Ressourcenmassen als physische Voraussetzungen ihrer Kriegführung vertrauten. Vier Quellen der Kraft sind auch im asymmetrischen Krieg bedeutsam: *manpower* (Kämpfer, Planer und Unterstützer), Technologie (Waffensysteme, Kommunikations- und Informationstechnik, Logistik), physischer Raum (Trainingscamps, Truppenstützpunkte, Flugplätze, Nachschublinien, Rückzugsgebiete bzw. *safe harbours*) und Geld (etwa aus Besteuerung, Erpressung, Raub, Spenden, Rohstoffen, Lösegeldern, Dienstleistungen, Menschenhandel, Prostitution, humanitären Hilfsleistungen, Landwirtschaft, Opiumanbau, Handel mit Beutekunst, Waffenproduktion). Den Zugang zu diesen Quellen der Kraft für die eigene Seite zu erhalten und zu verbessern, ihn für die gegnerische Seite hingegen zu blockieren, bedeutet, eine Asymmetrie der Kraft zum eigenen Vorteil herzustellen. Dies ist das vorrangige Ziel der Kriegsökonomie im asymmetrischen wie auch im symmetrischen Krieg. Die Dschungelgesetze überlagern sich also teilweise mit denjenigen, denen Auseinandersetzungen auf weniger asymmetrischem, vergleichsweise ebenem Terrain gehorchen. Nicht ausschließlich, aber auch im Dschungelkampf gilt mit Blick auf die physische Kraft: Eine größere Machete ist besser als eine kleine.[146]

b) Das zweite Dschungelgesetz: Denke viel – und anders!

Erweist sich der Weg der Kraftsteigerung mittels der Aufrüstung der *hardware* als zu schwierig, zu teuer und zu anstrengend, so verspricht die innovationsgestützte Verbesserung der *software* eine Abkürzung zu dem gleichen Ziel. Die strategische Kreativität, die Clausewitz neben der physischen Brutalität und der politischen Rationalität als ein Element der Trias des (symmetrischen) Krieges beschrieb, rückt damit an die Spitze dieser Trias und in das Zentrum der Kriegführung. Durch besseres, anderes und »mehr« Denken, so lautet das Versprechen der asymmetrischen Strategie, lassen sich materielle, physische Schwächen kompensieren. Denke außerhalb des Rahmens – *think*

146 Dass es sich bei dieser »ersten Regel« der Kriegführung um keinen trivialen Gemeinspruch handelt, hob bereits Clausewitz hervor: »Die erste Regel würde also sein: mit einem Heere so stark als möglich ins Feld zu ziehen. Das klingt sehr nach einem Gemeinspruch und ist doch wirklich keiner« (*Vom Kriege*, drittes Buch, achtes Kapitel [»Überlegenheit der Zahl«], Clausewitz 1980 [1832–34]: 376). Gerade unter Bedingungen der Asymmetrie stellt sich die Frage, inwiefern es im Clausewitzschen Sinne »möglich« und zudem zielführend ist, ein »starkes Heer« aufzustellen – oder hierauf gerade zu verzichten, um stattdessen eher den anderen Dschungelgesetzen zu folgen.

outside the box! Dies fordern die Theoretiker und Praktiker der asymmetrischen Kriegführung. Sie rücken neue Fähigkeiten gegenüber alten militärischen Tugenden in den Vordergrund, so die Fähigkeiten zu Innovation, Adaption und Transformation gegenüber den Tugenden der Tradition, Konvention und Organisation. Das solchermaßen angeratene permanente Umdenken und Anpassen fällt staatlichen (Militär-)Bürokratien freilich schwer, da sie auf Hierarchie und Regelmäßigkeit festgelegt sind (Gray 2002: 11f.). In besonderem Maße gilt das für starke, sieggewohnte Akteure, die sich nicht dazu gezwungen sehen, ihre bislang erfolgreichen Strategien und Strukturen zu überdenken und zu verändern. Kräfteüberlegenheit bzw. Macht, verstanden als »die Fähigkeit, nicht lernen zu müssen«,[147] birgt in diesem Sinne stets das Risiko, aufgrund von Lernblockaden gegenüber kräftemäßig unterlegenen, jedoch eher lernbereiten Gegnern auf dem Gebiet der strategischen Kreativität ins Hintertreffen zu geraten. Die Lernunwilligkeit oder Lernunfähigkeit des Starken ermöglicht kreative Überraschungscoups des Schwachen, mit denen dieser den Vorstellungsrahmen des Angegriffenen sprengt: »Asymmetric threats work by defeating our strategic imagination« (ebd.: 8). Die Aufforderung zur Ausweitung des eigenen Vorstellungsrahmens hat somit einen defensiven und einen offensiven Sinn: In der Defensive zielt sie darauf ab, die Wahrscheinlichkeit des Überrascht-Werdens zu verringern (McKenzie 2000: 89), wie sie in der Offensive eine Steigerung der eigenen Überraschungsfähigkeiten bezweckt. Fasst man diese Überlegungen zusammen, so kommt es im asymmetrischen Krieg nicht primär auf die physische Sprengkraft der Waffen, sondern auf die Sprengung des eigenen – und offensiv gewendet: des gegnerischen – Vorstellungsrahmens an. Der Dschungelkrieg wird auch auf dem Feld der Imagination geführt.[148]

---

147 Diese Macht-Definition geht auf Karl W. Deutsch (1967) zurück: »In simple language, to have power means not to have to give in, and to force the environment or the other person to do so. Power in this narrow sense is the priority of output over intake, the ability to talk instead of listen. In a sense, it is *the ability to afford not to learn*.« (ebd.: 111; Hervorh. F. W.)

148 Die Aufforderung zur imaginationsgestützten Durchdringung des asymmetrischen Krieges kann freilich, wenn ihr *öffentlich* nachgekommen wird, auch dem Gegner in die Hände spielen. Dieser kann dann die *publik* werdenden strategischen Imaginationen seines Kontrahenten in seine eigenen strategischen Kalkulationen einbeziehen (vgl. McKenzie 2000: 65). Das lässt erwarten, dass der asymmetrische Krieg auch an der Grenze zwischen Öffentlichkeit und Nichtöffentlichkeit – und um deren Verlauf – geführt wird.

c) Das dritte Dschungelgesetz: Sieh das Ganze!

Im asymmetrischen Krieg, der tendenziell grenzenlos geführt wird, kommt es für Strategen darauf an, das »große Ganze« zu sehen. Nicht nur das klassische Schlachtfeld haben sie bei der Planung und Durchführung ihrer Operationen zu berücksichtigen, sondern darüber hinaus haben sie jeden als Kampfplatz überhaupt vorstellbaren physischen sowie nichtphysischen Raum als solchen zu erfassen und zu erschließen. Erfolgreiche Grand Strategies beruhen dementsprechend auf einer umfassenden Herangehensweise – *une approche holistique* (vgl. Baud 2003: 174ff.). Diese umfassende, holistische Herangehensweise berücksichtigt sämtliche Typen, Aspekte und Formen der Asymmetrie, also nicht allein diejenigen, die die von Clausewitz beschriebenen physischen und moralischen Faktoren einer im engeren Sinne militärischen Kriegführung betreffen. Stattdessen lautet die Herausforderung der asymmetrischen Kriegführung, den Krieg als ein Phänomen zu begreifen, das die Dimension des Militärischen sprengt: »comprendre la guerre comme un phénomène plus large que sa dimension militaire« (ebd.). Hierzu gehört auch, dass die umfassende, holistische asymmetrische Strategie zeitliche Grenzen zu überwinden hat, da neben gegenwärtigen Operationen und deren unmittelbaren militärischen Effekten die langfristigen politisch-sozialen Folgen des eigenen sowie gegnerischen Operierens an Bedeutung gewinnen. Die Aufforderung, »das Ganze« zu sehen, macht zudem an organisatorischen und normativen *constraints* nicht halt. So bezieht sie sich auch auf die vielfältigen Selbst- und Fremdbindungen, die im asymmetrischen Krieg zu überdenken und zu überprüfen, zumindest aber zu überblicken seien, um sie je nach Beurteilung der Lage lockern oder gerade stärken zu können. Weder das eine noch das andere nämlich erscheint ohne Weiteres möglich, wenn der strategische Blick sich nicht »grenzüberschreitend« auf »das Ganze« richtet, um die Chancen *und* Risiken der Entgrenzung *und* Begrenzung des asymmetrischen Krieges zu erfassen. Die Theorie des Asymmetrischen Krieges zielt daher darauf ab und regt dazu an, das *gesamte* Gelände ihres Gegenstandes zu vermessen, um die Konsequenzen – und das heißt eben: die Chancen *und* Risiken – der Eroberung und Nutzung von Asymmetrien aufzuzeigen. Die auf »das Ganze« zielende Aufforderung zur *konzeptionellen* Entgrenzung des Krieges richtet sich gerade auch an diejenigen Akteure, die angesichts der von ihnen wahrgenommenen Risiken der voranschreitenden Asymmetrierung vor den Gefahren einer immer weitergehenden *tatsächlichen* Entgrenzung des Krieges warnen. Eine erfolgreiche Begrenzung des

Krieges setzt in dieser Perspektive ein Verständnis dessen voraus, was *bewusst* ausgegrenzt bleiben oder zukünftig ausgegrenzt werden soll. In diesem Sinne bilden konzeptionelle Grenzgänge und Grenzüberschreitungen Voraussetzungen der Begrenzung des Krieges. Von Natur aus jedenfalls kennt der Dschungel keine festen und vorgegebenen Grenzen.

d) Das vierte Dschungelgesetz: Nutze Hebel!

Kleinen taktischen Maßnahmen große strategische Wirkung zu verleihen, ist eines der charakteristischen Versprechen der asymmetrischen Strategie: »L'une des caractéristiques mêmes de la guerre asymétrique est la capacité de transposer au niveau stratégique des succès de dimension tactique« (Baud 2003: 92). Die Hebelwirkung bzw. der *disproportionate effect* (McKenzie 2000: 2) asymmetrischer Kriegführung wird dabei vor allem auf die psychische Verstärkung physischer Attacken zurückgeführt. Wenn etwa ein einzelner Anschlag (oder nur dessen Androhung) dazu führt, dass Anleger ihr Vertrauen in die Aktienmärkte, Bürger ihr Vertrauen in die staatlichen Institutionen und Touristen ihr Vertrauen in die Sicherheit einer Urlaubsregion verlieren, dann kann eine kleine taktische Maßnahme große strategische oder gar politisch-strategische Wirkungskraft entfalten. Als ein vergleichbarer Hebel kann auch die Androhung angesehen und eingesetzt werden, Massenvernichtungswaffen zu erwerben, zu entwickeln oder zu testen, wobei wie im Fall der angedrohten Terroranschläge für die Hebelwirkung zunächst unerheblich ist, ob der besagten Androhung tatsächlich und unmittelbar Taten folgen. Nordkorea und der Iran waren bei der politisch-strategischen Nutzung solcher Drohungen als eines Hebels in den vergangenen Jahren besonders erfolgreich, insofern als ihre kalkulierte (prä-)nukleare Drohpolitik es ihnen erlaubte, konventionelle Schwächen überproportional zu kompensieren. Überproportionale Effekte solcher Art lassen sich zuweilen selbst dann erzielen, wenn die entsprechenden Drohungen mangels der zu ihrer Realisierung nötigen physischen Kräfte unglaubwürdig erscheinen (müssten). So können spektakuläre Medienbilder oder Internetvideos peripherer Einzelereignisse zu gesamtgesellschaftlichen Effekten führen, welche die davon Profitierenden mit rein physisch-kinetischen Mitteln in diesem Ausmaß allenfalls unter außerordentlichen Kraftanstrengungen zu erreichen vermocht hätten. Die Strategie des Terrorismus, aber auch allgemein der asymmetrischen Kriegführung, kann, indem sie auf solche überproportionalen medialen

Effekte setzt, als eine Kommunikationsstrategie verstanden werden. Diese Kommunikationsstrategie verwandelt die Druckwelle physisch-kinetischer Anschläge mittels Fernsehbildern, Schlagzeilen und Internetvideos auf effiziente Weise in globale Schock- und Reaktionswellen.[149] Unter Ausnutzung dieses medialen Verstärkungseffektes als eines Hebels kann es kreativen Akteuren im asymmetrischen Krieg gelingen, ihre Stärken zu potenzieren, ihre Schwächen zu kompensieren und ihre taktischen *Erfolge* in strategische *Siege* zu transformieren. Dabei ist jedoch auch das Umgekehrte vorstellbar, dass nämlich taktische *Erfolge* sich in strategische *Niederlagen* verwandeln, insbesondere dann, wenn ein rationaler Gegenakteur die Hebelwirkung blockiert oder zu seinen eigenen Gunsten manipuliert. So kann ein taktisch erfolgreicher Luftschlag für dessen Urheber zum strategischen Desaster werden, wenn es der angegriffenen Seite gelingt, spektakuläre Berichte und vor allem Bilder über – tatsächliche oder auch nur inszenierte – Kollateralschäden zu lancieren. Die massenmediale Verteidigungsstrategie des Angegriffenen zielt darauf ab, die politisch-legitimatorischen Kosten des Luftschlags für den Angreifer überproportional in die Höhe zu treiben und dadurch möglichst gar den nächsten Luftangriff von vornherein abzuschrecken (ebd.: 41). Dem Verteidiger eine solche Nutzung des *disproportionate effect* zu verweigern und die Nutzung desselben stattdessen zu monopolisieren, ist dann wiederum Sinn und Zweck der massenmedialen »Hebelkunst«, die der aus der Luft Angreifende seinerseits anwenden kann. *Vollständig* allerdings dürfte er die strategisch-medialen Hebel nur kontrollieren können, wenn er tiefgreifende und empfindliche Eingriffe in die Pressefreiheit vornähme, die ihrerseits erhebliche Neben- und Folgewirkungen mit sich brächten, von denen nicht ausgeschlossen werden kann, dass der hierzu provozierende Gegner sie nicht von vornherein als Überreaktionen und überproportionale Hebelwirkungen in seine eigene Provokationsstrategie einkalkuliert hat. Soll dem Gegner die Verfügung über solche überproportionalen Effekte und Hebel im Bereich der Pressefreiheit wie auch auf anderen Gebieten ganz entzogen werden, so haben strategische Akteure gegenüber ihren Kontrahenten die Deutungs-

149 Zu dem überproportionalen Verstärkungseffekt der Massenmedien siehe Strachan (2011): »In terms of kinetic energy terrorist attacks are not very effective. [...] On the other hand, in terms of political and propaganda effects, the 9/11 attacks have been *disproportionately* successful – thanks not to the direct actions of the terrorists but to the responses of those whom they attacked and their media-reactive governments« (ebd.: 15; Hervorh. F. W.); vgl. für ähnliche Beschreibungen des Terrorismus als einer auf die Massenmedien gestützten Kommunikationsstrategie Baud (2003: 93), Gray (2002: 5) und Münkler (2004b: 655).

hoheit und gegenüber ihren Anhängern die Deutungsunabhängigkeit hinsichtlich der Bewertung von Operationen als Erfolgen und Misserfolgen, Siegen und Niederlagen zu verteidigen. Für eine offene, demokratisch verfasste Gesellschaft kann das heißen, dass sie auf taktisch erfolgreiche Terroranschläge selbstbewusst *und* selbstbeherrscht zugleich, also mit »heroischer« bzw. »stoischer Gelassenheit« reagiert (Münkler 2006a: 343; 354; Münkler/Wassermann 2008: 14), um so zu verhindern, dass sie entweder durch ihren panischen Defätismus oder aber ihren panischen »Überreaktionismus« die taktischen Erfolge des Gegners in einen strategischen Sieg für diesen verwandelt. In diesem Sinne sind im asymmetrischen Krieg Hebel zu nutzen: um eigene taktische Erfolge in strategische Siege und um gegnerische Erfolge in unbedeutende, folgenlose Ereignisse zu verwandeln. Im Dschungel gilt es, aus Mücken Elefanten und aus Elefanten Mücken zu machen.

e) Das fünfte Dschungelgesetz: Erkenne Schwächen!

Im asymmetrischen Krieg spielen Schwächen eine wichtige Rolle: die Schwächen des Gegners ebenso wie die eigenen Schwächen. Indem die asymmetrische Kriegführung an den gegnerischen Schwachstellen ansetzt, sucht sie überproportionale Wirkungen zu entfalten. Angriffe auf die Achillesferse des Gegners lassen größere Effekte erwarten als solche gegen seine gepanzerte Faust und seinen Schild. Daher kommt der Identifikation entsprechender Schwachstellen entscheidende Bedeutung zu. Die westlichen Staaten haben bei ihren asymmetrischen Kontrahenten, irregulär operierenden nichtstaatlichen Kämpfergruppen und sogenannten »Schurkenstaaten«, solche Angriffsflächen und Sollbruchstellen vor allem im Bereich ihrer fragilen Legitimität und brüchigen ideologischen Basis identifiziert. Umgekehrt suchen diese Kontrahenten der westlichen Staaten deren verwundbare Schwachstellen vor allem im Bereich ihrer »Kritischen Infrastrukturen« sowie in der schwachen Psyche ihrer offenen, postheroischen Gesellschaften. Solche Angriffsflächen und Schwachstellen zu identifizieren, bildet für beide Seiten eine Herausforderung im asymmetrischen Krieg. Dabei werden rationale strategische Akteure danach streben, ihr Asymmetrien- und Symmetrien-Management so zu gestalten, dass sie ihre eigenen Stärken gegen die Schwächen des Gegners richten können, um Hebelwirkungen zu erzielen. Als zu wählender Kampfplatz bzw. als *theater of choice* präsentiert sich ihnen derjenige Operationsraum, in dem das Verhältnis zwischen ihren eigenen Stärken und den gegnerischen Schwächen am günstigsten für sie ausfällt. Das Stärken-Schwächen-Verhältnis unterliegt dabei selbst dem Wandel und der Manipulation: Gegnerische und auch eigene Stärken können sich in Schwächen verwandeln oder durch kluges Gegenhandeln bewusst in Schwächen verwandelt werden, sodass dann gilt: »la supériorité de l'une des parties est convertie en faiblesse« (Baud 2003: 96f.). Die Verwandlung gegnerischer Stärken in Schwächen erscheint vor allem dann aussichtsreich, wenn es einem Akteur gelingt, seinen Kontrahenten durch taktische Einzelaktionen zu strategischen Überreaktionen zu provozieren, deren Maßlosigkeit ihn aus dem Gleichgewicht bringt. In diesem Sinne wurde der Terrorismus als eine Strategie der »Provokation der Macht« (Waldmann 2005) beschrieben, die nach Art des Jiu-Jitsu als der waffenlosen Kunst der Selbstverteidigung funktioniert. Ihr Ziel ist es, den übermächtigen Gegner mit seinem ungestümen »Reaktionismus« ins Leere laufen zu lassen, aus der Balance und schließlich zu Fall zu bringen.[150] Indem eine solche Provokationsstrategie den Starken dazu verleitet, seine Stärke zu zeigen und voll zur Geltung zu bringen, bringt sie zugleich seine Schwäche ans Licht: die hektische Unbeherrschtheit der maßlosen Macht. Diese Schwäche und vergleichbare offene Schwachstellen zu entdecken, um sie entweder auszunutzen oder zu schließen, ist eine Voraussetzung für die erfolgreiche Führung – oder die erfolgreiche Vermeidung – des asymmetrischen Kriegs. Dabei dürfen Schwache ebenso wenig wie Starke hoffen, dass sie alle ihre Schwächen zugleich beseitigen können – woraus sich für beide Möglichkeiten zur Ausnutzung der gegnerischen Schwachstellen ergeben. Auch Starke sind nicht ohne Schwächen. Im Dschungel sind selbst die größten Raubkatzen verwundbar.

150 Zur Metaphorik des Jiu-Jitsu vgl. Gray (2002), der mit ihrer Hilfe asymmetrische Bedrohungen charakterisiert: »Many candidate asymmetric threats are not threats to achieve a measure of physical control, but rather work ju-jitsu fashion with the inadvertent cooperation of the victim. It follows that the effectiveness of those threats is not some absolute quality or quantity, but is very much ours to determine.« (ebd.: 2) In ähnlichem Sinn spricht Betts (2002: 25) von »strategic judo«, um die Strategie der Attentäter des 11. September 2001 zu beschreiben, die die Stärke des Westens gegen diesen wendeten. Bereits Liddell Hart (1970 [1954]) nutzt die Metaphorik des Kampfsports zur Veranschaulichung der indirekten Strategie: »In der erfolgreichen Form des indirekten Vorgehens gilt es, den Feind zu einem falschen Schritt zu veranlassen, so dass wie beim Jiu Jitsu seine eigenen Kräfte mit als Hebel für sein Niederringen dienen.« (ebd.: 196)

f) Das sechste Dschungelgesetz: Mach dich unverwundbar!

Spiegelbildlich – und nur vermeintlich paradox – zu dem vorherigen Dschungelgesetz kommt es im asymmetrischen Krieg darauf an, den Grad der eigenen Verwundbarkeit zu minimieren. Wenn auch vollständige Unverwundbarkeit nicht zu erreichen und nicht einmal anzustreben ist – die Schicksale Achills, Siegfrieds und Goliaths, die sich für unverwundbar hielten, bieten hier warnende Gegenbeispiele –, können doch Schritte in diese Richtung unternommen werden. Eher konventionelle Wege eröffnen dabei Methoden der Abschreckung, die auf der Fähigkeit zur glaubhaften Androhung und Ausführung von Vergeltungs- und Präventivschlägen basieren. Vor allem starke Akteure können auf diese (kostenträchtige) Weise ihre Verwundbarkeit minimieren. So lange jedoch unklar ist, inwiefern konventionelle Rüstungs- und Verteidigungsmaßnahmen auch dazu geeignet sind, unkonventionelle, irreguläre, nichtstaatliche Kontrahenten abzuschrecken (Betts 2002: 31f.),[151] kommt Maßnahmen des *Attack Consequences Management* (McKenzie 2000: 85), also Strategien der Bewältigung statt Abschreckung gegnerischer Angriffe vorrangige Bedeutung zu. Für hochkomplexe, und das heißt vor allem: (verletzungs-)offene Gesellschaften rücken in diesem Zusammenhang die »Kritischen Infrastrukturen« in den Mittelpunkt der staatlichen Schutz-, Vorsorge- und Bewältigungsprogramme, mit denen die »Zivile Sicherheit« bzw. *homeland security* gesteigert werden soll. Auf technischem und infrastrukturellem Wege *allein* werden solche Programme allerdings die sicherheitspolitischen, sicherheitspsychologischen und sicherheitskommunikativen Paradoxien strategischer Vulnerabilität kaum in den Griff bekommen können (Münkler/Wassermann 2012).[152] Stattdessen schei-

151 Skepsis ist beispielsweise gegenüber dem Konzept einer »erweiterten Abschreckung« bzw. *expanded deterrence* (Gallucci 2006) angebracht, das auf der Annahme beruht, dass terroristische Netzwerke durch angedrohte Angriffe auf ihre staatlichen Unterstützer indirekt abgeschreckt werden könnten. Zu Möglichkeiten und Grenzen der »Abschreckung jenseits des Staates« siehe Rid (2012), der das entsprechende Konzept vor dem Hintergrund israelischer Erfahrungen diskutiert.

152 Das *sicherheitspolitische* Vulnerabilitätsparadox lässt sich wie folgt formulieren: »Je entschlossener und effektiver eine Gesellschaft mit den Mitteln der Sicherheitspolitik ihre Vulnerabilität zu verringern strebt, desto größer kann diese werden« (Münkler/Wassermann 2012: 90). Dem *sicherheitspsychologischen* Vulnerabilitätsparadox zufolge gilt: »Je weniger verwundbar eine Gesellschaft ist bzw. sich verwundbar fühlt, desto schwerwiegender fallen Verwundungen aus, die dennoch eintreten« (ebd.: 91). Das *sicherheitskommunikative* Vulnerabilitätsparadox schließlich lautet: »Je offener eine Gesellschaft über ihre Vulnerabilität kommuniziert, desto verwundbarer kann sie werden« (ebd.: 92).

nen gesamtgesellschaftliche und gesamtstrategische Anstrengungen nötig, um »von strategischer Vulnerabilität zu strategischer Resilienz« (ebd.) zu gelangen, also der unvermeidbaren Verwundbarkeit mit umfassender Widerstandsfähigkeit statt mit dem Streben nach Unverwundbarkeit zu begegnen. Nichtstaatliche Akteure bieten demgegenüber organisationsbedingt weniger Angriffsflächen für Verwundungen. Zudem können sie leichter als Staaten Methoden der Maskierung und Anonymisierung dazu nutzen, sich dem Blick und Zugriff ihrer Gegner zu entziehen und so ihre Verwundbarkeit zu minimieren. Ihre entsprechenden organisatorischen Innovationen finden inzwischen auch bei Staaten ihre Nachahmer, was als Anzeichen für die Angleichung der Gegner im asymmetrischen Krieg nach dem Prinzip wechselseitiger »organisatorischer Mimikry« (Heins/Warburg 2004: 98ff.) gedeutet wurde. Private Sicherheitsdienstleister, verdeckt operierende Special Forces, uniformierte Truppen ohne Hoheitszeichen und »die Dienste« übernehmen als »unsichtbare« und eben dadurch tendenziell »unverwundbare« Kämpferverbände klassische Aufgaben des regulären staatlichen Militärs.[153] Dadurch dehnt sich der Kampf jenseits des öffentlich einsehbaren, medial ausgeleuchteten und politisch kontrollierten Kriegsterrains aus und entweicht in Räume des Zwielichts und Halbdunkels, in denen die asymmetrischen Kämpfer einander asymmetrisch bekriegen. Im Streben nach Unverwundbarkeit verlagern sie ihren Dschungelkampf in das undurchschaubare Unterholz.

g) Das siebte Dschungelgesetz: Stärke deinen Willen!

Asymmetrische Kriege tendieren dazu, sich lange hinzuziehen, da in ihnen häufig Strategien der Ermattung und Verzögerung zur Anwendung kommen. Die Willenskraft und Entschlossenheit der Kriegsparteien gewinnen dementsprechend an Bedeutung: Je willensstärker und entschlossener eine Kriegspartei ist, desto länger kann sie den Krieg selbst noch bei eigenen Verlusten durchhalten. Gerade kräftemäßig überlegene Akteure sind dar-

153 Der Terminus »die Dienste« als inzwischen übliche Bezeichnung für die Geheimdienste scheint dazu bestimmt zu sein, den *geheimen* Charakter des von ihm *Verheimlichten* – und auch noch den Akt der *Verheimlichung* selbst – seinerseits zu *verheimlichen*. Demgegenüber verschleiert der gegen »die Dienste«, aber auch gegen »die Politik« insgesamt erhobene Ruf nach »mehr Transparenz« seinerseits häufig die spezifischen Interessen, die sich seit jeher mit der Transparenz-Rhetorik verbinden und schon bei dem englischen Transparenz-Theoretiker Jeremy Bentham (1748–1832) nachweisbar sind (Rzepka 2013).

auf angewiesen, sich bereits *vor* dem Kampfeintritt der Unterstützung ihrer Anhänger und Verbündeten zu versichern. Aufgrund ihrer Überlegenheit nämlich, die schnelle Siege und kurze Kriege erwarten lässt, sind sie besonders anfällig für politische Strategien, die auf die Ermattung ihres Willens und die Zermürbung ihrer Entschlossenheit abzielen. Um solchen Strategien entgegenzutreten, können sie – wie auch ihre schwächeren Gegner – ihre jeweiligen Anhänger motivieren und neue Unterstützer mobilisieren, also ihre »moralischen Kräfte« stärken, wie Clausewitz sagen würde, und dabei wahlweise eher *emotio* oder *ratio* adressieren. Auf Emotionen zielen Beschwörungen einer nationalen, imperialen, republikanischen, historischen, religiösen oder humanitären »Verpflichtung« zur Kriegführung ab. Wo solche Beschwörungen ohne Widerspruch bleiben oder solchen nicht dulden, können sie auf eine Immunisierung der politisch-militärischen Strategie gegen Kritik und eine Diskriminierung der Kritiker hinauslaufen. Die Einwände der »Kriegsgegner« und »Kriegsdienstverweiger« werden dann als unvereinbar mit dem Stolz, der Ehre, dem Selbstverständnis, der Mission oder dem Glauben der eingeschworenen (Kampf-)Gemeinschaft präsentiert. Um diese Gemeinschaft der Kämpfer, Anhänger und Sympathisanten noch enger um die eigene (Kriegs-)Flagge zu versammeln (*rally around the flag*-Effekt), können Bedrohungsszenarien und Feindbilder scharf gezeichnet – oder auch überzeichnet –, Alarmstufen von »Gelb« auf »Rot« hochgesetzt und die »gefühlte Unsicherheit« hierdurch vergrößert und ausgenutzt werden. Eher vernunftorientiert nehmen sich demgegenüber Entschlossenheitsappelle aus, die ein Verständnis der Funktionsweise des asymmetrischen Krieges bei der adressierten (Kampf-)Gemeinschaft voraussetzen. So beruht der Ruf nach »heroischer« bzw. »stoischer Gelassenheit« angesichts der terroristischen Dauerbedrohung seit den Anschlägen vom 11. September 2001 auf der Annahme und Hoffnung, dass postheroische Gesellschaften, die ihren traditionalen, emotionalen Heroismus verloren oder abgelegt haben, in der Lage sind, einen aufgeklärten, rationalen Heroismus zu entwickeln, mit dem sie der Provokationsstrategie des Terrorismus widerstehen und den Terroristen die angestrebten überproportionalen Panik-Effekte verweigern können. Statt sich durch Terroranschläge verunsichern oder zu Überreaktionen provozieren zu lassen, hätte eine »heroisch« bzw. »stoisch gelassene« Gesellschaft ihre Lebensweise mit innerer Entschlossenheit und Willenskraft gegen die terroristische Herausforderung zu verteidigen. Unabhängig davon, wie erfolgversprechend diese rationalen Heroismus-Appelle und jene emotionalen Entschlossenheits-Beschwörungen jeweils erscheinen mögen – und inwiefern mit Blick auf erstere die demonstrativ gelassene Reaktion der norwegischen Gesellschaft auf die rechtsextremistischen Terroranschläge in Oslo und auf der Insel Utøya am 22. Juli 2011 optimistisch stimmt, inwiefern also solch eine gelassene Reaktion auch von einer Gesellschaft im Kriegszustand und im Angesicht eines *kollektiven* Gegenakteurs statt eines »Einzeltäters« erwartet werden kann –, verweisen diese Appelle und Beschwörungen auf die große Bedeutung der Willenskraft im asymmetrischen Krieg. Wer sie zu steigern vermag, kann den asymmetrischen Krieg militärisch-physisch, vor allem aber moralisch-psychisch lange durchhalten – oder ihn allen Provokationen zum Trotz gerade entschlossen verweigern und willensstark vermeiden. Zähigkeit und Ausdauer sichern im Dschungel das Überleben.

h) Das achte Dschungelgesetz: Meide – und nutze – Fesseln!

Dass Fesseln die Kriegführung behindern, gilt nicht nur unter Bedingungen der Asymmetrie. Wem ein Arm auf den Rücken gebunden ist, der kämpft schwächer als derjenige, der den Kampf unter Nutzung all seiner Möglichkeiten führen kann. Strategien für den asymmetrischen Krieg schenken Fesseln jedoch besondere Aufmerksamkeit. In asymmetrischen Konstellationen nämlich bestehen Anreize dazu, die vielfältigen Selbst- und Fremdbindungen zu lockern und zu lösen, die ihre Verbindlichkeit der Symmetrie verdanken. So zielen die Kontrahenten im asymmetrischen Krieg darauf ab, Fesseln, wenn möglich, abzulegen und sie andererseits ihren Gegnern anzulegen, die sie so durch vielfältige Stricke, ähnlich dem gefesselten Gulliver aus Jonathan Swifts *Gulliver's Travels*, in ihren Handlungsmöglichkeiten einzuschränken versuchen. Das gilt für innere Selbstbindungen, also organisatorische und normative Handlungsbeschränkungen, ebenso wie für äußere Fremdbindungen, also legitimatorische, völkerrechtliche, diplomatische, bündnisbezogene und ähnliche Obligationen. Der strategische Imperativ lautet jeweils, solche »Fesseln« als *prinzipiell* verfügbar – also wahlweise lösbar oder anlegbar – zu erkennen und dementsprechend zum eigenen Vorteil zu nutzen. Inwiefern dabei das Lösen oder aber Anlegen von Fesseln angebracht erscheint, hängt davon ab, welche Vorgehensweise zum Selbstverständnis des betreffenden Akteurs passt und von seiner Anhängerschaft langfristig mitgetragen wird. So haben Strategen zu berücksichtigen, dass Selbstbindungen neben den offensichtlichen unmittelbaren Nachteilen im Kampf zuweilen weniger offensichtliche mittelbare Vorteile mit sich bringen. Die Selbstbindungsstrategie des Odysseus, der sich freiwillig an den Schiffsmast fesseln ließ, um dem gefährlichen Locken der Sirenen zu entgehen, veranschaulicht, wie Jon Elster (1987) zeigte, dass Selbstbindungen rational sein können, da sie den Gebundenen vor der eigenen Unkontrolliertheit schützen. Mit der Selbstentfesselung ginge diese Selbstschutzfunktion verloren, sodass die abgelegte Fessel dann leicht zum Fallstrick würde. Das zu vermeiden und dennoch störende, »überflüssige« Selbst- und Fremdbindungen zu lockern oder ganz zu lösen, soweit das möglich und nützlich erscheint, ist Sinn und Zweck von (Ent-)Fesselungsstrategien im asymmetrischen Krieg. Gleichgültig, ob deren Anwender sich mit Gulliver oder Odysseus identifizieren, gilt für sie: Wer sich von *unnötigen* Fesseln befreit und sie dem Gegner anzulegen vermag, ist im Vorteil gegenüber demjenigen, der sich in ihnen verstrickt. Gefährliche Schlingpflanzen sind im Dschungel zu meiden – und zu nutzen.

i) Das neunte Dschungelgesetz: Sorge dich um deinen Ruf!

Legitimität und Unterstützung sind strategische Ressourcen im asymmetrischen Krieg. Daher ist das Ansehen der Kriegsakteure von strategischer Bedeutung. Mittels Strategien der Kommunikation und Nicht-Kommunikation, Information und Desinformation, Visualisierung und Verschleierung versuchen sie ihr eigenes Ansehen zu pflegen, das Ansehen ihrer Gegner hingegen zu beschädigen. Propagandistische Medien- und Internetkampagnen, diplomatische Charmeoffensiven und taktische Friedensangebote, entwicklungspolitische Hilfsmaßnahmen und humanitäre Aktionen erscheinen geeignet, *parallel* zum Kriegsgeschehen in den Arenen der Weltpolitik und den Foren der Weltöffentlichkeit für die eigene Sache zu werben. Ziel dieser PR-Arbeit ist es, die für den asymmetrischen Krieg typischen »illegitimen« Kampfmethoden und deren »Kollateralschäden« hinter »legitimen« Anliegen zu verbergen oder, falls dies nicht möglich erscheint, sie unter Verweis auf diese »legitimen« Anliegen zu rechtfertigen und als »unvermeidlich« darzustellen. Im Vergleich zu solchen eher defensiven und zudem nachträglichen Rechtfertigungsstrategien erscheint es freilich noch wirkungsvoller, von vornherein den eigenen Beitrag zur Entfesselung, Entgrenzung und Asymmetrierung des Krieges zu verschleiern und entsprechende Anschuldigungen offensiv gegen deren Urheber zu richten. Auf diese Weise können die negativen Nebenwirkungen abgemildert werden, die mit einer allzu konsequenten Befolgung des achten Dschungelgesetzes (»Meide – und nutze – Fesseln!«)

verbunden sind. Diese Nebenwirkungen bestehen in der öffentlichen Rufschädigung und internationalen Ächtung bis hin zur Verhängung ökonomischer oder militärischer Sanktionen durch die Vereinten Nationen. In welchen Fällen die »Entfesselung« des Krieges sanktionswürdig erscheint und Verstöße etwa gegen völker- und kriegsrechtliche Normen oder humanitäre Verpflichtungen und internationale Abkommen zur Rüstungs- und Proliferationskontrolle tatsächlich Sanktionen nach sich ziehen, ist allerdings selbst Gegenstand des auf dem diplomatischen Parkett nicht beendeten, sondern »mit anderen Mitteln« fortgesetzten Kampfes der Parteien um Ansehen, Unterstützung und einen möglichst »guten« Ruf. Die Diskussion um die Geltungskraft internationaler Normen – und zwar nicht nur sogenannter *emerging norms* wie derjenigen der »Responsibility To Protect« – verdeutlicht, dass es hier große Interpretationsspielräume gibt, die rationale strategische Akteure sich zunutze machen können. Nordkorea und der Iran etwa halten die ihnen unterstellten nuklearen Ambitionen geschickt zwischen Normbruch und Normbefolgung, Konfrontation und Kooperation, Entfesselung und Einbindung in der Schwebe, um eindeutige, entschiedene Reaktionen der Staatengemeinschaft in Form von Sanktionen zu verhindern. Ihre Doppelstrategie zielt darauf ab, bestehende Bindungen zwar zu lösen, jedoch den Anschein aufrechtzuerhalten, sie hielten an ihnen fest, um so den Ansehensverlust zu vermeiden, der einer offensichtlichen Selbstentfesselung folgen würde und hohe Legitimitätskosten mit sich brächte. Diese für den asymmetrischen Krieg typische Doppelstrategie erweist sich als besonders erfolgreich, wenn die Sorge um den eigenen Ruf durch offensive Methoden der Denunziation, Delegitimierung und Diffamierung ergänzt wird, die die Asymmetrie der Legitimität zusätzlich zum eigenen Vorteil verändern. Wer mittels solcher Öffentlichkeitsarbeit und Propaganda die Deutungshoheit über die »Legitimität« des Krieges und die »Fakten« seiner Führung erringt und in den diplomatischen, massenmedialen und sozialen Foren die »Herzen und Köpfe« für sich gewinnt, der hat im für ihn derart günstigen (Kamerascheinwerfer-)Licht globaler Aufmerksamkeit gute Chancen, seinen »guten Ruf« in handfeste öffentliche, politische und militärische Unterstützung zu verwandeln. Der Dschungelkampf, der im Halbdunkel geführt wird, entscheidet sich auch an der Frage, wer über den Zugang zum Licht verfügt.

j) Das zehnte Dschungelgesetz: Sei biegsam!

Wenn die Kriegsakteure die vorangehend formulierten neun Dschungelgesetze befolgen – und davon ist unter der Bedingung der Asymmetrie und der Annahme strategischer Rationalität auszugehen –, dann nähert der asymmetrische Krieg sich dem Clausewitzschen Begriff des absoluten Krieges an: einem Zustand der absoluten Regellosigkeit, permanenten Erwartungsenttäuschung und undurchschaubaren Komplexität. Alles, was vorstellbar ist, erscheint hier auch möglich; und sogar das Unvorstellbare ist hier wahrscheinlich, insofern als dem Gegner die Absicht und Fähigkeit unterstellt werden müssen, durch radikal innovatives, kreatives Denken den bisherigen Vorstellungsrahmen immer wieder zu erweitern oder ganz zu sprengen. In einem solchen Umfeld der unhintergehbaren Ungewissheit und Unsicherheit sind strategische Akteure ständig mit unvorhersehbaren Entwicklungen bzw. *wild cards* (McKenzie 2000: 7) konfrontiert. Eine strategische *Planung* des asymmetrischen Krieges erscheint daher unmöglich – wenn nicht gar kontraproduktiv. Handbücher, Masterpläne und Doktrinen der asymmetrischen Kriegführung, ja sogar die hier umrissenen Dschungelgesetze, verlieren ihre verbindliche Geltung und Bedeutung in einem Kontext, in dem prinzipiell *alles* möglich, *alles* wahrscheinlich, *alles* bedrohlich und *alles* veränderlich ist. Da der Feind mit seinen Überraschungsangriffen nie offen aus dem Dickicht des Dschungels heraustritt, sondern mit diesem verschwimmt, führt der Dschungelkämpfer seinen existenziellen Überlebenskampf gewissermaßen gegen den Dschungel selbst. Nicht ohne Grund war aus Sicht der britischen Militärpublizistik des frühen 20. Jahrhunderts der »Krieg *im* Dschungel eigentlich immer ein Krieg *gegen* den Dschungel (Tropenkrankheiten, Insekten, wilde Tiere und indigene Guerillakriegsgegner eingeschlossen)« (Walter 2009: 468). In vergleichbarem Sinn besteht im metaphorischen Dschungel des asymmetrischen Krieges die Herausforderung darin, in und mit dem Dschungel leben zu lernen. Denn angesichts der globalen Ausbreitung von Asymmetrien, asymmetrischen Strategien und Grand Strategies der Asymmetrierung erscheint bis auf Weiteres fraglich, wie und ob man dem Dschungel des asymmetrischen Krieges auf absehbare Zeit wieder entkommen oder sein Dickicht vollständig beseitigen kann. Es kann also nur darum gehen, mit der »Gesetzlosigkeit« des asymmetrischen Krieges leben zu lernen. An die Stelle der Verringerung von Regellosigkeit, Ungewissheit und Komplexität treten somit deren Bewältigung und Management. In diesem Sinne zwingt die Erwartbarkeit des Unerwarteten zu einem »Flexible and Evolutionary Approach« (Cordesman 2002: 239), der auf Flexibilität, Transformationsbereitschaft und Reaktionsschnelligkeit setzt. Dabei verlieren Fähigkeiten der Aufklärung, Antizipation und Imagination konkreter Bedrohungslagen zwar nicht vollständig ihre Funktion. Angesichts der Kreativität und Lernfähigkeit, die unbekannten und unsichtbaren strategischen Dschungelgegnern zu unterstellen sind, reichen solche protektiven, präventiven Maßnahmen aber nicht mehr aus, um die *unvermeidbaren* Überraschungen, mit denen gerechnet werden muss, angemessen zu parieren. Für staatliche Sicherheitsorganisationen und deren Personal bedeutet dies ebenso wie für nichtstaatliche Kämpfergruppen, dass sie unter Bedingungen der Asymmetrie auf die Bereitschaft und Fähigkeit zum steten Lernen und Umlernen angewiesen sind. Revision, Adaption und Transformation treten hier an die Stelle von Tradition, Konvention und Organisation. Angesichts der ständigen Veränderungen im asymmetrischen Sicherheitsumfeld, durch die überlieferte Modelle, Szenarien und Routinen permanent und mit Hochgeschwindigkeit veralten, und angesichts der strategischen Kreativität, die potenziellen Gegnern unterstellt werden muss, kommt es – so lautet das zehnte Dschungelgesetz – im asymmetrischen Krieg darauf an, »auf Vorrat« zu lernen, also Flexibilität einzuüben, solange sie noch nicht benötigt wird. Aus rechtzeitigen, regelmäßigen Dehnübungen entsteht die physische und psychische Biegsamkeit, mit der das Unplanbare gemeistert werden kann. Das biegsame Schilfrohr übersteht im Dschungel den Sturm.

11. Schwache im Dschungel: Die Grand Strategy der »Schurken«

Politisch-strategische Akteure, die Asymmetrien zwischen einander wahrnehmen, werden im asymmetrischen Krieg versuchen, diese Asymmetrien zu ihrem jeweiligen Vorteil auszunutzen und zu manipulieren. Dieser Grundsatz der asymmetrischen Kriegführung wurde in den zehn Dschungelgesetzen für *beide* Seiten, also aus einer zweiseitigen Perspektive, konkretisiert. Im Folgenden wird er in »einseitige«, also adressatenspezifische Strategie-Erfordernisse übersetzt, um so das Modell rationaler asymmetrischer Kriegführung weiter zu plausibilisieren. Dabei wird davon ausgegangen, dass die als rational vorgestellten Akteure, für die obige Dschungelgesetze *gleichermaßen* gelten, diese Gesetze aufgrund ihrer asymmetrischen Verschiedenartigkeit mit *unterschiedlichen* Strategien zu befolgen versuchen werden. Um die gegensätzlichen Anreize, Erfordernisse und Handlungsbeschränkungen in den Blick zu bekommen, die die verschiedenartigen Akteure wahrnehmen, werden diese Akteure in zwei Gruppen eingeteilt: solche, die am »unteren« Ende des asymmetrischen Verhältnisses stehen, nämlich die Vertreter der Asymmetrie der Schwäche, und solche, die an dessen »oberem« Ende zu verorten sind, also die Vertreter der Asymmetrie der Stärke. Die Position der Asymmetrie der Schwäche nehmen auf dem Sicherheitsterrain zu Beginn des 21. Jahrhunderts nichtstaatliche und staatliche »Schurken« ein, vor allem Terrororganisationen und so genannte »Schurkenstaaten« (»rogue states«).[154] Trotz aller Unterschiede zwischen Terrororganisationen und »Schurkenstaaten« gleichen diese sich doch – nicht nur in dem Extremfall des *state sponsored terrorism*, in dem die strategischen Interessen der beiden nahezu zusammenfallen, – in ihrem strategischen Verhältnis zur Asymmetrie. Sowohl für nichtstaatliche als auch für staatliche »Schurken« sind »asymmetrische« Operationsweisen und Organisationsformen attraktiv, da sie auf dem globalen politisch-strategischen Terrain vergleichbare Positionen besetzen. Diese Positionen sind gekennzeichnet durch asymmetrische Schwäche, mangelnde internationale Einbindung und prekäre, fragile Legitimität. Den hierdurch (vorläufig) charakterisierten Vertretern der Asymmetrie der Schwäche stehen als Vertreter der Asymmetrie der Stärke zu Beginn des 21. Jahrhunderts die westlichen Staaten, allen voran die USA, gegenüber. Aufgrund ihrer asymmetrischen Kräfteüberlegenheit als fortgeschrittene Industriestaaten, ihrer Einbindung in die internationale Politik und ihres Legitimitätsvorsprungs als anerkannte Mitglieder der Staatengemeinschaft dominieren sie das politisch-strategische Terrain, auf dem sie aus einer Position asymmetrischer Überlegenheit heraus und also ihrerseits »asymmetrisch« agieren.[155]

154 Die Begriffe »Schurke« und »Schurkenstaat« entstammen, wie bereits bemerkt wurde, dem asymmetrisch ausgetragenen Legitimitätskampf, in dem sie dazu dienen, Kontrahenten zu diskriminieren und zu delegitimieren. Zur Begründung und Art der Verwendung dieser Begriffe im Rahmen der vorliegenden Studie, die den legitimitätspolemischen Charakter der Ausdrücke »Schurke« und »Schurkenstaat« mithilfe der Anführungszeichen gerade kenntlich zu machen sucht, siehe die Anmerkungen oben in Fußnote 19.

155 Die Gegenüberstellung von »Schurken« als Vertretern der Asymmetrie der Schwäche und westlichen Staaten als Vertretern der Asymmetrie der Stärke bleibt hinter der oben in Kapitel 8 anhand der acht Asymmetrie-Typen topographisch nachgezeichneten Komplexität des asymmetrischen Krieges zurück, da mit dieser Gegenüberstellung eine Dichotomisierung komplexer Asymmetrie einhergeht. Ein der Komplexität des asymmetrischen Krieges entsprechendes Modell hätte hingegen *alle* acht Asymmetrie-Typen

Mit Blick auf die asymmetrische politisch-strategische Auseinandersetzung zwischen diesen ungleichartigen Akteursgruppen ist im Folgenden zu fragen: Welche unterschiedlichen Anreize und Anforderungen nehmen die relativ schwachen, gleichgültig ob nichtstaatlichen oder staatlichen »Schurken« auf der einen und die relativ starken, international anerkannten westlichen Staaten auf der anderen Seite wahr? Welche unterschiedlichen Grand Strategies folgen aus diesen unterschiedlichen Wahrnehmungen und können im Rahmen des Modells rationaler asymmetrischer Kriegführung erwartet und erklärt werden? Die Untersuchung dieser Fragen widmet sich zunächst den »Schurken« (Kap. 11) und sodann den westlichen Staaten (Kap. 12). In beiden Fällen erfolgt die Konstruktion der gesuchten Grand Strategy für den asymmetrischen Krieg in einem Dreischritt: a) An die Bestimmung der gesamtstrategischen Position des betreffenden Akteurs im komplexen, hügeligen Asymmetrien-Terrain schließt jeweils b) die Untersuchung der spezifischen strategischen Anreize und Anforderungen an, die sich mit dieser Position verbinden. Dabei werden drei Typen der Asymmetrie fokussiert, deren Nutzung und Manipulation besonders vielversprechend erscheinen: Asymmetrien der Kraft, der Kampfstrategie und der Legitimität. Da diese drei Asymmetrie-Typen jedoch nicht unabhängig voneinander und auch nicht von den übrigen Asymmetrie-Typen wirken, werden in einem dritten Untersuchungsschritt für beide Grand Strategies c) die Dilemmata aufgezeigt, die sich aus den entsprechenden Wechselwirkungen zwischen verschiedenen Asymmetrien und Asymmetrierungen ergeben. Wie zu zeigen sein wird, stellt gerade diese Komplexität des asymmetrischen Krieges die »Schurken« wie auch die westlichen Staaten vor erhebliche Herausforderungen. Die komplexen Grand Strategies, die sie zur Bewältigung dieser Herausforderungen entwerfen, können im Rahmen des hier vorgestellten Modells rationaler asymmetrischer Kriegführung als Antworten auf die Dilemmata des asymmetrischen Krieges erklärt werden.

---

gleichberechtigt abzubilden und in ihren Wechselwirkungen vorzustellen statt darstellerisch *einen* dieser Typen – wie hier die Asymmetrie der Kraft – zu privilegieren. Um aber die asymmetrische Konfrontation noch als einen »erweiterte[n] Zweikampf« (Clausewitz 1980 [1832–34]: 191) modellieren zu können, wird die Unterscheidung zwischen asymmetrisch Schwachen und asymmetrisch Starken zur Einteilung der »Zweikämpfer« in zwei Gruppen genutzt und werden die anderen Asymmetrie-Typen unter diesem Gesichtspunkt, also demjenigen der Asymmetrie der Kraft, betrachtet, mit der sie jedoch nicht zusammenfallen und unter die sie nicht vollständig subsummiert werden können.

a) Die gesamtstrategische Position der »Schurken« im komplexen Asymmetrien-Terrain

Die sogenannten »Schurken«, gleichgültig ob sie staatlich oder nichtstaatlich verfasst sind, befinden sich zu Beginn des 21. Jahrhunderts am unteren Ende der Kraft-Asymmetrie. Um ihre Grand Strategy für die asymmetrische Auseinandersetzung mit den westlichen Staaten zu verstehen, ist zunächst ihre Position im komplexen, hügeligen Asymmetrien-Terrain genauer zu betrachten. Dabei werden zuerst die nichtstaatlichen und sodann die staatlichen »Schurken« in den Blick genommen, die sich abgesehen von grundlegenden Gemeinsamkeiten in einigen Charakteristika voneinander unterscheiden.

Nichtstaatliche »Schurken« in Gestalt transnationaler Terrororganisationen und Terrornetzwerke nehmen an den acht Hügeln des komplexen Asymmetrien-Terrains folgende Position ein: Ihren Gegnern in Gestalt der westlichen Staaten sind sie insgesamt an Kräften unterlegen (*Asymmetrie der Kraft*) und können daher strategisch nur aus der Defensive heraus agieren. Wegen ihrer nichtstaatlichen Vergesellschaftungs- und netzwerkartigen Organisationsform (*Asymmetrie der Organisationsform*) sind sie im Gegensatz zu ihren staatlichen Gegnern territorial nur schwer zu lokalisieren, was ihnen eine geringere Verwundbarkeit verleiht (*Asymmetrie der Verwundbarkeit*). Nicht zuletzt deswegen können sie relativ frei von rechtlichen, moralischen und anderen Beschränkungen operieren (*Asymmetrie der Selbstbindung*), leiden aber aufgrund ihrer Irregularität und Nonkonformität auch an einem chronischen Legitimitätsmangel: Weder in den Arenen der Diplomatie noch in den Foren der Weltöffentlichkeit können sie mit einer ihren Gegnern vergleichbaren Anerkennung rechnen (*Asymmetrie der Legitimität*). Diesen Legitimitätsmangel versuchen sie durch besonderen Einsatz zu kompensieren, wobei ihnen ihre relativ große Willenskraft zugutekommt (*Asymmetrie der Entschlossenheit*), die es ihnen erlaubt, taktisch offensiv zu operieren. Anders als die westlichen Staaten können sie sich weitgehend unentdeckt und ungehindert in der Weite des Raumes bewegen (*Asymmetrie des Raumes*). Zudem profitieren sie davon, wenn der Krieg sich in die Länge zieht, da ihnen relativ viel Zeit für die Kriegführung zur Verfügung steht (*Asymmetrie der Zeit*).

Staatliche »Schurken«, also relativ schwache, international isolierte und geächtete »rogue states«, nehmen neben den nichtstaatlichen »Schurken« folgende Position im komplexen Asymmetrien-Terrain ein: Mit den nichtstaatlichen Terrororganisationen und Terrornetzwerken teilen sie fünf Eigenschaften, in denen sie sich ebenso wie diese von den westlichen Staaten unterscheiden. So sind sie den westlichen Staaten kräftemäßig unterlegen (*Asymmetrie der Kraft*), können aber aufgrund ihrer undemokratischen und auch nicht rechtsstaatlichen Verfasstheit relativ ungebunden agieren, also relativ frei von politischen, rechtlichen, prozeduralen oder ähnlichen Selbstbindungen (*Asymmetrie der Selbstbindung*). Wegen dieser vergleichsweise geringen Handlungsbeschränkung können sie Kriege entschlossener (*Asymmetrie der Entschlossenheit*) und über einen längeren Zeitraum hinweg (*Asymmetrie der Zeit*) führen als ihre Gegner. Allerdings impliziert ihre geringe Selbst- und ebenso geringe internationale Einbindung einen Mangel an internationaler Anerkennung (*Asymmetrie der Legitimität*). Anders jedoch als die nichtstaatlichen »Schurken« gleichen die »rogue states« ihren – freilich industrialisierten, demokratischen und rechtsstaatlichen – westlichen Gegnern hinsichtlich ihrer staatlichen Verfasstheit (*Symmetrie der Organisationsform*). Das bedeutet, dass sie ebenso wie diese territorial lokalisierbar (*Symmetrie des Raumes*) und auf gleiche Weise verwundbar sind (*Symmetrie der Verwundbarkeit*). Abgesehen von wichtigen Asymmetrien bestehen also im Fall der »rogue states« infolge ihrer staatlichen Organisationsform hinsichtlich des Raumes und der Verwundbarkeit auch Symmetrien im Vergleich zu den westlichen Staaten.

b) Elemente der Grand Strategy der »Schurken«

Die Verortung der nichtstaatlichen und staatlichen »Schurken« im hügeligen Gelände des komplexen Asymmetrien-Terrains ermöglicht es, die Anreize und Anforderungen zu identifizieren, die sich aus dieser politisch-strategischen Position ergeben und die für eine rationale Grand Strategy asymmetrischer Kriegführung bedeutsam sind. Als Prinzip einer solchen Grand Strategy wurde das Asymmetrien-Management bestimmt. Dieses Prinzip soll nun »einseitig« konkretisiert werden als *an die Position des »Schurken« angepasste Ausnutzung und Manipulation von Asymmetrien.* Wenn auch sich das Asymmetrien-Management der »Schurken« bei nichtstaatlichen und staatlichen Akteuren im Detail unterscheiden dürfte, lassen sich doch ihre Grand Strategies für die asymmetrische Auseinandersetzung in wesentlichen Elementen gemeinsam konstruieren, da sie in ihrem Verhältnis zu den westlichen Staaten vergleichbare politisch-strategische Positionen einnehmen. So teilen Terrororganisationen und »Schurkenstaaten« in ihrer Auseinandersetzung mit den westlichen Staaten in dreierlei Hinsicht die gleichen gesamtstrategischen

Zwecke, Ziele und Mittel: hinsichtlich (1) der langfristig bezweckten Symmetrierung der Legitimität, (2) der mittelfristig als Ziel verfolgten Symmetrierung der Kraft und (3) der kurzfristig als Mittel eingesetzten Asymmetrierung der Kampfstrategie.

(1) Der gesamtstrategische Zweck der »Schurken«: Symmetrierung der Legitimität

Langfristig erscheint es im Rahmen des Modells rationaler asymmetrischer Kriegführung für die kräftemäßig asymmetrisch benachteiligten »Schurken« zweckmäßig, durch legitimitätspolemische Maßnahmen auf eine Symmetrie der Legitimität im Verhältnis zu ihren überlegenen Gegnern hinzuwirken. Dabei geht es vor allem darum, die gleichen Rechte und den gleichen Einfluss wie die westlichen Staaten zu erringen, also in den Genuss der Privilegien zu gelangen, die diese einflussreichen, anerkannten Akteure auf der internationalen Bühne beanspruchen und verteidigen. Zu diesem Zweck können die »Schurken« einen (quasi-)staatlichen Völkerrechtsstatus anstreben, um auf diese Weise einseitig und überproportional – zum Nachteil der westlichen Staaten – von einer rechtlichen Gleichstellung zu profitieren. Der Erfolg entsprechender Strategien der politisch-legitimatorischen Symmetrierung zeigt sich beispielhaft in dem anerkennungspolitischen »Aufstieg« ehemaliger Terrorgruppen, die sich in »legitime« politische Akteure verwandelten. Ihre Anführer gelangten im Zuge dieses »Aufstiegs« nicht selten aus den legitimatorischen Niederungen, die mit dem irregulären Terroristen-Status verbunden sind, über das mittlere Niveau halbregulärer Freiheitskämpfer bis hinauf zu den legitimatorischen Gipfeln, auf denen sich anerkannte, reguläre Staatsmänner und Staatsfrauen auf Augenhöhe begegnen. Dieser Weg lässt sich in der Biographie des ehemaligen Terroristen, Freiheitskämpfers und Palästinenserpräsidenten Jassir Arafat (1929–2004) nachvollziehen. Seine spektakulären Auftritte auf den internationalen »Gipfeln« der Vereinten Nationen bilden vorläufige »Höhepunkte« des politisch-legitimatorischen »Aufstiegskampfs« der Palästinenser. Dieser Kampf führte Palästina bislang zwar nicht zur Vollmitgliedschaft in den Vereinten Nationen, wohl aber zu dem Status eines *non member observer state* innerhalb der Staatenorganisation, über dessen Zuerkennung die UNO-Generalversammlung am 29. November 2012 positiv entschied. Ob ähnlich »steile« Legitimitätskarrieren auch von *transnationalen* Terrornetzwerken und Kämpfergruppen zurückgelegt werden können, erscheint allerdings fraglich, so lange ungeklärt bleibt, inwiefern sie eine direkte Gebietsherrschaft anstreben und also – in welcher Form auch immer – an *»state« building* interessiert sind. Bei dem globalen Terrornetzwerk Al Kaida scheint das bislang, ungeachtet der raumgreifenden Rhetorik von der bewaffneten Befreiung der Umma als der islamischen Weltgemeinschaft, nicht der Fall zu sein. Die mit regionalem Schwerpunkt im Irak und in Syrien operierende Terrormiliz »Islamischer Staat« orientiert sich hingegen bereits durch ihre Selbstbezeichnung und zudem in ihrer Operationsweise am Aufbau einer Gebietsherrschaft in Form eines »Kalifats«. Aber auch vermeintlich »unpolitischen« Akteuren, die nicht (allein) auf die Gründung eines Staates oder überhaupt auf die Etablierung einer politischen Ordnung aus zu sein scheinen, kann ein gewisses Interesse an legitimatorischer, vor allem völker- und kriegsrechtlicher Symmetrierung unterstellt werden, wie es etwa in Klagen von Guantanamo-Inhaftierten auf *Anerkennung* als *rechtmäßige* Kämpfer zum Ausdruck kommt.[156] Schließlich nehmen auch *staatliche* »Schurken« Anreize zur Symmetrierung der Legitimität wahr. Die »Öffnung« – und ihr folgend: Anerkennung – Libyens nach dem Jahr 2003 bietet hierfür ein eindrucksvolles Beispiel: Dem zuvor weitgehend isolierten »rogue state« und Terrorsponsor gelang der legitimatorische »Aufstieg« zum international geschätzten Handelspartner und legitimen Mitglied der Staatengemeinschaft – dies allerdings nur temporär, da dem rasanten »Aufstieg« der »Absturz« und »Rückfall« im Jahr 2011 in die legitimatorischen Niederungen eines »Schurken- und Tyrannenstaates« folgte. Dessen revolutionäre Auflösung wurde letztlich durch den Entzug der internationalen Anerkennung und Legitimität wenn nicht verursacht, so doch ermöglicht und besiegelt. Das Regime des Machthabers Muammar al-Gaddafi (1942–2011) scheiterte also bei dem Versuch, die nach dem Jahr 2003 erreichte (bzw. durch seine Kooperationsbereitschaft im US-amerikanischen Anti-Terrorkampf erkaufte) Symmetrie der Legitimität langfristig auf dem »hohen« Niveau legitimer Staatlichkeit zu stabilisieren.

156 Auf die vermeintlich »unpolitische« Motivation der Kämpfer in den »neuen Kriegen« wurde mit Blick auf die wachsende Bedeutung identitätsbezogener (Kaldor 1999) und ökonomischer Motive (Münkler 2002) hingewiesen. Zu einer kritischen Würdigung dieser Thesen siehe Geis (2010: 67f.), die jedoch ihrerseits den legitimitätspolitischen Charakter der »neuen Kriege« vernachlässigt.

(2) Das gesamtstrategische Ziel der »Schurken«: Symmetrierung der Kraft

Mittelfristig werden die »Schurken«, so lange sie eine legitimatorische Gleichstellung noch nicht erreichen können, im Rahmen ihrer Grand Strategy das Ziel verfolgen, die Asymmetrie der Kraft zu verringern, die sie gegenüber den westlichen Staaten benachteiligt. Das legt das hier konstruierte Modell rationaler asymmetrischer Kriegführung nahe. Jedoch hat eine solche Symmetrierung der Kraft erhebliche technologische und ökonomische Voraussetzungen und ist mit großem Aufwand verbunden – zumal die Gegenseite ebenfalls kraftsteigernde Rüstungs- und Entwicklungsprogramme verfolgt. Kurzfristige Erfolge der Kraft-Symmetrierung sind daher nicht zu erwarten. Die »Schurken« werden deshalb nach alternativen Wegen der Kraftsteigerung Ausschaus halten, auf denen sie den mühsamen Aufstieg zum Gipfel der Kraft-Asymmetrie verkürzen und beschleunigen können. Solche Abkürzungen eröffnen der Erwerb und die Produktion von Massenvernichtungs- und insbesondere Atomwaffen. Darüber hinaus ist die Industrie- und Rüstungsspionage ein Mittel, um einfacher, schneller und billiger als auf regulären Wegen zu der angestrebten Kraft-Symmetrie zu gelangen. Ergänzend hierzu können die »Schurken« auch die Geld-, Waren-, Dienstleistungs- und Informationsströme der globalen Schattenökonomie anzapfen, um im kooperativen Austausch mit der Internationalen Kriminalität sowie mit privaten, staatlichen oder zivilgesellschaftlichen »Terrorsponsoren« mittel- und nicht erst langfristig die Symmetrierung der Kraft zu ihren Gunsten voranzutreiben.

(3) Das gesamtstrategische Mittel der »Schurken«: Asymmetrierung der Kampfstrategie

So lange weder die legitimatorische noch die kraftbezogene Symmetrierung Erfolge versprechen, erscheint es im Rahmen des Modells rationaler asymmetrischer Kriegführung für die »Schurken« lohnend, kurzfristig auf das Mittel der Asymmetrierung der Kampfstrategie zu setzen, also auf kreative Weise neue Taktiken, Methoden und Operationskonzepte zu entwickeln, mit denen sich Hebelwirkungen und überproportionale Effekte erzielen lassen. Ausdruck entsprechender Asymmetrierungsbestrebungen der »Schurken« sind sogenannte Selbstmordattentate gegen die »weichen Ziele« des Gegners, medienwirksam inszenierte Geiselnahmen und Tötungen von Zivilisten sowie andere Akte des Terrors und des *state sponsored terrorism*. Sie haben sich in der jüngeren Vergangenheit als kostengünstige, effektive und effiziente Waffen in den Händen der Schwachen erwiesen, deren Gebrauch selbst für kleinere Gruppen attraktiv und praktikabel ist: »terrorism is the tool of choice« (Metz 2011: 136). Bei der Nutzung dieses »Werkzeugs der Wahl« können die relativ schwachen und legitimatorisch benachteiligten »Schurken« sich eine Asymmetrie zunutze machen, die sie gegenüber den westlichen Staaten begünstigt: ihre vergleichsweise geringe Selbstbindung. Diese erlaubt es ihnen, weitgehend unabhängig von organisatorischen und normativen *constraints* bzw. Handlungsbeschränkungen zu agieren. Zudem kommt den »Schurken« auch ihre tendenziell höhere Opfer- und Leidensbereitschaft zugute. Sie ermöglicht es ihnen, den Krieg räumlich, zeitlich und sozial zu entgrenzen und die Asymmetrierung der Kampfstrategie immer weiter voranzutreiben.

c) Dilemmata der Grand Strategy der »Schurken«

Die derart umrissene Grand Strategy der »Schurken« für den asymmetrischen Krieg setzt sich aus drei Teilen zusammen: der langfristig bezweckten Symmetrierung der Legitimität, der mittelfristig als Ziel verfolgten Symmetrierung der Kraft und der kurzfristig als Mittel eingesetzten Asymmetrierung der Kampfstrategie. Zwischen diesen drei Elementen treten allerdings Wechselwirkungen und Widersprüche auf, deren Vermittlung für die als rational vorgestellten Akteure die eigentliche Herausforderung der asymmetrischen Kriegführung darstellt. Insbesondere haben die »Schurken« drei Dilemmata zu bewältigen, die sich aus Wechselwirkungen zwischen den drei Elementen ihrer Grand Strategy ergeben, aus Wechselwirkungen nämlich (1) zwischen der Asymmetrierung der Kampfstrategie und der Symmetrierung der Legitimität, (2) zwischen der Symmetrierung der Kraft und der Symmetrierung der Legitimität sowie (3) zwischen der Symmetrierung der Kraft und der Asymmetrierung der Kampfstrategie.

(1) Das erste Dilemma der »Schurken«: Asymmetrierung der Kampfstrategie vs. Symmetrierung der Legitimität

Das wohl größte Dilemma, das nichtstaatliche Terrororganisationen und »rogue states« im Rahmen ihrer Grand Strategy zu meistern haben, besteht darin, *sowohl* die militärstrategische Effektivität *als auch* die politisch-öffentliche Legitimität zu erhöhen, also die Asymmetrierung der Kampfstrategie mit der Symmetrierung der Legitimität zu verbinden. Spektakuläre Entgrenzungen des Kampfes, die unter Ausnutzung von Asymmetrien den Rahmen des Tradierten und Tolerierten vollständig sprengen, mögen nämlich zwar rein militärstrategisch effektiv sein in dem Sinn, dass sie hohe mediale Aufmerksamkeit, große psychisch-soziale Einschüchterungs- und auch ökonomische Schockwellen und auf diese Weise »überproportionale Effekte« erzielen. Das gilt beispielsweise für die mediale Zurschaustellung und Tötung ziviler Geiseln oder die demonstrative Zerstörung kultureller Symbole und religiöser Kultstätten, wie sie in den vergangenen Jahren im Irak und jüngst vor allem in der Kriegführung der Terrormiliz »Islamischer Staat« zu beobachten waren. Jedoch ist nicht auszuschließen, dass die militärstrategischen Erfolge einer solchen »Barbarization of Warfare« (Kassimeris 2006) durch politisch-legitimatorische Kollateralschäden und Folgekosten dieser Vorgehensweise aufgezehrt werden – insbesondere dann, wenn die betroffene Gesellschaft, die internationale Staatengemeinschaft und die Weltöffentlichkeit die entsprechenden Tabubrüche verurteilen, mit Sanktionen belegen und bekämpfen. Kommt es zu entsprechenden Reaktionen, so verringert die in der unmittelbaren Auseinandersetzung womöglich effektive Asymmetrierung der Kampfstrategie die Chancen der »Schurken« darauf, den langfristigen Zweck ihrer Grand Strategy zu erreichen, also eine Symmetrie der Legitimität herzustellen. Wer mutwillig und nachhaltig gegen die lokale Kultur, Tradition und Religion, gegen die Wertvorstellungen der Weltöffentlichkeit und das internationale Völker- und Kriegsrecht verstößt, darf in den Foren und Arenen, in denen Legitimität verbindlich definiert, generiert und distribuiert wird, nicht auf Anerkennung hoffen: in den weltweit ausstrahlenden Nachrichten-Redaktionen ebenso wenig wie bei den global vernetzten zivilgesellschaftlichen Organisationen und den die Staatengemeinschaft repräsentierenden Vereinten Nationen.

Welche Methoden bieten sich den »Schurken« an, um dieses erste Dilemma ihrer Grand Strategy zu bewältigen? Zwei Bewältigungsstrategien lassen sich erkennen. Die *erste* Bewältigungsstrategie zielt auf die demonstrative Besetzung der David-Position ab. Eine solche Selbstinszenierung in der Rolle des kleinen, kaum bewaffneten Hirtenjungen nämlich erscheint geeignet, unabhängig von konkreten Rechtfertigungsgründen die irreguläre, entgrenzte Kampfweise eines schwachen Akteurs im Kampf mit einem asymmetrisch überlegenen, goliath-artigen Kontrahenten zu legitimieren. Die spektakuläre, massenmedial transportierte Selbstinszenierung als David kann etwa dazu führen, dass »Schurken« in den Genuss der Vorteile des Völker- und Kriegs-

rechts gelangen – beispielsweise des humanitären Schutzes der Kämpfer und Kriegsgefangenen aus ihren Reihen –, ohne dass sie deswegen die im Völkerrecht verankerten *Pflichten*, etwa bei der Kriegführung, befolgen müssten. Sie beanspruchen dann eine Symmetrie der Rechte und stellen diese her, verteidigen zugleich aber die bestehende Asymmetrie der Pflichten und vergrößern sie noch. Mit anderen Worten: Sie betreiben die Symmetrierung der Legitimität, *obwohl* sie ihre Kampfstrategie asymmetrieren. Die Lösung des Dilemmas besteht hier also in einer rhetorisch-inszenatorischen Selbstbesetzung des Schwachen in der Rolle Davids als eines *ultimus inter pares*, der seinen Gegnern gleich an Rechten, nicht aber an Pflichten zu sein beansprucht. Gelingt den »Schurken« dies, so siegen sie gewissermaßen doppelt: militärisch, weil sie den staatlichen, regulär organisierten, konventionell kämpfenden und vielfach gebundenen Truppen im unkonventionell geführten asymmetrischen Krieg überlegen sind, und politisch, weil ihre Kontrahenten, die westlichen Staaten, als liberale, demokratische Verfassungsstaaten an Legitimität und Unterstützung einbüßen, wenn sie ihrerseits den asymmetrischen Krieg entgrenzen und dabei zwangsläufig ihre eigenen Selbstbindungen lösen und ihre Kriegs- und Verfassungsregeln brechen. Indem die »Schurken« sich in der Rolle Davids einseitig – und »legitim« erscheinender Weise – von solchen Bindungen befreien, befolgen sie das achte Dschungelgesetz und wenden es zu ihrem Vorteil an: »Meide – und nutze – Fesseln!«

Eine *zweite* Möglichkeit, die politisch-legitimatorischen Kollateralschäden der Asymmetrierung der Kampfstrategie zu begrenzen, um das hier umrissene Dilemma zu bewältigen, eröffnet sich den »Schurken«, wenn sie ihre Verantwortung für »illegitime« Regelverstöße abstreiten und verschleiern können – gemäß dem neunten Dschungelgesetz: »Sorge dich um deinen Ruf!« Beispielsweise war es nicht möglich, die Verantwortung für die völkerrechtswidrigen Angriffe auf westliche diplomatische Vertretungen eindeutig festzustellen, zu denen es im Jahr 2006 im Zusammenhang mit Massenprotesten in muslimisch geprägten Ländern nach dem Abdruck von Mohammed-Karikaturen in westlichen Tageszeitungen und wiederholt im Jahr 2012 nach der Internet-Veröffentlichung des in den USA produzierten islamfeindlichen Films »The Innocence of Muslims« kam. Weder im einen noch im anderen Fall konnten diese Angriffe schlüssig auf die Agitation, Tolerierung oder auch nur Ignoranz der für den Schutz der diplomatischen Vertretungen verantwortlichen staatlichen Stellen vor Ort zurückgeführt werden, da diese Stellen jegliche Verantwortung für die Eskalation der (vermeintlich) spontanen Proteste vehement bestritten. Ähnlicher Methoden der Verschleierung können sich Staaten bedienen, die den Terrorismus unterstützen. Die staatlichen Terror-Drahtzieher und Sponsoren bleiben dann im Dunkeln, um der Verfolgung und Bestrafung durch die internationale Gemeinschaft und die internationale Strafgerichtsbarkeit zu entgehen. Wo ein Verantwortlicher nicht eindeutig zu identifizieren ist, haben Anklagen wenig Aussicht auf Erfolg. Eröffnen also die Verschleierung und Verheimlichung eine zweite Lösungsmöglichkeit für das hier ins Auge gefasste Dilemma, so lassen sie sich gleichwohl nicht beliebig steigern, ohne ihrerseits in einen Widerspruch mit der Gesamtstrategie der »Schurken« zu geraten. Blieben die »Schurken« nämlich *vollkommen* unsichtbar, so könnten sie ihr Anliegen weder im internationalen Kontext noch im eigenen Lager überzeugend vertreten, könnten also schwerlich Unterstützer und Sympathisanten mobilisieren, da sie schlichtweg nicht gesehen, gehört und beachtet würden. Vollständige, absolute Unsichtbarkeit ist daher für die »Schurken«, so sehr sie kurzfristig militärstrategisch attraktiv erscheint, langfristig im Rahmen einer umfassenden Grand Strategy für den asymmetrischen Krieg keine erfolgversprechende Option. Der asymmetrische Krieg nämlich verlangt von seinen politisch-strategischen Akteuren, dass sie, wenn sie ihren Willen gegen einen konkurrierenden Willen durchzusetzen versuchen, zumindest partiell und temporär in Erscheinung treten, so etwa in Bekennerbriefen, Internet- und Videonachrichten, mit denen sie ihren Botschaften eine Stimme und ein Gesicht verleihen. Die große Bedeutung eines solchen Gesichts gerade für ein »körperloses«, nichtterritoriales, dezentrales Netzwerk, das auf die Ausbildung eines dauerhaft sichtbaren *body politic* bewusst verzichtet, zeigte sich, als es Al Kaida nicht gelang, das Gesicht seines charismatischen Gründers und langjährigen Anführers, des gebürtigen Saudi-Arabers Osama bin Ladin, nach dessen gezielter Tötung während einer Kommandoaktion US-amerikanischer Spezialkräfte am 2. Mai 2011 durch ein gleichwertiges Gesicht zu ersetzen. Obwohl anschließend die Netzwerk-Führung »offiziell« auf den Ägypter Aiman al-Sawahiri überging, überlagern und überblenden sich seither in der öffentlichen Wahrnehmung die Bilder verschiedener weniger prominenter Anführer, die nicht in gleichem Maße wie bin Ladin international einen politischen Willen zu kommunizieren, Legitimität zu generieren und Unterstützung zu mobilisieren vermögen. Um eine derart geringe und inkohärente Sichtbarkeit zu vermeiden, haben »Schurken« ihre Maßnahmen der Verschleierung und Verheimlichung durch solche gezielter Öffentlichkeitsarbeit zu flankieren. Dabei kommt es für sie darauf an, ein möglichst günstiges Verhältnis zwischen der Unsichtbarkeit einerseits und der Sichtbarkeit andererseits ihrer Organisationsstrukturen, Kommunikations- und Operationsweisen zu erreichen. Das Internet eröffnet ihnen hierzu insofern neue Möglichkeiten, als dass es ein blitzartiges sowie partielles Auf- und Untertauchen erleichtert, ohne dass dieses virtuelle Sichtbarwerden zu einer größeren Verwundbarkeit führte. In diesem Sinn besteht die Herausforderung für die »Schurken« darin, durch eine kluge Ausgestaltung ihrer *Public Relations* die Übergänge zwischen Visibilität und Invisiblität, Virtualität und Realität sowie Invulnerabilität und Vulnerabilität so weit als möglich zu kontrollieren. Gelingt ihnen dies und schaffen sie es darüber hinaus, sich in der vorteilhaften Rolle Davids zu inszenieren, so können sie das erste Dilemma meistern, das sich aus dem Zusammenspiel gegenläufiger Anforderungen und Elemente ihrer Grand Strategy ergibt: aus dem Zusammenspiel zwischen der Asymmetrierung der Kampfstrategie und der Symmetrierung der Legitimität.

(2) Das zweite Dilemma der »Schurken«: Symmetrierung der Kraft vs. Symmetrierung der Legitimität

Ein weiteres Dilemma entsteht für »Schurken« aus der doppelten Anforderung an ihre Grand Strategy, gleichzeitig die Kraft *und* die Legitimität zu steigern. Dilemmatisch erscheint diese doppelte Anforderung deswegen, weil gerade diejenigen Methoden, die eine schnelle Symmetrierung der Kraft im Verhältnis zu den asymmetrisch überlegenen westlichen Staaten versprechen, international geächtet und unter Umständen mit hohen Legitimitätskosten verbunden sind. Wer »illegitimer« Weise etwa Atomwaffen zu entwickeln oder zu erwerben strebt, verwirkt dadurch internationale Rechte und setzt sich dem Risiko von Sanktionen bis hin zu militärischen Interventionen aus. Auch andere »illegitime« Wege der Kraftsteigerung hat die Staatengemeinschaft mit Legitimitätszöllen belegt, so etwa die Industrie- und Rüstungsspionage, den Aufbau von Kriegs- und Schattenökonomien oder die Erweiterung der eigenen (Zwangs-)Rekrutierungsbasis durch den Einsatz von Kindersoldaten. Wer auf solchen Wegen eigene Nachteile am Hügel der Kraft-Asymmetrie zu kompensieren und zu verringern strebt, dem drohen an anderer Stelle, nämlich am Hügel der Legitimitäts-Asymmetrie, empfindliche Rückschläge, denen ökonomische Sanktionen und militärische Interventionen folgen können, welche den Höhengewinn am Hügel der Kraft-Asymmetrie relativieren.

Um solche legitimatorischen »Kollateralschäden« der angestrebten Kraft-Symmetrierung zu vermeiden und *dennoch* die eigene Kraft zu steigern, bieten sich den »Schurken« wiederum vor allem Methoden der Verschleierung und Geheimhaltung an. So kommt es für sie darauf an, ihre »illegitimen« Maßnahmen zur Resymmetrierung der Kraft – erneut gemäß dem neunten Dschungelgesetz: »Sorge dich um deinen Ruf!« – vor dem Blick der Weltöffentlichkeit zu verbergen. Dabei gilt es, etwaige Nuklearforschungsprogramme und vergleichbare Rüstungsprojekte vor den Inspektoren und Überwachungskameras der Internationalen Atomenergie Organisation (IAEO) und verwandter Kontrollinstanzen zu verbergen – zumindest so lange, wie diese Rüstungsprogramme noch nicht erfolgreich abgeschlossen sind. Sobald jedoch eine Hürde auf dem rüstungspolitischen Weg hin zur Kraft-Symmetrie genommen ist, lohnt es sich, der Staatengemeinschaft und Weltöffentlichkeit den erzielten Rüstungserfolg medienwirksam zu demonstrieren, so etwa mittels spektakulär inszenierter Atombomben- und Langstreckenraketentests, um dann politisch die Früchte der großen Rüstungsanstrengungen zu ernten. Ein *gesamtstrategisches* Management von Visibilität und Invisibilität erweist sich also auch hier als entscheidend. Für nichtstaatliche »Schurken« stellt sich ein solches Management, das auf die Bewältigung des Dilemmas zwischen Kraft- und Legitimitätssteigerung abzielt, freilich als besonders schwierig dar. Denn bei der Stärkung ihrer Kraft sind sie nicht nur auf große technologische Rüstungsprojekte angewiesen, sondern benötigen zudem zur Planung ihrer Operationen und zur Ausbildung ihrer Kämpfer Rückzugsgebiete (*safe harbours, save havens* oder *sanctuaries*), in denen sie Planungszellen und Trainingscamps unterhalten können. Je mehr solcher logistischen Basen sie zur Steigerung ihrer operativen Kräfte unterhalten, desto sichtbarer werden sie – und das heißt: desto größer wird auch ihre Anfälligkeit für Angriffe auf ihre physische Organisationsstruktur ebenso wie auf ihre immaterielle Legitimitätsbasis. Kurzum: Die bei der Kraftsteigerung unvermeidliche Visibilität, die in diesem Fall nicht gänzlich verhindert oder verringert werden kann durch einen vollständigen Rückzug in die Virtualität, erhöht gegenüber physischen wie legitimatorischen Angriffen die Vulnerabilität. Damit ist neben dem Ziel der Grand Strategy der nichtstaatlichen »Schurken«, der Symmetrierung der Kraft, auch ihr Zweck gefährdet: die Symmetrierung der Legitimität. Wie können die nichtstaatlichen »Schurken« dieses Dilemma bewältigen? Als vorläufige Bewältigungsstrategie bietet sich ihnen die Temporalisierung und Dynamisierung ihrer lokalen und lokalisierbaren Sichtbarkeit an, also die Mobilisierung ihrer logistischen Basen: Das nichtstaatliche Kämpfer- und Terrornetzwerk begibt sich auf die permanente, nomadenhafte Wanderung zu den jeweils dunkelsten »schwarzen

Löchern« und Krisengebieten des internationalen Systems. Auf diese Weise kann das wendige, stets in Bewegung bleibende Netzwerk verhindern, dass seine Bemühungen um eine Stärkung der Kraft zu einer allzu langen Aufenthaltsdauer und einer allzu großen, allzu langen Sichtbarkeit führen, die seine Verwundbarkeit für gezielte Angriffe auf seine logistische Basis erhöhen würden. Das sechste Dschungelgesetz – »Mach dich unverwundbar!« – wird hier also interpretiert als Aufruf zu gesteigerter Mobilität. Der »Schurke«, der sich dem Blick und Zugriff der Staatengemeinschaft mithilfe seiner Schnelligkeit entzieht, bewahrt sich – und steigert – seine Kraft im steten Lauf.[157]

(3) Das dritte Dilemma der »Schurken«: Symmetrierung der Kraft vs. Asymmetrierung der Kampfstrategie

In ein Dilemma führt die nichtstaatlichen und staatlichen »Schurken« schließlich auch die widersprüchliche Ziel-Mittel-Vorgabe ihrer Grand Strategy, einerseits die Symmetrierung der Kraft, andererseits zugleich die Asymmetrierung der Kampfstrategie voranzutreiben. »Asymmetrische«, unkonventionelle, irreguläre Kampfstrategien beruhen nämlich nicht zuletzt auf der Fähigkeit, unabhängig, kompromisslos und ungebunden zu agieren, wie es das zehnte Dschungelgesetz verlangt: »Sei biegsam!« Diese Voraussetzung scheinen auf den ersten Blick international weitgehend isolierte »rogue states« und nichtstaatliche Kämpferverbände und Terrororganisationen zu erfüllen. Ihre Ungebundenheit bedeutet jedoch jenseits der strategischen Vorteile, die sie für eine flexible Planungs- und Kampfweise mit sich bringt, auch eine Schwäche, da sie mit dem Verzicht auf fremde – etwa finanzielle, logistische, technologische – Unterstützung und Hilfe einhergeht. Umgekehrt formuliert besteht das Dilemma also darin, dass »Schurken«, sobald sie Kooperationen mit Dritten eingehen, um ihre Kräfte zu steigern – und ohne solche Kooperationen hat die von ihnen angestrebte Symmetrierung der Kraft keine Aussicht auf Erfolg –, dabei zwangsläufig ihre strategische Unab-

157 Für »rogue states« gilt das hier zu Kämpfer- und Terrornetzwerken Gesagte auf ähnliche Weise, wenn auch in geringerem Maß. Zwar sind sie im Gegensatz zu nichtstaatlichen Netzwerken permanent sichtbar aufgrund ihrer Territorialität, der sie sich anders als transnationale Akteure nicht durch stete Wanderung entziehen können. Jedoch stehen ihnen Methoden der Abschottung, Zensur und Täuschung zur Verfügung, die sie dazu nutzen können, fremde Blicke auf ihr Territorium und auf ihre dort unterhaltenen »illegitimen« (Rüstungs-)Kapazitäten zu verstellen oder solche Blicke durch die permanente Verlagerung und Bewegung der entsprechenden Kapazitäten innerhalb ihres Territoriums zu verwirren.

hängigkeit und Flexibilität verlieren. So können die Unterstützer von heute, seien sie Kreditgeber, Waffenlieferanten, Technologievermittler, humanitäre Helfer, lokale Machthaber oder Informanten, sich schon bald als unliebsame Freunde erweisen – insbesondere dann, wenn sie ihren Einfluss auf die Strategieformulierung und Kampfweise der »Schurken« geltend machen wollen, sei dies aus eigenem Interesse oder infolge internationalen Drucks. In diesem Sinne stellt sich für Nordkorea die langjährig demonstrativ gepflegte »sozialistische Bruderschaft« zur Volksrepublik China jüngst als ambivalent dar, da die Volksrepublik, wohl auch aufgrund US-amerikanischen Drucks, angesichts der regelmäßig sich wiederholenden nordkoreanischen (Nuklear-)Drohungen und der dadurch ausgelösten Krisen zunehmend ihre ökonomische Konditionalisierungsmacht einsetzt, um den (ehemaligen) sozialistischen Bruderstaat zur Mäßigung zu bewegen. Einbindung – in diesem Fall Nordkoreas, das auf die chinesische Unterstützung nicht ganz verzichten kann und mag, – bedeutet somit potenziell immer auch Bindung. Für nichtstaatliche Terrororganisationen gilt dies angesichts ihrer Abhängigkeit von logistischer Unterstützung in besonderem Maße: Stets laufen sie Gefahr, von den Regimen vereinnahmt zu werden, die ihnen Unterschlupf gewähren und ihre Entwicklung fördern. Zu den Einflussversuchen »von außen«, denen Terrororganisationen permanent ausgesetzt sind, kommen zudem Einflussversuche »von innen« hinzu, namentlich die »Mitbestimmungsansprüche« der organisationsinternen und organisationsnahen Anhänger- und Sympathisantenschaft. Mit ihren partikularen, heterogenen Vorstellungen drohen sie die operative Schlagkraft und strategische Flexibilität der Organisation zu verringern und einzuengen. Das ist vor allem dann wahrscheinlich, wenn die an der Sache der Terrororganisation »interessierten Dritten« und die hierfür »zu interessierenden Dritten«, für die sich die Organisation ihrerseits primär als potenzielle Kämpfer und Unterstützer interessiert, eigene Interessen bei der Formulierung und Umsetzung der terroristischen Gesamtstrategie geltend machen und verfolgen. Die dezentrale Organisationsform des zuweilen als »Franchise-Terrorismus« bezeichneten transnationalen Terrorismus, die ja einerseits die Grundlage seiner Reichweite und Flexibilität bildet, erweist sich dann andererseits als Einfallstor für die Partikularinteressen der lokal agierenden, dezentralen Terrorzellen, die die Gesamtstrategie des Netzwerks nach ihren Vorstellungen uminterpretieren, verwischen und schwächen. Dies kann bis zur Abspaltung eigenständiger organisatorischer Strukturen führen, wie sie sich jüngst in der Emanzipation der Terrormiliz »Islamischer

Staat« von ihrer Mutterorganisation Al Kaida beobachten lässt, deren Statthalterin in Syrien und im Irak sie bis vor Kurzem war.

Um diesen Gefahren der Abhängigkeit von Dritten zu entgehen, werden »Schurken« Mittel und Wege suchen, ihre Kräfte durch die Mobilisierung innerer und äußerer Unterstützung zu stärken, ohne dadurch ihre strategische Unabhängigkeit und Flexibilität aufzugeben, derer sie bei der Führung des asymmetrischen Krieges bedürfen. Das genannte Dilemma lässt sich, so scheint es, mittels einer verstärkten Nutzung des Internet *allein* nicht bewältigen, da die »Schurken« durch eine solche Virtualisierung ihrer Kooperationsbeziehungen bzw. ihrer *interconnectedness* (Metz 2011: 131) kaum vollständig den Bedarf an teils eben auch nötiger nicht-virtueller, handfester, materieller, lokaler Unterstützung zu decken vermögen.[158] Statt also ausschließlich auf Virtualisierung zu setzen, hängt für die Terrororganisationen und »Schurkenstaaten« viel davon ab, ob es ihren Ideologen gelingt, Interessensunterschiede zwischen der eigenen Führung und den (potenziellen) inneren sowie äußeren »interessierten Dritten« zu verhindern, zu unterdrücken oder zumindest zu begrenzen. Zur Harmonisierung der Interessen können Konstruktionen und Instrumentalisierungen verbindender Geschichtsphilosophien und Weltanschauungen beitragen, wie sie in Form der bereits genannten »sozialistischen Bruderschaft« das keinesfalls spannungslose Verhältnis zwischen Nordkorea und China (bislang) stabilisieren. Im Fall Al Kaidas trug zumindest bis zur Abspaltung der Terrormiliz »Islamischer Staat« die Beschwörung eines gemeinsamen, religiös und kulturell begründeten, jedoch hinreichend diffusen Feindbilds, das sich aus islamistischen, panarabischen und antikolonialen Quellen speist, dazu bei, dass die Interessen der strategischen Führer, Anhänger und Unterstützer der Terrororganisati-

158 Dass *insurgents* auf ein Mindestmaß an handfester – statt ausschließlich virtueller – Unterstützung angewiesen sind, betont Steven Metz (2011) im Zusammenhang mit der *interconnectedness* von *insurgencies*, ohne jedoch den Kern des hier verhandelten Dilemmas zu erfassen: »The need to generate their own resources and the absence of overt state sponsors forces insurgencies to develop a wide array of *linkages, partnerships, and alliances*. Interconnectedness – both virtual and tangible – allows this. *Insurgents can use the Internet to find partners*, whether ideological supporters who share a political perspective or business partners who provide information and armaments« (ebd.: 131; Hervorh. F. W.). Dass die hier genannten *ideological supporters* und *business partners*, wenn auch sie »virtuell« über das Internet zu finden sein mögen, längerfristig ihre handfeste Unterstützung von mehr oder weniger direkten Mitspracherechten abhängig machen werden, die sich nicht vollständig »virtualisieren« lassen, ohne dass das zu einer Schwächung der Kräfte führen würde, begründet das Dilemma zwischen Kraftsteigerung und Erhalt bzw. Ausbau strategischer Unabhängigkeit.

on nicht allzu sehr voneinander abwichen. Dass allerdings auch eine solche, die Gemeinschaft verbindende und zugleich verbindliche Rückbindung, *religio*, an eine Weltanschauung die strategische Handlungsfreiheit eines Akteurs einschränken kann, zeigt sich, wenn konkurrierende Deutungseliten auftreten, die mit alternativen Auslegungen der entsprechenden Weltanschauung die kulturelle und politische Deutungshoheit der strategischen Führer herausfordern – eine Entwicklung, auf die all jene hoffen, die den Islam gegen den islamistischen Terrorismus in Stellung bringen wollen. Ungeachtet solcher Hoffnungen, die aus Sicht der islamistisch-fundamentalistischen Bewegungen ernste ideologische Bedrohungen darstellen, ist für die »Schurken« die Ideologie das »Mittel der Wahl«, um das hier besprochene Dilemma zu meistern, also die Symmetrierung der Kraft mit der Asymmetrierung der Kampfstrategie zu verbinden: Die für den asymmetrischen Kampf erforderliche strategische Autonomie und Flexibilität können sie sich gegenüber ihren Unterstützern und Anhängern, auf die sie zur Kraftsteigerung angewiesen sind, bewahren, indem sie mögliche Interessensunterschiede zwischen diesen sowie den strategischen Führern der Terrororganisation oder des »Schurkenstaats« weltanschaulich zudecken und indem sie darüber hinaus in Aussicht stellen, dass solche Interessensunterschiede in der zukünftigen, erst noch zu erkämpfenden Welt ganz verschwinden werden. Auf diesem umfassenden, weit über das konventionelle Schlachtfeld hinausgehenden ideologisch-weltanschaulichen Terrain also haben die »Schurken« sich letztlich zu behaupten – gemäß dem dritten Dschungelgesetz: »Sieh das Ganze!« Gelingt ihnen dies und können sie auch die beiden anderen, zuvor aufgezeigten Dilemmata des asymmetrischen Krieges meistern, so sind sie vor dem Hintergrund des hier entwickelten Modells rationaler asymmetrischer Kriegführung gut vorbereitet für den Dschungelkampf gegen ihre ungleich stärkeren Kontrahenten.

12. Starke im Dschungel: Die Grand Strategy der westlichen Staaten

Die westlichen Staaten agieren auf dem Sicherheitsterrain des 21. Jahrhunderts aus der Position asymmetrischer Stärke heraus. Ihre Grand Strategy für den asymmetrischen Krieg entspricht den Anreizen und Anforderungen, die sich mit der Asymmetrie der Stärke verbinden. Eine Beschreibung dieser

Grand Strategy kann in dem zuvor erprobten Dreischritt erfolgen: Ausgehend von a) der Verortung der westlichen Staaten im hügeligen Asymmetrien-Terrain werden b) die Elemente und sodann c) die Dilemmata der Grand Strategy beschrieben, mit der die westlichen Staaten im Rahmen eines rationalen Asymmetrien-Managements von ihrer herausgehobenen politisch-strategischen Position aus auf die Herausforderung durch die »Schurken« reagieren.[159]

a) Die gesamtstrategische Position der westlichen Staaten im komplexen Asymmetrien-Terrain

Die westlichen Staaten besetzen in der internationalen Ordnung zu Beginn des 21. Jahrhunderts das obere Ende der Kraft-Asymmetrie. Damit dominieren sie den höchsten »Gipfel« im komplexen Asymmetrien-Gelände – jenen der Kraft – und bestimmen von ihm aus das Geschehen auf dem regulären Kriegsterrain. Jedoch nehmen sie nicht an allen Asymmetrie-Hügeln eine derart herausgehobene Stellung ein. So sind sie aufgrund ihrer ökonomisch-technologischen Fortschrittlichkeit, angeführt durch die USA, den nichtstaatlichen und staatlichen »Schurken« als ihren potenziellen Kontrahenten zwar insgesamt an Kräften überlegen (*Asymmetrie der Kraft*) und können daher strategisch aus der Offensive heraus agieren. Aufgrund ihrer staatlichen Verfasstheit sind sie aber, anders zumindest als nichtstaatliche Terrororganisationen und Kämpferverbände (*Asymmetrie der Organisationsform*), territorial verortbar und daher auch relativ gut sicht- und leicht verwundbar (*Asymmetrie der Verwundbarkeit*), gleichen in diesen zwei Hinsichten allerdings den staatlichen »Schurken« (*Symmetrie der Organisationsform* und *Symmetrie der Verwundbarkeit*). Ebenfalls wegen ihrer Staatlichkeit, vor allem aber wegen ihrer demokratischen, rechtsstaatlichen Verfasstheit, ihres Selbstverständnisses als offene, liberale Gesellschaften sowie des hohen Grades ihrer internationalen Einbindung sind sie, anders als die »Schurken«, durch vielfältige Formen und Normen der organisatorischen und normativen Selbstbindung in ihrer Kampfweise eingeschränkt (*Asymmetrie der Selbstbindung*).

159 Zu dem Begriff »westliche Staaten«, der die dadurch bezeichneten Akteure in dreierlei Hinsicht von anderen internationalen Akteurstypen abgrenzt – von nichtstaatlichen Akteuren (wie Al Kaida), von sogenannten »Schurkenstaaten« (wie Nordkorea und dem Iran) und von vergleichsweise weniger entwickelten Staaten (wie der Volksrepublik China) –, siehe die entsprechenden Erläuterungen oben in Fußnote 19.

Diese Verpflichtung auf eigene und internationale Regeln verleiht den westlichen Staaten in der Weltöffentlichkeit und Staatengemeinschaft ein – im Vergleich zu ihren Gegnern – relativ hohes Maß an Legitimität (*Asymmetrie der Legitimität*). Dennoch sehen sie sich aufgrund ihrer relativ geringen Entschlossenheit (*Asymmetrie der Entschlossenheit*), die sich in der postheroischen Mentalität ihrer Gesellschaften sowie in ihrer, teilweise durch diese Mentalität bedingten, Präferenz für technologiegestützte »Zero Casualties«-Kriege äußert, nicht dazu in der Lage, Kriege unter steigenden Verlusten über längere Zeit hinweg durchzuhalten (*Asymmetrie der Zeit*). Angesichts des sich daraus ergebenden Zeitdrucks sind die westlichen Staaten auf die fortwährende Eroberung immer neuer technologischer Räume angewiesen, deren einseitige Kontrolle ihnen eine schnelle und verlustarme Kriegführung erlaubt und verspricht (*Asymmetrie des Raumes*).

b) Elemente der Grand Strategy der westlichen Staaten

Auf der Grundlage dieser Verortung der westlichen Staaten im komplexen, hügeligen Asymmetrien-Terrain können die Elemente ihrer Grand Strategy bestimmt werden, die dieser Position und den mit ihr verbundenen Anreizen und Anforderungen entsprechen. Wie bereits bei den »Schurken« lässt das Modell rationaler asymmetrischer Kriegführung ein ausgewogenes Asymmetrien- und Symmetrien-Management erwarten. Dieses umfasst im Fall der westlichen Staaten zu Beginn des 21. Jahrhunderts – spiegelbildlich zur strategischen Zweck-, Ziel- und Mittelorientierung ihrer Kontrahenten – ebenfalls drei Elemente, diese allerdings in »spiegelverkehrter« Ausrichtung: (1) die langfristig bezweckte Asymmetrierung der Legitimität, (2) die mittelfristig als Ziel verfolgte Asymmetrierung der Kraft und (3) die kurzfristig als Mittel eingesetzte Symmetrierung der Kampfstrategie.

(1) Der gesamtstrategische Zweck der westlichen Staaten: Asymmetrierung der Legitimität

Langfristig ist es im Rahmen des Modells rationaler asymmetrischer Kriegführung für die westlichen Staaten zweckmäßig, das zwischen ihnen und den nichtstaatlichen sowie staatlichen »Schurken« bestehende Legitimitätsgefälle aufrechtzuerhalten und möglichst noch zu vergrößern. So kommt es für sie darauf an, »unrechtmäßigen« und »irregulären« Akteuren den von diesen geforderten »legitimen Platz« im internationalen System zu verweigern, bildhaft gesprochen also zu verhindern, dass die unkonventionell operierenden »Schurken« am Legitimitäts-Hügel dasselbe Niveau wie die anerkannten Mitglieder der Staatengemeinschaft erreichen. Um eine solche Gleichstellung zu blockieren, können sie »illegitime« politisch-strategische Taktiken und Methoden als solche diskriminieren und zudem völker- und kriegsrechtliche Standards mittels »roter Linien« definieren, deren Unter- bzw. Überschreitung sie mit Legitimitätsentzug quittieren. Gelingt es den westlichen Staaten, solche Standards verbindlich zu etablieren und sie in Form internationaler Normen mehr oder weniger zu kodifizieren, so können sie dadurch das sie begünstigende Legitimitätsgefälle zum Nachteil der diskriminierten »Schurken« wie mit Legitimitätsbarrieren stabilisieren. Beispiele solcher Barrieren sind die in Völker- und Kriegsrecht gegossenen Unterscheidungen zwischen regulären und irregulären Kämpfern oder erlaubten und geächteten Waffen. Doch auch außerhalb des Völker- und Kriegsrechts können die westlichen Staaten die legitimatorische Asymmetrierung vorantreiben, indem sie diskriminierende Unterscheidungen in die politische Rhetorik einführen, beispielsweise solche zwischen »Staat« und »Schurkenstaat«, »Demokratie« und »defekter Demokratie« oder »state«, »failed state«, »failing state« bzw. »fragile state«.[160] Zu diesen politisch-rhetorischen treten schließlich noch moralphilosophische Formen und Formeln der Legitimitätsasymmetrierung hinzu, wie sie etwa im Zusammenhang mit der Unterscheidung zwischen »gerechtem« und »ungerechtem« Krieg (vgl. Walzer 1982) in jüngster Zeit wieder Bedeutung erlangten, einer Unterscheidung, die dazu genutzt werden kann, eine Asymmetrie der Legitimität zu begründen, zu vergrößern, zu verteidigen und zu instrumentalisieren. Solche rechtlichen, politisch-rhetorischen und moralphilosophischen Asymmetrierungen der Legitimität haben vor allem dann Aussicht auf Erfolg, wenn sie durch entsprechende PR-Kampagnen ergänzt werden. Diese zielen darauf ab, bestehende oder beanspruchte Statusprivilegien auch in den Foren der Weltöffentlichkeit gegen die konkurrierenden Legitimitätsansprüche der »Schurken« zu behaupten.

160 Wenn Nolte (2007) angesichts des politischen Charakters der Ausdrücke »failed state«, »zerfallener Staat« und »collapsed state« den Ausdruck »fragiler Staat« als einen »möglichst weiten und neutralen Begriff« (ebd.: 175) präferiert, der »ohne normative Implikationen bloß beschreib[e]« (ebd.)., scheint er die Politisierbarkeit *auch dieses* Begriffs zu unterschätzen. Zu dem *prinzipiell* politisch-rhetorischen und legitimitätspolemischen Charakter solcher Kategorien sowie der *dennoch* anzunehmenden Fruchtbarkeit analytischer Typologien von Staatlichkeit siehe die Anmerkungen oben in Fußnote 19.

Dabei kommt der auswärtigen Kulturpolitik, flankiert durch Maßnahmen der internationalen Medienpolitik und *Public Diplomacy*, besondere Bedeutung zu. Mit deren Hilfe hoffen die westlichen Staaten ihre kulturelle, mediale und diplomatische *soft power* in langfristig vorteilhafte Vorsprünge am Hügel der Asymmetrie der Legitimität zu übersetzen.

(2) *Das gesamtstrategische Ziel der westlichen Staaten: Asymmetrierung der Kraft*

Mittelfristig steht im Rahmen des hier konstruierten Modells zu erwarten, dass die westlichen Staaten auf ihre asymmetrische Überlegenheit im Bereich der *hard power* vertrauen und diese durch Maßnahmen der Asymmetrierung auszubauen versuchen. Zu einer solchen Asymmetrierung der Kraft sehen sie sich deswegen angehalten, da sie nur so ihren vergleichsweise großen internationalen Handlungsspielraum und Einflussbereich sichern oder noch erweitern können. Hierzu verfolgen die westlichen Staaten koordinierte Forschungs-, Entwicklungs- und Rüstungsprogramme (etwa im Kontext der NATO), die der Steigerung des sicherheitsbezogenen Outputs ihrer Volkswirtschaften dienen sollen. Auf der anderen Seite beschränken sie die Proliferation von Waffensystemen und insbesondere der Nukleartechnologie, um ihre Herausforderer am Hügel der Kraft-Asymmetrie an einem schnellen »Aufstieg«, also an einer Verringerung der Asymmetrie der Kraft, zu hindern. Abgesehen von solchen Bemühungen legt es eine rationale Grand Strategy den westlichen Staaten nahe, mit dem Ziel einer Asymmetrierung der Kraft auch ihre Verwundbarkeit zu verringern. Hierzu können sie unter dem Paradigma der »öffentlichen« oder »zivilen Sicherheit« integrierte »Homeland Security«-Kapazitäten zum Schutz ihrer »Kritischen Infrastrukturen« aufbauen, mit denen sie ihre »Resilienz« im Sinne der Bewältigungskapazität und Widerstandsfähigkeit für den Katastrophenfall maximieren (Münkler/Wassermann 2012). Solche defensiven Bemühungen können in der Offensive durch Maßnahmen ergänzt werden, mit denen die westlichen Staaten die »Schurken« am Hügel der Kraft-Asymmetrie um einige Jahre und Entwicklungsschritte zurückwerfen und »hinunterdrängen«. Dies ist der Fall, wenn »illegitime« Rüstungsprojekte und Forschungseinrichtungen, etwa im Bereich der Uran-Anreicherung, mittels Drohnen- oder Cyber-Angriffen auf asymmetrische Weise beschädigt und zerstört werden. Entziehen die schwer zu greifenden, mobilen »Schurken« sich solchen Angriffen, so bleibt den westlichen Staaten nur, die Quellen und Ströme zu identifizieren, zu lokalisieren und zu blockieren, auf die ihre Kontrahenten zur Fortsetzung ihrer »illegitimen« Vorhaben angewiesen sind. Dabei kann es sich um die ideellen und ideologischen Quellen des Nachschubs an motivierten Kämpfern, Unterstützern und Sympathisanten ebenso handeln wie um die finanziellen und materiellen Geld-, Waren- und Waffenströme, von deren ununterbrochenem Zufluss die Planung und Durchführung der Operationen der »Schurken« abhängen. Maßnahmen, mit denen diese Ströme unterbrochen und ihre Quellen trockengelegt werden können, erscheinen für die westlichen Staaten zielführend, um die Asymmetrie der Kraft, von der sie profitieren, zu verstetigen und mittels Asymmetrierung noch zu vergrößern.

(3) Das gesamtstrategische Mittel der westlichen Staaten: Symmetrierung der Kampfstrategie

Kurzfristig, also in der unmittelbaren gewalttätigen Konfrontation, nehmen die westlichen Staaten im Rahmen der hier modellierten Grand Strategy Anreize wahr, jene Symmetrie der Kampfstrategie wiederherzustellen, die durch die von den »Schurken« kreativ betriebene strategische Asymmetrierung beseitigt wurde oder gefährdet erscheint. Die Resymmetrierung der Kampfstrategie liegt vor allem deswegen im Interesse der westlichen Staaten, weil diese ihre Stärke nur dann (voll) zur Geltung bringen können, wenn auch die Schwachen nach den gleichen Regeln und mit den gleichen Mitteln und Methoden kämpfen (vgl. Arreguín-Toft 2001; 2005). Um eine solche Gleichheit der Kampfweisen (wieder) herzustellen, können die westlichen Staaten die Resymmetrierung der Kriegführung auf zwei unterschiedlichen Wegen verfolgen: erstens in Richtung einer Symmetrie auf dem *hohen* Niveau des bestehenden Völker- und Kriegsrechts, zweitens in Richtung einer Symmetrie auf dem *tiefen* Niveau der Kampfweise der nichtstaatlichen Terrorgruppen und der »Schurkenstaaten«. Die *erste* Variante, also die Verpflichtung ihrer Gegner auf die Einhaltung etablierter völker- und kriegsrechtlicher Standards, erscheint für die westlichen Staaten insbesondere unter moralischen und humanitären Gesichtspunkten vorteilhaft, da dadurch Zivilisten und Kombattanten geschont werden können. Darüber hinaus liegt eine solche Regulierung aber auch in ihrem strategischen Interesse, da der Kampf dadurch auf jenes normierte, reguläre Schlachtfeld begrenzt würde, auf dem die westlichen Staaten mit ihrer konventionellen Stärke das Kampfgeschehen dominieren. Aus dem gleichen Grund ist es aber wenig wahrscheinlich, dass rationale schwache Akteure sich auf die symmetrische, konventionelle

Kriegführung auf dem »hohen« Niveau des Völker- und Kriegsrechts verpflichten lassen werden, da sie gerade in der entgegengesetzten Richtung, also in der militärstrategischen Asymmetrierung, Vorteile für sich erkennen. Als »realistischer« werden die durch die Asymmetrie der Kraft begünstigten westlichen Staaten daher die *zweite* Variante der strategischen Resymmetrierung zu beurteilen haben, nämlich die Herstellung einer Symmetrie der Kampfweisen auf dem »unteren« Niveau des entgrenzten Dschungelkriegs. Wählen sie diesen Weg und geben sie also der »Versuchung« nach, »in einer Weise auf die Rebellenangriffe zu antworten, die die Asymmetrie spiegelt, um eine grundlegendere Symmetrie wiederherzustellen« (Daase 2005: 259), so kommt es zu jener abwärtsgerichteten Spirale strategischer und »organisatorischer Mimikry« (Heins/Warburg 2004: 98ff.), in der die Gegner einander durch ihre eskalierenden Innovationen übertreffen bzw. unterbieten und sich so auf dem abschüssigen Pfad der »Barbarization of Warfare« (Kassimeris 2006) wechselseitig antreiben und immerzu abwärts bewegen. Die Delegation hoheitlicher Aufgaben – und damit auch hoheitlicher Verantwortung – an private Sicherheitsunternehmen weist ebenso in diese Richtung wie die Aushebelung demokratischer und öffentlicher Kontrollmöglichkeiten infolge des verstärkten Einsatzes von Geheimdiensten, Überwachungssoftware und Special Forces im Cyber- und Drohnenkrieg sowie das Experimentieren staatlicher Streitkräfte mit flexiblen netzwerkartigen Organisations- und Führungsformen. All diese Entwicklungen, mit denen die westlichen Staaten auf die Asymmetrie der Kampfstrategien reagieren, (ver-)führen sie auf den abschüssigen Pfad einer »Resymmetrierung nach unten«.

c) Dilemmata der Grand Strategy der westlichen Staaten

Drei Elemente kennzeichnen die im Rahmen des Modells rationaler asymmetrischer Kriegführung beschriebene Grand Strategy der westlichen Staaten: die langfristig bezweckte Asymmetrierung der Legitimität, die mittelfristig als Ziel verfolgte Asymmetrierung der Kraft und die kurzfristig als Mittel eingesetzte Symmetrierung der Kampfstrategie. Zwischen diesen drei Elementen treten – wie bei der zuvor betrachteten Grand Strategy der »Schurken« – Konflikte und Widersprüche auf, die eine kluge Bewältigung dreier Dilemmata des asymmetrischen Krieges erforderlich machen: der Dilemmata (1) zwischen der Symmetrierung der Kampfstrategie und der Asymmetrierung der Legitimität, (2) zwischen der Asymmetrierung der Kraft und der Symmetrierung der Kampfstrategie sowie (3) zwischen der Asymmetrierung der Kraft und der Asymmetrierung der Legitimität.

(1) Das erste Dilemma der westlichen Staaten: Symmetrierung der Kampfstrategie vs. Asymmetrierung der Legitimität

Das wohl größte Dilemma, das der asymmetrische Krieg für die westlichen Staaten bereithält, ergibt sich aus dem Wechselverhältnis zwischen der Symmetrierung der Kampfstrategie und der Asymmetrierung der Legitimität. So können liberal-demokratisch, rechtsstaatlich verfasste Staaten westlichen Typs ihre Kampfstrategie nicht an die Erfordernisse des asymmetrischen Krieges anpassen, ohne dadurch entweder selbst an Legitimität einzubüßen oder aber umgekehrt ihren asymmetrischen Gegnern Legitimitätsgewinne zuzugestehen. *Ersteres* ist der Fall, wenn sie die irreguläre Kampfweise der »Schurken« übernehmen, um so eine Symmetrie der Kampfstrategie auf dem »unteren« Niveau der regellosen, entgrenzten Kriegführung wiederherzustellen. Mag diese Option auch kurzfristig geeignet erscheinen, Nachteile im Kampf auszugleichen, ist sie langfristig doch kontraproduktiv: Indem Staaten, zumal liberal-demokratisch, rechtsstaatlich verfasste, auf diese Weise ihre eigenen (Kriegs-)Regeln brechen, untergraben sie die Grundlagen ihrer Legitimität und tragen letztlich zur Erosion der staatlich verfassten, völker- und kriegsrechtlich fundierten internationalen Ordnung bei, die allein ihnen ihre asymmetrischen Legitimitätsvorteile garantiert. Die *zweite* Option zur Wiederherstellung einer Symmetrie der Kampfstrategie, also die Begrenzung und Hegung des Krieges auf dem »hohen« Niveau des Völker- und Kriegsrechts, erscheint demgegenüber langfristig vielversprechender. Kurzfristig ist sie jedoch nur realisierbar, wenn den schwachen, irregulär agierenden Gegnern im Austausch für ihren Verzicht auf eine »asymmetrische« Kampfweise Legitimitätsgewinne zugestanden werden, die die Kosten dieses Verzichts aufwiegen oder noch übersteigen. Zugeständnisse dieser Art können darin bestehen, die »illegitimen« Konfliktakteure zu »legitimen« Verhandlungs- und Handelspartnern aufzuwerten und ihnen die mit dem aufgewerteten Status einhergehenden Rechte zuzuerkennen. So lange hierzu auf Seiten der westlichen Staaten der politische Wille fehlt – und dies scheint eher die Regel zu sein –, haben ihre Bestrebungen zur Regulierung des Irregulären geringe Aussichten auf Erfolg.[161]

Wie können die westlichen Staaten dieses Dilemma ihrer Grand Strategy für den asymmetrischen Krieg bewältigen? Um eine Symmetrie der Kampfstrategie herzustellen, ohne entweder selbst an politischer Legitimität einzubüßen oder aber dem Gegner Legitimitätsgewinne zuzugestehen, erscheint im Rahmen des hier konstruierten Modells eine Doppelstrategie naheliegend. *Erstens* legt eine solche zweigeteilte Grand Strategy es nahe, dass die westlichen Staaten in ihrer offiziellen, öffentlichen Politik langfristig an einer Resymmetrierung der Kriegführung auf dem »hohen« Niveau des Völker- und Kriegsrechts festhalten und dementsprechend Maßnahmen ergreifen, die geeignet sind, nichtstaatliche ebenso wie staatliche »Schurken« auf die Einhaltung von Mindeststandards der Kriegführung zu verpflichten. Dies freilich erscheint nur erfolgversprechend, wenn das Völker- und Kriegsrecht fortentwickelt – und das heißt: abgestuft – werden kann in einer Weise, die es erlaubt, »illegitime« Akteure einzubinden, ihnen also als Gegenleistung für ihre Regelkonformität eine *partielle*, *befristete* und *konditionale* Legitimitätsaufwertung in Aussicht zu stellen. Das Bestreben westlicher Staaten müsste es dabei sein, durch eine Abstufung der Rechte und Pflichten – spiegelverkehrt zu der Absicht der »Schurken« – die Position von *primi inter pares* zu besetzen. Diese Position nämlich würde es ihnen ermöglichen, bestehende Privilegien gegen die konkurrierenden Ansprüche derjenigen zu verteidigen, die als »im Prinzip Gleiche«, faktisch aber Ungleiche lediglich *teilweise* anzuerkennen sind. Im Interesse der westlichen Staaten und zu Lasten der »Schurken« liefe eine solche Strategie auf eine tendenzielle Symmetrierung der Pflichten ohne eine damit einhergehende Symmetrierung der Rechte hinaus. Diese Strategie partieller Einbindung und konditionaler An-

161 Zu dieser Einschätzung gelangt schon Daase (1999), wenn er betont, dass »die bisherigen Versuche zur Regulierung des Irregulären« sich als eine Strategie herausstellen, »die irreguläre Kriegsführung substaatlicher Akteure zu reglementieren, ohne ihnen einen Statusgewinn zu gewähren. Der substaatliche Akteur wird aber solange an der irregulären Kriegsführung festhalten, wie die politischen und militärischen Gewinne seines irregulären Kampfes die Gewinne übersteigen, die sich aus dessen Aufgabe ergeben könnten« (ebd.: 245). Vor dem Hintergrund dieser Einschätzung werden die Statusgewinne verständlich, die dem vormaligen »Schurkenstaat« und Terrorexporteur Libyen in den Jahren zwischen 2003 und 2011 für seine als notwendig und wertvoll erachtete Kooperationsbereitschaft im *war on terror* eingeräumt wurden – ebenso wie die Zugeständnisse, die erforderlich gewesen wären und noch sein werden, um die Taliban in Afghanistan für ernsthafte Verhandlungen über die Zukunft »ihres« Landes zu gewinnen.

erkennung scheint freilich gegenüber staatlichen »Schurken« einfacher anwendbar zu sein als gegenüber nichtstaatlichen Terrororganisationen. Deren oftmals unbegrenzte Ziele fallen schließlich nicht selten unverhandelbar aus, sofern man ihren radikalen, ideologisch oder religiös grundierten Selbstdarstellungen Glauben schenken mag. Inwiefern nichtstaatliche, gleichwohl aber politische Gruppierungen sich als Verhandlungspartner einbinden lassen, ob und wie also etwa die Taliban für Gespräche über die Zukunft Afghanistans gewonnen (hätten) werden können, hängt davon ab, ob diesen Akteuren von den westlichen Staaten eine attraktive proto- oder quasistaatliche Rolle in jener Ordnung zugedacht und zugestanden wird, über deren Zukunft verhandelt werden soll. Ist das nicht der Fall und betrachten die Taliban entsprechende Angebote als unglaubwürdig, so werden sie die Verhandlungsoption ausschlagen und stattdessen an ihrer irregulären Strategie und radikalen Ideologie festhalten. Erkennen sie hingegen eine realistische Chance, von den Verhandlungen mit den westlichen Staaten zu profitieren, so werden sie diese Option ergreifen und ihre Forderungen in Verhandlungen über die Zukunft Afghanistans einbringen. Für die westliche Staatengemeinschaft käme es darauf an, Ersteres – also den Ausstieg der Taliban aus den Verhandlungen – zu verhindern und Letzteres – also die ernsthafte Verhandlungsbereitschaft der Taliban – sicherzustellen und dabei *dennoch* grundsätzliche Zugeständnisse ihnen gegenüber zu vermeiden. Wie dies zu bewerkstelligen sein könnte, bildet eine der großen Herausforderungen, von deren kluger und kreativer Bewältigung die Entwicklung nicht nur in Afghanistan, sondern die Erfolgsaussichten des westlichen Engagements in asymmetrischen Konflikten überhaupt abhängen. Das zweite Dschungelgesetz gibt hier wenn schon nicht die Lösung, so doch die Aufgabenstellung vor: »Denke viel – und anders!«

In Ergänzung zu diesem ersten Teil der Doppelstrategie werden die westlichen Staaten, angeführt von den USA, im Rahmen ihrer Kalkulation von Kosten und Nutzen auch Anreize erkennen, die Resymmetrierung der Kampfstrategien nicht allein in Richtung des »hohen«, sondern, *zweitens*, auch in Richtung des »unteren« Niveaus der Kriegführung zu betreiben. Da eine entsprechende Lockerung der militär-ethischen *Codes of Conduct* und der operativen *Rules of Engagement* zu äußerem Widerspruch und inneren Widersprüchen führt, könnten die Staaten – ähnlich wie die »Schurken« – sich dazu verleitet sehen, ebenfalls zu Methoden der Invisibilisierung zu greifen. Solche Methoden zielen darauf ab, »asymmetrische« Operationen aus dem medial einsehbaren, demokratisch kontrollierbaren und öffentlich zu verantwortenden Handlungsraum zumindest zeit- und teilweise auszulagern, um so die eigenen – oder vorteilhafter noch: die als »Hilfstruppen« bzw. *auxilia* inoffiziell beauftragten fremden – Kämpfer von den in jenem sichtbaren Raum geltenden rechtlichen und moralischen Restriktionen zu entbinden.[162] In diese Richtung weisen auch Einschränkungen der Meinungs- und Pressefreiheit, so etwa Nachrichten- und Internetsperren sowie Aufrufe zur medialen und gesellschaftlichen Selbstzensur, die zur Anwendung kommen können, um das »asymmetrische«, »irreguläre« Operieren der eigenen Truppen zu verdecken und auf diese Weise deren Beitrag zur strategischen Resymmetrierung auf dem »unteren« Niveau der entgrenzten Kriegführung zu verschleiern. Scheitern solche Versuche und kommt die möglicherweise auch von den westlichen Staaten aktiv betriebene Resymmetrierung des Kampfes auf dem »unteren« Kriegsniveau ans Licht der Öffentlichkeit, so führt dies zu politischen Legitimitätsverlusten, die in ihrer Höhe die durch die Resymmetrierung des Kampfes erzielten Gewinne übersteigen können. Zu solchen Legitimitätsverlusten kommt es insbesondere dann, wenn es den »Schurken« gelingt, angesichts von vermeintlichen oder tatsächlichen Verstößen der westlichen Staaten gegen geltendes Völker- und Kriegsrecht, allgemeine oder auch lokale Gerechtigkeits- und Moralvorstellungen oder religiöse und kulturelle Vorschriften politischen und gesellschaftlichen Widerstand zu mobilisieren. Hat diese Mobilisierung Erfolg, so reagiert die empörte Welt- oder die lokale Öffentlichkeit auf die vermeintlichen oder tatsächlichen Verstöße mit einem Entzug ihrer Unterstützung oder gar der aktiven Parteinahme gegen die westlichen Staaten. Ob diese Staaten sich gegen solche Formen der Delegitimierung schützen können, indem sie ihren Kampf in Räume des Geheimen verlagern, hängt davon ab, inwieweit und wie lange liberaldemokratisch und rechtsstaatlich verfasste Gesellschaften dazu bereit sind,

---

162 Zu einer kritischen Diskussion des Einsatzes von *auxilia* im Auftrag und zur Unterstützung regulärer Truppen siehe Kilcullens (2011: 320–327) Rekonstruktion der Verwendung von *tribal irregulars* vom antiken Rom bis in die Gegenwart der Irak- und Afghanistankriege: »In both Iraq and Afghanistan a very large number of civilian officials and military officers have been involved at some level as leaders or participants in tribal engagement programmes« (ebd.: 324). Die Zahl der im Irak von der US-geführten Koalition eingesetzten irakischen *irregular forces* schätzt Kilcullen (ebd.: 326) auf etwa 95.000 Kämpfer im Jahr 2007. Zu Beginn des Jahres 2015 setzen die USA und ihre Verbündeten, die nunmehr den »Islamischen Staat« im Irak und in Syrien bekämpfen, zumindest offiziell keine eigenen Kampftruppen am irakisch-syrischen Boden mehr ein, sondern vertrauen ausschließlich auf lokale *auxilia* und deren Ausbildung, Beratung, Bewaffnung sowie Luftunterstützung.

die mit einer solchen Invisibilisierung des Kampfes verbundene Entmündigung der demokratischen Öffentlichkeit zu tolerieren. Diese Frage wurde und wird in westlichen Parlamenten dies- und jenseits des Atlantiks ausführlich bearbeitet, so von Untersuchungsausschüssen zu Geheimgefängnissen, Geheimflügen und geheimen Verhörmethoden der US-amerikanischen CIA (»Central Intelligence Agency«) und zu geheimen Spionage- und Überwachungsaktivitäten der gleichfalls US-amerikanischen NSA (»National Security Agency«) sowie des britischen GCHQ (»Government Communications Headquarters«). Mit Blick auf das hier ins Auge gefasste Dilemma geht es dabei stets um die Herausforderung, inwiefern westliche Gesellschaften dazu in der Lage sind, die *double standards* (Ignatieff 2004) zu ertragen, die nicht nur für interkulturelle Kriege (vgl. Kaempf 2009), sondern für asymmetrische Kriege insgesamt charakteristisch sind: Doppelstandards zwischen »hohen« und »tiefen« Formen der Resymmetrierung des Krieges.

(2) Das zweite Dilemma der westlichen Staaten: Asymmetrierung der Kraft vs. Symmetrierung der Kampfstrategie

Ein Dilemma ergibt sich im Rahmen des Modells rationaler asymmetrischer Kriegführung für die westlichen Staaten auch aus der doppelten Anforderung, ihre Kraft zu steigern und zugleich ihre Kampfstrategie den Erfordernissen des asymmetrischen Krieges anzupassen. Dabei geht es um die Frage, ob und wie die fortgeschrittenen, hochentwickelten Gesellschaften des Westens, die sich demonstrativ als solche begreifen, in der Lage sind, einen Krieg zu führen, der häufig auf dem wenig fortschrittlichen, »tiefen« Niveau ihrer asymmetrischen Kontrahenten ausgetragen und entschieden wird. Im Hintergrund dieses Dilemmas steht die Beobachtung, dass sich mit steigendem ökonomisch-technologischem und gesamtgesellschaftlichem Entwicklungsstand gerade diejenigen strategischen Optionen schließen, deren Wahl unter Bedingungen der Asymmetrie aussichtsreich, wenn nicht erforderlich ist. So scheinen westliche Gesellschaften im Verlauf ihres industriellen Fortschritts, durch den sie ihre Kräfte potenzieren konnten, teilweise ihren politischen Willen verloren oder abgelegt zu haben, diese gesteigerten Kräfte auf dem Schlachtfeld voll – oder überhaupt – zur Geltung zu bringen. Der Postheroismus des Westens wurde in diesem Sinne als Begleiterscheinung des Fortschritts gedeutet: Als mit steigendem Entwicklungsstand die demographische Reproduktionsrate in westlichen Gesellschaften sank, sei auch deren Bereitschaft zurückgegangen, ihre Söhne und – seltener – Töchter zum Militär und in den Krieg zu schicken. Im Ergebnis habe das zur Opferaversion, Kriegsmüdigkeit und schließlich Kriegführungsunfähigkeit fortgeschrittener westlicher Wohlstandsgesellschaften geführt (Luttwak 2003). Wenn diese These zutrifft und der diagnostizierte demographische Trend anhält, der freilich für die verschiedenen Gesellschaften des Westens in unterschiedlichem Maße zu konstatieren ist, so werden die westlichen Industriestaaten auch in Zukunft verstärkt auf die Entwicklung immer avancierterer Waffentechnologien setzen, die es ihnen erlauben, ihre Kriege zu beschleunigen und ihre Opferzahlen zu minimieren. Das kann letztlich in einen Kreislauf führen: Die technologisch vorangetriebene Kraft-Asymmetrierung senkt die Opferbereitschaft und Opfertoleranz immer weiter, und mit ihnen nimmt die Fähigkeit zum Kampf auf dem »unteren« Niveau der »Schurken« ab, sodass stets neue Technologiesprünge nötig werden, die wiederum die Herausbildung postheroischer Einstellungen begünstigen. Am vorläufigen Endpunkt dieser Entwicklung steht die an dem Ideal der »Zero Casualties«-Kriegführung ausgerichtete opferaverse Kampfstrategie der USA, die als solche Ausdruck der Überlegenheit *und* Hilflosigkeit der Supermacht ist. Denn das hier umrissene Dilemma lässt sich offenbar nicht mit Hochtechnologie und insbesondere Kampfdrohnen *allein* in den Griff bekommen. Wenn auch diese als »die optimalen Waffen für postheroische Gesellschaften« (Münkler 2012: 29) angesehen werden können, lassen sich mit ihnen die Probleme des asymmetrischen Krieges doch nicht umfassend meistern. Stattdessen stellen sich diese Probleme teilweise auf dem »unteren« *low tech*-Niveau des Kampfes der »Schurken« und ist ihnen somit nicht ausschließlich mit Drohnen aus der Luft, sondern auch im Dickicht des Dschungels und nach der Devise »boots on the ground!« zu begegnen. Ökonomisch-technologische Kraftsteigerungen der westlichen Staaten könnten das hier umrissene Dilemma zwischen der Asymmetrierung der Kraft und der Symmetrierung der Kampfstrategie daher eher noch vergrößern.

Wie können die westlichen Staaten dieses Dilemma im Rahmen ihrer Grand Strategy bewältigen? Um zu verhindern, dass ihre Asymmetrierung der Kraft dazu führt, dass sie die Fähigkeit verlieren, den Herausforderungen des asymmetrischen Krieges und der Kampfweise der »Schurken« adäquat zu begegnen, könnten die westlichen Staaten im Rahmen eines rationalen Asymmetrien-Managements versuchen, ihre militärtechnologische Rüstung durch Formen der *mentalen* und *moralischen* Rüstung zu ergänzen. An die Seite physischer Rüstungs- und Trainingsprogramme träten dann Bemühungen, die Erosion der eigenen Entschlossenheit und Opferbereitschaft zu verhindern. Das siebte Dschungelgesetz – »Stärke deinen Willen!« – gewänne damit gegenüber dem ersten Dschungelgesetz – »Stärke deine Kräfte!« – an Bedeutung. Eine solche Intensivierung mentaler und moralischer Rüstungs- und Trainingsanstrengungen erscheint strategisch naheliegend angesichts der Befürchtung, dass bereits geringe Verluste und Rückschläge, die sich im asymmetrischen Krieg nicht vermeiden und auch nicht ganz verschweigen lassen, den politischen Willen postheroischer Gesellschaften grundsätzlich erschüttern können. Problematisch sind in dieser Hinsicht vor allem humanitäre Interventionen, militärisch-polizeiliche und entwicklungspolitische Stabilisierungsmissionen sowie Einsätze zur Durchsetzung der »Responsibility To Protect«, in denen *per definitionem* keine vitalen Interessen seitens der Intervenierenden im Spiel sind. Um auch solche Missionen, sofern sie politisch gewollt sind, *aktiv* und *mit langem Atem* durchführen zu können, statt zum *passiven* Spielball einer *kurzfristigen* internationalen Aufmerksamkeitspolitik – »International Politics of Attention« (Junk 2015) – zu werden und also einerseits unter dem Eindruck humanitärer Katastrophen und anschwellender, massenmedial verstärkter Interventionserwartungen überhastet in »Interventionsabenteuer« hineinzustolpern sowie andererseits angesichts ausbleibender Interventionserfolge und steigender Opferzahlen ebenso plötzlich wieder aus ihnen herauszustürzen, kommt es für die westlichen Staaten darauf an, ihren gesellschaftlichen Einsatzwillen – »The Will To Intervene« (Chalk u.a. 2010) – bereits *vor* Beginn solcher Interventionen sicherzustellen und überhaupt zu klären. Jenseits konkreter Entscheidungen über einzelne Interventionen geht es dabei um die Frage, ob sich ein langfristiger, breiter, belastbarer Konsens über die allgemeinen Grundsätze des internationalen Engagements der betreffenden Gesellschaft erzielen lässt: Unter welchen Bedingungen und mit welchen Mitteln – zivil oder militärisch – ist eine Gesellschaft dazu bereit und in der Lage, sich international zu engagieren, und wann nicht? Ließe sich ein solcher Konsens erzielen, so könnte eine Gesellschaft auf dessen Grundlage eine Art zivil-militärischer »Nationaler Interventionsstrategie« verabschieden, an deren Kriterien politisch-strategische Entscheidungsträger ihre Interventions- *und* Nicht-Interventions-Entscheidungen dann auszurichten hätten – gleichgültig, ob diese Entscheidungen humanitäre, stabilisierende, entwicklungspolitische, »robuste«, »ausbildende« oder andere Interventionen beträfen. Damit bände die demokratische Politik sich an die einmal konsensuell festgelegten Kriterien, an denen sie selbst dann noch festzuhalten hätte, wenn, wie zu erwarten steht, mit der Dauer eines Einsatzes die eigenen Verluste steigen und der

Ruf nach der Realisierung der Exit-Option lauter wird – oder wenn umgekehrt mit der Dauer eines Interventionsverzichts die massenmedial geschürten Interventionserwartungen steigen und der gesellschaftliche sowie internationale Interventionsdruck zunimmt. Wie stets bei Selbstbindungen birgt daher eine solche »Nationale Interventionsstrategie« die Gefahr, dass sie zur Fessel werden kann, dann nämlich, wenn durch sie *jegliche* politisch-strategische Flexibilität und Reaktionsfähigkeit verhindert werden und rationale Gegenakteure das geschickt für sich ausnutzen, indem sie ihrerseits das siebte Dschungelgesetz zu ihren Gunsten interpretieren: »Meide – und nutze Fesseln!«. Hier zeigt sich nicht nur, dass die verschiedenen Dschungelgesetze in Konflikt miteinander geraten können, sondern auch, dass die Dilemmata des asymmetrischen Krieges sich kaum so widerspruchsfrei und »gesetzmäßig« auflösen lassen werden, wie die Idee einer ein für alle Mal verbindlichen »Nationalen Interventionsstrategie« das suggeriert. Stattdessen werden die westlichen Gesellschaften sich auch in Zukunft permanent mit den Widersprüchen des asymmetrischen Krieges konfrontiert sehen und auseinanderzusetzen haben. Mit Blick auf das hier umrissene Dilemma bedeutet dies: Nur wenn diese Gesellschaften ihren Interventionswillen permanent neu klären, nicht zuletzt auch was die Bedingungen angeht, unter denen sie *nicht* intervenieren wollen, können sie sich die Fähigkeit bewahren, ihren Willen in konkreten Situationen des Einsatzes – wie auch in konkreten Situationen bewusster Nicht-Intervention – langfristig entschlossen zu behaupten. Der Weg zur Klärung des Interventionswillens besteht in Demokratien in der öffentlichen Diskussion. In diesem Sinne bildet die öffentliche Verständigung über die Zwecke, Ziele und Mittel des eigenen internationalen Engagements für die physisch zwar starken, psychisch aber nicht zuletzt deswegen labilen demokratischen Gesellschaften des Westens eine Voraussetzung dafür, dass sie den asymmetrischen Krieg langfristig erfolgreich führen – oder ihn gerade bewusst und erfolgreich *nicht* führen – können, statt von kurzfristigen Interventionserwartungen einerseits sowie von einer regelmäßig sich unter Verlusten einstellenden Kriegsmüdigkeit andererseits in die eine oder andere Richtung verführt zu werden. Um das Dilemma zwischen der Asymmetrierung der Kraft und der Symmetrierung der Kampfstrategie bewältigen zu können, haben die westlichen Gesellschaften also immer wieder neu die Frage für sich zu beantworten: Unter welchen Bedingungen und auf welche Weise sind wir dazu bereit und in der Lage, den asymmetrischen Krieg zu führen – oder eben nicht zu führen? Zu einer realistischen Selbsteinschätzung gehört es dabei auch, sich gemäß dem fünften Dschungelgesetz –

»Erkenne Schwächen!« – des eigenen postheroischen Charakters voll bewusst zu werden und daraus politisch-strategische statt ausschließlich technologischer Schlüsse zu ziehen.

(3) Das dritte Dilemma der westlichen Staaten: Asymmetrierung der Kraft vs. Asymmetrierung der Legitimität

Die westlichen Staaten sehen sich schließlich im Rahmen des Modells rationaler asymmetrischer Kriegführung vor ein drittes Dilemma gestellt angesichts der zwei gegenläufigen Anforderungen an ihre Grand Strategy, einerseits ihre Kräfte zu stärken und andererseits gleichzeitig ihr Ansehen zu verbessern, also die Asymmetrierung der Kraft mit der Asymmetrierung der Legitimität zu verbinden. Beide Bestrebungen weisen nämlich oftmals in entgegengesetzte Richtungen. Kraftsteigerungen können zu Ansehensverlusten führen, und umgekehrt können Legitimitätssteigerungen derart aufwändig und voraussetzungsvoll sein, dass sie die Kräfte des nach Legitimität Strebenden überfordern. *Ersteres* ist der Fall, wenn sich die westlichen Staaten schwachen Kontrahenten gegenübersehen, die – dem Hirtenjungen David in seinem Kampf gegen Goliath ähnlich – aus der asymmetrischen Überlegenheit ihrer Gegner eine legitimitätspolitische Waffe schmieden. Die Davids des 21. Jahrhunderts erscheinen den umstehenden Beobachtern dann wie in der biblischen Geschichte im Wortsinne sympathisch, wobei das sympathisierende »Mit-Leiden« des Publikums in ein aktives »Mit-Tun« umschlagen und zur handgreiflichen Unterstützung führen kann. Die Goliathe des 21. Jahrhunderts hingegen wecken aufgrund ihrer Stärke bei den Umstehenden anstelle von Mitleid Misstrauen, das umso größer ausfällt, je weiter die Kraft-Asymmetrie sich spreizt und je schneller die Kraft-Asymmetrierung voranschreitet. Die asymmetrisch Benachteiligten können dieses diffuse Misstrauen gegenüber den asymmetrisch Überlegenen noch verstärken und in Legitimitätsgewinne für sich konvertieren, wenn sie legitimitätspolemisch auf die »Instabilität« einer unipolaren oder die »Illegitimität« einer imperialen Weltordnung verweisen, die sie als eine »imperialistische« delegitimieren, um hiergegen einen »legitimen« Widerstand zu mobilisieren. Der Vorsprung der Goliathe am Hügel der Kraft-Asymmetrie, den sie durch fortgesetzte Kraft-Asymmetrierung verteidigen, kann so am Hügel der Legitimitäts-Asymmetrie zu Nachteilen in der dort ausgetragenen Auseinandersetzung mit den Davids führen: Je offensiver die westlichen Staaten, angeführt durch die USA, das sie begünstigende Kräftegefälle verteidigen, desto selbstbewusster führen ihre Gegner den »ungleichen«, »legitimen« Kampf um eine »ausgeglichenere«, »harmonischere«, »fairere«, »legitimere« Weltordnung. Dieses Dilemma wird zudem, *zweitens*, dadurch verschärft, dass Bemühungen um eine Asymmetrierung der Kraft auch in umgekehrter Richtung mit der gleichzeitig angestrebten Legitimitäts-Asymmetrierung in Konflikt geraten. Legitimitätssteigerungen können nämlich mit erheblichen Kosten verbunden sein. Wollen die westlichen Staaten ihre Legitimitätsvorteile, die sie in der internationalen Politik und in den Augen der Weltöffentlichkeit vor nichtstaatlichen und staatlichen »Schurken« auszeichnen, gegen deren Ansprüche auf legitimatorische Gleichstellung verteidigen, so haben sie sich auf einen Wettlauf um Legitimität einzulassen, der sich als kräftezehrend und unter Umständen erschöpfend herausstellen kann. Das ist der Fall, wenn die Anstrengungen zur Verbesserung der eigenen internationalen Reputation, wie die westlichen Staaten sie im Kontext entwicklungs- und friedenspolitischer Maßnahmen und diplomatischer Initiativen zur Stärkung des Multilateralismus sowie der internationalen Kooperation unternehmen, ihre Kräfte stärker binden als dass sie sie vergrößerten. Entsprechende Bindungen gehen auch mit langfristig angelegten kollektiven Rüstungsprojekten einher, die den unilateralen Einsatz der eigenen Kräfte und deren eigenständige Fortentwicklung in der Zukunft erschweren oder verhindern. Stärker auf Multilateralismus, Kooperation und weiche Macht (*soft power*) statt allein auf Unilateralismus, die eigenen Kräfte und harte Macht (*hard power*) zu setzen, also eher in Legitimität denn ausschließlich in Effektivität zu investieren, wie dies den USA geraten wurde (vgl. Nye 2003), erscheint in diesem Sinne so lange »unrealistisch«, wie entsprechende Ratschläge das Dilemma zwischen Legitimität und Kraft unberücksichtigt lassen. Zwar mag eine »weiche« Außenpolitik dazu geeignet sein, Goliath das Image eines wohlmeinenden Hegemons (*benevolent hegemon*) zu verleihen, das ihm im Vergleich zu demjenigen eines implizit böswilligen Imperiums (also: eines *malevolent empire*) größere Legitimität verheißt. Jedoch gibt es einen Kulminationspunkt, jenseits dessen weitere Legitimitätsgewinne nur erzielt werden können, wenn dafür Kraftverluste in Kauf genommen werden, die jene Legitimitätsgewinne übersteigen. Jenseits dieses Kulminationspunktes wird es zunehmend schwieriger und anstrengender, also: zunehmend kräfte-bindender und kräfte-zehrender, mit »weichen« Mitteln zu überzeugen und multilateral zu kooperieren statt mit »harten« Argumenten zu überreden und unilateral zu forcieren. Wo genau dieser Kulminationspunkt liegt und wie er sich bestimmen lässt, ist innerhalb der Theorien der Internationalen Beziehungen weiterhin Gegenstand des schulbildenden Streits zwischen »Realisten« und »Institutionalisten«. Dessen Konjunkturen und Positionen schlagen sich außerhalb der akademischen Diskussion in dem schwankenden Verhältnis etwa der USA zu internationalen Institutionen und multilateralen Organisationen nieder, allen voran den Vereinten Nationen, der NATO und dem Internationalen Strafgerichtshof. Dieses Schwanken verdeutlicht das Dilemma, das sich für die westlichen Staaten insgesamt aus den konkurrierenden Erfordernissen der Asymmetrierung der Kraft und der Asymmetrierung der Legitimität ergibt.

Wie können die westlichen Staaten dieses Dilemma meistern und also gleichzeitig ihre Kraft und ihre Legitimität steigern? Im Rahmen des Modells rationalen Asymmetrien-Managements erscheinen einseitige Festlegungen auf *hard power*- oder *soft power*-Strategien hierzu ineffektiv und unattraktiv, da solche Einseitigkeiten – und zudem: solche Festlegungen – dem widersprüchlichen und dynamischen Charakter komplexer Asymmetrie nicht gerecht werden. Stattdessen legt das Modell es nahe, dass rationale politisch-strategische Akteure im asymmetrischen Krieg versuchen werden, unter Vermeidung solcher Einseitigkeiten und Festlegungen eine umfassende und zugleich flexible Grand Strategy zu entwerfen, in der sich Elemente der *hard power* mit Elementen der *soft power* auf »kluge« Weise zu einer Gesamtstrategie der *smart power* verbinden (Nye 2011). Die »Klugheit« einer solchen Strategie hätte sich dann darin zu erweisen, dass sie dazu befähigt, je nach Situation die angemessene Mischung aus *hard power* und *soft power*, Kraft- und Legitimitätssteigerung, militärischen und zivilen Komponenten, Uni- und Multilateralität, Realismus und Institutionalismus zu erzielen. Die westlichen Staaten scheinen die Dringlichkeit einer solchen neuen Mischung vormals als gegensätzlich betrachteter Teilstrategien allmählich, wenn auch widerwillig, unter dem Eindruck ihrer mehr oder weniger gescheiterten Interventionen im Irak und in Syrien sowie in Afghanistan zu erkennen. Wie eine komplexe Grand Strategy für den asymmetrischen Krieg auszugestalten sei, darüber zeichnet sich indessen weiterhin kein Konsens ab. Auf der europäischen Seite des Atlantiks behalten Elemente der *soft power* die Oberhand, so etwa in Konzeptionen der »vernetzten Sicherheit«, der »zivil-militärischen Zusammenarbeit« und der »ressortübergreifenden Koordination«. In US-amerikanischen Strategien, die sich eher an Theorien und Erfahrungen der Counterinsurgency orientieren, stehen hingegen »härtere« Strategie-Elemente im Vordergrund – solche der *hard power*. Beide Zugänge verbindet die Einsicht, dass militärische und technologische Stärke, also die

Ausnutzung und Vergrößerung der Kraft-Asymmetrie, zum Sturz von Regimen zwar genügen mögen, dass aber »Siege« im asymmetrischen Krieg, seien sie als *regime change*, als *state building*, als *stabilisation* oder mittels anderer Erfolgskriterien definiert, nicht mit *hard power* allein, sondern nur unter Beimischung »weicherer« Strategie-Elemente und folglich unter Ausnutzung und Vergrößerung der Legitimitäts-Asymmetrie zu erringen sein werden. Wie genau der Strategie-Mix aussehen soll, mit dem das Dilemma zwischen Kraft- und Legitimitäts-Asymmetrierung zu bewältigen ist, kann freilich nicht nach Art eines allgemeingültigen Rezepts festgelegt werden. Im Rahmen des Modells rationaler asymmetrischer Kriegführung lassen sich aber die Herausforderungen präzisieren, vor denen die westlichen Staaten bei ihrem Asymmetrien-Management zukünftig stehen werden.

Gemäß dem vierten Dschungelgesetz – »Nutze Hebel!« – wird es für die westlichen Staaten darauf ankommen, ihre asymmetrische physische Kräfteüberlegenheit auf eine *wohldosierte* Weise gegen die Schwächen der »Schurken« zu richten, damit diese nicht ihrerseits die asymmetrische Stärke ihrer Kontrahenten in einen Hebel verwandeln können, an dem sie ihre Strategien der Delegitimierung zum Zweck der Legitimitäts-Resymmetrierung ansetzen. Welche Dosierung im Einzelfall angemessen ist, richtet sich nach der Beurteilung der jeweiligen Lage: Wo die »Schurken« die asymmetrische Übermacht der westlichen Staaten unter Einsatz von Strategien der Delegitimierung propagandistisch gegen diese wenden, kommt es für letztere im Rahmen einer klugen Grand Strategy darauf an, ihre eigene Stärke zu *verschleiern* oder gar lokal zu *reduzieren*, ohne aber auf ihren effektiven Einsatz zu verzichten, den sie dann durch verdeckte Operationen und die Ausbildung, Ausrüstung und Beratung lokaler sowie privater *auxilia* sicherstellen können. Wo hingegen die asymmetrische Kräfteüberlegenheit gerade Sympathie und Legitimität generiert, so etwa wenn die Zivilbevölkerung im Einsatzgebiet auf diese Kräfteüberlegenheit als Voraussetzung ihrer eigenen Sicherheit und Zukunft vertraut, haben die westlichen Staaten *eigene* Truppenstärke offen zu demonstrieren, ohne sich freilich in der reinen Kraftdemonstration zu erschöpfen. Umgekehrt gilt: Wo sich Maßnahmen zur Sympathiegenerierung und Legitimitätssteigerung, so etwa der Bau von Brunnen, Schulen und Krankenhäusern in umkämpften Gebieten, angesichts gegnerischer Sabotage als zu kräftezehrend und kostenträchtig herausstellen, legt es das Modell rationaler asymmetrischer Kriegführung nahe, Sympathiewerte entweder zu »rauben« (etwa durch die Delegitimitierung der »Schurken«) oder zu »borgen« (beispielsweise durch die Instrumentalisierung Dritter wie vor allem der im Einsatzgebiet tätigen Nichtregierungs- und Entwicklungsorganisationen) oder aber zu »simulieren« (insbesondere durch die positive Beeinflussung der internationalen und öffentlichen Wahrnehmung des eigenen Engagements mittels *public diplomacy* und *embedded journalism*). Wo schließlich Sympathie und Legitimität gerade aus der Bereitschaft zur Übernahme von Kosten, Lasten und Opfern erwachsen, so etwa wenn anderenfalls das Vertrauen in die eigene Entschlossenheit und Solidarität erodiert, haben die westlichen Staaten im Rahmen ihrer Grand Strategy eben diese Bereitschaft zu demonstrieren, also gerade auch angesichts eigener Verluste ihre entschlossene militärische und zivile Unterstützung dauerhaft zu garantieren.

Wie sehr diese widersprüchlichen Anforderungen die Grand Strategy der westlichen Staaten zu Beginn des 21. Jahrhunderts bestimmen, zeigt sich in den Kriegen gegen den »Islamischen Staat« in Syrien und im Irak sowie gegen die Taliban in Afghanistan. In beiden Operationen ist der Westen bestrebt, die eigene Entschlossenheit und Unterstützungsbereitschaft unter Beweis zu stellen, ohne sich aber in die Rolle Goliaths hineindrängen zu lassen, die für die Delegitimierungsstrategien der schwachen »Davids« anfällig ist und verwundbar macht. Dass das Dilemma zwischen der Kraft-Asymmetrierung und der Legitimitäts-Asymmetrierung die westlichen Staaten zunehmend beschäftigt, lässt sich an den Namen der Operationen ablesen, die sie ihren jüngsten Kampf- und Ausbildungsmissionen im Irak und in Syrien sowie in Afghanistan gaben. Das »US Central Command« taufte am 15. Oktober 2014 die bereits seit dem 8. August 2014 unter US-amerikanischer Führung gegen den »Islamischen Staat« gerichteten Luftschläge rückwirkend auf den Namen »Inherent Resolve«, nachdem die USA über mehrere Wochen hinweg auf eine Namensgebung und gar eine Strategie verzichtet hatten: »We dont't have a strategy yet«, ließ Obama noch am 28. August 2014 die Journalisten im Weißen Haus während einer Pressekonferenz wissen (vgl. CNN 2014). Das wurde als Ausdruck des US-amerikanischen Widerwillens zu einer Rückkehr in den Irak gedeutet, kann aber freilich auch als kluge Methode der Verschleierung dieses Willens und einer entsprechenden Strategie interpretiert werden. Was Afghanistan betrifft, trägt seit dem 1. Januar 2015 die dortige Ausbildungs-, Beratungs- und Unterstützungsmission, die an diesem Tag die vorherige Kampf- und Stabilisierungsmission »International Security Assistance Force« (ISAF) ablöste, den Namen »Resolute Support«. Mit demonstrativer »entschlossener Unterstützung« (*resolute support*) also und darüber hinaus mit »innerer Entschlossenheit« (*inherent resolve*) versuchen die westlichen Staaten – so legt es ihre strategische Missions-Rhetorik nahe – das hier umrissene dritte Dilemma zu meistern und die Asymmetrierung der Kraft mit der Asymmetrierung der Legitimität im Rahmen einer komplexen Grand Strategy für den asymmetrischen Krieg situationsangemessen zu kombinieren und zu dosieren.

Wo liegen die Grenzen dieses in Teil IV strategietheoretisch konstruierten und exemplarisch plausibilisierten Modells rationaler asymmetrischer Kriegführung? Das entworfene Modell suchte verständlich zu machen, welche strategischen Folgen zu erwarten sind, wenn rationale politisch-strategische Akteure große Asymmetrien zwischen einander wahrnehmen, die sie zu ihren jeweiligen Gunsten auszunutzen und zu manipulieren versuchen. Um die Folgen zu erfassen, die die strategische Orientierung an den Vorgaben der Asymmetrie mit sich bringt, wurden idealtypisch die Charakteristika, Anreize, Anforderungen und Dilemmata der asymmetrischen Kriegführung umrissen, von denen angenommen wurde, dass rationale Akteure sie bei der Formulierung und Anwendung ihrer Strategien für den asymmetrischen Krieg berücksichtigen. Jenseits der konkreten Strategien, zu denen die modellierten Kosten-Nutzen-Kalkulationen bei nichtstaatlichen und staatlichen »Schurken« als Vertretern der Asymmetrie der Schwäche und westlichen Staaten als Vertretern der Asymmetrie der Stärke führen mögen, wirft das konstruierte Modell rationaler asymmetrischer Kriegführung zwei grundsätzliche Fragen nach den Grenzen dieses Modells auf.

Die erste Frage betrifft, wie bei jedem Modell, das Problem, ob und gegebenenfalls wie weit die Wirklichkeit dem Modell »entgegenkommt« oder ihm gerade widerspricht: Werden die »Schurken« und die westlichen Staaten zu Beginn des 21. Jahrhunderts in ihrem empirisch beobachtbaren politisch-strategischen Handeln den modelltheoretisch aufgezeigten Erfordernissen rationaler asymmetrischer Kriegführung und rationalen Asymmetrien-Managements gerecht? Sollte das nicht oder in nur eingeschränktem Maße der Fall sein, was empirisch zu überprüfen wäre, so könnte mit dem Widerspruch zwischen Modell und Wirklichkeit – wie bei jedem Modell – auf zweierlei Weise produktiv umgegangen werden. Zum einen könnte dieser Widerspruch zum Ausgangspunkt für eine Verfeinerung und Verbesserung des Modells genommen werden. Das wäre die Aufgabe zukünftiger *asymmetrischer Strategietheorie.* Zum anderen könnte er dazu genutzt werden, das empirisch beobachtete strategische Handeln im Lichte des theoretischen Modells zu evaluieren. Das wäre die Aufgabe zukünftiger *asymmetrischer*

Strategiekritik. Um ein Anwendungsgebiet für eine solche asymmetrische Strategiekritik zu skizzieren, böte sich als ihr Gegenstand beispielsweise die derzeit um sich greifende Rhetorik – statt Praxis – der »strategischen Transformation« an. Im Lichte des Modells rationalen Asymmetrien-Managements könnte überprüft werden, ob die westlichen Staaten den Dilemmata asymmetrischer Kriegführung gerecht werden, wenn sie, ungeachtet ihrer »transformatorischen« Rhetorik, weiterhin im Wesentlichen auf bewährte, konventionelle, symmetrische Mittel und vor allem auf technologisch-ökonomische Kraft- und Effizienzsteigerungen vertrauen. Vermeintlich innovative, »transformatorische« Konzepte wie jene der *soft power* und *smart defence*, die die NATO sich in offensichtlicher Anlehnung an die Terminologie des US-amerikanischen Politikwissenschaftlers Joseph Nye auf die Flaggen schrieb, um ihren »Transformationsprozess« zu unterstreichen, könnten in diesem Sinne strategiekritisch womöglich als politisch-rhetorische Floskeln dechiffriert werden, die nur oberflächlich darüber hinwegtäuschen, dass im NATO-internen Sprachgebrauch *trotz* dieser Rhetorik an dem alten konventionellen und militärischen, also symmetrischen Orientierungs- und Ordnungsrahmen festgehalten wird.[163] Anstelle einer *konzeptionellen* Transfor-

163 So transformierte die NATO den Ausdruck »soft power« in einer Weise, durch die die in diesem Begriff bei Joseph Nye angelegte und angemahnte tatsächliche – statt rhetorische – Transformation der Außen- und Sicherheitspolitik gerade blockiert wird: Im NATO-Jargon meint »soft power« nicht etwa, wie bei Nye, die »weiche« außenpolitische, nichtmilitärische Macht, die aus kultureller Attraktivität, Überzeugungskraft und Legitimität erwächst, sondern die mit dem Einsatz von *non-lethal weapons* verbundene, keineswegs »weiche«, sondern durchaus »harte« traditionelle militärische Durchsetzungsmacht, deren Einsatz bei der Bewältigung von Menschenmassen und Unruhen (*crowd and riot control*) angeraten erscheint (vgl. hierzu den Titel einer Rüstungsmesse im NATO-Hauptquartier in Brüssel, die vom 26. bis 27. Oktober 2005 im Kontext der »Conference of National Armaments Directors« stattfand: »Non-Lethal Weapons – Soft Power«; siehe: http://www.nato.int/cps/en/SID-B971BFEA-5ACBBC60/natolive/news_21516.htm; Abruf: 18.01.2015). In ähnlich traditionellem, symmetrischem Sinn bezeichnet »smart defence« als *das* Schlagwort der NATO-Streitkräfteplanung für das zweite Jahrzehnt des 21. Jahrhunderts, anders als Nyes »smart power«, gerade nicht die Verbindung von »soft power« und »hard power«, also von zivilen und militärischen Machtmitteln, sondern die rein militärisch gedachte multinationale Rüstungskooperation, deren »Klugheit« nicht in der Kombination der Machtressourcen, sondern im *pooling and sharing* militärischer Fähigkeiten angesichts steigender Rüstungskosten und schrumpfender Verteidigungsbudgets der NATO-Mitgliedstaaten besteht (siehe hierzu die beim NATO-Gipfel in Chicago am 20. Mai 2012 verabschiedete »Summit Declaration on Defence Capabilities: Toward NATO Forces 2020«, in der die Staats- und Regierungschefs »Smart Defence« hervorheben als »the heart of this new approach« multina-

mation des symmetrischen Orientierungs- und Ordnungsrahmens und der durch ihn eingefassten Strukturen, Strategien und Denkweisen betrieben die westlichen Staaten eine *rhetorische* Transformation: Sie transformierten gerade diejenigen Begriffe, Konzepte und Theoreme – wie etwa »soft power« und »smart power« – und passten sie dem alten, vertrauten symmetrischen Orientierungsrahmen an und ein, die allein das Potenzial hätten, zu dessen Sprengung beizutragen. Eine asymmetrische Strategiekritik, die sich solcher Fragen annimmt, könnte also darauf hinweisen, dass die rein rhetorische Transformation den Blick für die grundlegenden, über den Bereich des Militärischen weit hinausreichenden Charakteristika, Erfordernisse und Dilemmata asymmetrischer Kriegführung verstellt und damit die entscheidende Herausforderung verfehlt. Diese liegt nicht im rhetorisch-propagandistischen Umbenennen, sondern im begrifflich-konzeptionellen Durchdenken und gesamtstrategischen Umdenken in der Phase des Übergangs von der Symmetrie zur Asymmetrie.

Die zweite Frage nach den Grenzen des konstruierten Modells rationaler asymmetrischer Kriegführung betrifft den »rationalen«, »berechnenden«, »kalkulierenden« Charakter dieses Modells: Ist es angesichts der Komplexität und »Unberechenbarkeit« des asymmetrischen Krieges, die die Asymmetrie-Theorie gerade hervorhebt, überhaupt noch sinnvoll und möglich, den asymmetrischen Krieg »rational« zu kalkulieren und zu modellieren? Vor allem mit diesem Problem werden auf absehbare Zeit diejenigen zu kämpfen haben, die versuchen, den asymmetrischen Krieg zu beschreiben und zu modellieren, zu planen und zu führen, zu begrenzen und zu verhindern. Die paradoxe Herausforderung besteht darin, eine rationale Form des Umgangs mit Unberechenbarkeit zu finden. Dieser Herausforderung stellt sich die Politikwissenschaft jüngst auch jenseits der Sicherheits- und Friedensforschung, indem sie die Unberechenbarkeit der Politik im 21. Jahrhundert mit Begriffen wie Komplexität und Kontingenz, Unwissen und Ungewissheit, Restrisiko und Restunsicherheit zu zähmen versucht. Die entscheidende Frage lautet demnach, ob eine »Rationalität des Umgangs mit der Unmöglichkeit rationaler Entscheidungen« (Rüb 2011: 41) gefunden und wie diese Rationalität modelliert und praktiziert werden kann: Wenn unter Bedingungen der Unberechenbarkeit die »Risikokalkulation« als die »beste Möglichkeit, mit Ungewissheit rational umzugehen« (Daase 2011b: 482), erscheint, wie könnte eine

tionaler Kooperation im Bereich »development and deployment of defence capabilities«: http://www.nato.int/cps/en/natohq/official_texts_87594.htm; Abruf: 18.01.2015).

solche Risikokalkulation des Unkalkulierbaren dann modelltheoretisch und praktisch aussehen? Für die politische Kriegs- und Strategietheorie ist diese Frage nicht nur eine mögliche neben vielen anderen untersuchenswerten Forschungsfragen, sondern bildet in gewissem Sinn ihre eigene Existenzfrage. Seit jeher nämlich nahm die rational betriebene Kriegs- und Strategietheorie im Kontext der für die abendländische Kriegs- und Sicherheitskultur typischen »rationellen Behandlung der Kriegssachen« (Burckhardt 2009 [1860]: 84), die überhaupt erst den »Krieg als Kunstwerk« (ebd.) hervorbrachte, ihren Gegenstand aus der Perspektive des alles überblickenden, alles berechnenden, vollkommen rationalen Feldherrn – *strategos* – in den Blick:

»Strategen – *strategos*: der Feldherr – sitzen in alter Zeit auf Feldherrnhügeln, um ihre Armeen dirigieren zu können. Sie stehen nicht im Getümmel, sondern darüber. Das impliziert eine sehr spezifische Sichtweise, eine strategische. Sie blickt meist von oben, über die Dinge hinweg, an Details nur insofern interessiert, als sie für den Vollzug der Sache – den militärischen Sieg – von Relevanz sind. Dieser Blick wird reproduziert in jeder virtuellen Schlacht, die im Sandkasten geübt oder auf der Wandkarte nachgestellt wird.« (Schlögel 2003: 249)

Diese Vision des alles überblickenden, alles berechnenden und in diesem Sinn vollkommen rationalen Feldherrn auf dem Feldherrnhügel – und zwar in ihrer doppelten Bedeutung: Vision als Vorstellung von diesem Feldherrn, wie auch als Bild, das dieser sich in seiner Geistesgegenwart (*coup d'oeil*) von dem Kriegsgeschehen macht – reproduzierte sich, so kann Karl Schlögels Beschreibung dieser Perspektive fortgesetzt werden, auch in künstlerischen, historiographischen und nicht zuletzt in theoretischen Darstellungen des Krieges.[164] Es erscheint daher nicht verwunderlich, dass diese alte Vision al-

164 Zum *coup d'oeil* und der entsprechenden Theorie des geistesgegenwärtigen »Augenschusses«, die aus dem Bereich der Seh- und Kunsttheorie in die Kriegswissenschaft übertragen wurde (Bredekamp 2011: 370f.), siehe Clausewitz' Porträt des intuitiv alles überblickenden Feldherrn als eines »kriegerische[n] Genius« in dem gleichnamigen dritten Kapitel des ersten Buches in *Vom Kriege* (Clausewitz 1980 [1832–34]: 231–252). Für eine historische Rekonstruktion der herausgehobenen feldherrlichen Perspektive sowie ihrer großen Bedeutung in Schlachtenschilderungen des 17. Jahrhunderts siehe Schwarzer (2006: 219–224). Zur Multiplizierung und Diversifizierung der Kriegs-Perspektiven, die die digitale und medientechnologische Revolution zu Beginn des 21. Jahrhunderts mit sich brachte, siehe Kaempf (2013), der die neu sich herausbildende *heteropolarity* (ebd.: 587) vieler verschiedener Medien- und Kriegsakteure, die multiple, diverse Blickwinkel einnehmen, den umfassenden Überblicksperspektiven gegenüberstellt, wie sie die Wahrnehmung und Darstellung des Krieges in früheren Jahrhunderten prägten – von Leonardo Da Vincis (1452–1519) Renaissance-Kriegsfresken bis hin zu den von Napoleon geschätzten 360-Grad-Kriegspanoramen eines Robert Barker (1739–1806).

len Gegenwartsdiagnosen der »Unüberschaubarkeit« und »Unberechenbarkeit« zum Trotz noch bis ins 21. Jahrhundert den Ruf nach – und den Anspruch auf – eine alles überblickende »Strategic Vision« (Brzezinski 2012) bestimmt. Doch ist im Zeitalter der Asymmetrie, wie die hier unternommene Betrachtung zeigte, die besagte Position auf dem Feldherrnhügel einschließlich der mit ihr verbundenen feldherrlichen Überblicks-Vision, wenn sie denn je der Realität des Krieges angemessen schien, endgültig verwaist, verloren gegangen und utopisch geworden. Das hügelige Terrain des asymmetrischen Krieges lässt sich nicht mehr von (nur) einer »erhöhten«, privilegierten, weite Sicht eröffnenden und ihrerseits weithin sichtbaren Beobachterposition aus betrachten, beschreiben und modellieren. Vielmehr sind mit den verschiedenen Asymmetrien im Kriegsgelände, die hier erkundet wurden, vielfältige Hügel entstanden und erobert worden, die eine freie Sicht über das Gelände nicht nur von dem klassischen Feldherrnhügel des symmetrischen Krieges aus verstellen, sondern die eine solche freie Sicht prinzipiell, also auch von jeder der vielen anderen denkbaren Beobachterpositionen aus unmöglich erscheinen lassen. Wie die gesteigerte Unübersichtlichkeit der vielen entstandenen Hügel und des stärker als bisher auf dem Terrain des Krieges wuchernden Dickichts und Unkrauts der Asymmetrie rational noch bewältigt – wenn schon nicht beseitigt – werden kann, ist bislang eine weitgehend offene Frage. Angesichts ihrer Offenheit den Versuch einer »rationellen Behandlung der Kriegssachen« (Burckhardt 2009 [1860]: 84) in Zukunft *gänzlich* aufzugeben, erschiene gleichwohl verfrüht. Schließlich ist die Lage auf den zweiten Blick nicht so verzweifelt und auch nicht so neu, wie sie denjenigen erscheinen mag, die allein die zweifelsohne dramatischen Umbrüche im Übergang von der Symmetrie zur Asymmetrie vor Augen haben. Stattdessen begleiteten die rational sich verstehende Kriegs- und Strategietheorie schon immer Selbstzweifel in ihrem Streben nach der umfassenden feldherrlichen Überblicks-Vision, Selbstzweifel nämlich, ob sie das Ziel ihres Strebens, also den Gipfel des Feldherrnhügels, denn jemals erreichen werde. Wenn die Theorie des Krieges mit rationalen, wissenschaftlichen Methoden die Kunst des Krieges zu erfassen versuchte, war an ihrer Seite auf dem Weg zu dem visionären Feldherrnhügel stets auch die »Angst […], zu einem pedantischen Schulmeistertum hinabgerissen zu werden, in den unteren Räumen schwerfälliger Begriffe herumzukriechen und dem großen Feldherrn in seinem leichten Überblick also niemals zu begegnen« (Clausewitz 1980 [1832–34]: 950). Soll und will die Kriegs- und Strategietheorie sich zukünftig von dieser alten und zugleich aktuellen »Angst« nicht lähmen lassen, einer Angst, bei der es sich möglicherweise auch nur um die »German Angst« des grübelnden Kant-Schülers und verhinderten Feldherrn Clausewitz handelt, so hat sie in nicht minder Clausewitzscher Erkenntniszuversicht an dem Vorhaben festzuhalten, die Orientierung auf dem unübersichtlichen Kampffeld des 21. Jahrhunderts zu verbessern, statt dieses Feld und die Orientierung darauf allein »den Feldherren« zu überlassen.

Kurzum: Die Kriegs- und Strategietheorie muss sich unter (erneut) veränderten und (erneut) unübersichtlichen – asymmetrischen – Bedingungen neu auf dem gewandelten und sich weiter wandelnden Kriegsterrain des 21. Jahrhunderts positionieren. Eine solche Neupositionierung vorzubereiten, von der aus die Eigenarten des asymmetrischen Krieges und die Anforderungen an seine Akteure in den Blick genommen werden können, war die »konstruktive« Absicht der Expeditionsetappe in Teil IV. Aus unterschiedlichen Positionen im Gelände – solchen in Tälern und solchen auf Hügeln – und aus unterschiedlichen Perspektiven – solchen von »Schurken« und solchen von westlichen Staaten – wurde der Kriegsdschungel als ein rational zu bewältigender betrachtet. Erst die Vielfalt der Positionen und Perspektiven ließ den Dschungel dabei überhaupt als einen solchen sicht- und verstehbar werden. Dieses Verständnis der – und für die – Dschungelartigkeit des asymmetrischen Krieges bildet den Ausgangspunkt für den Versuch, die Zukunft des Krieges und die Kriege der Zukunft zu verstehen.

V. Die Zukunft des Krieges: Der Kampf um die neue Syn-Metrie

»One of the things that most clearly divides Europeans and Americans today is a philosophical, even metaphysical disagreement over where exactly mankind stands on the continuum between the laws of the jungle and the laws of reason.«
Robert Kagan[165]

Zu Beginn des 21. Jahrhunderts konkurrieren innerhalb des Westens zwei gegensätzliche Visionen der zukünftigen Weltordnung miteinander, mit denen unterschiedliche Vorstellungen vom Krieg der Zukunft verbunden sind. Auf der einen, von Robert Kagan (2003) in seinem Essay *Of Paradise and Power: America and Europe in the New World Order* den Europäern zugewiesenen Seite dieser Kontroverse darüber, wo genau sich die Menschheit in dem Kontinuum zwischen den »Gesetzen des Dschungels« und den »Gesetzen der Vernunft« befindet, können diejenigen verortet werden, die in der Nachfolge Immanuel Kants eine Rückkehr oder einen Fortschritt der Weltgemeinschaft in das »Paradies« einer von den »Gesetzen der Vernunft« regierten Friedensordnung anstreben. Auf der anderen, von Robert Kagan den Amerikanern zugeschriebenen Seite der besagten Kontroverse stehen innerhalb des Westens hingegen jene, die umgekehrt in der Nachfolge Thomas Hobbes' eine Rückkehr oder einen Verbleib der eigeninteressierten internationalen Akteure in den bzw. in dem von den »Gesetzen des Dschungels« beherrschten Naturzustand machtdominierter Anarchie als realistisch ansehen. Kant und Hobbes, Vernunft und Macht, Paradies und Dschungel stehen hier für alternative (Un-)Ordnungsvorstellungen, zwischen denen, so Kagans Pointe, im internationalen Kontext jedoch keineswegs frei gewählt werde und auch nicht werden könne. Vielmehr betrachte, wer schwach an Kräften sei und sich auf dem kraft-, gewalt- und machtfernen Planeten Venus wähne – wie dies Kagans Diagnose zufolge für die Europäer zu Beginn des 21. Jahrhunderts gilt –, notwendigerweise mit den Augen Kants die Welt: Er hoffe im Vertrauen auf die Gesetze der Vernunft auf die globale Realisierung des friedlichen Paradieses. Wer hingegen, wie die Amerikaner nach dem Ende des Kalten Krieges, überlegen an Kräften sei und sich auf dem

165 Der US-amerikanische Publizist, Politikberater und ehemalige Diplomat in dem Essay *Of Paradise and Power. America and Europe in the New World Order* (Kagan 2003: 91).

kraftdominierten, kriegerischen Planeten Mars eingerichtet habe, der orientiere sich notwendig an Hobbes und den Gesetzen der Macht: Er strebe mit sämtlichen, insbesondere auch gewaltförmigen Mitteln nach der Sicherung seiner Interessen, um gemäß den *laws of the jungle* statt der *laws of reason* im Dschungel der Welt-Unordnung zu überleben. Kagans Diagnose ist für eine Betrachtung der Welt zu Beginn des 21. Jahrhunderts und der Rolle, die der zukünftige Krieg darin spielen wird, vor allem in zweierlei Hinsicht weiterführend.

Erstens verweist Kagans Diagnose auf das Problem des weltordnungspolitischen Perspektivismus. Weltbilder, Weltordnungsvorstellungen und Weltordnungsstrategien ebenso wie die mit ihnen jeweils verbundenen Kriegsverständnisse werden stets aus unterschiedlichen – und das heißt: asymmetrischen – Perspektiven heraus entworfen. Gleichgültig ob sie sich an dem Modell des Paradieses oder demjenigen des Dschungels orientieren, können sie wegen der Standortgebundenheit *jeder* geopolitischen Perspektive, die die »Critical Geopolitics« kritisieren und dekonstruieren, je spezifischen Positionen an den verschiedenen »Hügeln« des globalen Asymmetrien-Terrains zugeordnet werden, das die hier durchgeführte Studie erkundete. Asymmetrisch Überlegene sehen die Welt anders als asymmetrisch Unterlegene. Staaten sehen die Welt anders als nichtstaatliche Akteure. Liberale Demokratien sehen die Welt anders als Autokratien – gerade hierauf hat Kagan (2008; 2013 [2012]) in jüngerer Zeit hingewiesen.[166] Der Perspektivismus

166 Kagan (2008) hebt in dem Essay *Die Demokratie und ihre Feinde. Wer gestaltet die neue Weltordnung?* die unterschiedliche Weltsicht von liberalen Demokratien und Autokratien hervor. Anders als noch in dem Essay *Of Paradise and Power* von 2003, in dem die *Asymmetrie der Kraft* zwischen Europa und Amerika (und damit einhergehend: die Verschiedenheit ihrer Perspektiven auf die Welt) dominant erschien, gelten ihm im Jahr 2008 Europa und die USA aufgrund der *Symmetrie ihrer gleichartigen Regierungsform und Wertbasis* als Verbündete in einer »Achse der Demokratie« (ebd.: 60), die sich gegen den »Zusammenschluss der Autokraten« (ebd.) richte. Ob und wie lange ihr Bündnis halte, sei allerdings fraglich angesichts der unhintergehbaren Tatsache globaler Asymmetrie: »In internationalen Angelegenheiten gibt es keine vollkommene Symmetrie« (ebd.: 80), weshalb die internationalen Akteure »nicht immer die gleichen Koalitionen hervorbringen« (ebd.). Beide Asymmetrien, also diejenige der Kraft und diejenige der Regierungsform und Wertbasis, lässt Kagan schließlich in seinem im Jahr 2012 erschienenen Essay *The World America Made* (Kagan 2013 [2012]) konzeptionell und historisch eine enge – liberal-imperiale – Verbindung eingehen: »the present world order depends on American power *and* its unique qualities« (ebd.: 7; Hervorh. F. W.). Nur aus der Verbindung asymmetrischer Stärke und einer ebenso asymmetrischen, nämlich von autokratischen Systemen zu unterscheidenden Wertbasis konnte die liberale Weltordnung *made in the USA* hervorgehen – und ohne *beide* wird sie im 21. Jahrhundert untergehen,

der Welt erscheint in diesem Sinne als *das* Problem der Weltordnung zu Beginn des 21. Jahrhunderts. Henry Kissinger (2014) nimmt dieses Problem in den Blick, wenn er aus der Perspektive des ehemaligen US-amerikanischen Außenministers von der Herausforderung spricht, »eine Welt zunehmend gegensätzlicher Realitäten« (ebd.: 416) zu integrieren: »Die Suche nach einer Weltordnung in unserer Zeit wird es erforderlich machen, auch die Sichtweisen von Gesellschaften einzubinden, deren Wirklichkeit *andersartig* und in sich geschlossen ist« (ebd.: 19; Hervorh. F. W.). Während Kissinger die *Andersartigkeit* der multiplen Wirklichkeiten und Sichtweisen in der Welt des 21. Jahrhunderts auf historisch-kulturelle Prägungen zurückführt, die unterschiedliche Weltordnungsvorstellungen in den »in sich geschlossenen« Kulturkreisen Europas, der USA, Asiens und der islamischen Welt zur Folge hätten, erlaubt es das Asymmetrie-Konzept, jenseits solcher historisch-kultureller Differenzierungen und Prägungen auch andere »perspektivbildende« Unterschiede in der multiperspektivischen Welt des 21. Jahrhunderts zu betrachten. Hierzu zählen jene Asymmetrien, die die vorliegende Studie untersuchte: Asymmetrien der Kraft, der Organisationsform, der Entschlossenheit, der Verwundbarkeit, der Selbstbindung, der Legitimität, des Raumes und der Zeit.[167] Diese Asymmetrien, die nicht vollständig aus his-

so Kagans jüngste Warnung an die Adresse derjenigen, die einen *American decline* vorhersagen oder herbeisehnen.

167 Kissinger (2014) thematisiert solche politisch-strategischen Asymmetrien jenseits historisch-kultureller Differenzen lediglich implizit, wenn er im arabisch-israelischen Konflikt »zahlreiche Akte der asymmetrischen Kriegführung« (ebd.: 151) und im US-amerikanischen Vietnamkrieg »reale[n] Bedingungen eines asymmetrischen Konflikts« (ebd.: 340) erkennt und darüber hinaus der »asymmetrische[n] Kriegführung« (ebd.: 383) in den Dekolonisierungskämpfen insgesamt eine entscheidende Rolle zuweist und im Fall von »Gewaltakten [...], die von nichtstaatlichen Gruppen oder von Staaten unter einem anderen Etikett als dem des Krieges verübt wurden« (ebd.: 388), von »asymmetrischen Kriegen« (ebd.) spricht. Worin aber jeweils die Asymmetrie besteht und wie sie mit den von Kissinger fokussierten historisch-kulturellen Differenzen zusammenhängt, gerät nicht in den Blick, da der Asymmetrie-Begriff ungeklärt bleibt. Diese begriffliche Asymmetrie-Unklarheit äußert sich auch darin, dass Kissinger die USA in Verkennung (oder Verschleierung) ihrer *asymmetrischen* Kraftüberlegenheit als »eine[n] der wichtigsten Verteidiger der Westfälischen Internationalen Ordnung« (ebd.: 155) und somit als Anhänger und Förderer der *Symmetrie* begreift und zudem zwischen den USA und China als bedeutendsten »›Cybermächten‹ von vornherein asymmetrische Verhältnisse« (ebd.: 396f.) festzustellen meint, da *beide gleichermaßen* verdeckte »Anstrengungen im Cyberspace« (ebd.: 395) unternähmen – eine strategische Gleichartigkeit, die gerade *nicht* asymmetrisch, sondern vielmehr *symmetrisch* erscheint. Solche Unklarheiten unterstreichen die Dringlichkeit konzeptionell-begrifflicher Grundlagenarbeit auf dem

torisch-kulturellen Differenzen hervor- und nicht immer mit ihnen einherzugehen scheinen, können ebenso sehr wie diese widersprüchliche Weltsichten und Weltordnungsvorstellungen hervorbringen oder verstärken und auf diese Weise dazu beitragen, dass »eine Welt zunehmend gegensätzlicher Realitäten« (ebd.: 416) entsteht. Nicht allein die *historisch-kulturelle* Diversität prägt also den Kampf um die Weltordnung des 21. Jahrhunderts. Vielmehr wird der weltordnungspolitische Kampf geprägt durch die Vielfalt der »Andersartigkeiten«, also durch die *Diversität der Diversität*. Der Versuch, diese Diversität der Diversität mitsamt ihren Konsequenzen für die umkämpfte Weltordnung des 21. Jahrhunderts einzuschätzen, setzt jenseits historisch-kultureller Differenzierungen ein Verständnis der *Komplexität politisch-strategischer Asymmetrie* voraus: Akteure auf dem Feld der internationalen Politik, die sich wechselseitig als »andersartig« wahrnehmen, weisen einander nicht nur in dem von der klassischen Geopolitik wie auch der klassischen Kriegstheorie fokussierten physisch-geographischen Terrain und auch nicht allein in dem von Kissingers »kulturgeopolitischer« Perspektive erfassten und von den »Critical Geopolitics« dekonstruierten historisch-kulturellen Gelände unterschiedliche Positionen zu. Vielmehr nehmen sie einander in einem umfassenden und komplexen, gesamtstrategischen Asymmetrien-Terrain als unterschiedlich positioniert wahr an den diversen »Hügeln«, von denen aus sie asymmetrische Weltsichten, Modelle der Weltordnung sowie Strategien der Kriegführung entwickeln und einander unterstellen. Aufgrund der Komplexität dieses »hügeligen«, komplexen Terrains steht nicht von vornherein fest, ob physisch-geographische, historisch-kulturelle oder andere Differenzen »asymmetrische« Bedeutung gewinnen. Vielmehr kann jede Art der »Andersartigkeit«, sofern sie als politisch-strategisch bedeutsam wahrgenommen oder konstruiert wird, zur Herausbildung unterschiedlicher Modelle und Strategien der Weltordnung führen.[168] Soll bei der Betrach-

internationalen Asymmetrien-Terrain, für die Kissinger seinerseits plädiert: Bei dem Versuch, die Weltordnung zu begreifen, kommt »dem konzeptionellen Denken höchste Bedeutung zu« (ebd.: 399), ebenso wie Bemühungen, hierfür die »begriffliche[n] Grundlagen zu vertiefen« (ebd.: 409).

168 Eine militärische oder zivile Intervention, die aus Sicht der westlichen Staaten der »legitimen« Staatsbildung und somit der Ordnungsstiftung dienen mag, stellt möglicherweise aus der »andersartigen« Perspektive eines Clans oder Stammes in der betreffenden Region nicht allein aufgrund historisch-kultureller Differenzen, sondern auch aufgrund kräftemäßiger, organisatorischer und anderer Asymmetrien einen »illegitimen« Einbruch der »Unordnung« in eine traditionale, regionale (Kräfte-)Ordnung dar (Risse/Lehmkuhl 2007: 157). Zudem kann die »Unordnung«, die die intervenierende Staaten-

tung solcher asymmetrischer Ordnungsvorstellungen und Weltsichten, die die Debatten und Kämpfe um die Weltordnung des 21. Jahrhunderts bestimmen werden, eine Verengung des Blicks auf *einen* Typ der Asymmetrie – etwa auf die historisch-kulturelle Diversität – und zudem auf *eine* Perspektive in dem komplexen, »hügeligen« Asymmetrien-Terrain vermieden werden – etwa auf die staatszentrierte Perspektive der OECD-Welt *oder* aber umgekehrt auf die staatsferne Perspektive der Akteure in den »Räumen begrenzter Staatlichkeit« (Risse/Lehmkuhl 2007), zudem auf die »imperiale« Perspektive der USA *oder* aber umgekehrt auf die »anti-imperiale« Perspektive ihrer vergleichsweise schwachen Konkurrenten und Herausforderer –, so erscheint eine umfassende, »zweiseitige« bzw. »mehrseitige« politisch-strategische Perspektive auf das Problem komplexer Asymmetrie erforderlich, wie die vorliegende Studie sie durchgängig einzunehmen versuchte. Die folgenden Überlegungen zur Zukunft des Krieges und zu den Kriegen der Zukunft in der – und um die – Weltordnung des 21. Jahrhunderts allerdings können diesem Erfordernis nur mehr in eingeschränktem Maße entsprechen, denn diese Überlegungen werden ihrer eigenen Verortung gemäß aus dem Blickwinkel der westlichen Staatenwelt heraus angestellt und beziehen aus diesem Kontext ihre Positionen und Perspektiven. Inwiefern andere Verortungen andere Sichtweisen nahelegen und ob für entsprechende Positionierungen und Perspektivierungen Konzepte wie dasjenige der Asymmetrie gleichfalls von Bedeutung sein können und tatsächlich sind – darüber könnte hier allenfalls spekuliert werden.[169]

---

gemeinschaft mit irregulären, nicht-, halb- und quasistaatlich organisierten Kämpferverbänden assoziieren mag, sich aus deren Binnenperspektive heraus keineswegs allein aufgrund historisch-kultureller Prägungen, sondern auch aufgrund der »andersartigen« Organisationsform und weiterer Asymmetrien als *anders* legitimierter, *komplex* geordneter und zudem ordnungs*stiftender* sozialer Zusammenhang einer für »Gewaltordnungen bewaffneter Gruppen« (Bakonyi u.a. 2006) typischen politischen Praxis bzw. einer *politics of armed groups* (Schlichte 2009) präsentieren. Darüber hinaus können sich unterschiedliche Ordnungsvorstellungen auch innerhalb einander als ähnlich und nahestehend begreifender Kulturkreise herausbilden und so zu *intra*kulturellen Debatten und Kämpfen um die richtige Weltordnung führen, wie Kagan (2003) sie angesichts des vor allem kräftemäßig (statt primär kulturell) asymmetrischen transatlantischen Verhältnisses diagnostiziert und zugleich motiviert.

169 Als Spekulation solcher Art ist Kilcullens (2011) Einschätzung anzusehen, derzufolge nichtstaatliche Akteure mit »unseren« Kriegskonzepten nichts anfangen können: »our concepts of warfare – whether of ›insurgency‹, ›small wars‹, ›irregular warfare‹, or some other construct – are our concepts, not those of the non-state adversaries we fight. To many of them, such distinctions are both opaque and largely irrelevant: war is war, and in a broader sense war is life« (ebd.: 331). Kilcullens spekulative These, »unsere«

Zweitens ist an Kagans Diagnose zum transatlantischen Kampf um die Weltordnung des 21. Jahrhunderts – neben dem Verweis auf den weltordnungspolitischen Perspektivismus – die Metaphorik von Paradies und Dschungel aufschlussreich. Diese Metaphorik lässt sich dazu fruchtbar machen, um die in dem besagten Kampf zur Entscheidung gestellten Alternativen klarer ins Auge zu fassen. So ist mit dem »Paradies« als dem vollkommenen, bis in die Barockzeit für den Gartenbau vorbildlichen Garten seit jeher die Vorstellung einer absoluten, symmetrischen Ordnung verbunden: »Der Garten Eden ist symmetrisch, ein formaler Garten, den der Sündenfall zerstört hat, nicht etwa eine dschungelartige Wildnis« (von Trotha 2012: 31). Abgesehen von ihrer symmetrischen Anlage zeichnet diese Ordnung auch ihre namengebende »Umzäunung« – altpersisch: »paira-dae-za« – aus.[170] Diesem geometrisch und symmetrisch geordneten Garten, der durch eine Mauer räumlich klar umgrenzt ist, steht jenseits seiner Außenmauer der räumlich unbegrenzte, nichtgeometrische, nichtsymmetrische Naturraum absoluter Unordnung gegenüber, gleichgültig ob dieser Raum als ein Dschungel oder als eine Wüste imaginiert wird. Kagans Bild von Paradies und Dschungel veranschaulicht somit den Kampf um die Weltordnung des 21. Jahrhunderts als einen Kampf entlang der Grenze – und zudem um den Verlauf und die Art der Grenze – zwischen symmetrisch geordnetem Paradies und asymmetrisch ungeordnetem Dschungel. Vor allem zwei Fragen rücken unter dem Eindruck dieses Bildes in den Mittelpunkt der Auseinandersetzung: Lässt sich, allen beobachtbaren globalen Asymmetrierungstendenzen zum Trotz,

Kriegskonzepte seien für »unsere« Gegner »irrelevant«, wäre im Rahmen »zweiseitiger«, komparativer Untersuchungen zur (Nicht-)Rezeption und möglichen Transformation dieser Konzepte durch nichtstaatliche – und nichtwestliche – Akteure erst noch zu überprüfen.

170 »Der Name des ›Paradieses‹ nämlich ist aus dem altpersischen ›paira-dae-za‹ abgeleitet, was nichts anderes als ›Umzäunung, Umwallung‹ bedeutet und insoweit ein Synonym zum indoeuropäischen Wurzelwort ›ghordo-s‹ darstellt, aus dem sich u.a. das griechische ›chortos‹, das lateinische ›hortus‹ und der deutsche ›Garten‹ gebildet hat« (Mayer-Tasch 1999: 1f.). Der biblischen Paradiesbeschreibung im 1. Buch Mose (2,9) zufolge, die für die gartenbauliche Tradition des Mittelalters (Mayer-Tasch/Mayerhofer 1998: 38f.) und noch bis in den Barock hinein maßgeblich blieb (von Trotha 2012: 126), durchziehen vier Ströme, die der Mitte des Paradieses entspringen, dessen von einer Außenmauer eingefassten, symmetrisch geordneten Garten: »Der Urgarten ist ein Triumph der Ordnung, ein Paradies im Quadrat, ersonnen in der ebenen Wüstenlandschaft Persiens. Eine Außenmauer schirmt ihn ab von der unordentlichen Welt. In der Mitte ist die Quelle. Ihr Wasser fließt nach Norden, Osten, Süden und Westen in vier Kanälen, die den Garten in vier Quadrate teilen« (Mayer-Tasch 1999: 1).

im 21. Jahrhundert eine symmetrische politische Ordnung – und mit ihr ein symmetrisches Kriegsmodell – kultivieren und verteidigen? Und: Kann eine solche symmetrische Ordnung, ausgehend etwa von Europa und den USA, global ausgedehnt und als Weltordnung durchgesetzt werden? Mit anderen Worten: Lässt die Mauer des Paradieses sich so weit in den Dschungel hinausschieben, bis der symmetrisch geordnete, perspektivisch zudem friedliche Garten die ganze Welt umfasst – oder kommt eine solche Ausdehnung einer Überdehnung dieser Ordnung gleich, die dazu führt, dass diese Ordnung letztlich in sich zusammenbricht? Zwölf Jahre bevor Kagan diese Fragen im Jahr 2003 durch seine metaphorisch grundierte Diagnose zum transatlantischen Verhältnis aufwarf und dabei unterstellte, dass sie auf den zwei Seiten des Atlantiks unterschiedlich beantwortet würden, sah der US-amerikanische Präsident George Bush einer globalen Ordnung des Dschungels im Rahmen einer – implizit symmetrischen – »neuen Weltordnung« noch optimistisch entgegen. In einer »Rede an die Nation« am 16. Januar 1991, in der er den Beginn der US-geführten, jedoch UNO-mandatierten Luftschläge zur Befreiung Kuwaits von Saddam Husseins irakischen Besatzungstruppen verkündete, verlieh er der Hoffnung Ausdruck, mit dem Ende des Kalten Krieges sei nun der »historische Moment« gekommen, weltweit »die Herrschaft des Rechts, nicht die Herrschaft des Dschungels« zu verwirklichen:

»This is an historic moment. We have in this past year made great progress in ending the long era of conflict and cold war. We have before us the opportunity to forge for ourselves and for future generations *a new world order – a world where the rule of law, not the law of the jungle*, governs the conduct of nations. When we are successful – and we will be – we have a real chance at this new world order, an order in which a credible United Nations can use its peacekeeping role to fulfill the promise and vision of the U.N.'s founders.«[171] (Bush 1991; Hervorh. F. W.)

Die Hoffnung des US-amerikanischen Präsidenten auf eine symmetrische *new world order*, in der die »glaubwürdigen« Vereinten Nationen bei der Ab-

171 Erstmals trug George Bush dieses Projekt einer »neuen Weltordnung« dem US-amerikanischen Kongress am 11. September 1990 vor (vgl. Winkler 2014: 17, 1039, 1126), just in dem »historischen Moment« (Bush 1991) also, als der transatlantische Westen aufhörte, »so sehr eine Einheit [...] [zu bilden; F. W.] wie in den viereinhalb Jahrzehnten zwischen 1945 und 1990« (Winkler 2014: 17) – und auf den Tag genau elf Jahre bevor die Terroranschläge von »Nine Eleven« und die ihnen folgenden globalen Verwerfungen das nach dem Ende des Kalten Krieges zwischenzeitlich als aussichtsreich betrachtete Projekt einer globalen Rechts- und Friedensordnung unter den Trümmern des World Trade Center in New York und des Pentagon in Washington D. C. sowie der von Bush imaginierten »neuen Weltordnung« begruben.

lösung der »Herrschaft des Dschungels« durch die »Herrschaft des Rechts« eine zentrale Rolle spielen würden, erscheint im Rückblick in der Tat »historisch«, wenn auch nicht in dem Sinn, den Bush mit dem Wort von dem *historic moment* verband. Denn offensichtlich wurde dieser »historische Moment« des Jahres 1991, wenn er denn überhaupt bestanden hatte, verpasst und wurden die Hoffnungen auf eine symmetrische *new world order* enttäuscht. Das zeigte sich spätestens im zweiten Irakkrieg im Jahr 2003, als eine »Koalition der Willigen«, die nun von Bushs Sohn George W. Bush als US-Präsidenten angeführt wurde, sich nicht mehr auf ein Mandat der Vereinten Nationen stützen konnte. Kagans Essay *Of Paradise and Power. America and Europe in the New World Order* aus dem gleichen Jahr ist als publizistische Intervention in die transatlantische, aber auch innereuropäische Debatte um diesen Krieg – und um die zukünftige Ordnung der Welt – zu verstehen. Eindeutig und polemisch spricht sich der »liberale Interventionist« Kagan angesichts der Tatsache, dass die »Herrschaft des Dschungels« sich nicht, wie noch im Jahr 1991 von »Bush senior« erhofft, durch die »Herrschaft des Rechts« habe ersetzen lassen, für den US-amerikanischen Gewalteinsatz im Dschungel und gegen den europäischen »Traum« vom friedlichen Paradies aus. Während Kagans Polemik dies- und jenseits des Atlantiks nicht minder polemisch erwidert und aufgegriffen wurde,[172] soll es hier darum gehen, die mit der metaphorischen Unterscheidung von Paradies und Dschungel zur Entscheidung gestellte Alternative selbst – und zwar mithilfe der Semantik der Symmetrie und Asymmetrie – zu überprüfen und zu rekonstruieren. Auf diese Weise lassen sich sowohl der Charakter der multiperspektivischen und umkämpften Weltordnung des 21. Jahrhunderts einschließlich der Rolle und Art des Krieges darin als auch die Eigenheiten des zwischen Symmetrikern

172 Im Ton zwar weniger polemisch als Kagan in seiner Diagnose aus dem Jahr 2003, in der Sache aber explizit daran anschließend (vgl. Sheehan 2008: 14–16), stellte der US-amerikanische Historiker James Sheehan im Jahr 2008 fest, die »zivilen« Europäer hätten sich auf ihrer »Insel von Frieden und Überfluss« (ebd.: 272) eingerichtet und dabei vergessen, dass diese Insel in Wahrheit stets »ein Stück des Kontinents« – des Kontinents der Gewalt – und der »gefährlichen Welt voller Gewalt« (ebd.) geblieben sei, jenes Kontinents und jener Welt also, deren Herausforderungen und Probleme den »Traum vom ewigen Frieden, der in der Aufklärung geboren wurde« (ebd.), bedrohten und keineswegs an der »langen und schlecht definierten Grenze, die Europa mit seinen Nachbarn verbindet« (ebd.: 272f.), halt machten: »Entlang dieser Grenze, wo Wohlstand und Armut, Recht und Gewalt, Frieden und Krieg ständig aufeinandertreffen und prekär koexistieren, wird sich die Zukunft von Europas zivilen Staaten entscheiden« (ebd.: 273).

und Asymmetrikern ausgetragenen Kampfes um die neue Weltordnung, ihren Charakter und ihre Grenzen besser verstehen.

Die Symmetriker in diesem Kampf um die Weltordnung des 21. Jahrhunderts sehen die Welt auch nach den historischen Umbrüchen, die sich mit der Jahreszahl 1991 und dem Datum 11. September 2001 verbinden, weiterhin wesentlich durch die von Kagan im Jahr 2003 herausgestellten »Gesetze der Vernunft« (und durch Symmetrien) statt durch die »Gesetze des Dschungels« (und durch Asymmetrien) geprägt. Wenn auch die relative Nähe und Ferne der Symmetriker zum Kantischen Paradies in Abhängigkeit davon variiert, welches Verständnis des Krieges sowie seiner Ächtung und welche Art der »Vernunft« sie ihren Konzeptionen jeweils zugrunde legen und den internationalen Akteuren unterstellen – die Variationsbreite reicht hier von einer rein politisch-strategischen bis hin zu einer rein pazifistisch-kosmopolitischen Rationalität –, so stimmen sie doch in ihrer Diagnose überein: Trotz aller Asymmetrierungsschübe im Übergang vom 20. zum 21. Jahrhundert bestehe die bisherige, »vernünftige« und symmetrisch fundierte, völker- und kriegsrechtlich regulierte oder gar gänzlich friedliche internationale Ordnung im Wesentlichen fort, und diese Ordnung könne auch zukünftig einschließlich der mit ihr verbundenen symmetrie-bezogenen Begriffe, Strategien und Gesetze verteidigt oder gar im globalen Maßstab durchgesetzt werden. Als politische Mittel geeignet erscheinen den Symmetrikern hierzu insbesondere Maßnahmen der Resymmetrierung, so etwa die Verringerung globaler Unterschiede und Ungleichgewichte durch den Export von Staatlichkeit, durch entwicklungspolitische Zusammenarbeit sowie durch die Vereinbarung von Rüstungsobergrenzen und die Einrichtung von Proliferationskontrollregimen, verbunden mit gleichfalls auf Resymmetrierung abzielenden Ansätzen zur Stärkung und Implementation des Völker- und Kriegsrechts im Rahmen der Vereinten Nationen, der Instanzen internationaler Strafgerichtsbarkeit und des Multilateralismus insgesamt.[173] Die gemeinsame Stoßrichtung bzw. die von Kagan herausgestellte »Vernunft«

173 Solche resymmetrierenden Absichten finden sich prominent in der europäischen Sicherheitsstrategie aus dem Jahr 2003 versammelt, die das globale Symmetrierungsprojekt der Europäer mit dem Ziel einer »International Order Based on Effective Multilateralism« (European Council 2003: 9) entwirft, das deutlich mit dem globalen Asymmetrierungsprojekt der USA, umrissen in deren Nationaler Sicherheitsstrategie aus dem Jahr 2002, kontrastiert (vgl. Münkler 2006a: 288–290). Für die – bis in einzelne Formulierungen hinein erkennbare – Orientierung der deutschen Sicherheitspolitik an der – symmetrie-fokussierten – europäischen Sicherheitsstrategie vgl. den »Aktionsplan Zivile Krisenprävention, Konfliktlösung und Friedenskonsolidierung« der Bundesregierung

solcher Maßnahmen besteht darin, dass durch sie weltpolitische Ungleichartigkeiten und Ungleichgewichte, also Asymmetrien jedweden Typs verringert werden sollen, um so auch die Anreize für eine Ausnutzung und Vergrößerung von Asymmetrien und folglich für eine weitere Untergrabung und Zerstörung der »vernünftigen« symmetrischen Ordnung zu beseitigen. Wo nichtstaatliche Terrororganisationen, Terrornetzwerke und Terrormilizen, staatliche »Schurken« in Gestalt sogenannter »rogue states«, aber auch unilateral auftretende »imperiale« Mächte wider die symmetrische »Vernunft« und gegen die von den Symmetrikern empfohlenen und betriebenen Resymmetrierungsanstrengungen dennoch auf Asymmetrierung und auf asymmetrische Kampfstrategien setzen, kommt es den Symmetrikern zufolge darauf an, die entsprechenden Verstöße gegen die »Gesetze der Vernunft« mit Sanktionen zu belegen oder durch geeignete Gegenmaßnahmen zu neutralisieren. Das Ziel einer solchen weltpolitischen *Grand Strategy der Resymmetrierung*, zu der die Symmetriker raten, besteht somit in der Wiederherstellung, der Kultivierung und der weltweiten Ausdehnung des symmetrisch geordneten, ursprünglich europäischen Gartens des Westfälischen Staatensystems. Dessen Ordnung, geprägt vor allem durch die drei im Verlauf dieser Studie herausgestellten Charakteristika: tendenzielles Kräftegleichgewicht (Symmetrie der Kraft), tendenzielle Gleichartigkeit der – staatlichen – Kriegsakteure (Symmetrie der Organisationsform) sowie tendenzielle Gleichartigkeit der von diesen Akteuren angewendeten – direkten – Strategien (Symmetrie der Strategie), gilt es im Rahmen des von den Symmetrikern verfolgten Großprojekts des weltpolitischen Gartenbaus global durchzusetzen. Am Horizont dieses Projekts steht dabei die Vision einer Rückkehr oder eines Fortschritts der Menschheit in jenes von Kagan beschriebene, durch die »Gesetze der Vernunft« geordnete »Paradies«, als dessen irdische Vorstufe den Symmetrikern der verlorene, jedoch wiederzugewinnende, mehr oder weniger friedliche Garten des europäischen Staatensystems mitsamt seinem Modell des symmetrischen Krieges erscheint.

Die Asymmetriker im Kampf um die Weltordnung des 21. Jahrhunderts halten die von den Symmetrikern angestrebte Annäherung an das von den »Gesetzen der Vernunft« beherrschte »Paradies« für utopisch und betrachten jegliche Anstrengungen zur Wiedergewinnung der symmetrischen internationalen Ordnung dementsprechend als vergeblich oder gar schädlich.

(2004, vor allem XVI-XVII) sowie den jüngsten Bericht zu dessen Umsetzung (Bundesregierung 2010a).

So erkennen sie in der Ausbreitung und Vergrößerung von Asymmetrien in der jüngeren (Kriegs-)Geschichte Anzeichen einer tiefgreifenden und zugleich unumkehrbaren Erosion jener symmetrischen Grundlagen, auf denen die internationale Ordnung im Westfälischen Staatensystem und bis hinein in das Zeitalter des Kalten Krieges beruhte. Statt den Garten dieser Ordnung gegen die historische Dynamik zu verteidigen, raten die Asymmetriker dazu, umgekehrt die überlieferten politikwissenschaftlichen, politischen und strategischen Konzepte dem Druck und der Dynamik der Asymmetrierung anzupassen – und das heißt: einen Paradigmenwechsel zu vollziehen von Hegung zu Entgrenzung, von Zentralität zu Dezentralität, von Symmetrie zu Asymmetrie. Mit anderen Worten lautet ihr Ratschlag: Wenn der Dschungel der Asymmetrien den Garten der Symmetrien im 21. Jahrhundert überwuchert, so haben die politische Theorie ebenso wie die politisch-strategische Praxis sich in Zukunft an den asymmetrie-bezogenen »Gesetzen des Dschungels« statt an den symmetrie-bezogenen »Gesetzen der Vernunft« zu orientieren und die Asymmetrie zum Maßstab zukünftiger begrifflicher, politischer und strategischer Ordnungs- und Handlungsentwürfe zu erheben. Anders als die Symmetriker mit ihrem Kultivierungsprojekt des weltpolitischen Gartenbaus empfehlen und verfolgen die Asymmetriker das Projekt einer Naturierung der weltpolitischen Ordnung. Anstatt den Garten der Staatlichkeit und Symmetrie gegen die global wuchernde Unordnung und »Unvernunft« zu verteidigen oder gar auszudehnen – und dabei die Überdehnung der eigenen physischen und moralischen Kräfte zu riskieren –, raten sie dazu, den nicht vollständig zu beseitigenden Dschungel als solchen anzuerkennen, also seine besonderen »Gesetze« zu akzeptieren und zu studieren, um ihnen die eigenen Begriffe, Entwürfe und Strategien in Zukunft anzupassen. Im Rahmen einer solchen weltpolitischen *Grand Strategy der Asymmetrierung*, die sich von den Symmetrien und dem Symmetrierungsprojekt des als unwiederbringlich verloren angesehenen Gartens der symmetrischen internationalen Ordnung verabschiedet, kommt es, so die Asymmetriker, darauf an, bestehende Asymmetrien gemäß den »Gesetzen des Dschungels« zu »managen«, sie zum eigenen Vorteil zu nutzen und zu manipulieren, statt nach Art der Symmetriker vergeblich ihre Ausbreitung und Ausnutzung zu blockieren oder sie von vornherein ganz zu ignorieren. Aus dem solchermaßen empfohlenen Asymmetrien-Management entsteht – und in ihm besteht – der Dschungelkampf, wie die Asymmetriker ihn für das 21. Jahrhundert prognostizieren und auch konzipieren. In diesem Kampf führen ungleichartige Kontrahenten von unterschiedlich hohen Positionen im hügeligen Asymmetrien-Terrain aus mit jeweils unterschiedlichen, also wechselseitig »unkonventionellen«, »irregulären«, »asymmetrischen« Methoden einen asymmetrischen Krieg. Die nichtstaatlichen ebenso wie die staatlichen »Schurken« führen diesen Krieg aus einer Position der asymmetrischen Schwäche als Insurgency, Terrorkrieg und nationalen, anti-imperialen oder religiösen »Befreiungskampf«; die diese »Schurken« bekämpfenden (quasi-)imperialen, technologisch überlegenen Akteurskoalitionen und Allianzen führen den Krieg aus einer Position der asymmetrischen Stärke als Counterinsurgency, *war on terror* und humanitäre, imperiale, präventive oder präemptive Intervention. Jenseits des symmetrisch geordneten Gartens verstetigt und vergrößert dieser asymmetrische Krieg somit die Asymmetrien, auf deren Nutzung er beruht und mit deren widersprüchlichen Folgen die Kriegführenden im Dschungel zugleich kämpfen.

Wie wird der Kampf um die Weltordnung des 21. Jahrhunderts ausgehen? Der Fortgang des zwischen Symmetrikern und Asymmetrikern ausgetragenen Kampfes um die neue Weltordnung sowie der Fortschritt ihrer zwei einander so verschiedenen Großprojekte, deren eines auf die weltweite Ausdehnung und Kultivierung des Westfälischen Gartens, deren anderes hingegen auf ein Naturierungsmanagement im weltweit wuchernden Asymmetrien-Dschungel hinausläuft, werden nicht nur davon abhängen, ob Europäer und Amerikaner dazu bereit sein werden, die mit der Verwirklichung ihrer jeweiligen Ordnungsmodelle verbundenen Kosten zu tragen und die hierzu nötigen Opfer zu erbringen. Vielmehr wird es auch darauf ankommen, welche – symmetrische oder asymmetrische – Deutung der Welt des 21. Jahrhunderts Europäer und Amerikaner in Zukunft entwickeln und im Kampf um die neue Weltordnung durchsetzen werden. Es geht dabei, wie Kagan (2003: 91) sagt, um die Frage, »wo genau sich die Menschheit in dem Kontinuum zwischen den Gesetzen des Dschungels und den Gesetzen der Vernunft befindet«, grundsätzlicher aber auch um die Frage, von welchen »Gesetzen« überhaupt angenommen wird, dass sie im Dschungel oder Garten der zukünftigen internationalen (Un-)Ordnung Geltung beanspruchen können. Mögen dies zwar in erster Linie politisch-ethische, wenn nicht gar – in Kagans Worten – »philosophische, ja metaphysische« Fragen sein, die weniger durch politik- und strategietheoretische Analyse als vielmehr nach Maßgabe politikpraktischer Zweck- und strategischer Zielsetzung zu entscheiden sein werden, so kann eine »mit dem Handeln befreundete Theorie« (vgl. Clausewitz 1980 [1832–34]: 292), wie sie hier entworfen wurde, doch zur Klärung dieser Fragen beitragen, indem sie deren begrifflich-konzeptionelle Voraussetzungen erkundet und die Chancen und Risiken verschiedener Möglichkeiten ihrer Beantwortung klärt. Nur durch ein grundlegendes Verständnis symmetrischer und asymmetrischer Konstellationen lässt sich abschätzen, ob die von Kagan zur Front ausgebaute Alternative zwischen Paradies und Dschungel – und damit: zwischen Symmetrie und Asymmetrie – überhaupt geeignet ist, das komplexe Sicherheitsterrain des 21. Jahrhunderts angemessen zu beschreiben und zu bewältigen. Bevor diese Frage nach der zukünftigen Weltordnung – einschließlich der Frage nach der Zukunft des Krieges und den Kriegen der Zukunft – wieder aufgegriffen wird, sollen die Erträge der Untersuchung noch einmal rekapituliert werden.

Was ist der asymmetrische Krieg? Unter dieser Leitfrage unternahm die Untersuchung eine Expedition in den (Diskurs-)Dschungel der Asymmetrie auf der Suche nach den *laws of the jungle* (Cooper 2002; Kagan 2003) bzw. den Gesetzen des asymmetrischen Krieges, die sich »ohne Schwierigkeit ganz evident machen« lassen (Clausewitz 1980 [1832–34]: 182). Die Expedition durchdrang den von ihr vorgefundenen Dschungel entlang dreier Schneisen: in einer (ideen-)geschichtlichen Rekonstruktion der Entstehung und Entdeckung des asymmetrischen Krieges (Teil II), in einer systematischen Analyse seiner diskursiven Eroberung und Kartographierung (Teil III) sowie in einer politisch-strategischen Modellierung seiner inneren Dynamik und »Grammatik« (Teil IV). Wenngleich der asymmetrische Krieg sich aufgrund seiner spezifischen Variabilität und Ambiguität chamäleonartig immer wieder dem Versuch entzog, ihn durch ein *stehendes* Gesetz zu erfassen und einzufangen, konnte die Untersuchung doch eben diese scheinbare Ungesetzlichkeit des asymmetrischen Krieges, also seine Dynamik und Dialektik, in gewissermaßen *fließenden* Gesetzen und Gesetzmäßigkeiten »ganz evident machen«. Diese fließenden »Gesetze des Dschungels«, die geeignet erscheinen, in Clausewitzscher Erkenntniszuversicht die Skepsis derer zu erschüttern, die mit Blick auf eine Theorie des (asymmetrischen) Krieges meinen, »es ist eine solche Theorie nicht möglich, denn es ist von Dingen die Rede, die kein stehendes Gesetz umfassen kann« (ebd.), können nun zu einer allgemeinen Antwort auf die übergreifende Leitfrage zusammengefasst werden: Was ist der asymmetrische Krieg? Der *asymmetrische Krieg* ist der Krieg zwischen Gegnern, die einander – anders als unter Bedingungen der Symmetrie – wechselseitig in einem solchen Maß als ungleichartig wahrnehmen, dass sie, wenn sie ihre umfassenden, politisch-militärischen Grand Strategies und die darin eingebetteten Kampfstrategien formulieren und anwenden, sich stärker an der wahrgenommenen Ungleichartigkeit als an einer tatsächlichen oder unterstellten Gleichartigkeit orientieren. Diese allgemeine Antwort der Studie auf ihre übergreifende Fragestellung bildet das Kondensat einer »ganzen Anzahl von Sätzen« bzw. von »fließenden Gesetzen«, die über den asymmetrischen Krieg formuliert wurden. Hierzu zählt die Feststellung, dass vielfältige unterschiedliche *Typen der Asymmetrie* im asymmetrischen Krieg Bedeutung erlangen können, je nachdem, welche Arten der Ungleichartigkeit strategische Akteure als für ihre Kriegführung bedeutsam erachten: Asymmetrien der Kraft, der Organisationsform, der Entschlossenheit, der Verwundbarkeit, der Selbstbindung, der Legitimität, des Raumes und der Zeit (Kap. 8). Anders als im symmetrischen Krieg darf, wie gezeigt wurde, diejenige Partei, die die Asymmetrie der Kraft dominiert, keineswegs hoffen, *dadurch* auch alle anderen Asymmetrien zu beherrschen, bildhaft gesprochen also auch an allen anderen Asymmetrie-Hügeln des Asymmetrien-Terrains jeweils die vorteilhaften Gipfelpositionen zu besetzen, von denen aus – gemäß dem aus der Clausewitzschen Kriegstheorie übertragenen Gesetz des strategischen Vorteils der Höhe gegenüber der Tiefe (Kap. 8) – der am oberen Ende einer Asymmetrie positionierte Kriegsakteur mit relativ guten Aussichten gegen den weiter unten im Tal positionierten Gegner agiert. Stattdessen kommt es für die Kriegsparteien, die als rationale Kosten-Nutzen-Berechner vorgestellt wurden (Kap. 9), darauf an, die genannten acht Asymmetrien – und ebenso die entsprechenden Symmetrien – im Rahmen ihrer Grand Strategies zu ihrem je eigenen Vorteil zu nutzen und zu manipulieren.

Wie wird der asymmetrische Krieg geführt? Um die Eigenarten der asymmetrischen Kriegführung zu verstehen, wurde als ihr Grundprinzip modelltheoretisch ein rationales Asymmetrien- und Symmetrien-Management konstruiert (Kap. 9e). Dieses Management gehorcht einem doppelten, nämlich *asymmetrischen und symmetrischen Imperativ*, der da lautet: Vergrößere und nutze Asymmetrien in sämtlichen strategisch bedeutsamen Bereichen, in denen sich dies für dich lohnt! Und: Stelle Symmetrien her und nutze sie in all denjenigen strategisch bedeutsamen Bereichen, in denen sich dies für dich lohnt! Wird dieser doppelte Imperativ unter Bezugnahme auf den strategischen Gegner noch doppelt gespiegelt, so treten spiegelverkehrt zwei weitere »ganz evidente« strategische Sätze hinzu: Verweigere dem Gegner die Nutzung und Vergrößerung der Asymmetrien, von denen dieser sich Vorteile verspricht! Und: Verhindere, dass dein Gegner zu seinem Vorteil Symmetrien herstellt und nutzt! Aus diesen vier Sätzen und den komplexen Wechselwirkungen, die sich bei ihrer Anwendung auf die genannten acht

Asymmetrie-Typen ergeben, konnten allgemeine Anforderungen des asymmetrischen Krieges abgeleitet und in *zehn »Gesetzen des Dschungels«* formuliert werden (Kap. 10). Darüber hinaus wurden positionsspezifische *»Überlebensregeln«* definiert (Kap. 11 und 12), die für jeweils nur eine Seite einer asymmetrischen Konstellation, also entweder für den asymmetrisch Benachteiligten oder aber für den asymmetrisch Begünstigten bedeutsam erscheinen. In dem Maße, in dem solche ungleichartigen Akteure sich wechselseitig als asymmetrisch wahrnehmen und ihren Konflikt als einen asymmetrischen austragen, gewinnen – so legt es das konstruierte Modell rationaler asymmetrischer Kriegführung nahe – jene allgemeinen Gesetze wie auch diese positionsspezifischen Überlebensregeln an Bedeutung, da die Kontrahenten sich von ihrer Befolgung bessere Erfolgsaussichten im asymmetrischen Krieg versprechen. Wiederum im Bild des »hügeligen« Asymmetrien-Terrains formuliert, bedeutet dies: Indem die Kriegsparteien im Rahmen ihrer a-/symmetrischen Kampfstrategien Asymmetrien und Symmetrien für die Kriegführung nutzen, passen sie sich an die jeweiligen Gegebenheiten des mehr oder weniger hügeligen Terrains, also an dessen Asymmetrien und Symmetrien an. Indem sie darüber hinaus im Rahmen ihrer umfassenden politisch-militärischen Strategien Asymmetrien und Symmetrien manipulieren, sie also durch Asymmetrierung und Symmetrierung vergrößern und verkleinern, verändern sie zu ihrem jeweiligen Vorteil die Gegebenheiten des mehr oder weniger hügeligen Terrains, dessen Hügel sie aufschütten und erobern, abtragen und umgehen. Auf diese zweifache Weise, also durch die Nutzung und die Manipulation von Asymmetrien und Symmetrien, betreiben die als rational vorgestellten Kriegsparteien im Rahmen ihrer Grand Strategies für den asymmetrischen Krieg das Asymmetrien- und Symmetrien-Management.

Welcher Eskalationsdynamik folgt der asymmetrische Krieg? Das Modell rationaler asymmetrischer Kriegführung lässt erwarten, dass der Krieg zwischen Kontrahenten, die einander als ungleichartig wahrnehmen, einer anderen Dynamik folgt als der symmetrische Krieg. Diese modelltheoretisch gewonnene Annahme wurde am Beispiel jener asymmetrischen Auseinandersetzung plausibilisiert, die zu Beginn des 21. Jahrhunderts die internationale Politik bestimmt: der Auseinandersetzung zwischen einerseits nichtstaatlichen Terrororganisationen bzw. Kämpfernetzwerken und sogenannten »rogue states« in der Rolle der »Schurken« (Kap. 11) und andererseits westlichen Staaten in der Rolle ihrer asymmetrischen Kontrahenten (Kap. 12). Die Analyse dieser Auseinandersetzung deutete darauf hin, dass die ungleichartigen Gegner einander im Konfliktverlauf zum einen immer ähnlicher werden, da sie den *gleichen* allgemeinen »Gesetzen des Dschungels« gehorchen, dass sie sich zum anderen aber paradoxerweise zugleich auch immer weiter voneinander entfernen, da sie aufgrund ihrer unterschiedlichen Positionierung im Gelände *unterschiedliche* Anreize zur *unterschiedlich* gerichteten Asymmetrierung wahrnehmen (statt die gleichen Anreize zur gleichgerichteten Resymmetrierung) und *unterschiedlichen* »Überlebensregeln« folgen. Mit der Dauer des asymmetrischen Krieges vergrößern und verstetigen sich so die Asymmetrien und kommt es zu einer fortschreitenden Entfremdung der Konfliktparteien im Zuge einer sich beschleunigenden *asymmetrischen Eskalationsspirale,* die – anders als das Ringen und Wettrüsten in symmetrischen Konstellationen – innere Mechanismen und Anreize zur Mäßigung, Blockierung oder Begrenzung, so etwa durch reziproke Formen der (Selbst-) Bindung, nicht kennt. Der asymmetrische Krieg tendiert daher seiner inneren Dynamik nach zur totalen Entgrenzung und Eskalation. Er breitet sich über das gesamte, durch die genannten acht Asymmetrie-Typen nur vorläufig, also weder endgültig noch erschöpfend charakterisierte Kriegsterrain aus und dringt auch jenseits desselben in all jene Sphären des Strategischen vor, in denen die Nutzung und Manipulation von Asymmetrien (und Symmetrien) den Kriegsparteien nützlich erscheinen. Das schließt die Sphären des Zivilen und Humanitären, des Virtuellen und Visuellen, des Moralischen und Rechtlichen, des Ideellen und Sakralen potenziell und tendenziell mit ein. Indem der Kampf sich in diese Sphären ausdehnt und sich in ihnen festsetzt, legt sich der entgrenzte, nicht-, post- bzw. asymmetrische Krieg »wie ein nebel- und wolkenartiges Wesen« (Clausewitz 1980 [1832–34]: 803) über den Dschungel, dessen Terrain die Dschungelkämpfer beständig erkunden, entdecken, erobern, ausbauen und nutzen. Auf dieses Terrain wurde hier die politiktheoretische Expedition geführt, in »dieser Beziehung, also in der ganzen Bedeutung des französischen Ausdrucks *Terrain*, [...] [hatten; F. W.] wir Gegend und Boden hier zu betrachten« (ebd.: 602).

Ist vor diesem Hintergrund in Zukunft eine Rückkehr in den Barockgarten des symmetrischen Krieges zu erwarten, zu erhoffen und anzustreben? Diese zwischen den Symmetrikern und den Asymmetrikern umstrittene Frage nach der Rückkehr aus dem Dschungel des asymmetrischen in den geordneten, gehegten Garten des symmetrischen Krieges kann nach der Rekapitulation der Erträge der Studie neu bewertet werden. In politik-theoretischer Hinsicht ist bei einer solchen Neubewertung zu beurteilen, ob die politischen Wissenschaften vom Kriege, allen voran die Kriegs- und Strategietheorie, die Theorien der Internationalen Beziehungen sowie die empirische und historische Friedens- und Konfliktforschung, zukünftig zu ihren symmetrie-bezogenen Prämissen, Begriffen und Modellen zurückkehren sollten, an denen sie sich seit Entstehung des Westfälischen Staatensystems bis zum Ende des Kalten Krieges – und vielfach noch darüber hinaus – orientierten. In politik-praktischer Hinsicht geht es bei der genannten Frage zudem darum, ob die zukünftige Außen-, Sicherheits- und Weltordnungspolitik, die militärische wie zivile Strategie-Entwicklung und letztlich auch die gesamtgesellschaftliche Sicherheitsdiskussion sich bei der Bestimmung ihrer jeweiligen Zwecke, Ziele und Mittel weiterhin an den Symmetrien ausrichten können und sollten, die im Westfälischen Staatensystem und noch während des Kalten Krieges als handlungsleitend und systemstabilisierend galten. Angesichts der weltpolitischen Asymmetrien zu Beginn des 21. Jahrhunderts sowie der von beiden Seiten asymmetrischer Konstellationen, also »von unten« ebenso wie »von oben«, bereits vielfach unter Beweis gestellten Effektivität und Effizienz »asymmetrischer« Kampfstrategien sowie politisch-militärischer Strategien der Asymmetrierung erscheint es vor dem Hintergrund der Erkenntnisse dieser Studie wahrscheinlich, dass auch in Zukunft ungleichartige Gegner aufeinandertreffen werden, die unterschiedliche gesamtstrategische Anforderungen wahrnehmen und dabei gegensätzlichen Anreizen folgen, sodass sie ihre Kriege auf verschiedene Weise führen werden. Gewinnen in diesen ungleichartig geführten Kriegen die Nutzung und Manipulation von Asymmetrien in Zukunft wohl eher noch an Bedeutung, so werden die Kriegführenden sich in deren Verlauf – ungeachtet mancher Tendenzen der Anpassung und Angleichung – immer weiter voneinander entfernen, da sie, wie die hier vorgelegte Analyse nahelegt, in ihrer Strategie-Entwicklung und Rüstungspolitik auf getrennten, entgegengesetzten Pfaden der Asymmetrierung in unterschiedliche Richtungen marschieren: Die Asymmetrie befördert die Asymmetrierung, und diese wiederum vergrößert die Asymmetrie. Aufgrund dieser – politik- und strategietheoretisch zu erwartenden – Entwicklung erscheint eine Rückkehr der Kriegs-, Konflikt- und Friedensforschung, der Außen-, Sicherheits- und Weltordnungspolitik, der militärischen und zivilen Strategie-Entwicklung sowie der gesellschaftlichen Sicherheitsdiskussion in den konventionellen Garten des symmetrischen Krieges in naher Zukunft unwahrscheinlich, unrealistisch und daher auch unangebracht. Stattdessen werden Staaten ebenso wie andersartig organisierte, sub-, inter- und transstaatliche Akteure sich auch in Zukunft für asymmetrische Kriege wappnen (müssen), indem sie ihre Streitkräfte und Kämpfergruppen hierauf vorbereiten, ihre Strategien, Organisationsformen und Rüstungsprogramme den entsprechenden Erfordernissen anpassen sowie ihre Bevölkerungen und Unterstützergruppen auf diese Veränderungen einstellen. Kurzum: Der asymmetrische Krieg wird bis auf Weiteres auf der wissenschaftlichen, politischen, strategischen und gesellschaftlichen Agenda verbleiben. Sollte allerdings die gegenwärtig im Kriegsdiskurs vielfach zu vernehmende »Asymmetrie-Euphorie« dazu führen, dass der asymmetrische Krieg den symmetrischen Krieg *ganz* von der Agenda verdrängt, sodass zukünftig nur noch der Dschungel, nicht aber mehr der symmetrische Garten wahrgenommen und erkundet würde, so wäre eine solche Verengung der Perspektive wohl nicht weniger unangemessen als jene, die aus einer fortgesetzten Fokussierung auf den klassischen, konventionellen, symmetrischen europäisch-westlichen Staatenkrieg resultiert. Denn selbst wenn zu erwarten steht, dass der asymmetrische den symmetrischen Krieg im 21. Jahrhundert überlagert, sollte doch nicht angenommen werden, dass letzterer vollständig und für alle Zeit von der theoretischen und politischen Landkarte verschwindet. Auch in dieser Hinsicht nämlich ähnelt der in dieser Studie metaphorisch als Barockgarten beschriebene symmetrische Krieg dem nicht-metaphorischen Barockgarten, der während der »Gartenrevolution« (von Buttlar 1989) des 18. Jahrhunderts im europäischen Gartenbau zwar tatsächlich weitgehend aus der Mode kam (vgl. Teil I), der infolge der Verdrängung durch den englischen Landschaftsgarten jedoch keineswegs überall von der europäischen Landkarte des 18. Jahrhunderts verschwand (Bredekamp 2012b: 9f.). Auf ähnliche Weise wie im Bereich der damaligen Gartenkunst verschwimmen auch auf dem Gebiet der Kriegskunst – und zwar im Vorausblick auf das Kriegsgeschehen des 21. Jahrhunderts ebenso wie im Rückblick auf die Kriegsgeschichte im Westfälischen System – symmetrische mit asymmetrischen Elementen, geometrische mit naturwüchsigen Prinzipien und hegende mit entgrenzenden Tendenzen. Keineswegs so eindeutig, wie das zu Beginn der Untersuchung unter dem Eindruck einer trennscharf gedeuteten binären Unterscheidung zwischen Symmetrie und Asymmetrie und einer allzu pointierten Rhetorik der *strategic revolution* erscheinen konnte, lässt der Wandel des Krieges sich historisch und prognostisch exakt kartographieren und datieren. Wie sich zeigte, verlieren vielmehr auch im Dschungel des asymmetrischen Krieges die von Clausewitz formulierten symmetrie-orientierten Gesetze des Krieges nicht vollständig ihre Gültigkeit, und selbst nach der jüngsten »Revolution der Kriegskunst«, die nur vermeintlich linear von der Symmetrie zur Asymmetrie verläuft, sind symmetrische Kriege und symmetrische Kriegsphänomene kaum gänzlich auszuschließen. Auch wenn die russische Annexion der

Krim im Frühjahr 2014 weder völkerrechtlich noch strategisch den Vorgaben der Symmetrie gehorchte, so folgte sie doch in ihrer konventionellen, territorial- und zwischenstaatlichen Ausrichtung den geometrischen Mustern klassischer Macht- und Geopolitik. Es steht somit nicht zu erwarten, dass konventionelle, symmetrische Bedrohungen und Herausforderungen in Zukunft von den Kartentischen der Politik, den Radarschirmen der Militärs und aus den *conceptual maps* der Politik- und Kriegswissenschaften verschwinden werden – es sei denn, diese radieren sie aus.

Das Nebeneinander und der fließende Übergang von Symmetrien und Asymmetrien werden folglich das Kriegsgeschehen und die internationale Politik in Zukunft charakterisieren. Daher erscheint eine vollständige Umstellung der Kriegsforschung, der Außen-, Sicherheits- und Weltordnungspolitik, der militärischen und zivilen Strategie-Entwicklung und der gesamtgesellschaftlichen Sicherheitsdiskussion auf die Asymmetrie ebenso unklug und unangebracht wie ein striktes Festhalten am Orientierungsrahmen der Symmetrie. Stattdessen dürfte es sich als die entscheidende Herausforderung erweisen, einer einseitigen Verengung des Blicks in die eine oder andere Richtung vorzubeugen und bei der Erforschung ebenso wie bei der Führung und der politisch-gesellschaftlichen Gestaltung – einschließlich der Verhinderung, Begrenzung und Beendigung – des Krieges das jeweils angemessene Verhältnis *zwischen* Symmetrie und Asymmetrie zu bestimmen und herzustellen. Weniger somit an den zwei extremen Endpunkten, sondern vielmehr *in* jenem »Kontinuum zwischen den Gesetzen des Dschungels und den Gesetzen der Vernunft«, von dem Kagan (2003: 91) spricht, wird in Zukunft Orientierung zu suchen sein. Die Beobachter und Akteure des zukünftigen Krieges haben sich dabei in dem begrifflich, historisch und strategisch fließenden Grau- und Übergangsbereich *zwischen* Asymmetrie und Symmetrie statt entweder auf Seiten der Asymmetrie oder aber auf Seiten der Symmetrie zu positionieren. Einer solchen Neupositionierung jenseits der Kaganschen Frontstellung zwischen Symmetrikern und Asymmetrikern steht freilich bislang die zumeist dichotome, absolute und statische Kontrastierung der Begriffe »Symmetrie« und »Asymmetrie« entgegen, die die vorliegende Studie mit ihrer idealtypischen Begriffsbildung aufzubrechen versuchte. Nur wenn das starre »Entweder-Oder« der Symmetrie und Asymmetrie in ein »Kontinuum« der Möglichkeiten, ein dialektisches Neben- und Gegeneinander, ein graduelles Mehr oder Weniger, ein dynamisches Auf und Ab vielfältiger A-/Symmetrien »verflüssigt« wird, öffnet sich der Blick für den Gestaltwandel und die Vielgestaltigkeit des Krieges im 21. Jahrhundert. Dieser

Krieg der Zukunft und die Zukunft des Krieges sind weder durch die Symmetrie noch durch die Asymmetrie, sondern vielmehr durch die spezifische Verbindung und Vermischung *beider* charakterisiert. Für die wissenschaftliche Erforschung ebenso wie die politische, strategische und gesellschaftliche Handhabung des Krieges – einschließlich seiner Verhinderung, Begrenzung und Beendigung – ergibt sich hieraus die Aufgabe, in dem unübersichtlichen Übergangsterrain zwischen Symmetrie und Asymmetrie wissenschaftlich, politisch, strategisch und gesellschaftlich das angemessene Maß, also die angemessene Ordnung zwischen Symmetrie und Asymmetrie zu bestimmen und herzustellen. Zur Bezeichnung eines solchen »angemessenen Maßes« und einer solchen »angemessenen Ordnung« verwendeten die Griechen in der Antike das Wort: συμμετρία (*symmetría*). Dieser ursprünglichen Bedeutung des Wortes gemäß, die sich aus dessen zwei Teilen σύν (*sýn* = mit) und μέτρον (*métron* = Maß) ergibt (vgl. Kap. 1a), kann es als die entscheidende Herausforderung im Umgang mit dem zukünftigen Krieg angesehen werden, wissenschaftlich, politisch, strategisch und gesellschaftlich jene Symmetrie, die infolge der historischen Umbrüche und Asymmetrierungsschübe nach 1991 und nach dem 11. September 2001 mit dem symmetrisch geordneten Barockgarten des Kalten Krieges sowie des Westfälischen Staatensystems in ihrer alten Form unter- und verlorenging (Kap. 2 bis 4), durch ein neues »angemessenes Maß« auf höherer Ebene wiederherzustellen, sprich: eine *neue »Syn-Metrie«* als »Wohlgeordnetheit« im Verhältnis zwischen Symmetrie und Asymmetrie zu bestimmen, einzunehmen und zu verwirklichen.

Die zukünftige Suche nach der neuen Syn-Metrie lässt die ursprüngliche, *weite und wertende* Bedeutungsdimension des Wortes »Symmetrie« wieder in den Vordergrund rücken, also die antike Vorstellung der *symmetría* als eines Idealzustands umfassender »Angemessenheit« und »Wohlgeordnetheit«, die im Übergang zur Moderne infolge der wissenschaftsgeschichtlichen Revolution »from summetria to symmetry« (Hon/Goldstein 2008) von jener zweiten, *engen und wertfreien* Bedeutungsvariante des »revolutionary scientific concept« (ebd.) der »bilateralen Symmetrie« als einer mathematisch-geometrischen Spiegel- und Achsengleichheit überlagert wurde (Kap. 1a). So treten bei der Neubestimmung und Neubesetzung der dem 21. Jahrhundert »angemessenen« Syn-Metrie zwischen Symmetrie und Asymmetrie jenseits des Messens und Vergleichens der militärischen Kräfte jene grundsätzlichen, normativen und politisch-ethischen Wertfragen wieder auf, die Clausewitz aus seiner Kriegstheorie auszuschließen und stattdessen »den Philosophen« überlassen zu können meinte, darunter insbesondere »die Frage […], ob diese neue Verstärkung des kriegerischen Elementes [diejenige, die der entgrenzte Volkskrieg mit sich bringt; F. W.] der Menschheit überhaupt heilsam ist oder nicht; eine Frage, die sich wohl ganz so beantworten dürfte wie die Frage über den Krieg selbst – wir überlassen beide den Philosophen« (Clausewitz 1980 [1832–34]: 800). Statt wie Clausewitz diese »Frage über den Krieg selbst« einschließlich der Frage nach seiner »Heilsamkeit«, Wünschbarkeit und Legitimität »den Philosophen« zu überlassen, werden Wissenschaft, Politik, Strategie und Gesellschaft sich ihrer in Zukunft unter dem Paradigma der Syn-Metrie anzunehmen haben. Denn nicht zuletzt an dieser Frage entzündet sich die von Kagan (2003: 91) skizzierte »philosophische, ja metaphysische Kontroverse« über die »angemessene« internationale Kriegs- und Friedensordnung – eine Kontroverse, die sich keineswegs auf rein philosophische und politisch-ethische Gefilde begrenzen lassen dürfte. Vielmehr findet diese Kontroverse selbst *im Zentrum* des entgrenzten Terrains der zukünftigen Weltordnungspolitik und des zukünftigen Krieges statt. Auf diesem Terrain überlagern sich »philosophische« und »metaphysische« Argumente mit legitimitätspolitischen und legitimitätspolemischen Strategien und Methoden des völker- sowie kriegsrechtlichen *lawfare* (Banks 2013: xviii), mit denen die Vertreter konkurrierender Geltungsansprüche und Ordnungsvorstellungen ihren Anliegen und Ansichten vor dem *court of public opinion* (Walzer 2013: 435) »ihr« Kriegsrecht erstreiten wollen.[174] Eine Kriegstheorie, die diesem

174 In dieser hochpolitisierten Kontroverse über ein »angemessenes« Kriegsverständnis und ein »wohlgeordnetes« politisches, rechtliches und moralisches Verhältnis zum Krieg im 21. Jahrhundert, die insbesondere die Frage betrifft, ob Politik, Recht und Moral den Erfordernissen des nichtsymmetrischen Krieges anzupassen seien, wird es, wie der US-amerikanische Sozial- und Moralphilosoph Michael Walzer (2013) eingesteht, keine allgemeingültigen, alle Seiten überzeugenden »right answers« (ebd.: 444) geben. Dennoch versucht sich Walzer an der Formulierung solcher Antworten, wenn er vor den Gefahren einer Anpassung des Rechts an die Erfordernisse von *asymmetric warfare* warnt: »*Jus in bello* is already an adaptation of everyday morality to the necessities of combat, and, absent extremity, no further adaptations are required.« (ebd.: 442) Anders als Walzer beantwortet der US-amerikanische Verfassungsjurist William Banks (2011; 2013) die Frage nach dem asymmetrie-bedingten Anpassungsbedarf des humanitären Völkerrechts positiv: »How can the convention-based laws of war be adapted to asymmetric warfare?« (Banks 2011: 10) Die Antwort könne nicht im Festhalten am überkommenen Recht bestehen: »Modern IHL [International Humanitarian Law; F. W.] does little to accomodate the asymmetric form. […] the eighter/or orientation of the Geneva Conventions leaves little room for consideration of the dynamic qualities of asymmetric war.« (Banks 2013: ix f.) Gerade die am Beispiel Walzers und Banks' aufgezeigte Strittigkeit von Grundsatzfragen unter nichtsymmetrischen Bedingungen lässt erwarten, dass im Streit über sie der politische, rechtliche und moralische Kriegsdiskurs selbst zum erwei-

bis in die rechtlich-moralische Kontroverse hinein entgrenzten, *umfassenden* Kriegsterrain zu entsprechen versucht, hat einen politisch-strategischen und *zugleich* »philosophische[n] Aufbau der Kriegskunst« anzustreben (Clausewitz 1980 [1832–34]: 182) und den »philosophischen, ja metaphysischen« Deutungs- und Meinungskampf um den »angemessenen« Kriegsbegriff und um die neue Syn-Metrie – also den »Kampf um die richtige Ordnung« und um »Mitte und Maß« (Münkler 2010a) – in dem Bewusstsein zu analysieren, dass sie zugleich daran partizipiert. Neben distanzierten geometrischen Vermessungen der mehr oder weniger asymmetrischen politischen Welt des 21. Jahrhunderts und des mehr oder weniger asymmetrischen Krieges in dieser Welt wird es dabei vor allem darauf ankommen, die Syn-Metrie möglicher, tatsächlicher und wünschbarer Positionen und Visionen zwischen Symmetrie und Asymmetrie, zwischen den »Gesetzen der Vernunft« und den »Gesetzen des Dschungels«, zwischen Paradiesgarten und Dschungel zu bestimmen und zu vertreten.

Wie also sieht die neue Syn-Metrie aus? Ohne dass die wissenschaftliche, politische, strategische und letztlich gesamtgesellschaftliche Diskussion über ihre genaue Lage zwischen Symmetrie und Asymmetrie hier entschieden werden könnte oder vorweggenommen werden soll, lassen sich doch einige Herausforderungen umreißen, vor denen eine zukünftige syn-metrische Kriegs-, Konflikt- und Friedensforschung, eine zukünftige syn-metrische Außen-, Sicherheits- und Weltordnungspolitik, eine zukünftige syn-metrische militärische und zivile Strategie-Entwicklung sowie eine um ihre Syn-Metrie ringende Gesellschaft insgesamt bei der Bewältigung dieser Aufgabe stehen werden.

Eine syn-metrische Kriegs-, Konflikt- und Friedensforschung, die unter dem Paradigma der Syn-Metrie Symmetrien mit Asymmetrien auf »angemessene« Weise zu verbinden strebt, hat mit Blick auf das Neben- und Gegeneinander

---

terten Kriegsterrain (gemacht) und auch umgekehrt das Recht zur Kriegswaffe wird: »legal instruments historically designed to humanize the anarchy of the battlefield have become politicized weapons in contemporary conflicts« (Banks 2011: 3); »lawfare is an inevitable tactic in postmodern warfare« (Banks 2013: xviii). Dieser Politisierung und Polemisierung des Kriegsdiskurses meint und hofft Walzer freilich entgegenzutreten: »the surround has been more political than moral in recent years […], yet I believe that we should resist that impact.« (Walzer 2013: 444) Jedoch räumt er ein, dass auch seine Philosophie *aktiv* auf dem erweiterten moralisch-politischen Terrain vor dem *court of public opinion* (ebd.: 435) interveniert – wenn auch nach eigenen Engagement-Regeln (»my own rules of engagement«; ebd.: 434): »I want to have some effect, however small, on the moral/political surround.« (ebd.: 435)

vielfältiger Symmetrien und Asymmetrien im Kriegs- und Konfliktgeschehen sowie in der internationalen Politik des 21. Jahrhunderts neue Forschungsfragen zu stellen, die bislang kaum systematisch untersucht wurden. Diese Fragen betreffen das Verhältnis von Symmetrie und Asymmetrie in den gegenwärtigen Auseinandersetzungen, so etwa in der russischen Destabilisierung der Ostukraine einschließlich der Annexion der Krim im Jahr 2014, dem russisch-georgischen Kaukasuskrieg des Jahres 2008, dem libyschen, international unterstützten Aufstand gegen das Regime des Machthabers Muammar al-Gaddafi im »Arabischen Frühling« 2011 und dem ebenfalls seit 2011 sich stetig verschärfenden, zunehmend auf den Irak übergreifenden und von der Terrormiliz »Islamischer Staat« für ihre Zwecke genutzten syrischen Konflikt zwischen den Gegnern und Anhängern des Staatspräsidenten Baschar al-Assads. Unter welchen Bedingungen werden solche Kriege und Konflikte von ihren politisch-strategischen Protagonisten und Beobachtern *eher* asymmetrisch, unter welchen *eher* symmetrisch geplant, geführt und perspektiviert? Wie wirken Symmetrien und Asymmetrien zusammen, wenn sie in verschiedenen Bereichen *parallel* zueinander *gleichzeitig* bestehen? Wie *verändern* sich Asymmetrien und Symmetrien sowie deren Wahrnehmungen im Kriegsverlauf, und wie verändern sie sich über längere Zeiträume hinweg – und wodurch? Können solche Veränderungen als Folgen der *Asymmetrierungs- und Symmetrierungsbestrebungen* der Kriegsakteure begriffen werden, oder sind sie eher unabhängig von deren Kalkülen zu deuten und primär auf äußere, strukturelle und historisch-kulturelle *Rahmenbedingungen* von Konfliktkonstellationen zurückzuführen? Lassen sich zudem mit Blick auf die innere Dynamik solcher Konflikte womöglich *»Keime« der Asymmetrie-Zerstörung* ausmachen, die in asymmetrischen Konstellationen immer schon angelegt wären und von innen heraus auf eine Resymmetrierung hinwirkten – vergleichbar jenen *seeds of destruction*, die der US-amerikanische Soziologe und Ökonom Albert Hirschman einst den Wirtschaftswissenschaften im Zusammenhang mit Asymmetrien zur genaueren Erforschung empfahl?[175] Diese Fragen können im Rahmen einer politik-, kriegs- und strategietheoretischen Begriffsstudie, wie sie hier durchgeführt wurde, freilich nicht beantwortet werden. Nur auf ihrer Grundlage aber erscheint es überhaupt möglich, sie zu stellen und angemessen zu verstehen. Indem die politische Kriegs- und Strategietheorie solche

175 Albert Hirschman (1978) formulierte dieses Forschungsdesiderat in dem Aufsatz »Beyond Asymmetry«: »What we are looking for is a slightly more reliable relation between the initial asymmetry and some built-in tendency towards its elimination« (ebd.: 47).

Fragen im Grenz- und Überlappungsbereich *zwischen* Symmetrie und Asymmetrie anregt und präzisiert, kann – und muss – sie auf syn-metrische Weise den Mehrwert der A-/Symmetrie-Semantik für das politikwissenschaftliche wie auch historische Verständnis des Krieges – und des Friedens – zukünftig erweisen und gegebenenfalls vergrößern. Mit anderen Worten hat sie zu zeigen, dass diejenigen, die sich wissenschaftlich auf unübersichtlichem, von Symmetrien *und* Asymmetrien geprägtem (Un-)Sicherheitsterrain zu orientieren streben, bei diesem Versuch von der Semantik der Symmetrie *und* Asymmetrie profitieren können, mit der sie mehr und schärfer als ohne sie sehen. Für den Nachweis *dieses* Nutzens der A-/Symmetrie-Semantik ist es dabei unerheblich, ob – um nur einige der im Rahmen der Studie diskutierten Einwände gegen das Asymmetrie-Konzept aufzugreifen (Kap. 7) – Kriege in der Vergangenheit, der Gegenwart oder der Zukunft eher symmetrisch oder eher asymmetrisch geführt wurden und werden, ob Phänomene der Asymmetrie als neu oder alt oder gar als zeitlos betrachtet werden und ob das Asymmetrie-Konzept als innovativ, als modisch oder aber als ein alter Hut angesehen wird. Der Nutzen der A-/Symmetrie-Semantik kann und muss sich stattdessen darin zeigen, dass diese Semantik die Formulierung *eben dieser* und verwandter Forschungsprobleme und Forschungsfragen überhaupt erst ermöglicht. Bei der Bearbeitung dieser Probleme und Fragen ist die politische Kriegs- und Strategietheorie allerdings auf ihre Nachbardisziplinen angewiesen, denen sie mit der A-/Symmetrie-Semantik begrifflich-konzeptionell ein Forschungsfeld erschließt, das so der Beackerung und fruchtbaren Bewirtschaftung insbesondere durch die historisch-kulturwissenschaftliche, die empirisch-statistische sowie die international-politikwissenschaftliche Kriegs-, Konflikt- und Friedensforschung zugänglich wird.[176] Neue For-

176 Entsprechende Forschungsfragen geraten jüngst in den Blick der Kriegs-, Konflikt- und Friedensforschung: So fokussieren historisch-kulturwissenschaftliche und soziologisch orientierte Zugänge die Genese und interkulturelle Entwicklungsdynamik a-/symmetrischer Konstellationen und ihrer Wahrnehmungen im Kontext von Globalisierungsprozessen, die sie als ursächlich für das beständige Anwachsen von Ungleichartigkeiten und Ungleichheiten – »the continual growth of discrepancies and inequalities« (Eisenstadt 2008: 56) – zwischen verschiedenen zentralen und peripheren Sektoren in der Welt des 21. Jahrhunderts sowie innerhalb einzelner Gesellschaften beschreiben. Werden solche Ungleichartigkeiten als Ungleichzeitigkeiten begriffen (vgl. Schlichte 2005: 45–47), so lassen sich »gleichzeitige Kriege« von »ungleichzeitigen Kriegen« (Jäger 2010b) unterscheiden, wobei erstere tendenziell symmetrisch, letztere tendenziell asymmetrisch erscheinen und verlaufen. Entsprechende Annahmen zum kultur- und geschichtsbedingten (Mischungs-)Verhältnis sowie Wandel von Symmetrie und Asymmetrie in testbare Hypothesen zu überführen, wäre zukünftig weiterführend, um die Empirie aufschlie-

schungsfragen im Grenzbereich zwischen Symmetrie und Asymmetrie anzuregen und darüber hinaus sensibilisierend auf die besonderen methodischen Herausforderungen hinzuweisen, die bei der Erforschung dieses schwierigen Grenzterrains zu bewältigen sind, wäre nicht der geringste Beitrag einer syn-metrischen politischen Kriegs- und Strategietheorie zu einer teildisziplinen-übergreifenden, wenn auch arbeitsteilig zu betreibenden Erforschung von Krieg und Frieden.[177] Einen solchen konstruktiven Beitrag wird die syn-metrische politische Kriegs- und Strategietheorie freilich nur dann leisten können, wenn sie sich von einer *rein symmetrisch* angelegten Theorie dadurch unterscheidet, dass sie Probleme und Phänomene der Asymmetrie

ßende Kraft der Asymmetrie- und Symmetrie-Begrifflichkeit zu überprüfen und gegebenenfalls zu spezifizieren. Zum Test solcher Hypothesen könnten dann etwa aus dem Blickwinkel der Internationalen Beziehungen die Auswirkungen der Vermischung von Symmetrien mit Asymmetrien auf die internationale Politik und Ordnung insgesamt analysiert werden, wobei auch die Folgen dieser Vermischung für die eigene Begriffs- und Modellbildung zu reflektieren wären: Welche Konsequenzen ergeben sich aus dieser Vermischung für die »Angemessenheit« bzw. die Syn-Metrie klassischer, also symmetrie-geprägter Konzepte wie etwa jene der Abschreckung, der Allianz- und der Machtbildung und der Souveränität?

177 Methodische Herausforderungen für die zukünftige Kriegs-, Konflikt- und Friedensforschung ergeben sich vor dem Hintergrund der vorliegenden Studie im Zusammenhang mit zwei gegenläufigen Tendenzen im Kriegsgeschehen: *einerseits* der Tendenz zur maximalen Ausweitung der Kampfzone, die im Extremfall auch die Kriegs- und Friedensforschung selbst erfassen kann, deren Vertreter dann, ob bewusst oder unbewusst, zu Teilnehmern im Schlachtgetümmel werden, statt das Schlachtfeld »unbeteiligt« von seinen Rändern aus zu beobachten; *andererseits* der Tendenz zur zunehmenden Verlagerung des Kampfgeschehens in öffentlich und insbesondere wissenschaftlich nicht einsehbare Zonen der Geheimhaltung hinein, aus denen unabhängige, objektive oder überhaupt überprüfbare Informationen prinzipiell nicht nach außen dringen. Ob und auf welche Weise dieses doppelte methodische Problem – die Verwischung der Grenze zwischen der kriegsbezogenen Forschung und ihrem Gegenstand *einerseits*, die Errichtung neuer Geheimhaltungsgrenzen zwischen beiden *andererseits* – sich bewältigen lässt, hängt vor allem davon ab, ob und inwiefern das strategische (Geheim-)Wissen der Kriegsakteure zeitnah (und nicht erst retrospektiv, nachdem die historischen Archive, zumal vorrangig nur die der staatlichen Akteure, geöffnet werden), in wissenschaftlich verfüg- und verwertbares Wissen transformiert werden kann, ohne dass der Einsatz von *embedded social scientists* dem Vorwurf einer parteiischen Verzerrung der Kriegsforschung Vorschub leistete. Um diese Herausforderung zu meistern, wird die Kriegs-, Konflikt- und Friedensforschung sich nicht darauf beschränken können, die Expertise des »Terrorexperten« (Schneckener 2007b) und den »Terrorismus« insgesamt (Jenkins 2003) wissenssoziologisch und ideologiekritisch zu *de*konstruieren. Vielmehr wird sie die Räume des (Nicht-)Wissens und des (Nicht-)Wissbaren über Sicherheitsprobleme neu zu vermessen (Daase 2007a) und den Krieg empirisch (vgl. Schlichte 2009) wie auch theoretisch (vgl. Münkler 2006) neu zu *re*konstruieren haben (Daase 2007b: 184).

nicht systematisch vernachlässigt und ausgrenzt in dem Bestreben, ihre symmetrisch klar geordnete Theorieanlage vor der Wandelbarkeit, Widersprüchlichkeit und Asymmetrie des Krieges gänzlich zu bewahren. Zugleich hat sie sich aber auch von einer *rein asymmetrisch* angelegten Theorie dadurch zu unterscheiden, dass sie Elemente und Aspekte der Symmetrie, die im Dschungel nicht vollständig verschwinden und nicht ganz ihre Bedeutung und Gültigkeit verlieren, in ihre Theorieanlage inkludiert. Zwischen diesen zwei Extremen also hält die syn-metrische politische Kriegs- und Strategietheorie die Balance: In ihrem eigenen Theorieverständnis sucht sie zwischen Komplexitätsreduktion und Komplexitätstoleranz auf eine Weise zu vermitteln, die den zukünftigen Krieg in seiner Gesetzmäßigkeit *und* Gesetzlosigkeit, seiner »Vernunft« *und* »Unvernunft«, seiner Kontinuität *und* Wandelbarkeit hervortreten lässt – jenen Krieg also, der sich der *vollständigen* theoretischen Durchdringung entzieht, ohne aber *völlig* undurchdringlich zu sein. Bei der Bewältigung dieser Herausforderung kann der syn-metrischen politischen Kriegs- und Strategietheorie eine *treffende* Metaphorik von besonderer Hilfe sein, wie ja auch die Theorie des symmetrischen Krieges seit jeher auf die Nutzung geeigneter Metaphern vertraut (Kap. 5b), um mit deren Hilfe den Krieg, dieses »wahre Chamäleon« (Clausewitz 1980 [1832–34]: 212), in seiner unauflösbaren Komplexität zu veranschaulichen.[178] Als mögliche Leitmetapher für den *zugleich* symmetrischen *und* asymmetrischen Krieg bieten sich dabei weder der das Paradies nachahmende Barockgarten noch der diesem entgegengesetzte Dschungel an, hätte eine solche Leitmetapher doch gerade die Gleichzeitigkeit, Überlagerung und Vermischung, das Neben- und Gegeneinander, die Übergänge und Verbindungen dieser gegensätzlichen (Un-)Ordnungsmodelle zu veranschaulichen, also die im Barockgarten angestrebte vollständige rationale Durchdringung der Natur auf der einen Seite mit der vollständigen Undurchdringlichkeit des Dschungels auf der anderen metaphorisch zu kombinieren. Dieser Anforderung an eine Metapher des zukünftigen, *zugleich* symmetrischen und asymmetrischen Krieges kommt womöglich der englische Landschaftsgarten am nächsten, jenes als halb landschaftlich, halb gärtnerisch inszenierte und von vielfachen

178 Auf die Fruchtbarkeit und Unhintergehbarkeit von Metaphern gerade bei Annäherungsversuchen an »Mitten« und »Vermittlungen« jedweder Art weist Schmitz-Emans (2006b) in ihrer Skizze zu den Aufgaben einer »Metaphorologie der Mitte« (ebd.: 10) hin: »Sicher ist: Ohne einen metaphorologischen Anteil dürfte kein Diskurs über ›Mitten‹ auskommen. Insbesondere Konzepte der Vermittlung, der Übermittlung etc. beruhen auf unhintergehbaren Metaphern« (ebd.: 11).

»Paradoxien des Landschaftsgartens« (Bredekamp 2012b: 113) gezeichnete Ordnungsmodell also, das im 18. Jahrhundert den symmetrisch streng geordneten Barockgarten zwar abzulösen beanspruchte (vgl. Teil I), ohne dessen geometrische Anlage aber geographisch, historisch oder konzeptionell *vollständig* durch eine *völlige* Unordnung in Gestalt eines umfassenden Dschungels zu ersetzen. Stattdessen verbinden sich im englischen Landschaftsgarten die Extreme auf eine vermittelnde Weise, sodass diesem (Halb-) Ordnungsmodell im Rahmen eines kriegs- und strategietheoretischen Gesamtgeländebildes wie in einem Triptychon der mittlere Platz zwischen dem symmetrisch völlig geordneten Barockgarten und dem asymmetrisch völlig ungeordneten Dschungel zukäme, von dem aus das Ganze des zukünftigen Krieges sich womöglich besser verstehen lässt. Der englische Landschaftsgarten ist ein Paradigma der Syn-Metrie zwischen Symmetrie und Asymmetrie.[179]

Eine syn-metrische Außen-, Sicherheits- und Weltordnungspolitik entspricht der syn-metrischen Kriegs-, Konflikt- und Friedensforschung, wenn sie wie diese auf syn-metrische, also »angemessene« und »wohlgeordnete« Weise Symmetrien mit Asymmetrien verbindet. So hat sich die zukünftige politische Praxis im Umgang mit dem Krieg – wiederum einschließlich der Praxis seiner Verhinderung, Begrenzung und Beendigung – unter dem Paradigma der Syn-Metrie ebenfalls vor allem *in* dem von Kagan (2003: 91) beschriebenen »Kontinuum zwischen den Gesetzen des Dschungels und der Vernunft«, also *zwischen* Asymmetrie und Symmetrie, zu verorten und zu bewegen.

179 Das Paradigma des englischen Landschaftsgartens könnte im Rahmen einer syn-metrischen Kriegstheorie etwa dazu genutzt werden, die von Bredekamp (2012b) hervorgehobenen »Paradoxien des Landschaftsgartens« (ebd.: 113) metaphorisch fruchtbar zu machen und auszudeuten, darunter den diesem Garten immanenten Widerspruch zwischen Entgrenzung und Begrenzung, der sich in den nach ihrem Überraschungseffekt lautmalerisch »Ha-Ha« genannten trockenen Gräben manifestiert, die den Landschaftsgarten räumlich »definierten, ohne eine optische Barriere darzustellen« (ebd.): »Der Landschaftsgarten lebte im Widerspruch, einerseits als ein unbegrenztes Modell aufzutreten, andererseits aber die Distanz gegenüber dem außerhalb Gegebenen wahren und damit ein Inseldasein behaupten zu müssen« (ebd.: 144). Dabei gehörte »zur Kehrseite der Utopie scheinbar grenzfreier Gärten [...] auch die imperiale Überzeugung der Mehrzahl ihrer Anhänger. Während der Gegner der Country-Partei, Premierminister Robert Walpole, als Merkantilist grundsätzlich auf Frieden bedacht war, drängte die im Landschaftsgarten vereinte Opposition auf eine militärische Sicherung der britischen Handelswege. Jene Entgrenzung, die dem Barockgarten als Gestus der Universalherrschaft untergeschoben worden ist, war im Landschaftsgarten real: als bellizistische Übereinkunft seiner Protagonisten« (ebd.: 114).

Außen-, sicherheits-, entwicklungs- wie auch friedenspolitische und konfliktpräventive Akteure werden dabei je nach Szenario und Kriegstheater immer wieder neu das syn-metrische Verhältnis zwischen symmetrischen und asymmetrischen Optionen in dem genannten Kontinuum zu bestimmen und herzustellen haben, also symmetrische mit asymmetrischen Strategie-Elementen wohlgeordnet kombinieren müssen. Einfache Antworten und Lösungen, wie reine Symmetriker und reine Asymmetriker sie vorschlagen, erscheinen demgegenüber unangemessen, insbesondere dann, wenn sie zu einseitigen Entscheidungen etwa zugunsten ziviler Konfliktbearbeitung *oder* militärischer Intervention führen, zugunsten von Staatsaufbau *oder* Counterinsurgency, von *ISAF* oder *Operation Enduring Freedom, soft power* oder *hard power*. Angesichts der Komplexität und Wandlungsfähigkeit des *zugleich* symmetrischen und asymmetrischen Krieges wird es stattdessen darauf ankommen, übergreifende *syn-metrische Grand Strategies* zu entwickeln, die bewährte symmetrische und innovative asymmetrische Elemente auf kreative Weise miteinander kombinieren. Eine solche kluge Kombination alter, vormals als sich wechselseitig ausschließend gedachter Gegensätze steht denn auch im Mittelpunkt der jüngeren, postsymmetrisch geführten Grand Strategy-Diskussion, die der politischen Praxis mit unterschiedlichen begrifflich-konzeptionellen Vorschlägen den Weg in Richtung einer neu zu bestimmenden Syn-Metrie zu weisen sucht: hin zu einer neuartigen Verbindung etwa von nichtmilitärischer Kooperation und militärischer Eindämmung im Rahmen einer diese Teilstrategien übergreifenden Gesamtstrategie des *new containment* (Herberg-Rothe 2007),[180] zu einer neuartigen Verbindung des Politischen und des Militärischen im Rahmen einer »neue[n] Kunst des Verbindens« (Naumann 2008: 119)[181], zu einer neuartigen Verbindung von *soft power* und *hard power* im Rahmen einer Grand Strategy der *smart power* als

180 Herberg-Rothes (2007) Konzept des *new containment* reagiert auf die Widersprüche, die sich – unter anderem »between symmetrical and asymmetrical warfare« (ebd.: 285) – im strategischen Umfeld des 21. Jahrhunderts herausgebildet haben und die die Notwendigkeit einer strategischen Balance (»the necessity of striking a balance among competing possibilities«; ebd.: 286) begründen: »Our main and decisive assumption is that a new containment must combine traditional, military containment on one side and a range of opportunities for cooperation on the other« (ebd.).

181 Die von Klaus Naumann (2008) vorgeschlagene »neue Kunst des Verbindens« bezieht sich auf das »Balanceverhältnis zwischen dem Politischen und dem Militärischen«, das durch »die Asymmetrie der ›neuen Kriege‹« ebenso wie »die Dynamik des Sicherheitsversprechens«, welches »die Ordnungsmuster der Gewaltmonopolisierung« erschüttert habe, gestört sei (ebd.: 119). Zur Wiederherstellung dieser Balance ist auf Seiten der Politik »eine neue Staats- und Regierungskunst des Verbindens und Trennens gefordert«

Kunst der »klugen« Dosierung und Kombination dieser Machtmittel (Nye 2011)[182] oder zu einer neuartigen Verbindung von »Idealismus und Realismus« bei der Schaffung einer neuen Weltordnung (Kissinger 2014: 375).[183] Gerade auf dem erweiterten Gebiet der Weltordnungspolitik diskutiert die Politikwissenschaft jüngst syn-metrische Modelle und Entwürfe, mit denen »[j]enseits der Alternative ›Global Governance‹ versus ›American Empire‹« (Zürn 2007) der Überlappungsbereich zwischen Symmetrie und Asymmetrie vermessen und die »[i]nstitutionalisierte Ungleichheit in der Weltpolitik« (ebd.) als sowohl symmetrisches als auch asymmetrisches, nämlich »rechtlich stratifiziertes Mehrebenensystem« (ebd.: 680) beschrieben werden.[184] Solche

(ebd.: 120), auf Seiten des Militärs vor allem die Befähigung, »Grenzen überschreiten und sich im ›Zwischen‹ (Georg Simmel) bewegen zu können« (ebd.: 123).

182 Nyes (2011) Hoffnung, dass mit dem *smart power*-Konzept »die alte Unterscheidung zwischen Realisten und Liberalen einer neuen *Synthese* Platz macht, der wir den Arbeitstitel ›liberaler Realismus‹ geben wollen« (Nye 2011: 332; Hervorh. F. W.), verweist auf den *dialektisch* »verbindenden« Charakter dieses Vorschlags. Zudem offenbart sich im *smart power*-Konzept, mit dem Nye »einfache Parolen und Schlagworte« (ebd.: 306) zu ersetzen hofft, wie sie nach Ende des Kalten Krieges in Umlauf gekommen seien, auf die Paradoxie *jeder* Konzeptentwicklung unter den besonderen Komplexitätsbedingungen des 21. Jahrhunderts: Die Möglichkeit, diese Bedingungen konzeptionell noch zu erfassen, wird durch das *smart power*-Konzept selbst (zugunsten einer Aufwertung politisch-praktischer Urteilskraft) relativiert: »Wichtiger als einfache Formeln oder schlaue Slogans ist Kontext-Intelligenz, die zur korrekten Einschätzung von Trends im Machtgeschehen und zum vorausblickenden Nachdenken über intelligente politische Reaktionen befähigt« (ebd.).

183 Kissinger (2014) variiert sein Plädoyer, »dass Amerika lernen muss, in beiden Modi zu handeln« (ebd.: 375), also »Idealismus und Realismus« (ebd.) miteinander zu verbinden, in verschiedenen »syn-metrischen« Formulierungen: Es geht um eine neue »Balance« (ebd.: 18) zwischen »Ordnung und Freiheit« (ebd.), eine »Mischung aus Realismus und Idealismus« (ebd.: 146), eine »Kombination von Sicherheit und Moral« (ebd.: 167) und darum, das »Spannungsverhältnis [...] zwischen Gewalt und Diplomatie, Realismus und Idealismus, Macht und Legitimität« (ebd.: 317) sowie zwischen »Absicht und [...] Machbarkeit« (ebd.: 373) aufzulösen. Wie das zu bewerkstelligen sei? »Dafür gibt es kein allgemein anwendbares Gesetz« (ebd.: 146), weshalb der ehemalige Sicherheitsberater und Außenminister sein Werk mit dem Lob – und der Selbstverteidigung – der politischen Urteils- und Entschlusskraft beschließt: »Staatsfrauen und Staatsmänner müssen Entscheidungen, mit denen sie diesen Herausforderungen gerecht werden wollen, zu einem Zeitpunkt treffen, zu dem ein möglicher Ausgang noch nicht absehbar ist« (ebd.: 425).

184 Für Michael Zürn (2007) ergibt sich erst aus der Zusammenschau »der zunehmenden Dominanz der USA und der wachsenden Bedeutung globaler Normen [...] ein *angemessenes* Bild: Es scheint nämlich *etwas Drittes*, ein ›rechtlich stratifiziertes Mehrebenensystem‹ zu entstehen« (ebd.: 680; Hervorh. F. W.). In diesem System, in das »Ungleichheiten nicht nur *de facto* eingehen, sondern sich *de jure* niederschlagen« (ebd.: 698),

syn-metrischen Versuche, die als hybrid, komplex, dynamisch und widersprüchlich interpretierte Welt des 21. Jahrhunderts begrifflich und politisch zu ordnen, ähneln sich darin, dass sie im Rahmen ihrer Konstruktionen einer »neuen Weltordnung« (Müller 2008) als einer »Weltordnung in einer zerklüfteten Welt« (Senghaas 2012)[185] ursprünglich unvereinbar scheinende Elemente und Traditionen miteinander zu kombinieren versuchen. Hierzu zählen beispielsweise jene pazifistischen, kosmopolitischen, realistischen und liberalen oder institutionalistischen Strömungen (vgl. Daase 2011a; Zürn 2007; 2011), die sich auf unterschiedliche Weise mit den eher symmetrischen Konzepten »Weltrepublik«, »Ordnung der Vereinten Nationen« und »multipolares Mächtekonzert« oder den eher asymmetrischen Modellen »Imperium«, »Hegemonie« und »Unipolarität« verbinden. Die Problematik der Gleichzeitigkeit von Symmetrien und Asymmetrien in der Welt des 21. Jahrhunderts, die sich klassischen, eindeutigen, bipolaren Begriffsbildungen entzieht, tritt besonders dort zu Tage, wo das weiterhin symmetrische Selbstverständnis der staatlich verfassten Weltgemeinschaft mit den Asymmetrien in ihrem Außen- und gar Binnenverhältnis kollidiert, so insbesondere in ihrem Verhältnis zu zerfallenen Staaten, nichtstaatlichen internationalen Akteuren sowie aus dem Kreis der »legitimen« Staatenfamilie ausgeschlossenen »Schurken«. Die derzeit politisch wie auch wissenschaftlich geführte Auseinandersetzung um die Geltung der sich herausbildenden internationalen Norm der »Responsibility To Protect«, derzufolge ungeachtet des symmetrischen Prinzips der gleichen Souveränität der Staaten ein asymmetrisches Interventionsrecht, wenn nicht gar eine Interventionspflicht der Staatengemeinschaft besteht (vgl. Nolte 2007), bildet in dieser Hinsicht einen Streitfall zwischen Symmetrie und Asymmetrie im gegenwärtigen außen-, sicherheits- und weltordnungspolitischen Kampf um die neue Syn-Metrie.

»verweist die Unterschiedlichkeit der Rechte und Pflichten nicht nur auf funktionale Differenzierungen, die sich aufgrund unterschiedlicher Beiträge zur Ordnungsbildung ergeben, sondern auch auf Doppelstandards und Diskriminierung« (ebd.: 678).

185 Senghaas (2012) zufolge ist diese »Weltordnung in einer zerklüfteten Welt« (ebd.), die eine eigene »Weltordnungspolitik« (Senghaas 2011) erforderlich macht, »durch eine extreme Hierarchisierung und Abschichtung gekennzeichnet. Es besteht eine Kluft zwischen einem Gravitationszentrum, das sich durch eine dichte *symmetrische* Vernetzung auszeichnet, und dem Rest der Welt. Dieses Gravitationszentrum ist bis heute, wenngleich umstritten, immer noch weltpolitisch tonangebend. Von *asymmetrischer* Interdependenz mit der Folge mehr oder weniger ausgeprägter struktureller Abhängigkeit wird dagegen die Ausrichtung der übrigen Welt und somit des größten Teils der Weltbevölkerung auf das OECD-Gravitationszentrum bestimmt« (Senghaas 2012: 142).

Eine syn-metrische Strategie-Entwicklung – gleichgültig ob sie eher militärisch oder zivil, eher kriegs- oder friedensbezogen konzipiert wird –, zielt im Rahmen einer syn-metrischen Politik darauf ab, mit ihren Mitteln gleichfalls das umkämpfte Zwischenterrain *zwischen* Symmetrie und Asymmetrie zu erobern. Die Suche nach der Syn-Metrie betrifft dabei vor allem das neu auszutarierende Verhältnis zwischen den »symmetrischen Tugenden« der Imitation, Tradition und Organisation sowie den »asymmetrischen Tugenden« der Transformation, Innovation und Adaption. Die Fähigkeit und Bereitschaft zu letzteren, also zu Transformation, Innovation und Adaption, mögen zukünftig an Bedeutung gewinnen, doch steht nicht zu erwarten, dass diese »neuen Tugenden« jene »alten Tugenden« der Imitation, Tradition und Organisation vollständig verdrängen werden. Vielmehr sind militärische und zivile Strategen auch in Zukunft darauf angewiesen, situations- und kontextbezogen das jeweils syn-metrische Verhältnis zwischen beiden festzulegen, also überlieferte strategische, operative und doktrinäre Maßstäbe nach Maßgabe des sich wandelnden Sicherheitsumfelds auf ihre »Angemessenheit« hin zu überprüfen, um sie nach Lage der Dinge entweder (eher) zu transformieren oder (eher) zu tradieren. Im Wirbel der dabei erwartbaren und erforderlichen kreativen Lern-, Umlern- und Anpassungsprozesse dürften die entscheidenden Lektionen die Frage betreffen, in welchen Fällen und auf welche Weise symmetrische mit asymmetrischen Optionen, konventionelle mit innovativen Methoden, zivile mit militärischen Elementen etc. klug zu verbinden sind. Vor allem entlang dreier virtueller Grenzen im gesamtstrategischen Operationsraum werden strategische Akteure in naher Zukunft die Erfordernis und auch das Risiko strategischer, operativer und doktrinärer Vorstöße auf das von beiden Seiten umkämpfte Zwischenterrain zwischen Symmetrie und Asymmetrie zu berücksichtigen versuchen und zu beurteilen haben: entlang der Grenzen zwischen Sichtbarkeit und Unsichtbarkeit, Hierarchie- und Netzwerkstruktur sowie Kohärenz und Flexibilität.

Zwischen Sichtbarkeit und Unsichtbarkeit verläuft die erste der drei virtuellen Grenzen im gesamtstrategischen Operationsraum, an denen Strategen zukünftig um die optimale Kombination aus symmetrischen und asymmetrischen Strategie-Elementen kämpfen werden. Vor dem Hintergrund der Studie steht zu erwarten, dass sie dabei versuchen werden, mittels syn-metrischer Methoden der Geheimhaltung, (Des-)Information und Enthüllung die Grenzübergänge zwischen Sichtbarkeit und Unsichtbarkeit ihrer eigenen wie auch der gegnerischen Politikgestaltung und Kriegführung zu kontrollieren. Die wechselseitig füreinander weitgehend unsichtbaren Kämpfer (wie Terroristen, *cyber warriors*, Geheimdienste und Special Forces), die sich einander – wenn überhaupt – nur mehr im Moment ihrer Überraschungsangriffe punktuell zeigen und partiell zu erkennen geben (so etwa in sogenannten Selbstmordattentaten, Hackerattacken, Drohnenangriffen oder Spezialeinheiten-Zugriffen), stützen sich dabei zunehmend auf gleichfalls halb- oder unsichtbare Sympathisanten und Repräsentanten, deren politischer Wille und »politischer Körper« (*body politic*) sich nur in kurzen, blitzartigen Bekundungen und Kundgebungen visibilisieren und materialisieren (beispielsweise in *flashmob*-Massendemonstrationen, zu denen sich aufgebrachte oder aufgewiegelte Menschenmengen über internetfähige Mobilgeräte spontan verabreden, oder in »Blitzbesuchen«, mit denen die Führer und Repräsentanten politischer Gruppen, Staaten und internationaler Organisationen ohne Vorankündigung »überraschend« im Einsatzgebiet in Erscheinung treten und umgehend wieder daraus verschwinden). Die solchermaßen nur punktuell und partiell füreinander sichtbaren Kontrahenten werden insbesondere versuchen, neben den Zeitpunkten und Orten auch die strategischen Folgewirkungen ihrer kontrollierten Visibilität und Visibilisierung zu kontrollieren, wozu sie zunehmend innovative mit traditionellen Kommunikationsweisen kombinieren (wie Internetvideobotschaften, *public diplomacy*, gezielt gestreute Gerüchte, *embedded journalism*, Mund-zu-Mund-Propaganda, *swarm communication*, Kurzmitteilungen über »soziale« Medien). Um auf diese Weise nicht nur die eigene (Un-)Sichtbarkeit zu managen, sondern auch umgekehrt das (Un-)Sichtbarkeitsmanagement des Gegners zu stören, werden die strategischen, operativen und doktrinären Planer Methoden entwickeln, mit denen sie die gegnerischen (In-)Visibilisierungsstrategien konterkarieren, indem sie beispielsweise die Scheinwerfer der Medienöffentlichkeit in Richtung der vermeintlichen oder tatsächlichen Schattenseiten des Gegners dirigieren (so etwa durch strategisch gefilterte, gefärbte und gezielt getimte, über Mediennetzwerke oder *Wikileaks*-Plattformen verbreitete investigative »Enthüllungen« – und auch Inszenierungen – gegnerischer Menschenrechtsverletzungen, »illegitimer« Rüstungsprogramme, ziviler »Kollateralschäden« und anderer Verstöße gegen das Völker- und Kriegsrecht, gegen internationale Abkommen, gegen religiöse Vorschriften, kulturelle Traditionen und tradierte »Sehgewohnheiten« der am Konflikt beteiligten oder dafür zu mobilisierenden Gesellschaften). Vor allem aber wird der Kampf an der Grenze zwischen Sichtbarkeit und Unsichtbarkeit um Bilder und Symbole, Bild- und Symbolverbote, Regeln der Sag- und Zeigbarkeit ausgetragen werden. Seit dem Jahr 2005 entzündete dieser Bilderkampf sich wiederholt an Mohammed-Darstellungen, bis er jüngst am 7. Januar 2015 in der islamistisch motivierten Terroroperation gegen die Pariser Redaktion der für Mohammed-Karikaturen verantwortlichen französischen Satirezeitschrift *Charlie Hebdo* dramatisch und spektakulär eskalierte. Immer geht es dabei darum, die Grenze zwischen Sichtbarkeit und Unsichtbarkeit unter Anwendung symmetrischer *und* asymmetrischer Methoden zu bestimmen, zu erobern und zu kontrollieren.[186]

Zwischen Hierarchie- und Netzwerkstruktur verläuft die zweite virtuelle Grenze im gesamtstrategischen Operationsraum, an der, wie die hier durchgeführte Untersuchung erwarten lässt, ebenfalls syn-metrische Kombinationen aus symmetrischen und asymmetrischen Strategie-Elementen in Zukunft verstärkt zum Einsatz kommen werden. So werden staatliche ebenso wie nichtstaatliche, schwache ebenso wie starke Akteure in zunehmendem Maße mit hybriden, semi-autonomen, parallelen und sequentiellen militärisch-zivilen Organisations- und Führungsformen experimentieren, die es ihnen erlauben, die Vorteile der »verkörperlichten«, zentralisierten, stabilen, effektiven und schlagkräftigen Hierarchie mit den Vorteilen des »körper-

186 Die Terroroperation gegen die Pariser Redaktion der Satirezeitschrift *Charlie Hebdo*, der am 7. Januar 2015 zwölf Menschen zum Opfer fielen, wurde mit einer zeitgleichen Geiselnahme in einem Pariser Supermarkt für koschere Waren koordiniert, bei der vier jüdische Kunden getötet wurden. Die Auswahl der symbolträchtigen Anschlagsziele ebenso wie der Umstand, dass die Attentäter sich während ihrer Operationen in Telephonaten mit dem französischen Fernsehsender BFM TV öffentlichkeitswirksam zu »Al Kaida im Jemen« und zum »Islamischen Staat« bekannten, zeigen, dass der Terror hier bewusst als Mittel »strategischer Kommunikation« in einem Symbol- und Deutungskampf verstanden und eingesetzt wurde. Insofern sind die gleichfalls öffentlichkeitswirksamen, bildstarken Reaktionen der französischen und anderer Gesellschaften auf die Attentate keineswegs allein als Zeichen der Anteilnahme zu verstehen, sondern erscheinen auch in strategischer Hinsicht konsequent: Plakate mit der Aufschrift »Je suis Charlie«, Photos von Trauer- und Solidaritätskundgebungen und neue oder wiederabgedruckte Karikaturen werden massenmedial und im Internet aufgeboten, um die Meinungsfreiheit gegen deren terroristische Bedrohung zu verteidigen. In diesen Kampf der Bilder um die Sag- und Zeigbarkeit treten andererseits auch diejenigen ein, die Bild- und Blasphemieverbote fordern oder in Gestalt der Selbstzensur mehr oder weniger bewusst respektieren. In diesem Bilderkampf kommt es schließlich auch verstärkt zu Interventionen »aus dem Jenseits«: Einer der drei von den französischen Spezialkräften der Gendarmerie während der Geiselbefreiungen getöteten Terroristen »bekannte sich« posthum in einem Internetvideo zu seiner Tat, während umgekehrt die von den Terroristen getöteten Karikaturisten ihrerseits posthum mit ihren erneut abgedruckten Karikaturen öffentlichkeitswirksam in die Auseinandersetzung »intervenierten«. So entgrenzt sich der Kampf entlang der Grenze – und um deren Verlauf – zwischen Sichtbarkeit und Unsichtbarkeit.

losen«, dezentralen, mobilen, adaptiven und weniger verwundbaren Netzwerks – ohne die jeweiligen Nachteile dieser Organisations- und Führungsformen – zu kombinieren. Im unscharfen Grenz- und Überlappungsbereich zwischen Symmetrie und Asymmetrie treffen dabei weithin autonom agierende, doch auf vielfältige Weise vernetzte dezentrale *network centric warfare*-Kampfgruppen auf ähnlich halbformalisierte und fluide, internetgestützte (Nicht-)Strukturen vernetzter Schwarm- und *cloud*-Intelligenz und stoßen staatlich beauftragte »Private Military Companies« auf gleichfalls semistaatliche Warlord-Figurationen, deren Kämpfer sich ebenso wie die der privaten Sicherheitsdienstleister teilweise aus den Hierarchien der staatlichen Sicherheitskräfte rekrutieren und sich mit diesen ebenso wie mit zivilgesellschaftlichen Akteuren und Netzwerken koordinieren. Ähnliche Koordinations- und Mischformen zwischen Netzwerken und Hierarchien werden sich auch auf inter- und transnationaler Ebene zunehmend herausbilden, so insbesondere zwischen den Geheimdiensten, Special Forces und Sicherheitsunternehmen verbündeter Nationen, die sich – wie dies auch auf der »anderen« Seite bei Akteuren der nichtstaatlichen internationalen Kriminalität, halbstaatlichen bewaffneten Gruppen sowie staatlichen Terrorsponsoren zu erwarten steht – zu globalen *private public partnerships* verbinden, deren Informations- und Kooperationsnetze sich allerdings nur teil- und nur bereichsweise konsolidieren, selten formalisieren und nie ganz hierarchisieren. Im Grenzbereich zwischen Hierarchie- und Netzwerkstruktur ringen die »hybriden« Kontrahenten des »Hybrid and Cyber War« (Schröfl u.a. 2011) mit symmetrischen *und* asymmetrischen Mitteln um die Kontrolle und den Verlauf der auch in diesem Bereich nicht eindeutig festgelegten, zunehmend verschwimmenden und umkämpften Grenze auf dem Terrain des zukünftigen Krieges.[187]

---

187 Dieses Grenzterrain zwischen Hierarchie- und Netzwerkstruktur suchte der US-amerikanische Außenminister John Kerry (2015) jüngst zu erkunden, der es aber sogleich wieder aus dem Blick verlor, als er von einer *Ablösung* der Welt der Hierarchien durch eine Welt der Netzwerke sprach: »Wir haben eine Welt hinter uns gelassen, in der die Macht in Hierarchien beheimatet war. Nun begeben wir uns in eine Welt, wo Macht in Netzwerken liegt. Daran muss sich die Staatskunst erst anpassen« (ebd.). Anstelle einer vollständigen Anpassung der Staatskunst an die neue Macht der Netzwerke wird es in Zukunft darum gehen, sie an das Zwischenterrain *zwischen* Hierarchien und Netzwerken anzupassen. Dieser Herausforderung stellt sich etwa die australische Armee mit dem durch den australischen Strategietheoretiker David Kilcullen maßgeblich beeinflussten, im Jahr 2005 verabschiedeten Konzept »Adaptive Campaigning – Future Land Operating«, das auf einer Konzeption des »Complex Warfighting« beruht, die ihrerseits als Beispiel für »[a]daptive responses to asymmetric warfare« (Ryan 2008: 593) gedeutet wurde: »the Australian Complex Warfighting concept outlines a new type of organisa-

Zwischen Kohärenz und Flexibilität schließlich verläuft die dritte virtuelle Grenze im gesamtstrategischen Operationsraum, an der zukünftig Anstrengungen an Bedeutung gewinnen, die auf eine syn-metrische Kombination symmetrischer mit asymmetrischen Optionen abzielen. So werden Strategen Kohärenz und Flexibilität miteinander zu verbinden suchen, wenn sie die Ideologie, die Strategie und vor allem das Verhältnis zwischen beiden für ihre jeweiligen Politik- und Kampfverbände entwerfen. Der Kohärenz bedürfen diese Verbände vor allem, um in ihrem militärisch-technologischen Ringen auf dem Schlachtfeld und dem jenseits dieses Schlachtfelds geführten politisch-ideologischen Kampf, in dem sie um Legitimität, Unterstützung, Folge- und Opferbereitschaft streiten, langfristig bestehen zu können, also um ihren Willen auf Dauer schlagkräftig *und* überzeugend gegen den Willen ihrer Kontrahenten zu behaupten. Auf Flexibilität andererseits können sie in diesem Kampf nicht ganz verzichten, da die hohe Komplexität und Dynamik des zukünftigen Krieges zu beständiger strategischer und ideologischer Anpassung zwingen. Wie diese widersprüchlichen Anforderungen *zugleich* zu erfüllen sind, wie also Kohärenz und Flexbilität, die nicht gleichzeitig beliebig gesteigert werden können, sich strategisch *und* ideologisch miteinander verbinden lassen, dies wird Gegenstand der strategisch-ideologischen Auseinandersetzung um die neue Syn-Metrie sein, die entlang der Grenze zwischen Kohärenz und Flexibilität besonders umstritten und strittig erscheint. Einseitige Auflösungen des fundamentalen Dilemmas zwischen Kohärenz und Flexibilität sind dabei unmöglich oder führen nicht zum Ziel: Akteure, die *jegliche* Anpassung an die Herausforderungen des sich wandelnden Krieges und der sich wandelnden außen- und sicherheitspolitischen Umwelt *gänzlich* verweigern, um dadurch ihre Kohärenz und letztlich ihre Identität zu verteidigen, können kaum im Kampf mit einem besser angepassten, flexibleren Kontrahenten bestehen. Umgekehrt werden

---

tion to cope with increased complexity. Smaller, austere, semi-autonomous teams with modular organisation are envisaged. These teams use swarming tactics and devolved situation awareness to operate as self-reliant teams that aggregate to achieve larger scale effects through local coordination rather than central control.« (ebd.) Vor dem Hintergrund dieses australischen Konzepts stellen sich die eigentlichen Herausforderungen für die syn-metrische Strategie-Entwicklung auf dem *Zwischen*terrain zwischen Hierarchie- und Netzwerkstruktur. Sie betreffen die Fragen, *wie* die semi-autonomen Kampfteams zum wechselseitigen Lernen angeregt werden können, *ohne* dass sie ihre kreative Innovations- und wechselseitige Irritationskraft in Nachahmungsprozessen einbüßen, und *wie* darüber hinaus diese Teams durch ein zentrales Hauptquartier gemanagt werden können, *ohne* dass sie ihre Semi-Autonomie verlieren (vgl. ebd.: 594).

Akteure langfristig scheitern, die dem Anpassungs- und Flexibilitätsdruck im zukünftigen Krieg *gänzlich* nachgeben und sich *jeglicher* strategischen und ideologischen Selbstbindungen entledigen, um aus solcher »Ungebundenheit« maximale Vorteile für ihren Kampf gegen einen stärker gebundenen, vergleichsweise unflexiblen Kontrahenten zu ziehen. Erstere, die sich durch Erfordernisse ihrer Kohärenz immer und überall gebunden sehen, verlieren gegen die flexibler agierenden Gegner im Kampf. Letztere, die sich völlig flexibel zeigen, verlieren, auch wenn sie als Sieger aus dem unmittelbaren Kampf hervorgehen mögen, noch in ihrem Sieg gewissermaßen sich selbst. Beide scheitern an der Grenze zwischen Kohärenz und Flexibilität, deren syn-metrische Kontrolle ihnen nicht gelingt.[188]

Die syn-metrische Kontrolle entlang dieser drei virtuellen Grenzen wird politisch-strategischen Akteuren nur gelingen, wenn sie die Symmetrien *und* Asymmetrien analytisch durchdringen, politisch gestalten und strategisch nutzen, die das Terrain des zukünftigen Krieges charakterisieren. Die entscheidende Herausforderung besteht hierbei darin, *zwischen* Symmetrie und Asymmetrie die Syn-Metrie zu bestimmen und zu besetzen. Diese Herausforderung scheinen bislang die Kontrahenten der westlichen Staaten besser als diese selbst zu begreifen, gleichgültig ob es sich bei ihnen um nichtstaatliche oder staatliche Kontrahenten handelt. Im Sommer 2014 stieß die Terrormiliz des sogenannten »Islamischen Staats« im Irak und in Syrien weitgehend ungehindert auf syn-metrisches Terrain vor. Sie verabschiedete sich von ihrer ursprünglich nichtstaatlichen Organisationsform eines irakischen Ablegers des Al Kaida-Netzwerks mit seinen Prinzipien tendenzieller Un-

188 Dem obersten iranischen Führer Ajatollah Ali Chamenei ging es um die Bewältigung des Spannungsverhältnisses zwischen Kohärenz und Flexibilität, als er in einer Rede vor Irans Wächterrat im September 2013 bezüglich der Verhandlungen um Irans Atomprogramm mit den fünf ständigen Mitgliedern des Sicherheitsrats und Deutschland die iranische Vorgehensweise mit der eines flexiblen, aber auf den Gegner fixierten Ringers verglich: »Wenn ein Ringer mit einem Gegner kämpft und phasenweise aus technischen Gründen *Flexibilität* zeigt, darf er *nicht vergessen*, wer sein Gegner ist« (Chamenei, zit. nach Kissinger 2014: 183; Hervorh. F. W.). Trotz flexibler Verhandlungszugeständnisse sei die ideologisch-strategische Kohärenz im Kampf zu wahren. Das schien auch der Sinn der Worte zu sein, mit denen Chamenei im Mai 2014 Kissinger zufolge die Nukleargespräche beschrieb: »Alle Funktionsträger im Land, die in der Wirtschaft, Wissenschaft, Kultur, Politik, Legislative und in *Verhandlungen mit dem Ausland* tätig sind, müssen wissen, dass sie sich in einem *Gefecht* befinden und den *Kampf* um den Aufbau und das Überleben des islamischen Systems weitertragen … Der Heilige Krieg endet nie, denn Satan und die satanische Front werden ewig existieren« (Chamenei, zit. nach Kissinger 2014: 193; Hervorh. F. W.).

sichtbarkeit, Netzwerkstruktur und Flexibilität, um sich in Richtung einer vergleichsweise sichtbaren, hierarchischen und kohärenten, jedoch nur quasi-, halb- oder protostaatlichen Formation weiterzuentwickeln. Diese neue syn-metrische Formation erlaubt es dem »Islamischen Staat« seither, dies- *und* jenseits der Grenze zwischen Symmetrie und Asymmetrie die Vorteile zu nutzen, die aus der Verbindung *beider* resultieren. Zu diesen Vorteilen gehört eine grenzüberschreitende, staatenübergreifende *Semi*-Territorialität, ein *trans*national rekrutiertes, radikalisiertes *Para*-Militär sowie ein *halb*formalisiertes regionales Spenden-, Erpressungs- und »Steuer«-Wesen, das sich »glokal« mit der kriminellen Schattenökonomie und dem Handel mit Bodenschätzen, Geiseln und Beutekunst vernetzt. Zeitgleich mit den Kämpfern des »Islamischen Staats« stießen im Jahr 2014 von der »anderen« Seite der Syn-Metrie her, also von der Seite der staatlichen Sichtbarkeit, Hierarchie und Kohärenz her kommend, die als »pro-russische Separatisten« getarnten regulären Kräfte der russischen Armee ohne Hoheitsabzeichen auf das syn-metrische Terrain zwischen Symmetrie und Asymmetrie vor, das sich in ihrem Fall geographisch über die Krim und die Ostukraine erstreckt. Während sich die IS-Milizionäre strategisch-operativ in Richtung der Staatlichkeit bewegten, gingen die russischen Kräfte den umgekehrten Weg: Sie tauschten ihre vormalige Sichtbarkeit, Hierarchie und Kohärenz als reguläre Truppen einer Staatenarmee – teilweise – gegen die Unsichtbarkeit, Netzwerkstruktur und Flexibilität nichtstaatlicher, dezentraler Kampfgruppen ein, um die Vorteile *beider* miteinander zu verbinden. Obwohl der russische Präsident Wladimir Putin bis zum Februar 2015 jede Verantwortung für diese irregulären Truppenbewegungen und Grenzübertritte auf syn-metrisches Terrain nachdrücklich bestritt – oder besser gesagt gerade *weil* er sie so nachdrücklich mithilfe der Staatsmedien sowie der »sozialen« Medien bestritt –, entsprach der Vorstoß auf die Krim und in die Ostukraine den Direktiven, die ein Jahr zuvor der russische Generalstabschefs Waleri Gerassimow für die »asymmetrischen« Kriege des 21. Jahrhunderts ausgegeben hatte.[189]

189 Der russische Generalstabschef Gerassimow (2013) beschrieb Ende Januar 2013 in einer programmatischen Rede vor der Jahresversammlung der Russischen Akademie für Militärwissenschaft den »asymmetrischen« Charakter der »Aktionen« (асимметричные действия), »Formen und Mittel« (асимметричных формах и способах) sowie »Möglichkeiten« (асимметричные возможности) zukünftiger Kriege. Die russische Kriegswissenschaft habe solche asymmetrischen Optionen nach Art von »Fanatikern im besten Sinne des Wortes« (фанатиками) ohne jede Denkverbote zu erkunden. Die Rede des Generalstabschefs wurde im Juni 2014 von dem für Radio Free Europe in Prag tätigen US-amerikanischen Journalisten Robert Coalson ins Englische übersetzt und

Um solchen gegnerischen Vorstößen auf syn-metrisches Terrain zukünftig entgegenzutreten, wird es für die westlichen Staaten kaum genügen, dem sogenannten »Islamischen Staat« demonstrativ seine Staatlichkeit abzusprechen und ebenso demonstrativ die russische Eroberung der Krim und die Destabilisierung der Ostukraine als völkerrechtswidrige Aggressionen zu verurteilen, wie dies der US-amerikanische Präsident Barack Obama in einer Rede am Vorabend des 11. September 2014 unternahm, in der er die Strategie der USA gegen den »Islamischen Staat« verkündete (US President 2014).[190] Solche demonstrativen Verurteilungen der »terroristischen« Übertretung und »aggressiven« Verschiebung symmetrie-basierter Grenzen und Prinzipien der staatsorientierten Weltordnung erscheinen zwar aus legitimitätspolitischen und legitimitätspolemischen Erwägungen heraus durchaus naheliegend. Zur Verhinderung und Abschreckung zukünftiger Grenzübertritte und Grenzverschiebungen wird es aber darauf ankommen, ihren syn-metri-

darauf hin in deutschsprachigen Medien rückwirkend als »Putins Schlachtplan« (Gutschker 2014) für die russische Annexion der Krim und die aggressive Destabilisierung der Ostukraine im Frühjahr und Sommer 2014 gedeutet. Die »asymmetrische« Rhetorik Gerassimows sollte allerdings nicht darüber hinwegtäuschen, dass sich hinter ihr eine hybride bzw. syn-metrische Herangehensweise verbirgt: »The very ›rules of war‹ have changed. The *role of nonmilitary means* of achieving political and strategic goals has grown, and, in many cases, they have exceeded the power of force of weapons in their effectiveness. [...] All this is *supplemented by military means* of a concealed character, including carrying out actions of informational conflict and the actions of special-operations forces. The open use of forces – often under the guise of peacekeeping and crisis regulation – is resorted to only at a certain stage, primarily for the achievement of final success in the conflict. [...] These days, together with *traditional devices, nonstandard ones* are being developed. [...] We must acknowledge that, while we understand the essence of *traditional military actions carried out by regular armed forces,* we have only a superficial understanding of *asymmetrical forms and means.*« (Gerassimow 2013; Hervorh. F. W.)

190 Zum sogenannten »Islamischen Staat« bzw. »Islamic State of Iraq and the Levant« (ISIL) stellte Barack Obama in seiner Rede am 10. September 2014 in Verkennung (oder bewusster Zurückweisung) des semi*staatlichen* Charakters dieses syn-metrischen Gebildes fest: »[...] *ISIL is certainly not a state.* It was formerly al Qaeda's affiliate in Iraq, and has taken advantage of sectarian strife and Syria's civil war to gain territory on both sides of the Iraq-Syrian border. It is recognized by no government, nor by the people it subjugates. *ISIL is a terrorist organization, pure and simple.* And it has no vision other than the slaughter of all who stand in its way.« (US President 2014; Hervorh. F. W.) In der gleichen Rede wies Obama mit Blick auf die russische Invasion der Ukraine darauf hin, dass diese Aggression die symmetrischen Prinzipien der staatlich verfassten Weltordnung untergrabe, wobei er allerdings den syn-metrischen Charakter dieses Vorgangs unberücksichtigt ließ: »It is America that has rallied *the world against Russian aggression*, and in support of the Ukrainian *peoples' right to determine their own destiny*« (ebd.; Hervorh. F. W.).

schen Charakter zu verstehen, um ihnen gleichfalls syn-metrisch, also »angemessen« begegnen zu können. Womöglich weil das so schwierig ist, wurde in den vergangenen Jahren die wiederholt angekündigte neue US-amerikanische Nationale Sicherheitsstrategie, die diejenige aus dem Jahr 2010 (US President 2010) ersetzen sollte, immer wieder vertagt. Als sie im Februar 2015 mit mehrjähriger Verspätung schließlich veröffentlicht wurde, versprach sie zwar eine »Vision« (US President 2015: 29) für die zukünftige Sicherheitspolitik der USA in einer *complex world* (ebd.: ii) und in *complex times* (ebd.: 2) zu bieten, doch wurde dieses visionäre Orientierungsversprechen enttäuscht. Die entscheidende Frage nämlich, *wie* die USA mit der diagnostizierten Komplexität und den daraus resultierenden postsymmetrischen Dilemmata »angemessen« umgehen sollten und wollen, ließ die Sicherheitsstrategie offen.[191] Die Europäische Union macht ihrerseits gegenwärtig keine Anstalten,

191 Die Frage nach dem angemessenen Umgang mit der *complex world* bzw. den *complex times* beantwortet Barack Obama im Vorwort zur US-amerikanischen Nationalen Sicherheitsstrategie des Jahres 2015 mit dem erneuerten globalen Führungsanspruch der USA. Aus dieser Antwort ergebe sich freilich erst die *eigentliche* Frage: »The question is never whether America should lead, but how we lead« (US President 2015: i). Dieser Frage nach der *Art* der *angemessenen* Führung in einer komplexen Welt geht die Sicherheitsstrategie nach, die wie ein Kompass die Richtung durch das dynamische Sicherheitsterrain zu weisen beansprucht, »as a compass for how this Administration, in partnership with the Congress, will lead the world through a shifting security landscape toward a more durable peace and a new prosperity« (ebd.: 1). Jedoch wird das Strategiedokument diesem visionären Anspruch nicht gerecht. Denn es beschreibt das komplexe Sicherheitsterrain lediglich in variierenden Formeln als undurchdringlich, nämlich als *complex* (ebd.: ii; 2), *shifting* (ebd.: 1; 4), *changing* (ebd.: 2; 5; 26), *interconnected* (ebd.: 3; 4; 5), *changed* (ebd.: 4; 5), *fluid* (ebd.: 5), *diverse* (ebd.: 8) und geprägt von *interdependence* (ebd.: 4) sowie von *seismic shifts* (ebd.: 16), verzichtet aber darauf, die strategischen Folgen der diagnostizierten Komplexität zu analysieren, und umreißt stattdessen nur formelhaft das Anforderungsprofil einer Gesamtsstrategie für dieses Terrain: Sie sei *comprehensive* (ebd.: ii; 2; 10; 11; 26), *smart* (ebd.: ii; 12; 15), *long-term*-orientiert (ebd.: ii; 4; 23; 24; 25; 26), *sustainable* (ebd.: 1; 9; 23), *targeted* (ebd.: 4; 9; 23), *diversified* (ebd.: 5), *balanced* (ebd.: 5; 15; 19), *appropriate* (ebd.: 5; 23) und *proportional[ly]* (ebd.: 9). *Wie* aber die gesuchte umfassende, kluge, langfristige, nachhaltige, gezielte, diversifizierte, ausbalancierte, angemessene und proportionale Gesamtstrategie die »diversen« Erfordernisse des komplexen Diversitäts-Terrains miteinander verbinden soll, beantwortet das Strategiepapier nicht, da ihm eine Synopse der Vielfalt der »Andersartigkeiten«, also der Diversität der Diversität, nicht gelingt. Eine solche Synopse kann die Semantik der Asymmetrie und Symmetrie befördern, die es erlaubt, die vielfältigen Typen der sich wandelnden, vernetzten, fluiden, interdependenten etc. Diversität, die sonst nur isoliert und kasuistisch in den Blick geraten, in ihrer dynamischen, vielfach dilemmatischen strategischen (Wechsel-)Wirkung zu betrachten. Nicht zuletzt weil die US-amerikanische Sicherheitsstrategie des Jahres 2015 im Gegensatz zu ihrer Vorgängerin aus dem Jahr 2010 (US Pre-

ihre Sicherheitsstrategie aus dem Jahr 2003 (European Council 2003) den syn-metrischen Herausforderungen anzupassen. Deutschland begann indessen im Februar 2015 mit der Erarbeitung eines neuen »Weißbuchs« zu den Grundlagen der deutschen Sicherheitspolitik, das einmal an die Stelle des gegenwärtigen »Weißbuchs« aus dem Jahr 2006 (Bundesministerium der Verteidigung 2006) treten soll. Ob das neue Strategiepapier für die deutsche Sicherheitspolitik den Anforderungen der »hybride[n] Kriegsführung« (Bundesministerium der Verteidigung 2015: 6) bzw. der »sogenannten hybriden Kriegsführung« (Bundesregierung 2015) genügen wird, von der die deutsche Verteidigungsministerin wie auch die Bundeskanzlerin in Abkehr von der Asymmetrie-Semantik jüngst sprechen, an der seinerseits der deutsche Bundespräsident (2015) festhält, bleibt abzuwarten.[192] So lange aber die Heraus-

sident 2010) auf diese Semantik verzichtet, erscheint ihr Optimismus unbegründet, mit dem sie auf die Anpassungsfähigkeit und Stärke der USA vertraut: »America has greater capacity to adapt and recover from setbacks than any other country. A core element of our strength is our unity and our certainty that American leadership in this century, like the last, remains indispensable« (ebd.: 29).

192 Anders als der deutsche Bundespräsident Joachim Gauck, der zuletzt am 10. Februar 2015 von »asymmetrische[n] Kriege[n]« (Bundespräsident 2015) als Herausforderungen der Weltordnung sprach, verwendete die deutsche Bundeskanzlerin Angela Merkel in ihrer Rede bei der Münchner Sicherheitskonferenz am 7. Februar 2015 statt der Semantik des Asymmetrischen diejenige des Hybriden, um den »Blick auf die potenziellen Bedrohungen der sogenannten hybriden Kriegsführung« (Bundesregierung 2015) zu lenken. Das tat sie freilich mit derselben Skepsis, mit der sie einst auch der »so genannte[n] asymmetrische[n] Bedrohung« (Bundesregierung 2010b) begegnet war, bevor sie sich die Asymmetrie-Semantik zu eigen machte (vgl. Bundesregierung 2014; vgl. oben: Kap. 1). Ganz ohne skeptische Distanzierung nutzte hingegen die deutsche Verteidigungsministerin Ursula von der Leyen in ihrer Rede einen Tag zuvor, am 6. Februar 2015, bei der Münchner Sicherheitskonferenz die Semantik des Hybriden, um sich »der wesentlichsten Zukunftsfragen der Sicherheitspolitik« anzunehmen (Bundesministerium der Verteidigung 2015: 6). Im Vorgehen Russlands in der Ukraine zeigten sich »die hybride Kriegsführung und ihre digitale Dimension: Sei es das verdeckte Einschleusen von Geheimdienst, Militär und Waffen, das Anheizen regionaler oder ethnischer Spannungen, die politische Destabilisierung, die ökonomische Strangulierung, die massive Informationskampagne zur Desavouierung der bestehenden Ordnung, die Nutzung sozialer Medien zur Beeinflussung der öffentlichen Meinung oder Angriffe auf IT-Strukturen. Das fundamental Neue ist die *Kombination* und die *Orchestrierung* dieses unerklärten Krieges, bei dem erst die Gesamtbetrachtung der einzelnen Mosaikstücke den aggressiven Charakter des Plans entlarvt. […] Es sind die *unkonventionellen* und *vielfältigen* Mittel des hybriden Krieges, die *unkonventionell* und *vielfältig* bekämpft werden müssen« (ebd.; Hervorh. F. W.). Die hier geforderte Bekämpfung des »hybriden Krieges« als einer »Kombination« und »Orchestrierung« »unkonventioneller« und »vielfältiger Mittel« setzt vor dem Hintergrund der vorliegenden Untersuchung nicht nur voraus,

forderungen der Syn-Metrie unverstanden bleiben und Gesamtstrategien für den Umgang mit ihr fehlen, werden Politik und Militär darauf angewiesen sein, auf dem »komplexen«, »hybriden«, »postsymmetrischen« Sicherheitsterrain reaktiv und situativ die syn-metrischen Vorstöße ihrer Kontrahenten zu parieren, statt ihrerseits proaktiv oder präventiv im Rahmen umfassender, syn-metrischer, also »angemessener« Grand Strategies zu agieren.

Ein syn-metrischer gesamtgesellschaftlicher Umgang mit dem zukünftigen Krieg – und mit dem angestrebten Frieden – stellt vor dem Hintergrund dieser Diagnose die eigentliche Herausforderung dar. Denn die Suche nach »angemessenen« Antworten auf die zu beobachtende Syn-Metrierung des Krieges führt ihrerseits über die klar umgrenzten und voneinander abgegrenzten Felder der staatlichen Politik und des staatlichen Militärs hinaus, denen der Krieg entgleitet und entwächst. Mag es unter symmetrischen Bedingungen noch möglich und angebracht gewesen sein, mit Clausewitz »der Regierung« (Clausewitz 1980 [1832–34]: 213) als der Inhaberin des *»bloßen Verstande[s]«* (ebd.) die Definitionsmacht über die Kriegszwecke und »dem Feldherrn« (ebd.) als der Verkörperung der *»freien Seelentätigkeit«* (ebd.) die Hoheit über die strategischen Ziele zuzuweisen, während »dem Volke« (ebd.) als der Instanz des *»blinde[n] Naturtrieb[s]«* (ebd.) lediglich die Mitwirkung an der gewalttätigen Erreichung dieser politischen Zwecke und strategischen Ziele vorbehalten blieb, so führt die Erosion der symmetrischen Ordnung zur Auflösung dieser symmetrischen »wunderliche[n] Dreifaltigkeit« (ebd.) aus Regierung, Feldherr und Volk. Mag darüber hinaus in der symmetrischen Ära der Zweck des Krieges immer schon festgestanden haben – »immer muss man mit dem *Frieden* den Zweck als erreicht und das Geschäft des Krieges als beendigt ansehen« (ebd.: 215; Hervorh. F. W.) –, so bedeutet die Auflösung der Symmetrien, dass mit ihnen auch die Grenze zwischen Krieg und Frieden verwischt. An der Stelle, wo einst diese Grenze verlief, bleibt nach deren Verschwimmen und Verschwinden nur noch das von Kagan (2003: 91) beschriebene »Kontinuum« der Un-/Sicherheit und

die »Mechanismen und Muster« (ebd.) dieses Krieges offenzulegen. Vielmehr besteht die Herausforderung darin, bei der eigenen »unkonventionellen« und »vielfältigen« Bekämpfung des »hybriden Krieges« – also bei seiner Führung – das angemessene Maß zu wahren. Dies klingt denn auch in den Münchner Reden sowohl der Bundeskanzlerin als auch der Verteidigungsministerin an, die beide zu derselben implizit syn-metrischen Antwort auf die Frage gelangen, wie Deutschland zukünftig seine Rolle in einer von hybriden Kriegen geprägten Welt spielen solle: mit »ein[em] *vernünftige[n] Maß* an Realismus« (Bundesregierung 2015; Hervorh. F. W.). bzw. überhaupt »[m]it dem *richtigen Maß*« (Bundesministerium der Verteidigung 2015: 7; Hervorh. F. W.).

Un-/Vernunft auf dem un-/sicherheitspolitischen Terrain des 21. Jahrhunderts zurück. In diesem Kontinuum zwischen den »Gesetzen des Dschungels« und den »Gesetzen der Vernunft« eine »angemessene« eigene Position zu bestimmen und die Balance zu halten, wird – wenn auch unter Federführung von Politik und Militär – letztlich eine gesamtgesellschaftliche Aufgabe sein. So haben Gesellschaften insgesamt ihr Verhältnis zum syn-metrischen Krieg und Frieden neu festzulegen, indem sie im Rahmen ihrer jeweiligen »Sicherheitskultur« (Daase u.a. 2012) und in Übereinstimmung mit ihrem jeweiligen Selbstverständnis und ihrer Selbstverortung zwischen »Sicherheit und Risiko« (Münkler u.a. 2010) den Zweck, das Ziel und die Mittel ihrer Kriegführung und Friedenssicherung »angemessen« definieren. Jenseits des Politischen und Strategischen im engeren Sinne stellt sich ihnen dabei die grundsätzliche Frage, wie sie leben und mit welcher – zivile und militärische Elemente übergreifenden – Gesamtstrategie sie ihre Lebensweise verteidigen, sichern oder gar »exportieren« wollen: Wofür und auf welche Weise darf, soll und muss (nicht) gekämpft und Krieg geführt werden? So lange diese Frage, deren Beantwortung insbesondere auch für die Konzipierung von Strategien der Verhinderung, Begrenzung und Beendigung von Kriegen entscheidend ist, gesamtgesellschaftlich nicht verhandelt wird, droht *jeder* Einsatz, gleichgültig ob er eher zivil oder eher militärisch, eher entwicklungs- oder eher sicherheitspolitisch, eher konfliktpräventiv oder eher reaktiv durchgeführt wird, zu einem »Einsatz ohne Ziel« (Naumann 2008) zu werden und droht *jede* intellektuelle ebenso wie *jede* praktische Expedition sich orientierungslos im Dschungel zu verlieren. In solchen Fällen gewinnt dann mangels gesellschaftlicher Zweck- und Zielvorgaben die – einerlei ob eher zivile oder eher militärische – Strategie selbst schnell die Oberhand über den Zweck, jene Strategie, die nach Clausewitz stets »mit ins Feld ziehen muss, um das Einzelne an Ort und Stelle anzuordnen und für das Ganze die Modifikationen zu treffen, die unaufhörlich erforderlich werden« (Clausewitz 1980 [1832–34]: 345). Unter dem Druck der »an Ort und Stelle« »unaufhörlich« zu »Modifikationen« drängenden Erfordernisse kann diese zivile und/oder militärische Strategie dann, wenn nicht gemeinsam mit ihr orientierende politisch-gesellschaftliche Vorgaben und Kontrollen des »Ganzen« »mit ins Feld ziehen«, sich allmählich verselbstständigen, sodass die Strategie schließlich nicht nur das strategische Ziel und den politisch-gesellschaftlichen Zweck, sondern gar die Lebensweise jener Gesellschaft, die sie eigentlich verteidigen soll, »modifiziert«.

Damit eine Gesellschaft sich nicht derart im Dschungel des Krieges verirrt, wird sie sich kaum damit begnügen können, die Rückkehr ins Paradies oder in den Barockgarten der symmetrischen Ordnung zu proklamieren. Vielmehr werden erhebliche Anstrengungen nötig sein, damit die symmetrie-zentrierte Lebens- und Kampfweise der Westfälischen Ära *gegen* die Asymmetrierungsschübe in der sicherheitspolitischen Umwelt und *gegen* die Erfordernisse des postsymmetrischen Krieges verteidigt werden können. Da die Verteidigungslinie selbst sich dabei in den Grenzbereich von Symmetrie und Asymmetrie zu verlagern droht, wird es im Rahmen einer gesamtgesellschaftlichen – statt rein militärstrategischen – Kosten-Nutzen-Abwägung darauf ankommen, dass die jeweilige Gesellschaft ein ihrer Sicherheits- und Risikokultur einerseits *sowie* dem Charakter des zukünftigen Krieges andererseits zugleich »angemessenes« Verhältnis zwischen der eigenen Lebens- und Kampfweise bestimmt.[193] Dabei geht es letztlich um die Herstellung jener Syn-Metrie zwischen ethisch-normativen und strategisch-operativen Erfordernissen, deren Paradoxien und Dilemmata die am zukünftigen Krieg Beteiligten – und auch die nicht direkt an ihm Beteiligten – kaum noch widerspruchsfrei aufzulösen hoffen dürfen. Vielmehr werden sie angesichts der Unauflösbarkeit dieser Paradoxien und Dilemmata die schwierige, sowohl ethisch als auch strategisch unbefriedigende Aufgabe zu bewältigen haben, zwischen humanitären Imperativen und militärischen Erfordernissen eine angemessene Balance zu finden, die eine effektive Verteidigung der eigenen Lebensweise erlaubt und *zugleich* ein Abgleiten auf der schiefen Ebene der Asymmetrie verhindert (vgl. Gross 2010).[194] Letztlich könnte es sich als ent-

193 Bei der Bestimmung dieses »angemessenen« Verhältnisses zwischen der eigenen Lebens- und Kampfweise haben Gesellschaften mit Blick auf die Terrorismusbekämpfung die Frage zu beantworten, welche gesamtgesellschaftlichen »Cost of Counterterrorism« (Donohue 2008) sie zu tolerieren bereit sind: »The big question now is, What have we gained in terms of national security in return for the enormous price we have paid for counterterrorist law?« (ebd.: 333). Da es auf diese Frage keine eindeutige Antwort geben dürfte, erscheint eine breite, langfristig orientierte gesellschaftliche Diskussion hierüber umso wichtiger: »We may, in the end, want the state structure to change. But if we do, that is the conversation we need to have. Backing into it, by asking what we need, in the short term, to counter a specific threat, is the wrong way to proceed« (ebd.: 360).

194 Dementsprechend besteht die zentrale ethische Herausforderung darin, im Umgang mit den »Moral Dilemmas of Modern War« (Gross 2010) das Abgleiten auf einem »rutschigen Abhang« zu vermeiden: »Drawing the line between the acceptable and unacceptable, navigating the straits between military necessity and humanitarian imperatives while avoiding the pitfall of the slippery slope is the hard work of applied ethics during war« (ebd.: 252).

scheidend erweisen, mit normativen und operativen Inkonsistenzen, Aporien und Doppelstandards leben zu lernen – und leben zu lehren.

Ein solches Leben »mit zweierlei Maß« (Kaleck 2012), also nach Maßgabe von Symmetrie *und* Asymmetrie, ist allerdings für die symmetrie-gepolten, rechtsstaatlich und demokratisch verfassten, völker-, kriegs- und menschenrechtlich (selbst-)gebundenen Gesellschaften westlichen Typs mit erheblichen, wenn nicht gar existenziellen Problemen verbunden.[195] Derartige Probleme entstehen insbesondere dort, wo diese Gesellschaften sich dazu genötigt sehen, sogar zentrale kulturelle, zivilisatorische und normative Errungenschaften in ihrem Umgang mit dem Krieg nach Maßgabe der Syn-Metrie neu zu beurteilen, um sie so unter veränderten Bedingungen in veränderter Form zu bewahren und zu verteidigen: das staatliche Gewaltmonopol etwa, die rechtliche Hegung des Krieges, die Unterscheidung zwischen Kombattant und Nonkombattant, die Grenzziehung zwischen Soldat und Zivilist. Ob und gegebenenfalls wie solche Grenzziehungen und die durch sie geschützten Prinzipien der Freiheit und Individualität aus der symmetrischen Ära in das postsymmetrische Zeitalter hinübergerettet und also gegen die fortschreitende Erosion der Symmetrien verteidigt werden können, haben diese Gesellschaften syn-metrisch zu beraten und zu entscheiden. Das gilt insbesondere auch für die Frage, ob und gegebenenfalls wie diese Gesellschaften ihre uniformierten, regulären Streitkräfte in Zukunft weiterhin an die symmetrie-bezogenen normativen und organisatorischen Bindungen des Staatenkriegs gebunden sehen und zu binden bereit sein werden. Nicht allein das Berufsbild und das soziale und politische Portrait des »Professional Soldier« (Janowitz 1960) stehen dabei zur Diskussion, dessen Aufgabenspektrum und Anforderungsprofil, Rekrutierungs- und Ausbildungsweise,

195 Einige dieser Probleme stellt der Strafrechtler Wolfgang Kaleck, der als Anwalt den US-amerikanischen Whistleblowers Edward Snowden in Deutschland vertritt, in kritischer Absicht, wenn auch ohne syn-metrische Lösungsvorschläge, in seiner juristisch-politischen Untersuchung *Mit zweierlei Maß* (Kaleck 2012) am Beispiel der ungleichen – asymmetrischen – Anwendung des Völkerstrafrechts dar: Dessen »Doppelstandards« (ebd.: 115–119) seien auf seinen ambivalenten Charakter »zwischen Recht und Politik« (ebd.: 7–16) zurückzuführen, durch den sie aber nicht zu rechtfertigen – und die daher nicht zu tolerieren – seien. Diese Kritik eines kontrafaktischen Symmetrikers richtet sich vor allem gegen (implizit asymmetrie-gepolte) »zynische Machtpolitiker und politische Theoretiker wie Carl Schmitt und den Realisten Hans Morgenthau« (ebd.: 10), »die in ihren Theorien den Vorrang des Politischen beziehungsweise der Realpolitik in den internationalen Beziehungen betonen und dem Recht allenfalls eine untergeordnete Rolle zubilligen« (ebd.) – eine Beobachtung, die die Dilemmata und Probleme eines Lebens »mit zweierlei Maß« präzise erfasst *und* reproduziert.

Karriereverlauf und Einsatzgebiet neu zu bestimmen und in ein neues Verhältnis zu anderen Berufen zu setzen sein werden, so etwa zu Polizisten, Entwicklungshelfern, Geheimdienstmitarbeitern, Diplomaten, IT- und Social Media-Spezialisten, Journalisten, Religionswissenschaftlern, Satirikern sowie Sozialarbeitern.[196] Jenseits solcher im engeren Sinne professions- und organisationsbezogener Balancierungen betrifft die Suche nach einer neuen Syn-Metrie das *Selbstverständnis*, das *Ethos* und die *Konstitution* der zukünftigen Kämpfer und Kämpferinnen, die keine regulären, uniformierten Soldaten im symmetrischen Sinne mehr sein werden, und darüber hinaus grundsätzlicher das *Selbstverständnis*, das *Ethos* und die *Konstitution* derjenigen Gesellschaft, die diese Kämpfenden in die zukünftigen Kriege führt.[197]

196 Für die Bestimmung dieser neuen Balance sind die von dem US-amerikanischen Soziologen Morris Janowitz (1960) mitten im Kalten Krieg als Herausforderungen für die soldatische Profession beschriebenen Dilemmata weiterhin relevant, wenn auch Janowitz' Konzept der »Konstabularisierung« bzw. »Verpolizeilichung« des Militärs nunmehr um vielfältige, also nicht allein polizeiliche Dilemmata zu erweitern ist: »As in the past, the future of the military profession rests on a *balance* between organizational stability and adaptation to rapid technological and political change. Military leaders must be prepared to solve, or perhaps more accurately, *to live with a series of dilemmas*« (ebd.: 417; Hervorh. F. W.). Ob dieses »Leben mit einer Reihe von Dilemmata« den vormals regulären, symmetrie-gepolten Soldaten und Soldatinnen künftig gelingen wird und inwiefern hierbei eine diese Dilemmata ebenso wie die Grenzen und komparativen Schwächen des Militärs (selbst-)kritisch reflektierende Haltung – »a new intellectualism« (ebd.), wie Janowitz ihn forderte – hilfreich sein kann, ohne dass dieser »Intellektualismus« innerhalb der Soldatenschaft zu permanenter Demotivation und Frustration – bzw. zu »negativism« (ebd.) – führt, dies ist heute wie damals eine offene Frage: »Will this emphasis on critical capacities produce negativism, or will it lead to a concern with new solutions?« (ebd.).

197 Mit dem Begriff der Konstitution wird an dessen doppelte – antike und moderne – Bedeutung angeknüpft, wie sie der US-amerikanische Verfassungsrechtler Ganesh Sitaraman (2012) für die Untersuchung und Empfehlung einer »Counterinsurgent's Constitution« fruchtbar machte: »Both the modern idea of the constitution as a charter of government and the ancient idea of the constitution as the assemblage of customs for governance hint at perhaps the most profound meaning of the word. They indicate that a constitution is inextricable from the very fabric of life itself. It is the basic core of how a society operates. It captures the character of society and its people.« (ebd.: 242f.) Die Konstitution eines Kämpfers und einer Gesellschaft gilt es daher im nichtsymmetrischen Kampf nicht allein in einem juristischen Sinn zu schützen: »The counterinsurgent's constitution is more than a set of laws, codified into the laws of war, and it is more than the legal, political, and social structures that govern the rule of law during turbulent transitions. It is the very disposition of the counterinsurgent: the character and mindset that counterinsurgents bring to bear on any problem arising in the midst of small wars.« (ebd.)

Im Ringen um zeitgemäße Antworten auf diese Herausforderungen und um ein angemessenes Verhältnis zum Krieg werden Gesellschaften die »philosophische, ja metaphysische Kontroverse« (Kagan 2003: 91) über die Frage auszutragen haben, »wo genau sich die Menschheit in dem Kontinuum zwischen den Gesetzen des Dschungels und den Gesetzen der Vernunft befindet« (ebd.) – und wo genau in diesem Kontinuum sie stehen sollte und will.[198] Dieser Streit um die »neue Weltordnung« dürfte allerdings nicht allein *zwischen* Gesellschaften, wie Robert Kagan im Jahr 2003 mit letztlich doch symmetrie- und zudem westlich geprägtem Blick auf das europäisch-US-amerikanische Verhältnis konstatierte, sondern insbesondere auch *innerhalb* dieser Gesellschaften sowie *jenseits* derselben im Kontext der Weltgesellschaft auszutragen sein. Die dabei zu erwartenden Spannungen, Widersprüche und Ungleichzeitigkeiten der postsymmetrischen Ära werden sich wohl kaum bewältigen lassen, wenn nicht die Gesetze der Symmetrie und die Gesetze der Asymmetrie *zugleich* angemessene Beachtung finden. Deren Gebiete nämlich lassen sich keineswegs so eindeutig voneinander abgrenzen, wie das womöglich noch zu Beginn der hier unternommenen politiktheoretischen Expedition schien. Vielmehr wird das Gelände *zwischen* dem geometrisch klar strukturierten, gehegten und begrenzten Barockgarten der symmetrischen Kriegs- und Staatenordnung einerseits und dem »naturgemäß« unstrukturierten, wilden und unbegrenzten Dschungel der Asymmetrie andererseits in Zukunft zu erkunden und zu erobern sein: jenes Zwischen-Terrain der Syn-Metrie, auf dem die symmetrischen und asymmetrischen Kriegsgesetze einander überlagern und auf dem die Politik- und Kriegsakteure des 21. Jahrhunderts sich bewegen. Wurde dieses Zwischen-Terrain hier als ein englischer Landschaftsgarten vorgestellt, so weisen die weltgesellschaftlichen Dimensionen des Kampfes um die neue Syn-Metrie weit über den europäisch-westlichen Erfahrungsraum und über die Metaphorik des englischen Landschaftsgartens hinaus. In Zukunft könnten an-

198 Dabei scheint weniger strittig, *ob* der geordnete Garten gegen den Dschungel der Unordnung verteidigt werden muss, sondern vielmehr, *wie* das geschehen soll: nach symmetrischen und/oder asymmetrischen Gesetzen? *Diese* syn-metrische Frage lässt der »liberale Interventionist« Kagan (2014) auch in seiner jüngsten Intervention in die öffentliche Debatte, die letztlich hierüber zu entscheiden hat, offen, um stattdessen die Gefahr einer Verdrängung des geordneten Gartens durch den Dschungel zu beschwören: »Perhaps this fragile democratic garden requires the protection of a liberal world order, with constant feeding, watering, weeding, and the fencing off of an ever-encroaching jungle. In the absence of such efforts, the weeds and the jungle may sooner or later come back to reclaim the land.« (ebd.)

dere, vor allem auch nicht-westliche Modelle und Metaphern für geeignet befunden werden, die sich herausbildende nichtsymmetrische Weltordnung zu veranschaulichen und zu gestalten.[199] Unabhängig davon, welche Orientierungs- und Ordnungsversuche sich dabei im 21. Jahrhundert durchsetzen mögen, werden sie sich im gesamtgesellschaftlich und gesellschaftsübergreifend geführten Kampf um die angemessene Verbindung von Symmetrie und Asymmetrie auf dem unübersichtlichen Terrain zu behaupten haben, auf das die politiktheoretische Expedition hier ihre Aufklärungsmission führte. Ohne verbesserte Kenntnis dieses Terrains drohen sich zukünftige intellektuelle wie auch politische Expeditionen in den Kriegen des 21. Jahrhunderts zu verlaufen und zu verlieren.

199 Die chinesische Tradition des nichtsymmetrischen Gartenbaus könnte zukünftig als Erfahrungsraum (wieder-)entdeckt und dazu genutzt werden, syn-metrische Erwartungshorizonte zu imaginieren und »harmonische« Weltordnungsvorstellungen zu inspirieren, jene Tradition, der einer der am weitesten gereisten wissenschaftlichen Expeditionisten unter Clausewitz' Zeitgenossen, Alexander von Humboldt (2004 [1847]), einen Platz in seinem *Kosmos* einräumte: »In dem fernsten Theile des alten Continents scheinen die chinesischen Gärten sich am meisten dem genähert zu haben, was wir jetzt englische Parks zu nennen pflegen« (ebd.: 237). Diesen Eindruck belegte Humboldt mit dem Zitat eines »alte[n] chinesische[n] Schriftsteller[s], *Lieu-tscheu*« (ebd.), das zugleich als anachronistischer Kommentar zu der in Europa zu Humboldts und Clausewitz' Zeiten längst abgeschlossenen und von dem Enzyklopädisten Louis de Jaucourt (1967 [1765]: 735) im 18. Jahrhundert fast wortgleich befürworteten Gartenrevolution »von der Symmetrie zur Asymmetrie« gelesen werden kann (vgl. oben: Kap. 1): »Alle Symmetrie ist ermüdend; Ueberdruß und Langeweile werden in Gärten erzeugt, in welchen jede Anlage Zwang und Kunst verräth« (zit. nach Humboldt 2004 [1847]: 237f.). Inwiefern dieser altchinesischen Überzeugung entsprechend eine nichtsymmetrische Ordnung Freiheit statt Zwang mit sich bringt, oder ob nicht umgekehrt – und ab wann – die in einer solchen nichtsymmetrischen Ordnung fehlende Ordnungskunst, die sich womöglich auch nur als solche verbirgt, gänzliche Unordnung bedeutet oder in totale Unfreiheit umschlägt, dies scheint nicht nur bezüglich der gartenbaulichen, sondern auch der politischen »Angemessenheit« zeiten- und kulturenübergreifend umstritten, mit Blick auf die Weltordnung des 21. Jahrhunderts aber besonders strittig zu sein.

Literatur

Angster, Julia (2012): *Erdbeeren und Piraten. Die Royal Navy und die Ordnung der Welt 1770–1860*, Göttingen: Vandenhoeck & Ruprecht.

Applegate, Melissa (2001): *Preparing for Asymmetry: As Seen Through the Lens of Joint Vision 2020*, (Special Series on Strategic Asymmetry; 1), Carlisle: Strategic Studies Institute of the U.S. Army War College.

Arnold, James R. (2009): *Jungle of Snakes. A Century of Counterinsurgency Warfare from the Philippines to Iraq*, New York: Bloomsbury Press.

Aron, Raymond (1980): *Clausewitz. Den Krieg denken, (Penser la guerre. Clausewitz)*, Frankfurt a. M.: Propyläen.

Arreguín-Toft, Ivan (2001): »How the Weak Win Wars. A Theory of Asymmetric Conflict«, in: *International Security*, 26. Jg., H. 1, S. 93–128.

Arreguín-Toft, Ivan (2005): *How the Weak Win Wars. A Theory of Asymmetric Conflict*, (Cambridge Studies in International Relations; 99), Cambridge: Cambridge University Press.

Arreguín-Toft, Ivan (2012): »Contemporary Asymmetric Conflict Theory in Historical Perspective«, in: *Terrorism and Political Violence*, 24. Jg., H. 4, S. 635–657.

Bakonyi, Jutta/Stephan Hensell/Jens Siegelberg (2006), (Hg.): *Gewaltordnungen bewaffneter Gruppen. Ökonomie und Herrschaft nichtstaatlicher Akteure in den Kriegen der Gegenwart*, (Demokratie, Sicherheit, Frieden; 181), Baden-Baden: Nomos.

Banks, William C. (2011): »Introduction«, in: ders. (Hg.), *New Battlefields, Old Laws. Critical Debates on Asymmetric Warfare*, New York: Columbia University Press, S. 1–22.

Banks, William C. (2013): »Introduction: Shaping a Global Legal Framework for Counterinsurgency. Placing Postmodern War in Context«, in: ders. (Hg.), *Counterinsurgency Law. New Directions in Asymmetric Warfare*, Oxford: Oxford University Press, S. vii–xxii.

Barnett, Roger W. (2003): *Asymmetrical Warfare. Today's Challenge to U.S. Military Power*, Washington D. C.: Brassey's.

Baud, Jacques F. (2003): *La guerre asymétrique. Ou la défaite du vainqueur*, (L'Art de la Guerre), Monaco: Éditions du Rocher.

Beckmann, Rasmus (2011): *Clausewitz trifft Luhmann. Eine systemtheoretische Interpretation von Clausewitz' Handlungstheorie*, (Globale Gesellschaft und internationale Beziehungen), Wiesbaden: Verlag für Sozialwissenschaften.

Beitz, Charles R. (1999) [1979]: *Political Theory and International Relations. With a New Afterword by the Author*, Princeton: Princeton University Press.

Bell, Duncan (2009), (Hg.): *Political Thought and International Relations. Variations on a Realist Theme*, Oxford: Oxford University Press.

Bennett, Bruce W. (2003): »Responding to Asymmetric Threats«, in: Stuart E. Johnson/Martin C. Libicki/Gregory F. Treverton (Hg.): *New Challenges, New Tools for Defense Decisionmaking*, Santa Monica: RAND, S. 33–66.

Bennett, Bruce W./Christopher P. Twomey/Gregory F. Treverton (1999): What Are Asymmetric Strategies? Santa Monica: RAND, *http://www.rand.org/content/dam/rand/pubs/documented_briefings/2005/DB246.pdf* (Abruf: 18.01.2015).

Betts, Richard K. (2002): »The Soft Underbelly of American Primacy: Tactical Advantages of Terror«, in: *Political Science Quarterly*, 117. Jg., H. 1, S. 19–36.

Bishara, Marwan (2001): »Grauzonen einer globalen Welt«, Deutsch von Bodo Schulze, in: *Le Monde diplomatique*, H. 6572, 12.10.2001.

Blank, Stephen J. (2003): *Rethinking Asymmetric Threats*, Carlisle: Strategic Studies Institute of the U.S. Army War College.

Blumenberg, Hans (1983): *Die Lesbarkeit der Welt*, 2., durchges. Aufl., Frankfurt a. M.: Suhrkamp.

Blumenberg, Hans (1998): *Paradigmen zu einer Metaphorologie*, Frankfurt a. M.: Suhrkamp.

Boserup, Anders/Andrew Mack (1983) [1974]: *Krieg ohne Waffen? Studie über Möglichkeiten und Erfolge sozialer Verteidigung. Kapp-Putsch 1920, Ruhrkampf 1923, Algerien 1962, CSSR 1968*, aus dem Dänischen von Heinz Kulas und Jette Mez, Reinbek: Rowohlt.

Bredekamp, Horst (2011): »Das NUNC und der unausweichliche Heroismus der Kunst«, in: Harald Bluhm/Karsten Fischer/Marcus Llanque (Hg.), *Ideenpolitik. Geschichtliche Konstellationen und gegenwärtige Konflikte*, Berlin: Akademie Verlag, S. 367–377.

Bredekamp, Horst (2012a): »Galilei als Militär. Der Streifschuss und die Geometrie des Auges«, in: Bettina Marten/Ulrich Reinisch/Michael Korey (Hg.), *Festungsbau. Geometrie, Technologie, Sublimierung*, Berlin: Lukas Verlag, S. 205–217.

Bredekamp, Horst (2012b): *Leibniz und die Revolution der Gartenkunst. Herrenhausen, Versailles und die Philosophie der Blätter*, Berlin: Wagenbach.

Brodie, Bernard (1968): »Strategy«, in: *International Encyclopedia of the Social Sciences*, 15. Band, S. 281–288.

Brücher, Gertrud (2011): *Gewaltspiralen. Zur Theorie der Eskalation*, Wiesbaden: Verlag für Sozialwissenschaften.

Brzezinski, Zbigniew (2012): *Strategic Vision. America and the Crisis of Global Power*, New York: Basic Books.

Brzoska, Michael (2004): »›New War‹ Discourse in Germany«, in: *Journal of Peace Research*, 41. Jg., H. 1, S. 107–117.

Buciak, Sebastian (2008), (Hg.): *Asymmetrische Konflikte im Spiegel der Zeit*, Berlin: Köster.

Bueno de Mezquita, Bruce (1981): »Risk, Power Distributions, and the Likelihood of War«, in: *International Studies Quarterly*, 25. Jg, H. 4, S. 541–568.

Bundesministerium der Verteidigung (2006): Weißbuch zur Sicherheitspolitik Deutschlands und zur Zukunft der Bundeswehr, Berlin, Oktober 2006, *http://www.bmvg.de/resource/resource/MzEzNTM4MmUzMzMyMmUzMTM1MzMyZTM2MzEzMDMwMzAzMDMwMzAzMDY3NmE2ODY1NmQ2NzY4MzEyMDIwMjAyMDIw/WB_2006_dt_mB.pdf* (Abruf: 18.01.2015).

Bundesministerium der Verteidigung (2015): Manuskript der Rede der Verteidigungsministerin anlässlich der 51. Münchner Sicherheitskonferenz, München, 06.02.2015, *http://www.bmvg.de/resource/resource/MzEzNTM4MmUzMzMyMmUzMTM1MzMyZTM2MzIzMDMwMzAzMDMwMzAzMDY5MzU3NDZkNjQzMDY3NzMyMDIwMjAyMDIw/150206-Redemanuskript%20BMin%20von%20der%20Leyen%20MSC%202015.pdf* (Abruf: 08.02.2015).

Bundespräsident (2015): Rede des Bundespräsidenten bei dem Bellevue Forum ›Experten für den Frieden‹, Berlin, 10.02.2015, *http://www.bundespraesident.de/SharedDocs/Reden/DE/Joachim-Gauck/Reden/2015/02/150210-ZIF-Bellevue-Forum.html* (Abruf: 15.02.2015).

Bundesregierung (2004): Aktionsplan ›Zivile Krisenprävention, Konfliktlösung und Friedenskonsolidierung‹, Berlin, 12.05.2004, *http://www.auswaertiges-amt.de/cae/servlet/contentblob/384230/publicationFile/4345/Aktionsplan-De.pdf* (Abruf: 18.01.2015).

Bundesregierung (2010a): Dritter Bericht der Bundesregierung über die Umsetzung des Aktionsplans ›Zivile Krisenprävention, Konfliktlösung und Friedenskonsolidierung‹, Berichtszeitraum: Mai 2008 bis April 2010, *http://www.auswaertiges-amt.de/cae/servlet/contentblob/384190/publicationFile/44790/Aktionsplan-Bericht3–de.pdf* (Abruf: 18.01.2015).

Bundesregierung (2010b): Regierungserklärung von Bundeskanzlerin Dr. Angela Merkel zum Einsatz der Bundeswehr in Afghanistan vor dem Deutschen Bundestag am 22. April 2010 in Berlin, *http://www.bundesregierung.de/Content/DE/Bulletin/2010/04/42–1–bk-bt.html* (Abruf: 18.01.2015).

Bundesregierung (2014): Regierungserklärung von Bundeskanzlerin Dr. Angela Merkel vor dem Deutschen Bundestag am 29. Januar 2014 in Berlin, *http://www.bundesregierung.de/Content/DE/Regierungserklaerung/2014/2014–01–29–bt-merkel.html* (Abruf: 18.01.2015).

Bundesregierung (2015): Rede von Bundeskanzlerin Angela Merkel anlässlich der 51. Münchner Sicherheitskonferenz, München, 07.02.2015, *http://www.bundesregierung.de/Content/DE/Rede/2015/02/2015-02-07-merkel-sicherheitskonferenz.html* (Abruf: 08.02.2015).

Burckhardt, Jakob (2009) [1860], *Die Kultur der Renaissance in Italien. Ein Versuch*, mit einem Vorwort von Hubert Locher, 12. Aufl., Stuttgart: Kröner.

Bush, George (1991): »Address to the Nation Announcing Allied Military Action in the Persian Gulf«, 16.01.1991, online von Gerhard Peters und John T. Woolley, The American Presidency Project: *http://www.presidency.ucsb.edu/ws/?pid=19222* (Abruf: 18.01.2015).

Buttlar, Adrian von (1989): *Der Landschaftsgarten. Gartenkunst des Klassizismus und der Romantik*, Köln: Dumont.

Chalk, Frank/Roméo Dallaire/Kyle Matthews/Carla Barqueiro/Simon Doyle (2010): *Mobilizing the Will to Intervene: Leadership to Prevent Mass Atrocities*, Montréal, Québec: McGill-Queen's University Press.

Chojnacki, Sven (2004): »Wandel der Kriegsformen? Ein kritischer Literaturbericht«, in: *Leviathan*, 32. Jg., H. 3, S. 402–424.

Clausewitz, Carl von (1980) [1832–1834]: *Vom Kriege. Hinterlassenes Werk des Generals Carl von Clausewitz. Vollständige Ausgabe im Urtext, drei Teile in einem Band*, 19. Aufl., Bonn: Ferdinand Dümmlers Verlag.

Clutterbuck, Richard L. (1966): *The Long, Long War: Counterinsurgency in Malaya and Vietnam*, New York: Praeger.

CNN [Cable News Network] (2014): »Obama on ISIS in Syria: ›We don't have a strategy yet‹«, 28.08.2014, *http://edition.cnn.com/2014/08/28/world/meast/isis-iraq-syria/* (Abruf: 18.01.2015).

Cohen, Raphael S. (2014): Beyond ›Hearts and Minds‹. A Dissertation submitted to the Faculty of the Graduate School of Arts and Sciences of Georgetown University in partial fulfillment of the requirements for the degree of Doctor of Philosophy in Government, Washington D. C., *https://repository.library.georgetown.edu/bitstream/handle/10822/710012/Cohen_georgetown_0076D_12716.pdf* (Abruf: 18.01.2015).

Cohen, Samy (2010): *Israel's Asymmetric Wars*, (Sciences Po Series in International Relations and Political Economy), Basingstoke: Palgrave Macmillan.

Cooper, Robert (2002): »Why We Still Need Empires«, in: *The Observer*, 07.04.2002, http://observer.guardian.co.uk/worldview/story/0,,680117,00.html (Abruf: 18.01.2015); erneut abgedruckt unter dem Titel »The Postmodern State« in: Mark Leonard (2002), (Hg.), *Reordering the World. The Long-term Implications of 11 September*, London: Foreign Policy Centre.

Cooper, Robert (2004): *The Breaking of Nations. Order and Chaos in the Twenty-First Century*, London: Atlantic Books.

Cordesman, Anthony H. (2002): *Terrorism, Asymmetric Warfare, and Weapons of Mass Destruction. Defending the U.S. Homeland*, Westport: Praeger.

Cordesman, Anthony H./Khalid R. Al-Rodhan (2007): *Gulf Military Forces in an Era of Asymmetric Wars*, 2 Bände, Westport: Praeger.

Coutau-Bégarie, Hervé (2009), (Hg.): *Stratégies irrégulières*, (= Stratégique; H. 93, 94, 95, 96), Paris: Institut de Stratégie Comparée, www.institut-strategie.fr/93949596.pdf (Abruf: 18.01.2015).

Creveld, Martin van (1991): *The Transformation of War*, New York: Free Press.

Daase, Christopher (1999): *Kleine Kriege – Große Wirkung. Wie unkonventionelle Kriegführung die internationale Politik verändert*, Baden-Baden: Nomos.

Daase, Christopher (2002): »Internationale Risikopolitik. Ein Forschungsprogramm für den sicherheitspolitischen Paradigmenwechsel«, in: Christopher Daase/Susanne Feske/Ingo Peters (Hg.), *Internationale Risikopolitik. Der Umgang mit neuen Herausforderungen in den internationalen Beziehungen*, Baden-Baden: Nomos, S. 9–35.

Daase, Christopher (2003): »Krieg und politische Gewalt: Konzeptionelle Innovation und theoretischer Fortschritt«, in: Gunther Hellmann/Klaus Dieter Wolf/Michael Zürn (Hg.), *Die neuen Internationalen Beziehungen. Forschungsstand und Perspektiven in Deutschland*, (Weltpolitik im 21. Jahrhundert; 10), Baden-Baden: Nomos, S. 161–208.

Daase, Christopher (2004): »Demokratischer Frieden – Demokratischer Krieg: Drei Gründe für die Unfriedlichkeit von Demokratien«, in: Christine Schweitzer/Björn Aust/Peter Schlotter (Hg.), *Demokratien im Krieg*, (AFK-Friedensschriften; 31), Baden-Baden: Nomos, S. 127–144.

Daase, Christopher (2005): »Si vis pacem, intellege bellum! Die Friedensforschung und das Wissen vom Krieg«, in: Astrid Sahm/Egbert Jahn/Sabine Fischer (Hg.), *Die Zukunft des Friedens weiterdenken. Perspektiven der Friedens- und Konfliktforschung*, Wiesbaden: Verlag für Sozialwissenschaften, S. 253–267.

Daase, Christopher (2007a): »Wissen, Nichtwissen und die Grenzen der Politikberatung – Über mögliche Gefahren und wirkliche Ungewissheit in der Sicherheitspolitik«, in: Gunther Hellmann (Hg.), *Forschung und Beratung in der Wissensgesellschaft. Das Feld der internationalen Beziehungen und der Außenpolitik*, Baden-Baden: Nomos, S. 189–212.

Daase, Christopher (2007b): »Clausewitz and Small Wars«, in: Hew Strachan/Andreas Herberg-Rothe (Hg.), *Clausewitz in the Twenty-First Century*, Oxford: Oxford University Press, S. 182–195.

Daase, Christopher (2011a): »Neue Kriege und neue Kriegführung als Herausforderungen für die Friedenspolitik«, in: Ines-Jacqueline Werkner/Ulrike Kronfeld-Goharani (Hg.), *Der ambivalente Frieden. Die Friedensforschung vor neuen Herausforderungen*, Wiesbaden: Verlag für Sozialwissenschaften, S. 21–35.

Daase, Christopher (2011b): »Risikopolitik und die Illusion der Berechenbarkeit«, in: *Zeitschrift für Politikwissenschaft*, 21. Jg., H. 3, S. 479–485.

Daase, Christopher (2012): »Sicherheitskultur als interdisziplinäres Forschungsprogramm«, in: Christopher Daase/Philipp Offermann/Valentin Rauer (Hg.), *Sicherheitskultur. Soziale und politische Praktiken der Gefahrenabwehr*, Frankfurt a. M./New York: Campus, S. 23–44.

Daase, Christopher/Susanne Feske/Ingo Peters (2002), (Hg.): *Internationale Risikopolitik. Der Umgang mit neuen Gefahren in den internationalen Beziehungen*, Baden-Baden: Nomos.

Daase, Christopher/Philipp Offermann/Valentin Rauer (2012), (Hg.): *Sicherheitskultur. Soziale und politische Praktiken der Gefahrenabwehr*, Frankfurt a. M./New York: Campus Verlag.

Daase, Christopher/Sebastian Schindler (2009): »Clausewitz, Guerillakrieg und Terrorismus. Zur Aktualität einer missverstandenen Kriegstheorie«, in: *Politische Vierteljahresschrift*, 50. Jg., H. 4, S. 701–731.

Deitelhoff, Nicole (2010): »Parallele Universen oder Verschmelzung der Horizonte?«, in: *Zeitschrift für Internationale Beziehungen*, 17. Jg., H. 2, S. 279–292.

Delbrück, Hans (2000) [1898–1920]: *Geschichte der Kriegskunst im Rahmen der politischen Geschichte*, 4 Bände, Berlin: De Gruyter.

Desch, Michael C. (2002): »Democracy and Victory. Why Regime Type Hardly Matters«, in: *International Security*, 27. Jg, H. 2, S. 5–47.

Diner, Dan (1993): *Weltordnungen. Über Geschichte und Wirkung von Recht und Macht*, Frankfurt a. M.: Fischer.

Donohue, Laura K. (2008): *The Cost of Counterterrorism: Power, Politics, and Liberty*, Cambridge: Cambridge University Press.

Duden (1994): *Duden. Das große Wörterbuch der deutschen Sprache in acht Bänden*, Band 6: Poz-Sik, 2. Aufl., hg. vom Wissenschaftlichen Rat und den Mitarbeitern der Dudenredaktion unter der Leitung von Günther Drosdowski, Mannheim: Dudenverlag.

Duffield, Mark (2002): *Global Governance and the New Wars. The Merging of Development and Security*, London: Zed Books.

Dumberton Oaks Conference (1944): »Proposals for the Establishment of a General International Organization«, Washington Conversations on International Peace and Security Organization, 07.10.1944, *http://www.ibiblio.org/pha/policy/1944/441007a.html* (Abruf: 18.01.2015).

Dunne, J. Paul/María D. C. García-Alonso/Paul Levine/Ron P. Smith (2006): »Managing Asymmetric Conflict«, in: *Oxford Economic Papers*, New Series, 58. Jg., H. 2, S. 183–208.

Dworkin, Anthony (2006): »The Laws of War in the Age of Asymmetric Conflict«, in: George Kassimeris (Hg.), *The Barbarization of Warfare*, New York: New York University Press, S. 220–237.

Eichberg, Henning (1989): *Festung, Zentralmacht und Sozialgeometrie. Kriegsingenieurwesen des 17. Jahrhunderts in den Herzogtümern Bremen und Verden*, Köln: Böhlau.

Eisenstadt, Shmuel Noah (2008): »Globalization, New Patterns of Hegemony and the Development of Asymmetrical Warfare«, in: *Erwägen Wissen Ethik*, 19. Jg., H. 1/2008 (»Krieg«), Stuttgart: Lucius & Lucius, S. 56–59.

Elster, Jon (1987): *Subversion der Rationalität*, Frankfurt a. M./New York: Campus.

Erwägen Wissen Ethik (2008): *Krieg*, 19. Jg., H. 1/2008, Stuttgart: Lucius & Lucius.

European Council (2003): A Secure Europe in a Better World. European Security Strategy, Brüssel, 12.12.2003, *http://www.ag-friedensforschung.de/themen/Europa/strategy.pdf* (Abruf: 18.01.2015).

Fearon, James D./David D. Laitin (2003): »Ethnicity, Insurgency, and Civil War«, in: *American Political Science Review*, 97. Jg., H. 1, S. 75–90.

Ferguson, Niall (2004): *Das verleugnete Imperium. Chancen und Risiken amerikanischer Macht*, Berlin: Propyläen.

Fischerkeller, Michael P. (1998): »David versus Goliath: Cultural Judgments in Asymmetric Wars«, in: Security Studies, 7. Jg., H. 4, S. 1–43.

Flavius Josephus (1978): *Geschichte des judäischen Krieges*, aus dem Griechischen übersetzt von Heinrich Clementz, Durchsicht der Übersetzung, Einleitung und Anmerkungen von Heinz Kreissig, Leipzig: Reclam.

Forst, Rainer (2010): »Was ist und was soll Internationale Politische Theorie?«, in: *Zeitschrift für Internationale Beziehungen*, 17. Jg., H. 2, S. 355–363.

Freudenberg, Dirk (2008): *Theorie des Irregulären. Partisanen, Guerillas und Terroristen im modernen Kleinkrieg*, Wiesbaden: Verlag für Sozialwissenschaften.

Fuchs-Heinritz, Werner/Rüdiger Lautmann/Otthein Rammstedt/Hanns Wienold (1995), (Hg.): *Lexikon zur Soziologie*, Opladen: Westdeutscher Verlag.

Gallucci, Robert L. (2006): »Averting Nuclear Catastrophe. Contemplating Extreme Responses to U.S. Vulnerability«, in: *Annals of the American Academy of Political and Social Science*, (ohne Jahrgang), H. 607 (Confronting the Specter of Nuclear Terrorism), S. 51–58.

Galula, David (1964): *Counterinsurgency Warfare. Theory and Practice*, New York: Praeger.

Gantzel, Klaus Jürgen (2002): *Neue Kriege? Neue Kämpfer?*, Forschungsstelle Kriege, Rüstung und Entwicklung, (Arbeitspapier Nr. 2/2002), Hamburg: Universität Hamburg.

Garthoff, Douglas D. (2005): *Directors of Central Intelligence as Leaders of the U.S. Intelligence Community, 1946–2005*, Washington D. C.: Center for the Study of Intelligence, Central Intelligence Agency.

Geis, Anna (2006), (Hg.): *Den Krieg überdenken. Kriegsbegriffe und Kriegstheorien in der Kontroverse*, Baden-Baden: Nomos.

Geis, Anna (2010): »Die Kontroversen über die ›Neuen‹ Kriege der Gegenwart: Wie sinnvoll ist die Rede vom ›Neuen‹?«, in: Österreichisches Studienzentrum für Frieden und Konfliktlösung (Hg.), *Söldner, Schurken, Seepiraten. Von der Privatisierung der Sicherheit und dem Chaos der ›neuen‹ Kriege*, (Dialog: Beiträge zur Friedensforschung; 58), 2. Aufl., Wien: Lit Verlag, S. 61–74.

Genschel, Philipp/Klaus Schlichte (1997): »Wenn Kriege chronisch werden: der Bürgerkrieg«, in: *Leviathan*, 25. Jg., H. 4, S. 501–517.

Gerassimow, Waleri (2013): Rede des russischen Generalstabschefs vor der Jahresversammlung der Russischen Akademie für Militärwissenschaft, gehalten Ende Januar 2013, in: *Militärisch-Industrieller Kurier*, 27.02.2013, http://vpk-news.ru/sites/default/files/pdf/VPK_08_476.pdf (Abruf: 18.01.2015); englische Übersetzung von Robert Coalson, 21.06.2014: https://www.facebook.com/notes/robert-coalson/russian-military-doctrine-article-by-general-valery-gerasimov/10152184862563597 (Abruf: 18.01.2015).

Gerwehr, Scott/Russell W. Glenn (2000): *The Art of Darkness: Deception and Urban Operations*, Santa Monica: RAND.

Gilpin, Robert G. (1986): »The Richness of the Tradition of Political Realism«, in: Robert O. Keohane (Hg.), *Neorealism and its Critics*, New York: Columbia University Press, S. 301–321.

Göse, Frank (2007): »Der Kabinettskrieg«, in: Dietrich Beyrau/Michael Hochgeschwender/Dieter Langewiesche (Hg.), *Formen des Krieges. Von der Antike bis zur Gegenwart*, (Krieg in der Geschichte; 37), Paderborn: Schöningh, S. 121–147.

Gray, Colin S. (1999): *Modern Strategy*, Oxford: Oxford University Press.

Gray, Colin S. (2002): »Thinking Asymmetrically in Times of Terror«, in: *Parameters*, (US Army War College Quarterly), 32. Jg., H. 1, S. 5–14.

Gray, Colin S. (2007): *War, Peace and International Relations. An Introduction to Strategic History*, New York: Routledge.

Gregory, Derek (2011): »The Everywhere War«, in: *The Geographical Journal*, 177. Jg., H. 3, S. 238–250.

Gross, Michael L. (2010): *Moral Dilemmas of Modern War. Torture, Assassination, and Blackmail in an Age of Asymmetric Conflict*, Cambridge: Cambridge University Press.

Gutschker, Thomas (2014): »Putins Schlachtplan«, in: *Frankfurter Allgemeine Sonntagszeitung*, 09.07.2014.

Hahlweg, Werner (1968): *Guerilla. Krieg ohne Fronten*, Stuttgart: Kohlhammer.

Hahlweg, Werner (1969): *Lehrmeister des Kleinen Krieges. Von Clausewitz bis Mao Tsetung und (Che) Guevara*, (Beiträge zur Wehrforschung; XVIII/XIX), Darmstadt: Wehr und Wissen.

Hammes, Thomas X. (2004): *The Sling and the Stone. On War in the 21st Century*, St. Paul: Zenith Press.

Hausteiner, Eva (2015): *Greater than Rome. Neubestimmungen britischer Imperialität 1870–1914*, Frankfurt a. M./New York: Campus.

Heilbrunn, Otto (1963): *Die Partisanen in der modernen Kriegführung*, aus dem Englischen übersetzt von Hans Steinsdorff, Frankfurt a. M.: Bernard & Graefe.

Heins, Volker/Jens Warburg (2004): *Kampf der Zivilisten. Militär und Gesellschaft im Wandel*, Bielefeld: Transcript.

Hellmann, Gunther/Klaus Dieter Wolf/Michael Zürn (2003), (Hg.): *Die neuen Internationalen Beziehungen. Forschungsstand und Perspektiven in Deutschland*, (Weltpolitik im 21. Jahrhundert; 10), Baden-Baden: Nomos.

Herberg-Rothe, Andreas (2001): *Das Rätsel Clausewitz. Politische Theorie des Krieges im Widerstreit*, München: Wilhelm Fink Verlag.

Herberg-Rothe, Andreas (2007): »Clausewitz and a New Containment: The Limitation of War and Violence«, in: Hew Strachan/Andreas Herberg-Rothe (Hg.): *Clausewitz in the Twenty-First Century*, Oxford: Oxford University Press, S. 283–307.

Herberg-Rothe, Andreas (2010): »Reflexionen über den Begriff des Weltordnungskonfliktes«, in: Thomas Jäger (Hg.), *Die Komplexität des Krieges*, (Globale Gesellschaft und Internationale Beziehungen), Wiesbaden: Verlag für Sozialwissenschaften, S. 37–53.

Heupel, Monika/Bernhard Zangl (2004): »Von ›alten‹ und ›neuen‹ Kriegen. Zum Gestaltwandel kriegerischer Gewalt«, in: *Politische Vierteljahreszeitschrift*, 45 Jg., H. 3, S. 346–369.

Heuser, Beatrice (2005): *Clausewitz lesen! Eine Einführung*, (Beiträge zur Militärgeschichte; 1), München: Oldenbourg.

Heuser, Beatrice (2010): Den *Krieg denken. Die Entwicklung der Strategie seit der Antike*, Paderborn: Schöningh.

Heuser, Beatrice (2013): *Rebellen, Partisanen, Guerilleros. Asymmetrische Kriege von der Antike bis heute*, Paderborn: Schöningh.

Heydte, Friedrich August Freiherr von der (1972): *Der moderne Kleinkrieg als wehrpolitisches und militärisches Phänomen*, (Würzburger wehrwissenschaftliche Abhandlungen; 3), Würzburg: Holzner.

Hirschman, Albert O. (1978): »Beyond Asymmetry: Critical Notes on Myself as a Young Man and on Some Other Old Friends«, in: *International Organization*, 32. Jg., H. 1, (Dependence and Dependency in the Global System), S. 45–50.

Hoffman, Bruce (2006): *Terrorismus. Der unerklärte Krieg. Neue Gefahren politischer Gewalt*, Frankfurt a. M.: Fischer.

Holsti, Kalevi J. (1992) [1967]: *International Politics: A Framework for Analysis*, Englewood Cliffs: Prentice Hall.

Hommel, Hildebrecht (1987): *Symmetrie im Spiegel der Antike*, (Sitzungsberichte der Heidelberger Akademie der Wissenschaften, Philosophisch-Historische Klasse; 1986, 5), Heidelberg: Carl Winter.

Hon, Giora/Bernard R. Goldstein (2008): *From Symmetria to Symmetry. The Making of a Revolutionary Concept*, (Archimedes. New Studies in the History and Philosophy of Science and Technology; 20), Dordrecht: Springer.

Huhnholz, Sebastian (2010): *Dschihadistische Raumpraxis. Raumordnungspolitische Herausforderungen des militanten sunnitischen Fundamentalismus*, (Politische Theorie; 12), Berlin: LIT.

Huhnholz, Sebastian (2014): *Krisenimperialität. Romreferenz im US-amerikanischen Empire-Diskurs*, Frankfurt a. M./New York: Campus.

Humboldt, Alexander von (2004) [1847]: *Kosmos. Entwurf einer physischen Weltbeschreibung*, editiert und mit einem Nachwort versehen von Ottmar Ette und Oliver Lubrich, 2. Band, (Die Andere Bibliothek), Frankfurt a. M.: Eichborn.

Ignatieff, Michael (2004): *The Lesser Evil: Political Ethics in an Age of Terror*, Princeton: Princeton University Press.

Isser, Stanley (2003): *The Sword of Goliath. David in Heroic Literature*, (Studies in Biblical Literature; 6), Leiden: Brill.

Jäger, Thomas (2010a), (Hg.): *Die Komplexität des Krieges*, (Globale Gesellschaft und Internationale Beziehungen), Wiesbaden: Verlag für Sozialwissenschaften.

Jäger, Thomas (2010b): »Ungleichzeitige Kriege«, in: ders. (Hg.), *Die Komplexität des Krieges*, (Globale Gesellschaft und Internationale Beziehungen), Wiesbaden: Verlag für Sozialwissenschaften, S. 287–305.

Jäger, Thomas/Rasmus Beckmann (2011), (Hg.): *Handbuch Kriegstheorien*. Wiesbaden: Verlag für Sozialwissenschaften.

Janowitz, Morris (1960): *The Professional Soldier. A Social and Political Portrait*, New York: The Free Press.

Jaucourt, Louis de (1967) [1765]: »Symmetria«/»Symétrie des plantations«, in: Denis Diderot (Hg.), *Encyclopédie ou dictionnaire raisonné des sciences, des arts et des métiers*, (Nouvelle impression en facsimilé de la première édition de 1751–1780), 15. Band (Sen-Tch), Stuttgart-Bad Cannstatt: Frommann, S. 735.

Jenkins, Philip (2003): *Images of Terror: What We Can and Can't Know About Terrorism*, New York: De Gruyter.

Joas, Hans/Wolfgang Knöbl (2008): *Kriegsverdrängung. Ein Problem in der Geschichte der Sozialtheorie*, Frankfurt a. M.: Suhrkamp.

Johnston, Alastair Iain (1995): *Cultural Realism. Strategic Culture and Grand Strategy in Chinese History*, Princeton: Princeton University Press.

Jung, Dietrich/Klaus Schlichte/Jens Siegelberg (2003): *Kriege in der Weltgesellschaft. Strukturgeschichtliche Erklärung kriegerischer Gewalt (1945–2002)*, Wiesbaden: Westdeutscher Verlag.

Junger, Sebastian (2010): *War. Ein Jahr im Krieg*, München: Karl Blessing Verlag.

Junk, Julian (2012): »Humanitäre Interventionen als sicherheitskulturelle Praxis«, in: Christopher Daase/Philipp Offermann/Valentin Rauer (Hg.): *Sicherheitskultur. Soziale und politische Praktiken der Gefahrenabwehr*, Frankfurt a. M./New York: Campus Verlag, S. 253–276.

Junk, Julian (2015): *International Politics of Attention. How International Interventions and Peace Operations Emerge*, Dissertationschrift an der Universität Konstanz, Fachbereich Politik- und Verwaltungswissenschaft, (freundlich überlassenes Manuskript).

Jureit, Ulrike (2012): *Das Ordnen von Räumen. Territorium und Lebensraum im 19. und 20. Jahrhundert*, Hamburg: Hamburger Edition.

Kaempf, Sebastian (2009): »Double Standards in US Warfare. Exploring the Historical Legacy of Civilian Protection and the Complex Nature of the Moral-Legal Nexus«, in: *Review of International Studies*, 35. Jg., H. 3, S. 651–674.

Kaempf, Sebastian (2013): »The Mediatisation of War in a Transforming Global Media Landscape«, in: *Australian Journal of International Affairs*, 67. Jg., H. 5, S. 586–604.

Kagan, Robert (2003): *Of Paradise and Power. America and Europe in the New World Order*, New York: Knopf.

Kagan, Robert (2008): *Die Demokratie und ihre Feinde. Wer gestaltet die neue Weltordnung?*, aus dem Amerikanischen von Thorsten Schmidt, München: Siedler.

Kagan, Robert (2013) [2012]: *The World America Made*, New York: Vintage.

Kagan, Robert (2014): »Superpowers Don't Get to Retire. What Our Tired Country Still Owes the World«, in: *The New Republic*, 26.05.2014, http://www.newrepublic.com/article/117859/allure-normalcy-what-america-still-owes-world (Abruf: 18.01.2015).

Kahl, Martin/Ulrich Teusch (2004): »Sind die ›neuen Kriege‹ wirklich neu?«, in: *Leviathan*, 32. Jg., H. 3, S. 382–401.

Kaldor, Mary (1999): *New and Old Wars. Organized Violence in a Global Era*, Stanford: Stanford University Press.

Kaleck, Wolfgang (2012): *Mit zweierlei Maß. Der Westen und das Völkerstrafrecht*, Berlin: Wagenbach.

Kalyvas, Stathis (2001): »›New‹ and ›Old‹ Civil Wars: A Valid Distinction?«, in: *World Politics*, 54. Jg., H. 1, S. 99–118.

Kambartel, Walter (1998): »Symmetrie (I. Ästhetik; Kunst)«, in: Joachim Ritter/Karlfried Gründer (Hg.), *Historisches Wörterbuch der Philosophie*, 10. Band: St-T, Basel: Schwabe, Sp. 745–749.

Kassimeris, George (2006), (Hg.): *The Barbarization of Warfare*, New York: New York University Press.

Katzenbach, Edward L. Jr./Gene Z. Hanrahan (1955): »The Revolutionary Strategy of Mao Tse-Tung«, in: *Political Science Quarterly*, 70. Jg., H. 3, S. 321–340.

Keegan, John (1997): *Die Kultur des Krieges*, Reinbek: Rowohlt.

Kerry, John (2015): »Wie wäre die Welt ohne Amerika? Gefährlicher!«, in: *Die Welt*, 29.01.2015, http://www.welt.de/debatte/kommentare/article136905275/Wie-waere-die-Welt-ohne-Amerika-Gefaehrlicher.html (Abruf: 08.02.2015).

Kilcullen, David (2010): *Counterinsurgency*, Oxford: Oxford University Press.

Kilcullen, David (2011): »Lawrence's Ladder. Tribal Irregulars and an Actor-Based Theory of Modern War«, in: Karl Erik Haug/Ole Jørgen Maaø (Hg.), *Conceptualizing Modern War. A Critical Enquiry*, New York: Columbia University Press, S. 311–331.

Kissinger, Henry A. (1969): »The Vietnam Negotiations«, in: *Foreign Affairs*, 47. Jg., Januar 1969, S. 211–234.

Kissinger, Henry A. (2014): *Weltordnung*, aus dem Amerikanischen von Karlheinz Dürr und Enrico Heinemann, München: Bertelsmann.

Kleemeier, Ulrike (2002): *Grundfragen einer philosophischen Theorie des Krieges: Platon, Hobbes, Clausewitz*, (Politische Ideen; 16), Berlin: Akademie-Verlag.

Klöpsch, Volker (2013): »Nachwort«, in: Sunzi, *Die Kunst des Krieges*, aus dem Chinesischen übertragen von Volker Klöpsch, Berlin: Insel, S. 85–130.

Knöbl, Wolfgang (2004): »Krieg, ›neue Kriege‹ und Terror: Sozialwissenschaftliche Analysen und ›Deutungen‹ der aktuellen weltpolitischen Lage«, in: *Soziologische Revue*, 27. Jg., H. 2, S. 186–200.

Knöbl, Wolfgang/Gunnar Schmidt (2000), (Hg.): *Die Gegenwart des Krieges. Staatliche Gewalt in der Moderne*, Frankfurt a. M.: Fischer.

Korkisch, Friedrich W. (2004): »Die amerikanische Sicht: Asymmetric Warfare«, in: Josef Schröfl/Thomas Pankratz (Hg.): *Asymmetrische Kriegführung – ein neues Phänomen der Internationalen Politik?*, Baden-Baden, S. 145–174.

Koselleck, Reinhart (1975): »Zur historisch-politischen Semantik asymmetrischer Gegenbegriffe«, in: Harald Weinrich (Hg.), *Positionen der Negativität*, (Poetik und Hermeneutik; VI), München: Wilhelm Fink, S. 65–104.

Koselleck, Reinhart (1976): »›Erfahrungsraum‹ und ›Erwartungshorizont‹ – zwei historische Kategorien«, in: Ulrich Engelhardt/Volker Sellin/Horst Stuke (Hg.), *Soziale Bewegung und politische Verfassung. Beiträge zur Geschichte der modernen Welt*, (Industrielle Welt, Sonderband Werner Conze zum 31. Dezember 1975), Stuttgart: Klett Verlag, S. 13–33.

Koselleck, Reinhart (1992) [1972]: »Einleitung«, in: Otto Brunner/Werner Conze/Reinhart Koselleck (Hg.), *Geschichtliche Grundbegriffe. Historisches Lexikon zur politisch-sozialen Sprache in Deutschland*, 4. Aufl., 1. Band: A-D, Stuttgart: Klett-Cotta, S. XIII–XXVII.

Krasner, Stephen D. (1995): »Compromising Westphalia«, in: *International Security*, 20. Jg., H. 3, S. 115–151.

Kümmel, Gerhard (2005), (Hg.): *Diener zweier Herren. Soldaten zwischen Bundeswehr und Familie*, Frankfurt a. M.: Lang.

Kümmel, Gerhard/Sabine Collmer (2003), (Hg.): *Asymmetrische Konflikte und Terrorismusbekämpfung. Prototypen zukünftiger Kriege?*, Baden-Baden: Nomos.

Kurtenbach, Sabine (2004), (Hg.): *Kriege als (Über)Lebenswelten: Schattenglobalisierung, Kriegsökonomien und Inseln der Zivilität*, (Eine Welt; 16), Bonn: Dietz.

Kutz, Christopher (2008): »Fearful Symmetry«, in: David Rodin/Henry Shue (Hg.), *Just and Unjust Warriors. The Moral and Legal Status of Soldiers*, Oxford: Oxford University Press, S. 69–86.

Lambakis, Steven/James Kiras/Kristin Kolet (2002): »Understanding ›Asymmetric‹ Threats to the United States«, in: *Comparative Strategy*, 21. Jg., (ohne H.-Nr.), S. 241–277.

Lange, Sebastian (2013): *Provokante Kommunikation. Strategische Optionen im politischen Umgang mit transnationalem Terrorismus*, Dissertationsschrift an der Humboldt-Universität zu Berlin, Philosophische Fakultät III, (freundlich überlassenes Manuskript).

Laubach-Hintermeier, Sonja (1998): »Kritik des Realismus«, in: Christine Chwaszcza/Wolfgang Kersting (Hg.), *Politische Philosophie der internationalen Beziehungen*, Frankfurt a. M.: Suhrkamp, S. 73–95.

Lavoy, Peter R. (2009), (Hg.): *Asymmetric Warfare in South Asia. The Causes and Consequences of the Kargil Conflict*, Cambridge: Cambridge University Press.

Leech, John (2002): *Asymmetries of Conflict. War Without Death*, London: Cass.

Levy, Jack S./William R. Thompson (2010): *Causes of War*, Malden: Wiley-Blackwell.

Liddell Hart, Basil (1970) [1954]: *Strategie*, Wiesbaden: Rheinische Verlags-Anstalt.

Lieb, Peter (2014): »›Dschungelkrieg‹ und ›ungeheure Blutmühle‹. Gelände und Material als determinierende Faktoren der Normandieschlacht 1944«, in: Marion

Füssel/Michael Sikorka (Hg.), *Kulturgeschichte der Schlacht*, Paderborn: Schöningh, S. 259–276.

Lindo, Locksley I. (1971): »Tyrtaeus and Horace Odes 3.2«, in: *Classical Philology*, 66. Jg., H. 4, S. 258–260.

Lion, Olivier (2009): »Des armes maudites pour des sales guerres? L'emploi des armes chimiques dans les conflits asymétriques«, in: Hervé Coutau-Bégarie (Hg.), *Stratégies irrégulières*, (= Stratégique; H. 93, 94, 95, 96), Paris: Institut de Stratégie Comparée, S. 491–531, www.institut-strategie.fr/93949596.pdf (Abruf: 18.01.2015).

Lohmann, Klaus Peter (2009): »On Development of Modern Warfare. Basic Asymmetries and a Possible Strategy«, in: Josef Schröfl/Sean Michael Cox/Thomas Pankratz (Hg.), *Winning the Asymmetric War. Political, Social and Military Responses*, Frankfurt a. M.: Lang, S. 307–319.

Lossau, Julia (2001): »Anderes Denken in der politischen Geographie: Der Ansatz der Critical Geopolitics«, in: Paul Reuber/Günter Wolkersdorfer (Hg.), *Politische Geographie. Handlungsorientierte Ansätze und Critical Geopolitics*, (Heidelberger geographische Arbeiten; 112), Heidelberg: Selbstverlag des Geographischen Instituts, S. 57–75.

Lowther, Adam B. (2007): *Americans and Asymmetric Conflict: Lebanon, Somalia, and Afghanistan*, Westport: Praeger.

Luttwak, Edward N. (1980): »The Operational Level of War«, in: *International Security*, 5. Jg., H. 3, S. 61–79.

Luttwak, Edward N. (2003): *Strategie. Die Logik von Krieg und Frieden*, aus dem Amerikanischen von Cornelia Lösch und Thomas Laugstien, Lüneburg: zu Klampen.

Mack, Andrew (1975): »Why Big Nations Lose Small Wars: The Politics of Asymmetric Conflict«, in: *World Politics*, 27. Jg., H. 2, S. 175–200.

Manwaring, Max G. (2001): *Internal Wars: Rethinking Problem and Response*, (Special Series on Strategic Asymmetry; 2), Carlisle: Strategic Studies Institute of the U.S. Army War College.

Manwaring, Max G. (2012): *The Complexity of Modern Asymmetric Warfare*, Norman: University of Oklahoma Press.

Mao Zedong (1966): *Theorie des Guerillakrieges oder Strategie der Dritten Welt*, eingeleitet von Sebastian Haffner, Reinbek: Rowohlt.

Mao Zedong (1969): *Vom Kriege. Die kriegswissenschaftlichen Schriften*, Gütersloh: Bertelsmann.

Marburger, John H. (2003): »Foreword«, in: Susan L. Cutter./Douglas B. Richardson/Thomas J. Wilbanks (Hg.), *The Geographical Dimensions of Terrorism*, New York: Routledge, S. xvii–xviii.

Marten, Bettina/Ulrich Reinisch/Michael Korey (2012), (Hg.): *Festungsbau. Geometrie, Technologie, Sublimierung*, Berlin: Lukas Verlag.

Masala, Carlo (2006): »Neorealismus und Internationale Politik im 21. Jahrhundert«, in: *Zeitschrift für Politikwissenschaft*, 16. Jg., H. 1, S. 87–111.

Masala, Carlo/Stephan Stetter/Marina Karbowski (2014): »Mit Sicherheit unsicher? Frieden, Sicherheit und Konflikt in 20 Jahren ZIB«, in: dies. (Hg.), *Mit Sicherheit unsicher? Debatten zu Krieg und Frieden in den internationalen Beziehungen*, (ZIB-Reader; 2), Baden-Baden: Nomos, S. 3–10.

Matthews, Lloyd J. (1998), (Hg.): *Challenging the United States Symmetrically and Asymmetrically. Can America Be Defeated?*, Carlisle: U.S. Army War College, Strategic Studies Institute of the U.S. Army War College.

Matuszek, Krzysztof (2007): *Der Krieg als autopoietisches System. Die Kriege der Gegenwart und Niklas Luhmanns Systemtheorie*, Wiesbaden: Verlag für Sozialwissenschaften.

Mayer-Tasch, Peter Cornelius (1999): »Das Paradies im Quadrat. Zur Entwicklungsgeschichte der Geometrisierung der Gartenkultur«, in: Richard Saage/Eva-Maria Seng (Hg.): *Von der Geometrie zur Naturalisierung. Utopisches Denken im 18. Jahrhundert zwischen literarischer Fiktion und frühneuzeitlicher Gartenkunst*, (Hallesche Beiträge zur europäischen Aufklärung; 10), Tübingen: Niemeyer, S. 1–7.

Mayer-Tasch, Peter Cornelius/Bernd Mayerhofer (1998): *Hinter Mauern ein Paradies. Der mittelalterliche Garten*, Frankfurt a. M.: Insel.

Mazarr, Michael J. (2008): »The Folly of ›Asymmetric War‹«, in: *The Washington Quarterly*, 31. Jg., H. 3, S. 33–53.

McFate, Montgomery (2005): »The Military Utility of Understanding Adversary Culture«, in: *Joint Forces Quarterly*, H. 38, S. 42–48, http://www.au.af.mil/au/awc/awcgate/jfq/1038.pdf (Abruf: 18.01.2015).

McKenzie, Alexander (2011): »›New Wars‹ Fought ›Amongst the People‹: ›Transformed‹ by Old Realities?«, in: *Defence Studies*, 11. Jg., H. 4, S. 569–593.

McKenzie, Kenneth F. Jr. (2000): *The Revenge of the Melians: Asymmetric Threats and the Next QDR*, (McNair Paper; 62), Washington D. C.: Institute for National Strategic Studies of the National Defense University.

Mello, Patrick (2010): »In Search of New Wars. The Debate About a Transformation of War«, in: *European Journal of International Relation*, 16. Jg., H. 2, S. 297–309.

Metz, Steven (2011): »Insurgency«, in: Karl Erik Haug/Ole Jørgen Maaø (Hg.), *Conceptualizing Modern War. A Critical Enquiry*, New York: Columbia University Press, S. 111–137.

Metz, Steven/Douglas V. Johnson (2001): *Asymmetry and U.S. Military Strategy: Definition, Background, and Strategic Concepts*, Carlisle: Strategic Studies Institute of the U.S. Army War College.

Morgenthau, Hans J. (1966) [1948]: *Politics Among Nations. The Struggle for Power and Peace*, New York: Knopf.

Müller, Harald (2008): *Wie kann eine neue Weltordnung aussehen? Wege in eine nachhaltige Politik*, (Forum für Verantwortung), Frankfurt a. M.: Fischer-Taschenbuch-Verlag.

Münkler, Herfried (1990a): *Odysseus und Kassandra. Politik im Mythos*. Frankfurt a. M.: Fischer Taschenbuch Verlag.

Münkler, Herfried (1990b), (Hg.): *Der Partisan. Theorie, Strategie, Gestalt*, Opladen: Westdeutscher Verlag.

Münkler, Herfried (1992): *Gewalt und Ordnung. Das Bild des Krieges im politischen Denken*, Frankfurt a. M.: Fischer Taschenbuch Verlag.

Münkler, Herfried (2002a): *Die neuen Kriege*, Reinbek: Rowohlt.

Münkler, Herfried (2002b): *Über den Krieg. Stationen der Kriegsgeschichte im Spiegel ihrer theoretischen Reflexion*, Weilerswist: Velbrück Wissenschaft.

Münkler, Herfried (2003a): »Politische Ideengeschichte«, in: ders. (Hg.), *Politikwissenschaft. Ein Grundkurs*, Reinbek: Rowohlt Taschenbuch Verlag, S. 103–131.

Münkler, Herfried (2003b): »Asymmetrische Konfliktlagen als Krisenszenarien der Zukunft«, Vortrag am 27.10.2003 im Schauspiel Frankfurt, (freundlich überlassenes Manuskript).

Münkler, Herfried (2004a): »Staatengemeinschaft oder Imperium. Zur Gestaltung von ›Weltinnenpolitik‹«, in: *Merkur*, 58. Jg., H. 2, S. 93–105.

Münkler, Herfried (2004b): »Symmetrische und asymmetrische Kriege«, in: *Merkur*, 58. Jg., H. 8, S. 649–659.

Münkler, Herfried (2005): *Imperien. Die Logik der Weltherrschaft – vom Alten Rom bis zu den Vereinigten Staaten*, Berlin: Rowohlt Berlin.

Münkler, Herfried (2006a): *Der Wandel des Krieges. Von der Symmetrie zur Asymmetrie*, Weilerswist: Velbrück Wissenschaft.

Münkler, Herfried (2006b): »Was ist neu an den neuen Kriegen? – Eine Erwiderung auf die Kritiker«, in: Anna Geis (Hg.), *Den Krieg überdenken. Kriegsbegriffe und Kriegstheorien in der Kontroverse*, Baden-Baden: Nomos, S. 133–150.

Münkler, Herfried (2008a): »Replik«, in: *Erwägen Wissen Ethik*, 19. Jg., H. 1/2008 (»Krieg«), Stuttgart: Lucius & Lucius, S. 126–142.

Münkler, Herfried (2008b): »Humanitäre militärische Interventionen. Eine politikwissenschaftliche Evaluation«, in: Herfried Münkler/Karsten Malowitz (Hg.), *Humanitäre Intervention – ein Instrument außenpolitischer Konfliktbearbeitung. Grundlagen und Diskussion*, Wiesbaden: Verlag für Sozialwissenschaften, S. 89–112.

Münkler, Herfried (2008c): »Reziprozität, Asymmetrie und die neuerliche Moralisierung des Krieges«, in: Gerd Hankel (Hg.), *Die Macht und das Recht. Beiträge zum Völkerrecht und Völkerstrafrecht am Beginn des 21. Jahrhunderts*, Hamburg: Hamburger Edition, S. 300–322.

Münkler, Herfried (2010a): *Mitte und Maß. Der Kampf und die richtige Ordnung*, Berlin: Rowohlt.

Münkler, Herfried (2010b): »Zum Verhältnis von politischer und militärischer Strategie«, in: Joachim Raschke/Ralf Tils (Hg.), *Strategie in der Politikwissenschaft. Konturen eines neuen Forschungsfelds*, Wiesbaden: Verlag für Sozialwissenschaften, S. 45–73.

Münkler, Herfried (2012): »Unsichtbare Feinde. Asymmetrischer Krieg: Kampfdrohnen sind die optimalen Waffen für postheroische Gesellschaften«, in: *Der Tagesspiegel*, 04.10.2012, S. 29.

Münkler, Herfried (2013): *Der Große Krieg. Die Welt 1914–1918*, Berlin: Rowohlt.

Münkler, Herfried/Matthias Bohlender/Sabine Meurer (2010), (Hg.): *Sicherheit und Risiko. Über den Umgang mit Gefahr im 21. Jahrhundert*, Bielefeld: Transcript Verlag.

Münkler, Herfried/Grit Straßenberger (2007): »Was das Fach zusammenhält. Die Bedeutung der Politischen Theorie und Ideengeschichte für die Politikwissenschaft«, in: Hubertus Buchstein/Gerhard Göhler (Hg.), *Politische Theorie und Politikwissenschaft*, Wiesbaden: Verlag für Sozialwissenschaften, S. 45–79.

Münkler, Herfried/Felix Wassermann (2008): »Was hält eine Gesellschaft zusammen? Sozialmoralische Ressourcen der Demokratie«, in: Bundesministerium des Innern (Hg.), *Theorie und Praxis gesellschaftlichen Zusammenhalts. Aktuelle Aspekte der Präventionsdiskussion um Gewalt und Extremismus*, (Texte zur Inneren Sicherheit), Berlin: Bundesministerium des Innern, S. 3–22, http://www.bmi.bund.de/cae/servlet/contentblob/305804/publicationFile/15881/gesellschaftlicher%20Zusammenhalt.pdf (Abruf: 18.01.2015).

Münkler, Herfried/Felix Wassermann (2012): »Von strategischer Vulnerabilität zu strategischer Resilienz. Die Herausforderung zukünftiger Sicherheitsforschung und Sicherheitspolitik«, in: Lars Gerhold/Jochen Schiller (Hg.), *Perspektiven der Sicherheitsforschung. Beiträge aus dem Forschungsforum Öffentliche Sicherheit*, Berlin: Lang Verlag, S. 77–95.

Münkler, Herfried/Felix Wassermann (2015): »Asymmetrische Kriege«, in: Thomas Jäger (Hg.), *Handbuch Sicherheitsgefahren*, (Globale Gesellschaft und internationale Beziehungen), Wiesbaden: Springer VS, i. E.

Nabers, Dirk (2007): »Amerikanische Konstruktionen des Krieges und der Selbstverteidigung nach dem 11. September 2001«, in: *Zeitschrift für Politikwissenschaft*, 17. Jg., H. 2, S. 357–378.

National Defense Panel (1997): *Transforming Defense: National Security in the 21st Century*, Washington D. C. (ohne Verlag).

Naumann, Klaus (2008): *Einsatz ohne Ziel? Die Politikbedürftigkeit des Militärischen*, Hamburg: Hamburger Edition.

Nitsche, Stefan Ark (1998): *David gegen Goliath: Die Geschichte der Geschichten einer Geschichte. Zur fächerübergreifenden Rezeption einer biblischen Story*, Münster: Lit Verlag.

Nohlen, Dieter/Rainer-Olaf Schultze (2002), (Hg.): *Lexikon der Politikwissenschaft. Theorien, Methoden, Begriffe*, München: C. H. Beck.

Nolte, Georg (2007): »›Zerfallende‹ Staaten und Grundsätze des Völkerrechts«, in: Marianne Beinsheim/Gunnar Folke Schuppert (Hg.), *Staatszerfall und Governance*, (Schriften zur Governance-Forschung; 7), Baden-Baden: Nomos, S. 174–193.

Nye, Joseph S. (2003): *Das Paradox der amerikanischen Macht. Warum die einzige Supermacht der Welt Verbündete braucht*, aus dem Amerikanischen von Joachim Kalka u.a., Hamburg: Europäische Verlagsanstalt.

Nye, Joseph S. (2011): *Macht im 21. Jahrhundert. Politische Strategien für ein neues Zeitalter*, München: Siedler.

Ó Tuathail, Geraóid (1996): *Critical Geopolitics. The Politics of Writing Global Space*, Minneapolis: The University of Minnesota Press.

Ó Tuathail, Geraóid (1998): »Introduction: Thinking Critically About Geopolitics«, in: Geraóid Ó Tuathail/Simon Dalby/Paul Routledge (Hg.), *The Geopolitics Reader*, London: Routledge, S. 1–12.

Paret, Peter (2009): *The Cognitive Challenge of War. Prussia, 1806*, Princeton: Princeton University Press.

Paret, Peter (2011): »Aufklärung und Preußische Reform: Clausewitz' Vorlesungen über den Kleinen Krieg«, in: Harald Bluhm/Karsten Fischer/Marcus Llanque (Hg.), *Ideenpolitik. Geschichtliche Konstellationen und gegenwärtige Konflikte*, Berlin: Akademie Verlag, S. 205–212.

Parker, Geoffrey (1988): *The Military Revolution. Military Innovation and the Rise of the West, 1500–1800*, Cambridge: Cambridge University Press.

Paul, Thazha V. (1994): *Asymmetric Conflicts: War Initiation by Weaker Powers*, (Cambridge Studies in International Relations; 33), Cambridge: Cambridge University Press.

Pfaffenzeller, Martin (2014): »Digitale Eliten. Unsichtbare Gestalter im neuen Raum der Macht«, in: *360°. Das studentische Journal für Politik und Gesellschaft*, 9. Jg., H. 1, S. 40–50.

Pollak, Martha D. (2010): *Cities at War in Early Modern Europe*, Cambridge: Cambridge University Press.

Qiao Liang/Wang Xiangsui (2002): *Unrestricted Warfare. China's Master Plan to Destroy America*, Panama City: Pan American Publishing Company.

Raschke, Joachim/Ralf Tils (2007): *Politische Strategie. Eine Grundlegung*, Wiesbaden: Verlag für Sozialwissenschaften.

Raschke, Joachim/Ralf Tils (2010), (Hg.): *Strategie in der Politikwissenschaft. Konturen eines neuen Forschungsfelds*, Wiesbaden: Verlag für Sozialwissenschaften.

Record, Jeffrey (2007): *Beating Goliath. Why Insurgencies Win*, Washington D. C.: Potomac Books.

Rid, Thomas (2007): *War and Media Operations. The US Military and the Press from Vietnam to Iraq*, London: Routledge.

Rid, Thomas (2012): »Deterrence Beyond the State. The Israeli Experience«, in: *Contemporary Security Policy*, 33. Jg., H. 1, S. 124–147.

Rid, Thomas/Marc Hecker (2009): *War 2.0. Irregular Warfare in the Information Age*, Westport: Praeger.

Rid, Thomas/Thomas Keaney (2010), (Hg.): *Understanding Counterinsurgency Warfare. Doctrine, Operations, and Challenges*, London: Routledge.

Risse, Thomas/Ursula Lehmkuhl (2007): »Governance in Räumen begrenzter Staatlichkeit: Anmerkungen zu konzeptionellen Problemen der gegenwärtigen Governance-Diskussion«, in: Marianne Beinsheim/Gunnar Folke Schuppert (Hg.),

Staatszerfall und Governance, (Schriften zur Governance-Forschung; 7), Baden-Baden: Nomos, S. 144–159.

Rodin, David (2006): »The Ethics of Asymmetric War«, in: Richard Sorabji/David Rodin (Hg.), *The Ethics of War. Shared Problems in Different Traditions*, London: Ashgate, S. 153–168.

Rodin, David (2008): »The Moral Inequality of Soldiers: Why jus in bello Asymmetry is Half Right«, in: David Rodin/Henry Shue (Hg.), *Just and Unjust Warriors. The Moral and Legal Status of Soldiers*, Oxford: Oxford University Press, S. 44–68.

Rogers, Paul (2010): »America and the World's Jungle«, in: OpenDemocracy, 27.05.2010 (ohne Seitenzahlen), *www.opendemocracy.net/paul-rogers/america-and-worlds-jungle* (Abruf: 18.01.2015).

Roy, Denny (1996): »The ›China threat‹ Issue: Major Arguments«, in: *Asian Survey*, 36. Jg., H. 8, S. 758–771.

Rüb, Friedbert (2006): »Die Zeit der Entscheidung. Kontingenz, Ambiguität und die Politisierung der Politik – Ein Versuch«, in: *Hamburg Review of Social Sciences*, 1. Jg., H. 1, S. 1–34.

Rüb, Friedbert (2007): »Staatlichkeit, Staatszerfall, ›künstliche Staaten‹ und Staatskapazitäten. Konzeptionelle Überlegungen zu Governancekapazitäten von Staaten aus politikwissenschaftlicher Sicht«, in: Marianne Beinsheim/Gunnar Folke Schuppert (Hg.), *Staatszerfall und Governance*, (Schriften zur Governance-Forschung; 7), Baden-Baden: Nomos, S. 28–56.

Rüb, Friedbert (2008): »Policy-Analyse unter den Bedingungen von Kontingenz. Konzeptionelle Überlegungen zu einer möglichen Neuorientierung«, in: Frank Janning/Kathrin Toens (Hg.), *Die Zukunft der Policy-Forschung. Theorien, Methoden und Anwendungen*, Wiesbaden: Verlag für Sozialwissenschaften, S. 88–111.

Rüb, Friedbert (2011): »Politisches Entscheiden. Ein prozess-analytischer Versuch«, in: Nils Bandelow/Simon Hegelich (Hg.), *Pluralismus – Strategien – Entscheidungen*, Wiesbaden: Verlag für Sozialwissenschaften, S. 17–45.

Russell, Terence M./Ann-Marie Thornton (1999): *Gardens and Landscapes in the Encyclopédie of Diderot and d'Alembert. The Letterpress Articles and Selected Engravings*, 2 Bände, Aldershot: Ashgate.

Ryan, Alex (2008): »About the Bears and the Bees: Adaptive Responses to Asymmetric Warfare«, in: Ali Minai/Dan Braha/Yaneer Bar-Yam (Hg.), *Unifying Themes in Complex Systems*, (Proceedings of the Sixth International Conference on Complex Systems), Berlin: Springer, S. 588–595.

Rzepka, Vinzent (2013): *Die Ordnung der Transparenz. Jeremy Bentham und die Genealogie einer demokratischen Norm*, (Studien zur visuellen Politik; 9), Berlin: Lit.

Saage, Richard/Eva-Maria Seng (1999), (Hg.): *Von der Geometrie zur Naturalisierung. Utopisches Denken im 18. Jahrhundert zwischen literarischer Fiktion und frühneuzeitlicher Gartenkunst*, (Hallesche Beiträge zur europäischen Aufklärung; 10), Tübingen: Niemeyer.

Schelling, Thomas C. (1980) [1960]: *The Strategy of Conflict*, Cambridge: Harvard University Press.

Schlichte, Klaus (2005): *Der Staat in der Weltgesellschaft. Politische Herrschaft in Asien, Afrika und Lateinamerika*, Frankfurt a. M./New York: Campus.

Schlichte, Klaus (2006): »Neue Kriege oder alte Thesen? Wirklichkeit und Repräsentation kriegerischer Gewalt in der Politikwissenschaft«, in: Anna Geis (Hg.), *Den Krieg überdenken. Kriegsbegriffe und Kriegstheorien in der Kontroverse*, Baden-Baden: Nomos, S. 111–131.

Schlichte, Klaus (2009): *In the Shadow of Violence. The Politics of Armed Groups*, (Mikropolitik der Gewalt; 1), Frankfurt a. M./New York: Campus.

Schlögel, Karl (2003): *Im Raume lesen wir die Zeit. Über Zivilisationsgeschichte und Geopolitik*, München: Hanser.

Schmidt, Manfred G. (1995): *Wörterbuch zur Politik*, Stuttgart: Kröner.

Schmitt, Carl (2006) [1963]: *Der Partisan. Zwischenbemerkung zum Begriff des Politischen*, Berlin: Duncker & Humblot.

Schmitt, Carl (2011) [1950]: *Der Nomos der Erde im Völkerrecht des Jus Publicum Europaeum*, Berlin: Duncker & Humblot.

Schmitz-Emans, Monika (2006a): »Einleitung: Zur Semantik der ›Mitte‹. Vorüberlegungen«, in: Kurt Röttgers/Monika Schmitz-Emans (Hg.), *Mitte. Philosophische, medientheoretische und ästhetische Konzepte*, (Philosophisch-literarische Reflexionen; 8), Essen: Verlag Die Blaue Eule, S. 7–15.

Schmitz-Emans, Monika (2006b): »Mittelachsen. Symmetrien. Asymmetrien«, in: Kurt Röttgers/Monika Schmitz-Emans (Hg.), *Mitte. Philosophische, medientheoretische und ästhetische Konzepte*, (Philosophisch-literarische Reflexionen; 8), Essen: Verlag Die Blaue Eule, S. 166–189.

Schneckener, Ulrich (2006): *Transnationaler Terrorismus. Charakter und Hintergründe des »neuen« Terrorismus*, Frankfurt a. M.: Suhrkamp.

Schneckener, Ulrich (2007a): »Fragile Staatlichkeit und State-building. Begriffe, Konzepte und Analyserahmen«, in: Marianne Beinsheim/Gunnar Folke Schuppert (Hg.), *Staatszerfall und Governance*, (Schriften zur Governance-Forschung; 7), Baden-Baden: Nomos, S. 98–121.

Schneckener, Ulrich (2007b): »Die soziale Konstruktion des ›Terrorexperten‹. Terrorismusforschung im Spannungsfeld von Wissenschaft, Medien und Politikberatung«, in: Gunther Hellmann (Hg.), *Forschung und Beratung in der Wissensgesellschaft. Das Feld der internationalen Beziehungen und der Außenpolitik*, Baden-Baden: Nomos, S. 249–263.

Schreiber, Wolfgang (2001): »Die Kriege in der zweiten Hälfte des 20. Jahrhunderts und danach«, in: Thomas Rabehl/Wolfgang Schreiber (Hg.): *Das Kriegsgeschehen 2000. Daten und Tendenzen der Kriege und bewaffneten Konflikte*, (Jahrbuch der Arbeitsgemeinschaft Kriegsursachenforschung), Opladen: Leske und Budrich, S. 11–46.

Schreiber, Wolfgang (2011), (Hg.): *Das Kriegsgeschehen 2009. Daten und Tendenzen der Kriege und bewaffneten Konflikte*, (Jahrbuch der Arbeitsgemeinschaft Kriegsursachenforschung), Wiesbaden: Verlag für Sozialwissenschaften.

Schreiber, Wolfgang (2014): »Das Kriegsgeschehen 2013«, in: *Sicherheit und Frieden*, Jg. 2014, H. 2, S. 131–137.

Schröfl, Josef/Sean Michael Cox/Thomas Pankratz (2009), (Hg.): *Winning the Asymmetric War. Political, Social and Military Responses*, Frankfurt a. M.: Lang.

Schröfl, Josef/Thomas Pankratz (2004), (Hg.): *Asymmetrische Kriegführung – ein neues Phänomen der Internationalen Politik?*, Baden-Baden: Nomos.

Schröfl, Josef/Thomas Pankratz/Edwin Micewski (2006), (Hg.): *Aspekte der Asymmetrie. Reflexionen über ein gesellschafts- und sicherheitspolitisches Phänomen*, Baden-Baden: Nomos.

Schröfl, Josef/Bahram Rajaeed/Dieter Muhr (2011), (Hg.): *Hybrid and Cyber War As Consequences of the Asymmetry. A Comprehensive Approach Answering Hybrid Actors and Activities in Cyberspace. Political, Social and Military Responses*, Frankfurt a. M.: Lang.

Schwarzer, Stephanie (2006): *Zwischen Anspruch und Wirklichkeit. Die Ästhetisierung kriegerischer Ereignisse in der Frühen Neuzeit*, (Forum Kulturwissenschaften; 5), München: Martin Meidenbauer.

Sebaldt, Martin/Alexander Straßner (2011), (Hg.): *Aufstand und Demokratie. Counterinsurgency als normative und praktische Herausforderung*, Wiesbaden: Verlag für Sozialwissenschaften.

Senger, Harro von (2000): *Strategeme. Die berühmten 36 Strategeme der Chinesen – lange als Geheimwissen gehütet, erstmals im Westen vorgestellt*, 2 Bände, Bern: Scherz.

Senger, Harro von (2007): *Die Kunst der List. Strategeme durchschauen und anwenden*, München: C. H. Beck.

Senghaas, Dieter (1995): »Frieden als Zivilisierungsprojekt«, in: ders. (Hg.), *Den Frieden denken. Si vis pacem, para pacem*, Frankfurt a. M. Suhrkamp, S. 196–223.

Senghaas, Dieter (2011): »Weltordnungspolitik in einer zerklüfteten Welt – 20 Jahre nach dem Ende des Ost-West-Konfliktes dem zivilisatorischen Frieden ein Stück näher?«, in: Ines-Jacqueline Werkner/Ulrike Kronfeld-Goharani (Hg.), *Der ambivalente Frieden. Die Friedensforschung vor neuen Herausforderungen*, Wiesbaden: Verlag für Sozialwissenschaften, S. 73–84.

Senghaas, Dieter (2012): *Weltordnung in einer zerklüfteten Welt: Hat Frieden Zukunft?*, Berlin: Suhrkamp.

Sheehan, James (2008): *Kontinent der Gewalt. Europas langer Weg zum Frieden*, München: C. H. Beck.

Sitaraman, Ganesh (2012): *The Counterinsurgent's Constitution. Law in the Age of Small Wars*, Oxford: Oxford University Press.

Sobek, David (2009): *The Causes of War*, Cambridge: Polity Press.

Spakowski, Nicola (2007): »›Wie Fische und das Wasser‹ – Armee und Bevölkerung im Konzept des ›Volkskrieges‹ in der kommunistischen Revolution Chinas

(1927–1949)«, in: Dietrich Beyrau/Michael Hochgeschwender/Dieter Langewiesche (Hg.), *Formen des Krieges. Von der Antike bis zur Gegenwart*, (Krieg in der Geschichte; 37), Paderborn: Schöningh, S. 355–369.

Sprengel, Rainer (1996): *Kritik der Geopolitik. Ein deutscher Diskurs 1914–1944*, Berlin: Akademie Verlag.

Stahel, Albert A. (2011): »Sun Tzu: Der chinesische Meister der Strategie und der Kriegführung«, in: Thomas Jäger/Rasmus Beckmann (Hg.), *Handbuch Kriegstheorien*, Wiesbaden: Verlag für Sozialwissenschaften, S. 156–168.

Stepanova, Ekaterina (2008): *Terrorism in Asymmetrical Conflict. Ideological and Structural Aspects*, (SIPRI Research Report; 23), Oxford: Oxford University Press.

Stern, Eric/Bengt Sundelius (1992): »Managing Asymmetrical Crisis: Sweden, the USSR, and U-137«, in: *International Studies Quarterly*, 36. Jg., H. 2, S. 213–239.

Strachan, Hew (2007): »Clausewitz and the Dialectics of War«, in: Hew Strachan/Andreas Herberg-Rothe (Hg.), *Clausewitz in the Twenty-First Century*, Oxford: Oxford University Press, S. 14–44.

Strachan, Hew (2011): »Introductory Essay: The Changing Character of War«, in: Karl Erik Haug/Ole Jørgen Maaø (Hg.), *Conceptualizing Modern War. A Critical Enquiry*, New York: Columbia University Press, S. 1–25.

Strachan, Hew/Andreas Herberg-Rothe (2007), (Hg.): *Clausewitz in the Twenty-First Century*, Oxford: Oxford University Press.

Strachan, Hew/Sibylle Scheipers (2011), (Hg.): *The Changing Character of War*, (The Oxford Leverhulme Programme of the Changing Character of War), Oxford: Oxford University Press.

Stuby, Gerhard (2008): »Asymmetrie in der Staatenwelt versus souveräne Gleichheit der Staaten. Anmerkungen zum Konsensprinzip im Völkerrecht«, in: Gerd Hankel (Hg.), *Die Macht und das Recht. Beiträge zum Völkerrecht und Völkerstrafrecht am Beginn des 21. Jahrhunderts*, Hamburg: Hamburger Edition, S. 266–299.

Sun Tsu [Sunzi] (2008): *Die Kunst des Krieges*, übersetzt von Klaus Leibnitz, mit einer Einführung von Gregor Paul, Darmstadt: Wissenschaftliche Buchgesellschaft.

Tacitus (1991): *Annalen*, übersetzt und erläutert von Erich Heller, mit einer Einführung von Manfred Fuhrmann, München: Deutscher Taschenbuch Verlag.

Thomas, Timothy L. (2001): »Deciphering Asymmetry's Word Game«, in: *Military Review*, 81. Jg., H. 4, S. 32–38.

Thornton, Rod (2007): *Asymmetric Warfare*, Cambridge: Polity.

Thukydides (2000): *Der Peloponnesische Krieg*, übersetzt und herausgegeben von Helmut Vretska und Werner Rinner, Stuttgart: Reclam.

Tickner, Arlene/David L. Blaney (2012): »Introduction: Thinking Difference«, in: dieselben (Hg.), *Thinking International Relations Differently*, (Worlding beyond the West; 2), London: Routledge, S. 1–24.

Trotha, Hans von (2012): *Gartenkunst. Auf der Suche nach dem verlorenen Paradies*, Köln: Bastei Lübbe.

Trotha, Trutz von (1999): »Formen der Gewalt. Zur Typologie kriegerischer Aktionsmacht«, in: Sighard Neckel/Michael Schwab-Trepp (Hg.), *Ordnungen der Ge-*

walt, Beiträge zu einer politischen Soziologie der Gewalt und des Krieges, Opladen: Leske + Budrich.

Trotha, Trutz von (2001): »Das Kalaschsyndrom. Gewalt zwischen Privatisierung, Männlichkeit, Jugend, Opferanspruch und massenmedialer Verherrlichung«, in: *Frankfurter Rundschau*, 15.12.2001, S. 19.

Tucker, Jonathan (1999): »Asymmetric Warfare«, in: *Forum*, 14. Jg., H. 2, S. 32–38, http://forum.ra.utk.edu/1999summer/sum-99.pdf (Abruf: 18.01.2015).

United Nations (1945): *Charter of the United Nations*, San Francisco, 26.06.1945, http://www.un.org/en/documents/charter/index.shtml (Abruf: 18.01.2015).

US Chairman of the Joint Chiefs of Staff (2011): The National Military Strategy of the United States of America: Redefining America's Military Leadership, Washington D. C.: Februar 2011 (ohne Verlag), *http://mercury.ethz.ch/serviceengine/Files/ISN/154942/ipublicationdocument_singledocument/4839f9fe-388c-47c2-a5bf-61cce5eb0aa8/en/US+National+Military+Strategy+2011.pdf* (Abruf: 18.01.2015).

US Department of the Army (2007): *The U.S. Army/Marine Corps Counterinsurgency Field Manual*, with Forewords by General David H. Petraeus and Lt. General James F. Amos and by Lt. Colonel John A. Nagl, with a New Introduction by Sarah Sewall, Chicago: The University of Chicago Press.

US Joint Chiefs of Staff (2000): *Joint Vision 2020*, Washington D. C.: U.S. Government Printing Office.

US President (2010): National Security Strategy, Washington D. C., Mai 2010 (ohne Verlag), *http://www.whitehouse.gov/sites/default/files/rss_viewer/national_security_strategy.pdf* (Abruf: 18.01.2015).

US President (2014): Statement by the President on ISIL, 10.09.2014, *http://www.whitehouse.gov/the-press-office/2014/09/10/remarks-president-barack-obama-address-nation* (Abruf: 18.01.2015).

US President (2015): National Security Strategy, Washington D. C., Februar 2015 (ohne Verlag), in: National Security Strategy Archive, *http://nssarchive.us/wp-content/uploads/2015/02/2015.pdf* (Abruf: 15.02.2015).

US Secretary of Defense (2012): Sustaining U.S. Global Leadership: Priorities for 21st Century Defense. Strategic Guidance by The White House for the Department of Defense, Washington D. C., Januar 2012 (ohne Verlag), *http://www.defense.gov/news/Defense_Strategic_Guidance.pdf* (Abruf: 18.01.2015).

US Secretary of Defense (2014): Quadrennial Defense Review 2014, Washington D. C., März 2014 (ohne Verlag), *http://www.defense.gov/pubs/2014_Quadrennial_Defense_Review.pdf* (Abruf: 18.01.2015).

Voigt, Rüdiger (2008): *Krieg ohne Raum. Asymmetrische Konflikte in einer entgrenzten Welt*, Stuttgart: Franz Steiner.

Waldmann, Peter (2005): *Terrorismus. Provokation der Macht*, Hamburg: Murmann.

Walter, Dierk (2005): *Symmetry and Asymmetry in Colonial Warfare ca. 1500–2000. The Uses of a Concept*, (IFS Info 3/2005), Oslo: Institutt for forsvarsstudier.

Walter, Dierk (2008): »Asymmetrien in Imperialkriegen. Ein Beitrag zum Verständnis der Zukunft des Krieges«, in: *Mittelweg 36*, 17. Jg., H. 1, S. 14–52.

Walter, Dierk (2009): *Zwischen Dschungelkrieg und Atombombe. Britische Visionen vom Krieg der Zukunft 1945–1971*, Hamburg: Hamburger Edition.

Walter, Dierk (2014): *Organisierte Gewalt in der europäischen Expansion. Gestalt und Logik des Imperialkrieges*, Hamburg: Hamburger Edition.

Walter, Marco (2015): *Nützliche Feindschaft? Existenzbedingungen demokratischer Imperien – Rom und USA*, mit einem Vorwort von Herfried Münkler, Paderborn: Schöningh.

Waltz, Kenneth N. (1959): *Man, the State, and War. A Theoretical Analysis*, (Topical Studies in International Relations; 2), New York: Columbia University Press.

Waltz, Kenneth N. (1979): *Theory of International Politics*, New York: McGraw-Hill.

Waltz, Kenneth N. (1988): »The Origins of War in Neorealist Theory«, in: *Journal of Interdisciplinary History*, 18. Jg., H. 4, S. 615–628.

Waltz, Kenneth N. (1993): »The Emerging Structure of International Politics«, in: *International Security*, 18. Jg., H. 2, S. 44–79.

Walzer, Michael (1982): *Gibt es den gerechten Krieg?*, aus dem Amerikanischen von Christiane Ferdinand, Stuttgart: Klett-Cotta.

Walzer, Michael (2013): »Coda: Can the Good Guys Win?«, in: *The European Journal of International Law*, 24. Jg., H. 1, S. 433–444.

Wang, Vincent Weicheng (2003): »China's Information Warfare Discourse: Implications for Asymmetric Conflict in the Taiwan Strait«, in: *Issues and Studies. An International Quarterly on China, Taiwan, and East Asian Affairs*, 39. Jg., H. 2, S. 107–143.

Wassermann, Felix (2007): »Der politische Berater. Ein politiktheoretisches Porträt«, in: *Gegenworte. Hefte für den Disput über Wissen*, hrsg. von der Berlin-Brandenburgischen Akademie der Wissenschaften, (ohne Jahrgang), H. 18, S. 65–68, http://edoc.bbaw.de/volltexte/2010/1675/pdf/18_Wassermann.pdf (Abruf: 18.01.2015).

Wassermann, Felix (2011): »Die Paradoxie des Rats. Niccolò Machiavelli und Thomas Morus über und als politische Berater«, in: Harald Bluhm/Karsten Fischer/Marcus Llanque (Hg.), *Ideenpolitik. Geschichtliche Konstellationen und gegenwärtige Konflikte*, Berlin: Akademie Verlag, S. 563–586.

Winkler, Heinrich August (2014): *Geschichte des Westens. Vom Kalten Krieg zum Mauerfall*, München: C. H. Beck.

Winter, Yves (2008): »Gewaltökonomien und Unsicherheit. Zur Gouvernementalität der ›neuen Kriege‹«, in: Patricia Purtschert/Katrin Meyer/Yves Winter (Hg.), *Gouvernementalität und Sicherheit. Zeitdiagnostische Beiträge im Anschluss an Foucault*, Bielefeld: Transcript, S. 49–74.

Winter, Yves (2011): »The Asymmetric War Discourse and its Moral Economies. A Critique«, in: *International Theory*, 3. Jg., H. 3, S. 488–514.

Wohlrapp, Harald (1998): »Strategie«, in: Joachim Ritter/Karlfried Gründer/Gottfried Gabriel (Hg.), *Historisches Wörterbuch der Philosophie*, Band 10, S. 261–266.

Wolf, Klaus Dieter/Gunther Hellmann (2003): »Die Zukunft der Internationalen Beziehungen in Deutschland«, in: Gunther Hellmann/Klaus Dieter Wolf/Michael Zürn (Hg.), *Die neuen Internationalen Beziehungen. Forschungsstand und Perspektiven in Deutschland*, (Weltpolitik im 21. Jahrhundert; 10), Baden-Baden: Nomos, S. 577–603.

Zagare, Frank C./D. Marc Kilgour (1993): »Asymmetric Deterrence«, in: *International Studies Quarterly*, 37. Jg., H. 1, S. 1–27.

Zangl, Bernhard/Michael Zürn (2003): *Frieden und Krieg. Sicherheit in der nationalen und postnationalen Konstellation*, Frankfurt a. M: Suhrkamp.

Zellen, Barry Scott (2012): *The Art of War in an Asymmetric World. Strategy for the Post-Cold War Era*, London: Continuum/Bloomsbury Academic.

Zentrum für Transformation der Bundeswehr (2007): *Sicherheitspolitische Zukunftsanalyse. Ausblick auf 2035 – Trends und Entwicklungen*, Strausberg: Zentrum für Transformation der Bundeswehr.

Zürn, Michael (2003): »Die Entwicklung der Internationalen Beziehungen im deutschsprachigen Raum nach 1989«, in: Gunther Hellmann/Klaus Dieter Wolf/Michael Zürn (Hg.), *Die neuen Internationalen Beziehungen. Forschungsstand und Perspektiven in Deutschland*, (Weltpolitik im 21. Jahrhundert; 10), Baden-Baden: Nomos, S. 21–46.

Zürn, Michael (2007): »Institutionalisierte Ungleichheit in der Weltpolitik. Jenseits der Alternative ›Global Governance‹ versus ›American Empire‹«, in: *Politische Vierteljahresschrift*, 48. Jg., H. 4, S. 680–704.

Zürn, Michael (2011): »Vier Modelle einer globalen Ordnung in kosmopolitischer Absicht«, in: *Politische Vierteljahresschrift*, 52. Jg., H. 1, S. 78–118.

Dank

Bei der vorliegenden Untersuchung handelt es sich um die geringfügig überarbeitete Fassung meiner Dissertation, die unter dem Titel »Der Dschungel des asymmetrischen Krieges. Eine politik- und strategietheoretische Expedition« im Wintersemester 2012/13 an der Philosophischen Fakultät III der Humboldt-Universität zu Berlin eingereicht und im Wintersemester 2013/14 ebendort verteidigt wurde. Weggefährten in Berlin und andernorts begleiteten mich mit Rat und Tat auf der Expedition durch den Dschungel. Ihnen allen möchte ich ganz herzlich danken.

Die Anregung zur Beschäftigung mit der Theorie und dem Wandel des Krieges verdanke ich einem Clausewitz-Seminar meines wichtigsten akademischen Lehrers und Doktorvaters, Prof. Dr. Herfried Münkler. In seinen Lehrveranstaltungen und durch seine Forschung erlebte ich an der Humboldt-Universität zu Berlin ideengeschichtliche Neugier und politiktheoretische Geistesgegenwart, intellektuellen Mut und akademische Freiheit. In diesem Klima ist das vorliegende Buch am Lehrstuhl für Theorie der Politik der Humboldt-Universität entstanden. Prof. Dr. Christopher Daase (Frankfurt am Main) förderte die Untersuchung von Anfang an. Seine Studien zu asymmetrischen Kriegen waren für mich stets verlässliche Wegweiser. Zudem verfasste er das Zweitgutachten zu meiner Dissertation. Für seine Unterstützung und Begleitung bin ich ihm zu großem Dank verpflichtet.

Meinen Kolleginnen und Kollegen am Institut für Sozialwissenschaften der Humboldt-Universität danke ich für die angenehme und inspirierende Forschungsgemeinschaft. Prof. Dr. Michael Kreile und Prof. Dr. Friedbert Rüb unterstützten meine Studien mit motivierender Anteilnahme. Gleiches gilt für Prof. Dr. Klaus Schlichte (Bremen) und Prof. Dr. Karsten Fischer (München), denen ich gerade während der gemeinsamen Berliner Zeit wichtige Hinweise in der Frühphase der Untersuchung verdanke. Stellvertretend für viele Kommilitoninnen und Kommilitonen aus dem Umkreis des Colloquiums für Theorie der Politik an der Humboldt-Universität danke ich sehr herzlich Sebastian Lange, Martin Pfaffenzeller, Dr. Krzysztof Matuszek (Krakau), Dr. Grit Straßenberger und Marco Walter. Ihre aufmerksame Lektüre und freundschaftlichen Ratschläge halfen mir erheblich weiter.

Die Studentinnen und Studenten in meinen Seminaren an der Humboldt-Universität trugen mit ihrer Diskussionsfreude zur Entstehung dieses Buches bei. Ich verdanke ihnen manche weiterführenden Nachfragen. Dasselbe gilt für die Teilnehmer an anderen Foren, in denen ich meine Überlegungen vorstellen konnte, so bei Veranstaltungen der Führungsakademie der Bundeswehr, des Evangelischen Studienwerks Villigst, der deutschen, österreichischen und schweizerischen Vereinigungen für Politikwissenschaft, des Cusanuswerks, des Bundesamts für Bevölkerungsschutz und Katastrophenhilfe, des Fachdialogs »Zivile Sicherheitsforschung«, der »Volkshochschule beider Basel« und der »Soltauer Gespräche«. Den Veranstaltern und Teilnehmern dieser Foren danke ich vielmals für die Gelegenheit zum Austausch und für ihre Anregungen.

Als großzügige Förderin begleitete mich die Studienstiftung des deutschen Volkes. Für ihren Vertrauensvorschuss bedanke ich mich stellvertretend und ganz persönlich bei ihrem Vertrauensdozenten Prof. Dr. Johannes Helmrath an der Humboldt-Universität zu Berlin. Längere Studien- und Forschungsaufenthalte gewährten mir die Universität Nanjing und die Paul H. Nitze School of Advanced International Studies der Johns Hopkins University in Washington D. C. Einblicke in die Praxis der Außen- und Sicherheitspolitik erlaubten mir die Deutsche Botschaft in Seoul, der Internationale Stab der NATO in Brüssel und die Europäische Kommission ebendort. Den Mitarbeiterinnen und Mitarbeitern dieser Institutionen danke ich vielmals für ihre Gastfreundschaft. Derselbe Dank gilt der Staatsbibliothek zu Berlin, die den Forschungsreisenden aus aller Welt am Potsdamer Platz und Unter den Linden ein intellektuelles Zuhause bietet.

Mit mir waren die Freunde unterwegs. Für ihre große Unterstützung auf dem Weg zu diesem Buch, vor allem aber für ihre enge Verbundenheit danke ich besonders herzlich Dr. Kirill Abrosimov, Rainer Breul, Bernhard Hoffmann, Julian Junk, Prof. Dr. Björn Knudsen, Dr. Olaf Penack, Andreas Schäfer, Christoph Schwanitz, Jan Stottmeister, Alexander Thies, Dr. Martin Urmann und Dr. Margrit Vogt.

Meine Schwestern und meine Mutter begleiteten mich über die ganze Wegstrecke. Ihnen und dem Andenken meines Vaters sei das Buch in Dankbarkeit gewidmet.

Im Februar 2015 *Felix Wassermann*

Politikwissenschaft

Denkwerk Demokratie (Hg.)
Sprache. Macht. Denken
Politische Diskurse verstehen und führen
2014. 308 Seiten. ISBN 978-3-593-50072-0

Christopher Daase, Stefan Engert, Georgios Kolliarakis (Hg.)
Politik und Unsicherheit
Strategien in einer sich wandelnden Sicherheitskultur
2014. Ca. 250 Seiten. ISBN 978-3-593-50086-7

Andreas Anter, Wilhelm Bleek
Staatskonzepte
Die Theorien der bundesdeutschen Politikwissenschaft
2013. 149 Seiten. ISBN 978-3-593-39895-2

Andreas Fischer-Lescano, Peter Mayer (Hg.)
Recht und Politik globaler Sicherheit
Bestandsaufnahme und Erklärungsansätze
2013. 401 Seiten. ISBN 978-3-593-39334-6

Christoph Butterwegge, Gerd Bosbach, Matthias W. Birkwald (Hg.)
Armut im Alter
Probleme und Perspektiven der sozialen Sicherung
2012. 393 Seiten. ISBN 978-3-593-39752-8

Christoph Butterwegge
Armut in einem reichen Land
Wie das Problem verharmlost und verdrängt wird
3., aktualisierte Auflage 2012. 400 Seiten. ISBN 978-3-593-39605-7

campu
Frankfurt. New York